JULIA ELLINS

Copyright Law, Urheberrecht und ihre Harmonisierung in der Europäischen Gemeinschaft

Schriften zum Europäischen Recht

Herausgegeben von

Siegfried Magiera und Detlef Merten

Band 34

Copyright Law, Urheberrecht und ihre Harmonisierung in der Europäischen Gemeinschaft

Von den Anfängen bis ins Informationszeitalter

Von

Julia Ellins

Duncker & Humblot · Berlin

Die Deutsche Bibliothek – CIP-Einheitsaufnahme

Ellins, Julia:
Copyright Law, Urheberrecht und ihre Harmonisierung in der Europäischen Gemeinschaft : von den Anfängen bis ins Informationszeitalter / von Julia Ellins. – Berlin : Duncker und Humblot, 1997
(Schriften zum europäischen Recht ; Bd. 34)
Zugl.: München, Univ., Diss., 1996
ISBN 3-428-08992-8
NE: GT

Fotoprint: Werner Hildebrand, Berlin
Printed in Germany

ISSN 0937-6305
ISBN 3-428-08992-8

Gedruckt auf alterungsbeständigem (säurefreiem) Papier
entsprechend ISO 9706 ∞

Für Chris

Vorwort

Es war mein Studium an der Columbia University, New York, das mich dazu inspirierte, mich näher mit *Intellectual Property* zu befassen. Dieser Gedanke wurde Realität, als mich Professor Dr. Dr.h.c.mult. Gerhard Schricker ins Max-Planck-Institut für ausländisches und internationales Patent-, Urheber- und Wettbewerbsrecht in München aufnahm. Mit viel Gespür und Weitblick gelang es ihm, mich für einen Themenbereich zu begeistern, der mit dem Beginn des Informationszeitalters global immer mehr Beachtung findet.

Die "digitale Revolution" fordert insbesondere die EG mit zunehmender Dringlichkeit dazu auf, die verschiedenen europäischen Rechtstraditionen mit ihren historisch gewachsenen, tief verwurzelten und oft gegensätzlichen Vorstellungen in einen einheitlichen Rechtsrahmen einzubinden, so daß sich die neuen Technologien möglichst reibungslos entfalten können. Wie weit die rechtlichen Konzepte der EG-Mitgliedstaaten auseinanderklaffen, tritt bei einem Vergleich des britischen *Copyright Law* mit dem deutschen Urheberrecht deutlich zutage. Zweifellos haben mir meine in London vertiefte juristische Ausbildung und ein Forschungsaufenthalt am Brasenose College, Oxford, bei dem Versuch geholfen, den Geist des britischen Rechts zu durchdringen und dem deutschen Leser nahezubringen. Einen persönlichen Einblick in die Harmonisierungsprojekte der EG erhielt ich während einer Stage bei der für Binnenmarktfragen zuständigen Generaldirektion XV der EG-Kommission.

Das Manuskript wurde im Januar 1996 abgeschlossen. Die Juristische Fakultät der Ludwig-Maximilians-Universität München zeichnete die Dissertation mit dem Prädikat *summa cum laude* und einem Preis aus der Walburga-Riedl-Stiftung aus. Für die Drucklegung wurde die bis Ende Juli 1996 erschienene und mir verfügbare Literatur nach Möglichkeit noch berücksichtigt.

Dank schulde ich dem Münchner Max-Planck-Institut, allen voran Prof. Dr. Dr.h.c.mult. Gerhard Schricker für die Betreuung meiner Doktorarbeit und die großzügige Unterstützung in jeder Phase der Arbeit, ferner Prof. William

Cornish für die Einführung in das britische *Copyright*-Denken und schließlich Prof. Dr. Michael Lehmann für das Zweitgutachten. Bedanken möchte ich mich auch bei allen anderen Kollegen, Mitarbeitern und Freunden am Max-Planck-Institut sowie in der Urheberrechtsabteilung der EG-Kommission, die mich während der Entstehung dieser Studie inspiriert und ermutigt haben und die hier nicht alle genannt werden können. Dank auch dem Deutschen Akademischen Austauschdienst und der Stiftung zur Förderung körperbehinderter Hochbegabter für ihre Unterstützung. Ebenso danken möchte ich meinen Eltern, Arnold und Emma Haidukièwicz, und meinem Bruder Michael sowie allen anderen Menschen, die mich in diesem Lebensabschnitt begleitet haben und mir mit Rat und Tat zur Seite gestanden sind.

Last but not least "Thank You" to my husband Chris. Er hat mich mit unermüdlicher Geduld in jeder Hinsicht liebevoll unterstützt und ist mit mir durch dick und dünn gegangen. Ihm möchte ich dieses Buch widmen.

London, im August 1996 Julia Ellins

Inhaltsübersicht

2. Teil

Dichotomie von *Copyright Law* und Urheberrecht 85

3. Teil

Harmonisierung in der Europäischen Gemeinschaft 230

Inhaltsverzeichnis

Abkürzungsverzeichnis

a.A.	anderer Ansicht
abgedr.	abgedruckt
ABl. EG	Amtsblatt der Europäischen Gemeinschaften
Abs.	Absatz
Abschn.	Abschnitt
AC	Appeal Cases
AIPJ	Australian Intellectual Property Journal
All ER	All England Law Reports
Am.U.L.Rev.	American University Law Review
Anl.	Anlage
Anm.	Anmerkung
Arch.GB	Archiv für Geschichte des Buchwesens
Arch.Jur.Crac.	Archivum Juridicum Cracoviense
Art.	Artikel
Aufl.	Auflage
BBC	British Broadcasting Corporation
BBl.	Börsenblatt des Deutschen Buchhandels
Bd.	Band
BGB	Bürgerliches Gesetzbuch
BGBl.	Bundesgesetzblatt
BGH	Bundesgerichtshof
BGHZ	Entscheidungen des Bundesgerichtshofes in Zivilsachen
Black. W.	Sir William Blackstone's Kings' Bench Reports
BMJ	Bundesministerium der Justiz
BT-Drucks.	Drucksache des Deutschen Bundestages
Bull.Cop.Soc.	Bulletin of the Copyright Society of the USA (nun: Journal of the Copyright Society of the USA, J.Cop.Soc.)
Bull. EG	Bulletin der Europäischen Gemeinschaften
Burr.	Burrow's King's Bench Reports
BVerfG	Bundesverfassungsgericht
BVerfGE	Entscheidungen des Bundesverfassungsgerichts

bzgl.	bezüglich
bzw.	beziehungsweise
c.	Chapter
ca.	circa
CA	Court of Appeal
CA 1911	Copyright Act 1911
CA 1956	Copyright Act 1956
Cardozo Arts & Ent.L.J.	Cardozo Arts and Entertainment Law Journal
CD-I	interactive compact disc
CD-ROM	compact disc read only memory
CDPA	Copyright, Designs and Patents Act 1988
Ch	Law Reports, Chancery
Chap.	Chapter
CMLR	Common Market Law Reports
CMLRev.	Common Market Law Review
Cmnd.	Papers presented to Parliament by Command of Her Majesty
Cobbett's Parl. Hist.	Cobbett's Parliamentary History
col.	column
Col.L.Rev.	Columbia Law Review
Col.-VLA J.L. & Arts	Columbia-VLA Journal of Law & the Arts
Com. & L.	Communications and the Law
Comp.Lawy.	Company Lawyer
Computer L. & Prac.	Computer Law and Practice
Cop.Bull.	Copyright Bulletin
Cop.World	Copyright World
Dd'A	Droit d'auteur
DDR	(ehemalige) Deutsche Demokratische Republik
DeGex & Sm.	De Gex & Smates' Chancery Reports
ders.	derselbe
d.h.	das heißt
Diss.	Dissertation
DM	Deutsche Mark
Dok.	Dokument
dt.	deutsche(r/s)
DTI	Department of Trade and Industry
ed.	editor; edition
Eden.	Eden's Chancery Reports
EG	Europäische Gemeinschaft

EGV	Vertrag zur Gründung der Europäischen Gemeinschaft
EIPR	European Intellectual Property Review
EMLR	Entertainment and Media Law Reports
Emory L.J.	Emory Law Journal
engl.	englische(r/s)
ENT.LR	Entertainment Law Review
ER	English Reports
Erw.Gr.	Erwägungsgrund
etc.	et cetera
EU	Europäische Union
EuGH	Gerichtshof der Europäischen Gemeinschaften
EuZW	Europäische Zeitschrift für Wirtschaftsrecht
EWG	Europäische Wirtschaftsgemeinschaft (seit 1.11.1993: Europäische Gemeinschaft)
EWGV	Vertrag zur Gründung der Europäischen Wirtschaftsgemeinschaft (seit 1.11.1993: EGV)
EWR	Europäischer Wirtschaftsraum
EWRV	Vertrag über den Europäischen Wirtschaftsraum
f / ff	folgende / fortfolgende
Fn.	Fußnote
Fordham Intell.Prop., Media & Ent.L.J.	Fordham Intellectual Property, Media & Entertainment Law Journal
FS	Festschrift
FSR	Fleet Street Reports
FT	Financial Times
FuR	Film und Recht (seit 1985 Zeitschrift für Urheber- und Medienrecht, ZUM)
GATT	General Agreement on Tariffs and Trade
GD	Generaldirektion
geänd.	geändert
gem.	gemäß
GEMA	Gesellschaft für musikalische Aufführungs- und mechanische Vervielfältigungsrechte
GG	Grundgesetz
GRUR	Gewerblicher Rechtsschutz und Urheberrecht
GRUR Int.	Gewerblicher Rechtsschutz und Urheberrecht - Internationaler Teil
GS	Gedenkschrift

GTA	Übereinkommen zum Schutz der Hersteller von Tonträgern gegen die unerlaubte Vervielfältigung ihrer Tonträger
GÜFA	Gesellschaft zur Übernahme und Wahrnehmung von Filmaufführungsrechten m.b.H.
GVL	Gesellschaft zur Verwertung von Leistungsschutzrechten m.b.H.
GWFF	Gesellschaft zur Wahrnehmung von Film- und Fernsehrechten m.b.H.
Harvard Library Bull.	Harvard Library Bulletin
Hastings L.J.	Hastings Law Journal
HL	House of Lords
h.M.	herrschende Meinung
HMSO	Her Majesty's Stationary Office
hrsg.	herausgegeben
Hrsg.	Herausgeber
ICLQ	International and Comparative Law Quarterly
i.d.F.	in der Fassung
i.d.R.	in der Regel
IFPI	International Federation of the Phonographic Industry
IIC	International Review of Industrial Property and Copyright Law
ILO	International Labour Organisation
IML	International Media Law
insbes.	insbesondere
INTERGU	Internationale Gesellschaft für Urheberrecht
I.P.Bus.	Intellectual Property in Business
ISDN	Integrated Services Digital Network
i.V.m.	in Verbindung mit
JB.INTERGU	Jahrbuch der INTERGU
J.Cop.Soc.	Journal of the Copyright Society of the USA (früher: Bulletin of the Copyright Society of the USA, Bull.CS.USA)
J.Cop.Soc.Austr.	Journal of the Copyright Society of Australia
J.Dr.Int.	Journal du droit international
J.L. & Comm.	Journal of Law and Commerce
JZ	Juristenzeitung

Kap.	Kapitel
KB	Law Reports, King's Bench
KUG	Gesetz betreffend das Urheberrecht an Werken der bildenden Künste und der Photographie
Lfg.	Lieferung
Liverpool L.Rev.	Liverpool Law Review
LJPC	Law Journal Reports, New Series, Privy Council
L.Soc.Gaz.	Law Society's Gazette
LTR	Law Times Reports
LUG	Gesetz betreffend das Urheberrecht an Werken der Literatur und der Tonkunst
m.	mit
Mac.CC	MacGillivray's Copyright Cases
m.b.H.	mit beschränkter Haftung
McGill L.J.	McGill Law Journal/Revue de droit de McGill
m.E.	meines Erachtens
Mem.St.U.L.Rev.	Memphis State University Law Review
Minn.L.Rev.	Minnesota Law Review
MTAs	Minimum Term Agreements
MTV	Manteltarifvertrag/verträge
MuR	Medien und Recht
m.w.N.	mit weiteren Nachweisen
New L.J.	New Law Journal
NII	National Information Infrastructure
NIR	Nordiskt Immateriellt Rättsskydd
NJW	Neue Juristische Wochenschrift
No.	Number
Nr.	Nummer(n)
Ohio S.L.J.	Ohio State Law Journal
OLG	Oberlandesgericht
ÖSGRUM	Österreichische Schriftenreihe zum gewerblichen Rechtsschutz, Urheber- und Medienrecht
PC	personal computer
p.m.a.	post mortem auctoris
PPL	Phonographic Performance Limited
QB	Law Reports, Queen's Bench

RA	Rom-Abkommen (Internationales Abkommen über den Schutz der ausübenden Künstler, der Hersteller von Tonträgern und der Sendeunternehmen)
RBÜ	Revidierte Berner Übereinkunft zum Schutz von Werken der Literatur und Kunst (Pariser Fassung)
Rdnr.	Randnummer
Reg.	Regulation
Rev.March.Un.Eur.	Revue du Marché Unique Européen
Rev.Rech.Jur.	Revue de la Recherche Juridique
RfR	Rundfunkrecht
RGBl.	Reichsgesetzblatt
RGZ	Entscheidungen des Reichsgerichts in Zivilsachen
RIDA	Revue Internationale du Droit d'Auteur
RL	Richtlinie
Rs.	Rechtssache(n)
Rts.	Rights
Rutgers Computer & Technology L.J.	Rutgers Computer and Technology Law Journal
s.	siehe
S.	Satz (in Gesetzeszitaten); Seite (in Literaturzitaten)
Sachg.	Sachgebiet
S.Cal.L.Rev.	Southern California Law Review
S. Ct.	Supreme Court
Sec(s).	Section(s)
SGRUM	Schriften zum gewerblichen Rechtsschutz, Urheber- und Medienrecht
SI	Statutory Instrument
Slg.	Sammlung
s.o.	siehe oben
sog.	sogenannte(r/s)
Sol.J.	Solicitors' Journal
Sp.	Spalte
Stanford L.Rev.	Stanford Law Review
StGB	Strafgesetzbuch
s.u.	siehe unten
TLR	Times Law Reports

TRIPs	Trade-Related Aspects of Intellectual Property Rights
Tul.L.Rev.	Tulane Law Review
TV	Tarifvertrag/verträge
TVG	Tarifvertragsgesetz
u.	und; unten; unter
u.a.	unter anderem
UCLA L.Rev.	University of California at Los Angeles Law Review
UFITA	Archiv für Urheber-, Film-, Funk- und Theaterrecht
UNESCO	United Nations Educational Scientific and Cultural Organisation
UNSW L.Rev.	University of New South Wales Law Review
UrhG	Gesetz über Urheberrecht und verwandte Schutzrechte
UrhWG	Urheberrechtswahrnehmungsgesetz
USA	United States of America
UWG	Gesetz gegen den unlauteren Wettbewerb
v.	(engl.) versus, (dt.) von / vom
v.a.	vor allem
Vand.J.Transnat'l L.	Vanderbilt Journal of Transnational Law
Vand.L.Rev.	Vanderbilt Law Review
VerlG	Gesetz über das Verlagsrecht
VFF	Verwertungsgesellschaft der Film- und Fernsehproduzenten m.b.H.
VG Bild-Kunst	Verwertungsgesellschaft Bild-Kunst
VGF	Verwertungsgesellschaft für Nutzungsrechte an Filmwerken m.b.H.
vgl.	vergleiche
VG Wort	Verwertungsgesellschaft Wort
Vol.	Volume
vs.	versus
Wayne L.Rev.	Wayne Law Review
WIPO	World Intellectual Property Organization
WLR	Weekly Law Reports
WTO	World Trade Organisation
WUA	Welturheberrechtsabkommen

z.B.	zum Beispiel
Ziff.	Ziffer(n)
zit.	zitiert als
ZPÜ	Zentralstelle für private Überspielungsrechte
ZSR	Zeitschrift der Savigny-Stiftung für Rechtsgeschichte
z.T.	zum Teil
ZUM	Zeitschrift für Urheber- und Medienrecht (seit 1985; früher Film und Recht, FuR)

Einleitung

Die britische und die deutsche Rechtsordnung sind Repräsentanten der beiden großen Rechtstraditionen der Welt, nämlich der des anglo-amerikanischen *Common Law* und der des kontinentaleuropäischen *Civil Law*. Die Dichotomie zwischen diesen beiden Rechtskreisen ist grundsätzlicher Natur und offenbart sich auf verschiedenen Ebenen. Sie spiegelt sich ganz besonders auch in dem Rechtsgebiet wider, das in Großbritannien als *Copyright Law* und in Deutschland als Urheberrecht bekannt ist.

Copyright Law und Urheberrecht befassen sich mit ein und derselben Rechtsmaterie, gestalten sie jedoch nicht in derselben Art und Weise. Die Verschiedenheit der Grundansätze im Hinblick auf Rechtssystematik, Grundbegriffe und rechtliche Wertungen faktischer Gegebenheiten beruht auf den historischen Fundamenten der beiden Rechtssysteme, die aus unterschiedlichen geopolitischen Umständen hervorgingen.

Die geschichtlich bedingte Dichotomie zwischen britischem *Copyright Law* und deutschem Urheberrecht symbolisiert den Gegensatz, der weltweit und insbesondere auch im europäischen Rahmen zwischen dem *Copyright*-Modell der *Common Law*-Systeme und dem *Droit d'auteur*-Konzept der *Civil Law*-Rechtsordnungen besteht. Gerade die divergenten Grundvorstellungen der Vertreter des *Common Law copyright* einerseits und des *Droit d'auteur* andererseits stellen die Harmonisierungsbestrebungen der Europäischen Gemeinschaft vor immense Herausforderungen.

Mit welchen konkreten Problemen die Gemeinschaft angesichts der *Copyright-Droit d'auteur*-Dichotomie konfrontiert ist, soll anhand der systematischen Gegenüberstellung zweier Repräsentanten dieser Rechtstraditionen herausgearbeitet werden: Das britische *Copyright Law* und das deutsche Urheberrecht dienen hier als Grundlage.

Nach einer Betrachtung der historischen Fundamente von *Copyright Law* und Urheberrecht werden im Rahmen dieser Studie diejenigen Themenbereiche untersucht, die die unterschiedlichen Ansatzpunkte der beiden Rechtssysteme am besten verdeutlichen. Konkret geht es um die Themen "Werke und Leistungen", "Urheber und Inhaber des Urheberrechts", "Urhebervertragsrecht" und "Urheberpersönlichkeitsrecht".

Im Anschluß an die Besprechung einiger grundsätzlicher Fragen zur europäischen Harmonisierung wird unter Bezugnahme auf die genannten Themenkreise erörtert, inwiefern durch die Harmonisierungsrichtlinien der Gemeinschaft Brücken über die Kluft zwischen *Copyright* und *Droit d'auteur* gebaut werden können. Ein Einblick in Harmonisierungsprojekte, deren Verwirklichung (wenn alles planmäßig läuft) unmittelbar bevorsteht, und in Harmonisierungspläne, die sich längerfristig gesehen mit dem Übergang ins sogenannte Informationszeitalter beschäftigen, rundet die Studie ab.

1. Teil

Historische Fundamente von *Copyright Law* und Urheberrecht

Wer die Gegenwart verstehen will,
muß die Vergangenheit erfassen.

Einführung

Es ist wichtig, sich auf die historischen Fundamente des britischen *Copyright Law* und des deutschen Urheberrechts zu besinnen, wenn man deren unterschiedliche Grundansätze begreifen will. Nur im Rahmen einer geschichtsbewußten Betrachtung kann man sich an die Aufgabe wagen, das geltende *Copyright Law* in systematisch sinnvoller Weise mit dem Urheberrecht in Relation zu setzen. Auch die Einordnung dieser beiden Systeme in einen europäischen Rahmen kann nur mit Blick auf ihre geschichtlichen Wurzeln erfolgen. Nicht im historischen Vakuum, sondern nur aus einem gründlichen Verständnis geschichtlicher Gegebenheiten heraus kann die Harmonisierung auf EG-Ebene gelingen. Diskussionen ohne Rückblick bleiben ohne Weitblick und enden meist auf der Ebene der Polemik.

In diesem Teil geht es zunächst darum, die historische Entwicklung des *Copyright Law* und des Urheberrechts in Grundzügen darzustellen (Kapitel 1 und 2). Im Anschluß daran werden die geschichtlich fundierten Ansätze des *Copyright Law* und des Urheberrechts sowie deren Hintergründe herausgearbeitet (Kapitel 3).

1. Kapitel: Geschichte des *Copyright Law*

Wenn es darum geht, die Geschichte des britischen *Copyright Law* bis zu ihren Ursprüngen zurückzuverfolgen, so kommt vielen zuerst der *Act of Anne* in den Sinn. Tatsache ist jedoch, daß die normative Entwicklungsgeschichte des *Copyright Law* viel früher beginnt und daß auch der *Act of Anne* nur im Kontext der ihm vorangehenden historischen Geschehnisse verstanden werden kann.[1]

1. Printing patents

Schon bald nach der Einführung der Druckerpresse durch William Caxton im Jahre 1476[2] florierte der Buchdruck in England unter Förderung der Krone.[3] Durch *royal prerogative* wurden vom König Privilegien in Gestalt von *printing patents* verliehen, die für eine bestimmte Zeit ausschließliche Druckrechte gewährten. Gegenstand dieser *printing patents* waren Bücher, nach denen die Nachfrage groß war (z.B. die Bibel, Gebet- und Schulbücher) und deren Druck daher ein lukratives Geschäft bedeutete.[4] Zumeist waren sogenannte *Stationers* Inhaber der *printing patents*.[5] Die *Stationers* aber, deren Geschichte bis ins Jahr 1403 zurückreicht,[6] gewannen immer mehr an wirtschaftlicher und politischer Bedeutung, bis sie 1557 mit der Verleihung von Körperschaftsrechten auf den Höhepunkt ihrer Macht katapultiert wurden.

---

[1] So auch *Patterson*, S. 12. Zum *Act of Anne* unten Teil I, Kapitel 1, Ziffer 3. Genaue Angaben zur britischen Gesetzgebung, Rechtsprechung und zu sonstigen Quellen hinsichtlich des britischen Rechts finden sich unten in den Materialien: Großbritannien.

[2] Dieses Datum war längere Zeit umstritten, ist jetzt jedoch allgemein anerkannt. Man nimmt an, daß bei der Datierung eines in Oxford gedruckten Buches versehentlich ein X ausgelassen wurde, was das Erscheinungsjahr fälschlicherweise von 1478 auf 1468 vorverlegte. Vgl.: *Clair*, S. 16 u. 112; *Drone*, S. 54, Fn. 1; *Osterrieth*, S. 3, Fn. 9.

[3] Personifiziert durch Edward IV. (1461-1483), Edward V. (1483), Richard III. (1483-1485) und Henry VII. (1485-1509).

[4] *Patterson*, S. 5; *Feather*, 10 Cardozo Arts & Ent.L.J. 455-473 (456) (1992); *Kaplan*, S. 3.

[5] *Patterson*, S. 6.

[6] *Osterrieth*, S. 17; *Patterson*, S. 29.

2. Stationers' Copyright

Im Jahre 1557 wurde die *Stationers' Company*[7], die Buchdruckergilde, durch die *Charter Mary*[8] zum Dreh- und Angelpunkt des Privilegienwesens und zum Hauptinstrument der Krone für Zwecke der *Zensur*.[9] Wenn auch bereits Henry VIII. die Zensur in seinem Kampf gegen die verhaßte Kirche Roms eingesetzt und daher 1538 die königliche Drucklizenz[10] eingeführt hatte, so erschuf die katholische Königin Mary mit der *Stationers' Company* einen regelrechten Zensurapparat,[11] den sie in Verbindung mit der obersten Zensurbehörde, der *Star Chamber* (Sternkammer), rigoros für die Gegenreformation benutzte. Die strategische Glanzleistung der Krone bestand jedoch darin, die Eigeninteressen der *Stationers* untrennbar mit den Zensurbestrebungen zu verbinden.[12]

Der *Stationers' Company* wurde insofern ein *Monopol* im Druckgewerbe eingeräumt, als der Buchdruck ausschließlich den Mitgliedern der Gilde gestattet war. Die Bedeutung dieser Monopolstellung kann nur unterstrichen werden, da sie einerseits mit dem Recht verbunden war, verbindliche Vorschriften für das Verlagswesen (*bylaws*) zu erlassen, und andererseits mit der Gerichtsbarkeit über Buchdruck und -handel. Man ließ die *Stationers* drakonisch anmutende Strafen verhängen, wie etwa die Beschlagnahme und Verbrennung mißbilligter Bücher sowie Geld- und Gefängnisstrafen.[13] Zudem führte die *Stationers' Com-*

---

[7] Der volle Titel lautete *The Worshipful Company of Stationers of London*. Zur Geschichte der *Stationers' Company* auch *Bladgen*, S. 19 ff.

[8] Die von Königin Mary 1557 gewährte *Charter Mary* verlieh den *Stationers* den Status einer juristischen Person. Die *Charter Mary* wurde über ein Jahrhundert hinweg von verschiedenen Monarchen bestätigt (zuletzt 1688 durch William und Mary, vgl. 1 William & Mary, c. 14).

[9] Vgl. *Greg*, S. 3; *Mumby/Norrie*, S. 12; *Patterson*, S. 28 ff; *Osterrieth*, S. 20.

[10] *Proclamation* v. 16.11.1538 durch Henry VIII. (1509-1547); vgl. *Patterson*, S. 23. Das von Henry VIII. geschaffene System wurden von Edward VI. (1547-1553) fortgeführt.

[11] *Osterrieth*, S. 24. Mary (1553-1558).

[12] So auch *Kaplan*, S. 3, "*it was thought strategic to enlist in aid of the censorship the covetous self-interest of the very printers and booksellers*". Vgl. *Patterson*, S. 6, "*During almost the whole period from 1557 to 1709, a time of continuous religious struggle, censorship was a major policy measure of the English government. This policy made it convenient for the government to give the stationers large powers, which it did in increasing measure, in order to have them serve as policemen of the press. The stationers were eager to receive these powers - indeed, actively sought them - for they meant a more effective control of the book trade and thus stronger supports for their copyrights.*"

[13] *Osterrieth*, S. 20.

pany ein Register, in das alle Veröffentlichungen eingetragen werden mußten; das Recht der Eintragung blieb ausschließlich den Mitgliedern der *Company* vorbehalten.[14]

Daß den *Stationers* das königliche Zensuranliegen gelegen kam, überrascht nicht, waren sie doch selbst auf die Ausschaltung unerwünschten Wettbewerbs im Druckhandwerk erpicht. Das ausschließliche Recht der Vervielfältigung und Verbreitung von Werken garantierte ihnen den Schutz ihrer Investitionen im risikobeladenen Verlegergeschäft.[15]

So verbanden sich also die (völlig unterschiedlich motivierten) Interessen der Krone und der *Stationers' Company* zu einem harmonischen Ganzen.[16] Und dieses Zweckbündnis sollte auch die Zeiten der Tudor-Königin Elizabeth und ihrer Stuart-Nachfolger[17] - allerdings nun wieder zugunsten der Reformation - überstehen.[18]

Angesichts eines solchen Interessengeflechts standen die *Urheber*, die Schöpfer der Werke, nicht im Mittelpunkt. Wo es um staatliche Inhaltskontrolle von Druckwerken und die Wahrung wirtschaftlicher Vormachtstellungen ging, schenkte man dem Schutz der Urheberbelange so gut wie keine Beachtung.[19] Das Copyright war demnach ein Recht der Verleger[20], kein Recht der Urheber. Den Urhebern war als Nicht-Mitgliedern der *Stationers' Company* der Erwerb des Copyright sogar verwehrt.[21]

---

[14] Die Bedeutung der Eintragung ins Register wird im Schrifttum kontrovers diskutiert und läuft im Kern auf die Frage hinaus, ob der Eintragung eine für die Entstehung des Copyright konstitutive oder aber nur deklaratorische Bedeutung zukam. S. *Patterson*, S. 51-64.

[15] Vgl. *Feather*, in: *Carpenter* (ed.), S. 173-198 (187).

[16] *Cornish*, Rdnr. 9-001, "*Governments determined to censor heterodoxy made concert with the established order of the publishing trade.*" S. auch *Saunders*, S. 50; *Patterson*, S. 11.

[17] Elizabeth (1558-1603); Haus der Stuarts: James I. (1603-1625); Charles I. (1625-1649); Republik (1640-1649); Charles II. (1660-1685); James II. (1685-1688); William & Mary (1688-1702); Anne (1702-1714).

[18] *Stewart*, Rdnr. 2.12; *Feather*, [1988] 12 EIPR 377-380 (378); *Patterson*, S. 27.

[19] Vgl. *Osterrieth*, S. 98.

[20] Die Berufe des Druckers, Verlegers und Buchhändlers waren für lange Zeit in einem Betrieb vereinigt; daher werden diese Begriffe bei der Darstellung der Geschichte des britischen *Copyright Law* oft synonym verwendet; vgl. *Bonham-Carter*, Vol. I, S. 11.

[21] So auch *Patterson*, S. 8, "*copyright began as a publisher's right, a right which functioned in the interest of the publisher, with no concern for the author*" und S. 5, "*Authors, not being members of the company, were not eligible to hold copyright, so that the monopoly*

Bei der Betrachtung der Rechte der Urheber ist es ratsam, sich auf die Interessenkonstellation zu besinnen, die das gesamte frühe *Copyright Law* wie ein roter Faden durchzieht: Die *Stationers* waren als Geschäftsleute auf Umsatz und Profit erpicht. Die den Urhebern zugebilligten Rechte waren nur ein Nebenprodukt, eine Begleiterscheinung des Copyright, welches die *Stationers* im Sinne ihrer eigenen Zielvorstellungen gebrauchten.[22] Zugestanden wurde den Urhebern das Recht auf Bezahlung für die Übertragung ihrer Eigentumsrechte am Werk.[23] Bis zu einem gewissen Grad wurden in der Praxis zweckmäßigerweise auch die Schöpferinteressen der Urheber gewahrt,[24] aber nur in dem Ausmaße, wie dadurch den Interessen der Verleger selbst gedient war. Die *Stationers* machten es sich zum Grundsatz, die Werke der Urheber ohne Veränderungen zu drucken, da sie nur dann vor der Gefahr gefeit waren, daß sich andere Verleger ein eigenes Copyright über ihrerseits abgeänderte Werke erwarben. Die eigentliche Gefahr drohte also von rivalisierenden Verlegern, und nur indem man den Urhebern das Recht auf unverfälschte Wiedergabe ihrer Werke zubilligte, konnte man sich das ausschließliche Recht zum Druck der Werke sichern.[25] Nur Mittel zum Zweck waren die Urheber also in dieser von wirtschaftlicher Macht und staatlicher Allgegenwärtigkeit geprägten Zeit. Ohne den Rückhalt einer philosophischen Gesamtkonzeption von Wert und Bedeutung ihrer schöpferischen Aktivität und ohne Lobby im tatsächlichen Machtgefüge blieb den Urhebern der Weg zur rechtlichen Anerkennung und Untermauerung ihrer Belange verwehrt.

Schon früh erkannten die *Stationers* ihrerseits den Wert der Zensur für die Festigung ihrer eigenen Monopolstellung und verquickten die Besorgnis der Krone um Staatsreligion, Staatssicherheit und persönliche Eitelkeit geschickt mit dem Erhalt ihres wirtschaftlichen Imperiums. Hauptsächlich ihrer Lobbyfunktion ist die langandauernde Existenz der Zensur in England zuzuschreiben.[26] Von der *Charter Mary* 1557, den *Star Chamber Decrees* von 1566, 1586 und 1637,

---

of the stationers meant that their copyright was, in practice and in theory, a right of the publisher only."

[22] *Patterson*, S. 71.

[23] Es war nicht die Übertragung des Verlagsrechts; dieses entstand erst durch Verleihung der *Stationers' Company* originär in der Person des Verlegers; vgl. *Eggersberger*, S. 242; *Bappert*, S. 235.

[24] *Patterson*, S. 74-77, nennt diese *creative rights* und führt einige Beispiele an.

[25] In diesem Sinne auch *Patterson*, S. 76.

[26] *Patterson*, S. 115.

über die *Ordinances* von 1643, 1647 und 1649 zur Zeit des Interregnums[27], bis hin zum *Licensing Act* von 1662[28], zu allen Zeiten spielte die *Stationers' Company* eine zentrale Rolle in ihrer Allianz mit der Staatsgewalt.

Doch wenn schon die Auflösung der *Star Chamber* im Jahre 1641 den Anfang vom Ende der Zensur in England angedeutet hatte, so bewirkte 1694 die Weigerung des *House of Commons*, den *Licensing Act* weiterhin zu verlängern,[29] einen endgültigen Bruch mit der Zensur.[30] Gleichzeitig war damit aber auch das Ende des staatlichen Protektionismus zugunsten der *Stationers* gekommen. Die fetten Jahre des absoluten Monopols waren insofern vorbei, als es nunmehr keine gesetzliche Grundlage für die Bestrafung des Raubdrucks mehr gab. Durch die regelrechte Anarchie des Buchwesens[31] in ihrer marktbeherrschenden Stellung (wenn auch nicht in ihrer Existenz) bedroht, richteten die *Stationers* wiederholte Male Petitionen für ein neues Gesetz zu ihrem Schutz ans Parlament - in ihrem Eifer zunächst noch unter dem Mäntelchen der Zensur, dann unter Betonung des Eigentumsschutzes in bezug auf Bücher.[32] Nach langen Jahren hatten ihre Bemühungen schließlich Erfolg. Anno 1710 trat ein fundamentales Gesetzeswerk in Kraft: "*An Act for the encouragement of learning, by vesting the copies of printed books in the authors, or purchasers, of such copies, during the times therein mentioned*".[33] Das ist die Entstehungsgeschichte des *Act of Anne*.

---

[27] Die Zensur richtete sich zu Cromwells Zeiten gegen *royalism* oder die Anhänger der Monarchie; vgl. die *Ordinance* des *Long Parliament* von 1643 gegen Werke "*to the great detriment of religion and government*".

[28] *Puritanism* lautete diesmal das Angriffsziel der Zensur; der *Licensing Act* (13 & 14 Char.II, c. 33) von 1662 war die Waffe der wieder an die Macht gekommenen Stuarts gegen die Gefolgschaft Cromwells, die den Stuartkönig Charles I. hingerichtet hatte.

[29] Der *Licensing Act* von 1662 (13 & 14 Char.II, c. 33) war mehrere Male verlängert worden, nämlich durch die *Acts* von 1685 (1 James II, c. 17), von 1688 (1 William & Mary, c. 14) und von 1692 (4 William & Mary, c. 24).

[30] *Osterrieth*, S. 95-99; *Patterson*, S. 6, 126.

[31] *Bonham-Carter*, Vol. I, S. 16; *Ruete*, S. 10; *Feather*, 8 Publishing History 19-44 (23) (1980).

[32] Vgl. *Feather*, [1988] 12 EIPR 377-380 (378).

[33] *Act* 8 Anne, c. 17. Engl. Wortlaut u. dt. Übersetzung bei *Osterrieth*, S. 101-104. Die exakte Datierung des Gesetzes ist insofern problematisch, als die englische Kirche ab dem 12. Jahrhundert den 25. März als Jahresbeginn festsetzte und diese Praxis im 14. Jahrhundert von zivilen und rechtlichen Instanzen übernommen wurde. Bis zur gesetzlichen Angleichung an den gregorianischen Kalender am 1. Januar 1753 (durch den 1731er *Act* 24 Geo.II., c. 23) wich das historische Jahr demnach zwischen dem 1. Januar und dem 24. März vom kirchlichen Jahr ab. Nach heutiger Zeitrechnung wurde der Gesetzesentwurf des *Act of Anne* am 11. Januar 1710 dem *House of Commons* vorgelegt und trat schließlich am 10. April in Kraft. Bei der

3. Act of Anne

Die Bedeutung des altehrwürdigen *Act of Anne* liegt darin, daß er die Grundmauern darstellt, auf denen das moderne *Copyright Law* errichtet ist. Im Schrifttum oft als erstes Urheberrechtsgesetz Großbritanniens und der Welt bezeichnet,[34] beinhaltete der *Act of Anne* zwei wesentliche Neuerungen. Zum einen konnte nun jedermann und damit auch der Urheber, also nicht nur die Mitglieder der Gilde der *Stationers*, das ausschließliche Recht zur Drucklegung erhalten, und dies durch Verleihung vom Staate selbst und nicht mehr durch die autonomen *bylaws* der *Stationers' Company*. Zum anderen gab es anstatt des "ewig währenden Copyright" nun eine Beschränkung der Schutzfrist auf 14 Jahre ab Veröffentlichung, wobei sich diese Schutzfrist für die nach Ablauf der 14 Jahre noch lebenden Urheber verdoppelte.[35]

Im Lichte dieser Änderungen könnte man den *Act of Anne* als Wiege des *author's right* oder Urheberrechts im eigentlichen Sinne verstehen. Doch sollte man sich nicht vom Schein trügen lassen. An den grundlegenden Anschauungen der beteiligten Interessengruppen hatte sich nämlich nichts geändert. Die Verleger sahen im neuen Gesetz die Verwirklichung ihres Schutzbedürfnisses,[36] und zwar in zweierlei Hinsicht.

Einerseits war der *Act of Anne* in erster Linie ein *trade regulation statute*[37], das dazu diente, Ordnung in das seit Ablauf des *Licensing Act* anno 1694 im Chaos versinkende Buchwesen zu bringen. Dies aber lag am allermeisten der *Stationers' Company* am Herzen, deren Monopolambitionen durch die gesetzliche Beendigung der "Buchpiraterie" wiederaufleben konnten. - Andererseits erkannten die Londoner *Stationers*, daß sie der *Act of Anne* auch gleichzeitig gegen den Wettbewerb der schottischen Verleger abschirmen würde, hatte der

---

Besprechung des *Act of Anne* wird hier daher vom Jahr 1710 ausgegangen. S. *Ransom*, S. 6, 94 ff.

[34] So z.B. *Stewart*, Rdnr. 2.14; *Laddie/Prescott/Vitoria*, Rdnr. 2.2. A.A. aber *Patterson*, S. 12 u. 143 mit dem Hinweis auf die früheren *Star Chamber Decrees*, die *Ordinances* zur Zeit des Interregnums und den *Licencing Act*.

[35] Dies aufgrund des in Sec. XI gewährten Heimfallanspruchs. Da jedoch auch der Heimfallanspruch übertragbar war, dürfte seine Schutzwirkung für Urheber nicht sonderlich bedeutsam gewesen sein; vgl. *Ruete*, S. 20, Fn. 3.

[36] *Feather*, [1988] 12 EIPR 377-380 (379).

[37] *Stewart*, Rdnr. 2.14; *Patterson*, S. 14 u. 143.

Act of Union mit Schottland im Jahre 1707[38] doch so etwas wie einen *Common Market* Großbritanniens geschaffen. Die *Stationers* waren darauf bedacht, auch die Verleger außerhalb ihres bisherigen Wirkungskreises den Spielregeln ihres *Stationers' Copyright* zu unterwerfen.[39]

Mit Blick auf diese Motive kann man auch ihr geschäftiges Einbringen von Petitionen für gesetzliches Handeln nach Ablauf des *Licensing Act* anno 1694 verstehen, das ihnen mit dem Erlaß des *Act of Anne* ja schließlich Erfolg bescherte. Erreicht hatten sie dadurch die gesetzliche Kodifizierung ihres *Stationers' Copyright*, das nach 1694 nur durch die weitgehende (wenn auch nicht mehr absolute) Marktbeherrschung und die Fortsetzung der nunmehr nur noch gewohnheitsrechtlich fundierten Copyright-Praktiken gesichert gewesen war.

Was sich mit dem Ende der von der Zensur geprägten Epoche jedoch geändert hatte, war der *Zeitgeist*. Zum einen richtete sich der Unwillen des Volkes gegen die Macht der Monopole,[40] ein Anliegen, das das Parlament ernst nahm, da es dem *public interest* - dem öffentlichen Interesse oder Gemeinwohl - entsprach. Zum anderen wurden verstärkt Stimmen laut, die dem schöpferischen Wirken der Urheber in einem mehr urheberbezogenen Recht Rechnung tragen wollten.[41]

Angesichts dieser Konstellation ersannen die *Stationers* einen Schachzug, der ihnen in dieser Umbruchstimmung ihre Vormachtstellung weitmöglichst erhalten konnte. Strategisch geschickt wurde das Wohl des Urhebers in den Vordergrund gerückt, um sich durch diese "Strohpuppe" in der sich anbahnenden Kompromißlösung die tatsächlichen Vorteile zu sichern. Auf den ersten Blick könnte man meinen, der *Act of Anne* wolle in erster Linie den schöpferisch Tätigen den ihnen gebührenden Status mit den dazugehörigen Rechten verleihen. Doch bei

---

[38] *Act* 6 Anne, c. 6. Anno 1707 wurde durch die Vereinigung des schottischen und des englischen Parlamentes die seit 1603 bestehende Personalunion zwischen England und Schottland in eine Realunion übergeführt; seitdem gibt es die amtliche Bezeichnung "Großbritannien".

[39] *Prescott*, [1989] 12 EIPR 453-455 (454 f); *Feather* [1988] 12 EIPR 377-380 (379).

[40] *Patterson*, S. 7, 144, 147 u. 150. *Saunders*, S. 10 u. 54.

[41] Seit *Miltons* Areopagitika, 1644, mehrten sich diesbezügliche literarische Stellungnahmen. Bedeutsam ist v.a. eine Abhandlung von *Locke* (Two Treaties on Civil Government, 1690), in der er ein Copyright für Urheber forderte und dies mit der beim Verfassen des Werkes aufgewandten Zeit und Mühe rechtfertigte, die es wie jede andere Arbeit zu belohnen galt. Vgl. *Stewart*, Rdnr. 2.14.

genauerem Hinsehen muß man feststellen, daß der Terminus *author* fast ausschließlich[42] alternativ zu den Begriffen *purchaser of copy*, *proprietor of copy*, *assignee* oder *bookseller* verwendet wird, was deutlich macht, daß trotz der Hinwendung zu den Urhebern das Interesse der Käufer, Eigentümer oder Erwerber des Copyright, sprich der Verleger und Buchhändler, keinesfalls aus den Augen gelassen wurde. Manche würden die Nennung der *authors* oder Urheber im Titel des *Act of Anne* sogar allenfalls als argumentativen Vorwand für die Durchsetzung von Verlegerinteressen charakterisieren.[43] Insofern war die Hervorhebung der Urheber eher Formsache,[44] was durch die in der Nachfolge des Gesetzes fortdauernde Praxis der Verleger, den Urhebern das Copyright für geringe Summen vollständig abzukaufen,[45] bestätigt wird. Zudem war das Entstehen des Copyright für die Schöpfer der Werke kein formloser, automatischer, aus dem Akt der Schöpfung resultierender Vorgang; vielmehr mußten Urheber, wie jeder andere "Otto Normalverbraucher", einen Eintrag ins Register der *Stationers' Company* tätigen, wie dies schon seit eh und je gehandhabt worden war. Eingefleischte Praktiken der *Stationers* fanden damit wieder einmal gesetzlichen Rückhalt.

Auch wenn die Verleger also die Oberhand behielten, mußten sie sich angesichts des *public interest* doch auf einen Kompromiß einlassen. Einerseits wurde ihr zeitliches und quantitatives Monopol gebrochen, und zwar durch die Beschränkung ihres vorher "ewigen" Copyright auf 14 Jahre und die Verleihung des bisher auf die *Stationers* beschränkten Copyright potentiell an "jedermann". Doch andererseits konnten sie sich durch den Hinweis auf die Möglichkeit ihres wirtschaftlichen Ruins[46] das Fortbestehen ihres Copyright an "alten" (d.h. vor dem Inkrafttreten des *Act of Anne* veröffentlichten) Werken für 21 Jahre sichern und das Ende ihrer Monopolherrschaft damit doch noch hinausschieben.[47]

---

42 Die Ausnahme stellt Sec. XI dar.

43 Z.B. *Kaplan*, S. 8, "*Although references in the text of the statute to authors ... have lent color to the notion that authors were themselves intended beneficiaries of the parliamentary grace, I think it nearer the truth to say that publishers saw the tactical advantage of putting forward authors' interests together with their own, and this tactic produced some effect on the tone of the statute.*"

44 Vgl. *Patterson*, S. 147, "*Emphasis on the author in the Statute of Anne implying that the statutory copyright was an author's copyright was more a matter of form than of substance.*"

45 *Bonham-Carter*, Vol. I, S. 16.

46 *Patterson*, S. 14.

47 Vgl. *Patterson*, S. 147 f.

In seiner Gesamtheit war der *Act of Anne* also ein Kompromiß zwischen den Forderungen der Verleger und dem vom Parlament definierten *public interest*.[48] Dennoch war das Gesetz insofern ein bedeutsamer Durchbruch, als es die Person des Urhebers nach ihrem historischen Schattendasein zum ersten Mal ins Rampenlicht rückte. Bis dahin konnte Copyright als solches ja ausschließlich Eigentum des Verlegers werden, und erst der *Act of Anne* verschaffte dem Urheber selbst die Möglichkeit, Copyright an seinem Werk zu erlangen.[49]

Doch trotz dieser wichtigen Neuerung wurde das *Copyright Law* durch den *Act of Anne* kein *author's right* im Sinne von "Recht des Urhebers" oder Urheberrecht.[50] Denn das Konzept des Copyright wurde zu einem Oberbegriff für sämtliche Rechte an Veröffentlichungen, ohne daß dabei zwischen Urheber- und Verlegerrechten irgendein Unterschied gemacht wurde. Dadurch wurde die Tatsache verwischt, daß zwischen den Interessen des Urhebers und denen des Verlegers Welten liegen können. Eine Rechtspraxis, die die Belange des Urhebers als solches geschützt hätte, konnte sich nicht entwickeln.[51] Der *Act of Anne* wurde letzten Endes dafür verantwortlich gemacht, daß dem Urheber der Anspruch auf ein ewiges *Common Law copyright* an seinem veröffentlichten Werk streitig gemacht wurde.[52]

4. Battle of the booksellers

Ein tatsächliches *author's right* kristallisierte sich erst zu dem Zeitpunkt heraus, als die besagte 21jährige Schutzfrist für die vor dem *Act of Anne* veröffentlichten Werke ablief und sich die Londoner Verleger eine neue Taktik einfallen lassen mußten, um ihre Vorherrschaft zu bewahren.

Nach Ablauf dieser Schutzfrist anno 1731 standen die Londoner *Stationers* also vor der Frage, wie sie sich weiterhin Copyright über "ihre" Werke sichern

---

48 *Stewart*, Rdnr. 2.14.

49 Vgl. *Bonham-Carter*, Vol. I, S. 15 f; *Patterson*, S. 145.

50 *Feather*, [1988] 12 EIPR 377-380 (379).

51 *Patterson*, S. 151, "*Copyright, in short, was to become a concept to embrace all the rights to be had in connection with published works, either by the author or publisher. As such, it was to prevent a recognition of the different interests of the two and thus preclude the development of a satisfactory law to protect the interests of the author as author.*"

52 *Birrell*, Lectures, S. 22. Dazu unten Teil 1, Kapitel 1, Ziffer 4.

könnten.[53] Die offenkundige Antwort schien ihnen darin zu liegen, nach Ablauf des *gesetzlichen* Schutzes ein ewiges Copyright nach *Common Law* zu behaupten, dessen geistiges Fundament ja schon Locke[54], Warburton[55] und Blackstone[56] gelegt hatten.[57] Mit dieser Theorie gar nicht einverstanden waren allerdings die Verleger aus Schottland und den Provinzen, war mit dem Ablauf des gesetzlich fundierten Copyright doch endlich die Gelegenheit gekommen, die nun gemeinfrei gewordenen Werke ohne den Vorwurf der *book piracy* zu drucken. Dieser Konflikt zwischen den Londoner *Stationers* und den schottischen und provinzialen Verlegern wurde bekannt als *the battle of the booksellers* und gewann weitreichende Bedeutung insofern, als er zum Ausgangspunkt wurde für die Jahrhundertdebatte um das Wesen des Copyright, *the question of literary property*.[58] Mit der Frage, ob Copyright als Kind parlamentarischer Schöpfung anzusehen sei oder vielmehr naturrechtlichem Hintergrund entspränge, ging es für die Londoner Monopolisten nämlich um Sein oder Nichtsein.

Als Mittel zum Zweck benutzten die Londoner Verleger in ihrer Argumentation wieder einmal die Person des Urhebers. Denn wenn man behauptete, der Urheber eines veröffentlichten Werkes hätte ein *ewiges "Urheberrecht"* (im Sinne eines Naturrechts) *nach Common Law*, dann konnte er dieses auf den Verleger übertragen. Damit konnte der Verleger wiederum die vom *Act of Anne* festgesetzten zeitlichen Beschränkungen umgehen, denn er hatte ja ein Copyright für immer und ewig, das nach Belieben genutzt, verkauft oder vererbt werden konnte. Das Monopol wäre damit zurückerobert. Nicht überraschend ist da, daß

---

[53] *Feather*, [1988] 12 EIPR 377-380 (379).

[54] *Locke* gab den Befürwortern eines naturrechtlichen Urheberrechts mit seiner Theorie von der "Arbeit als Grundlage von Eigentumsrechten" Argumente in die Hand, doch seine Vorstellungen von persönlicher Freiheit, insbesondere Meinungs- und Kommunikationsfreiheit, unterstützten die Gegenseite; vgl. *Osterrieth*, S. 150; *Ruete*, S. 23; *Pilny*, S. 92.

[55] *Warburton* leitete in einer 1747 erschienenen Abhandlung aus der Arbeit des Urhebers am Werk dessen geistiges Eigentum (*literary property*) ab; vgl. *Osterrieth*, S. 116 ff.

[56] Nach *Blackstone*, dem großen englischen Rechtssystematiker, erwächst das geistige Eigentum aus der Schöpfung des Werkes; der gesetzliche Schutz ist damit nur eine Verstärkung des bereits auf dem *Common Law* beruhenden Rechtsschutzes und ist ebensowenig befristet wie der Schutz des sonstigen Eigentums.

[57] So *Ulmer*, § 9 III 1.

[58] *Kaplan*, S. 13; *Drone*, S. 2, *"The chief question to be determined is, whether copyright is a natural right of property, based on and governed by the same general principles which underlie all property; or whether it is an artificial right, - a monopoly which has been created by the legislature."*

das "schon immer existierende" *Common Law copyright* des Urhebers zum Schlüsselwort im Establishment der Londoner *Stationers* wurde.[59]

Schon im Jahre 1734 bemühten sich die *Stationers* darum, das Parlament von der Dringlichkeit ihres Anliegens zu überzeugen, und dies immer unter dem Vorwand des Schutzes der Urheber. Die Bestrebungen, sich beim Parlament Gehör für ein ewiges *Common Law copyright* zu verschaffen, waren jedoch zum Scheitern verurteilt, da die eigentlichen Motive der Verleger durchschaut wurden.[60]

Nach ihrem Mißerfolg beim Gesetzgeber wandten sich die *Stationers* an die Gerichte. Zunächst machten sie sich an den mit *Equity*[61] befaßten *Court of Chancery* und bestanden auf einstweilige Verfügungen (*interlocutory injunctions*[62]), um die Veröffentlichung von Büchern zu verhindern, als deren Eigentümer sie sich verstanden.[63] Die Richter im *Court of Chancery* gingen das Problem Copyright scheinbar mit den traditionellen Vorstellungen des englischen Sachenrechts (*Property Law*) an[64] und erließen wiederholt Urteile zugunsten der Londoner Verleger.[65] Diese aufgrund von *Equity* ergangenen Entscheidungen stellten jedoch keine abschließende Klärung der Rechtsfrage dar, sondern nur einen vorläufigen Rechtsbehelf bis zum eigentlichen Verfahren im *Court of Common Law*. Da aber den Klägern schon mit diesem *equitable remedy* gedient war und sie nicht auf Schadensersatz (*damages*, also ein *legal remedy*) bestan-

---

[59] *Patterson*, S. 153.

[60] *Feather*, [1988] 12 EIPR 377-380 (379); *Patterson*, S. 155.

[61] *Equity* ist eine Art "Billigkeitsrecht", das die Aufgabe hatte, Lücken des *Common Law* auszufüllen. Rechtsmittel (*remedies*) wurden je nach ihrer Zugehörigkeit zu *Equity* oder *Common Law* in *equitable remedies* und *legal remedies* unterteilt. Bis zu den *Judicature Acts 1873-1875* (36 & 37 Vict., c. 66; 38 & 39 Vict., c. 77) wurden *equitable remedies* (wie z.B. *injunctions* - einstweilige Verfügungen) nur in einem *Court of Equity* gewährt, *legal remedies* (z.B. *damages* - Schadensersatz) dagegen nur in einem *Court of Common Law*. Seit den *Judicature Acts* gibt es beide Arten von Rechtsmitteln in ein und demselben Gericht; vgl. auch *Keenan*, S. 10 f; *injunctions* ergingen bis zum *Judicature Act 1873* grundsätzlich in dem mit *Equity* betrauten *Court of Chancery*.

[62] *Injunctions* sind auf Erbringung oder Unterlassung einer bestimmten Handlung gerichtete Rechtsbehelfe im Rahmen des einstweiligen Rechtsschutzes. Ihnen wurde bis zu Klärung der eigentlichen Frage im Hauptverfahren häufig stattgegeben.

[63] *Birrell*, Lectures, S. 101.

[64] *Saunders*, S. 57.

[65] So z.B. *Eyre v. Walker* (1735) 1 Black. W. 331; *Tonson v. Walker* (1739) 3 Swans. App. 672; *Gyles v. Wilcox* (1740) 26 ER 489.

den, war es nicht notwendig, bis vor einen *Common Law Court* zu gehen.[66] Doch als die richterliche Sympathie im *Equity*-Gericht für die Londoner *Stationers* dahinschwand,[67] versuchten sie in ihrer Bedrängis, vor einem *Common Law*-Gericht ein Urteil in ihrem Sinne zu erzielen. Als die Richter jedoch erfuhren, daß es sich in dem Verfahren um einen abgesprochenen Streit handelte,[68] verweigerten sie wegen Kollusion ein Urteil in der Sache. Nach weiteren Niederlagen[69] errangen die Londoner Verleger 1769 schließlich einen epochalen Sieg in dem berühmt gewordenen Verfahren *Millar v. Taylor*[70], bei dem ihre Rechtsauffassung vom ewigen "Urheberrecht" nach *Common Law* bestätigt wurde.

4.1. Millar v. Taylor

In *Millar v. Taylor* ging es um folgenden Rechtsstreit: Millar, der Verleger des James Thompson, besaß das Copyright über dessen Gedichtwerk *The Seasons*; nach Ablauf der im *Act of Anne* festgesetzten gesetzlichen Schutzfristen druckte und verkaufte der Beklagte Taylor etliche Exemplare des Werkes.[71] Als Millar von Taylor Schadensersatz verlangte, wurde argumentiert, daß das nach *Common Law* angeblich ewige Recht des Urhebers an seinem Werk durch Übertragung auf seinen Verleger letzterem nun für immer zustehe und die Grundlage für dessen Eigentumsanspruch darstelle. Im *Court of King's Bench*[72] bejahte die Mehrzahl der Richter den Schutz des Klägers nach *Common Law*. Damit schien die Lage der Londoner Verleger zunächst konsolidiert. Sie wurden nun nach *Common Law* zu den wahren Hütern der Früchte schöpferischer Arbeit erhoben; Kauf oder Übertragung des "ewigen Urheberrechts" verlieh ihnen eine unantastbare Position. Wieder einmal hatten die Verleger ihre Rechte strategisch

---

[66] *Phillips*, [1981] 10 EIPR 295-299 (295).

[67] So in den Fällen *Millar v. Kincaid* (1750) 4 Burr. 2319; *Tonson v. Walker* (1752) 3 Swans. 672.

[68] *Tonson v. Collins* (1761) 1 Black. W. 301, 302. Bezüglich der Kollusion, in der der Kläger die Kosten des Beklagten zahlte, s. *Millar v. Taylor* (1769) 4 Burr. 2303, 2327.

[69] *Osborne v. Donaldson* (1765) 2 Eden. 328; *Millar v. Donaldson* (1765) 2 Eden. 328.

[70] (1769) 4 Burr. 2303.

[71] Detailliert zum Hintergrund dieses Falles *Phillips*, [1981] 10 EIPR 295-299.

[72] *Court of King's Bench* oder *Court of Queen's Bench*, je nach dem Geschlecht des regierenden Monarchen; der höchste *Common Law Court*, so genannt, weil einst der König oder die Königin den Vorsitz hatte; nun bekannt als *Queen's Bench Division* des *High Court of Justice*.

geschickt mit den Rechten der Urheber verkettet, und ihre Argumente bezüglich der ureigenen Rechte der Urheber als Werkschöpfer schienen in der Tat einleuchtend und schwer widerlegbar. Pragmatischer Gerechtigkeitssinn, der die geistige Arbeit der Urheber rechtlich zu würdigen suchte, stand bei der gerichtlichen Bestätigung eines Eigentumsrechtes nach *Common Law* im Vordergrund. Die enthusiastischen Plädoyers für die Urheber stellten das Verlangen der Londoner Monopolisten auf unerschütterlichen Boden. Sozusagen *en passant* erhielten die Londoner *Stationers* eine schlagkräftige Waffe gegen die Verleger aus Schottland und den Provinzen. Doch trotz alledem liegt die eigentliche Bedeutung dieser gerichtlichen Entscheidung darin, daß das Copyright zum ersten Mal die Bedeutung eines echten *author's right* im eigentlichen Sinne annahm.[73] Das Konzept vom Urheber als der Quelle des Copyright fühlte sich im angelsächsischen Denken allmählich wohl.

4.2. Donaldson v. Beckett

Das jähe Ende des Londoner Verlegermonopols kam jedoch im Jahre 1774 mit dem Verfahren *Donaldson v. Beckett*[74] vor der höchsten gerichtlichen Instanz, dem *House of Lords*, bei dem die Entscheidung im Prozeß *Millar v. Taylor* praktisch auf den Kopf gestellt wurde.[75] Wieder einmal lagen sich die Londoner Monopolisten und die schottischen "Piraten" in den Haaren, wobei letztere vom Verleger Donaldson aus Edinburgh repräsentiert wurden, der sein Recht bis zum obersten Gericht verteidigte.[76] Die Mitglieder des *House of Lords* durchschauten die traditionsreichen Manipulationsstrategien der Londoner *Stationers* im Dienste des Erhalts ihres wirtschaftlichen Imperiums. Die *Lords* wiesen mit scharfen Worten darauf hin, daß das "ewige *Common Law copyright* des Urhebers" ja erst avanciert worden war, als die Verleger nach Ablauf der Schutzfristen des *Act of Anne* anno 1731 plötzlich ohne den Rückhalt des Gesetzes dastanden. Die Monopolambitionen der Londoner Verleger wurden als so repressiv empfunden, daß man sie auch im Namen des *public interest* in ihre Grenzen weisen wollte. Mehrheitlich wurde entschieden, daß an veröffentlichten

---

[73] *Patterson*, S. 15.

[74] (1774) 4 Burr. 2408; Details zum Hintergrund bei *Phillips*, [1981] 10 EIPR 295-299. Vgl. auch *Rose*, [1988] 23 Representations 51-85.

[75] *Zimmermann*, 35 Emory L.J. 163-211 (181) (1986).

[76] Vgl. *Forbes-Gray*, [1926] 38 Juridical Review 180-202.

Werken kein ewiges *Common Law copyright* besteht,[77] vielmehr nur ein zeitlich begrenztes, gesetzlich fundiertes Copyright; mit Ablauf der Schutzfristen des *Act of Anne* konnten die Londoner Verleger demnach kein Copyright mehr für sich beanspruchen, die Werke waren gemeinfrei geworden.[78] Die Entscheidung beendete die Monopolherrschaft der *Stationers*. Zugleich war damit aber implizit festgestellt worden, daß Eigentumsrechte nicht natürliche, sondern künstliche Rechtsschöpfungen des Gesetzgebers sind.[79] Die naturrechtlich geprägte Konzeption vom geistigen Eigentum, wie sie noch in *Millar v. Taylor* vertreten worden war, hatte mit *Donaldson v. Beckett* ihre erste große Niederlage erlitten.[80] Copyright führte seine Entwicklung *nicht* als *naturrechtlich* fundiertes, sondern *positivistisches* Konzept fort.[81]

Mit großem Wehgeschrei und der Prophezeihung ihres wirtschaftlichen Ruins wandten sich die Londoner *Stationers* wiederum an das Parlament, um Rückendeckung durch ein neues Gesetz zu erhalten. Doch die Strategen waren entlarvt, nichts konnte ihnen auch nur eine Spur von Sympathie zurückbringen. Der Zeitgeist hatte sich nunmehr endgültig gegen Monopole und staatlichen Protektionismus gewandt.[82] Damit endete der *battle of the booksellers*.

---

[77] Lediglich für *un*veröffentlichte Werke existierte ein fortwährendes *Common Law copyright*.

[78] Vgl. *Feather*, [1988] 12 EIPR 377-380 (380).

[79] *Atiyah*, S. 109.

[80] Vgl. *Saunders*, S. 66, "*If with the majority finding in **Millar v. Taylor** the common law had installed a natural law rationale for the protection of copyright as recognition of the author's right of possession through labour, then **Donaldson v. Beckett** turns the earlier ruling on its head, defining copyright as a right of property deriving from the statutory grant.*" *Yen*, 51 Ohio S.L.J. 517-559 (528) (1990), "***Donaldson**'s reversal of **Millar** can be read as the elimination of natural law from copyright theory.*"

[81] *Cornish*, Rdnr. 9-003, Fn. 14, berichtet, daß das *House of Lords* in *Jeffreys v. Boosey* (1854) 4 HCL 815, 935, einstimmig festhielt an dem "*positivist view of copyright*" als "*altogether an artificial right, not naturally and necessarily arising out of the social rules that ought to prevail among mankind, but ... a creature of the municipal laws of each country, to be enjoyed for such time and such regulation as the law of each state may direct*"; *Bowker*, in: *Putnam* (ed.), S. 317-323 (322 f), empfand diese Situation als sehr dramatisch: "*Literary and like property ... lost the character of copy-**right**, and became the subject of copy-**privilege**, depending on legal enactment for the security of the private owner*"; auch *Birrell*, Essays & Addresses, S. 94, beklagte die entstandene Situation: "*Here ends the story of how authors and their assignees were disinherited by mistake, and forced to content themselves with such beggarly terms of enjoyment as a hostile legislature doles out to them.*"

[82] Richtungsweisend waren die Theorien des *Adam Smith* (1723-1790), des Vaters der klassischen Nationalökonomie, der sich vehement gegen die staatliche Restriktion der Wirtschaft, die merkantilistische Handelspolitik und Monopole wandte.

5. Ausbau des Copyright Law

Meist auf Veranlassung engagierter Interessengruppen[83] befaßte sich die Gesetzgebung nach dem *Act of Anne* zunächst mit der Regelung von Einzelproblemen und dem Schutz einzelner Werkgattungen, beispielsweise mit Stichen, Drucken, Designs, Skulpturen, Lithographien, dramatischen Werken und deren Aufführung sowie den Spezialrechten der Universitäten. Zuweilen finden sich auch partielle Zusammenfassungen von Gesetzen. Doch insgesamt entsteht für die Zeit der nächsten zwei Jahrhunderte das Bild eines "gesetzgeberischen Flickenteppichs",[84] mit der Folge einer "Systemlosigkeit, die eine Gesamtbetrachtung des Copyright unmöglich macht"[85]. Dies änderte sich erst mit dem *Copyright Act 1911*[86], der 17 Gesetze ganz und vier weitere partiell aufhob und die erste einheitliche Kodifikation des britischen *Copyright Law* darstellte.[87]

Eine andere Frage, die nach dem endgültigen Begräbnis des "ewigen *Common Law copyright* des Urhebers" an veröffentlichten Werken durch *Donaldson v. Beckett* nicht in Vergessenheit geraten war, ist die der Dauer des Copyright-Schutzes. Hatte man den Urheber als die eigentliche Quelle des Copyright erkannt, seinen "ewigen Schutz" aufgrund der Abneigung gegen die Londoner Monopolisten jedoch verneint, so wollte man die Person des Urhebers doch ver-

---

[83] Vgl. *Stewart*, Rdnr. 2.16, Fn. 2.

[84] *Osterrieth*, S. 100 ff. Vgl. die Vielzahl von Gesetzen in der Materie des Copyright nach dem *Act of Anne* 1710 bis zum *Copyright Act* von 1911: beispielsweise die *Acts* von 1735 (8 Geo.II, c. 13), von 1739 (12 Geo.II, c. 36), von 1766 (7 Geo.III, c. 38), von 1775 (15 Geo.III, c. 53), von 1777 (17 Geo.III, c. 57), von 1787 (27 Geo.III, c. 38), von 1789 (29 Geo.III, c. 19), von 1794 (34 Geo.III, c. 23), von 1798 (38 Geo.III, c. 71), von 1801 (41 Geo.III, c. 107), von 1814 (54 Geo.III, c. 56 und c. 156), von 1833 (3 & 4 Will.IV, c. 15), von 1835 (5 & 6 Will.IV, c. 65), von 1836 (6 & 7 Will.IV, c. 59 und 110), von 1838 (1 & 2 Vict.,c. 59), von 1839 (2 Vict., c. 13 und c. 17), von 1842 (5 & 6 Vict., c. 45 und c. 100), von 1843 (6 & 7 Vict., c. 65), von 1844 (7 & 8 Vict., c. 12), von 1847 (11 & 12 Vict., c. 95), von 1850 (13 & 14 Vict., c. 104), von 1851 (14 & 15 Vict., c. 8), von 1852 (15 & 16 Vict., c. 12), von 1858 (21 & 22 Vict., c. 70), von 1861 (24 & 25 Vict., c. 73), von 1862 (25 & 26 Vict., c. 68), von 1875 (38 & 39 Vict., c. 12, c. 53 und c. 93), von 1882 (45 & 46 Vict., c. 40), von 1886 (49 & 50 Vict., c. 33), von 1888 (51 & 52 Vict., c. 17), von 1902 (2 Edw.VII, c. 15), von 1906 (6 Edw.VII, c. 36) und von 1907 (7 Edw.VII, c. 29). Zu den jeweiligen Namen der *Acts* unten, Materialien: Großbritannien.

[85] *Osterrieth*, S. 182, der bemerkt: "Jedes dieser Gesetze wurde ohne Rücksicht auf die übrigen, nur für das nächstliegende praktische Bedürfnis geschaffen." Dieses unsystematische Vorgehen wird im Englischen *piecemeal approach* genannt.

[86] 1 & 2 Geo.V, c. 46.

[87] *Copinger/Skone James*, Rdnr. 1-42.

stärkt zum Maßstab des Copyright machen. Somit wurde die gesetzliche Schutzfrist für veröffentlichte Werke durch den *Copyright Act 1814* auf 28 Jahre bzw. die Lebenszeit des Urhebers verlängert.[88] Der entscheidende Durchbruch kam jedoch durch den *Copyright Act 1842*[89] mit der Ausweitung der Schutzfrist über den Tod des Urhebers hinaus, und zwar auf 42 Jahre bzw. die Lebenszeit des Urhebers plus sieben Jahre *post mortem auctoris*.[90] Auch wenn diese Schutzfrist einen Kompromiß darstellte zwischen den Argumenten des Hauptverfechters einer 60jährigen *post mortem*-Frist, Sergeant Talfourd[91], einerseits und andererseits denen Lord Macauleys[92] für die Verleger, die eine riesige Anti-Kampagne in Parlament und Presse gestartet hatten, so blieb sie doch die Grundlage des *Copyright Law* bis über die Jahrhundertwende hinaus. Mit den Gesetzen von 1814 und 1842 war wieder ein Sieg zugunsten der Urheber errungen worden.[93]

Eine weitere bedeutsame Entwicklung fand im Verhältnis des britischen *Copyright Law* zum Urheberrecht anderer Mächte statt, also auf *internationaler Ebene*.[94] Großbritannien war als Exportmacht von Literatur und Kunst sehr darauf bedacht, auch im Ausland die Wahrung seiner Copyright-Interessen

---

[88] Je nachdem, welcher der beiden Zeiträume länger war, Sec. 4 des *Act* 54 Geo.III, c. 156. Vgl. *Feather*, [1988] 12 EIPR 377-380 (380), "... *this clause established a crucial principle: that the term of copyright should be related to the author's life*".

[89] 5 & 6 Vict., c. 45; vgl. *Stewart*, Rdnr. 2.16, Fn. 1.

[90] "*whichever was the longer*", Sec. 3 *Copyright Act 1842*. Vgl. *Feather* [1988] 12 EIPR 377-380 (380), "*If the 1814 Act was important for giving statutory form to the idea of copyright as an author's right, the 1842 Act was crucial in establishing the principle of post mortem protection.*" *Ders.*, 25 Publishing History 45-72 (1989).

[91] *Feather*, [1988] 12 EIPR 377-380 (380), gibt eine Vorstellung vom Hintergrund des Streits: "*Talfourd had many literary friends, one of whom was Wordsworth. Wordsworth was an old man with a number of much younger dependents. As the law stood, his income would die with him, and although he had held back a number of works for post-humous publication, which would be protected for 28 years under the 1814 Act, he was very concerned about what would happen to his family. Talfourd's proposal was an attempt to solve this problem, which had already arisen in an acute form for the heirs of both Coleridge and Scott.*"

[92] Nach *Lord Macauley* werden Urheber von dem Gedanken, daß ihre Erben von Copyright *post mortem* profitieren, nicht zu größerer Arbeitsleistung angeregt. Vielmehr betonte er die Gefahr, daß Erben das Copyright zum Schaden der Allgemeinheit mißbrauchen würden. Er befürchtete "*that if such a measure as this should be adopted, many valuable works will be either totally suppressed or grievously mutilated*", *Hansard*, Vol. 56, 1841, S. 344 f.

[93] *Feather*, [1988] 12 EIPR 377-380 (380), "*Gradually, the courts ... shifted the balance of power from the publisher to the author. That shift was embodied in the law in 1814 and 1842.*"

[94] Zu multi- und bilateralen Abkommen unten, Materialien: Internationaler Rahmen.

gesichert zu wissen.[95] Zunächst arrangierten sich die Briten in einer Reihe bilateraler Abkommen.[96] Dann zeigten sie sich sehr aktiv in den Konferenzen, die zur Berner Übereinkunft von 1886[97] führten. Mit der Ratifizierung der Berner Übereinkunft schloß sich Großbritannien einem multi-nationalen System an, bei dem jeder Staat den Angehörigen der anderen Verbandsstaaten denselben Schutz zusicherte, den seine Gesetze den eigenen Urhebern gewährten. Doch da dies bald wiederum Fragen über den genauen Umfang des Rechtsschutzes in den Mitgliedstaaten hervorrief, kam es 1908 in Berlin zu einer Revision der Berner Übereinkunft, bei der Großbritannien dem mehrheitlichen Konsens hinsichtlich zweier Punkte folgen mußte:[98] Zum einen sollte urheberrechtlicher Schutz aus dem Akt der Schöpfung selbst erwachsen, ohne das Erfordernis der Registrierung oder anderer Formalitäten - was die Briten dazu verpflichtete, die lange Tradition der Registrierung bei der *Stationers' Company* endgültig aufzugeben.[99] Zum anderen wurde die Schutzfrist für die meisten Werkgattungen auf mindestens die Lebensspanne des Urhebers plus 50 Jahre *post mortem auctoris* festgesetzt - womit die Position eines *quasi-proprietary right*[100], vor dem Lord Macauley in der Auseinandersetzung um das Gesetz von 1842 gewarnt hatte, erreicht war.

Der *Copyright Act 1911*[101] paßte das nationale Recht an die durch die besagte Berliner Revision der Berner Übereinkunft erfolgten Änderungen an. Zudem bewirkte er eine Zusammenfassung und Konkretisierung des *Copyright Law*, das bis dahin durch spontane gesetzliche Regelungen ohne Rücksicht auf einen Gesamtkontext zu einem bunten Gesetzes-Allerlei geworden war. Auch wenn die Urheber durch das Eindringen ausländischer Ideale mittels der revidierten Berner Übereinkunft einen Sieg verbuchen konnten, wurden die Unter-

---

[95] *Cornish*, Rdnr. 9-006; vgl. z.B. die *International Copyright Acts* von 1838 (1 & 2 Vict., c. 59), von 1844 (7 & 8 Vict., c. 12), von 1852 (15 & 16 Vict., c. 12), von 1875 (38 & 39 Vict., c. 12) und von 1886 (49 & 50 Vict., c. 33).

[96] *Cornish*, Rdnr. 9-007; *Nimmer/Geller (Cornish)*, UK-11, § 1[3][b].

[97] Mit vollständigem Titel "Berner Übereinkunft zum Schutz von Werken der Literatur und Kunst vom 9. September 1886".

[98] Zur diesbezüglichen Haltung Großbritanniens vgl. auch *Davis*, [1986] 5 Copyright 177-183.

[99] *Cornish*, Rdnr. 9-007, Fn. 31, weist darauf hin, daß die Registrierung bei der *Stationers' Company* seit 1842 nicht mehr vor einer Veröffentlichung erfolgen mußte, vielmehr nur noch vor einer Klage.

[100] Vgl. *Cornish*, Rdnr. 9-007.

[101] 1 & 2 Geo.V, c. 46.

nehmer im Gesetz von 1911 keineswegs vergessen. Den Herstellern von Tonaufnahmen wurde das ausschließliche Recht verliehen, Vervielfältigungen ihrer Aufnahmen zu untersagen.[102] Trotz der Tatsache, daß dieses Recht nicht dem ausübenden Künstler zugestanden wurde, dessen Aufführung Gegenstand der Aufnahme ist, sondern dem Unternehmer, der die Tonaufnahme arrangiert, nannte man das verliehene Recht "Copyright". Damit war der Grundstein gelegt für die später von Kontinentaleuropäern vielkritisierte Verquickung von "Rechten des Urhebers" und "verwandten Schutzrechten" in einem einzigen Begriff, dem des Copyright.[103] Vor allem aber war ein Präzedenzfall geschaffen worden für ein Zeitalter, das einen ungeheuren Zuwachs gestalterischer Möglichkeiten durch moderne Technik erleben sollte.[104]

6. Copyright Act 1956

Die nächste große Etappe in der Geschichte des britischen *Copyright Law* begann mit dem *Copyright Act 1956*[105] (CA 1956), der den Empfehlungen des für Reformüberlegungen eingesetzten *Gregory Committee* Rechnung trug. Dieses Mal ging es nicht so sehr um eine internationale Angleichung,[106] sondern in

---

[102] Sowie auch die öffentliche Aufführung, wie später entschieden wurde: *Gramophone Co. Ltd. v. Cawardine* [1934] Ch 450; Sec. 19(1) CA 1911; vgl. *Nimmer/Geller (Cornish)*, UK-11, § 1[3][c], "*With this instance began the British willingness to confer separate copyright upon investors in technical production.*"

[103] *Stewart (Dworkin)*, Rdnr. 18.04, "*Perhaps because it was a copyright rather than a 'droit d'auteur' which was being conferred, the British Parliament had no qualms about bestowing it on a corporate body.*"

[104] *Cornish*, Rdnr. 9-008. Zur frühen Geschichte des britischen *Copyright Law* s. auch: *Abrams*, 29 Wayne L.Rev. 1119-1187 (1129-1171) (1983); *Bowker*, in: *Putnam* (ed.), S. 412-417; *Feather*, Book Trade, S. 1 ff; *ders.*, History, S. 1 ff; *ders.*, Publishing, S. 1 ff; *Kauffman*, 10 Col.-VLA J.L. & Arts 381-420 (388-402) (1986); *Patterson*, 40 Vand.L.Rev. 1-66 (13-33) (1987) und XVI/4 Harvard Library Bull. 370-384 (1968); *Plant*, in: *ders.* (ed.), S. 57-86; *Plant*, S. 17 ff; *Siebert*, S. 1 ff; *Stewart*, in: *ABA* (ed.), S. 81-116; *Streibich*, 7 Mem.St.U.L.Rev. 45-84 (47-68) (1976); *Woodmansee*, [1984] 17 Eighteenth-Century Studies 425-448. Zur britischen Copyright-Geschichte ab 1911 z.B. *Bonham-Carter*, Vol. II, S. 1 ff.

[105] 4 & 5 Eliz.II, c. 74.

[106] Diese Entwicklung war im großen und ganzen abgeschlossen. Im Anschluß an die Rom-Fassung der Berner Übereinkunft von 1928 und die Brüsseler Revision von 1948 waren im britischen Recht nur noch geringe Anpassungen vorzunehmen, und zwar in bezug auf die Definition von "Veröffentlichung" sowie die Vorschriften über Miturheber und Zwangslizenzen; vgl. *Davis*, [1986] Copyright 177-183 (181) u. Dd'A 1986, 142-150; vgl. auch den Beitritt Großbritanniens zum Welturheberrechtsabkommen (WUA).

erster Linie darum, mit den modernen technologischen Entwicklungen Schritt zu halten.[107]

Das Gesetz gewährte neben dem schon 1911 geschaffenen Copyright an Tonträgern drei weitere Arten von Unternehmer-Copyright, und zwar an Filmen, Rundfunk- und Fernsehsendungen sowie typographischen Gestaltungen veröffentlichter Werkausgaben. Diese den Unternehmern gewährten Rechte oder *entrepreneurial copyrights*[108] wurden systematisch im zweiten Teil des Gesetzes (*Part II*)[109] angeordnet, wogegen das Copyright der Schöpfer literarischer, dramatischer, musikalischer und künstlerischer Werke im ersten Gesetzesteil (*Part I*)[110] geregelt wurde. Bedeutsam ist, daß man in terminologischer Hinsicht keinen Unterschied machte zwischen den Rechten der Unternehmer und denen der Urheber, vielmehr faßte man beide Kategorien unter einem einzigen Begriff zusammen, dem des "Copyright".[111] Dennoch entsprach die Einteilung in zwei getrennte Teile zumindest semantisch der in kontinentaleuropäischen Systemen herkömmlichen Unterscheidung zwischen den "klassischen" Urheberrechten[112] und den verwandten Schutzrechten.[113]

Bedeutsam ist, daß Copyright nach *Part II* dem jeweiligen Produzenten *originär* verliehen wurde, so daß ein unmittelbarer Schutz entstand und kein mittelbar vom Schöpfer abgeleiteter (wie in den Ländern üblich, die nicht dem *Copyright-*

---

107 Vgl. *Pilny*, S. 85.

108 *Nimmer/Geller (Cornish)*, UK-14, § 1[3][e]; *Cornish*, Rdnr. 10-016.

109 Secs. 12-15 CA 1956.

110 Secs. 1-11 CA 1956.

111 Kritisch hierzu *Cornish*, Rdnr. 10-001, S. 265, mit dem Hinweis auf "*[the] difference in kind between true creators and investors in the creations of others*"; *Cornish'*, S. 318, "... *the crucial difference between the copyrights of Parts I and II: the former recognising original intellectual effort, the latter entrepreneurial skills in an aesthetic field. ... The four forms of 'Part II copyright' ... would be 'neighbouring rights' in a more self-conscious system.*"

112 Die "klassischen" Urheberrechte bezeichnen die Materien des eigentlichen Urheberrechts und grenzen sich von den verwandten Schutzrechten oder Leistungsschutzrechten ab; nach § 2 Abs. 1 UrhG sind es die Werke der Literatur, Wissenschaft und Kunst.

113 In Frankreich und dem französischsprachigen Teil Belgiens wird unterschieden zwischen *droit d'auteur* und *droits voisins*, in den Niederlanden und dem flämischen Teil Belgiens zwischen *auteursrecht* und *naburige rechten* oder *nevenrechten*, in Dänemark zwischen *ophavsret* und *naborettigheder*, in Schweden zwischen *upphovsrätt* und *närstaende rättigheter*, in Italien zwischen *diritto d'autore* und *diritti connessi*, in Spanien zwischen *derechos de autor* und *derechos conexos*, in Portugal zwischen *direito de autor* und *direitos conexos*.

Ansatz folgen). - Auffällig ist auch, daß diejenigen, die hauptsächlich zu den Produktionen von Tonaufnahmen, Filmen sowie Ton- und Fernsehsendungen beitrugen, nämlich die *ausübenden Künstler* (*performers*), durch den CA 1956 nicht geschützt wurden. Begründet wurde dies damit, daß sie sich durch vertragliche Absprachen in ausreichendem Maße absichern könnten und daß die Verleihung eines Copyright an sie mit zu großen Schwierigkeiten verbunden sei.[114] - Auch was den Schutz von *moral rights* (die Urheberpersönlichkeitsrechte) betrifft, gab es im CA 1956 keine Zugeständnisse. Wenn auch im Jahre 1928 bei einer diesmal in Rom stattfindenden Revision der Berner Übereinkunft der Artikel 6bis geschaffen worden war, der dem Urheberpersönlichkeitsrecht Rechnung trägt, so betonte das *Gregory Committee* ausdrücklich die "Fremdheit" des Schutzes von *moral rights*[115] und erachtete vertragliche Absicherungsmöglichkeiten sowie die unter *Common Law* bestehenden Rechtsmittel für ausreichend (- dies wohl auch unter dem Einfluß mächtiger Interessengruppen[116]). - Eine wichtige Neuerung im *Copyright Law* war jedoch die Schaffung des *Performing Right Tribunal*[117], das mit der Überprüfung von Lizenzen und Lizenzschemata eine institutionalisierte Kontrolle über Verwertungsgesellschaften darstellte.

Insgesamt gesehen ließ der CA 1956 viel zu wünschen übrig. Von seiner Gestalt war er ein einziges Labyrinth,[118] sein Konzept wirkte unsystematisch,[119] und seine sprachliche Form war umständlich und inkonsequent.[120] Verstärkt wurde das Problem der Unübersichtlichkeit noch dadurch, daß dieses Gesetz im Laufe der Zeit durch eine Reihe anderer Gesetze ergänzt bzw. modifiziert wurde,[121] was man allgemein als unbefriedigend empfand.[122] Zudem

---

[114] Vgl. *Gregory Report*, §§ 165-176; *Cornish*, Rdnr. 9-010.

[115] *Gregory Report*, §§ 219-226.

[116] Vgl. *Gregory Report*, § 223.

[117] Part IV, CA 1956.

[118] Insbesondere *Lord Wilberforce* beklagte sich im *House of Lords*, daß die Gesetzesauslegung aufgrund der labyrinthartigen Verweisungen, die das gesamte Gesetz durchziehen, eine außerordentlich schwierige Aufgabe sei; vgl. *Gruber*, GRUR Int. 1982, 386-391.

[119] *Whitford Report*, § 11.

[120] *Cornish*, Rdnr. 9-009, insbesondere Fn. 35. Zum Inhalt des CA 1956 z.B. *Cornish/Phillips*, RIDA 119 (1984) 59-121.

[121] So z.B. durch die *Acts* von 1958 (6 & 7 Eliz.II, c. 44), von 1963 (11 & 12 Eliz.II, c. 53), von 1968 (16 & 17 Eliz.II, c. 68), von 1971 (19 & 20 Eliz.II, c. 4) von 1972 (20 & 21 Eliz.II, c. 32), von 1979 (27 & 28 Eliz.II, c. 10), von 1982 (30 & 31 Eliz.II, c. 35), von 1983 (31 & 32 Eliz.II, c. 42), von 1984 (32 & 33 Eliz.II, c. 46) und von 1985 (33 & 34 Eliz.II, c. 21 und c. 41).

galt es, den technologischen Entwicklungen der vergangenen 30 Jahre[123] sowie nun auch der Pariser Fassung der Revidierten Berner Übereinkunft (RBÜ) und des Welturheberrechtsabkommens (WUA) Rechnung zu tragen.

Die allerseits für notwendig erachtete Reform ging jedoch nur zögernd vonstatten. Auf den umfassenden *Whitfort Report* von 1976 mit seiner exakten Situationsbeschreibung, seiner rechtstheoretischen Analyse und seinen teilweise durchaus konstruktiven Lösungsvorschlägen folgte 1981 ein relativ knappes und inhaltlich unbefriedigendes *Green Paper* (Grünbuch) der britischen Regierung, das mit Enttäuschung aufgenommen wurde.[124] Nachdem sich ein weiteres, vom Premierminister 1983 vorgelegtes *Green Paper* als etwas produktiver erwiesen hatte,[125] kam schließlich im April 1986 das *White Paper* (Weißbuch) heraus, das allgemeine Anerkennung fand.[126]

Im Oktober 1987 legte die Regierung einen Gesetzesentwurf (*bill*) vor.[127] Bis zur Verabschiedung der *bill* gab es eine regelrechte Rangelei verschiedenster Lobbys und Interessengruppen, die jeweils versuchten, das beste für sich selbst herauszuschlagen;[128] in der Tat wurden insgesamt über 1000 Änderungsanträge eingereicht.[129] Nach der formalen Erteilung der königlichen Zustimmung (*royal assent*) trat der *Copyright, Designs and Patents Act 1988* am 1.8.1989 in Kraft.[130]

---

[122] Hauptsächlich die *copyright industries* forderten eine umfassende Neugestaltung, und angesichts ihrer großer wirtschaftlichen Bedeutung konnte ihre Stimme nicht überhört werden.

[123] *Nimmer/Geller (Cornish)*, UK-13, § 1[3][d].

[124] S. die Analyse "*Government Green Paper on Copyright*" in: The Author, Autumn 1981, S. 66 f, in der bemerkt wird: "*An immediate indication of its inadequacy is its size alone - a slim 61 pages, compared to the Whitford Report's 262; and this initial impression is confirmed when the introduction mentions that Whitford made 'several recommendations'. In fact the Report made well over a hundred!*" S. auch *Tarnofsky*, [1982] Copyright 367-372.

[125] Dazu *Porter/Czarnota*, [1985] 6 EIPR 158-164, sowie *Brett*, [1984] 4 EIPR 111-116.

[126] Vgl. *Jacob*, [1987] 5 EIPR 123-124; *Reid*, [1985] 5 EIPR 131-134, sowie die Analysen in GRUR Int. 1986, 497; The Author, Spring 1986, S. 2; [1986] EIPR D-75 f; 6 J.Cop.Soc.Austr. 9 f (1986).

[127] Vgl. dazu die Darstellung in GRUR Int. 1988, 84 sowie *Snoddy*, FT v. 31.10.1987; *Hermann*, FT v. 17.12.1987; FT v. 27.2.1988.

[128] *Cornish*, Rdnr. 9-018.

[129] *Pilny*, S. 89.

[130] 36 & 37 Eliz.II, c. 48. Zusammenfassend zur Reform des *Copyright Law* z.B. *Flint/Thorne/Williams*, S. 1 f; zum Inhalt des CDPA: *Durie*, 20 IIC 637-662 (1989) und

7. Copyright, Designs and Patents Act 1988

Der *Copyright, Designs and Patents Act 1988* (CDPA) ist ein fundamentales Gesetzeswerk und befaßt sich nicht nur mit Copyright, sondern auch mit Mustern, Patenten und Warenzeichen.[131] Positiv ist zu bewerten, daß sich der CDPA gegenüber seinem Vorgänger, dem CA 1956, in viel klarerer Methodik und einfacherer Sprache darstellt und damit auch dem Laien eher zugänglich ist.[132] Zudem bringt er eine ganze Reihe von Veränderungen mit sich.

Die *Unterscheidung* zwischen dem Copyright des *Part I* und dem des *Part II* wurde *aufgehoben*; beide Kategorien finden sich nun einem gemeinsamen Oberbegriff (*works*) zugeordnet. Dies ist als eine eindeutige Absage an die anderenorts unerläßliche Differenzierung zwischen "klassischen" Urheberrechten und verwandten Schutzrechten zu verstehen und verdient gründliche Betrachtung in rechtspolitischer und systematischer Hinsicht.[133] - In diesem Zusammenhang ist es bedeutsam, daß der Begriff *author* nunmehr auf all diese Arten von *works* ausgedehnt wurde,[134] während er im CA 1956 nur auf die Werkkategorien des *Part I* Anwendung fand. Auch dies bedarf einer näheren Untersuchung.[135] - Ein wichtiger Schritt war die Einführung von Urheberpersönlichkeitsrechten oder *moral rights* im CDPA, wodurch dem Artikel 6bis der RBÜ Rechnung getragen werden sollte.[136] Bedeutsam ist jedoch, daß auf diese *moral rights* verzichtet werden kann,[137] was Anlaß zu Zweifel an der Ernsthaftigkeit des Gesetzgebers gibt, die Urheber effektiv schützen zu wollen.[138] - Weitere Neuerungen waren zum einen die Ersetzung des *Performing Right Tribunal* durch das *Copyright Tribunal* mit verschärften Kontrollbefugnissen über Verwertungs-

---

GRUR Int. 1990, 832-842; Großbritannien/I, Einführung, in: UrhQuellen, S. 1-26; *de Freitas*, RIDA 143 (1990) 25-129.

[131] Auf letztere wird jedoch nicht eingegangen, da sich die vorliegende Studie auf das *Copyright Law* beschränkt.

[132] *Cornish*, Rdnr. 9-018.

[133] Kritisch *Nimmer/Geller (Cornish)*, UK-12, § 1[3][d]. Dazu unten Teil 2, Kapitel 1, Ziffer 4.2.2.

[134] Sec. 9 CDPA; vgl. *Phillips*, [1990] Copyright 26-30 (27), "*The situation established under the Copyright Act 1956 has changed radically under the Copyright, Designs and Patent Act 1988, where 'author' has been given its widest application ever under British law.*"

[135] Dazu unten Teil 2, Kapitel 2, Ziffer 1.

[136] Vgl. *Nimmer/Geller (Cornish)*, UK-47, § 7[1].

[137] Sec. 87 CDPA.

[138] Zu den *moral rights* unten Teil 2, Kapitel 4.

gesellschaften und zum anderen die Ergänzung der bereits bestehenden strafrechtlichen Ansprüche[139] der ausübenden Künstler und ihrer Produzenten bei unberechtigter Verwertung von Aufführungen durch *zivil*rechtliche Klagemöglichkeiten.[140] Bedeutende Themen waren ferner der Schutz von Computersoftware, Kabel- und Statellitenübertragungen sowie die Problematik des Vermietens von Filmen, Tonträgern und Computerprogrammen. Angesichts seines noch jungen Alters wird man die tatsächlichen Auswirkungen des CDPA teils noch abwarten müssen, teils aber zeigen sich auch jetzt schon deutliche Tendenzen.

Abgesehen von den Veränderungen, die der CDPA mit sich brachte, gab es auch in der Rechtsprechung immer wieder neue und zum Teil bedeutsame Entwicklungen. Auch diese werden noch näher behandelt, besonders im Hinblick auf den britischen Werkbegriff und die Frage der Originalität[141] sowie das Urhebervertragsrecht bzw. die Materie der *copyright contracts*[142].

In jüngster Zeit entwickelt sich das britische Recht vor allem auch aufgrund der Geschehnisse im europäischen Raum weiter, und die Bestimmungen der EG-Richtlinien im Bereich "*Copyright and Related Rights*" werden nach und nach ins britische Recht eingeflochten.[143]

2. Kapitel: Geschichte des Urheberrechts

Die historischen Wurzeln des Urheberrechts finden sich um die Wende des Mittelalters zur Neuzeit, als in deutschen Landen das "Privilegienzeitalter"[144] herrschte.

---

[139] Vgl. den *Act* von 1925 (15 & 16 Geo.V, c. 46), von 1958 (6 & 7 Eliz.II, c. 44) und von 1963 (11 & 12 Eliz.II, c. 53).

[140] *Cornish*, Rdnr. 9-020, bezeichnet dies als "*the conferment of a quasi-copyright on performers and their exclusive contractors*". Dazu unten Teil 2, Kapitel 1, Ziffer 4.3.2.

[141] Dazu unten Teil 2, Kapitel 1, Ziffer 3.1.1. und 3.2.1.

[142] Unten Teil 2, Kapitel 3.

[143] *The Copyright (Computer Programs) Regulations 1992; The Duration of Copyright and Rights in Performances Regulations 1995; Draft Copyright and Rights of Performers Regulations 1995.*

[144] Vgl. *Vogel*, [1978] 19 Arch.GB Sp. 9 ff.

1. Privilegienzeitalter

Mit der Erfindung des Buchdrucks durch Johann Gutenberg anno 1445[145] entstand die Möglichkeit, Wissen einer breiteren (wenn auch noch recht elitären) Bevölkerungsschicht zugänglich zu machen. Humanismus, Renaissance und Reformation bereiteten einen fruchtbaren Boden für das Erwachen des Individuums und das Verlangen nach Befreiung von mittelalterlichen Dogmen. Für die mit dem Druckhandwerk Vertrauten brachte der Wissensdurst der Oberschicht natürlich die Chance des großen Geldes. So wurde ihrerseits bald der Ruf laut, die für die Herausgabe eines Werkes notwendige Investition von Kapital und Arbeit abzusichern, indem anderen der Nachdruck verboten wurde. Rechtlicher Schutz existierte in dieser noch immer vom Grundsatz der Nachdruckfreiheit ausgehenden Zeit[146] in Gestalt einzelner Privilegien sowie genereller Nachdruckverbote.[147]

Zunächst wurde vereinzelt Druckern für die Einführung der Buchdruckerkunst in einem bestimmten Territorium ein *Druckprivileg* zur ausschließlichen Ausübung ihres Gewerbes gewährt, was einem Gewerbemonopol gleichkam. Zu Beginn des 16. Jahrhunderts ging man jedoch dazu über, nur noch Privilegien zum Schutz einzelner Werke oder Werkgattungen zu erteilen.[148] Diese *Bücherprivilegien* bestanden in einem befristeten obrigkeitlichen Verbot, das Werk nachzudrucken oder unrechtmäßig gedruckte Exemplare einzuführen oder zu verkaufen.[149] Schutzgegenstand war jedoch weniger das Geisteswerk als das Druckwerk; es ging nicht um die Übernahme des Inhalts, sondern um die Nachahmung der drucktechnischen Erscheinung.[150] Daneben fand man auch *Autorenprivilegien*,[151] die dem Urheber selbst, in Anerkennung seiner schöpferischen Leistung, Schutz gewähren sollten.[152] Neben den Privilegien gab es im

---

[145] Zunächst wurde noch Leinenlumpenpapier verwendet; *Gutenbergs* erster großer Druck war die "42zeilige Bibel" um 1455.

[146] *Hubmann/Rehbinder*, § 3 II.

[147] Vgl. *Ulmer*, § 9 II 1 und 3.

[148] *Ulmer*, § 9 II 1.

[149] *Gieseke*, S. 23; vgl. auch *Hubmann/Rehbinder*, § 3 II 2.

[150] *Hubmann/Rehbinder*, § 3 II 2.

[151] Vgl. *Ulmer*, § 9 II 2; *Pohlmann*, UFITA 36 (1962) 61-100.

[152] Die Frage, ob dadurch ein urheberrechtlicher Charakter des Privilegienschutzes nachgewiesen ist, soll jedoch hier nicht näher behandelt werden. Bejahend z.B. *Pohlmann*, UFITA 36 (1962) 61-100; a.A. *Bappert*, GRUR 1961, 441-449, 503-514, 553-560. Zusammenfassend *Wadle*, UFITA 106 (1987) 95-107 m.w.N.; vgl. auch *Vogel*, [1978] 19 Arch.GB Sp. 20 ff.

16. und 17. Jahrhundert auch einzelne, regional begrenzte und durch Gesetz oder Verordnung begründete, *generelle Nachdruckverbote*,[153] in denen sich die Grundsätze der Verlagseigentumslehre niederschlugen.[154] Diese Lehre entwickelte sich aus dem Umstand, daß Drucker und Verleger immer häufiger die Ansicht vertraten, ihnen stehe auch ohne besonderes Privileg an den von ihnen herausgebrachten Werken eine Art Eigentum zu, originär erworben durch erbrachte Investitionen.[155]

In deutschen Landen stand man jedoch vor einer ganz besonderen geopolitischen Situation. Es herrschte *territoriale Zersplitterung*, bei der eine Vielzahl von freien Städten und Landesherren ihre Herrschaftsgewalt völlig unabhängig voneinander sowie neben Kirche und Kaiser[156] ausübten. Privilegien wurden demnach sowohl von kaiserlicher, reichsständischer, städtischer als auch kirchlicher Seite gewährt.[157] Wenn aber so gut wie jede obrigkeitliche Instanz Privilegien erteilen konnte, so war die Durchsetzung des Privilegienschutzes jeweils nur im eigenen Hoheitsbereich möglich. Privilegien waren *territorial begrenzt* und galten nur regional, also nicht in einem anderen Herrschaftsgebiet;[158] sogar Druckprivilegien des Kaisers konnten in den einzelnen deutschen Staaten unter bestimmten Voraussetzungen aufgehoben werden.[159] Zudem scheute man sich nicht davor, Privilegien auch für den Nachdrucker zu erteilen.[160] Im Vor-

---

[153] S. *Vogel*, [1978] 19 Arch.GB Sp. 36 f; so auch *Ulmer*, § 9 II 3; *Gieseke*, S. 48 ff. Dazu auch *Hubmann/Rehbinder*, § 3 II 4, wonach diese Nachdruckverbote als *Territorialprivilegien* zu verstehen sind. Beispiele sind die Frankfurter Buchdruckerordnungen von 1588, 1598 und 1660, die Nürnberger Verordnung von 1673, das kaiserliche Mandat von 1685 sowie das kursächsische Mandat von 1686.

[154] *Gieseke*, S. 52 und *Bappert*, GRUR 1961, 503-514 (505) sowie *ders.*, S. 217, gehen davon aus, daß sich die Verlagseigentumslehre zeitlich *nach* dem Privileg entwickelte, um Lücken und Mängel des Privilegienwesens auszugleichen. A.A. *Vogel*, [1978] 19 Arch.GB Sp. 34, der die Verlagseigentumslehre als die beherrschende Bewußtseinsform des Privilegienzeitalters ansieht und nicht als später entstandene Entwicklung.

[155] Zunächst ging man also trotz der üblichen Honorierung des Autors für "Schweiß und harte Arbeit" sowie Unkostenersatz *nicht* von *derivativ*, durch Manuskriptkauf vertraglich erworbenem Verlagseigentum aus; vgl. *Bappert*, GRUR 1961, 441 ff (507); so auch *Vogel*, [1978] 19 Arch.GB Sp. 31, 37 f, der die Theorie des *originären* Rechtserwerbs als die "*ältere* Verlagseigentumslehre" bezeichnet (Sp. 31, 38) und sie gegen die "*jüngere* Verlagseigentumslehre" (Sp. 45) abgrenzt, bei der der Rechtserwerb *derivativ* erfolgt.

[156] Des Heiligen Römischen Reiches Deutscher Nation.

[157] *Schricker (Vogel)*, Einleitung, Rdnr. 55.

[158] Vgl. z.B. *Kiesel/Münch*, S. 134, 135 f.

[159] Vgl. *Thieme*, in: FS Berner Übereinkunft, S. 1-385 (9).

[160] Vgl. *Hofmeister*, UFITA 106 (1987) 173-187 (174, 180).

dergrund standen bei der Verleihung von Privilegien fast ausschließlich an der *salus publica* orientierte Ziele, die mittels merkantilistisch-absolutistischer "guter Policey" erreicht werden sollten.[161] Es ging teils um wirtschaftspolitische Gesichtspunkte wie Gewerbeförderung, Investitions- und Gewerbeschutz, teils um Zensur[162] sowie Steuerfragen, teils um Leistungsanreiz durch Belohnung[163]. Der Schutz des Urhebers fand jedoch nur insoweit Beachtung, als dies mit dem "Gemeinwohl" im Einklang stand. So überrascht es auch nicht, wenn der Nachdruck von Büchern durch Erteilung von Privilegien sogar gefördert wurde:[164] Es hieß, der Büchernachdruck sei "dem Wohl des Staats zuträglich, und eher zu begünstigen, als zu unterdrücken, denn die Bürger bekommen dadurch die Bücher wohlfeiler, vielfach auch schöner"[165]. Daneben, so dachte man, trüge der Nachdruck ja auch zur Aufklärung und Bildung der Bevölkerung bei[166] und erübrige noch dazu die Einfuhr von Büchern,[167] die den nach merkantilistischer Ansicht unerwünschten Abfluß von Geld in andere Territorien zur Folge hätte.[168]

Schon bald herrschte Chaos im Druckgewerbe; den Aktivitäten der "Buchpiraten" waren kaum Grenzen gesetzt.[169] Sobald ein Werk die Territorialgrenzen verließ, konnte man seinen Raubdruck praktisch nicht mehr verhindern; die Berufung auf Privilegien half außerhalb des eigenen Hoheitsbereiches nichts.[170] Was sollte sich ein Fürst auch um das Wehgeschrei der Privilegierten anderer Staaten und Städte scheren, konnte er doch durch die Verleihung eines einfachen Nachdruckprivilegs zum Wohle seiner eigenen Untertanen beitragen.

---

161 *Dölemeyer/Klippel*, in: FS GRUR, S. 185-237 (193).

162 Vgl. *Ulmer*, § 9 II 1.

163 Vgl. *Kiesel/Münch*, S. 135, 137; *Schricker (Vogel)*, Einleitung, Rdnr. 55.

164 *Lamprecht*, zitiert nach *Dölemeyer/Klippel*, in: FS GRUR, S. 185-237 (193).

165 *Kiesel/Münch*, S. 133 f.

166 *Hofmeister*, UFITA 106 (1987) 173-187 (176); *Vogel*, [1978] 19 Arch.GB Sp. 60.

167 *Kiesel/Münch*, S. 133.

168 *Hofmeister*, UFITA 106 (1987) 173-187 (177).

169 "Gnade und fride. Was soll doch das seyn, meyne lieben druckerherrn, das eyner dem anderen so offenlich raubt und stillt das seyne, und undernandern euch verderbt? Seyt yhr nu auch straßenreuber und diebe worden?", so begann Luther seine 1525 verfaßte "Vorrhede und vermanunge" an die Drucker, *Luther*, S. 3.

170 Vgl. auch *Saunders*, S. 106, "... *in Germany the persisting phenomenon of piracy flowed from an absence of legislative interventions and effective agreements on and enforcement of trade regulation across the different states.*"

Das Privileg verlor an Autorität, als es gegen den obrigkeitlich geförderten, systematischen Nachdruck nichts mehr ausrichten konnte.[171] Für die "beraubten" Verleger stellte sich die Frage, wie sie sich auch dann auf Verlegerrechte berufen könnten, wenn Privilegien keinen Schutz baten. Im Interesse der Verlagsproduktion war eine Rechtsgrundlage gefordert, die den Nachdrucker - unabhängig von regional geltenden Privilegien - ins Unrecht setzte.[172]

2. Unkontrollierbarer Büchernachdruck im territorial zersplitterten Deutschland als Wiege eigenständiger Urheberrechte

Schon bald bemühten sich Juristen wie Philosophen um eine theoretisch-analytische Würdigung der Geschehnisse. Man versuchte, über die regional begrenzten Regelungen hinweg eine Gesamtschau der Dinge zu erreichen.[173]

Das Hauptargument gegen den Büchernachdruck fand sich zunächst in der Rückbesinnung auf die Verlagseigentumslehre, deren neuerer Ausprägung zufolge das Verlagsrecht durch *Vertrag*, sprich Manuskriptkauf, *derivativ* vom Urheber erworben wurde.[174] Die Person des Urhebers wurde - unter dem Einfluß des gegen Ende des 17. Jahrhunderts in ganz Europa aufblühenden *Naturrechts* - somit immer nachdrücklicher als Inhaber eigener Rechte angesehen, von denen der Verleger durch vertragliche Vereinbarung eigene Rechte ableiten konnte.

Auch wenn das Recht des Urhebers zuerst an dessen *Sach*eigentum am Manuskript geknüpft wurde,[175] so erschienen in der ersten Hälfte des 18. Jahr-

---

[171] Vgl. *Vogel*, [1978] 19 Arch.GB Sp. 38.

[172] Vgl. *Gieseke*, S. 86 ff; *Schricker (Vogel)*, Einleitung, Rdnr. 59.

[173] Vgl. auch *Saunders*, S. 107, " *'Regional variation' does scant justice to the diversity flowing from the existence of some three hundred independent German states, a diversity which prevented uniform legislation and case law but not theoretical speculation on the ideal nature of rights attaching to literary property and, most importantly, to authorial personality. The division of Germany into independent states such as Austria, Prussia, Baden, Bavaria and Saxony thus saw a minimal body of case law but an explosion of doctrine ...*" und S. 108, "*... Enlightenment and Romantic intellectuals in Germany perfected the activity of looking beyond any actual legal or governmental circumstance, aspiring to a universalism of thought in a regionalism of institutions.*"

[174] Wie erwähnt, bezeichnet *Vogel*, [1978] 19 Arch.GB Sp. 42, diese Form des Rechtserwerbs als die "*jüngere* Verlagseigentumslehre", siehe oben Teil 1, Kapitel 2, Fn. 155.

[175] Vgl. *Vogel*, [1978] 19 Arch.GB Sp. 43 f.

hunderts einige Schriften, die das *geistige* Eigentum des Urhebers herauszuarbeiten suchten. Gundling, Böhmer, Birnbaum und Thurneisen betonten ein Eigentumsrecht des Urhebers unabhängig vom Sacheigentum.[176]

Doch erst im letzten Drittel des 18. Jahrhunderts vollendete sich die philosophische Durchdringung der Rechte des Urhebers und deren *naturrechtliche* Begründung als *geistiges Eigentum*. Dies ergab sich unmittelbar aus der Auseinandersetzung über die *Unrechtmäßigkeit des Büchernachdrucks*,[177] der seit der Revolutionierung des Druckgewerbes durch kapitalistische Produktionsformen Ende der 1750er Jahre[178] geradezu groteske, noch nie dagewesene Ausmaße angenommen hatte. Denn in einer Zeit, in der Bildung nicht mehr das Monopol der Geistlichkeit und des feudalen Beamtentums war und die Leselust des erstarkten Bürgertums immer größer wurde,[179] lockte das lukrative Geschäft des Nachdrucks ungemein. In besonderem Maße taten sich die süddeutschen Verleger hervor, die - mit hoheitlicher Unterstützung - begehrte Literatur aus den norddeutschen Verlagshäusern nachdruckten, weil ihre eigenen traditionellen Erbauungsschriften[180] dem Geschmack des Lesepublikums nicht mehr entsprachen.[181] In dieser Phase der Entwicklung auf dem Buchmarkt, als die feudalen Privilegien mit ihren regional begrenzten Nachdruckverboten den Belangen der Verleger und Urheber keinen Schutz mehr gewähren konnten, als auch die Rechte- und Pflichtenverteilung zwischen Urhebern und Verlegern immer unbefriedigender wurde, entbrannte die rechtliche Diskussion um das Urheber- und Verlagsrecht von neuem. Man suchte nach einem neuen theoretischen Fundament.

---

[176] Ihre Abhandlungen waren folgende: *Gundling*, Rechtliches und vernunftmäßiges Bedenken von dem schändlichen Nachdruck andern gehöriger Bücher, in: *ders.*, Gundlingiana, 45. und letztes Stück, Halle 1732, S. 160-186; *Böhmer*, Kurtze Einleitung zum geschickten Gebrauch der Acten, Frankfurt am Mayn 1747; *Birnbaum*, Eines aufrichtigen Patrioten unpartheyische Gedancken über einige Quellen und Wirckungen des Verfalls der ietzigen Buch-Handlung, worinnen insbesonderheit die Betrügereyen der Buch-Pränumerationen entdeckt, und zugleich erwiesen wird, daß der unbefugte Nachdruck unpriviligierter Bücher ein allen Rechten zuwiederlauffender Diebstahl sey, Schweinfurt 1733; *Thurneisen*, Dissertatio juridica inauguralis de recusione librorum furtiva, zu Teutsch dem unerlaubten Büchernachdruck, Basel 1738.

[177] Vgl. *Dölemeyer/Klippel*, in: FS GRUR, S. 185-237 (198).

[178] *Vogel*, [1978] 19 Arch.GB Sp. 50 und 62.

[179] *Vogel*, [1978] 19 Arch.GB Sp. 56.

[180] In Gestalt von Beicht-, Meß- und Sterbebüchlein, Evangelienerklärungen, Erzählungen von Heiligenleben, Bibeldrucken und anderen Schriften traditioneller Volksfrömmigkeit.

[181] Vgl. *Schricker (Vogel)*, Einleitung, Rdnr. 59; *Vogel*, [1978] 19 Arch.GB Sp. 57 f.

Das Privilegiensystem hatte ausgedient. Es hatte sich als praktisch unzulänglich erwiesen und entsprach auch von seiner Gesamtkonzeption her nicht mehr dem Zeitgeist. Gegen Ende des 18. Jahrhunderts entwickelte sich ein neuer Freiheitsbegriff, der Eingriffe des Staates in die Wirtschaft (wie sie gemäß merkantilistisch-absolutistischer Staatsräson gang und gäbe, ja sogar unerläßlich waren) verurteilte.[182] Wie schon zuvor in Frankreich und Großbritannien,[183] kam man nun auch auch in deutschen Landen zu der Ansicht, Monopole und Privilegien gehörten zu den "verderblichen Hindernissen" ökonomischer Freiheit.[184] Hoheitliche Bindungen des Privatrechts mußten weichen zugunsten des allein rechtsbegründenden Vertrages privatautonomer Teilnehmer auf dem freien, verstärkt an kapitalistischen Produktionsweisen orientierten Markt.

Als somit bisherigen Mitteln des Schutzes von Verleger- und Urheberinteressen die Grundlage entzogen war - in *praktischer* Hinsicht aufgrund ihrer Inkompetenz in Sachen Büchernachdruck und in *theoretischer* Hinsicht, weil sie mit den neuerdings liberalen politischen und ökonomischen Vorstellungen unvereinbar waren - faßte die Idee des *geistigen Eigentums* immer mehr Fuß.

Die philosophische Begründung des geistigen Eigentums erfolgte jedoch nicht allein im Hinblick auf die Person des Urhebers, vielmehr waren die *Verleger* der unmittelbare Antriebsmotor der Debatte, da sie durch die "Buchpiraterie" großen Schaden erlitten. Es galt, die Verlegerinteressen durch das allgemeine Zivilrecht abzusichern, da die feudalen Privilegien der bürgerlichen Wirtschaft nicht mehr genügten. Das Verlagskapital bedurfte einer Rechtsgrundlage, die den bis dahin nicht allgemein verbotenen Büchernachdruck ins Unrecht setzte, war er doch zu einer ernsten Gefahr für Investition und Profit geworden.[185] So wurde schließlich Pütter engagiert, um die Interessen der Verleger juristisch zu untermauern.[186] Inspiriert vom Denken des späten Vernunftrechts griff er in einer 1774 verfaßten Schrift den Gedanken des geistigen Eigentums des Urhebers er-

---

[182] *Wadle*, in: FS GRUR, S. 93-183 (110).

[183] Der Merkantilismus wurde im Laufe des 18. Jahrhunderts in Frankreich durch die Lehren der Physiokraten, in Großbritannien durch die klassische Nationalökonomie (deren "Vater" *Adam Smith* war) abgelöst.

[184] *Dölemeyer/Klippel*, in: FS GRUR, S. 185-237 (195).

[185] *Vogel*, [1978] 19 Arch.GB Sp. 64 f.

[186] Vgl. *Vogel*, [1978] 19 Arch.GB Sp. 64. *Pütter* verfaßte: Der Büchernachdruck nach ächten Grundsätzen des Rechts geprüft, Göttingen 1774.

neut auf,[187] jedoch mehr als Hilfskonstruktion zur Begründung der Rechte des Verlegers[188] - in der Form eines durch Vertrag mit dem Urheber entstehenden ewigen Verlagsrechtes.

Pütters Abhandlung folgte eine ganze Flut von Publikationen über den Büchernachdruck und das geistige Eigentum, darunter die Schriften von Cella, Ehlers, Feder und Becker.[189] Die differenzierteste Betrachtung des geistigen Eigentums findet sich bei Fichte,[190] der zwischen der körperlichen und der geistigen Seite des Buches unterschied und auch am Geistigen ein Eigentumsrecht feststellte. Demnach stellte der Nachdruck nicht nur - wie bis dahin angenommen - einen schädigenden Eingriff in das Recht des Originaldruckers dar, sondern auch in das Eigentumsrecht des Urhebers selbst.

Insgesamt gesehen trug die naturrechtliche Debatte über die Rechtmäßigkeit des Büchernachdrucks Wesentliches zur Entwicklung einer Theorie des Urheberrechts bei. Zum einen verdeutlichte die Lehre vom geistigen Eigentum die unterschiedlichen Positionen von Urheber und Verleger. Zum anderen bot sie eine konsistente Begründung, weshalb geistige Schöpfungen auch in einem ökonomisch und politisch liberalen System zu schützen waren.[191]

Auch wenn es nicht ganz bei einer rein akademischen Diskussion blieb, so war die Verankerung der Lehre vom geistigen Eigentum in der Gesetzgebung der deutschen Einzelstaaten angesichts der Brisanz der Nachdruckproblematik doch ein wenig spärlich. Lediglich im Kursächsischen Mandat (1773), im Allgemeinen Landrecht für die Preußischen Staaten (1794) und im Badischen Land-

---

[187] Zum geistigen Eigentum bei *Pütter* siehe *Bappert*, S. 267 f.

[188] *Vogel*, [1978] 19 ArchGB Sp. 65; *Kiesel/Münch*, S. 142 f; *Bappert*, S. 256 f; *Dölemeyer/Klippel*, in: FS GRUR, S. 185-237 (199).

[189] Es handelt sich um folgende Schriften: *Cella*, Vom Büchernachdruck, in: *ders.*, Freimüthige Aufsätze, Anspach: Gasser, 1784, S. 73-178; *Ehlers*, Über die Unzulässigkeit des Büchernachdrucks nach den natürlichen Zwangsrechten, Dessau und Leipzig, 1784; *Feder*, Neuer Versuch einer einleuchtenden Darstellung der Gründe für das Eigenthum des Bücherverlags, nach den Grundsätzen des natürlichen Rechts und der Staatsklugheit, [1780] Göttingisches Magazin der Wissenschaft und Literatur 1-37, 240-242; *Becker*, Das Eigenthumsrecht an Geisteswerken, mit einer dreyfachen Beschwerde über das Augsburgische Bischöfliche Vikariat wegen Nachdruck, Verstümmelung und Verfälschung des Noth- und Hilfsbüchleins, Frankfurt und Leipzig, 1789.

[190] In seiner Abhandlung: Beweis der Unrechtmäßigkeit des Büchernachdrucks, [1793] 21 Berlinische Monatszeitschrift 443-483.

[191] Vgl. *Dölemeyer/Klippel*, in: FS GRUR, S. 185-237 (199 f).

recht (1809) kam eine gesetzliche Regelung des Nachdruckverbots zustande. Während die beiden ersteren Gesetze jedoch noch den Schutz des Verlegers in den Mittelpunkt ihrer Regelungen stellten, so daß Urheberrechte nur als Annex erschienen,[192] machte erst das letztere Gesetz die Urheberrechte zum Dreh- und Angelpunkt.[193]

Da es also zu Beginn des 19. Jahrhunderts nur in einigen deutschen Staaten allgemeine Nachdruckverbote gab, die überdies nur das Wohl der *eigenen* Verleger im Auge hatten und außerhalb der Landesgrenzen keine Rechtswirkungen zeigten, ging der Büchernachdruck über die Territorialgrenzen hinweg fleißig weiter.[194] Auch die Privilegien, die zum Teil neben den Nachdruckverboten weiterhin verliehen wurden,[195] galten ja nur im Bereich des Landes, für das sie erlassen waren. So war die *territoriale Aufsplitterung* Deutschlands das mithin größte Hindernis für einen wirksamen Urheber- und Verlegerschutz.[196]

Die deutschen Territorien waren somit im 19. Jahrhundert vor die doppelte Aufgabe gestellt, die Schale des Privilegienwesens endgültig abzustreifen und eine gesamtdeutsche Regelung des Nachdruckproblems herbeizuführen. Die treibende Kraft war auch jetzt wieder das Verlagskapital.[197] Die Verleger setzten ihre Hoffnungen auf den *Wiener Kongreß* von 1815[198], bei dem sie in einer an diesen gerichteten Eingabe die Idee vom geistigen Eigentum vertraten und den Erlaß gesetzlicher Bestimmungen gegen den Nachdruck forderten.[199] Doch da der auf dem Wiener Kongreß gegründete *Deutsche Bund*[200] keine Gesetzgebungsbefugnisse hatte, brachte die Eingabe nur den Erfolg, daß in Artikel 18 d) der Wiener Schlußakte die Bestimmung aufgenommen wurde, die Bundesver-

---

192 *Vogel*, [1978] 19 Arch.GB Sp. 122; vgl. auch *Ulmer*, § 9 III 3.

193 *Vogel*, [1978] 19 Arch.GB Sp. 121, bezeichnet es daher als das erste deutsche Urheberrechtsgesetz.

194 Vgl. auch *Saunders*, S. 107, "*Market practices, it would seem, were relatively untouched by legislation and not at all by legal doctrine.*"

195 *Ulmer*, § 9 III 3.

196 *Hubmann/Rehbinder*, § 3 IV 3.

197 Vgl. *Ulmer*, § 9 III 3.

198 Dieser war eine Zusammenkunft der europäischen Monarchen und Staatsmänner zum Zwecke der politischen Neuordnung Europas nach dem Sturz Napoleons I.

199 Vgl. *Hubmann/Rehbinder*, § 3 IV 3.

200 An die Stelle des 1806 aufgelösten Heiligen Römischen Reiches trat als neue staatsrechtliche Form der Deutsche Bund, bei dem sich die souveränen deutschen Fürsten und freien Städte zu einem Staatenbund zusammenschlossen.

sammlung solle sich bei ihrer ersten Zusammenkunft mit der Sicherstellung der Rechte der Schriftsteller und Verleger beschäftigen. Die Beratungen über die Problematik zogen sich jedoch in die Länge. Erst 1832 kam es aufgrund der Initiative Preußens (das inzwischen 31 Gegenseitigkeitsverträge zur Unterbindung des Nachdrucks mit anderen deutschen Staaten abgeschlossen hatte) zu einem Bundesbeschluß, der sämtliche Staaten verpflichtete, ihre Nachdruckgesetze auch auf Angehörige der übrigen Bundesstaaten anzuwenden. Bereits 1835 folgte ein weiterer Bundesbeschluß, wonach der Nachdruck innerhalb des ganzen Bundesgebietes zu verbieten und das schriftstellerische Eigentum nach gleichförmigen Grundsätzen festzustellen und zu schützen sei.[201] 1837 machte die Bundesversammlung (wieder auf Antrag Preußens) den Bundesstaaten eine mindestens 10jährige Schutzfrist ab dem Erscheinen des Werkes zur Pflicht.

Dies ging auf das "königlich-preußische Gesetz zum Schutze des Eigentums an Werken der Wissenschaft und Kunst gegen Nachdruck und Nachbildung vom 11. Juni 1837"[202] zurück, das eine Schutzfrist von 30 Jahren *post mortem auctoris* festsetzte, auch Aufführungsrechte in beschränktem Maße schützte und insgesamt das ausführlichste Urheberrechtsgesetz seiner Zeit war.[203]

In den folgenden Jahren kam es mit der Durchführung der Bundesbeschlüsse auch in den anderen Bundesländern zu gesetzlichen Regelungen, in Hamburg 1838, Sachsen-Weimar 1839, Bayern 1840, Braunschweig 1842 und Sachsen 1844. Von vorbildlichen einzelstaatlichen Regelungen beeinflußt, dehnte die Bundesversammlung 1841 den Rechtsschutz an Schriftwerken auf die Aufführungsrechte aus und bestimmte bundesweit eine 30jährige Schutzfrist p.m.a.[204]

Mit der Gründung des *Norddeutschen Bundes* 1867[205] und des *Deutschen Reiches* 1871 wurde schließlich der Weg für eine *umfassende einheitliche Ge-*

---

[201] *Schricker (Vogel)*, Einleitung, Rdnr. 67; *Hubmann/Rehbinder*, § 3 IV 3.

[202] Abgedr. in UFITA 107 (1988) 163-198.

[203] So *Ulmer*, § 9 III 3; *Hubmann/Rehbinder*, § 3 IV 3; *Schricker (Vogel)*, Einleitung, Rdnr. 67.

[204] *Schricker (Vogel)*, Einleitung, Rdnr. 68.

[205] Nachdem der *Deutsche Bund* 1866 aufgelöst worden war, schlossen sich 1867 wiederum 22 Mittel- und Kleinstaaten sowie Freie Städte nördlich der Mainlinie zum *Norddeutschen Bund* zusammen, womit eine wichtige Zwischenstufe im Prozeß der Entstehung des Deutschen Reiches entstanden war. Zu Beginn des Deutsch-Französischen Krieges 1870/71 schlossen sich die süddeutschen Staaten dem Norddeutschen Bund an, der daraufhin den Namen *Deutsches Reich* annahm.

setzgebung frei. Das 1870 vom Norddeutschen Bund erlassene Urheberrechtsgesetz wurde 1871 zum Reichsgesetz[206]. Von seiner Begrifflichkeit und Struktur her war dieses Gesetz ganz der Regelung des Nachdrucks verpflichtet, auch wenn es im Titel auf den Urheber Bezug nahm. Die Rechte des Urhebers ergaben sich in der Tat fast ausschließlich als Folge der Regelung des Nachdruckverbotes.[207] Ähnliches galt auch für die Gesetze von 1876, die die Bereiche der Kunst und Fotografie erfaßten.[208]

Endlich hatte man nunmehr erreicht, was Verlegern wie Urhebern, Juristen wie Philosophen über Generationen hinweg Kopfzerbrechen bereitet hatte, nämlich den Auswüchsen des unerlaubten Nachdrucks und dem Chaos im Buchhandel Abhilfe zu schaffen.

3. Diskussion über Wesen und Inhalt des Urheberrechts

So langwierig die Entwicklung zur territorialen Einheit Deutschlands und damit verbunden einer alle Bundesstaaten umfassenden Urheberrechtsgesetzgebung war, so schwierig gestaltete sich auch der Weg zu einer allgemein anerkannten Urheberrechtstheorie.

Das Spektrum der philosophisch-juristischen Analysen über Wesen und Inhalt des Urheberrechts erstreckte sich über eine Vielzahl von Erklärungsversuchen. Es gab diejenigen, die das Recht des Urhebers als bloßen *Reflex gesetzlicher Nachdruckverbote* verstanden,[209] und andere, die darin ein *generalisiertes Privileg*, d.h. ein *Monopolrecht*, zu erkennen glaubten.[210] Manche deuteten das Urheberrecht aufgrund seiner Abhängigkeit von der Zensur als eine Art *Konzessionsrecht*,[211] und wieder andere erklärten es als *originäres Verlagsrecht*.[212]

---

[206] Gesetz, betreffend das Urheberrecht an Schriftwerken, Abbildungen, musikalischen Kompositionen und dramatischen Werken.

[207] *Schricker (Vogel)*, Einleitung, Rdnr. 73.

[208] Die Gesetze vom 9. und 10. Januar 1876, betreffend das Urheberrecht an Werken der bildenden Künste bzw. den Schutz der Photographien gegen unbefugte Nachbildung.

[209] So z.B. *Jolly*, *Maurenbrecher*, *Gerber*, *Walter*, *Laband*; vgl. *Bappert*, S. 281 ff.

[210] So z.B. *Zorn*; vgl. *Bappert*, S. 287 f.

[211] So z.B. *Kramer* und *Elvers*; vgl. *Vogel*, [1978] 19 Arch.GB Sp. 153, 156, 174.

[212] So z.B. *Wächter*; vgl. *Bappert*, S. 288 f.

Als bedeutsam für die weitere Urheberrechtsentwicklung erwiesen sich jedoch nur diejenigen Theorien, die den Schöpfungsakt des Urhebers zum Ausgangspunkt ihrer Überlegungen machten. Richtungsweisend war zunächst die Theorie vom *geistigen Eigentum vermögensrechtlicher Prägung*, die die These vom Urheberrecht als *Persönlichkeitsrecht* geradezu provozierte, um dann in der Lehre vom *Immaterialgüterrecht* (zuerst *dualistischer* und später *monistischer Schule*) vermögens- und persönlichkeitsrechtliche Aspekte zu vereinen. Dazu nun etwas ausführlicher:

Die Verfechter der Lehre vom *geistigen Eigentum* im 19. Jahrhundert - wie Hegel, Mandry und Klostermann[213] - betrachteten das Recht des Urhebers überwiegend als *reines Vermögensrecht* und vernachlässigten die - bereits von Cella, Ehlers und Fichte im 18. Jahrhundert herausgearbeiteten - persönlichkeitsrechtlichen Aspekte des Urheberrechts. Entgegen der Auffassung dieser Werke des späten 18. Jahrhunderts, die das geistige Eigentum als unveräußerlich begriffen (und somit von anderen nur mittels einer Art Nießbrauchrechtes nutzbar), verstanden die Verfechter des geistigen Eigentums im 19. Jahrhundert dieses als *unbeschränkt veräußerlich*.[214]

Die Theorie vom Urheberrecht als *Persönlichkeitsrecht* wuchs erst langsam heran. War schon *Kant*[215] vom "ius personalissimum" als dem unveräußerlichen Recht des Urhebers ausgegangen[216], so entwickelten Neustetel, Bluntschli, Beseler, Dahn und Gareis die Lehre vom Persönlichkeitsrecht im 19. Jahrhundert weiter.[217] Ihre Vollendung erfuhr die persönlichkeitsrechtliche

---

[213] Ihre jeweiligen Schriften waren: *Hegel*, Grundlinien der Philosophie des Rechts, Berlin 1821; *Mandry*, Das Urheberrecht an literarischen Erzeugnissen und Werken der Kunst: Ein Kommentar zum königlich bayerischen Gesetz vom 28. Juni 1865, Erlangen 1867; *Klostermann*, Das Urheberrecht an Schrift- und Kunstwerken, Abbildungen, Kompositionen, Photographien, Mustern und Modellen, Berlin 1876.

[214] Zur Entwicklung des Urheberrechts gegen Ende des 18. Jahrhunderts s. auch *Vogel*, in: *Dittrich* (Hrsg.), S. 117-134 und im späten 19. Jahrhundert *Vogel*, GRUR 1994, 587-593.

[215] In seiner Abhandlung: Von der Unrechtmäßigkeit des Büchernachdrucks, [1785] 5 Berlinische Monatsschrift 403-417; abgedr. in UFITA 106 (1987) 137-144.

[216] *Ulmer*, § 17 I 1; *Hubmann/Rehbinder*, § 3 V und *Gieseke*, S. 98 setzen damit den Beginn eines persönlichkeitsrechtlichen Verständnisses des Urheberrechts an. A.A *Klingenberg*, [1979] 96 ZSR 183-208.

[217] *Neustetel*, Der Büchernachdruck nach Römischem Recht, Heidelberg 1824; *Bluntschli*, Deutsches Privatrecht, München 1853; *Beseler*, System des gemeinen deutschen Privatrechts, Berlin 1866; *Dahn*, Deutsches Rechtsbuch, Nördlingen 1877; *Gareis*, Das juristische Wesen der Autorrechte, sowie des Firmen- und Markenschutzes, [1877] 35 Buschs Archiv.

Lehre Ende des 19. Jahrhunderts durch von Gierke, demzufolge das Urheberrecht ein aus geistiger Schöpfung fließendes Persönlichkeitsrecht darstellt.[218] Die vermögensrechtliche Komponente des Urheberrechts verstand er demnach als bloße Ausstrahlung des persönlichkeitsbezogenen Herrschaftsbereichs.[219]

Der Schutz der Schöpferpersönlichkeit konnte die Bedeutung des Urheberrechts als Verkehrsgut nicht überschatten.[220] Aus der Einsicht, daß das Urheberrecht weder ein reines Persönlichkeitsrecht noch ein reines Vermögensrecht ist, entwickelte sich die Lehre vom Urheberrecht als *Immaterialgüterrecht*. Die *dualistische Theorie* (begründet von Kohler[221] und weiterentwickelt durch Michaelis, Müller, Smoschewer und de Boor)[222] verstand Vermögens- und Persönlichkeitsrecht des Urhebers als zwei selbständige, in Wesen und Wirkung voneinander unabhängige Rechte. Dagegen sahen die Anhänger der *monistischen Theorie* (wie von Anders, Dernburg, Stobbe, Kuhlenbeck, Allfeld, Crome und Riezler)[223] eine solch enge Verklammerung zwischen den vermögens- und persönlichkeitsrechtlichen Interessen des Urhebers, daß das Urheberrecht als ein einheitliches Recht mit doppelter Funktion anzusehen sei. Die monistische Lehre setzte sich im 20. Jahrhundert durch.[224]

---

[218] So sein Deutsches Privatrecht, Bd. 1, Leipzig 1895.

[219] *Ulmer*, § 17 I 1.

[220] So auch *Hubmann/Rehbinder*, § 3 V.

[221] *Kohler* (Urheberrecht an Schriftwerken und Verlagsrecht, Stuttgart 1907) knüpfte an Gedanken von *Fichte*, *Hegel* und *Schopenhauer* an; *Schricker (Vogel)*, Einleitung, Rdnr. 71.

[222] *Michaelis*, Persönlichkeitsrechtliche Befugnisse im deutschen Urheberrecht und droit moral des französischen Rechts, Berlin 1926; *Müller*, Bemerkungen über das Urheberpersönlichkeitsrecht, UFITA 2 (1929) 367-402; *Smoschewer*, Das Persönlichkeitsrecht im allgemeinen und im Urheberrecht, UFITA 3 (1930) 119-192, 229-280, 349-370; *de Boor*, Vom Wesen des Urheberrechts: Kritische Bemerkungen zum Entwurf eines Gesetzes über das Urheberrecht an Werken der Literatur, der Kunst und der Photographie, Marburg 1933; später wandte sich *de Boor* jedoch von der dualistischen Theorie ab, vgl. UFITA 17 (1944) 351.

[223] *von Anders*, Beiträge zur Lehre vom literarischen und artistischen Urheberrecht, Innsbruck 1881; *Dernburg*, Lehrbuch des Preußischen Privatrechts und der Privatrechtsnormen des Reichs, 2. Bd.: Das Obligationenrecht Preußens und des Reichs und das Urheberrecht, 3. Aufl., Halle 1882; *Stobbe/Lehmann*, Handbuch des Deutschen Privatrechts, 3. Bd., 3. Aufl., Berlin 1898; *Kuhlenbeck*, Das Urheberrecht an Werken der Literatur und der Tonkunst und das Verlagsrecht, Leipzig 1901; *Allfeld*, Kommentar zu den Gesetzen vom 19. Juni 1901 betreffend das Urheberrecht an Werken der Literatur und der Tonkunst und das Verlagsrecht, München 1902; *Crome*, System des Deutschen Bürgerlichen Rechts, 4. Bd., Tübingen 1908; *Riezler*, Deutsches Urheber- und Erfinderrecht: Erste Abteilung, München 1909.

[224] Dazu *Ulmer*, § 18 II 4; *Schricker*, in: FS GRUR, S. 1095-1124 (1115 ff).

4. Gesetzgebung bis zur Mitte des 20. Jahrhunderts

Die Entstehung eines internationalen Urheberrechts seit der Berner Übereinkunft 1886 und Entwicklungen in Rechtsprechung und Rechtswissenschaft ließen die Mängel der erwähnten Urheberrechtsgesetze von 1870 und 1876 bereits nach kurzer Zeit offenbar werden. Es kamen Reformarbeiten in Gang, die - unter reger Beteiligung der für starken Urheberrechtsschutz plädierenden Interessengruppen - zu Beginn des 20. Jahrhunderts mit dem *Literaturrurhebergesetz* (LUG)[225], dem *Verlagsgesetz* (VerlG)[226] und schließlich dem *Kunsturhebergesetz* (KUG)[227] abgeschlossen wurden.

Obwohl diese Gesetze an die internationale Rechtsentwicklung im Rahmen der RBÜ angepaßt wurden, blieben sie einerseits immer mehr hinter dem technischen Fortschritt zurück, der laufend neue Möglichkeiten der Werkwiedergabe eröffnete, andererseits aber auch hinter der Dynamik des Rechtsbewußtseins, das einen intensiven Urheberschutz forderte. Zwar bemühte sich die Rechtsprechung immer wieder von neuem, die Gesetzesbuchstaben mit der Realität in Einklang zu bringen, doch zeigte sich bald immer deutlicher, daß eine grundlegende Reform des Urheberrechts dringend erforderlich war.[228]

Die Reformbestrebungen begannen unmittelbar nach der Rom-Konferenz der Berner Übereinkunft von 1928. Auf mehrere Privatentwürfe[229] von 1929 folgte 1932 ein amtlicher Entwurf des Reichsjustizministeriums[230], der 1933 revidiert wurde.[231] Darauf aufbauend wurde der sog. Akademie-Entwurf von 1939 ausgearbeitet[232]. Nachdem die Reformarbeiten durch den Zweiten Weltkrieg zum

---

[225] Gesetz, betreffend das Urheberrecht an Werken der Literatur und der Tonkunst vom 19. Juni 1901. Genaue Angaben zur deutschen Gesetzgebung und Rechtsprechung sowie sonstigen urheberrechtlichen Quellen finden sich unten, Materialien: Deutschland.

[226] Gesetz über das Verlagsrecht vom 19. Juni 1901.

[227] Gesetz, betreffend das Urheberrecht an Werken der bildenden Künste und der Photographie vom 9. Januar 1907.

[228] Vgl. *Hubmann/Rehbinder*, § 4 V.

[229] Ausgearbeitet von *Goldbaum*, *Wolff*, *Elster*, *Hoffmann* und *Marwitz* aus dem Jahre 1929; abgedr. in UFITA 2 (1929) 185 ff, 653 ff, 658 ff und 668 ff.

[230] Entwurf eines Gesetzes über das Urheberrecht an Werken der Literatur, der Kunst und der Photographie, veröffentlicht durch das Reichsjustizministerium 1932.

[231] Privatentwurf von *Hoffmann* aus dem Jahre 1933.

[232] Der Wortlaut des Gesetzesentwurfs, der vom Urheberrechtsausschuß der Akademie für Deutsches Recht entworfen wurde, ist abgedr. in GRUR 1939, 242 ff.

Stillstand gekommen waren, griffen der Referentenentwurf von 1954 und der Ministerialentwurf von 1959 das Thema wieder auf, was schließlich in das *Gesetz über Urheberrecht und verwandte Schutzrechte vom 9. September 1965 (UrhG)* mündete.

5. Gesetz über Urheberrecht und verwandte Schutzrechte 1965

Durch das UrhG wurden die Anschauungen und Lehren, die sich während der vergangenen Jahrzehnte herauskristallisiert und durchgesetzt hatten, auf ein gesetzliches Fundament gestellt. Das UrhG vereinigte die vorher getrennten Materien des Literatur- und des Kunstschutzes im LUG bzw. KUG zu einem einzigen Gesetz. Ferner verankerte es mit der Trennung der *Urheberrechte*[233] von den *verwandten Schutzrechten* oder *Leistungsschutzrechten*[234] den von Rechtsprechung und Lehre definierten fundamentalen Wesensunterschied zwischen Werkschöpfung und Leistung: Während es bei ersterer um den Schöpfungsakt eines individuellen Geistes geht, wird bei letzterer ein bereits existierendes geistiges Gut kulturell oder unternehmerisch realisiert.[235] Bedeutsam ist, daß nur eine *natürliche Person* Schöpfer und damit Urheber eines Werkes sein kann; *juristischen Personen* werden dagegen nur Leistungsschutzrechte zugestanden.[236] Entsprechend der *monistischen Theorie* geht das UrhG von einem Urheberrecht aus, das den Urheber in seinen ideellen und materiellen Interessen schützt, so daß sich persönlichkeitsrechtliche und vermögensrechtliche Aspekte zu einer untrennbaren Einheit verbinden.[237] Im einzelnen werden die Rechte des Urhebers in drei Gruppen von Befugnissen gegliedert: das *Urheberpersönlichkeitsrecht*[238], die *Verwertungsrechte*[239] und die *sonstigen Rechte*[240]. Waren noch zu Zeiten des LUG und des KUG nur einzelne persönlichkeitsrechtliche Befugnisse gesetzlich geregelt worden, die durch eine fortschrittliche Rechtsprechung zur Entfaltung kamen, so brachte das UrhG mit dem Abschnitt

---

233 Erster Teil, §§ 1-69 UrhG.

234 Zweiter Teil, §§ 70-87 UrhG.

235 Dazu unten Teil 2, Kapitel 1, Ziffer 4.2.1.

236 Dazu unten Teil 2, Kapitel 2, Ziffer 1.1.1. und 1.2.1.

237 § 11 UrhG.

238 §§ 12-14 UrhG.

239 §§ 15-24 UrhG.

240 §§ 25-27 UrhG.

über das Urheberpersönlichkeitsrecht[241] eine systematische Neuregelung, die der Anerkennung des *Droit moral* durch die Rom-Fassung der Berner Übereinkunft von 1928 gerecht wurde. Als wesentliche Neuerung wurde im UrhG die grundsätzliche *Unübertragbarkeit* des Urheberrechts festgelegt.[242] Abgesehen von erbrechtlichen Regelungen[243] kann der Urheber einem anderen die Verwertung des Werkes lediglich dadurch überlassen, daß er ihm ein vom Urheberrecht abgeleitetes *Nutzungsrecht*[244] einräumt. Zum Schutze des Urhebers wurde die *Zweckübertragungstheorie* entwickelt,[245] derzufolge der Urheber im Zweifel nicht mehr Rechte überträgt, als es zur Erreichung des von den Vertragsparteien angestrebten Vertragszweckes erforderlich ist. Die *Rechte des Urhebers* wurden durch neue Befugnisse vermehrt, insbesondere das Ausstellungsrecht, das Folgerecht (*Droit de suite*)[246] und das Recht auf eine Vermietungstantieme.[247] Die *Schranken* des Urheberrechts wurden enger gezogen, die freien Werknutzungen vermindert und ein Vergütungsanspruch für die Fälle gewährt, in denen das Ausschließlichkeitsrecht des Urhebers eingeschränkt wird (z.B. bei der privaten Vervielfältigung von Ton- und Bildträgern).[248] Zudem verlängerte sich die *Schutzfrist* von 50 auf 70 Jahre p.m.a.[249]

Abgesehen von diesen theoretisch-systematischen Neuerungen wurde das deutsche Urheberrecht immer wieder auf den Stand der *internationalen Entwicklungen*[250] im Rahmen der Revidierten Berner Übereinkunft (RBÜ), des Welturheberrechtsabkommens (WUA), des Rom-Abkommens (RA) sowie des Genfer

---

241 Vgl. *Ulmer*, § 38 II. Zum Urheberpersönlichkeitsrecht unten Teil 2, Kapitel 4.

242 § 29 S. 2 UrhG. Dazu unten Teil 2, Kapitel 3, Ziffer 2.1.1.1. Nach der früheren Rechtsprechung war das Urheberrecht grundsätzlich frei übertragbar; lediglich ein Kern persönlichkeitsrechtlicher Befugnisse wurde als unübertragbar angesehen; *Fromm/Nordemann (Hertin)*, vor § 28, Rdnr. 1.

243 § 28 und § 29 S. 1 UrhG.

244 § 31 UrhG. Dazu unten Teil 2, Kapitel 3, Ziffer 2.1.2.1.

245 Von *Goldbaum* (Urheberrecht und Urhebervertragsrecht, Berlin 1922); vgl. § 31 Abs. 5 UrhG.

246 Dazu unten Teil 3, Kapitel 3, Ziffer 1.1.1.

247 Letztere wurde durch das Gesetz zur Änderung des Urheberrechtsgesetzes vom 10. November 1972 in eine allgemeine Ausleihtantieme umgewandelt.

248 Dazu unten Teil 3, Kapitel 3, Ziffer 1.2.1.

249 § 64 Abs. 1 UrhG.

250 Genaue Angaben zu multilateralen und bilateralen Abkommen finden sich unten, Materialien: Internationaler Rahmen.

Tonträgerabkommens (GTA) gebracht.[251] Unter den verschiedenen anderen gesetzlichen Änderungen zur Aktualisierung des Urheberrechts[252] ist zum einen die Gesetzesnovelle von 1985[253] besonders hervorzuheben, die u.a. den Urheberschutz für Computerprogramme sowie Regelungen im Bereich der privaten Vervielfältigung und der Reprographie verankerte; zum anderen verdient das Produktpirateriegesetz von 1990[254] ausdrückliche Erwähnung, das eine bessere Bekämpfung von Rechtsverletzungen ermöglichte und den Leistungsschutz für ausübende Künstler auf 50 Jahre verlängerte. Im übrigen läuft die Umsetzung der von der Europäischen Gemeinschaft erlassenen Richtlinien im Bereich des Urheberrechts und der Leistungsschutzrechte nach Plan.[255]

3. Kapitel: Geschichtlich bedingte Grundansätze der Systeme

Das britische *Copyright Law* und das deutsche Urheberrecht entstanden aus jeweils spezifischen historischen Gegebenheiten und sind das Produkt ihrer Geschichte.

---

[251] Vgl. Gesetz zu den am 24. Juli 1971 in Paris unterzeichneten Übereinkünften auf dem Gebiet des Urheberrechts vom 17. August 1973; Gesetz zu dem Internationalen Abkommen vom 26. Oktober 1961 über den Schutz der ausübenden Künstler, der Hersteller von Tonträgern und der Sendeunternehmen vom 15. September 1965; Gesetz zu dem Übereinkommen vom 29. Oktober 1971 zum Schutz der Hersteller von Tonträgern gegen die unerlaubte Vervielfältigung ihrer Tonträger vom 10. Dezember 1973.

[252] Erstes Gesetz zur Reform des Strafrechts vom 25. Juni 1969; Gesetz zur Änderung von Kostenermächtigungen, sozialversicherungsrechtlichen und anderen Vorschriften vom 23. Juni 1970; Gesetz zur Änderung des Urheberrechtsgesetzes vom 10. November 1972; Einführungsgesetz zum Strafgesetzbuch vom 2. März 1974; Erstes Gesetz zur Verbesserung der Stellung des Verletzten im Strafverfahren vom 18. Dezember 1986; Gesetz zur Anpassung des EWR-Ausführungsgesetzes vom 27. September 1993; Gesetz zur Änderung des Patentgebührengesetzes und anderer Gesetze vom 25. Juli 1994; Gesetz zur Neuordnung des Berufsrechts der Rechtsanwälte und der Patentanwälte vom 2. September 1994; Gesetz zur Reform des Markenrechts und zur Umsetzung der Ersten Richtlinie 89/104/EWG des Rates vom 21. Dezember 1988 zur Angleichung der Rechtsvorschriften der Mitgliedstaaten über die Marken vom 25. Oktober 1994.

[253] Gesetz zur Änderung von Vorschriften auf dem Gebiet des Urheberrechts vom 24. Juni 1985.

[254] Gesetz zur Stärkung des Schutzes des geistigen Eigentums und zur Bekämpfung der Produktpiraterie vom 7. März 1990.

[255] Vgl. Zweites Gesetz zur Änderung des Urheberrechtsgesetzes vom 9. Juni 1993; Drittes Gesetz zur Änderung des Urheberrechtsgesetzes vom 23. Juni 1995; Referentenentwurf eines Vierten Gesetzes zur Änderung des Urheberrechtsgesetzes vom 29. Mai 1995.

1. Anfängliche Parallelen und Scheideweg der Rechtssysteme

Die *Ausgangssituationen* von *Copyright Law* und Urheberrecht ähneln sich stark. Sowohl in britischen als auch deutschen Landen wurden den Verlegern von Schriftwerken durch obrigkeitliche Instanzen aus Gründen des mehr oder weniger eng definierten Gemeinwohles Monopole im Druckgewerbe eingeräumt. Die Verleger klammerten sich über Jahrhunderte hinweg mit aller Kraft an ihre so einfach gewonnene Monopolstellung, da sie sich als äußerst lukrativ erwies. Als den privilegierten Verlegern durch Kollegen aus anderen Herrschaftsbereichen[256] Konkurrenz gemacht wurde, versuchten die ersteren, den unliebsamen Rivalen den Zugang zu ihrer Goldgrube zu versagen. Entsprechende Petitionen an die jeweiligen Obrigkeiten brachten nicht den gewünschten Erfolg, weshalb sich die in ihrer Vormachtstellung Bedrohten nach anderen Mitteln umschauen mußten, um ihre Interessen zu wahren. So besannen sich die Verleger auf die Person des Urhebers, die sie durch geschickte Argumentation in ihren Dienst stellen wollten, um so die als Raubdruck empfundenen Aktivitäten der rivalisierenden Verleger ein für allemal zu unterbinden. In Großbritannien wurde unter Heranziehung naturrechtlichen Gedankenguts die Theorie vom "ewigen *Common Law copyright*" entwickelt, eine Theorie, die den Urheber zwar nominell ins Zentrum rückte, doch faktisch bestens dazu geeignet war, den Verlegern ihr Monopol zurückzuerobern. Demgegenüber wurde die naturrechtliche Idee vom geistigen Eigentum des Urhebers in den deutschen Territorien nicht zur bloßen Manipulationstaktik im Dienste der Verleger, sondern entwickelte sich vielmehr zu einem Konzept, das den Urheber in jeder Beziehung ins Zentrum der Aufmerksamkeit stellte. Die unterschiedliche Aufnahme des Naturrechts im britischen und deutschen Rechtskreis symbolisiert den Meilenstein, an dem das britische *Copyright Law* und das deutsche Urheberrecht so unterschiedliche Wege einschlugen:

In Großbritannien wurde das ewige *Common Law copyright* des Urhebers mit der Entscheidung *Donaldson v. Beckett* verworfen,[257] da man die eigentlichen Motive der Verleger durchschaute und erkannte, daß sie die Rechte des Urhebers lediglich deshalb in den Vordergrund geschoben hatten, weil sie ihre tradi-

[256] Schottland und die Provinzen im Falle der Londoner Verleger; andere Fürstentümer, Städte und kirchliche Bistümer etc. im Falle der Verleger aus deutschen Landen.

[257] Dazu oben Teil 1, Kapitel 1, Ziffer 4.2.

tionsreiche Monopolposition wieder festigen wollten. Mit der gerichtlichen Absage an ein *Common Law copyright* des Urhebers war jedoch gleichzeitig die naturrechtliche Begründung des Copyright-Konzeptes verworfen worden. Das *Copyright Law* wurde nun auf eine *positivistische* Basis gestellt, die Copyright nur in dem Ausmaß anerkannte, wie es vom Gesetzgeber gerade bestimmt war. Naturrechtliche Grundsätze wichen damit dem parlamentarisch gesetzten Recht, das von nun an Vorrang behalten sollte. Auf dieser Grundlage entwickelte sich das *Copyright Law* weiter.

In deutschen Landen zog die *naturrechtliche* Idee vom geistigen Eigentum des Urhebers dagegen die Aufmerksamkeit großer Denker auf sich und wurde im Laufe der Zeit durch eine ganze Flut von Abhandlungen von allen Seiten her betrachtet und bis in die letzten Einzelheiten verfeinert. Der Zeitgeist, der sich in der Französischen Revolution so vehement manifestiert hatte, faßte auch in den deutschen Territorien Fuß und verlangte, die Fesseln des Privilegien- und Zunftwesens zu zerschlagen, um dem Individuum die ihm von Natur aus gebührenden Rechte zuteil werden zu lassen. Der Gedanke eigenständiger Rechte des Individuums in bezug auf die Früchte seiner schöpferischen Arbeit entfaltete eine unaufhaltsame Eigendynamik und faßte Fuß im philosophischen Grundstock der Nation. Der Urheberschutz wurde in seiner naturrechtlichen Fundierung weit mehr als eine bloße Begründung des Verlegerschutzes und entwickelte sich zum primären Bezugspunkt des Rechts. Auf den Schöpfungsakt zentriert, widmete sich diese Konzeption dem Schutz der Schöpferpersönlichkeit in ihren ureigensten Rechten und stellte deren Wahrung in den Mittelpunkt.

Diese unterschiedlichen Wege, die das *Copyright Law* und das Urheberrecht in der frühen Phase ihrer Entwicklung einschlugen, überlagern ihre ursprünglich ähnliche Ausgangssituation. Sie sind der Ursprung ihrer divergenten Grundansätze und verantwortlich für die Dichotomie der Rechtssysteme, die auch heute noch so offenkundig hervortritt.

2. Grundkonzeptionen im Copyright Law und im Urheberrecht

2.1. Schutz des Werkes bzw. des Urhebers als Ziel des Rechts

Der fundamentale Gegensatz zwischen *Copyright Law* und Urheberrecht erklärt sich aus ihrer geschichtlich bedingten, konträren Zielsetzung: Im britischen Recht stand traditionell der *Schutz des Werkes* im Vordergrund, im deutschen Recht wurde der *Schutz des Urhebers* zum Dreh- und Angelpunkt der theoretischen Auseinandersetzung.

Das "Copy-right" war ein Recht, das durch den positiven Akt einer obrigkeitlichen Instanz geschaffen wurde und das Schutz gegen Vervielfältigung einer Ware durch Unberechtigte gewähren sollte. Das "Urheber-Recht" wurde dagegen zum gesetzlichen Fundament für die Rechte, die dem Urheber an seiner geistigen Schöpfung von Natur aus zustehen.

Copyright war von frühester Zeit an auf die Abwehr von Angriffen auf Werke und die damit verbundenen Investitionen gerichtet. Dagegen entfaltete sich das Urheberrecht als Instrument zur Anerkennung und Würdigung der vom Urheber erbrachten geistigen Leistung.

Während Copyright von jeher ausschließlich den Schutz der Investitionen an Werken und des dadurch gewonnenen Vermögens bezweckte, nahm sich das Urheberrecht ein viel gewaltigeres Unterfangen vor, nämlich dem Urheber sowohl in vermögensrechtlicher als auch persönlichkeitsrechtlicher Hinsicht gesetzlichen Rückhalt zu gewähren.

Das *Copyright Law* ließ schon immer all den natürlichen oder juristischen Personen Schutz zuteil werden, die das Eigentum am Werk (in Gestalt des Copyright) gerade besaßen; gleichzeitig beschränkte es sich aber auch auf den Schutz von *property* in der Hand des jeweiligen Copyright-Inhabers. Demgegenüber machte sich das Urheberrecht ein weitaus umfassenderes Ziel zur Aufgabe, nämlich den *Urheber* in allen Dimensionen seines Schaffens zu schützen; der Schutz des schöpferischen Individuums in seiner geistigen Kreativität entwickelte sich zum Herzstück des Urheberrechts.[258]

---

[258] *Saunders*, S. 127, über das britische Recht: "*The preoccupations remained with property and the definition of the terms of its recognition and protection ... These are matters of management. They do not depend on the law developing or recognising a general theory as to the nature of authorship.*" S. 29, "*If a personal theme is discernible ... it is inseparable from the concept of a right of property, incorporeal perhaps, but always property, as articulated in* ***Millar v. Taylor*** *... : 'It is a personal, incorporeal property, saleable and profitable' ... Nothing here suggests the emergence of the authorial personality as a preordained value to be protected independently of the property right. This different rationale will emerge only a century and more later, and then not in English law.*" S. 115, über das deutsche Recht: "*The object of protection was no longer to be just a property (albeit immaterial) but the wholeness and integrity of the human person.*" Daher der Gegensatz zum

2.2. Das Werk als vermarktbare Ware bzw. Verkörperung schöpferischer Identität

Copyright Law und Urheberrecht nahmen völlig unterschiedliche Gewichtungen vor, was das *Werk* (in welcher Ausdrucksform auch immer) betrifft: Das *Copyright*-System betrachtete das Werk von Anfang an als *vermarktbare Ware*, unbeschränkt veräußerbar, übertragbar und allein den Gesetzen des freien Handels unterworfen. Das Werk als verkehrsfähiges Gut war juristisch und wirtschaftlich autonom, führte - losgelöst vom Schöpfer - eine unabhängige Existenz im Wirtschaftsleben. Diese Auffassung vom Copyright als einem reinen Vermögensrecht hat, bis auf eine eher formale Einschränkung,[259] auch heute noch Gültigkeit.

Demgegenüber bildete sich im Urheberrecht, repräsentativ für die kontinentaleuropäischen Rechtssysteme, die Vorstellung vom Werk als der *Verkörperung schöpferischer Identität* heraus, vom engen Band zwischen dem Werk und seinem Schöpfer, von der besonderen Bedeutung und Schutzwürdigkeit persönlichkeitsrechtlicher Interessen. Wie man in Deutschland nach einer fruchtbaren Debatte über Wesen und Inhalt des Urheberrechts in Gestalt der monistischen Theorie erkannte, sind die vermögensrechtlichen Elemente mit den persönlichkeitsrechtlichen untrennbar verbunden; das Urheberrecht ist grundsätzlich unübertragbar und unveräußerbar.[260]

2.3. Beziehung des Urhebers zum Werk

Die Konsequenz dieser unterschiedlichen Konzeptionen zeigt sich in der Beziehung des Urhebers zu dem von ihm geschaffenen Werk und insbesondere im Ausmaß seiner Kontrolle über das Werk. Traditionell verringerten sich mit der Übertragung des Copyright der Schutz des Urhebers und sein Einfluß in

---

britischen Recht: S. 147, "*Copyright law - in doctrine and in application - remained immune to any such personalising or extra-proprietary development. Its object remained that of a trade regulation statute: the printed book as a traded commodity.*" Vgl. auch *Sidjanski/Castanos*, S. 18; *Stewart*, Rdnr. 1.15.

[259] Diese Einschränkung besteht in der "halbherzigen" Einführung der *moral rights* ins *Copyright Law*. Dazu unten Teil 2, Kapitel 4, Ziffer 2.2. und 2.3.

[260] Treffend dazu *Saunders*, S. 10 f und 31.

bezug auf die Verwertung seines Werkes im britischen Recht in größerem Maße[261] als dies in kontinentaleuropäischen Rechtssystemen der Fall ist. Dies zeigt sich einerseits im Bereich der *copyright contracts* bzw. im Urhebervertragsrecht und andererseits bei der Frage der *moral rights* bzw. des Urheberpersönlichkeitsrechtes - wie an gegebener Stelle noch ausführlich zu erörtern sein wird.[262]

3. Hintergrund der unterschiedlichen Ansätze

Die positivistische bzw. naturrechtliche Fundierung von *Copyright Law* und Urheberrecht (die bereits angesprochen wurde[263]), ist nur einer der vielfältigen Gründe für die unterschiedliche Ausrichtung und Struktur der beiden Rechtssysteme. Auf die übrigen wesentlichen Faktoren wird im folgenden eingegangen.

3.1. Temporales Element

Zunächst steht hier das temporale Element im Vordergrund, das den materiellen Inhalt des Urheberrechts bzw. *Copyright Law* wesentlich beeinflußte. Die erste gesamtdeutsche gesetzliche Regelung des Urheberrechts kam erst im Jahre 1871 zustande, und das nach jahrzehntelanger Reflexion der klügsten Köpfe über Wesen und Inhalt des Urheberrechts. Naturrecht und Aufklärung, die das deutsche Urheberrecht entscheidend mitbestimmten, kamen erst dann zur vollen Blüte, als das britische *Copyright Law* schon lange etabliert war.[264]

---

[261] Vgl. *Saunders*, S. 127; *Boyle*, 37 Am.U.L.Rev. 625-643 (629) (1988), mit dem Vergleich: "*Could we imagine giving a plumber control over the pipes she installs even after the work is paid for, or a cabinet maker the right to veto the conversion of her writing desk into a television cabinet?*"

[262] Unten Teil 2, Kapitel 3 und 4.

[263] Oben Teil 1, Kapitel 3, Ziffer 1.

[264] *Saunders*, S. 194; S. 145, " *... the law of copyright was an established and familiar working system in the British territories long before aesthetics arrived on the cultural scene purporting to be a general theory of 'man's' individual and social development, and long before the theory and practice of the* ***droit moral*** *had established itself in certain continental jurisdictions.*"

3.2. Pragmatische Orientierung vs. Urheberrechtsphilosophie

Daneben spielte die pragmatische Orientierung des *Common Law*-Systems eine Rolle, das - im Gegensatz zu *Civil Law*-Systemen - noch nie von einer Vorliebe für akademische Theorien und Lehrmeinungen gekennzeichnet war, sondern die Rechtsentwicklung in der Tradition des *case law*- oder Präzedenzfall-Systems weniger der abstrakten Philosophie als vielmehr der konkreten Rechtspraxis in den Gerichten überließ. Im Gegensatz zum deutschen Urheberrecht, dessen Gerüst vorwiegend aus einer von vielen Denkern ausgefeilten philosophisch-juristischen Doktrin entstanden war, entwickelte das britische Recht nie eine grundlegende Theorie des Copyright,[265] sondern baute nur dann Stein auf Stein, wenn akuter Handlungsbedarf gesetzgeberische oder richterliche Intervention forderte.

Gesetzgeberische Aktivität - oftmals von Interessengruppen manipuliert - begnügte sich jedoch vorwiegend mit der spontanen Regelung gegenwärtig anstehender Einzelprobleme, ohne von einer philosophisch begründeten Gesamtschau des *Copyright Law* geleitet zu werden.[266] Die Folge waren gesetzgeberische "Flickschusterei" und eine geradezu atemberaubende Systemlosigkeit dieses Rechtsgebietes.[267] - Auch das richterliche Selbstverständnis wiederum war nicht von dem Bestreben gekennzeichnet, ein kohärentes Lehrgebäude des *Copyright Law* zu entwickeln; im Mittelpunkt stand vielmehr die Schlichtung des gerade vorliegenden Rechtsstreites.[268] Somit blieb das *Copyright Law* ohne ein grundlegendes philosophisches Fundament.

3.3. Rolle der Vertragsfreiheit

Copyright Law und Urheberrecht wurden durch unterschiedliche gesellschaftspolitische Wertungen des *Contract Law* bzw. Vertragsrechtes geprägt.

Der Aufstieg Großbritanniens zur wirtschaftlichen Führungsmacht im 19. Jahrhundert fand in der Blütezeit des Wirtschaftsliberalismus statt. In dieser

---

[265] *Patterson*, S. 8.
[266] *Patterson*, S. 229.
[267] S. oben Teil 1, Kapitel 1, Ziffer 5.
[268] *Patterson*, S. 229.

merkantilen, schon früh kapitalistische Züge annehmenden *laissez faire*-Gesellschaft wurde der Vertrag (*contract*) zum einzig relevanten Maß aller Dinge. Der Grundsatz der Vertragsfreiheit wurde zum Fundament des Rechts schlechthin erhoben. Dieser vielgerühmten Maxime des *freedom of contract* lag die Auffassung zugrunde, daß die Marktteilnehmer als autonome, verantwortliche Individuen völlige Gestaltungsfreiheit in bezug auf ihre vertraglichen Beziehungen hätten. Vertragsfreiheit galt in der Tat als Voraussetzung für individuelle Selbstverwirklichung. Man ging davon aus, daß die Rechtssubjekte ihre Interessen durch vertragliche Vereinbarung realisieren könnten und würden. Daraus wiederum ging der Grundsatz des *sanctity of contract* hervor, wonach einerseits eingegangene vertragliche Verpflichtungen einzuhalten sind und wonach andererseits in die vertraglichen Beziehungen privatautonomer Individuen nur in den allerextremsten Umständen einzugreifen ist, jedenfalls aber nicht, um eine bloße Unausgewogenheit der Verhandlungsstärke der Vertragspartner (*inequality of bargaining power*) auszugleichen.[269]

Von diesen Konzeptionen wurde auch das *Copyright Law* geprägt. Auf der Grundlage der Vorstellung vom Werk als reiner Handelsware machte sich in Großbritannien eine Vertragspraxis breit, die Copyright lediglich als Marktwert, als Vermögensobjekt, behandelte. Als Gegenstand spekulativer Investitionen führte Copyright eine vom Urheber völlig losgelöste Existenz und wanderte, je nach erwarteter Gewinnspanne des jeweiligen Kapitalanlegers, von einem Eigentümer zum anderen. In dieser Welt des *freedom of contract* war es ganz selbstverständlich, auch die Person des Urhebers als autonomes Individuum anzusehen, das für die Wahrung seiner Interessen Sorge tragen kann. Als "Interessen" galten in dieser vom Markt bestimmten Gesellschaft jedoch lediglich Vermögenswerte. Für Werte urheberpersönlichkeitsrechtlicher Natur auf der Grundlage der besonderen schöpferischen Leistung des Urhebers gab es in der Blütezeit der *contractual freedom* keinen Raum. Denn eine "paternalistische Parteiergreifung" zugunsten einer in erhöhtem Maße schützenswerten und schutzbedürftigen Person war mit den Fundamenten der Rechts- und Wirtschaftsordnung unvereinbar und wurde daher auch gar nicht zum Diskussionspunkt.[270] Auch wenn die starke Betonung der Vertragsfreiheit in letzter Zeit etwas relativiert wurde[271], ist sie noch immer von entscheidender Bedeutung.

---

269 Vgl. *Treitel*, S. 2.

270 Vgl. *Saunders*, S. 136 ff, 144.

271 *Guest* (ed.), S. 4 f.

In Deutschland wurde der Grundsatz der Vertragsfreiheit zwar ebenso als Ausgangspunkt der Rechtsbeziehungen zwischen privatautonomen Individuen angesehen, doch zugleich wurde er durch eine breite philosophische Strömung überlagert, die dem Urheber in seiner Schöpferfunktion eine einzigartige Stellung zuerkannte und ihm nicht nur bezüglich seiner vermögensrechtlichen, sondern auch seiner persönlichkeitsrechtlichen Interessen ausdrücklichen Schutz zuteil werden lassen wollte. Man erkannte den Urheber als die meist schwächere Partei in der Vertragswirklichkeit und bemühte sich daher um den Ausgleich potentieller wirtschaftlich-sozialer Ungleichgewichte. Mit der Zeit bildete sich eine juristische Doktrin heraus, die die Handlungs- und Vertragsfreiheit des Urhebers zwar einschränkte, ihm jedoch gleichzeitig einen Trumpf zuspielte: Durch den Grundsatz der Unveräußerlichkeit des Urheberrechts sollte verhindert werden, daß der Urheber seine Rechte in einer oftmals ungleich gewichteten Verhandlungssituation etwa aus Not, Leichtsinn oder Unerfahrenheit übertragen und somit jegliche Ansprüche auf das von ihm geschaffene Werk verlieren konnte. Der Schutz der Schöpferpersönlichkeit verlangte, das Urheberrecht in jedem Falle beim Urheber zu belassen und in bezug auf Dritte nur die Einräumung von Nutzungsrechten, also vom Urheberrecht abgeleiteten Vermögensrechten, zu gestatten. Diese Regelung - verbunden mit der Unübertragbarkeit des Urheberpersönlichkeitsrechtes in seinem Kerngehalt - sollte die Unaufhebbarkeit des geistigen Bandes zwischen Urheber und Werk garantieren und den Werkschöpfer vor dem hilflosen Ausgeliefertsein in einer skrupellosen Vertragswelt bewahren.

Während das *Copyright*-System Großbritanniens den Urheber traditionell also seiner eigenen Vorsicht im Reich des *freedom of contract* überließ, ohne Einschränkungen hinsichtlich der Übertragbarkeit seines Copyright und ohne besondere rechtliche Würdigung seiner Schöpferpersönlichkeit, schuf das deutsche Urheberrecht ein philosophisches Fundament, das den Urheber in einen auf ihn zentrierten juristischen Rahmen einbetten sollte, um seine Belange in der rauhen Vertragswirklichkeit zu schützen.

3.4. Rechtliche Erfassung sozialer und wirtschaftlicher Gegebenheiten

Schließlich werden auch soziale und wirtschaftliche Gegebenheiten im britischen und im deutschen Recht in unterschiedlicher Weise rechtlich erfaßt. Im "Mikro- bzw. Makrobereich" der Rechtssysteme sind hier jeweils gegenläufige Tendenzen zu beobachten, die jedoch charakteristisch für die ihnen zugrundeliegenden Ansätze sind.

Im Makrobereich, der die gesamte Rechtsordnung zum Gegenstand hat, ist im Hinblick auf die gesetzliche Regelungsdichte des deutschen und britischen Rechtssystems folgendes zu beobachten: Während die britische Rechtsmethodik die Durchdringung des sozialen Gefüges mit Normen möglichst minimieren will, verfolgt deutsches Rechtsdenken das Ziel, den rechtlich zu regelnden Raum möglichst umfassend mit anwendungsbereit vorgefertigten Regeln zu penetrieren.[272] Dies korreliert von britischer Seite her einerseits mit der *freedom of contract*-Maxime und andererseits mit der *case law*-Methodik des *Common Law*, das der Tradition des sich langsam vortastenden Präzedenzrechtes verpflichtet ist und das sich durch umfassende Gesetzeswerke nach dem Modell eines *Code Civil* eher befremdet als fasziniert fühlt.[273] Demgegenüber befindet sich das deutsche Recht in Gesellschaft der kontinentaleuropäischen Rechtstraditionen, die ihr überliefertes Recht nach napoleonischem Vorbild in umfassenden Gesetzesbüchern niederlegen.

Der Mikrobereich, der sich auf einzelne Gesetze bezieht, ist durch einen Trend gekennzeichnet, der dem soeben besprochenen genau entgegengesetzt ist: Während sich das deutsche Recht grundsätzlich damit zufrieden gibt, fundamentale Prinzipien niederzulegen, ergießt sich ein britischer Gesetzestext in einer Fülle von Einschränkungen, Vorbehalten, Voraussetzungen, Bedingungen und Ausnahmen, die den Umfang gewährter Rechte bis ins kleinste Detail hin vorzeichnen und das Textvolumen vervielfachen.[274] Der Judikative ist im deutschen Recht also ein breiter Interpretationsspielraum gegeben, während britischen Richtern durch die fast exzessive Präzision der Legislative oft weitgehend die Hände gebunden sind.[275]

---

[272] So auch *Fikentscher*, S. 7.

[273] Erst vor relativ kurzer Zeit sah sich der britische Gesetzgeber verstärkt dazu veranlaßt, in die Beziehungen der Marktteilnehmer einzugreifen, wobei soziale Gesichtspunkte eine wichtige Rolle spielten; dazu *Treitel*, S. 3.

[274] *Dale*, S. 12 f.

[275] Dazu auch *Strowel*, in: *Sherman/Strowel* (ed.), S. 235-253 (249 ff).

4. Zusammenfassung

Historisch bedingte Unterschiede in Methodik, Philosophie und Struktur der rechtlichen und wirtschaftlichen Gefüge trugen also dazu bei, daß sich *Copyright Law* und Urheberrecht so verschieden entwickelten. Ausgerichtet an divergenten Zielsetzungen entfalteten die beiden Rechtstraditionen zu verschiedenen Zeiten systemspezifische Konzeptionen und Werte, die das jeweilige historische Umfeld reflektierten und sich schließlich zu Recht und Gesetz verdichteten. Daher überrascht es auch nicht, daß daraus begrifflich und inhaltlich weder Synomymität noch Äquivalenz resultierten. Vielmehr entstanden zwei in sich schlüssige, doch voneinander deutlich abweichende Rechtssysteme, die ein ihrer jeweiligen Geschichte entsprungenes Weltbild verkörperten.

Dies ist Grund genug, den analytischen Rahmen dieser vergleichenden Studie so auszurichten, daß keines der beiden Systeme an einem gewissermaßen idealisierten Maßstab des jeweils anderen gemessen und bewertet wird. Zumindest für Zwecke der vorliegenden Untersuchung gilt es, sich von der Vorstellung freizumachen, daß dieser Rechtsbereich von einem einzigen, gleichsam transzendenten Prinzip bestimmt wird, dessen Verwirklichung das Gebot der Stunde ist.

2. Teil

Dichotomie von *Copyright Law* und Urheberrecht

Einführung

Aufgrund ihrer so unterschiedlichen historischen Fundamente sind die Ansätze und die elementaren Bausteine des britischen *Copyright Law* und des deutschen Urheberrechts grundverschieden.

Die Begriffe "Copyright" und "Urheberrecht" sind bezeichnend für die jeweiligen Ansatzpunkte der beiden Rechtsordnungen: Die Briten (gefolgt von den Rechtssystemen der anglo-amerikanischen *Common Law copyright*-Tradition) verstehen unter "Copyright" ein Recht, das sich von der *copy*, dem *Werk*, ableitet. Demgegenüber bezieht sich das deutsche Recht (repräsentativ für die kontinentaleuropäische *Droit d'auteur*-Tradition) mit dem Terminus "Urheberrecht" auf ein Recht, das den *Urheber* in seiner schöpferisch-kreativen Tätigkeit in den Mittelpunkt stellt.[1] Der fundamentale Unterschied besteht also darin, daß im *Copyright Law* das Produkt einer Leistung - das Werk - den Grundstein des Gesetzesgebäudes darstellt, während es im Urheberrecht das kreative Individuum selbst - der Urheber - ist.

Dies kommt in den jeweiligen Gesetzestexten in aller Deutlichkeit zum Ausdruck. Der *Copyright, Designs and Patents Act 1988* (oder einfach CDPA) bestimmt in Sec. 1(1): "*Copyright is a property right which subsists ... in the following descriptions of* ***work*** *...*" Dagegen beginnt das Gesetz über Urheberrecht und verwandte Schutzrechte von 1965 (kurz UrhG) in § 1 mit den Worten: "Die ***Urheber*** von Werken der Literatur, Wissenschaft und Kunst genießen für ihre Werke Schutz ..." Noch nuancierter drückt sich § 11 UrhG aus: "Das

---

[1] Vgl. auch *Phillips*, [1990] Copyright 26-30 (26); *Edelman*, [1987] 114 J.Dr.Int. 555-609 (568); *Wagner-Silva Tarouca*, S. 15; *Dietz*, UFITA 110 (1989) 57-77 (68 f).

Urheberrecht schützt den ***Urheber*** in seinen geistigen und persönlichen Beziehungen zum Werk und in der Nutzung des Werkes."[2]

Das Herzstück des Urheberrechts ist also der Urheber, dem das Gesetz ja schon nominell gewidmet ist. Der Begriff "Urheberrecht" hat Symbolwert und verleiht dem schöpferisch tätigen Individuum ein gewisses Prestige, was in einem auf seine Person zentrierten und schwerpunktmäßig an seinen Interessen orientierten Recht zum Ausdruck kommt. Die Rechtswirklichkeit gestaltet sich unter dem Einfluß dieser personenbezogenen Gesetzesterminologie zugunsten der Schöpferpersönlichkeit.[3] - Demgegenüber ist der auf der Grundlage des Werkes aufbauende Terminus "Copyright" von der Person des Urhebers dissoziiert, und die Wahrung der Urheberinteressen spielt im *Copyright Law* eine dementsprechend geringe Rolle.[4]

In diesem Teil werden die elementaren Bausteine des britischen *Copyright Law* und des deutschen Urheberrechts einer eingehenden Betrachtung unterzogen. Konkret geht es um die Themenkreise "*Werke und Leistungen*" (Kapitel 1), "*Urheber und Inhaber des Urheberrechts*" (Kapitel 2), "*Urhebervertragsrecht*" (Kapitel 3) und "*Urheberpersönlichkeitsrecht*" (Kapitel 4). Bei jedem dieser Bereiche offenbart sich die fundamentale Dichotomie zwischen den beiden Rechtssystemen.

1. Kapitel: Werke und Leistungen

1. Werkbegriff

Bei der Gegenstandsbestimmung von Urheberrecht und *Copyright Law* muß herausgearbeitet werden, welche Phänomene menschlicher Tätigkeit im Rahmen dieser Rechtsbereiche überhaupt als schutzwürdig angesehen werden und welche Gestalt der rechtliche Schutz der als schutzbedürftig erkannten Tätigkeiten annimmt.

---

[2] Alle Hervorhebungen in diesem Absatz stammen von der Verfasserin.

[3] *Kernochan*, RIDA 131 (1987) 180-221 (183, 185).

[4] *Phillips/Durie/Karet*, S. 12.

Der fundamentale Gegensatz zwischen Urheberrecht und *Copyright Law* beginnt schon bei der Frage, was überhaupt als *Werk* urheberrechtlich bzw. durch Copyright geschützt ist. Im britischen Recht gibt es einen erheblich umfassenderen Werkbegriff als im deutschen Recht, und dies in zweierlei Hinsicht.[5]

Zunächst wird der Werkbegriff im Urheberrecht nur für persönliche geistige Schöpfungen im Bereich der Literatur, Wissenschaft und Kunst verwendet. Das deutsche Gesetz trifft eine deutliche Unterscheidung zwischen diesen eigentlichen geistigen *Werken* der Urheber und sonstigen *Leistungen*, die im Zusammenhang mit den Werken der Urheber erbracht werden. Nur die Werke sind Gegenstand des im ersten Teil des UrhG geregelten *Urheberrechts*, während die Leistungen anderer Art im zweiten Teil des UrhG als *verwandte Schutzrechte oder Leistungsschutzrechte* zusammengefaßt werden. - Demgegenüber gebraucht das *Copyright Law* seit Inkrafttreten des CDPA einen Werkbegriff, der zwischen dem (nach deutscher Terminologie) "klassischen" Urheberrecht[6] und den Leistungsschutzrechten nicht differenziert, sondern beide Kategorien als *works* bezeichnet. Die Rechte der Urheber im klassischen Sinne[7] werden von den Rechten derer, die das von Urhebern Erschaffte unternehmerisch verwerten, nicht unterschieden; vielmehr stehen die *authors' rights* und die *entrepreneurial copyrights*[8] durch die umfassende Definition des Werkbegriffes auf einer Stufe.[9] Die formale Abgrenzung dieser beiden Kategorien, die im *Copyright Act 1956*

---

[5] Vgl. dazu unten Schemata 1 mit 3.

[6] Der Begriff "klassisch" wird im folgenden für diejenigen Materien des *Copyright Law* und des Urheberrechts verwendet, die sich mit den in Sec. 1(1)(a) CDPA beschriebenen *literary, dramatic, musical or artistic works* (den *authors' rights*) bzw. den in § 2 Abs. 1 UrhG aufgeführten *Werken der Literatur, Wissenschaft und Kunst* befassen.

[7] "Urheber im klassischen Sinne" bezieht sich auf den Urheber nach dem in § 1 UrhG zum Ausdruck gebrachten deutschen Rechtsverständnis - den Urheber, der Werke der Literatur, Wissenschaft und Kunst hervorbringt. Damit ist also nicht der *author* oder Urheber im Sinne der britischen Definition gemeint, derzufolge gemäß Sec. 9(1) i.V.m. Sec. 9(2) CDPA sowohl Urheber im klassischen Sinne als auch Produzenten vom Urheberbegriff erfaßt sind.

[8] Zur Terminologie *Nimmer/Geller (Cornish)*, UK-14, § 1[3][e]; *Cornish*, Rdnr. 10-016.

[9] Vgl. Sec. 1(1) CDPA: "*Copyright is a property right which subsists in accordance with this Part in the following descriptions of work -*
a) original literary, dramatic, musical or artistic works,
b) sound recordings, films, broadcasts or cable programmes, and
c) the typographical arrangement of published editions."
Eine Übersetzung des CDPA findet sich unter Großbritannien/II, Gesetzestexte, in: UrhQuellen.

(CA 1956) mit der Unterscheidung zwischen *original works* und *subject matters* noch getroffen worden war, wurde nicht in den CDPA übernommen. Dieses Phänomen des weiten britischen Werkbegriffes und die daraus resultierende weitreichende Definition von *authorship* (Urheberschaft)[10] stehen im Schnittpunkt der Kluft, die zwischen Urheberrecht und *Copyright Law* besteht.

Im übrigen ist der britische Werkbegriff auch im klassischen Bereich des *Copyright Law* weiter als der deutsche Werkbegriff. Zwar ist in beiden Rechtssystemen für den Schutz des literarischen, künstlerischen oder musikalischen Schaffens "Originalität" vorausgesetzt, doch zugleich wird dieses Kriterium durch die britische Rechtsprechung weit großzügiger ausgelegt als im deutschen Recht. Grundsätzlich genügt in Großbritannien die bloße Investition von Arbeit und Ressourcen, um Schutz durch Copyright zu erfahren; in Deutschland wird darüber hinaus verlangt, daß das Werk ein bestimmtes schöpferisches Niveau hat und daß sich die Persönlichkeit seines Schöpfers darin widerspiegelt.

2. Vertikale und horizontale Dimensionen des Werkbegriffes

Im folgenden werden der deutsche und der britische Werkbegriff von vertikaler und horizontaler Perspektive aus eingehend betrachtet, wodurch ein Einblick in Schutzumfang und Rechtssystematik von Urheberrecht und *Copyright Law* gewonnen wird.

2.1. Die vertikale Perspektive

Die Untersuchung des Werkbegriffes aus vertikaler Perspektive bietet sich an für den Vergleich der klassischen Materien des *Copyright Law* und des Urheberrechts, nämlich den in Sec. 1(1)(a) CDPA beschriebenen *literary, dramatic, musical or artistic works* einerseits und den in § 2 Abs. 1 UrhG aufgeführten *Werken der Literatur, Wissenschaft und Kunst* andererseits. Dabei geht es um die Frage, wie weit der Schutz im Urheberrecht und *Copyright Law* "nach unten" reicht.

---

[10] Dazu unten Teil 2, Kapitel 2, Ziffer 1.1.2.

Die Antwort auf diese Frage umfaßt mehrere Einzelaspekte: Zunächst gilt es diejenigen Gesichtspunkte herauszuarbeiten, die für die Klassifizierung der genannten Materien als urheberrechtlich bzw. durch Copyright geschützte Werke maßgebend sind. Damit sind der Grundsatz der Originalität und dessen Auslegung im britischen und deutschen Recht angesprochen. Es ist zu untersuchen, wo die Grenze zwischen Geschütztem und Ungeschütztem in Urheberrecht und *Copyright Law* verläuft und inwiefern andere Rechtsgebiete eingreifen, um Schutzaufgaben für diejenigen Objekte zu übernehmen, die aus dem Bereich des Urheberrechts- bzw. Copyrightschutzes "herausfallen". Ferner sind die Hintergründe der systemspezifischen Unterschiede zu analysieren und ins historische und rechtsdogmatische Umfeld einzuordnen.

2.2. Die horizontale Perspektive

Eine Betrachtung des Werkbegriffes aus horizontaler Perspektive empfiehlt sich für die Beantwortung der Frage, wie weit der vom Urheberrecht bzw. *Copyright Law* gewährte Schutz "in die Breite" reicht. Dabei geht es um die Behandlung zweier getrennter Fragestellungen.

Erstens wird auf die rechtsdogmatische Unterscheidung zwischen Werk und Leistung eingegangen, der im UrhG die rechtssystematische Trennung des Urheberrechts von den Leistungsschutzrechten entspricht. In diesem Zusammenhang wird insbesondere untersucht, warum sich der britische Gesetzgeber gegen eine äquivalente Trennung von *copyright* und *neighbouring rights* entschieden hat. Die in dieser Hinsicht bestehende Divergenz des deutschen und des britischen Rechts ist Gegenstand einer ideologisierten Debatte, in der meist übersehen wird, daß die genannte Trennung für die Kohärenz des deutschen Urheberrechtssystems essentiell, für die des *Copyright Law* (zumindest aus britischer Warte) jedoch unnötig ist.

Zweitens wird der Umstand angesprochen, daß im CDPA eine Trennung zwischen *copyright* und *rights in performances* (Rechte an künstlerischen Darbietungen) existiert, die dem Urheberrecht vom Grundansatz her fremd ist. Diesbezüglich sind die Umstände zu analysieren, die dafür verantwortlich sind, daß im britischen Recht eine Abgrenzung des Werkes (*work*) von der Darbietung (*performance*) vorgenommen wird, eine Abgrenzung, die völlig anderer Natur ist als die im deutschen Recht etablierte Dichotomie von Werk und Leistung. Hier gilt es insbesondere zu untersuchen, warum die Rechte an künstlerischen

Darbietungen im UrhG in die Reihe der Leistungsschutzrechte eingegliedert wurden, und warum der britische Gesetzgeber davon absah, sie ins *Copyright*-System zu integrieren. Die jeweiligen rechtsdogmatischen und geschichtlichen Hintergründe werden bei der Erörterung dieser Fragen berücksichtigt.

3. Die vertikale Perspektive: Originalität

3.1. Originalität zur Abgrenzung des Geschützten vom Ungeschützten

Im Kernbereich deckt sich der vom *Copyright Law* verliehene Schutz mit dem, der im Urheberrecht gewährt wird: In beiden Rechtssystemen werden *literary, dramatic, musical or artistic works* bzw. Werke der Literatur, Wissenschaft und Kunst - die klassischen Materien - geschützt. In den Randbereichen dieser Werkkategorien ergeben sich jedoch bedeutsame Unterschiede, denn manches, was durch Copyright problemlos geschützt wird, erfährt keinen Schutz durch das Urheberrecht.

Was also die klassischen Materien des *Copyright Law* und des Urheberrechts betrifft, so gehen die beiden Rechtssysteme von jeweils unterschiedlichen Kriterien aus, um Geschütztes vom Ungeschützten abzugrenzen. Obwohl die Originalität in beiden Rechtsordnungen als Schutzvoraussetzung gilt, wird sie in Großbritannien und Deutschland jeweils anders interpretiert.[11] Das britische Recht stellt grundsätzlich allein auf die Investitionsleistung ab, das deutsche Recht dagegen auf den niveauvollen Schöpfungsakt. Konkret ist im *Copyright Law* "*labour, skill and judgment*" entscheidend, im Urheberrecht dagegen das Kriterium der "persönlichen geistigen Schöpfung".

In jüngster Zeit wurde jedoch durch bestimmte Harmonisierungsrichtlinien der Europäischen Gemeinschaft eine wichtige Annäherung der unterschiedlichen Ansatzpunkte im Hinblick auf die Definition der Originalität erreicht; sie bezieht sich auf Computerprogramme, Datenbanken und Fotografien. Darauf wird an geeigneter Stelle noch ausführlicher eingegangen.[12] Im folgenden geht es

---

[11] Zur Interpretation der Originalität in anderen Repräsentanten der *Common Law copyright-* bzw. *Droit d'auteur*-Tradition s. *Strowel*, S. 391-477.

[12] Unten Teil 3, Kapitel 2, Ziffer 2.3.

jedoch um die "traditionellen" Definitionen der Originalität im *Copyright Law* und im Urheberrecht.

3.1.1. Investitionsleistung

Der CDPA bestimmt in Sec. 1(1)(a), daß Werke im Bereich Literatur, Drama, Musik und Kunst nur dann Schutz durch Copyright erfahren, wenn sie *original* sind. Der Prüfstein der *originality* ist im Gesetz nicht weiter definiert, sondern hat sich im Laufe der Zeit durch eine Reihe gerichtlicher Entscheidungen herauskristallisiert und behält auch heute noch Gültigkeit.[13] Das am treffendsten formulierte Diktum stammt von Justice Peterson:[14]

> *"The word "original" does not ... mean that the work must be the expression of original or inventive thought. Copyright Acts are not concerned with the originality of ideas... The originality which is required relates to the expression of the thought. But the Act does not require that the expression must be in an original or novel form, but that the work must not be copied from another work - that it should originate from the author."*

Es kommt also nicht darauf an, daß die Idee oder die Form, in der die Idee zum Ausdruck kommt, neu oder schöpferisch ist, sondern lediglich darauf, daß die konkrete Form nicht von einem anderen Werk kopiert wurde. Originalität bedeutet in diesem Sinne also nicht mehr als "vom Urheber stammend". Der Urheber kann sich dabei an Resultate früherer Werke anlehnen, denn Besonderheit oder Neuheit werden nicht vorausgesetzt.[15] Was dagegen notwendig ist, wurde von Lord Devlin in einem berühmten Fall präzisiert:[16]

> *"The requirement of originality means that the product must originate with the author in the sense that it is the result of a substantial degree of skill, industry or experience employed by him."*

Der Kerngehalt dieser Aussage findet sich in verschiedenen Formulierungen wieder. Bald ist von *skill, judgment and labour* die Rede, bald von *selection,*

---

[13] Dazu auch *Dreier/Karnell*, 39 J.Cop.Soc. 289-302 (296) (1992).

[14] *University of London Press Ltd. v. University Tutorial Press Ltd.* [1916] 2 Ch 601. Vgl. auch *Golvan*, [1987] 3 EIPR 66-72 (67 f).

[15] *Copinger/Skone James*, Rdnr. 3-28.

[16] *Ladbroke (Football) Ltd. v. Hill (William) (Football) Ltd.* [1964] 1 WLR 273 (HL).

judgment and experience und dann wieder von *labour, skill and capital.*[17] Entscheidend ist demnach, daß ein bestimmter *minimum standard of effort*[18] aufgebracht wurde - d.h. ein gewisses Mindestmaß an Arbeit, Anstrengung, Geschick, Scharfsinn, Sachkenntnis, Kapital oder dergleichen - ohne daß dies auf hohem Niveau geschehen sein muß.[19] Es darf sich nur nicht um eine bloße Kopie handeln, und das Werk muß vom Urheber stammen.[20] Dementsprechend geringe Anforderungen werden an das Maß geistiger Arbeit gestellt, was dazu führt, daß sich das Konzept des Copyright sehr weit ausdehnt und in großzügiger Manier auch ganz einfache Erzeugnisse wie z.B. Kataloge, Etiketten oder Wettzettel schützt.[21] Wenn es auch eine Untergrenze gibt, die allzu Triviales und allzu Banales ohne Copyright-Schutz läßt,[22] so gilt doch als Grundregel: "*what is worth copying is prima facie worth protecting*".[23]

Dieser Maßstab gilt für die einzelnen Werkkategorien der klassischen *authors' rights* ganz allgemein, jedoch mit der einen Einschränkung, daß innerhalb der in Sec. 1(1)(a) CDPA beschriebenen Kategorie *artistic works* bei Werken der Architektur und ihren Modellen[24] sowie bei Werken des Kunsthandwerks[25] künstlerische Gestaltung (*artistic quality*) verlangt wird.[26] Hier gilt also ausnahmsweise ästhetisch-schöpferische Kreativität als Maßstab für die Verleihung von Copyright, nicht die bloße Investition von Arbeit oder Ressourcen.[27]

---

[17] *Cornish*, Rdnr. 10-003; z.B. *Lord Atkinson* in *Macmillan & Co. Ltd. v. Cooper (K.& J.)* (1923) 93 LJPC 113, 117.

[18] *Cornish*, Rdnr. 10-003.

[19] Vgl. *Lester/Mitchell*, Rdnr. 1.30, "*Although the degree of skill and labour required is often said to be substantial, in fact the amount may seem to vary from case to case, and it is best to think of 'substantial' in this context as meaning 'of substance' rather than as importing any quantitative test.*"

[20] So auch *Copinger/Skone James*, Rdnr. 3-28 f, und *Dworkin/Taylor*, S. 20.

[21] Vgl. *Schulze, G.*, S. 104; diese Erzeugnisse liegen in Deutschland an der Grenze zwischen urheberrechtlicher Schutzlosigkeit und "kleiner Münze"; s. unten Teil 2, Kapitel 1, Ziffer 3.1.2.

[22] So z.B. ein einfacher Satz, der Alltagsweisheiten ausdrückt, wie "*beauty is a social necessity not a luxury*", *Sinanide v. La Maison Kosmeo* (1928) 44 TLR 574.

[23] *University of London Press Ltd. v. University Tutorial Press Ltd.* [1916] 2 Ch 601, 608.

[24] *Works of architecture (buildings or models of buildings)*, Sec. 4 CDPA.

[25] *Works of artistic craftsmanship*, Sec. 4 CDPA.

[26] Sec. 4 CDPA; vgl. auch *Cornish*, Rdnr. 10-010 f; *Dworkin/Taylor*, S. 26, "*... the requirement of originality needs to be interpreted differently for different subspecies of artistic works*".

[27] *Cornish*, Rdnr. 10-013.

Wonach sich *artistic qualilty* bestimmt, ist jedoch nicht abschließend geklärt: In einem berümten Fall zu diesem Thema nahmen fünf verschiedene Richter des *House of Lords* jeweils unterschiedliche Standpunkte ein,[28] wobei folgende Aspekte mit je anderer Gewichtung besonders im Vordergrund standen: erstens, ob der Schöpfer die Absicht hatte, Kunst zu schaffen, zweitens, ob die Öffentlichkeit das Gebilde als Kunst ansehen würde und drittens, ob das Erschaffte von gleichsam neutraler, distanzierter Warte aus (nämlich der des Richters) als Kunst betrachtet werden kann. Für Gegenstände wie z.B. Schmuckwaren, Möbel, Besteck oder Spielzeuge, die dem Erfordernis der *artistic quality* nicht gerecht werden, können die Vorschriften des CDPA über den Schutz von Designs zur Anwendung kommen.[29]

Die Tendenz britischer Gerichte, Copyright im allgemeinen in so liberaler Weise zu gewähren, beruht auf zwei sich ergänzenden Erklärungen. Zum einen können dadurch subjektive Wertungen durch gerichtliche Instanzen in bezug auf die Frage der Schutzwürdigkeit von Erzeugnissen auf ein Minimum reduziert werden, und zum anderen ist es somit möglich, grundsätzlich jede Investition materieller, geistiger oder finanzieller Art zu schützen. Die Hauptursache, die dem weiten Begriff des Copyright zugrunde liegt, ist jedoch das Fehlen eines generellen Verbots der *unfair competition* (unlauterer Wettbewerb).[30]

Nach der Erörterung der Frage, durch welche Kriterien man im deutschen Urheberrecht das Geschützte vom Ungeschützten abgrenzt, wird auf das Thema *unfair competition* noch weiter einzugehen sein.

3.1.2. Schöpfungsakt

Während das *Copyright Law* im Hinblick auf die zur Bejahung der Werkeigenschaft nötige Originalität also recht bescheidene Anforderungen stellt, setzt der Schutz im deutschen Recht erst bei einem relativ hohen Schwellenwert

[28] *Hensher (George) Ltd. v. Restawile Upholstery (Lancs) Ltd.* [1976] AC 64, wo es um eine künstlerisch anspruchslose Möbelgarnitur ging.

[29] *Cornish*, Rdnr. 14-022.

[30] Vgl. auch *Cornish*, Rdnr. 10-007.

ein.[31] Gemäß § 2 Abs. 2 UrhG zählen zu den geschützten Werken (die in § 2 Abs. 1 UrhG näher konkretisiert sind[32]) nur "persönliche geistige Schöpfungen". Diese Definition stellt eine im Vergleich zum britischen Recht völlig anders konzipierte Umschreibung der Originalität dar. Im deutschen Recht treten bei der Auslegung des Kriteriums "persönliche geistige Schöpfung" die Gesichtspunkte der Individualität und der Gestaltungshöhe in den Vordergrund.

Was die *Individualität* anbelangt, so ist man sich bezüglich der Bedeutung dieses Merkmals in der Sache einig, auch wenn sich in terminologischer Hinsicht unterschiedliche Umschreibungen ergeben.[33] Verschiedentlich wird davon gesprochen, daß das Werk den "individuellen Geist ausdrücken" muß,[34] des Werkschaffenden "persönliche Züge" zur Entfaltung kommen lassen muß,[35] "von der Persönlichkeit des Urhebers geprägt" sein muß,[36] oder "eigenschöpferische Prägung",[37] "schöpferische Eigenart"[38] bzw. "schöpferische Eigentümlichkeit"[39] aufzuweisen hat.[40] Die Individualität grenzt das urheberrechtlich geschützte Werk somit ab von der nicht geschützten Masse des Alltäglichen, des Banalen, der Dutzendware und der sich im üblichen Rahmen haltenden Erzeugnisse.[41] Die rein routinemäßige Leistung, mag sie auch noch so fachmännisch erbracht worden sein, trägt nicht den Stempel der Individualität.[42] Auch dann, wenn der Spielraum für die Entfaltung persönlicher Züge fehlt oder stark einge-

---

[31] S. *Schulze, G.*, S. 104, "Die Werke müssen ursprünglich - 'original' - sein, was ... mit der wesentlich engeren Bedeutung der persönlichen geistigen Schöpfung des § 2 Abs. 2 UrhG ... kaum vergleichbar ist".

[32] Zur Aufnahme der Computerprogramme in den Kreis der geschützten Sprachwerke (§ 2 Abs.. 1 Nr. 1 UrhG) z.B. *Strömholm*, GRUR 1989, Int. 15-23.

[33] Vgl. *Schricker (Loewenheim)*, § 2, Rdnr. 11.

[34] *Hubmann/Rehbinder*, § 12 II 3.

[35] *Ulmer*, § 21 IV 2.

[36] *Fromm/Nordemann (Vinck)*, § 2, Rdnr. 13.

[37] *Inkasso-Programm*, BGH v. 9.5.1985, GRUR 1985, 1041-1049; *Staatsexamensarbeit*, BGH v. 21.11.1980, GRUR 1981, 352-355.

[38] Z.B. *Ausschreibungsunterlagen*, BGH v. 29.3.1984, GRUR 1984, 659-664 m.Anm.v. *Rojahn*.

[39] Z.B. *Werbepläne*, BGH v. 20.11.1986, GRUR 1987, 360-362 m.Anm.v. *Stefan*; *Dirlada*, BGH v. 26.9.1980, GRUR 1981, 267-269.

[40] Die von *Max Kummer* (Das urheberrechtliche Schützbare Werk, 1968) begründete und von der ganz h.M. abgelehnte Lehre von der Individualität des Werkes im Sinne einer *statistischen Einmaligkeit* wird hier nicht erörtert; vgl. z.B. *Ulmer*, § 20 I 3.

[41] *Schricker (Loewenheim)*, § 2, Rdnr. 12; *Fromm/Nordemann (Vinck)*, § 2, Rdnr. 9.

[42] Z.B. *Anwaltsschriftsatz*, BGH v. 17.4.1986, GRUR 1986, 739-742 m.Anm.v. *Wild*; *von Gamm*, § 2, Rdnr. 16.

schränkt ist, etwa weil das Ergebnis des Schaffens von der Sache her vorgegeben ist und von vornherein keine Variationsmöglichkeiten bestehen, bleibt die Leistung urheberrechtlich schutzlos.[43] Völlig irrelevant ist hier, daß die erbrachte Leistung mit Aufwand oder Kosten verbunden war, denn bloße Investitionen werden durch das Urheberrecht - im Gegensatz zum *Copyright Law* - nicht geschützt.[44]

Für das Merkmal der *Gestaltungshöhe*[45] ist grundsätzlich erforderlich, daß die geistig-schöpferische, individuelle Leistung ein bestimmtes Mindestmaß, ein gewisses Niveau erreicht;[46] auf diese Weise wird die Untergrenze des Urheberrechtsschutzes festgelegt.[47] Die erforderliche Gestaltungshöhe ist bei den einzelnen Werkarten jedoch unterschiedlich. Bei *Werken der angewandten Kunst* liegt sie deutlich höher als bei anderen Werkarten, was darin begründet liegt, daß hier der Urheberrechtsschutz seinen Unterbau durch den Geschmacksmusterschutz findet, dem der Schutz vor allem kunstgewerblicher Gegenstände mit geringem Individualitätsgrad überlassen werden kann.[48] Dagegen werden bei *anderen Werkarten*, bei denen es einen dem Geschmacksmusterschutz entsprechenden Unterbau nicht gibt, weitaus geringere Anforderungen an die Gestaltungshöhe gestellt, insbesondere bei der sog. *kleinen Münze*.[49] Als kleine Münze werden diejenigen Gebilde bezeichnet, die an der untersten Grenze des

---

43 *Ulmer*, § 21 IV 2.

44 *Schricker (Loewenheim)*, § 2, Rdnr. 24.

45 Z.B. *Brombeer-Muster*, BGH v. 27.1.1983, GRUR 1983, 377-379; *Büromöbelprogramm*, BGH v. 23.10.1981, GRUR 1982, 305-308; *Ulmer*, § 25 III 4; *Hubmann/Rehbinder*, § 12 II 3 a).

46 Zu den (durch die europäischen Harmonisierungsrichtlinien formulierten) Bestimmungen für Computerprogramme, Datenbanken und Fotografien unten Teil 3, Kapitel 2, Ziffer 2.3.

47 *Schricker (Loewenheim)*, § 2, Rdnr. 16, der die Gestaltungshöhe als "quantitativen Aspekt der Individualität" bezeichnet.

48 S. GeschmacksmusterG; vgl. *Schricker (Loewenheim)*, § 2 Rdnr. 18 und Rdnr. 101; *Ulmer*, § 25 II 3 und 4; *Hubmann/Rehbinder*, § 9 III 3; *Fromm/Nordemann (Vinck)*, § 2, Rdnr. 21; der Sache nach ebenso die Rechtsprechung, die hier vom "höheren Grad ästhetischen Gehalts" spricht, vgl. z.B. *Tierfiguren*, BGH v. 25.5.1973, GRUR 1974, 669-672; *Vasenleuchter*, BGH v. 21.5.1969, GRUR 1972, 38-40.

49 Der Begriff der "kleinen Münze" geht auf *Elster* (Gewerblicher Rechtsschutz, 1921, S. 40) zurück, der davon sprach, daß es für den Gegenstand des Urheberrechts gleichgültig sei, "ob es große oder kleine Münze ist, was da geschaffen ist". Weitere Literatur zur kleinen Münze: z.B. *Dietz*, UFITA 87 (1980) 1-14, 8 ff; *Loewenheim*, GRUR 1987, 761-769; *Roeber*, FuR 1978, 101-110; *Schraube*, UFITA 61 (1971) 127-147; *Schulze, G.*, GRUR 1987, 769-778; *Ulmer*, in: FS Troller, S. 189-205 (191 ff).

Urheberrechtsschutzes liegen, also gerade noch geschützt sind.[50] Ausschlaggebend ist für die Rechtsprechung die Überlegung, daß die geringwertigen, aber häufig recht aufwendigen und deshalb schützenswerten Leistungen der literarischen und musikalischen kleinen Münze nicht völlig schutzlos gelassen werden sollen, denn sonst müßten deren Urheber mit leeren Taschen ausgehen.[51] Es drängen also lediglich Billigkeitserwägungen zu geringeren Anforderungen an Individualität und Gestaltungshöhe bei solchen Werkarten, für die ein dem Musterschutz vergleichbares Auffanggesetz fehlt. Entsprechend weit wird daher auch der Begriff "Literatur" ausgelegt, so daß z.B. Kataloge, Formulare, Prospekte, Rechentabellen, Adreßbücher und dergleichen noch urheberrechtlich geschützt sein können - nämlich dann, wenn die Sammlung und Auswahl des Stoffes oder seine Einteilung und Anordnung als "geistige Leistung" klassifiziert werden können oder wenn sich die Leistung von der Masse des Alltäglichen abhebt.[52]

Das weniger anspruchsvolle Maß an Gestaltungshöhe bei diesen Werken der kleinen Münze ist gegenüber dem enger gefaßten Kunstbegriff eine Differenzierung, die in der Praxis zwar durch die Gesetzeslage und die Schutzbedürftigkeit der Leistungen gerechtfertigt sein mag, die sich jedoch nicht aus der im UrhG verwendeten Terminologie herleiten läßt.[53] Zudem ist die Grenze zwischen den gerade noch geschützten und den nicht mehr geschützten Erzeugnissen fließend und erfordert Werturteile, die umstritten sind und im Zuge der Zeit schwanken.[54] Die Rechtsprechung tat sich mit einer einheitlichen und konsistenten Abgrenzung bisher außerordentlich schwer.[55] Derartige Ungereimtheiten und Widersprüchlichkeiten lassen aber den Rubikon der Grenzziehung in der Tat zum Mäander werden, und zwar in der Form eines sich willkürlich und fast unvorhersehbar dahinschlängelnden Stroms; dies aber hat erhebliche Rechtsunsicherheit zur Folge.[56]

---

[50] Der BGH bezeichnet als kleine Münze "einfache, aber gerade noch geschützte geistige Schöpfungen"; *Dirlada*, BGH v. 26.9.1980, GRUR 1981, 267-269; zu diesem Begriff auch *Schulze, G.*, S. 1 f.

[51] Vgl. auch *Schulze, G.*, S. 111; *Nimmer/Geller (Dietz)*, GER-22, § 2[1][b].

[52] *Ulmer*, § 22 I 3; *Schricker (Loewenheim)*, § 2, Rdnr. 61 ff.

[53] So auch *Schulze, G.*, S. 111.

[54] Vgl. *Schulze, G.*, S. 119.

[55] Beispiele finden sich bei *Schulze, G.*, S. 112 ff.

[56] *Nordemann*, UFITA 50 (1967) 906-914 (907); vgl. auch *Schulze, G.*, S. 116.

Eben diese Abgrenzungsschwierigkeiten existieren im *Copyright Law* im allgemeinen nicht, werden diejenigen Erzeugnisse, die im deutschen Recht gerade auf der Grenze liegen und je nach Wertung entweder Urheberschutz erlangen oder nicht, doch generell durch Copyright geschützt. Die einzige Ausnahme stellt im britischen Recht diejenige Kategorie von Werken dar, die über den Investitionsgedanken hinaus *artistic quality* verlangt; sie ist jedoch relativ eng.

3.2. Hintergrund der unterschiedlichen Abgrenzung des Geschützten vom Ungeschützten

Es stellt sich nun die Frage, warum die Grenzziehung zwischen Geschütztem und Ungeschütztem im *Copyright Law* und im Urheberrecht nach solch unterschiedlichen Gesichtspunkten verläuft. Auf beiden Seiten des Ärmelkanals fällt der Blick hier auf ein Rechtsgebiet, das dem Urheberrecht bzw. *Copyright Law* nahesteht - das Recht des unlauteren Wettbewerbs oder der *unfair competition.*

3.2.1. Großbritannien

Die Tatsache, daß an die Originalität im britischen Recht vergleichsweise geringe Anforderungen gestellt werden und daß der Bereich der durch Copyright geschützten Erzeugnisse dementsprechend weit "nach unten" reicht, hängt damit zusammen, daß es in Großbritannien keinen schlagkräftiges, gut ausgebautes *Unfair Competition Law* gibt.

3.2.1.1. Fehlen einer *unfair competition*-Generalklausel

Das *Common Law* hat keine generelle Rechtsfigur der *unfair competition* entwickelt, um das Ausbeuten fremder Leistung rechtlich zu erfassen. Dies ist der Grund, weshalb es in vielen Fällen notwendig ist, den Begriff des Copyright sehr großzügig auszulegen, um Investitionsleistungen nicht völlig schutzlos zu lassen.[57]

---

[57] *Cornish*, Rdnr. 9-019, "*The refusal to allow any general principle of unfair competition that will extend to the misappropriation of ideas means, however, that no limited, short-term*

Doch wenn es auch kein generalklauselartiges Verbot der *unfair competition* gibt, so existieren im *Law of Torts* (Recht der unerlaubten Handlungen) immerhin einige Klagearten, die in ihrer Gesamtheit gleichsam ein grobes Netz darstellen und einige Handlungen aus dem Bereich des unlauteren Wettbewerbs erfassen. Vor allem die Klage wegen *Passing-off* (falsche Herkunftsangabe) hat sich hier als sehr effizient erwiesen. Auch die Klagen wegen *Breach of Confidence* (Vertrauensbruch oder Verletzung der Geheimhaltungspflicht) und *Injurious Falsehood* (Rufschädigung) können in einigen Fällen Abhilfe schaffen. Doch insbesondere im Vergleich mit einer gesetzlich fundierten, umfassenden Generalklausel erscheinen diese zum Teil eng definierten Kategorien recht unzulänglich, wenn es darum geht, Tatbestände zu erfassen, die nicht exakt in diese "Schubladen" passen. Auch wenn der klassische Anwendungsbereich bestehender Klagearten oft großzügig ausgedehnt wurde, um die Ahndungsmöglichkeiten strafwürdiger Handlungen zu erweitern,[58] wurde das Wirkungsspektrum einer breit angelegten Doktrin der *unfair competition* nie erreicht. Der fehlende Generalklausel-Schutz der *unfair competition* mußte nun jedoch irgendwie kompensiert werden, und da kam das *Copyright Law* gerade gelegen, um den im Rahmen der erwähnten *torts* nicht geschützten Leistungen Schutz zu gewähren.[59] Daraus erklärt sich also die Tatsache, daß der Bereich der durch Copyright geschützten Erzeugnisse so weit "nach unten" gefaßt ist und daß an das Kriterium der Originalität so geringe Anforderungen gestellt werden.[60]

3.2.1.2. Hintergrund

Es fragt sich nun, warum ein allgemeiner Grundsatz der *unfair competition* im britischen Recht keine Verankerung fand. Drei Gründe spielen hier eine Rolle, nämlich die mit dem Grundsatz der Vertragsfreiheit verbundene Maxime der Wettbewerbsfreiheit, die Eigenart des *case law*-Systems sowie die flexible Natur des *Copyright Law*.

---

form of liability may be imposed upon even the most sycophantic purveyor of other people's ideas and enterprise. Accordingly there is always some desire to press the existing concepts of copyright into service."

[58] So z.B. im Fall der *Passing-off*-Klage in *Erven Warnink Besloten Vennootschap v. J. Townend (J.) & Sons (Hull) Ltd.* [1979] AC 731; dazu allgemein *Whish*, S. 61 ff.

[59] *Nimmer/Geller (Cornish)*, UK-7 & 8, § 1[1].

[60] Vgl. auch *Ricketson*, 39 J.Cop.Soc. 265-288 (268 f) (1992).

3.2.1.2.1. Vertragsfreiheit und Wettbewerbsfreiheit

Zunächst steht wieder einmal jenes Prinzip im Vordergrund, das das britische Recht wie ein roter Faden durchzieht - nämlich das des *freedom of contract*.[61] Nach angelsächsischer Tradition verlangte der Grundsatz der Vertragsfreiheit eine aufs äußerste Minimum reduzierte Einmischung staatlicher Instanzen in die Rechtsbeziehungen zwischen privatautonomen Individuen. Die Gerichte fühlten sich nicht dazu berufen, in führender und beschützender Manier in die Freiheit des Marktes einzugreifen und bestehende Wirtschaftsstrukturen gemäß einem Prinzip der *fairness* zu korrigieren. Dementsprechend hieß es: "*[T]o draw a line between fair and unfair competition, between what is reasonable and unreasonable, passes the power of the Courts.*"[62] Die Maximen der Vertragsfreiheit und der Wettbewerbsfreiheit wurden in der Tat zu Zwillingsschwestern in einer Zeit, in der die Gerichte eine Flut von Klagen befürchteten, die auf mehr oder weniger ausgeprägten Marktungleichgewichten beruhten. Somit zogen sich die richterlichen Instanzen lieber ganz aus der Affäre und zeigten sich nicht gewillt, regulierend in das freie Spiel der Kräfte einzugreifen. Insgesamt gesehen spiegelte diese Nichteinmischungspolitik den Geist der viktorianischen Epoche wider, die von wirtschaftsliberalistischem Gedankengut und einer bedächtigen *laissez faire*-Haltung geprägt war.[63]

3.2.1.2.2. case law-System

Zudem ist zu betonen, daß das *Common Law* noch nie von einer Vorliebe für breite Generalisierungen gekennzeichnet war, sondern stets einer Rechtsentwicklung im engen Rahmen des sich von Fall zu Fall vortastenden *case law*-Systems verpflichtet blieb. Englisches Rechtsdenken lebt von empirischer Induktion, begnügt sich mit der Regelung des gerade vorliegenden Rechtsstreites und hat nur selten die Ambition, allgemeinverbindliche, breit angelegte Rechtssätze zu formulieren. Schon von je her stolperte man lieber von Fall zu Fall, tat dem Gebot der Stunde Genüge und "wurstelte" sich gleichsam vorwärts, als daß man seinen Handlungsspielaum im konkreten Fall durch abstrahierte gesetzliche Formulierungen eingeengt hätte. Von der Eleganz der geraden Linie hielt man nicht

---

[61] Dazu auch oben Teil 1, Kapitel 3, Ziffer 3.3.

[62] *Lord Justice Fry* in *Mogul Steamship Co. Ltd. v. McGregor Gow Ltd.* [1892] AC 25.

[63] Vgl. *Cornish*, Rdnr. 1-009 f.

viel, und selbst ein ausgesprochener Zickzackkurs störte nicht, solange man den Bedürfnissen des Einzelfalles gerecht wurde.[64] Diese Grundeinstellung kam darin zutage, daß sich keine allgemeine Doktrin der *unfair competition* entwickelte.[65]

3.2.1.2.3. Flexibilität des Copyright Law

Schließlich erwies sich Copyright auch als ein außerordentlich flexibles Instrument, das nach dem Willen des Gesetzgebers nicht bei der Erfassung der klassischen *authors' rights* Halt machte, sondern seinen Namen auch für den Schutz anderer schutzbedürftiger Leistungen hergab, nämlich der *entrepreneurial copyrights*. Philosophische oder rechtstheoretische Gesichtspunkte standen dem nicht im Wege, war das *Copyright Law* doch von je her mehr auf den Schutz des Objektes, des Werkes - in welcher Erscheinungsform auch immer - gerichtet als auf den Schutz des Rechtssubjektes, des Urhebers.[66] Die Erweiterung des Schutzkataloges durch die Entwicklung neuer Medien, etwa im Bereich Ton und Film, war mit der inneren Kohärenz des *Copyright Law* also genauso gut zu vereinbaren wie die Verwendung des Copyright-Begriffes für Leistungen im Bereich der (nach deutscher Terminologie) kleinen Münze. Immerhin geht es bei beiden Kategorien um den Schutz von Leistung und Investition, eine Vorstellung, die dem *Copyright Law* schon immer vertraut war. Ließ sich das Konzept des Copyright also scheinbar problemlos erweitern und ausdehnen, konnte man die Frage der Ausbeutung fremder Leistung durch wettbewerbsrechtlich unlautere Methoden mehr oder weniger elegant umgehen, indem man der erbrachten Leistung einfach den Stempel "Copyright" aufdrückte und die fremde Ausbeutung als *Copyright Infringement* (Copyright-Verletzung) deklarierte. Solange man dem Konzept der *unfair competition* im *Common Law* nicht mehr Raum gibt, wird auch die Tendenz, den Begriff Copyright immer weiter auszudehnen, nicht rückläufig werden.[67]

---

[64] Vgl. allgemein *Radbruch*, S. 7 ff.

[65] *Cornish*, Rdnr. 1-009; *Dworkin*, 12 IIC 476-492 (478 f) (1981).

[66] Vgl. oben Teil 1, Kapitel 3, Ziffer 2.1.

[67] *Stewart (Dworkin)*, Rdnr. 18.13; *Nimmer/Geller (Cornish)*, UK-26, § 2[4][f][ii]; *Ricketson*, [1984] UNSW L.Rev. 1-36.

Obwohl das Konzept der *unfair competition* in letzter Zeit in verstärktem Maße das Wohlgefallen der Gerichte zu gewinnen scheint, ist der Weg bis zu seiner gesetzlichen Verankerung auf breiter Ebene noch unendlich weit.[68] Damit wird Copyright wohl auch in Zukunft überstrapaziert werden, indem viele Erzeugnisse, die anderswo nicht einmal mehr die Schwelle zur urheberrechtlich geschützten kleinen Münze überspringen und bestenfalls wettbewerbsrechtlich geschützt sind, zu *copyright works* erklärt werden.[69]

3.2.2. Deutschland

Im deutschen Recht besteht die Notwendigkeit, den Schutzbereich des Urheberrechts so weit wie möglich "nach unten" auszuweiten, nicht in dem extremen Maße wie im *Copyright Law*, da der wettbewerbsrechtliche Leistungsschutz hier eine ergänzende Funktion einnimmt.[70]

3.2.2.1. Ergänzender wettbewerbsrechtlicher Leistungsschutz

Das deutsche Recht verfügt mit dem Gesetz gegen den unlauteren Wettbewerb (UWG) über eine schlagkräftige Waffe u.a. gegen die Ausbeutung urheberrechtlich nicht geschützter Leistungen. Für diejenigen Gebilde, die das Niveau der "persönlichen geistigen Schöpfung" im Sinne des § 2 Abs. 2 UrhG nicht erreichen, kann der wettbewerbsrechtliche Leistungsschutz in gewissen Situationen eingreifen, um ihre Ausbeutung durch Fremde nach § 1 UWG zu verbieten. Das Wettbewerbsrecht ist dazu berufen, den Sonderschutz des Urheberrechts zu ergänzen,[71] wobei sich insbesondere im Bereich der kleinen Münze die Ziele des Sonderschutzes und des wettbewerbsrechtlichen Schutzes auf einer Ebene berühren.[72] Um die Ausbeutung fremder, sonderrechtlich nicht geschützter Erzeugnisse wettbewerbswidrig zu machen, müssen jedoch stets wettbewerbsrechtlich relevante "besondere Umstände" hinzutreten, die die Sittenwidrigkeit und damit

---

[68] *Cornish*, Rdnr. 1-011; *Elliot*, 20 Cop.World 25-30 (1992); *Dworkin*, [1979] September EIPR 241-247.

[69] *Cornish*, zitiert in *Schmieder*, FuR 1980, 251-255 (254); *Schulze, G.*, S. 120 f.

[70] Vgl. auch *Cornish*, Rdnr. 1-008.

[71] Vgl. § 97 Abs. 3 UrhG; *Schricker (Schricker)*, Einleitung, Rdnr. 40; *Schmieder*, UFITA 80 (1977) 127-141.

[72] *Schulze, G.*, S. 295 m.w.N.

Wettbewerbswidrigkeit indizieren.[73] In Betracht kommen die Gesichtspunkte der "Erschleichung", des "Vertrauensbruches", der "Geheimnisverletzung", der "Behinderung durch systematisches Nachahmen", der "vermeidbaren Herkunftstäuschung" und - in Überschneidung mit letzterer - der "unmittelbaren Leistungsübernahme".[74] Letzten Endes aber hängt das Urteil über die Sittenwidrigkeit eines konkreten Falles von Ausbeutung fremder Leistung von einer abwägenden Interessenwertung im Lichte der Gesamtumstände ab.

3.2.2.2. Rechtsprechung zum ergänzenden wettbewerbsrechtlichen Leistungsschutz

Teilweise fällt der von der Rechtsprechung gewährte wettbewerbsrechtliche Schutz sehr großzügig aus,[75] so daß Erzeugnisse, die an der Grenze zwischen urheberrechtlich Geschütztem und Nichtgeschütztem liegen, oftmals durch den ergänzenden wettbewerbsrechtlichen Leistungsschutz erfaßt werden können.[76] Andererseits jedoch greift das Wettbewerbsrecht in vielen Fällen nicht ein,[77] etwa weil es an besonderen, die Sittenwidrigkeit begründenden Umständen fehlt[78] oder am erforderlichen Wettbewerbsverhältnis zwischen den Beteiligten[79], mit der Folge, daß - aus Billigkeitserwägungen und in Anbetracht des legitimen Schutzbedürfnisses der Erzeugnisse bescheideneren Niveaus - ein geringerer Maßstab an die urheberrechtliche Schutzfähigkeit angelegt wird.[80] Diese Ausdehnung des Urheberrechts durch die Werke der kleinen Münze wird

---

[73] *Baumbach/Hefermehl*, § 1, Rdnr. 440 m.w.N. und Rdnr. 576; *Ulmer*, § 7 I 3; *von Gamm*, Einführung, Rdnr. 138.

[74] *Schricker (Schricker)*, Einleitung, Rdnr. 43; *Baumbach/Hefermehl*, § 1, Rdnr. 576.

[75] So *von Gamm*, § 2, Rdnr. 16; *Schulze, G.*, S. 287 f; *Buntstreifensatin II*, BGH v. 18.12.1968, GRUR 1969, 292-295; *Kunststoffzähne*, BGH v. 2.7.1969, GRUR 1969, 618-620.

[76] Zum damit verbundenen Problem der unbegrenzten Schutzdauer: *Schulze, G.*, FuR 1984, 619-629.

[77] *Reimer*, GRUR 1980, 572-582 (574), geht sogar so weit, daß er den wettbewerbsrechtlichen Leistungsschutz hier als "durch nichts gerechtfertigte Illusion" bezeichnet.

[78] *Merkmalklötze*, BGH v. 20.2.1976, GRUR 1976, 434-438 m.Anm.v.*Schwanhäusser*; *Play-family*, BGH v. 19.12.1979, GRUR 1980, 235-238.

[79] *Fahr'n auf der Autobahn*, OLG Düsseldorf v. 1.12.1977, GRUR 1978, 640-642; *Thoms*, S. 300.

[80] So z.B auch *Ulmer*, § 22 I 3.

im Schrifttum häufig kritisiert,[81] und verschiedentlich wird der Schutz der kleinen Münze durch das Wettbewerbsrecht oder ein neu zu schaffendes Leistungsschutzrecht gefordert.[82] Doch nicht zuletzt aufgrund des Umstandes, daß das Wettbewerbsrecht diesen Schutz nur teilweise übernehmen kann und ein neuer Sonderrechtsschutz nicht in Sicht ist, kann angesichts der Schutzwürdigkeit dieser Erzeugnisse auf Urheberrechtsschutz nicht verzichtet werden.[83]

Das Bemühen, schutzbedürftige Leistungen bescheidenen Niveaus auch dann durch das Urheberrecht zu schützen, wenn sie weniger auf besonderer schöpferischer Kreativität als vielmehr auf einer Investitionsleistung beruhen, läßt gewisse Parallelen zum *Copyright Law* erkennen. Unübersehbar ist jedoch, daß der Investitionsschutz mit Tradition und Philosophie des *Copyright Law* im Einklang steht,[84] während er dem vom Schöpferprinzip durchdrungenen Urheberrecht vom Grundansatz her fremd ist. Die vermehrten Forderungen nach einem speziellen Leistungsschutzrecht für die Erzeugnisse der kleinen Münze überraschen daher nicht.

3.3. Gesamtbetrachtung

Eine Gesamtbetrachtung des Werkbegriffes aus vertikaler Perspektive ergibt, daß schon bei der Frage, was im Rahmen der klassischen Materien des *Copy-*

---

[81] Kritisiert wird vor allem die unterschiedliche Schutzuntergrenze bei Werken der angewandten Kunst und anderen Werkarten, vgl. *Schulze G.*, S. 68 ff m.w.N.; ein näheres Eingehen auf die umfangreichen Argumente geht über den Rahmen dieser Studie hinaus.

[82] *Hubmann/Rehbinder*, § 6 I 1 b); *Schulze G.*, S. 293 ff; *Thoms*, S. 316 ff; vgl. *Fromm/Nordemann (Vinck)*, § 2, Rdnr. 20. *Nimmer/Geller (Dietz)*, GER-22, § 2 [1][b]. Diese Kritik mehrt sich gerade auch im Hinblick auf die ständig anwachsende Schutzdauer, eine Tatsache, die für den Kernbereich des Urheberrechts angebracht sei, nicht aber für nur minimale schöpferische Leistungen; vgl. auch *Dietz*, Urheberrecht, S. 62, 67. In diesem Zusammenhang wird oft auf die "Ergänzungs- und Vorreiterfunktion" des § 1 UWG für das Urheberrecht hingewiesen; der übergangsartige Charakter des wettbewerblichen Leistungsschutzes werde dadurch verdeutlicht, daß diejenigen Leistungen, die seit der Urheberrechtsreform von 1965 durch die verwandten Schutzrechte geschützt werden, zuvor Schutz durch das Wettbewerbsrecht erfuhren, s. *Schulze G.*, S. 286; *Beier*, zitiert in *Schmieder*, [1980] 5 FuR 251-255 (254).

[83] *Schricker (Schricker)*, § 2, Rdnr. 19 sowie Einleitung, Rdnr. 30 mit weiteren Argumenten. Vgl. auch *Dietz*, Urheberrecht, S. 63. *Ulmer*, in: FS Troller, S. 189-205 (195) bezeichnet dies zwar als "dogmatisch peinlich", spricht sich aber dennoch für die gegenwärtige Praxis aus.

[84] So *Ginsburg*, 90 Col.L.Rev. 1865-1938 (1990).

right Law bzw. des Urheberrechts als Werk geschützt ist, wesentliche Unterschiede existieren. Die Werkeigenschaft kann im britischen Recht grundsätzlich schon bei einem Minimum an Investitionsaufwand bejaht werden, während im deutschen Recht darüber hinaus grundsätzlich eine gewisse Schöpfungshöhe verlangt ist. Diese unterschiedlichen Maßstäbe führen zu divergenten Ergebnissen, wenn es um diejenigen Erzeugnisse geht, die außerhalb des Kernbereichs von *Copyright Law* bzw. Urheberrecht liegen. Es sind jedoch gerade die Randbereiche, die Aufschluß über die verschiedenen rechtstheoretischen Grundansätze der beiden Rechtssysteme geben. Das *Schöpferprinzip* des Urheberrechts macht den Schöpfungsakt des Urhebers im Sinne einer Kreation individuell-persönlicher Prägung auf relativ gehobenem Niveau zum Anknüpfungspunkt für urheberrechtlichen Schutz. Demgegenüber läßt das *Investitionsschutzprinzip* des *Copyright Law* den bloßen Input von Arbeit und Ressourcen genügen.

Während Investitionsleistungen im *Copyright Law* im allgemeinen auch ohne schöpferisch-kreatives Element Schutz erfahren, stellt das Urheberrecht wesentlich höhere Anforderungen, indem es grundsätzlich nur solche Erzeugnisse schützt, die über das Alltägliche im weiten Sinne hinausragen. Die Großzügigkeit des britischen Rechts liegt nicht nur in der Tradition des *Copyright Law* begründet, wonach Copyright-Schutz schon von je her all denen zuteil wurde, die Leistungen materieller, finanzieller oder geistiger Art erbrachten, sondern hängt auch mit dem fehlenden Generalklauselverbot der *unfair competition* zusammen. Demgegenüber besteht im deutschen Recht aufgrund der Existenz des ergänzenden wettbewerbsrechtlichen Leistungsschutzes ein deutlich geringeres Bedürfnis, schutzwürdige Leistungen unbedingt durch das Urheberrecht zu schützen - auch wenn Tendenzen dazu im Bereich der kleinen Münze durchaus vorhanden sind.

Die Prinzipien, wonach Geschütztes vom Ungeschützten abgegrenzt wird, werden in beiden Rechtssystemen zwar generell, doch nicht mit völliger Konsequenz angewandt. Das Investitionsschutzprinzip des *Copyright Law* wird insofern durchbrochen, als bei Werken der Architektur und des Kunsthandwerks echte künstlerisch-schöpferische Gestaltung über den bloßen Aufwand von Mühe und Arbeit hinaus verlangt wird.[85] Und das Schöpferprinzip des Urheberrechts, das im allgemeinen nur schöpferisch-kreative, individuelle Leistungen mit gewis-

---

[85] Dazu oben Teil 2, Kapitel 1, Ziffer 3.1.1.

sem Niveau schützt, setzt die strengen Anforderungen bei den Erzeugnissen der kleinen Münze etwas herunter.[86] Im übrigen mußten beide Rechtssysteme durch die jüngsten Entwicklungen in der Europäischen Gemeinschaft im Hinblick auf bestimmte Werkkategorien von ihren traditionellen Positionen abweichen und sich zu einer einheitlichen Definition der Originalität durchringen.[87]

Doch insgesamt gesehen bleiben die etablierten Originalitätskriterien - *labour, skill and judgment* bzw. persönliche geistige Schöpfung - den ihnen übergeordneten Leitprinzipien - dem Investitionsschutzprinzip bzw. Schöpferprinzip - treu. Diese auf den ersten Blick vielleicht eher formalen, auf den zweiten jedoch grundlegenden Unterscheidungen aber sind es, die den fundamentalen Gegensatz zwischen *Copyright Law* und Urheberrecht ausmachen.

4. Die horizontale Perspektive: Urheberrecht und Leistungsschutz

4.1. Einführung

Bei Betrachtung des britischen und des deutschen Werkbegriffes aus horizontaler Perspektive sticht nicht nur die unterschiedlich weite Definition des Werkbegriffes selbst ins Auge, sondern auch die in *Copyright Law* und Urheberrecht völlig verschieden gestaltete Rechtssystematik. Beide Phänomene sind auf die rechtsphilosophischen und rechtsdogmatischen Ansätze des jeweiligen Rechtssystems zurückzuführen.

Der eng gefaßte deutsche Werkbegriff, der nur auf die klassischen Werkkategorien im Bereich der Literatur, Wissenschaft und Kunst Anwendung findet, bewirkt die für das deutsche Recht dogmatisch essentielle Dichotomie von *Werk* und *Leistung*, von Urheberrecht und Leistungsschutzrechten, von Urheberschutz und Produzentenschutz.[88] Diese Vorstellung steht in krassem Gegensatz zum britischen Recht, das mit seinem breit definierten Werkbegriff keine Unterscheidung zwischen dem Schaffen der Urheber und dem der Produzenten vor-

---

[86] Dazu oben Teil 2, Kapitel 1, Ziffer 3.1.2.

[87] Dazu unten Teil 3, Kapitel 2, Ziffer 2.3.

[88] Der Begriff des *Produzenten* wird für diejenigen verwendet, die technisch-organisatorisch-unternehmerische Leistungen erbringen (Tonträger- und Filmproduzenten oder Sendeunternehmen).

nimmt. Vielmehr bringen nach britischer Auffassung beide Gruppen *works* (Werke) hervor, die gleichermaßen Schutz durch Copyright erfahren. Modellhaft dargestellt stehen sich somit das "zweigleisige" deutsche und das "eingleisige" britische System gegenüber.[89]

Wenn sich die Definition des Werkes im deutschen Recht vom Begriff der Leistung abhebt, so ist der Werkbegriff im britischen Recht vom Konzept der Darbietung getrennt. Der im UrhG getroffenen Unterscheidung zwischen *Urheberrecht* und *Leistungsschutzrechten* steht im CDPA die Trennung von *copyright* und *rights in performances* (Rechte an künstlerischen Darbietungen) gegenüber.[90] Damit zeigt sich, daß in rechtssystematischer und rechtsdogmatischer Hinsicht bei der Einordnung der Rechte an Darbietungen ausübender Künstler in Deutschland und Großbritannien wesentliche Unterschiede bestehen. Die Rechte an künstlerischen Darbietungen[91] sind im deutschen Recht *Teil der Leistungsschutzrechte*, im britischen Recht werden sie dagegen *außerhalb des Copyright-Systems* geregelt. Während die ausübenden Künstler im UrhG somit zumindest nominell mit den Produzenten auf einer Stufe stehen, wird ihnen im CDPA der Copyright-Status gänzlich verwehrt.

Die Aufgabe des vorliegenden Abschnittes ist es, den Werkbegriff des deutschen und des britischen Rechts in horizontaler Ebene auszuleuchten und die Hintergründe zu erforschen, die einerseits für die unterschiedlich weite Definition des Werkbegriffes und andererseits für die deutsche Abgrenzung des Werkes von der Leistung bzw. die britische Trennung des Werkes von der Darbietung verantwortlich sind. Zum einen ist dabei zu untersuchen, warum die Dichotomie von Urheberrecht und verwandten Schutzrechten von deutschen Urheberrechtsexperten so vehement verfochten wird, warum dagegen der britische Gesetzgeber einer Unterscheidung von *copyright* und *neighbouring rights* stets

---

89 Allgemein zur Dichotomie von Urheberrecht und Leistungsschutzrechten *Cohen Jehoram*, RIDA 144 (1990) 81-133 und 15 Col.-VLA J.L. & Arts 75-91 (1990); vgl. auch *Davies*, [1984] 12 EIPR 335-339 (335, Fn. 1).

90 Erster u. zweiter Teil des UrhG; *Part I* (*copyright*) u. *Part II* (*rights in performances*) des CDPA.

91 Der Begriff "künstlerische Darbietung" wird für die Darbietungen der ausübenden Künstler verwendet. In Bezug auf das UrhG bezeichnen die *Rechte an künstlerischen Darbietungen* sowohl die Rechte der ausübenden Künstler als auch die Rechte der Veranstalter ihrer Darbietungen (§§ 73-84 UrhG), im Hinblick auf den CDPA bezeichnen sie die Rechte der Interpreten (Secs. 181-184 CDPA) und die Rechte von Personen mit ausschließlichen Aufnahmerechten an ihren Darbietungen (Secs. 185-188 CDPA).

mit Skepsis gegenüberstand und sie im CDPA eindeutig zurückwies. Zum anderen geht es darum, herauszufinden, warum die Rechte an künstlerischen Darbietungen in die Materie der verwandten Schutzrechte eingeordnet wurden, warum sie jedoch keinen Eingang ins *Copyright*-System fanden.

4.2. Urheberrecht und Leistungsschutzrechte - copyright und die "verbannten" neighbouring rights

4.2.1. Dichotomie von Urheberrecht und Leistungsschutzrechten im deutschen Recht

4.2.1.1. Werk - Leistung

Die im UrhG vorgenommene Unterscheidung zwischen Urheberrecht und verwandten Schutzrechten ist tief im deutschen Rechtsgefüge verankert. Grundlegend für diese Unterscheidung ist die rechtsdogmatische Trennung von *Werk* und *Leistung*.

Nach deutschem Urheberrechtsverständnis besteht der fundamentale Wesensunterschied zwischen Werkschöpfung und Leistung anderer Art darin, daß es sich bei ersterer um den individuellen Akt der Schöpfung eines geistigen Gutes handelt, während letztere sich mit der kulturellen oder unternehmerischen Werkmittlung, also mit einem bereits existierenden Geistesgut, befaßt. Es bedarf somit zunächst des Schöpfungsaktes des Urhebers, damit der Werkmittler seine Leistung erbringen und die Schöpfung des Urhebers wahrnehmbar machen kann.[92]

Werke des Urheberrechts können nur von natürlichen Personen auf dem Gebiet der Literatur, Wissenschaft und Kunst geschaffen werden. Relevante *Leistungen* im Bereich der verwandten Schutzrechte können dagegen von natürlichen und juristischen Personen erbracht werden, nämlich von Verfassern wissenschaftlicher Ausgaben, Herausgebern nachgelassener Werke, Herstellern von

---

[92] Vgl. dazu auch *Hilty*, UFITA 116 (1991) 35-58 (48); *Hoffmann*, UFITA 12 (1939) 96-114 (100).

Lichtbildern, ausübenden Künstlern, Veranstaltern ihrer Darbietungen, Sendeunternehmen sowie Tonträger-, Film- und Laufbildherstellern.[93]

4.2.1.2. Schöpferprinzip - Investitionsschutzprinzip

Die rechtsdogmatische Unterscheidung von Werk und Leistung korreliert mit der Dichotomie von *Schöpferprinzip* und *Investitionsschutzprinzip*.

Bloße Investitionen - etwa finanzieller, technischer oder organisatorischer Art - können grundsätzlich keinen urheberrechtlichen Schutz beanspruchen. Vielmehr setzt der Schutz durch das Urheberrecht über dem Niveau der Investitionsleistung ein, nämlich bei der persönlichen geistigen Schöpfung, die sich durch ein bestimmtes Maß an individuell-gestalterischem Niveau auszeichnet.[94] Grundbaustein des Urheberrechts ist also das Schöpferprinzip.

Diese Fixierung auf das Schöpferprinzip, die sich aus der Debatte über das Wesen des Urheberrechts im 19. Jahrhundert ergab, relegierte das Urheberrecht gleichsam in einen Elfenbeinturm, der sich all denjenigen Leistungen verschloß, die dem anspruchsvollen Kriterium der "persönlichen geistigen Schöpfung" im Sinne des urheberrechtlichen Werkbegriffes nicht entsprachen. Es galt daher, eine neue rechtliche Heimat für solche Leistungen zu schaffen, die der kulturellen oder unternehmerischen Werkmittlung dienten und eine Investition von künstlerischer Fertigkeit, technisch-organisatorischem Geschick oder wirtschaftlichem Aufwand darstellten. Nachdem zunächst übergangsweise das Wettbewerbsrecht eingegriffen hatte,[95] erfolgte ein sonderrechtlicher Schutz in Form der verwandten Schutzrechte. Gemeinsam ist den verwandten Schutzrechten, daß sie auf dem Leistungsschutz- bzw. Investitionsschutzprinzip basieren.

Angesichts der Verankerung des Schöpferprinzips im Urheberrecht wird den Weiterentwicklungen im Bereich neuer Technologien gegebenenfalls durch eine Ausweitung des Kreises der Leistungsschutzberechtigten Rechnung getragen werden müssen. Im Hinblick auf die Schaffung neuer verwandter Schutzrechte

---

[93] Vgl. §§ 70-85, 87, 94 f UrhG.

[94] § 2 Abs. 2 UrhG. Dazu oben Teil 2, Kapitel 1, Ziffer 3.1.2.

[95] *Schulze, G.*, Schriftenreihe der UFITA, Ed. 66, S. 294 ff.

gibt es bereits seit längerem ernsthafte Diskussionen.[96] Von deutscher Warte aus ist das Leistungsschutzrecht somit eine notwendige, logische und zukunftsweisende Weiterentwicklung des Urheberrechtsgedankens an sich.[97]

4.2.1.3. Geschichtlicher Hintergrund

Das Urheberrecht heutiger Prägung hat seine Wurzeln in einer Zeit, in der die Wahrnehmbarmachung geistigen Schaffens (abgesehen von der Werkdarbietung) auf das Verlegen literarischer Werke beschränkt war. Der zwischen Verlegern und Urhebern entflammte Kampf um rechtlichen Schutz entschied sich unter dem Einfluß einer Strömung naturrechtlicher Prägung zugunsten der Schöpferpersönlichkeit, und das Schöpferprinzip faßte Fuß. Den Verlegern gelang es dagegen nicht, für ihresgleichen eigene Rechte durchzusetzen, die ihre Investitionen honorierten.[98]

Als der technische Fortschritt neue Wege eröffnete, Geisteswerke an die breite Öffentlichkeit zu bringen, mehrten sich die Forderungen der sich neu entfaltenden Industrien nach rechtlichem Schutz ihrer Investitionen vor Ausbeutung durch andere. Bei ernsthafter Betrachtung des philosophischen Grundgerüsts des Urheberrechts wurde jedoch bald klar, daß sich das Tor ins Reich des Urheberrechts nur natürlichen Personen öffnen konnte, soweit sie sich mit der Schöpfung von Geisteswerken befaßten.

Hatte das Schöpferprinzip also schon den Verlegern den Weg ins Urheberrecht versperrt, so konnte auch für die neuen Arten von Investoren in Geisteswerken nichts anderes gelten. Ein Schutz ihrer Investitionen außerhalb der Materie des Urheberrechts schien geboten. Zwar diente zunächst das UWG dazu, die Schutzlücken zu überbrücken, doch wurden seine Grenzen bald offenkundig, und somit bahnte sich eine sonderschutzrechtliche Regelung an.

---

[96] Vgl. *Schricker (Schricker)*, Einleitung, Rdnr. 30 m.w.N.

[97] Vgl. auch *Hilty*, S. 47.

[98] Vgl. oben Teil 1, Kapitel 2. Zum Für und Wider einer Rechtsreform zugunsten neuer Verlegerrechte z.B. *Becker*, BBl. 1990, 2317-2322; *Dietz*, BBl. 1989, 112-115 und ZUM 1990, 54-58; *Mauhs*, ZUM 1990, 62-64; *Schulze, G.*, ZUM 1989, 53-64; *Sellier*, BBl. 1989, 84-87; *Sieger*, BBl. 1989, 253-256 = ZUM 1989, 172-175; *Soetenhorst*, GRUR Int. 1989, 760-771.

Die im UrhG neu geschaffenen Leistungsschutzrechte sollten den Schutz von Investitionen sichern, die der Mittlung von Geisteswerken dienen. Die Leistungsschutzrechte wurden jedoch zum Auffangbecken für ein regelrechtes Sammelsurium von Leistungen nicht nur technisch-organisatorischer und wirtschaftlicher Art, sondern auch künstlerischer oder anderer persönlichkeitsgeprägter Art.[99] Träger der Leistungsschutzrechte wurden sowohl die Produzenten der Kultur- und Medienindustrie als auch z.B. die Werkinterpreten.

4.2.2. Zurückweisung der Unterscheidung von copyright und neighbouring rights im britischen Recht

4.2.2.1. *Works*

Wie der im CDPA neu definierte Werkbegriff[100] verdeutlicht, unterscheidet das *Copyright Law* nicht zwischen der Schöpfung eines geistigen Gutes und dessen Mittlung an die Öffentlichkeit. Im Gegensatz zum deutschen Recht erfolgt im *Copyright Law* keine Trennung zwischen den Werken des "klassischen Urheberrechts" und den Leistungen, die der Wahrnehmbarmachung dieser Werke dienen. Vielmehr werden sowohl die von Individuen geschaffenen Geisteswerke als auch die von Produzenten erbrachten Leistungen unterschiedslos als *works* (Werke) zusammengefaßt.

Works[101] sind damit sowohl die (vom Kriterium der *originality*[102] beherrschten) *literary, dramatic, musical or artistic works*[103] als auch die *derivative works*[104] der *sound recordings, films, broadcasts, cable programmes*[105]

---

[99] Frühe kritische Meinungen zum System: z.B. *Hirsch Ballin*, UFITA 18 (1954) 310-328; *Maiwald*, FuR 1977, 381-388; *Schmieder*, UFITA 73 (1975) 65-84 und FuR 1972, 22-28; *Schulze, E.*, FuR 1976, 427-429.

[100] Dazu auch oben Teil 2, Kapitel 1, Ziffer 1.

[101] Alle natürlichen und juristischen Personen, die eine dieser Arten von *works* schaffen, sind nach britischem Recht sowohl *authors* (Sec. 9 CDPA) als auch *first owners* (Sec. 11 CDPA) des Copyright, also originäre Copyright-Träger. Zur *authorship* oben Teil 2, Kapitel 2, Ziffer 1.1.2., und zur *first ownership of copyright* oben Teil 2, Kapitel 2, Ziffer 2.1.2.

[102] Dazu oben Teil 2, Kapitel 1, Ziffer 3.1.1.

[103] Sec. 1(1)(a) CDPA

[104] Vgl. *Bainbridge*, S. 48.

[105] Sec. 1(1)(b) CDPA.

und *typographical arrangements of published editions*[106]. Es werden also die Werke der Literatur, des Drama, der Musik und der Kunst mit den Erzeugnissen, die von Tonträger- und Filmproduzenten, von Sendeunternehmen im Rundfunk-, Fernseh- und Kabelprogrammbereich sowie von Verlegern veröffentlichter Werkausgaben hergestellt werden, gleichsam "in einen Topf geworfen".

4.2.2.2. Investitionsschutzprinzip

Grundlage des umfassenden Werkbegriffes im CDPA ist das *Investitionsschutzprinzip*, welches das gesamte *Copyright Law* durchzieht.

Wie bereits besprochen,[107] genügt im Bereich der klassischen Werkkategorien - nämlich der Werke der Literatur, des Drama, der Musik und der Kunst - die bloße Investition von Arbeit und Ressourcen, um Schutz durch Copyright zu beanspruchen. Die Schutzschwelle ist insofern niedriger als in Deutschland angelegt, als das Kriterium des schöpferischen Niveaus grundsätzlich keine Rolle spielt. Im *Copyright Law* ist also selbst der Bereich der klassischen Werkkategorien nicht vom Schöpferprinzip geprägt, sondern vom Investitionsschutzprinzip. - Auch die Investitionen technischer, organisatorischer und wirtschaftlicher Art, die von den Produzenten der Kultur- und Medienindustrie im Hinblick auf Tonträger, Filme, Sendungen oder Schriftwerke getätigt werden, erfahren Schutz durch Copyright auf der Grundlage des Investitionsschutzprinzipes.

In den Augen des britischen Gesetzgebers sind es somit Investitionen geistiger und materieller Art, die die Gewährung von Copyright rechtfertigen. Ob diese Investitionen von Individuen erbracht werden, die geistige Güter schaffen, oder von Unternehmen, die diese Güter einer breiten Öffentlichkeit zugänglich machen, spielt aus britischer Sicht keine Rolle. Beide Gruppen von Personen erbringen Leistungen, die gleichermaßen schutzbedürftig sind. Mangels eines geeigneteren rechtlichen Instrumentes bietet sich aus britischer Warte der Schutz durch das *Copyright Law* an.

---

106 Sec. 1(1)(c) CDPA.

107 Oben Teil 2, Kapitel 1, Ziffer 3.1.1.

Leistungen im Bereich neuer technologischer Entwicklungen kann das *Copyright Law* problemlos integrieren, denn die Kategorien der *works* lassen sich aufgrund der allumfassenden Logik des Investitionsschutzes beliebig erweitern.[108]

4.2.2.3. Geschichtlicher Hintergrund

Blickt man auf die Geschichte des *Copyright Law* zurück, so fällt auf, daß Copyright nicht zuerst den Schöpfern geistiger Güter zuteil wurde, sondern vielmehr einer Personengruppe, die sich mit der unternehmerischen Verarbeitung der Schöpfungen anderer befaßte. Die ersten Träger von Copyright waren die *Stationers*, in moderner Terminologie Verleger, die wohl anfangs natürliche Personen waren, sich im 19. Jahrhundert jedoch oftmals als juristische Personen reorganisierten.[109] Die Verleger waren nicht Schöpfer von Geisteswerken, sondern deren Mittler. Die Gewährung von Copyright an Entrepreneure und juristische Personen wurzelt also in den ersten Anfängen des *Copyright Law*.

Die vom Verleger getätigte materielle und finanzielle Investition lag aus britischer Sicht rangmäßig über dem Akt der Schöpfung. Dies spiegelte die Rechtswirklichkeit wider, auch wenn sie nicht gerade in ein philosophisches Fundament eingebettet war. Erst zu der Zeit, als die Verleger ihre Monopolstellung von allen Seiten her bedroht sahen, gestand man auch den schöpferisch Tätigen ein Copyright zu.[110] Damit konnten auch Investitionen geistiger Art honoriert werden.

Als der moderne Fortschritt die Möglichkeit eröffnete, Geisteswerke auf Tonträger aufzunehmen, fanden sich die Hersteller dieser Tonaufnahmen in einer Situation, welche derjenigen der Verleger sehr ähnelte. Sie tätigten Investitionen materieller und finanzieller Art, Investitionen, für die sie des rechtlichen Schutzes gegen Nachahmung und Vervielfältigung durch "Schmarotzer" bedurften. Der britische Gesetzgeber brachte diesem Anliegen Verständnis entgegen und gewährte den Tonträgerherstellern (wie schon lange zuvor den Verlegern)

---

[108] Dies war ein entscheidender Gesichtspunkt für die im CDPA vorgenommene weite Werkdefinition, vgl. *Whitford Report*, § 31, "*Any definition must be capable of covering existing works and should be so framed that it will be adequate to embrace new categories of works which may hereafter be developed.*"

[109] Vgl. *Stewart*, Rdnr. 7.06.

[110] Dazu oben Teil 1, Kapitel 1, Ziffer 3.

Copyright. Schutz durch Copyright war notwendig, da es im britischen Recht kein ausgebautes Recht gab, das sich mit der unlauteren Ausbeutung fremder Leistungsergebnisse (*unfair competition*) befaßte. Da der Gesetzgeber den Investitionsschutz ernst nahm, kam das *Copyright Law* als Heimat für die neu zu schaffenden Rechte der Hersteller von Tonaufnahmen gelegen, und somit wurde den *producers of soundrecordings* Copyright verliehen.[111]

Die 1911 geschaffene Rechtslage wurde im CA 1956 beibehalten. Hersteller von Tonträgern blieben Träger von Copyright,[112] doch - entsprechend den Investitionsschutzbedürfnissen der Vertreter neuer Technologien - wurde der Kreis der Copyright-Träger ausgeweitet: Den Filmproduzenten und den Sendeunternehmen[113] wurde Copyright gewährt.

Betrachtet man die Struktur des CA 1956, konkret die Trennung der Rechte an *original works* (d.h. Werken der Literatur, des Drama, der Musik und der Kunst) von den Rechten an *subject matters* (d.h. den Tonaufnahmen, Filmen, Sendungen und veröffentlichten Werkausgaben), so dient es dem besseren Verständnis, das Blickfeld auf die internationale Dimension zu weiten und einen Blick auf die Vorarbeiten für das Rom-Abkommen zu werfen. Die internationale Gemeinschaft strebte eine Klassifizierung der in diesem Abkommen zu schützenden Rechte an, und zwar als *rights neighbouring to copyright* oder einfach *neighbouring rights*. Dagegen wehrten sich jedoch die Repräsentanten der Tonträgerhersteller und Sendeunternehmen, insbesondere aus Großbritannien. Sie wollten sich nicht auf eine Definition ihrer Rechte im Rahmen des Abkommens einlassen, da sie vor der Bestimmung der "wahren" Natur der Rechte im internationalen Forum zurückscheuten. Dahinter stand die Überlegung, daß sich der britische Gesetzgeber gewillt gezeigt hatte, ihnen ausdrücklich *copyright* zu verleihen. Die Klassifizierung als *neighbouring rights* im internationalen Rahmen konnte somit eine Abwertung ihrer im nationalen Kontext errungenen Rechte bedeuten. Es lag daher in ihrem Interesse, zu argumentieren, daß die Bestimmung der "eigentlichen" Natur ihrer Rechte ausschließlich der nationalen Ebene vorbehalten war, wo zumindest die Geschichte des *Copyright Law* auf ihrer

---

[111] Zum gegenwärtigen Schutz der Tonträgerhersteller in Großbritannien z.B. *Cornish*, 24 IIC 306-313 (1993); *Gingras*, 38 Cop.World 31-37 (1994). Rechtsvergleichend *Boytha*, 24 IIC 295-306 (1993). Zur internationalen Reform z.B. *Agnew*, [1992] 4 ENT.LR 125-132.

[112] Sec. 12 CA 1956.

[113] Secs. 13 und 14 CA 1956.

Seite war und keine Gefahr bestand, daß man ihnen den Copyright-Status entreißen würde. Somit erfolgte auf internationaler Ebene keine offizielle Klassifizierung der Rechte der Tonträgerhersteller und Sendeunternehmen als *neighbouring rights*; vielmehr gebrauchte man den Begriff nur aus Zweckmäßigkeitsgründen im Sinne der Ermöglichung sprachlicher Verständigung.[114]

Eine formale Abgrenzung der Rechte an *original works* von den Rechten an den *subject matters* wurde im CA 1956 zwar vorgenommen, indem man die ersteren in Teil I und die letzteren in Teil II des Gesetzes unterbrachte. Doch der Begriff *neighbouring rights* wurde für die *subject matters* nicht verwendet, und genausowenig erfolgte eine qualitative Unterscheidung der Rechte, die den Personengruppen des Teil I und II verliehen wurden. Vielmehr wurden die individuellen Schöpfer von Geisteswerken mit den (meist juristischen) Personen, die Schöpfungen anderer unternehmerisch verarbeiten, auf eine Stufe gestellt, indem man beiden Gruppen *copyright* gewährte.

Die Zurückhaltung in bezug auf die Klassifizierung der *subject matters* in Teil II des CA 1956, die sich darin zeigte, daß der Gebrauch des Begriffes *neighbouring rights* vom britischen Gesetzgeber konsequent vermieden wurde, machte sich bei den Vorarbeiten für den CDPA bezahlt. Wie schon im *Whitford Report* angedeutet, gingen die Bestrebungen des Gesetzgebers dahin, das Gefälle zwischen dem vermeintlichen *first class*-Status der *original works* in Teil I des CA 1956 und dem *second class*-Status der *subject matters* in Teil II zu beseitigen. Man sah es nicht mehr als gerechtfertigt an, etwa eine Preisliste als literarisches Werk im "prestige-beladenen" Teil I zu schützen, während man das Filmwerk gleichsam nach Teil II des Gesetzes verbannte.[115] Dogmatische Schwierigkeiten ergab der Wunsch nach Aufhebung der Unterscheidung nicht, da der Investitionsschutz als Leitprinzip sowohl über Teil I als auch Teil II des CA 1956 stand[116] und beiden Kategorien von Rechtsträgern schlicht und einfach

---

[114] *Straschnov*, der mächtige Vertreter der Sendeunternehmen, schrieb über das bevorstehende Rom-Abkommen, daß er den Begriff *Droits voisins* nur aus Gründen der Zweckmäßigkeit verwenden würde; *Straschnov/Bergström/Greco*, S. 15. Kurz und bündig heißt es auch im offiziellen Kommentar der WIPO zum Rom-Abkommen: "*For ease of reference, the expression 'neighboring rights' will be used ... without prejudging the question whether or not these are in truth neighbors to the copyright of authors*", *WIPO Guide*, S. 7.

[115] *Whitford Report*, § 30.

[116] Vgl. *Whitford Report*, § 33, "*All works protected, whether under Part I or Part II, have this much in common that they represent the product of someone's skill and/or labour and can*

"Copyright" gewährt worden war. Überdies bot die Aufhebung der Trennung, verbunden mit der Schaffung neuer Definitionen, den Vorteil, ein einheitliches Auffangbecken für neue Arten schützenswerter Leistungen vorzubereiten, die mit dem Fortschritt der Technik unweigerlich auf den Gesetzgeber zukommen würden.[117] Die im CDPA neu zu regelnde Kabeltechnologie würde hier wohl nur der Anfang sein.[118] Es schien geboten, einen *neuen Werkbegriff* zu schaffen, der nicht nur die in Teil I des CA 1956 geschützten Werke, sondern auch die in Teil II geschützten Leistungen umfassen würde.

Diese Überlegungen führten zur Definition der Sec. 1(1) CDPA 1988, in der alle durch Copyright geschützten Werke und Leistungen als *works* definiert werden. Im Zuge der Anpassung an moderne Entwicklungen wurde der Kreis der Copyright-Träger auf die Kabelsendeunternehmen erweitert.[119]

4.2.2.4. Würdigung

Diese Aufgabe der Trennung des *Copyright Law* in zwei eindeutig voneinander abgegrenzte Teilbereiche, die mit der Ausweitung des Werkbegriffes einherging, wurde in der Literatur heftig kritisiert. Im Vorfeld der Diskussion ließen es vor allem die Vertreter des *Droit d'auteur-* oder Urheberrechtssystems an scharfen Worten nicht fehlen,[120] doch wurden auch einige britische Stimmen zu diesem Thema laut.[121] Die Kritik richtet sich darauf, daß zwischen den *authors' rights* der "echten" Schöpfer einerseits und den *entrepreneurial rights* der Geschäftspartner der Urheber andererseits keine zumindest formale Unterscheidung mehr gemacht wird. Vielmehr, so heißt es, scheint der britische Gesetzgeber eine Entwicklung in die Wege geleitet zu haben, die den Rechten der

---

be reproduced. It is in fact the degree of skill and/or labour which the Copyright Act seeks to protect."

[117] *Whitford Report*, § 31.

[118] Sec. 7 CDPA.

[119] Sec. 1(1)(b) CDPA.

[120] *Dietz*, UFITA 110 (1989) 57-77 (71, Fn. 63a) und BBl. 1989, 112-115 (113); *Cohen Jehoram*, 15 Col.-VLA J.L. & Arts 75-91 (87) (1990) und RIDA 144 (1990) 81-133 (115); *Schack*, ZUM 1990, 59-62; *Schulze, E.*, ZUM 1990, 47-54.

[121] Vgl. z.B. *Cornish*, Rdnr. 9-008 und Rdnr. 10-016; *Nimmer/Geller (Cornish)*, UK-8, § 1[1]; *Whale*, [1979] February EIPR 38-40 (40); *Stewart (Dworkin)*, Rdnr. 18.06; *Dworkin/Taylor*, S. 17; *Ricketson*, S. 307; *Fernay*, RIDA 109 (1981) 139-173 (150, 154, 160); *de Freitas*, RIDA 143 (1990) 25-129 (129).

Entrepreneure und Investoren in Schöpfungen anderer den Vorzug gibt vor den Rechten der Schöpfer an sich.[122] Es sei hier jedoch daran erinnert, daß mit der Verleihung von Copyright zuerst an die Verleger, und erst später auch an die Urheber, ein historischer Präzedenzfall für diese Entwicklung geschaffen worden war.[123]

Rückblickend mutet es an, daß der Unterscheidung des CA 1956 in Teil I und Teil II von den Rechtsgelehrten diesseits und jenseits des Ärmelkanals eine größere symbolische Bedeutung beigemessen wurde, als sie in den Augen des britischen Gesetzgebers jemals hatte.[124] Eine ausdrückliche Klassifizierung der *entrepreneurial copyrights* als *neighbouring rights* war in der Gesetzesterminologie des CA 1956 niemals vorgenommen worden, auch wenn man dies im Kreise der Rechtsexperten des *Droit d'auteur*-Systems und zum Teil auch des *Copyright*-Systems gerne gesehen hätte. Das Bestreben verschiedener Interessengruppen, die "wahre" Natur der im Rom-Abkommen zu schützenden Rechte außerhalb des Rahmens dieses Abkommens zu ergründen und den Begriff *neighbouring rights* nur der Vereinfachung sprachlicher Verständigung halber zu verwenden, hätte schon damals ein Vorbote dafür sein sollen, daß die Entscheidung in denjenigen Rechtssystemen, deren innere Logik nicht von der Unterscheidung in *copyright* und *neighbouring rights* abhing, zugunsten einer Subsumtion aller Rechte unter den Mantel des Copyright fallen würde. Die historischen Vorzeichen standen immerhin dafür.

Die Trennung der im CA 1956 verankerten Rechte in einen Teil I und einen Teil II kam zwar den rechtsdogmatischen Überzeugungen der *Droit d'auteur*-Juristen sehr gelegen, da sie darin eine Parallele zu der (aus ihrer Sicht) unerläßlichen Unterscheidung zwischen Urheberrechten und Leistungsschutzrechten zu entdecken glaubten. Der vermeintlichen Bedeutung dieser Trennung stand jedoch die historische Tatsache gegenüber, daß die Briten das Copyright in der Logik des Investitionsschutzgedankens als eine allumfassende Heimat für alle Investitionen materieller, finanzieller oder schöpferischer Art ansahen - gleich, ob die Investition von einem schöpferischen Individuum oder einem "schöp-

---

[122] *Cornish*, Rdnr. 10-001; *Dworkin/Taylor*, S. 487.

[123] Dazu oben Teil 1, Kapitel 1, Ziffer 3.

[124] Vgl. auch *de Freitas*, RIDA 143 (1990) 25-129 (27), "... *the distinction in the 1956 Act ... has been dropped; thus rationalising what has been, so far as English statute law is concerned, nothing more than a semantic distinction.*"

fungsmittelnden" Unternehmen geleistet wurde. Im Hinblick auf diesen Umstand kann der Teil I/Teil II-Unterscheidung im CA 1956 keine allzu große Bedeutung zugemessen werden. Die Abschaffung der Trennung ist mit Blick auf die geschichtlich fundierte Logik des britischen *Copyright*-Systems vielmehr als vorprogrammiert anzusehen. Was die definitorische Subsumtion aller *original works* und *subject matters* unter den im CDPA neu gefaßten Begriff *works* angeht, könnte sogar von einer historisch vorbestimmten "Aufräumaktion" gesprochen werden, die in Anlehnung an das Investitionsschutzprinzip eine neue Grundordnung des *Copyright Law* schuf und auch den Begriff des Urhebers (*author*) in Ausrichtung auf die neuen Gegebenheiten frisch definierte.[125]

4.2.3. Gesamtbetrachtung

Es nützt nichts, die Diskussion über Sinn und Unsinn der Unterscheidung von Urheberrecht und Leistungsschutzrechten bzw. *copyright* und *neighbouring rights*[126] auf polemischer Ebene zu führen, einer Ebene, auf der die Gefahr besteht, daß beide Seiten schlichtweg aneinander vorbeireden. Vielmehr ist es unumgänglich, die historischen und philosophischen Fundamente beider Rechtssysteme zu berücksichtigen und deren jeweilige systemimmanente Logik zu analysieren.

Grundsätzlich kann man das Recht des anderen nicht einfach an den eigenen Maßstäben messen, sondern muß Hintergründe und Kohärenz des fremden Systems zu erfassen versuchen. Andernfalls verliert sich der Gedanke der europäischen Harmonisierung in verfehlten und unproduktiven Tiraden über die dahingehende Uneinsichtigkeit des jeweils anderen, die Angleichung seines Rechtssystems an das eigene zu verweigern.

Ausgehend von den hier erörterten rechtsdogmatischen und -philosophischen Grundanschauungen im deutschen und britischen Recht, scheint es, daß das britische *Copyright*-System durchwegs ohne die Unterscheidung zwischen *copyright* und *neighbouring rights* auskommt, wohingegen die Trennung des Urheberrechts von den Leistungsschutzrechten aus dem deutschen Recht nicht wegzudenken ist.

---

[125] Dazu unten Teil 2, Kapitel 2, Ziffer 1.1.2.

[126] Dazu auch *Turkewitz*, 3 Rts. 6-9 (1989/90) sowie 38 J.Cop.Soc. 41-45 (1990), vgl. die Antwort von *Dietz*, 39 J.Cop.Soc. 83-95 (1991).

Von der Systematik her werden Schöpfer und Unternehmer im britischen *Copyright Law* gleichgestellt, während eine solche Gleichordnung dem Geist des deutschen Urheberrechts völlig fremd ist - bedürfen die Schöpfer (anders als die Unternehmer) doch eines besonderen persönlichkeitsrechtlichen und sozialen Schutzes. Das britische Recht kennt keine Unterscheidung zwischen Werkschöpfung und Werkmittlung, sondern behandelt beide als schutzwürdige Investitionen, die mangels einer geeigneteren rechtlichen Heimat in die Domäne des *Copyright Law* fallen. Das Investitionsschutzprinzip durchzieht sowohl den Bereich der klassischen Werkkategorien als auch das Gebiet der Produzentenrechte, beide sind rechtssystematisch und rechtsdogmatisch nicht voneinander getrennt. Im deutschen Recht ist es dagegen die Verankerung des Schöpferprinzips, das die Reichweite des Urheberrechts bestimmt und die Erfassung von Investitionsleistungen in einer separaten Kategorie - den Leistungsschutzrechten - notwendig macht. Was die Eingliederung schutzbedürftiger Leistungen im Kontext der neuen Technologien anbelangt, so ist das vom Investitionsschutz bestimmte *Copyright Law* beliebig ausdehnbar, während das Urheberrecht durch das Schöpferprinzip praktisch verschlossen ist und an eine Ausweitung wohl nur im Bereich der Leistungsschutzrechte gedacht werden kann.

4.3. Rechte an künstlerischen Darbietungen als Teil der Leistungsschutzrechte bzw. Außenseiter des Copyright Law

4.3.1. Integration der Rechte an künstlerischen Darbietungen in die Leistungsschutzrechte des UrhG

Nach deutschem Recht sind die Rechte an künstlerischen Darbietungen integraler Bestandteil der Leistungsschutzrechte.[127] Eine grundlegende Unterscheidung ist jedoch zwischen den Rechten der ausübenden Künstler selbst und den Rechten der Veranstalter ihrer Darbietungen zu treffen. Im folgenden werden die geschichtlichen und rechtsdogmatischen Grundlagen untersucht, die für die Einordnung der Rechte an künstlerischen Darbietungen in den Bereich der Leistungsschutzrechte verantwortlich sind.

---

[127] §§ 73-84 UrhG.

4.3.1.1. Geschichtlicher Hintergrund

4.3.1.1.1. Ausübende Künstler

Die ausübenden Künstler wurden vor dem Inkrafttreten des UrhG durch das Urheberrecht - ein sog. fiktives Bearbeiterurheberrecht - geschützt, das die Werkwiedergabe einer Werkbearbeitung gleichsetzte.[128] Dies wurde als rechtssystematisch verfehlt angesehen[129] und mit dem UrhG abgeschafft.

Entgegen zahlreicher Widerstände, insbesondere derjenigen, die für ein "echtes Urheberrecht" zugunsten der ausübenden Künstler plädierten,[130] setzte sich die Auffassung durch, daß ein vom Urheberrecht systematisch zu unterscheidendes Leistungsschutzrecht zu schaffen sei. Eintritt ins Reich des Urheberrechts sollte nämlich ausschließlich denjenigen vorbehalten bleiben, die ein geistiges Gut erschaffen. Künstlerische Leistungen in Gestalt der Wiedergabe eines geistigen Gutes konnten daher nicht im Urheberrecht beheimatet werden, sondern bedurften eines anders begründeten rechtlichen Schutzes.

Widerstände gegen ein Leistungsschutzrecht der ausübenden Künstler ergaben sich auch seitens der Urheberverbände, die durch das neu zu schaffende Recht eine Schmälerung ihrer eigenen Rechte befürchteten.[131] Eine Gefährdung der Rechte der Urheber sah man ferner darin, daß die Regelung der Urheberrechte und der "benachbarten" Rechte der ausübenden Künstler in einem einzigen Gesetz erfolgte; gerade dieser Gefahr wollte der Gesetzgeber jedoch durch die dogmatische Trennung der Urheberrechte von den Leistungsschutzrechten begegnen.[132] Im Ergebnis wurden die ausübenden Künstler somit Träger eines verwandten Schutzrechtes oder Leistungsschutzrechtes.

---

[128] § 2 Abs. 2 LUG.

[129] H.M., vgl. *Schricker (Krüger)*, vor §§ 73 ff, Rdnr. 3; *Ulmer*, § 120 I 2.

[130] Vgl. z.B. *Hirsch Ballin*, UFITA 18 (1954) 310-328.

[131] *Schricker (Krüger)*, vor §§ 73 ff, Rdnr. 3.

[132] *Fromm/Nordemann (Hertin)*, vor § 70, Rdnr. 2.

4.3.1.1.2. Veranstalter künstlerischer Darbietungen

Die Veranstalter der Darbietungen ausübender Künstler konnten sich vor Inkrafttreten des UrhG auf Schutz durch eine Reihe von Vorschriften aus dem BGB, dem LUG und dem UWG berufen.[133] Die Väter des UrhG entschieden sich jedoch dafür, die organisatorisch-wirtschaftliche Leistung des Veranstalters mittels eines eigenen Leistungsschutzrechtes zu honorieren, wenn dessen "versteckte" Position inmitten der Rechte der ausübenden Künstler auch bedauerlich ist.[134]

4.3.1.2. Dogmatische Begründung

Nicht nur die Trennung der Künstler- und Veranstalterrechte von den Urheberrechten, sondern auch die Zusammenfassung der Künstler und Veranstalter mit den Produzenten der Medienindustrie sowie anderen Leistungsschutzberechtigten beruhte auf dem nach deutschem Urheberrechtsverständnis fundamentalen Unterschied zwischen Werkschöpfung und Werkmittlung.

Grundlegend war für den deutschen Gesetzgeber die Überlegung, daß nur die Urheber wahre Werkschöpfer sind, alle anderen dagegen Werkmittler. Nur die Urheber schaffen Geisteswerke, die Werkmittler erbringen Leistungen, die der Wahrnehmbarmachung der Geisteswerke dienen. Daß die Leistungen, die von den Werkmittlern (oder Leistungsschutzberechtigten) erbracht werden, von ihrer Natur her zum Teil grundverschieden sind, spielte für den Gesetzgeber offenbar keine Rolle. Ebenso schien es unbedenklich, persönlichkeitsgeprägte und künstlerische Leistungen mit technisch-organisatorisch-unternehmerischen Leistungen zusammenzuwürfeln. Die verwandten Schutzrechte konnten untereinander durchaus auch einen entfernteren "Verwandtschaftsgrad" haben. Damit wurden die verwandten Schutzrechte gleichsam zu einem Sammelsurium an schutzwürdigen, doch vom Urheberrecht abzugrenzenden Leistungen, die der kulturellen oder

---

[133] D.h. das Hausrecht gem. §§ 858, 1004 BGB, das Recht am eingerichteten und ausgeübten Gewerbebetrieb gem. § 823 Abs. 1 BGB bzw. bei vorsätzlicher sittenwidriger Schädigung gem. § 826 BGB, Urheberrechtsschutz gem. § 4 LUG und gegen Wettbewerber die Rechte gem. § 1 UWG. Dazu ausführlich *Schricker (Vogel)*, § 81, Rdnr. 2 f.

[134] § 81 UrhG. Die Regelung des Veranstalterschutzes im Abschnitt über die Rechte des ausübenden Künstlers wird im Schrifttum allgemein kritisiert, vgl. z.B. *Fromm/Nordemann (Hertin)*, § 81, Rdnr. 1; *Möhring/Nicolini*, § 81, Anm. 2; *Schricker (Vogel)*, § 81, Rdnr. 12.

unternehmerischen Verarbeitung von geistigen Schöpfungen und deren Mittlung an eine breite Öffentlichkeit dienen.[135]

4.3.2. Trennung der Rechte an künstlerischen Darbietungen vom Copyright-System im CDPA

Im britischen Recht sind die Rechte an künstlerischen Darbietungen, die *rights in performances*, nicht ins *Copyright*-System eingegliedert. Ähnlich der im deutschen Recht vorgenommenen Unterscheidung zwischen den Rechten ausübender Künstler und den Veranstalterrechten findet sich jedoch im CDPA eine Trennung der *performers' rights* von den *rights of persons having recording rights* (Rechte der Personen mit Aufnahmerechten an künstlerischen Darbietungen).[136] Die historischen und rechtsdogmatischen Hintergründe der britischen Regelung verdienen eingehende Betrachtung.

---

[135] Auch die Regelung der Rechte dieser drei Interessengruppen innerhalb des Rom-Abkommens (RA) erfolgte nicht etwa aufgrund einer ähnlichen Rechtsnatur, vielmehr scheinen pragmatische Gründe dafür verantwortlich gewesen zu sein: Es wurde insofern eine enge Beziehung zwischen den jeweiligen Schutzgegenständen gesehen, als Tonträger und Sendungen die Medien sind, durch welche die Darbietungen der ausübenden Künstler festgehalten bzw. in die Ferne getragen werden; dies ließ es notwendig erscheinen, die Rechte der drei beteiligten Gruppen aufeinander abzustimmen; vgl. *Ulmer*, GRUR 1961, 569-594 (573). An kritischen Stimmen angesichts der Zusammenfassung der unterschiedlichen Rechtsträger fehlte es jedoch nicht: "... *the making of a record or of a broadcast is, after all, an essentially industrial act, whereas the performances of artists are of their nature acts of spiritual creation; and to mix them up together in one convention creates a hotch-potch. Nevertheless, the Rome Convention has done so, always with the guide-line of stopping unfair appropriation of the labor of others*", *WIPO Guide*, S. 12; vgl. auch *Ricketson*, Rdnr. 15.47. Zum RA auch *Davies*, [1979] June EIPR 154; *Françon*, RIDA 79 (1974) 406-477; *Rauscher auf Weeg*, Bull.Cop.Soc. 237-249 (1974); *Straus*, GRUR Int. 1985, 19-29; *Thompson*, [1981] Copyright 270.

[136] Secs. 181-184 CDPA sowie Secs. 185-188 CDPA. Zu den Rechten an künstlerischen Darbietungen im britischen Recht z.B. *Arnold*, S. 1 ff; *Bate*, 7 IML 39-41 (1989); *Bertrand*, [1994] 4 ENT.LR 114-123 (119 ff); *Groves*, [1990] 6 ENT.LR 202-208; *Groves*, Chap. 11; *Phillips/Firth*, Chap. 17; *Sherrard*, [1992] 2 ENT.LR 57-63.

4.3.2.1. Geschichtlicher Hintergrund

4.3.2.1.1. Ausübende Künstler

Die rechtssystematische Einordnung der Rechte der ausübenden Künstler in Großbritannien kann am besten unter Bezugnahme auf die Rechte der Tonträgerhersteller verstanden werden.

Schon lange bevor man auf internationaler Ebene[137] an Mindestschutzbestimmungen zugunsten der ausübenden Künstler und Tonträgerhersteller dachte, war der Schutz dieser beiden Personenkategorien in Großbritannien gesetzlich verankert worden - dies jedoch in zwei verschiedenen Gesetzen. Der *Dramatic and Musical Performers' Protection Act 1925*[138] diente dem Schutz der *performers* (ausübende Künstler), und der CA 1911 schützte die *producers of soundrecordings* (Tonträgerhersteller). Von Anfang an jedoch unterschied sich die Natur des rechtlichen Schutzes, der diesen beiden Gruppen jeweils zuteil wurde: Den Tonträgerherstellern wurde ein *copyright* gewährt, die ausübenden Künstler dagegen erfuhren gesetzlichen Schutz nur durch *strafrechtliche Sanktionen*.

War mit dem Schutz der ausübenden Künstler außerhalb des *Copyright Law* schon früh eine qualitative Unterscheidung zwischen den *performers* und den *Trägern von Copyright* getroffen worden, so entschied man sich bei der nächsten Gelegenheit, bei der eine Möglichkeit zur umfassenden Änderung der Gesetzeslage bestand, nämlich im CA 1956, für die Beibehaltung dieser Trennung. Die Empfehlungen des *Gregory Committee*, denen beim Entwurf des CA 1956 Rechnung getragen wurde, lauteten, daß die ausübenden Künstler durch die *entrepreneurial copyrights* der Tonträgerhersteller indirekt geschützt seien, daß die letzteren als die finanziell Verantwortlichen am besten zur Verfolgung unerlaubter Aufnahmen geeignet seien, und daß die Gewährung von Copyright an alle in einem Theaterstück, Film oder Orchester auftretenden Künstler unnötig kom-

---

[137] D.h. im Rom-Abkommen.

[138] 15 & 16 Geo.V, c. 46. Dieses Gesetz erhielt später neue Fassungen, nämlich den *Dramatic and Musical Performers' Protection Act 1958* (6 & 7 Eliz.II, c. 74), den *Performers' Protection Act 1963* (11 & 12 Eliz.II, c. 53) und den *Performers' Protection Act 1972* (20 & 21 Eliz.II, c. 32).

pliziert wäre.[139] Im Ergebnis blieb es im CA 1956 also dabei, den ausübenden Künstlern Copyright zu verwehren und ihren Schutz den strafrechtlichen Bestimmungen des *Dramatic and Musical Performers' Protection Act 1925* zu überlassen.

Wirft man nun einen Blick auf die internationale Ebene, so fällt auf, daß die Mindestschutzbestimmungen zugunsten der ausübenden Künstler im Rom-Abkommen so gefaßt sind, daß eine Wahrung der gleichsam "stiefmütterlichen" Position ihrer Rechte in Großbritannien ermöglicht wurde. Laut Abkommen können sich die ausübenden Künstler *nicht* auf subjektive, *ausschließliche Rechte* berufen, vielmehr wurde ihnen nur eine durch Sanktionen gesicherte Rechtsposition zugestanden.[140] In den Vorarbeiten für das Rom-Abkommen hatte sich vor allem die britische Delegation dafür stark gemacht, den ausübenden Künstlern *iure conventionis* keine ausschließlichen Rechte zu gewähren. Die Briten wollten für ihr Land damit die bisherige Situation bewahren, wonach den Künstlern kein subjektives Recht gewährt wurde, der Schutz vielmehr durch Strafbestimmungen erfolgte.[141]

Die qualitative Unterscheidung zwischen ausübenden Künstlern und Copyright-Trägern wurde auch im CDPA nicht aufgehoben. Der *Whitford Report*, dem bei den Konsultationen im Rahmen der Vorarbeiten zum CDPA entscheidendes Gewicht beigemessen wurde, stimmte den Überlegungen des *Gregory Committee* zu und vertrat die Ansicht, daß die Gewährung von Copyright an Künstler zu viele praktische Schwierigkeiten mit sich bringen würde.[142] Mit dem CDPA nahm zwar die Existenz der *performers' rights* in einem separaten Gesetz ein Ende, da diese Rechte in Teil II des CDPA aufgenommen wurden und - gemeinsam mit den neu geschaffenen *rights of persons having recording rights* - dem neuen Gesamtbegriff *rights in performances* unterstellt wurden. Doch den letzten Schritt, nämlich die ausübenden Künstler mit den Copyright-Trägern auf ein und dieselbe Stufe zu stellen, unternahm man nicht.

---

139 *Gregory Report*, §§ 165-176.

140 *Ulmer*, GRUR 1961, 569-594 (581); vgl. Art. 7 RA, wonach der nationale Gesetzgeber den ausübenden Künstlern nur die *Möglichkeit* geben muß, die Sendung, die öffentliche Wiedergabe und die Festlegung ihrer Darbietungen sowie die Vervielfältigung einer festgelegten Darbietung zu untersagen.

141 Vgl. *Cornish*, Rdnr. 13-027; *Ulmer*, GRUR 1961, 569-594 (581).

142 *Whitford Report*, § 409.

4.3.2.1.2. Personen mit Aufnahmerechten an künstlerischen Darbietungen

Die *rights of persons having recording rights* sind neu im britischen Recht. Eingeführt wurden sie im CDPA auf Vorschlag der Tonträgerindustrie,[143] die ihren Profit durch die stetige Zunahme des *bootlegging*[144] beeinträchtigt sah, jedoch nicht die Möglichkeit der Zivilklage gegen die *bootlegger* hatte.[145] Der Gesetzgeber erkannte das Problem und reagierte mit der Einführung neuer Rechte für Tonträger- und Filmproduzenten, soweit sie ausschließliche Aufnahmerechte an einer künstlerischen Darbietung haben.

4.3.2.2. Dogmatische Begründung

Die Grundlage der Unterscheidung von Copyright-Trägern und Personengruppen, die kein Copyright besitzen, liegt im historischen Vorbild der Trennung des *Copyright Law* von den *Performers' Protection Acts*.[146]

Eine dogmatische Rechtfertigung für die Ausgrenzung der künstlerischen Darbietung aus der Materie des Copyright zu finden, fällt jedoch schwer. Schließlich durchzieht das Investitionsschutzprinzip nicht nur die Materie des *Copyright Law*, sondern findet gleichermaßen auch auf die Rechte ausübender Künstler Anwendung. Insgesamt gesehen scheinen die Künstler von Anfang an schlecht organisiert gewesen zu sein, ohne den Rückhalt einer schlagkräftigen Lobby, die ihren Forderungen beim Gesetzgeber hätte Gehör verschaffen können.

Angesichts der weitreichenden Ausdehnung der Rechtsbehelfe der ausübenden Künstler durch die Einführung der Zivilklage im CDPA stellt sich in der Tat die Frage, warum ihnen kein eigenständiges *property right*, nämlich Copyright, verliehen wurde. Diese Frage wurde im Schrifttum nicht abschließend beantwortet.[147] Bei genauerem Hinsehen war es jedoch wohl die Tonträgerindustrie, die

---

143 Vgl. *Whitford Report*, § 412 (v); *Cornish*, Rdnr. 13-027.

144 Unter *bootlegging* versteht man die unerlaubte Aufnahme von künstlerischen Darbietungen.

145 Dies wurde bestätigt in *RCA Corporation v. Pollard* [1983] Ch 135 (CA).

146 Dazu oben Teil 2, Kapitel 1, Ziffer 4.3.2.1.1.

147 Vgl. *Cornish*, Rdnr. 13-029, der die Nichtgewährung eines Copyright als "*obscure*" betrachtet.

ihre Wünsche mittels einer erfolgreich durchgeführten Lobbyaktion in dreierlei Hinsicht durchsetzte:

Zum einen machte sie sich die unausgesprochene Angst des Gesetzgebers davor zunutze, das "bewährte" Gleichgewicht zwischen ausübenden Künstlern und Tonträgerherstellern zu zerstören.[148] Für die Tonträgerindustrie barg die Gewährung von Copyright an die Künstler die Gefahr in sich, daß diese Rechte geltend machen würden, die von je her ausschließlich den Tonträgerherstellern vorbehalten waren: In Großbritannien waren es bis vor kurzem nämlich die Tonträgerhersteller, die gegen die Benutzer Vergütungsansprüche für die öffentliche Wiedergabe oder Sendung der künstlerischen Darbietungen geltend machen konnten, die auf Tonträger aufgenommen sind.[149] An den erzielten Vergütungseinnahmen wurden die Künstler zwar prozentual beteiligt, doch bestand hierzu keine gesetzliche Verpflichtung.[150]

Zum anderen propagierten die Tonträgerproduzenten neue Rechte für ihresgleichen und bemühten sich konkret darum, im CDPA Rechte für "Personen mit ausschließlichen Aufnahmerechten an künstlerischen Darbietungen" einzuführen.[151] Schließlich wollte sich die Tonträgerindustrie eine effektive Kontrolle über die Verfolgung des *bootlegging* vorbehalten und die Wahrung ihrer Geschäftsinteressen nicht den Künstlern anvertrauen. Sie hatte durch den Wettbewerb von *bootleggern* potentiell nämlich mehr zu verlieren als künstlerisch tätige Individuen.[152]

---

[148] Vgl. *Cornish*[1], S. 449.

[149] Secs. 16(1)(c) i.V.m. 29(3) CDPA; Secs. 16(1)(d) i.V.m. 20(b) CDPA.

[150] Entscheidende Veränderungen brachte hier die Vermiet- und Verleihrecht-Richtlinie 92/100/EWG (insbes. Art. 8 Abs. 2), ausführlich dazu unten Teil 3, Kapitel 2, Ziffer 2.4.2.1.1. Die bisherige britische Rechtspraxis sah so aus, daß die Verwertungsgesellschaft der britischen *Tonträgerindustrie*, die PPL, 20 % ihrer Einkünfte an identifizierbare Künstler zahlte und 12,5 % an die *Musicians Union* (MU) für nicht identifizierbare Künstler; *Wolsey*, 45 Cop.World 26-31 (27) (1994); *Stewart (Dworkin)*, Rdnr. 7.53. Dies steht im Gegensatz zur deutschen Rechtslage, wonach es die *ausübenden Künstler* sind, die vom Benutzer eine Vergütung für die Sendung oder sonstige öffentliche Wiedergabe ihrer auf Tonträger aufgenommenen Darbietungen verlangen können; Tonträgerhersteller haben jedoch einen gesetzlichen Anspruch auf angemessene Beteiligung an der Vergütung, § 86 Abs. 2 UrhG. Sowohl Vergütungsansprüche der Künstler als auch Beteiligungsansprüche der Tonträgerhersteller werden von der GVL wahrgenommen, welche die erzielten Vergütungen zu gleichen Teilen an Künstler und Tonträgerproduzenten ausschüttet; vgl. *Schricker (Vogel)*, § 86, Rdnr. 13.

[151] *Whitford Report*, § 412 (v).

[152] Vgl. *Dworkin/Taylor*, S. 127.

Schließlich setzte sich die Tonträgerindustrie für eine Ausdehnung der den ausübenden Künstlern zur Verfügung stehenden Rechtsbehelfe ein,[153] da dies im Hinblick auf die Bekämpfung des *bootlegging* in ihrem Interesse lag. Wenn die Rechte ausübender Künstler somit zwar eine Stärkung erfuhren, vermochten es die Künstler dennoch nicht aus eigener Kraft, die Gewährung von Copyright durchzusetzen. Damit blieb die geschichtlich begründete, qualitative Unterscheidung zwischen ausübenden Künstlern und Copyright-Trägern bestehen.

4.3.3. Gesamtbetrachtung

Hinter der Eingliederung der Rechte an künstlerischen Darbietungen in die Reihe der verwandten Schutzrechte und hinter ihrer Behandlung getrennt von der Materie des Copyright verbirgt sich eine einfache Logik: Im deutschen Recht lassen sich die Rechte der ausübenden Künstler und der Veranstalter ihrer Darbietungen systemgerecht in die Leistungsschutzrechte einreihen, die allesamt auf dem Gedanken der Werkmittlung gründen und sich so von dem im Urheberrecht geltenden Prinzip der Werkschöpfung abgrenzen. In Großbritannien ist für die fortwährende Ausgrenzung der Künstlerrechte aus dem *Copyright*-System letztlich dagegen der Umstand verantwortlich, daß sich die ausübenden Künstler mangels einer durchsetzungsfähigen Lobby kein Gehör beim Gesetzgeber verschaffen können - eine Tatsache, die sich mit dem Unbehagen des Gesetzgebers paart, wenn es darum geht, ein historisch bewährtes Gleichgewicht zwischen Copyright-Trägern und ausübenden Künstlern zu zerstören.

2. Kapitel: Urheber und Inhaber des Urheberrechts

Der grundlegende Gegensatz zwischen *Copyright Law* und Urheberrecht kommt insbesondere dann zum Tragen, wenn es um den *author* bzw. Urheber sowie um die Frage geht, wer Inhaber des Copyright bzw. des Urheberrechts ist. Diese Thematik hat für die Situation der angestellten Urheber in beiden Rechtsordnungen ganz besondere Brisanz.

---

[153] *Whitford Report*, § 412 (iii).

1. Begriffsbestimmung und Rechtsdogmatik: Urheber und Urheberrechtsinhaber

Auf den ersten Blick scheint es, als wäre der englische Begriff des *author* eine direkte Übersetzung des deutschen Terminus "Urheber", mit synonymem Bedeutungsinhalt und ähnlicher Grundkonzeption. Bei genauerem Hinsehen wird jedoch deutlich, daß sich die beiden Begriffe inhaltlich gesehen nur noch teilweise überlagern. Auch die Frage, wer originärer Inhaber des Copyright bzw. des Urheberrechts sein kann, wird in der deutschen und der britischen Rechtsordnung jeweils unterschiedlich beantwortet.[154]

1.1. Natürliche bzw. juristische Personen als Urheber und Inhaber des Urheberrechts

1.1.1. Deutschland

Gemäß deutschem Urheberrechtsverständnis kann nur derjenige ein Urheber sein, der eine persönliche geistige Schöpfung[155] erbringt (§ 7 UrhG). Als Urheber eines Werkes kommen nach deutscher Vorstellung *nur natürliche Personen* in Betracht, da Schöpfung individuellen Geist voraussetzt, der nur dem Menschen zu eigen ist; juristische Personen können also niemals Urheber sein.[156] Der Begriff des Urhebers wird ausschließlich für den Bereich der klassischen Urheberrechte verwendet, nicht dagegen für die Leistungsschutzrechte, die gesetzlich getrennt geregelt sind.[157] Der Schöpfungsakt, durch den der individuelle Geist des Schöpfers seinen Niederschlag im Werk findet, ordnet dem Werkschöpfer seine Rechte als naturgegebenes geistiges Eigentum zu.[158]

---

[154] Dazu unten Schemata 2 und 4.

[155] § 2 Abs. 2 UrhG; zum Konzept der "persönlichen geistigen Schöpfung" oben Teil 2, Kapitel 1, Ziffer 3.1.2.

[156] *Schricker (Loewenheim)*, § 7, Rdnr. 1; *Fromm/Nordemann (Hertin)*, § 7, Rdnr. 1. Auch die Berner Übereinkunft scheint mit dem Begriff "Urheber" den tatsächlichen Werkschöpfer (also eine natürliche Person) zu verbinden, akzeptiert aber andererseits auch, daß Filmhersteller (also juristische Personen) originäre Rechtsinhaber des Urheberrechts am Filmwerk sind, Art. 14bis Abs. 2 a) RBÜ; vgl. dazu auch *Dietz*, RIDA 155 (1993) 2-57; *Corbet*, RIDA 148 (1991) 59-101.

[157] S. UrhG, "Zweiter Teil. Verwandte Schutzrechte". Dazu auch oben Teil 2, Kapitel 1, Ziffern 4.2.1. und 4.3.1.

[158] Vgl. *Schricker (Loewenheim)*, § 7, Rdnr. 1.

Der *Urheber* eines Werkes ist damit auch der *Inhaber des Urheberrechts* am Werk. Produzenten sind dagegen nie originäre Urheberrechtsinhaber, sondern können nur derivativ Rechte am Werk erwerben.[159] Das Schöpferprinzip oder Urheberschaftsprinzip kommt nicht nur für freischaffende Urheber zur Anwendung, sondern auch für angestellte Urheber.[160] Auch bei der Materie des Films offenbart sich dieser Grundansatz: Urheber wird nur der, der eine schöpferische Leistung erbringt, nicht dagegen der Filmproduzent.[161]

1.1.2. Großbritannien

Demgegenüber verleiht der britische CDPA dem Urheberbegriff weitestmöglichen Bedeutungsinhalt. Die Grundaussage der Sec. 9(1) CDPA - derzufolge der Urheber (*author*) eines Werkes derjenige ist, der es erschafft[162] - erscheint zwar noch recht vertraut. Doch mit Sec. 9(2) CDPA wird deutlich, daß der Terminus *author* nicht nur auf die Schöpfer der klassischen Werke des Urheberrechts Anwendung findet, sondern vielmehr auch für die (nach deutscher Terminologie) Leistungsschutzberechtigten. "Urheber" im britischen Sinne sind demnach *auch juristische Personen*, nämlich Tonträgerhersteller, Filmproduzenten, Sendeunternehmen im Rundfunk-, Fernseh- und Kabelprogrammbereich sowie Verleger.[163] Darüber hinaus sind diese als "*Urheber*" definierten Produzenten des britischen Rechts - im Gegensatz zum deutschen Recht - *auch originäre Inhaber des Copyright*.[164] Handelt es sich um angestellte Urheber, so wird nicht der Urheber, sondern der Arbeitgeber automatisch originärer Copyright-Inhaber, es sei denn, es wurde eine anderweitige vertragliche Vereinbarung getroffen. Grundlegend ist im *Copyright Law* schließlich das Prinzip des Investitionsschutzes, nicht wie im deutschen Recht das des Schöpferschutzes.

---

[159] Dazu unten Teil 2, Kapitel 3, Ziffer 2.1.2.1.

[160] S. unten Teil 2, Kapitel 2, Ziffer 2.1.1.

[161] *Schricker (Loewenheim)*, § 7, Rdnr. 4.

[162] "*In this Part 'author', in relation to a work, means the person who creates it.*" Sec. 9(1) CDPA.

[163] Secs. 9(2)(a) mit (d) i.V.m. Sec. 154 (1)(c) CDPA.

[164] Vgl. *Ploman/Hamilton*, S. 92.

1.2. Hintergrund der unterschiedlichen Grundkonzeptionen

1.2.1. Deutschland

Der enge Urheberbegriff des deutschen Rechts korreliert mit dem ebenso eng gefaßten Werkbegriff.[165] Nach deutschem Urheberrechtsverständnis verlangt Werkschöpfung den persönlichen Stempel eines individuellen Geistes, des Urhebers. Personen, die die Werke schöpferisch tätiger Individuen der Öffentlichkeit zugänglich machen, sind Werkmittler und unterscheiden sich in dieser Funktion grundlegend von den Werkschöpfern, den Urhebern. Diese Dichotomie zwischen den eigentlich Kreativen und denen, die deren Schöpfungen durch unternehmerischen, organisatorischen und technischen Input aufbereiten, ist es, die das gesamte Urheberrecht durchzieht. Sie ist schließlich auch für den eng gefaßten Urheberbegriff sowie den engen Werkbegriff verantwortlich.

1.2.2. Großbritannien

Im britischen Recht korreliert der weit gefaßte Urheberbegriff mit dem ebenso weiten Werkbegriff. Wie erwähnt, geschah die umfassende Ausweitung des Werkbegriffes und damit die Ausdehnung des Urheberbegriffes erst durch den CDPA.[166]

Im Vorgänger des CDPA, dem CA 1956, wurde noch unterschieden zwischen einerseits den Schöpfern der klassischen Werkkategorien und andererseits den Produzenten der Kulturindustrie, die die Werke der ersteren unternehmerisch verarbeiten. Die ersteren wurden *authors* genannt, die letzteren *makers*.[167] Die von den *authors* geschaffenen Werke der Literatur, des Drama, der Musik und der Kunst wurden im *Part I* des CA 1956 behandelt, wohingegen *Part II* des CA 1956 die *entrepreneurial copyrights* der Produzenten von Tonaufnahmen, Filmen, Fernseh- und Hörfunksendungen und typographischen Ausgaben beinhaltete. Mit dieser Regelung existierte eine Parallele zum deutschen Recht, denn es wurde nicht nur der Differenzierung zwischen "wahren" Schöpfern und Verwertern schöpferischer Leistung Rechnung getragen, sondern auch der Unter-

---

165 S. oben Teil 2, Kapitel 1, Ziffern 1 und 4.2.1.

166 S. oben Teil 2, Kapitel 2, Ziffern 1 und 4.2.2.

167 Vgl. *Abel*, UFITA 23 (1957) 129-133.

scheidung zwischen den Rechten an den klassischen Werkkategorien und den Rechten, die nach deutscher Terminologie Leistungsschutzrechte sind.

Um zu verstehen, warum der Urheberbegriff im CDPA eine solch extreme Ausdehnung erfuhr, ist ein erneuter Blick auf die Umstände hilfreich, die für die Ausweitung des Werkbegriffes verantwortlich waren.[168] Darüber hinaus sind drei weitere Gesichtspunkte zu berücksichtigen:

Zunächst spielten für die Ausdehnung des Urheberbegriffes im CDPA Gründe der Zweckmäßigkeit eine Rolle. Sowohl die *authors* als auch die *makers* des CA 1956 waren *Inhaber von Copyright* und hatten damit *denselben rechtlichen Status*. Mit der Abschaffung der Einteilung in *authors' rights* und *entrepreneurial copyrights* erübrigte sich eine Trennung, die bis dahin eher formalen als substantiellen Charakter hatte.[169]

Daneben ist aus rechtspolitischer Sicht festzustellen, daß das Gravitätszentrum des *Copyright Law* nicht - wie nach deutschem Verständnis - das schöpferisch tätige Individuum (der Urheber) ist, sondern vielmehr das Produkt geistiger, materieller oder finanzieller Investition (das Werk).[170] Wie bereits angesprochen,[171] kommt dies auch in den Gesetzestexten deutlich zum Ausdruck: In § 1 UrhG findet sich der Grundsatz "Die Urheber von Werken der Literatur, Wissenschaft und Kunst genießen für Ihre Werke Schutz ...", während in Sec. 1(1) des CDPA ganz andere Gewichtungen anklingen: "*Copyright is a property right which subsists ... in the following descriptions of work*". Dementsprechend unwichtig ist es nach britischer Vorstellung, dem schöpferischen Geist einen vorrangigen Platz vor den Verwertern geistiger Schöpfungen einzuräumen; schließlich ist *die Produktion von copyright works* ja genau das, womit sich *beide Kategorien* beschäftigen. Der Schritt, den Begriff *authors* auf beide Gruppen gleichermaßen auszudehnen, verlangte dem britischen Gesetzgeber nicht mehr viel Phantasie ab.

Schließlich ist auch auffällig, daß dieser Schritt gerade im CDPA unternommen wurde. Es scheint, daß dies in einem Staatsgefüge, das zunehmend von

---

[168] Dazu oben Teil 2, Kapitel 1, Ziffern 4.2.2.3. und 4.2.2.4.

[169] *Phillips*, [1990] Copyright 26-30 (28).

[170] Vgl. auch *Dietz*, [1985] 8 EIPR 215-217 (215).

[171] Oben Teil 2, Einführung.

kommerziellen Interessen bestimmt ist, eine bewußt kalkulierte Entscheidung war. Die Ausdehnung des Urheberbegriffes und die damit verbundene Gleichordnung von Schöpfern und Investoren in geistiger Schöpfung geschah in Großbritannien im politischen Klima der Thatcher-Ära, das das freie Spiel der Marktkräfte mehr als je in den Vordergrund stellte. Das *copyright work*, das von den Briten schon von je her als reine Handelsware angesehen wurde,[172] gewann in seiner Eigenschaft *als Marktwert* um so mehr an Bedeutung, je mächtiger die Copyright-Industrien wurden, je lukrativer sich die Vermarktung von *copyright works* auf den Weltmärkten gestaltete und je größer dadurch die potentiellen Gewinne für den Staat wurden - Gewinne, die das Bruttosozialprodukt erhöhen und die Wirtschaft ankurbeln würden. Entscheidend war für die Briten daher, jegliche (aus ihrer Warte) "romantizistischen" Vorstellungen vom besonderen Status der Schöpferpersönlichkeit aus dem Weg zu räumen und - ausgehend von der Gesetzesterminologie - eine Realität zu schaffen, in der Produzenten und Investoren in schöpferischer Leistung in gleichberechtigter (und im Zweifelsfall privilegierter) Weise agieren können.

Daß mit der Ausdehnung des Urheberbegriffes auf die Produzenten der Medienindustrie ein (zumindest aus kontinentaleuropäischer Sicht) ziemlich unförmiger Urheberbegriff entstehen würde,[173] scheint für den britischen Gesetzgeber nicht bedeutsam gewesen zu sein. Wenn die Kluft zwischen dem *Copyright Law* britischer Prägung und den kontinentaleuropäischen *Droit d'auteur*-Systemen schon von je her gewaltig war, so ist sie mit der Ausweitung des Terminus *author* noch größer geworden. Das englische Wort *author* im Sinne der britischen Gesetzesterminologie läßt sich nicht mehr in ein deutsches (oder französisches, italienisches etc.) Wort mit gleichem Bedeutungsinhalt übersetzen. Großbritannien hat sich von etablierten Grundlagen der Kommunikation abgewandt. Mit dem Wegfall eines gemeinsamen begrifflichen Vokabulars ist das Führen eines sinnvollen Dialogs zwischen den Vertretern des *Common Law copyright* britischer Prägung und den Repräsentanten der *Droit d'auteur*-Tradition viel schwerer geworden.

---

[172] Dazu ausführlich oben, s. Teil 1, Kapitel 3, Ziffern 2.2. und 3.3.

[173] *Cornish*, Rdnr. 10-001; *Corbet*, RIDA 148 (1991) 59-101 (86).

2. Inhaber des Urheberrechts bei angestellten Urhebern

Auch im Bereich der *employed authors* bzw. der in abhängiger Arbeit tätigen Urheber stehen das britische und das deutsche Recht auf den gegenüberliegenden Seiten einer Kluft, die die Grundverschiedenheit des *Common Law copyright* und des kontinentaleuropäischen *Droit d'auteur* symbolisiert.[174]

2.1. Die Rechtslage in Deutschland und Großbritannien

Grundlage der unterschiedlichen gesetzlichen Regelungen ist die Tatsache, daß sich nach deutscher Auffassung Urheberschaft und originäre Inhaberschaft des Urheberrechtes untrennbar in der Person des Urhebers vereinen, während man in Großbritannien gerade im Bereich der *employed authors* von einer Trennung zwischen *authorship* und *first ownership of copyright* ausgeht.[175]

2.1.1. Einheit von Urheberschaft und Inhaberschaft des Urheberrechts im deutschen Recht

Nach deutschem Recht werden geistig Schaffende aufgrund des individuellen Schöpfungsaktes zu Trägern des Urheberrechts, ganz gleich, ob sie ein urheberrechtsfähiges Werk in *selbständiger* oder *abhängiger* Arbeit geschaffen haben. Gleichgültig also, ob ein Werk freischaffend oder aber in Ausführung einer arbeitsrechtlichen Pflicht geschaffen wurde, entsteht das Urheberrecht originär in

---

[174] Allgemein zur Thematik des Arbeitnehmerurheberrechts z.B. *Birk*, UFITA 108 (1988) 101-115; *Dietz*, in: GS Schönherr, S. 111-119; *ders.*, Urheberrecht, S. 100 ff; *Koch*, UFITA 103 (1986) 85-111; *Mathis*, S. 1 ff; *Phillips*, [1982] 4 EIPR 111-116 und [1979] October EIPR 274-277; *Vinck*, S. 1 ff. Rechtsvergleichend zur Rechtslage in *Common Law copyright*- und *Droit d'auteur*-Rechtsordnungen vgl. *Strowel*, S. 321-389. Nicht eingegangen wird hier auf die *commissioned works* bzw. die Frage der Schaffung von Werken außerhalb eines Arbeits- oder Dienstvertrages, etwa aufgrund eines sonstigen privatrechtlichen Dienstvertrages (§ 611 BGB) oder eines Werkvertrages (§ 631 BGB). Genausowenig wird die Thematik der durch den Arbeitnehmerurheber außervertraglich geschaffenen Werke (etwa "Freizeitwerke") behandelt (dazu z.B. *Green*, 44 Cop.World 40-48 (1994); *Wilkof*, [1991] 8 EIPR 288-295); hier geht es lediglich um diejenigen Werke, die in Erfüllung der Verpflichtungen aus einem Arbeits- oder Dienstverhältnis geschaffen werden und für die von *Schricker* der Begriff "*Pflichtwerke*" geprägt wurde. Zum speziellen Thema der in abhängiger Stellung geschaffenen Fotografien s. *Gendreau*, [1993] 6 EIPR 207-214.

[175] Dazu unten Schema 4.

der Person des Werkschöpfers, des Urhebers - und dieser ist im letzteren Fall der Arbeitnehmer. Um jedoch dem Arbeitgeber die Verwertung des im Arbeits- oder Dienstverhältnis geschaffenen Werkes zu ermöglichen, ist der Arbeitnehmer verpflichtet, dem Arbeitgeber ein Nutzungsrecht einzuräumen.[176] Der Arbeitgeber kann also nur *derivative*, vom Urheber selbst abgeleitete Rechte am Werk erwerben.

Dieser Regelung liegt das bereits mehrmals angesprochene, in § 7 UrhG niedergelegte Urheberschafts- oder Schöpferprinzip zugrunde, das dem Schöpfer eines Werkes aufgrund des Schöpfungsaktes das Urheberrecht als naturgegebenes geistiges Eigentum zuordnet.[177] Da das Urheberrecht nach deutschem Urheberrechtsverständnis nicht übertragbar ist,[178] kann sich ein anderer vom Urheber nur Nutzungsrechte einräumen lassen.[179] Wie aus § 43 UrhG hervorgeht, gilt dies auch in Arbeits- und Dienstverhältnissen.[180] Der Arbeitgeber oder Dienstherr[181] kann also grundsätzlich nur auf vertraglichem Wege Nutzungsrechte erlangen; das Urheberrecht als solches steht dagegen dem Schöpfer zu.

Eine Ausnahme hierzu besteht im Bereich der Computerprogramme nur insofern, als *kraft Gesetzes* ein (vom Urheber abgeleiteter) Erwerb eines umfas-

---

176 Zu den Nutzungsrechten unten Teil 2, Kapitel 3, Ziffer 2.1.2.1.

177 *Schricker (Loewenheim)*, § 7, Rdnr. 1.

178 § 29 S. 2 UrhG; dazu ausführlich unten Teil 2, Kapitel 3, Ziffer 2.1.1.1.

179 § 31 Abs. 1 UrhG.

180 Der Begriff "*Arbeitsverhältnis*" bezeichnet die zwischen Arbeitnehmer und Arbeitgeber bestehende, auf einem Arbeitsvertrag beruhende Beziehung; der Arbeitsvertrag ist ein besonders ausgestalteter Dienstvertrag gemäß § 611 BGB. Sowohl die Arbeitnehmer der Privatwirtschaft als auch die Angestellten und Arbeiter im öffentlichen Dienst stehen in einem *privatrechtlichen Arbeitsverhältnis*. Dagegen bezeichnet der Begriff "*Dienstverhältnis*" das *öffentlich-rechtliche Dienstverhältnis* der Beamten. Keine Arbeitnehmer sind jedoch Dienstverpflichtete, die aufgrund eines privatrechtlichen Dienstvertrages im engeren Sinn (nach § 611 BGB) tätig sind, sowie auch Personen, die allein aufgrund eines Werkvertrags (nach § 631 BGB) zur Werkschöpfung verpflichtet sind; vgl. *Schricker (Rojahn)*, § 43, Rdnr. 10.

181 Im folgenden werden die Begriffe "Arbeits- und Dienstverhältnis", "Arbeitgeber und Dienstherr" sowie "Arbeits- und Dienstvertrag" der Einfachheit halber unter die Begriffe *Arbeitsverhältnis* bzw. *Arbeitgeber* bzw. *Arbeitsvertrag* subsumiert; für den im privatrechtlichen oder öffentlich-rechtlichen Arbeits- oder Dienstverhältnis tätigen Arbeiter, Angestellten oder Beamten wird der Begriff *angestellter Urheber* oder *Arbeitnehmerurheber* verwendet.

senden und ausschließlichen Nutzungsrechtes durch den Arbeitgeber vorgesehen ist (§ 69b UrhG).[182]

2.1.2. Trennung von authorship und first ownership of copyright im britischen Recht

Demgegenüber trifft das *Copyright Law* eine andere Gewichtung. Hinsichtlich der Frage, wer als Inhaber des Copyright anzusehen ist, wird zwischen *in selbständiger und abhängiger Arbeit* entstandenen Werken unterschieden. Der Fall eines in *selbständiger* Arbeit geschaffenen Werkes fällt unter die Bestimmung, daß der *author* eines Werkes (- definiert im Sinne des weiten Urheberbegriffes der Sec. 9 CDPA[183] -) grundsätzlich auch der Träger des Copyright ist.[184] Wird dagegen ein Werk der Literatur, des Drama, der Musik oder der Kunst (d.h. ein Werk im Bereich der klassischen Werkkategorien) in *unselbständiger* Arbeit geschaffen, so ist nicht der Arbeitnehmer, sondern der Arbeitgeber Träger des Copyright.[185] Im letzteren Falle erwirbt der Arbeitgeber das Copyright *originär* mit der Schöpfung des Werkes, ohne daß es einer Ableitung oder Übertragung vom Arbeitnehmer bedürfte.

Grundlegend ist im CDPA die Unterscheidung zwischen *authorship* und *ownership*. Der Status des *author* ist demnach zu trennen von der Frage, wem das Copyright kraft Gesetzes gehört.[186] Der CDPA geht zwar von dem Grundsatz aus, daß der *author* eines Werkes auch der Inhaber des Copyright ist; demnach sind alle in Sec. 9 CDPA genannten *authors* grundsätzlich auch Copyright-Inhaber. Eine bedeutsame Ausnahme wird jedoch für den in abhängiger Arbeit tätigen Urheber im Bereich der klassischen Werkkategorien gemacht. Seine Person bildet den Schnittpunkt der Konzepte "Urheber" und "originärer Copyright-

---

[182] Vgl. auch *Kraßer*, in: FS Schricker, S. 77-115 (100).

[183] Nach Sec. 9 CDPA werden sowohl die Urheber der klassischen Werkkategorien als auch die Tonträger- und Filmproduzenten, die Sendeunternehmen und die Verleger veröffentlichter Werkausgaben als *authors* bezeichnet. Dazu oben Teil 2, Kapitel 2, Ziffer 1.1.2.

[184] Sec. 11(1) CDPA, "*The author of a work is the first owner of any copyright in it, subject to the following provisions ...*"

[185] Sec. 11(2) CDPA, "*Where a literary, dramatic, musical or artistic work is made by an employee in the course of his employment, his employer is the first owner of any copyright in the work subject to any agreement to the contrary.*"

[186] Dazu z.B. *Black*, Rdnr. 4.14; *Merkin*, S. 16 ff; *Sterling/Carpenter*, Rdnr. 401.

Inhaber" (*author* und *first owner of copyright*). Zwar wird der angestellte Urheber in der Tat als "Urheber" angesehen, doch ist kraft Gesetzes nicht er der originäre Copyright-Inhaber, sondern sein Arbeitgeber.[187] Letztlich überläßt der Gesetzgeber die Bestimmung der Inhaberschaft jedoch insofern der vertraglichen Disposition, als ein Vertrag den Arbeitnehmer zum originären Copyright-Inhaber erklären kann.

2.2. Hintergrund der unterschiedlichen Regelungen

Grund für die Tatsache, daß der Arbeitgeber nach deutschem Recht nur *derivativ* bestimmte Rechte an einem im Arbeitsverhältnis geschaffenen Werk erwerben kann, nach britischem Recht dagegen *originär* das Copyright an sich innehat, ist, daß das Spannungsverhältnis[188] zwischen den Rechtsgebieten Arbeitsrecht und Urheberrecht in Deutschland und Großbritannien jeweils unterschiedlich gelöst wurde.

Dieses Spannungsfeld ergibt sich daraus, daß aus *urheberrechtlicher* Sicht demjenigen das Urheberrecht gebührt, der das Werk geschaffen hat;[189] aus *arbeitsrechtlicher* Sicht dagegen sollte das Urheberrecht an Werken, die im Rahmen des Arbeitsverhältnisses geschaffen werden - genau wie auch sonstige Arbeitsergebnisse - dem Arbeitgeber zustehen, während der Arbeitnehmer sich mit dem Arbeitsentgelt begnügt.[190] Die Lösung des Spannungsverhältnisses erfolgte in Deutschland insofern im Sinne urheberrechtlicher Grundsätze, als das Urheberrecht prinzipiell bei der Person des Arbeitnehmers belassen wird, alles weitere dagegen den privaten Vereinbarungen zwischen den Parteien und im Zweifelsfalle der Zweckübertragungstheorie überlassen bleibt.[191] In Großbritannien ging man dagegen grundsätzlich vom Arbeitsrecht aus und ließ das

---

[187] Vgl. *Ginsburg*, in: *ABA* (ed.), S. 346-350.

[188] Dieser Begriff wird in der Literatur oft verwendet, vgl. z.B. *Ulmer*, § 33 II; *Dittrich*, in: *Rehbinder* (Hrsg.), S. 20-34 (20 ff); *Frey*, UFITA 98 (1984) 53-69 (53).

[189] Dazu auch *Dietz*, GRUR 1972, 11-19; *Bollack*, GRUR 1976, 74-78.

[190] Vgl. insbesondere *Rehbinder*, UFITA 66 (1973) 125-150, sowie *Hirsch*, UFITA 26 (1958) 1-18, die sich, abweichend von der h.M., für ein originäres Urheberrecht des Arbeitgebers einsetzen.

[191] Nach der Zweckübertragungsregel des § 31 Abs. 5 UrhG ist im Zweifel davon auszugehen, daß der Urheber anderen nur in dem Umfang Rechte einräumt, wie für die Erreichung des Vertragszweckes unbedingt erforderlich ist. Zur Zweckübertragungstheorie ausführlich unten Teil 2, Kapitel 3, Ziffer 2.1.5.1.

Copyright konsequenterweise von vornherein in der Person des Arbeitgebers entstehen.[192] Diese beiden Lösungswege verkörpern entgegengesetzte Grundansätze im Schnittpunkt von Urheberrecht und Arbeitsrecht, die einer umfassenden Harmonisierung auf europäischer wie internationaler Ebene im Wege stehen.

Die gegensätzlichen Denkweisen sind tief im Rechtsgefüge der beiden Länder begründet und basieren im wesentlichen auf den unterschiedlichen Antworten zur zentralen Frage nach Grund und Rechtfertigung des Schutzes geistiger Interessen.

2.2.1. Naturrecht und Schöpferprinzip im Urheberrecht

Das deutsche Urheberrechtsverständnis war schon früh von naturrechtlichem Gedankengut geprägt, Gedankengut, wie es in berühmt gewordenen Worten zum Ausdruck kommt: "*La plus sacrée, la plus légitime, la plus inattaquable et, si je puis parler ainsi, la plus personnelle de toutes les propriétés, est l'ouvrage, fruit de la pensée d'un écrivain.*"[193] In der Tradition der Idee vom geistigen Eigentum wurde das Konzept des rechtlichen Schutzes der Schöpferpersönlichkeit von Lehre und Rechtsprechung immer mehr ausgefeilt sowie auch vom Gesetzgeber verankert. Grundlegend war dabei die Auffassung, daß die Herrschaft des Urhebers über sein Werk nicht durch Verleihung per Gesetz entsteht, sondern vielmehr aus der Natur der Sache folgt, nämlich aus seinem geistigen Eigentum, das durch die Gesetzgebung nur seine Anerkennung und Ausgestaltung findet. Diese naturrechtliche Anschauung manifestiert sich grundsätzlich auf allen Gebieten, die sich mit dem schöpferischen Akt des geistig Schaffenden befassen; demnach ist es gleichgültig, in welcher arbeitsrechtlichen Stellung ein Werk geschaffen wird. Es gilt auch für den in abhängiger Stellung schaffenden Urheber der Grundsatz, daß das Urheberrecht auf dem Akt geistiger Schöpfung gründet, daß die Existenz dieses Rechtes im Wesen der Dinge selbst liegt und daß es im Gesetz lediglich gewürdigt und ausgestaltet wird. Da sich das Urheberrecht nach dieser Auffassung aus dem kreativen Akt der Schöpferpersönlichkeit herleitet, kann es auch nur in der natürlichen Person seines Schöpfers entstehen. Demgemäß kann eine juristische Person niemals originärer Urheber-

---

[192] Vgl. z.B. *Prime*, S. 70; *Rumphorst*, GRUR Int. 1972, 345-358 (346).

[193] So *Le Chapelier* anno 1791 als Berichterstatter über das erste französische Urheberrechtsgesetz.

rechtsinhaber an einem Geisteswerk sein. Ebenso undenkbar ist nach diesem Denkansatz die Konzeption, daß der Urheber lediglich Gehaltsempfänger eines gewerblichen Unternehmens ist, welchem das Werk mit den daran bestehenden Rechten wie irgendeines seiner Erzeugnisse rechtmäßig zusteht.

2.2.2. Positivismus, public interest und Investitionsschutzprinzip im Copyright Law

Demgegenüber war das *Copyright Law* ganz anders ausgerichtet. Im Augenmerk des Gesetzgebers stand nicht die Person des Urhebers an sich, vielmehr war sie allenfalls Mittel zum Zweck - nämlich seit dem *Act of Anne* der Bereicherung des gesellschaftlichen Kulturgutes. Schon früh herrschte die Vorstellung, daß die Urheber durch die Gewährung gesetzlichen Schutzes zur Produktion kulturell bedeutsamer Werke angeregt werden könnten, was wiederum der Gesellschaft als Ganzes zugute käme.[194] So nannte sich der *Act of Anne* "*An Act for the encouragement of learning, by vesting the copies of printed books in the authors, or purchasers, of such copies, during the times therein mentioned*". Darin kommt nicht die Anerkennung eines in der Natur der Sache begründeten Rechtes zum Ausdruck. Vielmehr sah es der Gesetzgeber aus kultur- und wirtschaftspolitischen Erwägungen als zweckmäßig an, auch dem Urheber den Status eines Copyright-Inhabers zu verleihen, einen Status, den sich die Verleger von Werken schon seit langem gesichert hatten.[195] Nicht naturrechtliches, sondern positivistisches Gedankengut kam zum Tragen.[196]

Nach dieser Auffassung entsteht das Copyright also nicht aus dem kreativen Akt des geistig Schaffenden, sondern wird vielmehr vom Gesetzgeber aus Gründen der Zweckmäßigkeit verliehen. Zweckmäßigkeit bezog sich seit den Anfängen des *Copyright Law* auf den *public interest*, der seit dem *Act of Anne* als die Versorgung der Allgemeinheit mit geistigen Werken definiert wurde, um so das kundgetane Staatsziel des *encouragement of learning* zu verwirklichen. Schon

---

[194] Das US-Modell ähnelt dem britischen: "*The sole interest of the United States and the primary object in conferring the monopoly lie in the general benefits derived by the public from the labors of authors*", *Chief Justice Hughes* in *Fox Film Corporation v. Doyal*, 286 U.S. 123, 127.

[195] Dazu ausführlich oben Teil 1, Kapitel 1, Ziffer 3.

[196] Zur Dichotomie von naturrechtlichem und positivistischem Urheberrechtsverständnis siehe auch *Kerever*, [1990] Copyright 130-139 (133).

seit frühester Zeit wurde Entrepreneuren - den *Stationers* - Copyright gewährt, um ihnen die Verwertung und Verbreitung von (staatlich gebilligten) Geisteswerken zu ermöglichen; Copyright wurde also zunächst an Personen verliehen, die geistige Schöpfungen gewerblich nutzten. Erst mit dem *Act of Anne* war auch die Verleihung des Copyright an die Person des Urhebers möglich geworden.[197] Das *Copyright Law* ist demnach mit dem Konzept, daß gewerblich Tätige originäre Copyright-Inhaber an einem Geisteswerk sind, eng vertraut. Mit dem *Act of Anne* wurde der Copyright-Inhaber - ob Verleger oder Urheber - gleichsam als Geschäftsmann anerkannt, indem die Investition von Arbeit und Ressourcen durch die Gewährung eines staatlichen Monopols belohnt wurde. Da sich gewerbliche Tätigkeit oft im Rahmen eines Unternehmens vollzieht, war es nach britischer Auffassung ganz natürlich, auch juristische Personen als Copyright-Inhaber zu qualifizieren. Geht man von der Vorstellung aus, daß einem Unternehmer, unabhängig vom rechtlichen Status, Copyright gehören kann, ist auch der Schritt nicht weit entfernt, daß ein Urheber in abhängiger Arbeit für den Unternehmer tätig wird und lediglich Gehaltsempfänger ist.[198]

Dem *Copyright Law* liegt die Auffassung vom Werk als Handelsware zugrunde, denn geistige Werke unterscheiden sich im wesentlichen nicht von anderen Gütern des Handelsverkehrs.[199] Das britische Recht schützt das geistige Produkt in seiner Eigenschaft als Wirtschaftsgut und den Urheber ebenso wie den Werkverwerter vor allem als Geschäftsmann, der aus seinen Investitionen geistiger oder materieller Art Gewinn schöpfen will. Dementsprechend ist das Copyright ein reines Vermögensrecht; persönlichkeitsrechtliche Aspekte sind bewußt ausgeklammert. Investitionen in einen Teil des Gesamtprozesses, von der eigentlichen Schaffung des Werkes bis hin zur Verbreitung an die Öffentlichkeit, rechtfertigen nach britischer Vorstellung die Gewährung von Copyright. Tatsächlich wird kraft Gesetzes jedoch derjenige originärer Copyright-Inhaber, der das wirtschaftliche Risiko trägt. Bei ihm liegen aus britischer Warte also die

---

[197] S. oben Teil 1, Kapitel 1, Ziffern 2 und 3.

[198] Vgl. auch *Cornish*, 26 IIC 801-812 (809) (1995), "*Systems with a strongly capitalistic tendency may seek to subjugate the employed or commissioned author to the higher endeavour of the risk-taker, by giving the latter initial copyright in the works concerned. On the other hand, countries to which authorship represents the finer form of achievement strive to resist this powerful temptation.*"

[199] Die amerikanische Auffassung spiegelt die britische wider, vgl. *Wagner-Silva Tarouca*, S. 16.

vermögensrechtlichen Interessen, er ist es, der auf einen Verwertungserlös angewiesen ist.

Auf die Situation des in abhängiger Stellung tätigen Urhebers übertragen heißt dies, daß es der Arbeitgeber ist, der die zur Hervorbringung des Werkes benötigten Mittel zur Verfügung stellt und der das unternehmerische Risiko trägt.[200] Er ist demnach originärer Copyright-Inhaber. Den vermögensrechtlichen Interessen des Arbeitnehmerurhebers ist nach britischer Auffassung in erster Linie durch das Arbeitsentgelt und in geringerem Maße auch durch die Fürsorgepflichten des Arbeitgebers Genüge getan. Freilich kann hinsichtlich der Copyright-Inhaberschaft - entsprechend dem Grundsatz des *freedom of contract* - auf vertraglicher Basis etwas anderes vereinbart werden. Die gesetzliche Regelung, die dem Arbeitgeber den Status des originären Copyright-Inhabers verleiht, gilt insofern nur als Grundregel, die durch Vertrag außer Kraft gesetzt werden kann.

2.3. Das Kräfteverhältnis zwischen Arbeitgeber und Arbeitnehmerurheber in der Praxis

Die Aufgabe, einen angemessenen Interessenausgleich zwischen Arbeitgeber- und Arbeitnehmerinteressen im Bereich des Urheberrechts zu schaffen, wurde vom britischen und vom deutschen Gesetzgeber jeweils aus ganz unterschiedlichen Ausgangssituationen heraus angegangen. Bei der Abwägung der vermögensrechtlichen Interessen des Arbeitgebers einerseits und der vermögens- sowie urheberpersönlichkeitsrechtlichen Interessen des Arbeitnehmerurhebers andererseits wurden in beiden Rechtsordnungen völlig unterschiedliche Gewichtungen vorgenommen.

Das *Copyright Law* schafft durch das Instrument der originären Inhaberschaft des Copyright eine Situation, in der die Gewichte sehr stark zugunsten des Arbeitgebers verlagert sind. Die Tendenz, die Person des Werkschöpfers ganz und gar den kommerziellen Interessen des Werkverwerters unterzuordnen, wird zudem noch dadurch verstärkt, daß ein urheberpersönlichkeitsrechtlicher Schutz gerade im Arbeitsverhältnis so gut wie nicht existiert. - Demgegenüber bemüht

---

[200] Vgl. *UNESCO*, S. 43, "*The basic idea here is that the employer directs, pays for and produces the work and it is therefore the employer who should reap any economic benefits.*"

sich das Urheberrecht, neben den Vermögensinteressen des Arbeitgebers auch die materiellen Interessen des angestellten Urhebers nicht zu vergessen. Auch dessen urheberpersönlichkeitsrechtliche Belange werden (wenn auch in eingeschränkter Form) berücksichtigt.

Die *vermögensrechtliche* wie auch die *urheberpersönlichkeitsrechtliche* Interessenlage soll im folgenden einer näheren Betrachtung unterzogen werden.

2.3.1. Vermögensrechtliche Interessenlage

Vermögensinteressen des *Arbeitgebers* und des *angestellten Urhebers* werden aufgrund ihrer unterschiedlichen Ausrichtung getrennt behandelt.

2.3.1.1. Vermögensrechtliche Interessen des Arbeitgebers

Wer einen geistig Schaffenden im Rahmen eines Arbeitsvertrages zur Schaffung urheberrechtlich geschützter Werke verpflichtet, pflegt dies in der Absicht zu tun, die Werke auszuwerten. Das Verwertungsinteresse des Arbeitgebers wird in Deutschland und in Großbritannien jedoch mit Hilfe ganz unterschiedlicher rechtlicher Konstruktionen zu befriedigen versucht: In Großbritannien drückt die Zuweisung der originären Copyright-Inhaberschaft an den Arbeitgeber diesem allein die Trumpfkarte in die Hand. - In Deutschland dagegen ist der Arbeitnehmerurheber bekanntlich zur Einräumung von Nutzungsrechten an den Arbeitgeber verpflichtet - was jedoch nur ein Ausschnitt aus einer viel vielschichtigeren Interessenabwägung ist, um deren Darstellung es nunmehr unter anderem geht.

2.3.1.1.1. Deutschland

Ob und *in welchem Umfang* der Arbeitnehmerurheber von der Verpflichtung zur Einräumung von Nutzungsrechten betroffen ist, ergibt sich nach deutschem Urheberrechtsverständnis aus Inhalt und Wesen des Vertragsverhältnisses sowie aus dem Vertragszweck.[201] Es ist zwischen *stillschweigender* und *vertraglich ausdrücklich geregelter* Rechtseinräumung zu unterscheiden.

Haben die Parteien im Arbeitsvertrag keine ausdrücklichen Regelungen getroffen, ist eine *stillschweigende Vereinbarung* dahingehend anzunehmen, daß der Arbeitnehmerurheber dem Arbeitgeber diejenigen Nutzungsrechte einräumt, an deren Erwerb der Arbeitgeber im Hinblick auf seine *betrieblichen Zwecke* ein berechtigtes Interesse hat.[202] Der Umfang der Rechtseinräumung bestimmt sich also nach den Prinzipien der Zweckübertragungstheorie.[203] Bei der Auslegung der Betriebszwecke schwankt die Rechtsprechung zwar zwischen einer arbeitgeber- und einer arbeitnehmerfreundlichen Interpretation, doch stehen die Interessen und das wirtschaftliche Risiko des Arbeitgebers meist ganz besonders im Vordergrund, was sich in einer weitreichenden Nutzungseinräumung zu seinen Gunsten bemerkbar macht.[204]

Andererseits können dem Arbeitgeber auch *ausdrücklich*, und zwar durch *Einzelarbeitsvertrag* oder *Tarifvertrag*, Nutzungsrechte eingeräumt werden. Besonders zugenommen hat in letzter Zeit die Bedeutung der spartenbezogenen, kollektiven Regelung von Arbeitsverhältnissen.[205] Zu nennen sind hier die Urheberrechtsklauseln der *Tarif- bzw. Manteltarifverträge* für die Bereiche Presse, Funk, Fernsehen und Film.[206] Auf deren Grundlage werden Urheber mit Abschluß des Arbeitsvertrages zu umfassenden Rechtseinräumungen zugunsten des Arbeitgebers verpflichtet. Die einzuräumenden Rechte werden *oft enumerativ aufgezählt* und gehen meist weit über den eigentlichen Bereich des "Betriebszweckes" hinaus. Beispielsweise lassen sich die meisten Rundfunkanstalten in

[201] *von Gamm*, § 43, Rdnr. 2.

[202] Vgl. *Ulmer*, § 33 II.

[203] § 31 Abs. 5 UrhG; dazu unten Teil 2, Kapitel 3, Ziffer 2.1.5.1.

[204] *Schricker (Rojahn)*, § 43, Rdnr. 55. Die stillschweigende Rechtseinräumung kann entweder bei Ablieferung und Annahme des Werkes durch den Arbeitgeber geschehen oder auch schon bei Aufnahme des Arbeitsverhältnisses an sich; selbst die Rechtseinräumung für künftig zu schaffende Werke ist nach h.M. also stillschweigend möglich; *Schricker (Rojahn)*, § 43, Rdnr. 44; *von Gamm*, § 31, Rdnr. 7, denen zufolge die von § 40 UrhG geforderte Schriftform für die Rechtseinräumung an künftigen Werken nicht gewahrt werden muß: Der angestellte Urheber weiß, daß die von ihm geschaffenen Werke durch den Arbeitgeber genutzt werden; daher bedarf er des Schutzes des § 40 UrhG nicht; a.A. *Fromm/Nordemann (Vinck)*, § 43, Rdnr. 3 a).

[205] Die Reichweite tarifvertraglicher Regelungsmöglichkeiten bestimmt sich nach § 1 TVG. Zu kollektivvertraglichen Gestaltungsformen auch unten Teil 2, Kapitel 3, Ziffer 3.1.

[206] Vgl. z.B. MTV für Redakteure an Tageszeitungen, in: *Hillig*, Nr. 10 c); MTV für Redakteure an Zeitschriften, in: *Hillig*, Nr. 10 b); TV für Film- und Fernsehschaffende, in: *Hillig*, Nr. 10 a); dazu ausführlich *Schricker (Rojahn)*, § 43, Rdnr. 103 ff.

ihren Tarifverträgen nicht nur Nutzungsrechte für Rundfunkzwecke einräumen, sondern verpflichten die angestellten Urheber, ihnen die Nutzungsrechte ohne Beschränkung auf Rundfunkzwecke umfassend zu gewähren.[207] Ähnliches gilt auch für andere Urhebergruppen, wie etwa Redakteure an Zeitschriften oder Filmschaffende.[208] - Soweit Urheberrechtsklauseln, wie beispielsweise in der Softwarebranche, in *Einzelarbeitsverträge* aufgenommen werden, hat der angestellte Urheber bzw. Programmierer dem Arbeitgeber standardmäßig einzeln aufgeführte, zeitlich, inhaltlich und örtlich unbeschränkte, ausschließliche Nutzungsrechte einzuräumen.[209] Falls die Parteien im Arbeits- oder Tarifvertrag bei der Einräumung des Nutzungsrechts die Nutzungsarten, auf die sich das Recht erstrecken soll, *nicht einzeln bezeichnet* haben, ist für die Auslegung der Verträge wiederum die Zweckübertragungslehre heranzuziehen, bei deren Anwendung - wie bereits angedeutet - den Interessen und wirtschaftlichen Risiken des Arbeitgebers große Bedeutung zugemessen wird.

Die Tatsache, daß der Umfang der Rechtseinräumung je nach Einzelfall unterschiedlich ist, hat zur Folge, daß *dem angestellten Urheber* zuweilen durchaus *Nutzungsmöglichkeiten* hinsichtlich des von ihm geschaffenen Werkes *verbleiben* können. Konkret bleiben ihm alle Nutzungsrechte, die dem Arbeitgeber nicht ausdrücklich oder stillschweigend eingeräumt worden sind. Diese kann der Werkschöpfer selbst oder durch Dritte verwerten, soweit dies mit dem Arbeitsvertrag sowie arbeitsrechtlichen Treuepflichten in Einklang steht und insbesondere nicht gegen das für die Dauer des Arbeitsvertrages bestehende Wettbewerbsverbot verstößt.[210]

---

[207] Vgl. *Schricker (Rojahn)*, § 43, Rdnr. 118.

[208] Z.B. ist ein Zeitschriftenredakteur u.a. dazu verpflichtet, dem Zeitschriftenverlag die Rechte an seinem Werk im In- und Ausland zur Vervielfältigung und Verbreitung, zur Sendung in Hörfunk und Fernsehen, zur Verfilmung und Vorführung sowie zur Werbung für den Verlag in körperlicher und unkörperlicher Form zu übertragen (§ 12 Abs. 1 MTV für Redakteure an Zeitschriften, in: *Hillig*, Nr. 10 b)). Ebenso räumt der Filmschaffende dem Filmhersteller mit Abschluß des Arbeitsvertrages alle ihm durch das vertragliche Beschäftigungsverhältnis erwachsenden Nutzungsrechte an Urheberrechten und verwandten Schutzrechten ein; es handelt sich dabei um ausschließliche, inhaltlich, zeitlich und räumlich unbeschränkte Nutzungsrechte, die den Filmhersteller zu jeglicher filmischen Verwertung des Filmwerkes berechtigen, sowie auch dazu, einzelne Aufnahmen oder Teile eines Filmes in andere Filme zu übernehmen oder diese für die Werbung zu verwenden (Art. 3 Abs. 1 und 2 TV für Film- und Fernsehschaffende, in: *Hillig*, Nr. 10 a)).

[209] Vgl. *Schricker (Rojahn)*, § 43, Rdnr. 139.

Will der *Arbeitgeber* die Verwertung des vom angestellten Urheber geschaffenen Werkes *Dritten* überlassen, so bedarf er zur Weiterübertragung der ausschließlichen und zur Einräumung einfacher Nutzungsrechte der *Zustimmung* des Urhebers.[211] Der Arbeitgeber kann sich die erforderliche Zustimmung jedoch bereits bei Abschluß des Arbeitsvertrages im voraus für alle künftigen Werke erteilen lassen.[212] Von einer stillschweigenden Erteilung bei Ablieferung des Werkes ist auszugehen, wenn die Weitergabe der Nutzungsrechte an Dritte noch vom Betriebszweck selbst erfaßt wird.[213] Im übrigen wird eine Verweigerung der Zustimmung häufig gegen den Grundsatz von Treu und Glauben verstoßen und damit als rechtsmißbräuchlich (und für den Arbeitgeber unbeachtlich) einzustufen sein, soweit nicht im Einzelfall legitime materielle oder ideelle Interessen des Arbeitnehmerurhebers betroffen sind.[214] Doch letztendlich bedeutet das Zustimmungserfordernis, daß Lizenzverhandlungen zwischen dem Arbeitgeber und Dritten berechtigte Interessen des angestellten Werkschöpfers nicht einfach übergehen können.

2.3.1.1.2. Großbritannien

Die gesetzliche Vorschrift, die den Arbeitgeber zum originären Copyright-Inhaber (*first owner of copyright*) macht,[215] bewirkt, daß der Arbeitgeber von vornherein alle Verwertungsbefugnisse hat, die das Copyright umfaßt. Das Copyright beinhaltet ein ganzes Bündel von Rechten, nämlich alle gegenwärtig bekannten und sogar zukünftige Arten der Verwertung. Da dem Arbeitgeber als Copyright-Inhaber also alle Verwertungsrechte zustehen, bleibt für den angestellten Urheber sozusagen "nichts mehr übrig".

---

210 *Fromm/Nordemann (Vinck)*, § 43, Rdnr. 3 c); *Schricker (Rojahn)*, § 43, Rdnr. 59.

211 §§ 34 Abs. 1 S. 1 und 35 Abs. 1 S. 1 UrhG; zur theoretischen Grundlage dieser Vorschriften siehe unten Teil 2, Kapitel 3, Ziffer 2.1.2.1. Eine Ausnahme gilt jedoch für Filmwerke, § 90 UrhG.

212 *Schricker (Rojahn)*, § 43, Rdnr. 56; *Fromm/Nordemann (Vinck)*, § 43, Rdnr. 3 c).

213 *Fromm/Nordemann (Vinck)*, § 43, Rdnr. 3 c); *Schricker (Rojahn)*, § 43, Rdnr. 57.

214 §§ 34 Abs. 1 S. 2 und 35 Abs 2 UrhG; vgl. auch *Fromm/Nordemann (Vinck)*, § 43, Rdnr. 3 c).

215 Sec. 11(2) CDPA.

Wie bereits angesprochen,[216] besteht jedoch die Möglichkeit, vertraglich zu vereinbaren, daß der Arbeitnehmerurheber *first owner* des Copyright ist. Angesichts des ungleichen Kräfteverhältnisses zwischen Arbeitgeber und Arbeitnehmerurheber kommt es in der Praxis jedoch nur sehr selten zu einer solchen Regelung.[217]

Was die Beziehung zwischen *Arbeitgeber* und *Dritten* anbelangt, so bedarf in Großbritannien weder die Übertragung des Copyright vom Arbeitgeber an den Dritten noch die Einräumung einer ausschließlichen oder einfachen Lizenz der Zustimmung des angestellten Werkschöpfers. Verhandlungen zwischen dem Arbeitgeber als originärem Copyright-Inhaber und Dritten gestalten sich also insofern einfacher, als nur ein Rechtssubjekt das Copyright wahrnimmt und vom Arbeitgeber nur die Interessen des Vertragspartners berücksichtigt werden müssen, nicht dagegen auch noch die Interessen des von ihm angestellten Werkschöpfers.

2.3.1.2. Vermögensrechtliche Interessen des angestellten Urhebers

Der Arbeitnehmerurheber hat naturgemäß ein Interesse daran, für die Schaffung seines Werkes und die dadurch ermöglichte Verwertung durch den Arbeitgeber angemessen entlohnt zu werden. Doch zu der Frage, was eine "angemessene Entlohnung" darstellt, haben das *Copyright Law* und das Urheberrecht wiederum ganz unterschiedliche Ansichten.

2.3.1.2.1. Deutschland

Das Urheberrecht geht von dem Grundsatz aus, daß der Urheber an der wirtschaftlichen Verwertung seines Werkes weitmöglichst beteiligt werden soll. Für Verwertungsformen, die vom "betrieblichen Zweck" gedeckt sind, ist der vereinbarte Lohn in aller Regel angemessen. Doch falls der Arbeitgeber das Werk des angestellten Urhebers außerhalb der betrieblichen Zwecke verwertet und dieser Fall nicht vertraglich geregelt wurde, ist der Urheber an dem zusätzlichen

---

[216] Oben Teil 2, Kapitel 2, Ziffer 2.1.2.

[217] *Dworkin/Taylor*, S. 49; *Cuvillier*, [1979] Copyright 112-125 (112); *Limperg*, [1980] Copyright 293-300 (296).

Ertrag des Arbeitgebers mittels eines gesonderten Entgeltes extra zu beteiligen; grundsätzlich ist diese außerhalb des Betriebszweckes liegende Verwertung durch den Arbeitslohn nämlich nicht abgegolten.[218] Im Rahmen der Vertragsfreiheit ist freilich eine anderslautende Vereinbarung möglich.[219]

In der Praxis, und hier vor allem auf der Grundlage von Tarif- und Manteltarifverträgen, ist es grundsätzlich üblich, dem Arbeitnehmer für die nicht betriebsbedingte Nutzungseinräumung eine zusätzliche Vergütung zu gewähren;[220] die Vergütung erfolgt teilweise durch individuelle Abgeltung[221] oder durch kollektive Beteiligung an Verwertungserlösen[222]. Ein Extralohn ist auch bei der Weiterübertragung von Nutzungsrechten durch den Arbeitgeber auf Dritte allgemein üblich.[223]

Schließlich wird dem angestellten Urheber auch eine angemessene Beteiligung an ungewöhnlich hohen Einnahmen des Nutzungsberechtigten gesichert, und zwar dann, wenn zwischen dem vereinbarten Lohn und dem aus dem Werk des Arbeitnehmerurhebers gezogenen Ertrag des Arbeitgebers ein grobes Mißverhältnis besteht (§ 36 UrhG).[224]

---

[218] *Schricker (Rojahn)*, § 43, Rdnr. 66; dies gilt jedoch nicht für öffentlich-rechtliche Dienstverhältnisse, *Schricker (Rojahn)*, § 43, Rdnr. 70.

[219] Die Grenze der Sittenwidrigkeit nach § 138 BGB ist damit i.d.R. nicht erreicht; vgl. *Schricker (Rojahn)*, § 43, Rdnr. 65.

[220] Eine Ausnahme stellt die Filmbranche dar, da dem Filmhersteller eine optimale Verwertung des Filmes ermöglicht wird, ohne daß man dem Filmschaffenden hinsichtlich der zusätzlichen Verwertung des Filmes (z.B. Verkauf an ein Sendeunternehmen) eine finanzielle Beteiligung in irgendeiner Form zubilligt; Art. 3 Abs. 1 b) TV für Film- und Fernsehschaffende, in: *Hillig*, Nr. 10 a). Allgemein zu Filmen §§ 88 mit 95 UrhG.

[221] So z.B. wenn ein Zeitschriftenverlag die Beiträge des Redakteurs in Buchform verwendet; § 12 Abs. 6 c) und d) MTV für Redakteure an Zeitschriften, in: *Hillig*, Nr. 10 b).

[222] Beispielsweise erhalten die angestellten Urheber der öffentlich-rechtlichen Rundfunkanstalten eine Beteiligung an deren Gesamterlös aus der Produktionsverwertung; vgl. *Schricker (Rojahn)*, § 43, Rdnr. 118.

[223] Beispielsweise erhalten die für Tageszeitungen tätigen Redakteure bei Weitergabe der Nutzungsrechte über ihre Beiträge durch den Verlag an Dritte eine zusätzliche Vergütung von 30% des Erlöses, den der Verlag aus der Verwertung erzielt bzw. erzielen könnte; § 18 Abs. 6 MTV für Redakteure an Tageszeitungen, in: *Hillig*, Nr. 10 c); s. *Schricker (Rojahn)*, § 43, Rdnr. 106.

[224] *Schricker (Rojahn)*, § 43, Rdnr. 71; zu § 36 UrhG ausführlich unten Teil 2, Kapitel 3, Ziffer 2.2.1.1.

2.3.1.2.2. Großbritannien

In Großbritannien wird den Vermögensinteressen des Arbeitnehmerurhebers dagegen lediglich durch die Zahlung eines Entgeltes Rechnung getragen, nicht auch durch Beteiligung an den Verwertungserträgen des Arbeitgebers. Aufgrund der Tatsache, daß originärer Copyright-Inhaber in der Regel der Arbeitgeber ist, sind die Ansprüche des Arbeitnehmers mit der vereinbarten Lohnzahlung abgegolten. Durch die gesetzliche Zuweisung der Copyright-Inhaberschaft an den Arbeitgeber wird das vermögensrechtliche Band zwischen dem angestellten Urheber und seinem Werk durchschnitten. Die Verwertung des Copyright ist allein Sache des Arbeitgebers und hat auf die vermögensrechtlichen Ansprüche des angestellten Urhebers keinen Einfluß.

Auch die Weiterübertragung des Copyright oder die Einräumung von Lizenzen durch den Arbeitgeber an Dritte ist ein Thema, das den angestellten Urheber in Großbritannien nicht berührt. Es steht im Ermessen des Arbeitgebers und originären Copyright-Inhabers, das Werk auf alle ihm vorteilhaft erscheinenden Arten zu verwerten und die Verwertung auch Dritten zu überlassen, ohne daß der angestellte Werkschöpfer eine zusätzliche Vergütung beanspruchen könnte. Abhängig vom Marktwert des Werkes können sich für den Arbeitgeber etwa aus der Lizenzerteilung an Dritte erhebliche Gewinne ergeben, die er allesamt einstreichen kann, ohne daß der angestellte Urheber eine entsprechende Beteiligung erhält. Letzterer kann letzthin nur versuchen, durch erneute Verhandlungen mit seinem Arbeitgeber eine Erhöhung seines Arbeitslohnes durchzusetzen. Ob dies glückt, wird von Fall zu Fall verschieden sein.

2.3.1.3. Gesamtbetrachtung

Die vom jeweiligen Gesetzgeber vorgenommene Abwägung der Vermögensinteressen von Arbeitgeber und Arbeitnehmerurheber erfolgte in Großbritannien und in Deutschland gemäß den herrschenden gesellschaftspolitischen Grundanschauungen. Wie dargestellt,[225] hätten diese in den beiden Rechtsordnungen jedoch nicht konträrer sein können. Die Wertung vermögensrechtlicher Belange gestaltet sich entsprechend.

---

[225] Oben Teil 2, Kapitel 2, Ziffer 2.2.

Den Vermögensinteressen des Arbeitgebers wird von beiden Rechtssystemen großes Gewicht beigemessen, und dies aufgrund der Erkenntnis, daß dessen finanzielle Investitionen eines angemessenen rechtlichen Schutzes bedürfen. Die rechtlichen Instrumente, die dieser Gewichtung Ausdruck verleihen sollen, haben jedoch unterschiedliche Charakteristiken und Konsequenzen: Der derivative Rechtserwerb des Arbeitgebers in Deutschland würdigt die Arbeitgeberinteressen, hat aufgrund seiner Ableitung vom Urheber jedoch zur Folge, daß auch dessen vermögensrechtliche Belange - und zwar über die Lohnzahlung hinaus - berücksichtigt werden; alles andere trüge aus deutscher Perspektive den Anschein, als wolle man dem Urheber sein Werk gegen eine (sich wiederholende) Pauschalzahlung "abkaufen". - Demgegenüber bewirkt die originäre Rechtsinhaberschaft des Arbeitgebers in Großbritannien zwar eine umfassende Berücksichtigung der Arbeitgeberinteressen, gleichzeitig jedoch eine Reduzierung der Vermögensinteressen des Arbeitnehmerurhebers allein auf den Arbeitslohn. Die jeweiligen Grundkonzeptionen der beiden rechtlichen Konstruktionen können wie folgt beschrieben werden:

Mit der im *Copyright Law* bevorzugten *Verleihung originärer Rechte an den Arbeitgeber* wird diesem nach britischer Auffassung die uneingeschränkte Herrschaft über das Werk gegeben; der Werkschöpfer verliert jegliches Recht an seiner Kreation und hat nur noch Anspruch auf den Arbeitslohn. Diese Regelung entspricht der normalen arbeitsrechtlichen Situation und beruht darauf, daß der Arbeitgeber die unternehmerische Verantwortung und das finanzielle Risiko trägt, während der Arbeitnehmer lediglich nach Weisung tätig wird und - unabhängig vom Erfolg oder Mißerfolg des Unternehmens - mit seinem Lohn nach Hause gehen kann. Da der angestellte Urheber in diesem Sinne keine Verantwortung hat, muß und kann er die unternehmerischen Verwertungsentscheidungen seinem Arbeitgeber überlassen. Letzterer spürt mit geschäftlichem Scharfsinn nach den besten Verwertungsmöglichkeiten, um dem Urheber am Ende des Monats seine Lohntüte überreichen zu können und nach Möglichkeit selbst einen Gewinn davonzutragen. Es fällt dem Arbeitgeber zur Last, entweder einen Dritten zu finden, dem er die Verwertung des Werkes gegen möglichst große Summen überlassen kann, oder selbst nach den Verwertungsarten zu suchen, die am meisten Geld einbringen; im Einzelfall kann es aus *business*-Gründen sogar durchaus einmal geboten sein, einzelne Verwertungsmöglichkeiten nicht zu nutzen oder von der Verwertung eines bestimmten Werkes überhaupt abzusehen. Falls der Erfolg des Unternehmens zu wünschen übrig läßt, muß der Arbeitgeber seinen eigenen Gürtel enger schnallen, um seinen Pflichten gegenüber dem Arbeitnehmerurheber nachkommen zu können. Hat er dagegen das Glück, eine gute Geschäftsentscheidung getroffen zu haben, so kann er den Profit einstecken, ohne dem Arbeitnehmerurheber noch zusätzlich etwas von seinem Gewinn abgeben zu müssen.

Demgegenüber wird mit der im Urheberrecht gewählten Konstruktion des *derivativen Rechtserwerbes des Arbeitgebers* zum Ausdruck gebracht, daß der Werkschöpfer trotz aller arbeitsrechtlichen Gesichtspunkte nicht vergessen werden darf. Trotz der Kosten-, Fürsorge- und Direktionslast des Arbeitgebers führt nach deutscher Auffassung kein Weg an der Tatsache vorbei, daß es sich bei einem urheberrechtsfähigen Werk um kein gewöhnliches Gut des Wirtschaftslebens handelt, sondern um ein geistiges Gut, für das besondere Grundsätze gelten. Zu diesen gehört unter anderem die Maxime, daß das geistige Band zwischen Urheber und Werk niemals aufgelöst werden kann - auch nicht in der Situation des angestellten Werkschaffens. Das geistige Band zwischen der Schöpferpersönlichkeit und ihrer Schöpfung ist jedoch nicht nur ein imaginäres Gebilde, sondern hat ganz handfeste, praktische Konsequenzen: Im Falle des abhängigen Werkschaffens werden dem Arbeitgeber nur in dem Umfang Nutzungsbefugnisse anvertraut, wie dieser zur Verwertung des Werkes tatsächlich einzusetzen gedenkt - daher das Abstellen auf den "betrieblichen Zweck". In bezug auf Verwertungsmöglichkeiten, die über den Rahmen des Arbeitgeberbetriebes hinausgehen und daher potentiell brachliegen würden, bleiben die entsprechenden Nutzungsrechte dem Urheber. Immerhin hat dieser ein schutzwürdiges Interesse, sein Werk in möglichst vielen verschiedenen Formen an die Öffentlichkeit zu bringen - wobei die arbeitsrechtliche Treuepflicht des Arbeitnehmerurhebers und das Verbot, mit dem Arbeitgeber in Wettbewerb zu treten, hierbei natürlich zu berücksichtigen sind. Überdies - und das verdient besondere Betonung - verlangt das Investitionsschutzinteresse des Arbeitgebers nicht, über Nutzungsmöglichkeiten verfügen zu können, die er aller Wahrscheinlichkeit nach nie tatsächlich nutzen würde. Entscheidet sich der Arbeitgeber wider Erwarten doch dafür, vom angestellten Urheber umfassende und über seinen Betriebszweck hinausgehende Nutzungsrechte zu erwerben, so resultiert dies in einem entsprechenden Vergütungsanspruch des Urhebers. Gleiches gilt, wenn der Arbeitgeber die ihm eingeräumten ausschließlichen oder einfachen Nutzungsrechte gegen Lizenzzahlungen an Dritte überträgt. In diesem Fall hat der Arbeitnehmerurheber zudem ein Zustimmungsrecht, das zwar in den meisten Fällen nur eine nominelle Funktion, aber dennoch wichtigen symbolischen Charakter hat.

Ein pauschales Urteil über die Überlegenheit des einen oder anderen Ansatzes zu fällen, ist nicht angebracht, da dies die historische Bedingtheit des Urheberrechts und des *Copyright Law* ignorieren würde. Vorsichtig formuliert lassen sich jedoch drei grundsätzliche Beobachtungen anstellen:

Auch wenn die theoretischen Grundansätze von Urheberrecht und *Copyright Law* sehr verschieden sind, scheint es in der Praxis hinsichtlich der Befriedigung von Verwertungsinteressen des Arbeitgebers keine wesentlichen Unterschiede zu geben: In Deutschland wird mittels verschiedener gesetzlicher und kollektivvertraglicher Regelungstechniken sowie mittels branchenüblicher Standardklauseln und Auslegungspräferenzen der Rechtsprechung eine Situation geschaffen, die den Verwertungsinteressen des Arbeitgebers in umfassender Weise gerecht zu werden scheint. Auch in Großbritannien kann der Arbeitgeber seine Verwertungsinteressen als originärer Copyright-Inhaber in vollem Umfang verwirklichen.

Deutliche Divergenzen zeigen sich allerdings im Hinblick auf die Vermögensinteressen des angestellten Urhebers: Sie sind in Deutschland faktisch besser gewahrt als in Großbritannien. Durch das Instrument der Nutzungseinräumung nach Betriebszweck machen sich lukrative Lizenzerteilungen an Dritte und außerbetriebliche Nutzungen durch den Arbeitgeber für den Arbeitnehmerurheber durch eine entsprechend dickere Geldbörse bemerkbar. Dabei kann es sich im Einzelfall für den angestellten Urheber um beträchtliche Summen handeln. Ein anderes Bild hinsichtlich der Wahrung von Arbeitnehmerinteressen könnte sich nur dann ergeben, wenn Lohnzahlungen an britische Arbeitnehmerurheber weit über das hinausgingen, was ihren deutschen Kollegen an Arbeitsentgelt zukommt; dafür gibt es allerdings keine Anhaltspunkte.

Im Hinblick auf den Rechtsverkehr als solchen fällt auf, daß dieser durch die gesetzliche Zuweisung der originären Copyright-Inhaberschaft an den Arbeitgeber rationalisiert wird: Anstelle mehrerer Berechtigter nimmt nur ein Rechtssubjekt das Copyright wahr, Verhandlungen bezüglich Copyright-Übertragungen und Lizenzerteilungen sind nur mit Rücksicht auf den Vertragspartner zu führen, und entsprechende Zahlungen sind vom Dritten nur an ein einziges Rechtssubjekt (nämlich den Arbeitgeber) zu leisten, ohne daß auch der Arbeitnehmerurheber zu beteiligen wäre.[226] Die Rationalisierung des Rechtsverkehrs geht

[226] Vgl. *Wagner-Silva Tarouca*, S. 73.

jedoch zu Lasten des abhängigen Werkschöpfers. Daß das britische Recht aber mehr auf den *public interest* ausgerichtet ist als auf den Schutz des Urhebers, ist nichts Neues.

2.3.2. Urheberpersönlichkeitsrechtliche Interessenlage

Im Falle der Arbeitnehmerurheberschaft konkurrieren u.a. die vermögensrechtlichen Interessen des Arbeitgebers mit den urheberpersönlichkeitsrechtlichen Interessen des angestellten Urhebers. Sowohl in Deutschland als auch in Großbritannien sah sich der Gesetzgeber vor die Aufgabe gestellt, die Interessen des Arbeitgebers an möglichst ungestörter Verwertung gegen die ideellen Interessen des Arbeitnehmerurhebers abzuwägen und eine Rechtslage zu schaffen, die beiden Rechtssubjekten gerecht wird. Generell betrachtet müssen die angestellten Urheber gegenüber den freischaffend Tätigen in beiden Rechtsordnungen gewisse Einschränkungen hinsichtlich ihrer Urheberpersönlichkeitsrechte hinnehmen. Insofern wurde der Interessenkonflikt in beiden Ländern zugunsten des Arbeitgebers gelöst, wenn die Akzente auch in Großbritannien wesentlich stärker zu seinen Gunsten gesetzt sind.

Urheberpersönlichkeitsrechte und *moral rights* werden an geeigneter Stelle noch eingehend erörtert, u.a. unter Bezugnahme auf die Situation angestellter Urheber.[227] An dieser Stelle läßt sich jedoch feststellen, daß sich für angestellte Urheber in Großbritannien gegenüber ihren in Deutschland tätigen Kollegen größere Einschränkungen hinsichtlich ihrer urheberpersönlichkeitsrechtlichen Befugnisse ergeben.

Das UrhG hat dem Schutz urheberpersönlichkeitsrechtlicher Belange durch eine ganze Reihe gesetzlicher Vorschriften Rechnung getragen, die zwar den Gegebenheiten des Arbeitsverhältnisses angepaßt sind und gegebenenfalls zugunsten des Arbeitgebers eingeschränkt werden müssen, die in ihrem Kern jedoch unverzichtbar sind. Einschränkungen werden generell mittels einer umfassenden *Abwägung von Arbeitnehmerurheber- und Arbeitgeberinteressen* vorgenommen. Die Waagschalen und damit der Umfang der beanspruchbaren Urheberpersönlichkeitsrechte richten sich im Einzelfall somit danach aus, wie eine möglichst

---

[227] Unten Teil 2, Kapitel 4, Ziffer 2.

weitgehende Berücksichtigung der essentiellen Interessen beider Parteien erreicht werden kann. Zuweilen wird dabei das wirtschaftliche Interesse des Arbeitgebers an ungehinderter Verwertung im Vordergrund stehen, zuweilen werden aber auch die Belange des angestellten Urhebers unübertönbar sein. Ein gewisses Kontinuum in der Rechtspraxis wird dadurch erreicht, daß Branchen- und Betriebsübung Berücksichtigung erfahren.

Demgegenüber hat der CDPA nur wenige Vorschriften zum Schutz ideeller Urheberinteressen verankert und diese wenigen Regelungen entweder *abgeschwächt*[228] *oder* aber allgemein[229] bzw. speziell im Arbeitsverhältnis *eingeschränkt*[230]. Zudem wird schon durch die grundsätzliche gesetzliche Zuweisung der originären Copyright-Inhaberschaft an den Arbeitgeber im Hinblick auf bestimmte Urheberpersönlichkeitsrechte eine Situation geschaffen, die eine Berücksichtigung ideeller Interessen des angestellten Urhebers von vornherein ausschließt.[231] Will sich der Arbeitnehmerurheber gewisse Rechte vorbehalten, muß er sich diese in weiser Voraussicht per Vertrag reservieren. Ob er dies durchsetzen kann, wird in entscheidender Weise vom Kräfteverhältnis zwischen ihm und seinem Vertragspartner abhängen. Bedenkt man, daß die meist korporativ organisierten Arbeitgeber den angestellten Urhebern in der Regel weit überlegen sind, bleibt die Durchsetzbarkeit vertraglicher Regelungen für angestellte Werkschöpfer fragwürdig.

---

[228] Beispielsweise muß ein angestellter Werkschöpfer in Großbritannien jegliche Veränderung seines Werkes durch den Arbeitgeber hinnehmen und kann, falls er als Urheber erkennbar gemacht ist, nur eine ausreichende Distanzierung seiner Person von dem geänderten Werk verlangen, dazu unten Teil 2, Kapitel 4, Ziffer 2.2.2.2.1.

[229] So kann sich ein angestellter Urheber mit der Verletzung seiner *moral rights* einverstanden erklären oder schon im voraus schriftlich auf die *moral rights* verzichten; Secs. 87(1) und (2) CDPA. Dazu unten Teil 2, Kapitel 4, Ziffer 2.2.1.1.2.1.

[230] Z.B. existiert für den Arbeitnehmerurheber in Großbritannien kein Recht auf Urheberbezeichnung; Sec. 79(3)(a) CDPA, dazu unten Teil 2, Kapitel 4, Ziffer 2.2.1.1.2.1.

[231] Vgl. z.B. das Veröffentlichungsrecht (unten Teil 2, Kapitel 4, Ziff. 2.3.1.2.), ebenso der Rückruf wegen mangelnder oder unzureichender Verwertung (unten Teil 2, Kapitel 3, Ziffer 2.2.1.3.) sowie der Rückruf wegen gewandelter Überzeugung (unten Teil 2, Kapitel 3, Ziffer 2.2.1.4.): Was das erstgenannte Rückrufsrecht betrifft, so kann es ein solches Rückrufsrecht deutschen Musters dann, wenn der Arbeitgeber originärer Copyright-Inhaber ist, schon begrifflich nicht geben. Es steht einzig und allein im Ermessen des Arbeitgebers, ob er das geschaffene Werk überhaupt der Verwertung zuführt und falls er sich dafür entscheidet, in welcher Weise er dies zu tun gedenkt. Ähnliches gilt auch für das zweitgenannte Rückrufsrecht. Vgl. unten Teil 2, Kapitel 3, Ziffer 2.2.2.1.

2.4. Synopsis

Die im deutschen und britischen Rechtssystem vorgenommenen Lösungen des Problems Arbeitnehmerurheberschaft stehen im Einklang mit den ihnen jeweils zugrundeliegenden gesellschafts- und rechtspolitischen Wertungen.

In Deutschland ist es die Logik des *Schöpferprinzips*, das die originäre Entstehung des Urheberrechts in der Person des angestellten Werkschöpfers zwingend erfordert. Die Inhaberschaft des Urheberrechtes ist nach deutscher Auffassung ausnahmslos an den individuellen Schöpfungsakt geknüpft, gleichgültig, ob sich dieser in selbständiger oder abhängiger Arbeit vollzieht. Dem Arbeitgeberinteresse an der Werkverwertung wird nur durch die derivative Rechtseinräumung Rechnung getragen, nicht dagegen durch eine originäre Zuweisung der Urheberrechtsinhaberschaft. Das Interessengleichgewicht zwischen beiden Parteien balanciert sich insofern aus, als dem Arbeitgeber die zur Werkverwertung nötigen Rechte gewährt werden, der angestellte Urheber jedoch das ideelle und materielle Band zu seiner Schöpfung nie verliert. Letzteres zeigt sich in der grundsätzlichen Berücksichtigung urheberpersönlichkeitsrechtlicher Belange sowie in der Existenz zusätzlicher Vergütungsansprüche in bestimmten Situationen.

Im *Copyright Law* ist es letztlich dagegen das *Investitionsschutzprinzip*, das der Zuweisung der originären Copyright-Inhaberschaft an den Arbeitgeber zugrunde liegt. Geschützt wird die Investition des Arbeitgebers, auf dem nach außen hin die ideelle Verantwortung sowie das materielle Risiko lastet und der im Innenverhältnis zum Werkschaffenden die Kosten-, Fürsorge- und Direktionslast trägt. Der Schutz der Arbeitgeberinvestition verlangt aus britischer Sicht eine klare Gewichtung der rechtlichen Waagschalen zugunsten des Arbeitgebers (und damit zu Ungunsten des angestellten Urhebers), um ersterem den maximalen Investitionsertrag zu garantieren. Die logische Konsequenz ist nicht nur die Zuweisung der gesetzlichen Trumpfkarte "Copyright" an den Arbeitgeber, sondern auch die materielle und ideelle Trennung des angestellten Werkschöpfers von seiner Schöpfung. Letzteres wird erreicht durch den gänzlichen Ausschluß des Mitspracherechtes hinsichtlich der Werkverwertung, durch die Absage an eine finanzielle Beteiligung für den Fall, daß sich die Investition "gelohnt" hat, und schließlich durch die Eliminierung urheberpersönlichkeitsrechtlicher Einwände, die sich einer "ungestörten" Werkverwertung durch den Arbeitgeber entgegenstellen könnten.

3. Kapitel: Urhebervertragsrecht

Die unterschiedlichen Grundansätze des *Copyright Law* und des Urheberrechts kommen auch im Hinblick auf die Materie der *copyright contracts* bzw. des Urhebervertragsrechts deutlich zum Vorschein. Gegenstand der Untersuchung ist hier der Bereich des *primären Urhebervertragsrechtes*, das diejenigen Verwertungsbeziehungen erfaßt, an denen der Urheber[232] selbst als Partei beteiligt ist.[233]

1. Grundsätzliches

Ausgangspunkt für die Betrachtung der britischen *copyright contracts* und des Urhebervertragsrechts deutscher Prägung ist der Grundsatz des *freedom of contract*, der *Vertragsfreiheit*. Dieser Grundsatz stellt einen der Grundpfeiler der britischen Rechtsordnung dar und ist im deutschen Recht (als Ausprägung des übergeordneten Prinzips der Privatautonomie) verfassungsrechtlich verankert.[234] Demnach können die Vertragsparteien ihre Rechtsbeziehungen souverän gestalten und gemäß den Maximen der Selbstbestimmung, der Selbstbindung und der Selbstverantwortung vertragliche Vereinbarungen treffen, die von einem beiderseitigen Konsens getragen sind.

Die Grundsätze des *freedom of contract* oder der Vertragsfreiheit korrelieren mit den Prinzipien des *sanctity of contract* bzw. der *Vertragstreue*, wonach vertragliche Vereinbarungen gemäß der Regel *pacta sunt servanda* eingehalten werden müssen. Vertraglich begründete Verpflichtungen sind in der Regel auch dann bindend, wenn ihnen objektiv betrachtet die innere Gerechtigkeit im Sinne

---

[232] Der Begriff "Urheber" wird in diesem Kapitel in seinem klassischen Sinne gebraucht; dies verdient im Hinblick auf die bereits besprochene Ausdehnung des britischen Urheberbegriffes auf die Produzenten Beachtung, dazu oben Teil 2, Kapitel 2, Ziffer 1.1.2.

[233] Der Begriff "primäres Urhebervertragsrecht" wurde von *Dietz* entwickelt; vgl. *Dietz*, Urhebervertragsrecht, S. 2. Ausgenommen sind demnach die Verträge auf den u.U. sehr zahlreichen nachfolgenden Verwertungsstufen zwischen Unternehmen der Medienwirtschaft, bei denen der Urheber nicht als Vertragspartei in Erscheinung tritt. Ausgeklammert ist außerdem das Recht der Verwertungsgesellschaften sowie insbesondere auch der Teilaspekt des Wahrnehmungsvertrages; dazu z.B. *Vogel*, in: FS Schricker, S. 117-147. Überdies wird nicht näher auf die allgemeinen Grundsätze des Vertragsrechts eingegangen, dazu in deutscher Sprache z.B. *Cornish*, in: FS Schricker, S. 643-684 (645, 647).

[234] Art. 2 Abs. 1 GG; BVerfGE 8, 323; 12, 347.

eines angemessenen Interessenausgleiches fehlt. Der Vertrag bezieht seine Legitimation aus der formalen Rationalität und nicht aus einer materiellen Gerechtigkeitsgewähr.[235]

Einschränkungen im Hinblick auf diese fundamentalen Grundprinzipien sind nach britischem wie auch deutschem Rechtsverständnis nur dann geboten, wenn ihre Prämisse - nämlich ein ausgewogenes Kräfteverhältnis zwischen den Parteien - im Gegensatz zu den faktischen Gegebenheiten steht.[236] Was die faktischen Gegebenheiten im Bereich des *Copyright Law* und des Urheberrechts anbelangt, so besteht zwischen Urhebern und Verwertern nach allgemeiner Ansicht ein erhebliches Ungleichgewicht, das sich zugunsten der Medienkonzerne (oft *copyright industries* oder Urheberrechtsindustrien genannt) und zu Ungunsten der Individualurheber gestaltet.[237]

Auch wenn sich britisches und deutsches Rechtsempfinden in bezug auf die erwähnten Grundprinzipien und diesbezüglich mögliche Einschränkungen zumindest vom Grundansatz her gleichen, gestaltet sich die tatsächliche Interventionsbereitschaft des Gesetzgebers und der Rechtsprechung im Falle einer gestörten Vertragsparität in den beiden Rechtsordnungen teilweise recht unterschiedlich - und dies insbesondere im Hinblick auf die Materie des *Copyright Law* bzw. des Urheberrechts.

In Großbritannien hat sich der Gesetzgeber im Hinblick auf den Schutz des Urhebers durch auffällige Passivität ausgezeichnet: Gesetzliche Vorschriften, die

---

235 Vgl. *Götting*, in: FS Schricker, S. 53-75 (58) m.w.N.

236 *Guest* (ed.), S. 4 f, demzufolge sich die Auffassung durchzusetzen beginnt, daß Vertragsfreiheit nur insoweit ein vernünftiges soziales Ideal ist, wie die Gleichheit der Verhandlungsstärke der vertragsschließenden Parteien angenommen werden kann und den wirtschaftlichen Interessen der Allgemeinheit kein Schaden zugefügt wird. Vgl. zum deutschen Recht: "*Inhaltskontrolle*", BVerfG v. 19.10.1993, NJW 1994, 36-39.

237 Für viele z.B. *Dietz*, in: FS Schricker, S. 1-50 (9 f), der von der wachsenden Macht der Kultur- und Medienindustrie und der zunehmenden Ohnmacht der schöpferisch Tätigen spricht. S. auch *Whale*, [1979] February EIPR 38-40 (39), "*It is understood that British legal tradition likes to interfere as little as possible with freedom of contract, subject to a general framework of law understood by both parties, and there is no doubt that this is the spirit of British copyright legislation. Copyright owners are granted certain rights and it is left to them to use these rights as best they can. Authors, however, as distinct from the other categories of copyright owners, have neither the corporate strength nor, except for the very few successful ones, the financial security to assert their legal rights on terms of equality with whom they entrust the exploitation of their works.*" Vgl. *Stewart*, Rdnr. 4.47.

dem Urheberschutz gewidmet sind, gibt es so gut wie nicht.[238] Die Maximen *freedom of contract* und *sanctity of contract* sind im *Copyright Law* nach wie vor tonangebend und werden nur in den allerextremsten Umständen von der Rechtsprechung eingeschränkt. Die Rechtsprechung sah sich traditionell nämlich nicht dazu veranlaßt, allein auf der Grundlage einer *inequality of bargaining power* ausgleichend einzugreifen; vielmehr entwickelte sie nur für außergewöhnliche Fälle, die durch ein extremes Vertragsungleichgewicht gekennzeichnet sind, und überdies nur schrittweise ein Instrumentarium zur vertraglichen Inhaltskontrolle. Aufgrund dieser gesetzgeberischen Inaktivität und der Tatsache, daß die Gerichte nur in Ausnahmefällen und dann nur *ex post* in vertragliche Beziehungen eingriffen, gewannen kollektivvertragliche Gestaltungen in Großbritannien zunehmend an Bedeutung.[239]

In Deutschland zeigte sich der Gesetzgeber bestrebt, dem Urheber (als dem gegenüber dem Verwerter wirtschaftlich und sozial Schwächeren) gewisse Mindestrechte zu sichern. Aus diesem Grund kam es im UrhG zur Verankerung einer ganzen Reihe gesetzlicher Bestimmungen, die die Grundsätze der Vertragsfreiheit und der Vertragstreue in wesentlichen Aspekten einschränken, da sie den besonderen Schutz der Schöpferpersönlichkeit zum Ziel haben.[240] Diese Gesetzesvorschriften erweisen sich als Leitlinie für die Rechtsprechung, die aufgrund ihrer zuweilen fehlenden Bereitschaft, bestehende Lücken urheberfreundlich auszufüllen,[241] vom BVerfG jüngst nachdrücklich dazu aufgefordert wurde, bei strukturell ungleicher Verhandlungsstärke gegebenenfalls korrigierend in vertragliche Beziehungen einzugreifen.[242] Darüber hinaus sind kollektivvertragliche Gestaltungsformen auch in Deutschland eine wesentliche Ergänzung zur gesetzlichen Regelung des Urhebervertragsrechtes.[243]

---

238 Auch die *moral rights* haben die Urheberinteressen nur formal im Auge, dazu unten Teil 2, Kapitel 4, Ziffer 2.

239 Dazu unten Teil 2, Kapitel 3, Ziffer 3.2.

240 Die bisherige gesetzliche Regelung des Urhebervertragsrechtes wird im allgemeinen jedoch als "rudimentär" bezeichnet; dazu z.B. *Dietz*, in: FS Schricker, S. 1-50 (7 f, 28 ff).

241 Vgl. *Honorarbedingungen: Sendevertrag*, BGH v. 18.2.1982, GRUR 1984, 45-52.

242 "*Inhaltskontrolle*", BVerfGE v. 19.10.1993, NJW 1994, 36-39.

243 Dazu unten Teil 2, Kapitel 3, Ziffer 3.1. Sie gehören aufgrund ihrer Branchenbezogenheit dem "Besonderen Teil" des Urhebervertragsrechtes an, wohingegen die gesetzlichen Vorschriften der §§ 28 ff UrhG - die für alle Verträge des primären Urhebervertragsrechts gelten - Gegenstand des "Allgemeinen Teils" des Urhebervertragsrechtes sind; *Dietz*, in: FS Schricker, S. 1-50 (28).

2. Gestaltung des Urhebervertragsrechts durch Gesetzgebung bzw. Rechtsprechung

Im folgenden geht es um eine Konkretisierung und Erläuterung der Frage, inwiefern die Grundsätze der Vertragsfreiheit und Vertragstreue bzw. des *freedom and sanctity of contract* im deutschen und im britischen Recht eingeschränkt sind. Dabei bietet es sich an, an verschiedene Entwicklungsphasen vertraglicher Beziehungen anzuknüpfen: Zunächst wird auf *Umfang und Inhalt der Rechtseinräumung bei Vertragsschluß* eingegangen. Im Anschluß daran wird besprochen, wie im deutschen und im britischen Recht notwendige *Korrekturen bei der Durchführung des Vertrages* erreicht werden.[244]

2.1. Umfang und Inhalt der Rechtseinräumung bei Vertragsschluß

2.1.1. Übertragbarkeit

Bei der Frage der Übertragbarkeit des Urheberrechts bzw. des *Copyright Law* tritt der unterschiedliche Grundansatz der beiden Rechtssysteme deutlich hervor.

2.1.1.1. Deutschland

Das Fundament des zugunsten des Urhebers errichteten gesetzlichen Schutzpanzers ist die Vorschrift des § 29 Abs. 2 UrhG, wonach das Urheberrecht grundsätzlich nicht übertragbar ist.[245] Diese Bestimmung soll den Urheber davor schützen, sich durch pauschale, in ihrer Tragweite nicht zu überblickende Rechtsgeschäfte Nachteile zuzufügen.[246] Zweifellos wird dadurch in die Vertrags- und Handlungsfreiheit des Urhebers eingegriffen, doch im Hinblick auf seine oftmals prekäre Lage angesichts der wirtschaftlichen Übermacht der Verwerter sahen die Väter des UrhG dies als einen Preis an, den zu zahlen sich lohnte.

---

[244] S. dazu auch *Götting*, in: FS Schricker, S. 53-75 (63 f) m.w.N.

[245] Abweichend von diesem Grundsatz ist das Urheberrecht nach § 28 UrhG vererblich und kann gemäß § 29 S. 1 UrhG in Erfüllung von Todes wegen oder an Miterben im Wege der Erbauseinandersetzung übertragen werden.

[246] *Schricker (Schricker)*, § 29, Rdnr. 4.

In der Unübertragbarkeit des Urheberrechts kommt der Gedanke zum Ausdruck, daß das Band zwischen dem Urheber und seinem geistigen Werk niemals ganz aufgehoben werden kann. Die Regel ist Ausdruck der monistischen Theorie, wonach die persönlichkeitsrechtlichen und vermögensrechtlichen Interessen des Urhebers eng miteinander verklammert sind[247] und in dieser Einheit untrennbar mit dem Urheber verbunden bleiben.

2.1.1.2. Großbritannien

In Großbritannien kann das Copyright dagegen uneingeschränkt übertragen werden (Sec. 90(1) CDPA).[248] Nach traditionell britischer Rechtsauffassung ist das Copyright ein Eigentumsrecht (*property right*, Sec. 1(1) CDPA), das die Aufgabe hat, allein die wirtschaftlichen Interessen seines Inhabers zu schützen, indem es ihm das Recht zur Verwertung seines Werkes gibt sowie die Möglichkeit, dessen unbefugten Gebrauch zu unterbinden.[249] Im Unterschied zur deutschen Auffassung herrscht in Großbritannien also die Vorstellung vom Copyright als einem reinen Vermögensrecht; Urheberpersönlichkeitsrechte oder *moral rights* sind vom Copyright losgelöst und existieren unabhängig von der Inhaberschaft am Copyright. Die Übertragbarkeit des Copyright bezieht sich damit auf die Übertragbarkeit der Verwertungsrechte des Urhebers.[250] Da die persönlichkeitsrechtlichen Interessen des Urhebers nur unabhängig vom Copyright Beachtung erfahren, kann das Copyright eine vom Urheber völlig losgelöste Existenz führen und wird als Vermögenswert dem freien Spiel der Marktkräfte ausgeliefert. Veräußerer und Erwerber des Copyright haben bei der Gestaltung ihrer vertraglichen Beziehungen freie Hand, und die gesetzlichen Vorschriften dienen

---

[247] *Ulmer*, § 17 II 2. Die bildhafte Beschreibung *Ulmers* verdient besondere Beachtung (§ 18 II 4): "Die beiden Interessengruppen erscheinen, wie bei einem Baum, als die Wurzeln des Urheberrechts, und dieses selbst als der einheitliche Stamm. Die urheberrechtlichen Befugnisse aber sind den Ästen und Zweigen vergleichbar, die aus dem Stamm erwachsen. Sie ziehen die Kraft bald aus beiden, bald ganz oder vorwiegend aus einer der Wurzeln."

[248] Nach dem Wortlaut der Sec. 90(1) CDPA ist das Copyright als persönliches oder bewegliches Eigentum durch Abtretung, Testament oder kraft Gesetzes übertragbar. In England, Wales und Nordirland wird Copyright als "persönliches" und in Schottland als "bewegliches" Eigentum klassifiziert - daher die Unterscheidung.

[249] *Dworkin/Taylor*, S. 1.

[250] Vgl. *Eggersberger*, S. 252, 278.

mehr der Vereinfachung und Untermauerung als der Unterbindung getroffener Absprachen.[251]

Das Copyright kann jedoch nicht nur in vollständigem Umfang übertragen werden, vielmehr gibt es auch die Möglichkeit einer *Teilübertragung* (*partial assignment*, Sec. 90(2) CDPA). Die Teilübertragung kann sich inhaltlich auf einzelne Verwertungshandlungen beziehen[252] sowie zeitlich auf einen Teil der Schutzdauer[253]; auch räumliche Begrenzungen sind möglich.[254]

2.1.2. Einräumung von Nutzungsrechten

Im Hinblick auf die Erteilung von Lizenzen ergeben sich im Urheberrecht und im *Copyright Law* weitgehende Parallelen.

2.1.2.1. Deutschland

Im deutschen Urheberrechtssystem kann der Urheber einem anderen die Verwertung seines Werkes lediglich dadurch überlassen, daß er ihm ein vom Urheberrecht abgeleitetes *Nutzungsrecht* einräumt (§ 31 UrhG).[255] In der Praxis spricht man von der Erteilung einer Lizenz.[256] Hinsichtlich des Umfangs der Rechtseinräumung gibt das UrhG dem Urheber die Wahl zwischen der Einräumung eines *einfachen* und eines *ausschließlichen* Nutzungsrechtes.[257] Während das erstere dem Inhaber lediglich die Befugnis verleiht, das Werk neben dem Urheber oder anderen Berechtigten zu nutzen, berechtigt das letztere

---

[251] Vgl. *Cornish*, in: FS Schricker, S. 643-684 (651).

[252] Sec. 90(2)(a) CDPA.

[253] Sec. 90(2)(b) CDPA.

[254] Dies wird jedoch im CDPA nicht ausdrücklich erwähnt, was auf die Änderung des Geltungsbereiches des CDPA zurückzuführen ist; dazu ausführlich *Pilny*, S. 129, Fn. 388; vgl. auch *Dworkin/Taylor*, S. 83; *Copinger/Skone James*, Rdnr. 5-9.

[255] Das UrhG unterscheidet *Verwertungsrechte* und *Nutzungsrechte*: In der Hand des Urheberrechtsinhabers liegt eine unübertragbare vermögensrechtliche Komponente des Urheberrechts in Form eines *Verwertungsrechts* (§§ 15 ff UrhG); wird die Verwertungsbefugnis dagegen einem anderen eingeräumt, so spricht das UrhG von einem *Nutzungsrecht* (§§ 31 ff UrhG); *Schricker (Schricker)*, vor §§ 28 ff, Rdnr. 20.

[256] *Schricker (Schricker)*, vor §§ 28, Rdnr. 21.

[257] § 31 Abs. 2 und § 31 Abs. 3 UrhG.

den Inhaber, das Werk unter Ausschluß aller anderen Personen einschließlich des Urhebers zu nutzen und seinerseits einfache Nutzungsrechte einzuräumen.

Bildlich gesprochen verbleibt dem Urheber das "Mutterrecht" oder "Stammrecht", aus dem die Nutzungsrechte als zweckgebundene "Tochterrechte" abgespalten werden und somit konstitutiv zur Entstehung gelangen.[258] Die Nutzungsrechte bleiben fortwährend mit dem Stammrecht verbunden. Dies zeigt sich etwa darin, daß die Weiterübertragung ausschließlicher Nutzungsrechte sowie die Einräumung einfacher Nutzungsrechte durch den Inhaber eines ausschließlichen Nutzungsrechtes von der Zustimmung des Urhebers abhängig ist,[259] ferner in der Möglichkeit des Rückrufs von Nutzungsrechten[260] und schließlich in ihrem Heimfall.[261]

2.1.2.2. Großbritannien

Auch im *Copyright Law* gibt es die Möglichkeit der Gewährung von Lizenzen (*grant of licence*, Sec. 90(4)), und zwar ähnlich wie im deutschen Recht in Form einer *einfachen Lizenz* (*non-exclusive licence*) oder einer *Exklusivlizenz* (*exclusive licence*).[262] Parallel zur deutschen Rechtslage verleiht die einfache Lizenz dem Inhaber das Recht, das Werk neben dem Lizenzgeber oder anderen Berechtigten in der vereinbarten Art und Weise zu nutzen; die ausschließliche

---

[258] So die h.M., vgl. *Ulmer*, § 83 II; *Schricker (Schricker)*, vor §§ 28 ff, Rdnr. 43; *von Gamm*, § 31, Rdnr. 6; *Leßmann*, S. 85. A.A. dagegen diejenigen, die die Einräumung von Nutzungsrechten als eine Belastung des Urheberrechts ansehen, *Hubmann/Rehbinder*, § 41 II 1; *Dietz*, Droit Moral, S. 129; *Fromm/Nordemann (Hertin)*, vor § 28, Vorbemerkung.

[259] § 34 Abs. 1 und § 35 UrhG. Diesbezüglich hielt es der deutsche Gesetzgeber für ungerechtfertigt, zuzulassen, daß ein Nutzungsrecht ohne Wissen des Urhebers in die Hand von Personen gerät, die sein Vertrauen nicht besitzen und von denen er befürchten muß, daß sie von dem Nutzungsrecht einen seinen Absichten zuwiderlaufenden Gebrauch machen werden; vgl. Amtliche Begründung, *Haertel/Schiefler*, S. 190; *Schricker (Schricker)*, § 34, Rdnr. 1. Im britischen Recht gibt es keine vergleichbare Vorschrift.

[260] § 41 und § 42 UrhG.

[261] Mit dem Rückfall oder der Rückübertragung an den Urheber verlieren diese Tochter- oder Nutzungsrechte ihren selbständigen Charakter und werden wieder zum bloßen Bestandteil des eigentlichen Stamm- bzw. Urheberrechts, *von Gamm*, § 31, Rdnr. 10. Zu dogmatischen Grundfragen (etwa auch dem Verhältnis von Verpflichtung und Verfügung sowie dem Abstraktionsprinzip) ausführlich *Schricker (Schricker)*, vor §§ 28 ff, Rdnr. 43 ff, insbes. Rdnr. 58 ff.

[262] Sec. 92 CDPA.

Lizenz[263] dagegen berechtigt den Inhaber, jede andere Person - einschließlich des Copyright-Inhabers - von der Ausübung des lizenzierten Rechtes auszuschließen.[264]

2.1.3. Noch unbekannte Arten der Verwertung

Besondere Brisanz gewinnt die Thematik der Übertragung bzw. Lizenzierung des Copyright und des Urheberrechts, wenn neue Nutzungsarten entwickelt werden, die zum Zeitpunkt des Vertragsschlusses noch nicht bekannt sind.

2.1.3.1. Deutschland

Das Urheberrecht geht auch hier von dem Grundsatz aus, daß der Urheber an der wirtschaftlichen Verwertung seines Werkes möglichst weitgehend zu beteiligen ist.[265] Es schien dem deutschen Gesetzgeber daher geboten, dem Urheber die Entscheidung darüber vorzubehalten, ob und gegen welches Entgelt er mit der Nutzung seines Werkes auch auf die neue Art einverstanden ist.[266] Daher wurde in § 31 Abs. 4 UrhG der Grundsatz verankert, daß die Einräumung von Nutzungsrechten für noch nicht bekannte Nutzungsarten sowie Verpflichtungen hierzu unwirksam sind. Das Ziel ist, den Urheber davor zu bewahren, Rechte hinsichtlich solcher Nutzungsarten einzuräumen, deren wirtschaftlichen Wert er, weil er sie nicht kennt, nicht beurteilen kann.[267]

---

[263] Sec. 92(1) CDPA.

[264] Die prozessuale Stellung des Exklusivlizenznehmers, auch im Verhältnis zum Copyright-Inhaber, ist in Secs. 101 und 102 CDPA geregelt. Dazu ausführlich *Pilny*, S. 133 f; *Eggersberger*, S. 254 f. Die im deutschen Recht etablierte Trennung zwischen Verpflichtungs- und Verfügungsgeschäft sowie den Abstraktionsgrundsatz kennt das britische Recht nicht; *Cornish*, in: FS Schricker, S. 643-684 (656).

[265] *von Gamm*, § 31, Rdnr. 15.

[266] Vgl. Amtliche Begründung, *Haertel/Schiefler*, S. 187.

[267] Vgl. *Fromm/Nordemann (Hertin)*, §§ 31/32, Rdnr. 9.

2.1.3.2. Großbritannien

Auch diese Schutzbestimmung des UrhG zugunsten des Urhebers steht in krassem Gegensatz zum *Copyright Law*, in dem es keine ähnliche Vorschrift gibt. Vielmehr kann das Copyright nach britischem Recht auch im Hinblick auf noch unbekannte Nutzungsarten völlig uneingeschränkt übertragen oder lizenziert werden.[268] Damit sind die vermögensrechtlichen Interessen des Urhebers unter Umständen höchst unzureichend gewahrt.[269]

2.1.4. Formvorschriften

Urheberrecht und *Copyright Law* vertreten unterschiedliche Standpunkte in bezug auf die Frage, ob Formfreiheit oder Formerfordernisse den Bedürfnissen des Rechtsverkehrs und den Belangen des Urhebers besser Rechnung tragen.

2.1.4.1. Deutschland

Die Einräumung von Nutzungsrechten ist im Urheberrecht grundsätzlich *formfrei*, kann also auch mündlich oder ganz ausnahmsweise auch stillschweigend erfolgen.[270] Dieser Regelung liegt die Überlegung des Gesetzgebers zugrunde, daß das Erfordernis der Schriftform den Rechtsverkehr zu stark belasten und sich in bestimmten Fällen auch für den Urheber selbst als nachteilig erweisen könnte,[271] so beispielsweise, wenn im Vertragsdokument versehentlich etwas anderes erklärt wurde als vom Urheber eigentlich beabsichtigt war. Als Ausnahme zur Formfreiheit verlangt § 40 UrhG die Schriftform nur für Verträge, in denen sich der Urheber zur Einräumung von Nutzungsrechten an künftigen Werken verpflichtet, die überhaupt nicht näher oder nur der Gattung nach bestimmt sind.

---

[268] Vgl. *Black*, [1980] December EIPR 386-392 (387).

[269] Besondere Brisanz hat diese Thematik vor allem in bezug auf die Möglichkeiten der digitalen Verwertung, die erst seit relativ kurzer Zeit bekannt sind.

[270] *Fromm/Nordemann (Hertin)*, vor § 31, Rdnr. 12.

[271] Vgl. *Reimer*, GRUR Int. 1977, 85-93 (88).

2.1.4.2. Großbritannien

Demgegenüber ist in Großbritannien die *Schriftform*[272] für Übertragungen und die Gewährung ausschließlicher Lizenzen vorgeschrieben, nicht jedoch für die Gewährung einfacher Lizenzen.[273] Ist eine Rechtseinräumung entgegen den gesetzlichen Vorschriften nur mündlich erfolgt, so hat sie immerhin Bindungswirkung nach *Equity* oder Billigkeitsrecht im vertraglich begründeten Innenverhältnis.[274] Das Erfordernis der Schriftform dient der Sicherheit des Rechtsverkehrs, aber auch der Warnung des Rechtsgewährenden vor unüberlegten Entscheidungen.[275]

2.1.5. Vertragsauslegung

Bei der Auslegung von Verträgen stehen sich der Ansatz des *Copyright Law* und der des Urheberrechts diametral gegenüber. Im britischen Recht fallen bei einer Copyright-Übertragung alle Werknutzungsrechte an den *Verwerter*, soweit sie vom Urheber nicht vertraglich ausgeschlossen oder zurückbehalten wurden. Dagegen bleiben im deutschen Recht alle Werknutzungsrechte beim *Urheber* zurück, es sei denn, sie wurden dem Verwerter durch einzelne Aufzählung unmißverständlich eingeräumt. Damit sind die Waagschalen im Falle einer vom Urheber ungewollten, versehentlich erfolgten Rechtseinräumung im deutschen Recht zugunsten des Urhebers gewichtet, im britischen Recht dagegen zu seinem Nachteil.

2.1.5.1. Deutschland

Ausgehend vom rechtspolitischen Grundsatz der besonderen Schutzbedürftigkeit des Urhebers, hat das Urheberrecht Auslegungsregeln entwickelt, die das

---

[272] Erforderlich ist auch die Unterzeichung durch den Rechtseinräumenden bzw. in seinem Namen.

[273] Secs. 90(3) und 92(1) CDPA.

[274] Vgl. auch *Dworkin/Taylor*, S. 84; *Pilny*, S. 126, Fn. 373 und S. 133, Fn. 400. Doch kann eine Copyright-Übertragung bzw. Lizenzeinräumung, die nur nach Billigkeitsrecht erfolgt, nicht gegen einen gutgläubigen Erwerber des Copyright bzw. der Lizenz geltend gemacht werden, vgl. auch *Cornish*, in: FS Schricker, S. 643-684 (653).

[275] Vgl. *Reimer*, GRUR Int. 1977, 85-93 (87); *Dietz*, Urhebervertragsrecht, S. 57.

Postulat einer möglichst weitgehenden Beteiligung des Urhebers an den wirtschaftlichen Früchten der Verwertung seines Werkes zu verwirklichen suchen.[276]

Die erste dieser Auslegungsregeln stellt die *Zweckübertragungsregel* des § 31 Abs. 5 UrhG dar. Derzufolge ist im Zweifel davon auszugehen, daß der Urheber Rechte nur in dem Umfang einräumt, wie für die Erreichung des Vertragszwecks unbedingt erforderlich ist.[277] Zur Anwendung kommt diese Regel etwa dann, wenn einem anderen pauschal "das Urheberrecht" eingeräumt wird, nicht dagegen genau spezifizierte Nutzungsbefugnisse am urheberrechtlich geschützten Werk.[278] Als Vertragszweck im Sinne der Zweckübertragungstheorie gelten nur solche Nutzungen, von denen die Vertragsparteien bei Abschluß des Vertrages nach objektiv nachvollziehbaren Kriterien mit Sicherheit ausgegangen sind. Dabei ist an die naheliegendste Verwertungsform anzuknüpfen, und zwar auch dann, wenn sich der Geschäftsbetrieb des Verwerters auch auf andere Verwertungsbereiche erstreckt.[279] Der unzweideutige Parteiwille kann sich sowohl aus dem erklärten Vertragszweck ergeben als auch aus den Begleitumständen und dem schlüssigen Verhalten der Parteien.[280] Eine stillschweigende Rechtseinräumung kommt auch dann in Betracht, wenn besondere Anhaltspunkte Anlaß zu der Annahme geben, die Parteien hätten etwa einem bestehenden Brauch folgen wollen.[281] Doch über allem steht der Grundsatz, daß ein Nutzungsrecht, das weder erforderlich noch ausdrücklich eingeräumt ist, beim Urheber verbleibt. Die Zweckübertragungstheorie verhält sich gegenüber den beiden Vertragspartnern - dem Urheber und dem Verwerter - somit nicht neutral, sondern stellt sich eindeutig auf die Seite des Urhebers; im Zweifel ist - entsprechend der Tendenz des Urheberrechts, so weit wie möglich beim Urheber zurückzubleiben[282] - zu dessen Gunsten anzunehmen, daß der Vertragszweck die umstrittene Rechtseinräumung eben nicht unbedingt erfordert hat, oder aber, daß statt der Einräumung eines ausschließlichen Rechtes nur die eines einfachen Rechtes beabsichtigt war.

---

[276] *Schricker (Schricker)*, § 31/32, Rdnr. 32; *von Gamm*, § 31, Rdnr. 18.

[277] Die Theorie von der Zweckübertragung geht auf *Goldbaum* zurück; *Ulmer*, § 84 III.

[278] *Schweyer*, S. 221. Zur Zweckübertragungstheorie *Schwaiger/Kockler*, 73 UFITA (1975) 21-63.

[279] *Fromm/Nordemann (Hertin)*, §§ 31/32, Rdnr. 31.

[280] *Schricker (Schricker)*, § 31/32, Rdnr. 37.

[281] *Fromm/Nordemann (Hertin)*, §§ 31/32, Rdnr. 31.

[282] Dies ist ein vielzitierter Grundsatz, vgl. *Ulmer*, § 84 IV.

Die zweite Auslegungsregel, die die Zweckübertragungsregel ergänzt, ist die des § 37 UrhG. Ihre Funktion ist die Präzisierung der Tragweite der Nutzungsrechtseinräumung, indem sie die in der Zweckübertragungsregel nicht klar ausgesprochene Maxime *in dubio pro auctore* für den jeweils behandelten Bereich explizit zum Ausdruck bringt.[283] Beispielsweise verbleibt einem Urheber, der einem anderen ein Nutzungsrecht zur Vervielfältigung des Werkes einräumt, im Zweifel das Recht, das Werk auf Bild- und Tonträger zu übertragen.[284]

Damit entschied sich das Urheberrecht für eine gesetzliche Konstruktion, wonach es nicht genügt, dem Erwerber pauschal das Recht einzuräumen, "das Werk auf alle Nutzungsarten zu nutzen" oder "das Werk unbegrenzt zu vervielfältigen und zu verbreiten". Vielmehr ist eine Aufzählung der in den Vertrag einzubeziehenden Nutzungsarten erforderlich; ist sie unvollständig oder unklar, ist die Zweckübertragungsregel des § 31 Abs. 5 UrhG bzw. die Auslegungsregel des § 37 UrhG anzuwenden.

2.1.5.2. Großbritannien

Nach britischer Rechtslehre dagegen trägt der Urheber die Verantwortung dafür, die Begrenzung einer Rechtseinräumung durch unzweideutige Formulierungen auszudrücken. Das britische Recht kennt keine gesetzliche Vermutung, die dazu bestimmt wäre, einen Urheber vor den Folgen seiner eigenen Unvorsichtigkeit zu schützen. Auch wenn ein Gericht in einem konkreten Fall erkennt, daß der Urheber etwas anderes beabsichtigt, als er vertraglich erklärt hat, ist allein die objektive Bedeutung der gebrauchten Worte entscheidend. Für die Bestimmung von Inhalt und Umfang eines Rechtsgeschäftes ist also nicht die "wahre, subjektive Absicht" der Vertragspartner maßgebend, sondern die Absicht, wie sie im Vertragswortlaut ihren Niederschlag gefunden hat.[285] Gestützt wird die objektive Auslegungsmethode auch durch die *parol evidence rule*, derzufolge einzig und allein die schriftlich abgefaßte Vereinbarung zu berücksichtigen ist, nicht dagegen vertragsbegleitende Umstände, wie z.B. vorangegangene Verhandlungen oder sonstiges Verhalten der Parteien, aus dem man schließen könnte, daß sie den Inhalt der Vereinbarung anders verstanden haben, als sie ihn

---

[283] Vgl. *Schricker (Schricker)*, § 37, Rdnr. 4.

[284] § 37 Abs. 2 UrhG.

[285] *Liebrecht*, S. 217.

tatsächlich zum Ausdruck brachten.[286] Demnach kann keine Vertragsergänzung durch eine stillschweigend angenommene Bestimmung der Vertragspartner entsprechend einem mutmaßlich ermittelten "wahren" Parteiwillen erfolgen, da sonst die *parol evidence rule* verletzt würde. Ein Urheber kann sich also des Copyright an seinem Lebenswerk mit nur ein paar Worten entäußern, wie z.B. "*I hereby assign to X my copyright.*"[287] Will sich ein Copyright-Inhaber nicht völlig von seinen Rechten trennen, so muß der Übertragungsakt eindeutig abgefaßt sein, damit nicht Nutzungsrechte, die er bei Vertragsschluß gar nicht ins Auge faßte, versehentlich auf den Erwerber übergehen.[288] Bestenfalls kommt dem Urheber der Grundsatz des *contra proferentem* zu Hilfe, wonach etwa ein vom Verwerter aufgesetzter Standardvertrag zu dessen Ungunsten ausgelegt wird.[289]

Die Selbstverantwortlichkeit des Urhebers beim Abschluß eines urheberrechtlichen Werknutzungsvertrages hat in Großbritannien Tradition. Ein Werkschöpfer, der auf der Grundlage des *Copyright Act 1911* "sein Copyright" übertrug, veräußerte damit nicht nur das Recht auf Vervielfältigung und Verbreitung des Werkes, sondern z.B. auch das Recht, sein Werk aufzuführen.[290] Schon damals konnte der Urheber Nachteile nur dadurch vermeiden, daß er das Copyright nur teilweise abtrat oder sich einzelne Rechte, wie etwa das der Aufführung oder Übersetzung, vorbehielt.[291] Auch heute würde ein pauschales *assignment of copyright* dem Erwerber alle Rechte übertragen, die das Copyright beinhaltet.[292]

Während mit der deutschen Zweckübertragungstheorie also erreicht wird, daß nicht ausdrücklich im Vertrag genannte Werknutzungsrechte auf den Umfang beschränkt werden, der sich aus dem mit der Rechtseinräumung verfolgten Zweck ergibt, hat ein *assignment of copyright* nach britischem Recht die vollständige Übertragung des Copyright zum Inhalt, ohne daß sich dem Rechtsgeschäft irgendwelche Einschränkungen hinsichtlich Ausmaß und Umfang zugrunde

---

286 Vgl. *Goss v. Lord Nugent* (1833) 110 KB 58, 64.

287 *Hirst*, in: *Cohen Jehoram* (ed.), S. 143-156 (147).

288 Vgl. *Liebrecht*, S. 223.

289 S. auch *Cornish*, in: FS Schricker, S. 643-684 (656).

290 *Schilling*, S. 39; vgl. auch *Copinger/Skone James*, Rdnr. 5-22.

291 Vgl. *Liebrecht*, S. 224.

292 Vgl. Secs. 1(1), 2(1) i.V.m. Chapter II CDPA.

legen. Hat der Copyright-Inhaber seine Werknutzungsrechte mittels eines schriftlichen Dokumentes übertragen, so gibt es nach britischer Auslegungslehre keine Zweideutigkeiten oder Unklarheiten; für eine Vertragsauslegung, durch die eine restriktive Interpretation global abgefaßter Übertragungsakte erreicht werden könnte, ist hier kein Raum.

Es gibt natürlich auch in Großbritannien Fälle unklarer oder schlecht formulierter Werknutzungsverträge. Zumeist resultieren daraus Abgrenzungsschwierigkeiten zwischen einer Teilübertragung des Copyright und der Erteilung einer bloßen Exklusivlizenz.[293] Auch hier kommt es nicht auf den Zweck der Rechtsübertragung an, vielmehr stellen die Gerichte auf bestimmte vertragliche Merkmale ab, die entweder auf eine Lizenz oder eine Übertragung hinweisen. So würden etwa die Höchstpersönlichkeit der Vereinbarung[294] oder die fortlaufende Pflicht zur Zahlung von Tantiemen[295] für eine Lizenzerteilung sprechen, die Verpflichtung zu einer Pauschalhonorierung dagegen für eine Übertragung des Copyright. Diese Merkmale stellen jedoch nur rechtliche Vermutungen auf und sind im Einzelfall widerlegbar.[296]

2.2. Korrekturen bei der Durchführung des Vertrages

Im UrhG gibt es einige Vorschriften, die die Korrektur einer extrem einseitig gewordenen Vertragsbeziehung zwischen Urheber und Verwerter ermöglichen. Darin kommt das rechtspolitische Ziel des deutschen Gesetzgebers zum Ausdruck, dem Urheber als der schwächeren Partei im Vertragsverhältnis mit einem organisatorisch und finanziell in der Regel weit überlegenen Partner besonderen Schutz zukommen zu lassen. Dies vor allem gerade dann, wenn der Vertrag aufgrund veränderter Gegebenheiten in seiner bestehenden Form für den Urheber untragbar geworden ist.

---

[293] Dazu ausführlich *Hirst*, in: *Cohen Jehoram* (ed.), S. 143-156 (147).

[294] Nach allgemeiner Auffassung sind die Pflichten aus einem Vertrag höchstpersönlicher Art nicht übertragbar, vgl. *Booth v. Richards* [1905-1910] Mac.CC 284.

[295] Vgl. *Re: Jude's Musical Compositions* [1907] 1 Ch 651.

[296] Dies geschah z.B. in *Messager v. British Broadcasting Co. Ltd.* [1929] AC 151 (HL); *Jonathan Cape Ltd. v. Consolidated Press Ltd.* [1954] 1 WLR 1313; siehe auch *Hirst*, in: *Cohen Jehoram* (ed.), S. 143-156 (147, 155); *Bainbridge*, S. 80 f.

Im *Copyright Law* existieren dagegen keine gesetzlich begründeten Bestimmungen, die ein ungleich gewordenes Kräfteverhältnis zwischen schöpferischem Individuum und Verwerter wieder ausgleichen könnten. Es ist der Rechtsprechung vorbehalten, in einzelnen, besonders krassen Fällen regelnd einzugreifen.

Im folgenden werden die relevanten gesetzlichen Regelungen des Urheberrechts vorgestellt und dann in ihrer Gesamtheit mit der britischen Rechtslage verglichen.

2.2.1. Deutschland

Der Rechtsverkehr wird im Urheberrecht durch Vorschriften gestaltet, die den Schutz des Urhebers tief im Gesetz verankern. Bis zur Schaffung eines umfassenden Urhebervertragsrechts - wie es schon seit Jahren angekündigt, doch bisher immer noch nicht verwirklicht ist - besitzen diese Bestimmungen Vorreiterfunktion.[297] Konkret geht es hier um das Recht des Urhebers auf angemessene Beteiligung an unerwartet hohen Erträgen aus der Nutzung seines Werkes (§ 36 UrhG), das Kündigungsrecht bei Verträgen über künftige Werke (§ 40 UrhG), das Rückrufsrecht wegen Nichtausübung oder unzureichender Ausübung ausschließlicher Nutzungsrechte (§ 41 UrhG) und das Rückrufsrecht wegen gewandelter Überzeugung (§ 42 UrhG). Daneben bedarf auch die Frage nach der Möglichkeit des Vorausverzichts auf die genannten Rechte einer kurzen Erörterung. Neben den genannten urheberrechtlichen Vorschriften kann sich der Urheber schließlich auch gewisser bürgerlich-rechtlicher Bestimmungen und Rechtsinstitute bedienen.

2.2.1.1. Recht auf angemessene Beteiligung an den Erträgen unerwarteter Bestseller

Um ein für alle Mal denjenigen Fällen vorzubeugen, in denen der Urheber leer ausgeht, während der Verwerter Millionen verdient,[298] wurde im Urheber-

---

[297] *Schricker (Schricker)*, vor §§ 28 ff, Rdnr. 1.

[298] Vgl. das Beispiel *Leo Falls*, der einem Verleger gegen eine bescheidene Pauschalabfindung schon vor der Uraufführung seiner Operette *Der fidele Bauer* 30 % der Aufführungserträge überschrieben hatte und damit insoweit vom Welterfolg seines Werkes ausgeschlossen

recht eine Bestimmung kreiert, die hier Abhilfe schaffen sollte - der sog. Bestsellerparagraph.[299] § 36 UrhG soll den Urheber vor schwerwiegenden Äquivalenzstörungen schützen und durchbricht daher den Grundsatz *pacta sunt servanda*.[300] Demnach hat der Urheber ein Recht auf Vertragsänderung zum Zwecke der angemessenen Beteiligung an den Erträgen seines Werkes, wenn sich ganz unerwartet herausstellt, daß die vereinbarte Gegenleistung in ein objektiv grobes Mißverhältnis zu den tatsächlichen Erträgen aus der Nutzung des Werkes geraten ist. Das Vorliegen eines groben Mißverhältnisses kann zwar nur aus den Umständen des Einzelfalles hervorgehen, liegt generell jedoch dann vor, wenn der Ertrag so unerwartet hoch ist, daß jedem billig und gerecht Denkenden das Festhalten an der ursprünglich vereinbarten Honorierung des Urhebers unzumutbar erscheint[301] - so etwa, wenn ein mutmaßlicher Durchschnittsroman plötzlich zum Bestseller wird. Gerade in Anbetracht des Grundsatzes *pacta sunt servanda* ist diese Vorschrift jedoch eng auszulegen; insbesondere ist dabei der Charakter jedes Verwertungsvertrages als Risikogeschäft zu berücksichtigen, so daß der Urheber die diesem Geschäft innewohnenden Unwägbarkeiten nicht automatisch auf den Nutzungsberechtigten abwälzen kann.[302]

In der Praxis hat die bloße Existenz des Beteiligungsrechtes jedoch große Bedeutung: Es verleiht Honorarnachforderungen von Urhebern Nachdruck und bewirkt ein gütliches Entgegenkommen der Verwerter, wie es ohne die Vorschrift wahrscheinlich hätte erkämpft werden müssen.[303]

---

blieb; oder den Fall von *Robert Stolz*, der für seinen unerwarteten Welterfolg der Operette *Im weißen Rößl* ein Pauschalhonorar von nur 500 Reichsmark erhielt; *Fromm/Nordemann (Hertin)*, § 36, Rdnr. 1.

[299] Die Anwendung der allgemeinen Vorschriften des Bürgerlichen Rechts (§§ 138, 826 BGB) führen im Urheberrecht nur selten zum Erfolg; das erforderliche Bewußtsein, Unrecht zu tun, kann dem Verwerter praktisch kaum nachgewiesen werden, da die Gunst des Publikums eine unwägbare Größe ist und daher niemand den Erfolg eines Werkes voraussehen kann; s. *Fromm/Nordemann (Hertin)*, § 36, Rdnr. 1.

[300] Zu § 36 UrhG allgemein auch *Katzenberger*, GRUR Int. 1983, 410-421.

[301] *Fromm/Nordemann (Hertin)*, § 36, Rdnr. 6. Vgl. auch *Horoskop-Kalender*, BGH v. 27.6.1991, GRUR 1991, 901-903.

[302] *von Gamm*, § 36, Rdnr. 3.

[303] So *Schricker (Schricker)*, § 36, Rdnr. 2.

2.2.1.2. Kündigungsrecht bei Einräumung von Nutzungsrechten an künftigen Werken

In der Praxis kommt es häufig vor, daß sich ein Urheber schon weit im voraus zur Einräumung von Nutzungsrechten an künftigen Werken verpflichtet, die überhaupt nicht näher oder nur der Gattung nach bestimmt sind.[304] Angesichts der ungewöhnlich starken, in ihren wirtschaftlichen Folgen kaum abschätzbaren Bindung, die Verpflichtungen dieser Art für den Urheber mit sich bringen, schuf der deutsche Gesetzgeber eine Vorschrift, auf deren Grundlage eine Überprüfung des Vertragsverhältnisses möglich ist.[305]

In § 40 Abs. 1 UrhG findet sich somit eine weitere Schutznorm, die dem Urheber die Möglichkeit gewährt, eine bei Vertragsschluß unabsehbare Entwicklung im nachhinein zu revidieren. Demgemäß hat der Urheber, der sich zur Einräumung von Nutzungsrechten an künftigen Werken der erwähnten Art verpflichtet, das Recht, den Vertrag nach Ablauf von fünf Jahren ab Vertragsschluß zu kündigen; die Kündigungsfrist beträgt sechs Monate, soweit keine kürzere Frist vereinbart ist. Konkret soll diese Vorschrift dem Urheber die Möglichkeit geben, die Vergütung neu auszuhandeln, so daß seine angemessene Beteiligung am Ertrag aus der Werknutzung sowie die Berücksichtigung seiner ideellen Interessen gewährleistet ist. Im Interesse der "Waffengleichheit" hat jedoch nicht nur der Urheber, sondern auch der Verwerter ein solches Kündigungsrecht.[306] Im übrigen hat der Verwerter durch die Tatsache, daß er den Urheber für mindestens fünf Jahre an sich binden kann, die Möglichkeit, Gewinn zu machen, falls sich das Werk des von ihm geförderten Urhebers als erfolgreich erweist; gleichzeitig hat der Verwerter die Chance, fruchtlose Investitionen in solche Werke auszugleichen, die beim Publikum nicht gut angekommen sind.

2.2.1.3. Rückruf wegen mangelnder oder unzureichender Verwertung

Nach deutscher Urheberrechtslehre hat der geistige Schöpfer ein schutzwürdiges Interesse daran, daß sein Werk in der Öffentlichkeit bekannt wird. Das Bekanntwerden des Werkes kann jedoch dadurch verhindert werden, daß der

---

304 Vgl. *Fromm/Nordemann (Hertin)*, § 40, Rdnr. 1.

305 Vgl. Amtliche Begründung, *Haertel/Schiefler*, S. 199.

306 *Schricker (Schricker)*, § 40, Rdnr. 2.

Inhaber eines ausschließlichen Nutzungsrechtes sein Recht wider Erwarten nicht ausübt; denn neben dem Inhaber des ausschließlichen Nutzungsrechtes darf kein anderer das Werk verwerten, auch nicht der Urheber selbst.[307] Das ausschließliche Nutzungsrecht wirkt sich also als Sperre gegen den Urheber aus, so daß das Werk vom Verwerter unter Umständen in die Schublade verbannt werden kann, ohne daß der Urheber etwas dagegen unternehmen könnte.[308]

Um einem solchen Mißstand vorzubeugen, beinhaltet das UrhG eine Schutzvorschrift zugunsten des Urhebers, den § 41 Abs. 1 S. 1 UrhG. Darin wird dem Urheber - gleich ob freischaffend tätig oder angestellt[309] - ein Rückrufsrecht für den Fall zugestanden, daß der Nutzungsberechtigte das ihm eingeräumte ausschließliche Recht überhaupt nicht oder nur unzureichend ausübt und daß dadurch berechtigte Interessen des Urhebers erheblich verletzt werden.[310] In dieser Situation hat der Urheber durch das Rückrufsrecht also die Chance, einen anderen Verwerter zu finden, der mehr für das Bekanntwerden des Werkes zu tun bereit ist, so daß sowohl seinen ideellen als auch seinen vermögensrechtlichen Interessen Genüge geleistet werden kann.[311] Eine Ausübungspflicht wird von § 41 UrhG nicht vorausgesetzt; die Ausübung ist vielmehr eine "Last" des Nutzungsberechtigten.[312] Objektiv unzureichend ist nach der Rechtsprechung des BGH jede Ausübung des Nutzungsrechts, die zur Verwertung des Werkes

---

[307] Vgl. *von Gamm*, § 41, Rdnr. 1.

[308] *Fromm/Nordemann (Nordemann)*, § 41, Rdnr. 2.

[309] Auch für den *Arbeitnehmerurheber* besteht die Möglichkeit, Nutzungsrechte zurückzurufen, die der Arbeitgeber für seine betrieblichen Zwecke überhaupt nicht benötigt, die dieser nicht selbst auszuüben und auch Dritten nicht zur Ausübung zu überlassen gedenkt. Der angestellte Urheber kann die brachliegende Verwertungsmöglichkeit nutzen, solange er die berechtigten Interessen des Arbeitgebers nicht verletzt, z.B. indem er ihm unmittelbar oder mittelbar Konkurrenz macht (*Schricker (Rojahn)*, § 43, Rdnr. 89; in der Film- und Fernsehbranche ist der Anwendungsbereich des § 41 UrhG jedoch durch § 90 UrhG eingeschränkt). Nach h.M. werden durch die Nichtausübung des Nutzungsrechts nur urheberpersönlichkeitsrechtliche Belange des Arbeitnehmerurhebers tangiert, wohingegen vermögensrechtliche Interessen nicht relevant sind, da der angestellte Urheber ganz unabhängig von der Verwertbarkeit seiner schöpferischen Leistung Lohn erhält; vgl. *Ulmer*, § 95 III 3; *Schricker (Rojahn)*, § 43, Rdnr. 88.

[310] Dagegen ist der Urheber, der ein *einfaches* Nutzungsrecht eingeräumt hat, nicht schutzbedürftig, da er die Möglichkeit einer anderweitigen Verwertung hat; vgl. z.B. *von Gamm*, § 41, Rdnr. 3.

[311] Vgl. *Schricker (Schricker)*, § 41, Rdnr. 4; *von Gamm*, § 41, Rdnr. 8, mit Hinweis auf die Doppelnatur des § 41 UrhG; a.A. *Ulmer*, § 87, sowie *Hubmann/Rehbinder*, § 41 VI, die den § 41 UrhG allein dem Urheberpersönlichkeitsrecht zuordnen.

[312] Vgl. *Schricker (Schricker)*, § 41, Rdnr. 13.

weniger Mittel einsetzt, als zur Erreichung des Vertragszweckes erforderlich sind.[313] Die erhebliche Verletzung der Interessen des Urhebers wird durch die fehlende oder unzureichende Ausübung regelmäßig impliziert.[314]

Angesichts dieser strengen Schutzbestimmung zugunsten des Urhebers hat der Gesetzgeber einige Bestimmungen in die Waagschale geworfen, die für eine gewisse Balance sorgen sollen: Erstens kann der Verwerter den Einwand vorbringen, daß die Nichtausübung oder unzulängliche Ausübung des Nutzungsrechtes überwiegend auf Umständen beruht, deren Behebung dem Urheber zuzumuten ist.[315] Zweitens muß vom Urheber eine gewisse Frist eingehalten werden, bevor das Rückrufsrecht geltend gemacht werden kann; die Normalfrist beträgt zwei Jahre vom Zeitpunkt der Nutzungseinräumung,[316] sie kann jedoch vertraglich im voraus auf maximal fünf Jahre festgelegt werden.[317] Drittens kann der Rückruf erst dann wirksam erklärt werden, wenn der Urheber dem Nutzungsberechtigten den Rückruf angekündigt und ihm eine angemessene Nachfrist zur zureichenden Ausübung des Nutzungsrechtes gesetzt hat, es sei denn, die Ausübung ist dem Nutzungsberechtigten unmöglich oder wird von ihm verweigert oder es würden durch die Nachfristgewährung überwiegende Interessen des Urhebers gefährdet werden.[318] Und viertens hat der Urheber den Inhaber des ausschließlichen Nutzungsrechtes zu entschädigen, wenn und soweit es der Billigkeit entspricht;[319] beispielsweise ist hier zu berücksichtigen, ob der Verwerter ohne eigenes Verschulden oder etwa durch höhere Gewalt an der rechtzeitigen Ausübung seines Nutzungsrechtes gehindert war.[320]

Insgesamt gesehen ist die Gefahr des Mißbrauchs der Vorschrift durch die Urheber sehr gering: Für erfolglose Urheber ist der Rückruf sinnlos, da sie keine Hoffnung hegen können, bei einem anderen Verwerter mehr Glück zu haben; bei erfolgreichen Werken ist der Verwerter meist selbst daran in-

---

313 Vgl. *Fromm/Nordemann (Nordemann)*, § 41, Rdnr. 3.

314 Vgl. *Schricker (Schricker)*, § 41, Rdnr. 15.

315 § 41 Abs. 1 S. 2 UrhG.

316 Bezüglich der Besonderheiten siehe § 41 Abs. 2 UrhG.

317 § 41 Abs. 4 UrhG.

318 § 41 Abs. 3 UrhG.

319 § 41 Abs. 6 UrhG.

320 Allgemeine Schadensersatzgrundsätze sind nicht anwendbar, da es sich um eine *billige*, nicht um eine *angemessene* Entschädigung handelt; *Fromm/Nordemann (Nordemann)*, § 41, Rdnr. 12.

teressiert, so viel wie möglich für die Verwertung des Werkes zu tun, so daß von einer unzureichenden Ausübung keine Rede sein kann. § 41 UrhG trifft somit nur nachlässige oder böswillige Verwerter, die erfolgversprechende Werke überhaupt nicht oder unzureichend nützen;[321] in bezug auf sie ist die Existenz der Vorschrift von großer Bedeutung.

2.2.1.4. Rückruf wegen gewandelter Überzeugung

Genauso wie seitens des Urhebers ein schutzwürdiges Interesse daran besteht, gewährte Nutzungsrechte von einem untätigen Verwerter zurückzurufen, um sein Werk an die Öffentlichkeit zu bringen, so hat der Urheber - gleich ob freischaffend tätig oder angestellt[322] - ein legitimes Interesse daran, sein Werk aus dem Lichte der Öffentlichkeit zurückzuziehen, wenn sich seine im Werk ausgedrückte Überzeugung gewandelt hat und ihm deshalb die Verwertung des Werkes nicht mehr zugemutet werden kann. Letzterem Interesse des Urhebers hat der deutsche Gesetzgeber in Gestalt des § 42 UrhG Rechnung getragen. Dieses Rückrufsrecht wegen gewandelter Überzeugung ist vom Standpunkt des Öffentlichkeitsbezuges aus also die Kehrseite des Rückrufsrechtes wegen Nichtausübung nach § 41 UrhG.

Grundlegend ist für § 42 UrhG die Tatsache, daß sich das gesamte Geistesleben in einer ständigen dynamischen Entwicklung befindet; so kann auch die geistige Entfaltung eines Urhebers es diesem geboten scheinen lassen, von einem Werk abzurücken, dessen Gedankeninhalt oder künstlerische Formung er nicht mehr verantworten kann.[323] Aufgrund zweier gesetzlich begründeter Mißbrauchsschranken ist diese Vorschrift, die urheberpersönlichkeitsrechtlichen Charakter hat,[324] jedoch von nur relativ geringer praktischer Bedeutung: Zum einen ist das Kriterium, daß dem Urheber die weitere Werkverwertung nicht

---

[321] Vgl. *Fromm/Nordemann (Nordemann)*, § 41, Rdnr. 4.

[322] Im *Arbeitsverhältnis* wird jedoch der Bereich dessen, was der Urheber als zumutbar hinzunehmen hat, insofern erweitert, als die Verwertung nur dann untersagt werden kann, wenn die ideellen Belange des angestellten Urhebers einen erheblichen Schaden erleiden würden. In der Praxis hat das Recht für den Arbeitnehmerurheber daher keine große Bedeutung; *Schricker (Rojahn)*, § 43, Rdnr. 94 f.

[323] *Fromm/Nordemann (Nordemann)*, § 42, Rdnr. 2.

[324] Vgl. *Schricker (Dietz)*, § 42, Rdnr. 1; *von Gamm*, § 42, Rdnr. 2.

mehr zugemutet werden kann, oftmals nicht erfüllt,[325] und zum anderen hat der Urheber eine Entschädigungspflicht gegenüber dem Nutzungsberechtigten,[326] was zur Folge hat, daß sich letztlich nur ein vermögender Urheber das Rückrufsrecht wegen gewandelter Überzeugung leisten kann.[327]

2.2.1.5. Vorausverzicht auf die genannten Rechte

Um einer vertraglichen Unterminierung dieses gesetzlich fundierten Urheberschutzes vorzubeugen, wurde im UrhG die Möglichkeit ausgeschlossen, im voraus auf die genannten Rechte zu verzichten - d.h. das Recht auf angemessene Beteiligung des Urhebers an unerwartet hohen Werknutzungserträgen,[328] das Kündigungsrecht bei Verträgen über künftige Werke,[329] das Rückrufsrecht wegen Nichtausübung oder unzureichender Ausübung von Nutzungsrechten[330] sowie das Rückrufsrecht wegen gewandelter Überzeugung[331]. Ebenso kann die Ausübung des ersteren Rückrufsrechtes nicht für mehr als fünf Jahre ausgeschlossen werden,[332] die Ausübung des letzteren dagegen überhaupt nicht.[333]

Diese gesetzlichen Regelungen sehen der Gefahr ins Auge, daß seitens der wirtschaftlich und geschäftlich meist weit überlegenen Verwerter Druck auf die Urheber zum Vorausverzicht auf ihre Rechte ausgeübt werden könnte, dem zu widerstehen oftmals unmöglich ist. Dies trifft besonders für unbekannte Urheber zu, die in einem Verwertungsvertrag oft die Chance ihres Lebens erblicken und daher bereit sind, sich auch langfristig auf ungünstige Vertragsbedingungen einzulassen. Hier hat der deutsche Gesetzgeber die Position der Urheber ganz erheblich gestärkt, indem er ihnen die Möglichkeit in die Hand gibt, sich unter Berufung auf das UrhG aus einem für sie untragbar gewordenen Vertragsverhältnis zu lösen.

---

325 *von Gamm*, § 42, Rdnr. 6; *Fromm/Nordemann (Nordemann)*, § 42, Rdnr. 6.

326 § 42 Abs. 3 UrhG.

327 Vgl. *Schricker (Dietz)*, § 42, Rdnr. 4; auch *Fromm/Nordemann (Nordemann)*, § 42, Rdnr. 9 e).

328 § 36 Abs. 3 S. 1 UrhG.

329 § 40 Abs. 2 S. 1 UrhG.

330 § 41 Abs. 4 S. 1 UrhG.

331 § 42 Abs. 2 S. 1 UrhG.

332 § 41 Abs. 4 S. 2 UrhG.

333 § 42 Abs. 2 S. 2 UrhG.

2.2.1.6. Anwendung bürgerlich-rechtlicher Vorschriften und Rechtsinstitute

Subsidiär zu den urheberrechtlichen Vorschriften kann sich der Urheber auch auf bürgerlich-rechtliche Vorschriften und Rechtsinstitute berufen, um ein für ihn untragbar gewordenes Vertragsverhältnis zu beenden. Abgesehen von den einschlägigen Bestimmungen des jeweiligen besonderen Schuldverhältnisses und - soweit hierdurch nicht ausgeschlossen - den Regeln des allgemeinen Schuldrechts[334] sind hier die Grundsätze über den *Wegfall der Geschäftsgrundlage* und die *Kündigung aus wichtigem Grund* zu erwähnen.

Ein nicht zum eigentlichen Vertragsinhalt erhobener Umstand wird für den Urheber zur Geschäftsgrundlage, wenn er den Umstand bei Vertragsschluß - für den Verwerter erkennbar - voraussetzte, wenn dieser für ihn so wichtig war, daß er bei irgendwelchen Zweifeln den Vertrag nicht oder anders abgeschlossen hätte, und wenn sich der Verwerter auf dessen Berücksichtigung redlicherweise hätte einlassen müssen. Würde bei diesen Gegebenheiten eine unveränderte Durchführung des Vertrages für den Urheber schlichtweg unzumutbare Folgen haben, die somit dem Gebot von Treu Glauben widersprächen, so kann sich der Urheber auf den Wegfall der Geschäftsgrundlage stützen. Es ist allerdings festzuhalten, daß dieses Rechtsinstitut von der Rechtsprechung mit Zurückhaltung eingesetzt wird und regelmäßig hinter der ergänzenden Vertragsauslegung verbunden mit einer entsprechenden Vertragsanpassung zurücktritt.[335]

Ein wichtiger Grund, der den Urheber zur außerordentlichen Kündigung seiner Vertragsbeziehung[336] mit dem Verwerter berechtigt, liegt vor, wenn sein in den Verwerter gesetztes Vertrauen durch einen einzelnen schweren Vorfall oder durch die Summierung mehrerer, für sich genommen weniger gravierender Verstöße des Verwerters derart erschüttert ist, daß ihm eine Vertragsfortsetzung nicht zugemutet werden kann. Auf ein Verschulden des Verwerters kommt es hier nicht an, auch wenn dies natürlich oft eine Rolle spielen

---

[334] Besteht eine Verpflichtung zur Ausübung eines ausschließlichen Nutzungsrechtes, so kommt bei Nichterfüllung der Verpflichtung ein Rücktrittsrecht auf der Grundlage des § 326 BGB in Betracht; vgl. *Fromm/Nordemann (Hertin)*, vor § 31, Rdnr. 18.

[335] Ausführlich zum Wegfall der Geschäftsgrundlage *Schricker (Schricker)*, § 31/32, Rdnr. 18 f m.w.N.

[336] Diese hat aufgrund des regelmäßig längerdauernden Charakters des urheberrechtlichen Nutzungsvertrages die Züge eines Dauerschuldverhältnisses.

wird und dann als Argument dafür dienen kann, daß in die Redlichkeit und Vertragstreue des Verwerters kein Vertrauen mehr zu setzen ist.[337]

2.2.2. Großbritannien

In Großbritannien hat das Problem, ob und inwieweit sich Urheber aus langfristigen, zu ihren Ungunsten aus dem Gleichgewicht geratenen Verträgen befreien können, eine ganze Prozeßflut ausgelöst.[338] Immer wieder müssen sich die britischen Gerichte von neuem damit befassen, wie den Belangen der Urheber in solchen Situationen Genüge getan werden kann. Besondere Brisanz hat dieses Thema in der Musikbranche, in der die Übertragung des Copyright von den Urhebern auf die verwertenden Unternehmen üblich ist.

Werden auch im allgemeinen Verträge, die sich einseitig nachteilig für den Urheber auswirken, von den Gerichten hingenommen (- vor allem unter Anwendung der objektiven Auslegungsmethode[339] -), so werden gewisse Grenzen jedoch dann gezogen, wenn die Benachteiligung des Urhebers so erheblich ist, daß der Vertrag gegen das öffentliche Interesse (- man spricht von *public policy* oder *public interest* -) verstößt.[340] Aufgrund der Tatsache, daß es im britischen Recht keine gesetzlich verankerten Vorschriften gibt, die dem Urheber dann, wenn die Untragbarkeit der vertraglichen Verpflichtung vollends offenbar wird,

---

[337] Dazu ausführlich *Schricker (Schricker)*, §§ 31/32, Rdnr. 21 m.w.N. und *Fromm/Nordemann (Hertin)*, vor § 31, Rdnr. 19 m.w.N. Die in diesem Abschnitt dargelegten bürgerlich-rechtlichen Bestimmungen, die der Urheber gegen den Verwerter anwenden kann, sind bei entsprechender Sachlage natürlich umgekehrt auch vom Verwerter gegen den Urheber einsetzbar.

[338] Vgl. z.B. *Schroeder (A.) Music Publishing Co. Ltd. v. Macauley* [1974] 1 WLR 1308 (HL) (*'Schroeder v. Macaulay'*), bestätigt *Instone v. Schroeder (A.) Music Publishing Co. Ltd.* [1974] 1 All ER 171 (CA) (*'Instone v. Schroeder'*), besprochen von *de Freitas*, in: *Cohen Jehoram* (ed.), S. 19-39 (32 f); *Clifford Davis Management Ltd. v. W.E.A. Records Ltd.* [1975] 1 WLR 62 (CA) (*'Clifford Davis'*); *O'Sullivan v. Management Agency & Music Ltd.* [1985] QB 428 (*'O'Sullivan'*); *Elton John v. James* [1991] FSR 397 (*'Elton John'*); *Zang Tumb Tuum Records Ltd. v. Johnson* [1993] 1 EMLR 61 (CA) (*'Holly Johnson'*); *Silvertone Records Ltd. v. Mountfield* [1993] 1 EMLR 152 (*'Silvertone'*); *Zomba Music Publishers Ltd. v. Mountfield* [1993] 1 EMLR 152; *Panayiotou v. Sony Music Entertainment (UK) Ltd.* [1994] EMLR 229 (*'George Michael'*). Dazu z.B. *Cornish*, in: FS Schricker, S. 643-684 (657 ff); *Stanton*, [1995] 4 ENT.LR 123-126.

[339] Dazu oben Teil 2, Kapitel 3, Ziffer 2.1.5.2.

[340] Vgl. *de Freitas*, in: *Cohen Jehoram* (ed.), S. 19-39 (29 ff).

ein Rechtsmittel in die Hand geben, sind die Gerichte gezwungen, regelnd einzugreifen und mit Hilfe von Grundsätzen des *Common Law* Gerechtigkeit zwischen den Parteien zu schaffen.

2.2.2.1. Der Problemfall

Der typische Fall, der in der Vergangenheit zu gerichtlich ausgetragenen Konflikten Anlaß gab, ist der, daß sich ein unbekannter Urheber mit einem Verwertungsunternehmen auf ein Vertragsverhältnis einläßt, das auf einer extrem ungleichen Verhandlungsposition der Parteien (*inequality of bargaining power*) gründet. Dabei wird vom Urheber in einem vom Verwerter vorformulierten Standardvertrag gewöhnlich verlangt, sein Copyright an einer meist bestimmten Anzahl von Werken, die über einen Zeitraum von mehreren Jahren hinweg geschaffen werden sollen, schon im voraus an den Verwerter zu übertragen, ohne daß der Verwerter zur Veröffentlichung der Werke verpflichtet ist. Der Vertrag ist für den Urheber typischerweise unkündbar, wohingegen sich der Verwerter generell das Recht vorbehält, dem Urheber binnen kürzester Zeit zu kündigen oder - umgekehrt - den Vertrag zu verlängern. Außerdem ist im Vertrag zumeist keine Bestimmung vorgesehen, die im Falle des Publikumserfolges bestehende Vergütungsvereinbarungen revidierbar macht und für eine angemessene Beteiligung des Urhebers an den finanziellen Erträgen aus der Verwertung seines Werkes sorgt. Zudem verpflichtet sich der Urheber üblicherweise dazu, ausschließlich für seinen Vertragspartner und nach dessen Weisung tätig zu werden.

Angesichts solcher Vertragskonstellationen findet sich ein Urheber, der sich nach einem gewissen Erfolg beim Publikum aus dem für ihn untragbar gewordenen Vertrag lösen will, in einem Dilemma. Er hat sich zu einer Zeit, als er noch unbekannt war, aus Unerfahrenheit, Leichtsinn, mangelndem Geschäftssinn oder einfach, weil er die Chance seines Lebens ergreifen zu müssen glaubte, auf einen Vertrag eingelassen, aus dem auszusteigen praktisch unmöglich ist. Vertragsverhandlungen finden ja oft in einer *take it or leave it*-Situation statt, in der dem Urheber nicht ans Herz gelegt wird, rechtlichen Beistand zu Rate zu ziehen. In einer zwischen Schöpfer und Verwerter ungut gewordenen Beziehung - und nicht nur dann - kann der Verwerter die Verdienstmöglichkeiten des Urhebers so gut wie eliminieren (- von ideellen Interessen ganz zu schweigen -), indem er dessen Werke in der Schublade verschwinden läßt, konkret, von einer Veröffentlichung ganz absieht oder nicht einmal das Minimum an Schritten unternimmt, die für die Markteinführung erforderlich sind. Der Urheber hat in diesem Fall kein gesetzlich und meist auch kein vertraglich begründetes Recht, den Vertrag zu kündigen, sein Copyright zurückzuverlangen oder seine Werke einem anderen Verwerter zur Verwertung zu überlassen; vielmehr ist er weiterhin dazu verpflichtet, für die Dauer des Vertrages ausschließlich für seinen Vertragspartner schöpferisch tätig zu sein und die vertraglich bestimmte Anzahl von Werken bei diesem abzuliefern, ohne jedoch die Gewißheit zu haben, daß seine Werke an die Öffentlichkeit kommen. Ebenso hat der Urheber keinen rechtlichen Anspruch auf eine proportional höhere Beteiligung an den Erträgen, die den unerwarteten Gefallen des Publikums an seinen bereits veröffentlichten Werken repräsentieren. Der Verwerter verdient unter Umständen Millionen, während der Profi-Urheber unter Umständen noch immer die Vergütung bekommt, die ihm als unbekannter Anfänger vertraglich zugemessen wurde.[341] Zudem hat der Verwerter zumindest theoretisch die Möglichkeit, den Vertrag beliebig zu verlängern. - Insgesamt gesehen finden sich die meisten dieser Elemente in verschiedenen Kombinationen in den Fällen, die Anlaß zu gerichtlichen Streitigkeiten gegeben haben.

2.2.2.2. Eingriff der Rechtsprechung

Auch wenn Großbritannien auf dem Gebiet des Urhebervertragsrechtes keine gesetzlichen Vorschriften anbietet, durch die der Misere des Urhebers in einem unverhältnismäßig aus dem Gleichgewicht geratenen Vertragsverhältnis Abhilfe geschaffen werden kann, hat sich in der Rechtsprechung der Wille kundgetan, das richterliche Damoklesschwert bei allzu groben Mißverhältnissen von Leistung und Gegenleistung rigoros einzusetzen.

2.2.2.2.1. Entscheidungen: Unreasonable Restraint of Trade und Undue Influence

Die britischen Gerichte gruben aus der "Kiste des *Common Law*" zwei Theorien hervor, mit deren Hilfe dem Unwesen, das die Verwerter mit derart geknebelten Urhebern trieben, ein Ende bereitet werden sollte.

---

[341] Zum Problem der Revision von Vergütungsvereinbarungen unten Teil 2, Kapitel 3, Ziffer 2.2.2.2.2.

Die erste ist die Lehre vom *Unreasonable Restraint of Trade*, derzufolge Verträge, die Knebelungscharakter haben und die rechtliche Bewegungsfreiheit des Urhebers in unangemessener Weise einengen, als unzulässige Einschränkung der Handels- und Gewerbefreiheit einzustufen sind. Diese Lehre kam in den Fällen *Schroeder v. Macauley*, *Clifford Davis*, *Silvertone*, *Zomba Music* und *Holly Johnson* zur Anwendung,[342] in denen die urteilenden Gerichte die vertraglichen Ansprüche der Verwerter für undurchsetzbar hielten.

Die zweite Doktrin ist die des *Undue Influence*, wonach die Ausnutzung einer überlegenen Verhandlungsposition durch den Verwerter eine ungebührliche Beeinflussung des Urhebers darstellt und damit eine Verletzung der zwischen Verwerter und Urheber bestehenden besonderen Treuepflicht begründet (*Breach of Fiduciary Duty*), auch wenn der Verwerter keineswegs etwa bösgläubig oder in Schädigungsabsicht gehandelt hat. Auf der Grundlage dieser Doktrin wurden die Verfahren *O'Sullivan* und *Elton John* zugunsten des schöpferischen Individuums entschieden.[343]

Die Rechtsfolgen waren insofern jeweils unterschiedlich, als der Vertrag als nichtig (*void*)[344], anfechtbar (*voidable*)[345] oder einfach undurchsetzbar (*unenforceable*)[346] angesehen wurde. Gegebenenfalls kam für den Urheber auch ein Anspruch auf Schadensersatz und vor allem die Rückübertragung seines Copyright in Betracht.[347]

---

[342] *Schroeder (A.) Music Publishing Co. Ltd. v. Macauley* [1974] 1 WLR 1308 (HL); *Clifford Davis Management Ltd. v. W.E.A. Records Ltd.* [1975] 1 WLR 62 (CA); *Silvertone Records Ltd. v. Mountfield* [1993] 1 EMLR 152; *Zomba Music Publishers Ltd. v. Mountfield* [1993] 1 EMLR 152; *Zang Tumb Tuum Records Ltd. v. Johnson* [1993] 1 EMLR 61 (CA).

[343] *O'Sullivan v. Management Agency & Music Ltd.* [1985] QB 428; *Elton John v. James* [1991] FSR 397.

[344] Vgl. das Verfahren *Schroeder v. Macauley* und die gleichlautende Andeutung im Falle *Clifford Davis*, in dem es um die Aufhebung einer einstweiligen Verfügung ging.

[345] Vgl. die Fälle *O'Sullivan* und *Elton John*.

[346] Vgl. die Urteile in *Silvertone* und *Holly Johnson*, in denen sich *unenforceability* auf die vertraglich vereinbarten Leistungen bezog, die von den jeweiligen Urhebern noch nicht erfüllt worden waren. Vgl. auch *Isherwood*, 7 IML 70 (1989).

[347] Vgl. *Lord Denning* im Prozeß *Clifford Davis* sowie die Fälle *O'Sullivan* und *Elton John*; im letzteren wurde die Rückübertragung aufgrund schuldhafter Prozeßverschleppung abgelehnt.

Demgegenüber unterschied sich der jüngst entschiedene *George Michael*-Fall[348] von den genannten gerichtlichen Auseinandersetzungen vor allem dadurch, daß der Urheber (und Künstler) die Möglichkeit wahrgenommen hatte, die Vertragsbedingungen unter Zuhilfenahme rechtlichen Beistandes neu auszuhandeln, und zudem weder hinsichtlich der Länge des Vertrages noch der angemessenen Beteiligung an Werkerträgen übervorteilt worden war; ebenso enthielt der Vertrag Bestimmungen, die dem Urheber im Falle der Nichtveröffentlichung eines Werkes in Großbritannien ein Kündigungsrecht gaben, und die tatsächliche Möglichkeit der Nichtveröffentlichung existierte so gut wie überhaupt nicht. Darüber hinaus hatte der Urheber, nachdem ihm zur Anfechtung des Vertrages geraten worden war, weiterhin beträchtliche Geldsummen auf der Grundlage dieses Vertrages verlangt und auch erhalten, wodurch er den Vertrag faktisch bestätigte und damit seine Anfechtungsmöglichkeiten stark einschränkte.[349]

2.2.2.2.2. Diskussionspunkte

Insbesondere drei Themen sind sowohl in der - eben erwähnten - Rechtsprechung als auch in der Literatur immer wieder diskutiert worden: zum einen die Zeitspanne, für die sich ein Urheber zur Übertragung des Copyright an künftigen Werken verpflichten kann (oder muß); zum anderen die Möglichkeit der Vetragskündigung durch den Urheber bei Nichtveröffentlichung oder unzureichender Markteinführung des Werkes durch den Verwerter; und schließlich die angemessene Beteiligung des Urhebers an den finanziellen Erträgen aus der Verwertung seines Werkes.[350]

In bezug auf das erste Thema[351] wird ganz allgemein anerkannt, daß der Verwerter aufgrund der risikoreichen Natur seines Unternehmens die Chance haben muß, sich wirtschaftlich abzusichern; dies ist durch die mehrjährige ausschließliche Bindung des Urhebers an den Verwerter erreichbar.[352] Immerhin kommt nicht jedes schöpferische Werk gleich gut beim Publikum an. In der

---

348 *Panayiotou v. Sony Music Entertainment (UK) Ltd.* [1994] EMLR 229.

349 Zum *George Michael*-Prozeß z.B. *Kon*, 11 IML 20-22 (1993); *Stones*, FT v. 6.7.1994, S. 12.

350 So z.B. *Tatt*, [1987] 5 EIPR 132-138 (136 f).

351 Vgl. die Regelung im deutschen Recht, oben Teil 2, Kapitel 3, Ziffer 2.2.1.2.

352 *Woolcombe*, [1987] 7 EIPR 187-190 (189).

Musikbranche kommt der Verwerter beispielsweise nur bei jedem zehnten Künstler auf seine Kosten und macht nur bei jedem dreißigsten einen Gewinn.[353] Damit wird deutlich, warum längerfristige Verträge mit erfolgreichen Urhebern für den Verwerter so außerordentlich wichtig sind: Sie garantieren den Gewinn, den der Verwerter benötigt, um fruchtlose Investitionen in die Förderung derjenigen Urheber auszubalancieren, die sich als Flop erwiesen haben. Grundsätzlich geben die Gerichte zwar keine klaren Richtlinien in bezug auf eine "angemessene" Zeitspanne, für die der Verwerter einen erfolgversprechenden Künstler an sich binden und damit die in erfolglosen Veröffentlichungen verschwendeten Auslagen wieder hereinholen kann. Im *Elton John*-Fall wurde vom Gericht jedoch eine Zeitspanne von fünf Jahren für angemessen gehalten.[354] Im Endeffekt aber scheint die Angemessenheit der Dauer der ausschließlichen Bindung vor allem von der Frage abzuhängen, ob sich der Urheber bei Nichtveröffentlichung oder unzureichender Markteinführung des Werkes durch den Verwerter aus dem Vertrag lösen kann.

Damit wäre das zweite Thema angesprochen.[355] In Großbritannien gibt es keine gesetzliche Bestimmung, die dem Verwerter die Verwertung des Werkes zur Pflicht macht. Eine solche Pflicht wurde auch von den Gerichten immer mit Argwohn beäugt.[356] Ebensowenig existiert aber auch eine gesetzliche Vorschrift - und nur selten eine vertragliche Regelung - die die Kündigung des Urhebers im Falle der Nicht- oder unzulänglichen Verwertung vorsieht. Es gibt für den Urheber also meist keine Möglichkeit, den Verwerter davon abzuhalten, sein Werk in die Schublade zu verbannen. Daher ist es im Einzelfall der Rechtsprechung überlassen, einen so geknebelten Urheber aus den Fesseln des Vertrages zu befreien und ihm den Wiedereintritt in den Markt zu ermöglichen. Ob dies im konkreten Fall mittels der Lehre vom *Unreasonable Restraint of Trade*

---

[353] Das sind die Zahlen, von denen das Gericht im Fall *Elton John* ausging.

[354] Im *George Michael*-Fall wurde gerichtlich jedoch ein Zeitraum von 15 Jahren gebilligt, da die Gesamtheit der vertraglichen Bestimmungen - die mittels rechtlichen Beistandes ausgehandelt worden waren - den Künstler nicht übervorteilten.

[355] Vgl. die Regelung im deutschen Urheberrecht, oben Teil 2, Kapitel 3, Ziffer 2.2.1.3.

[356] So z.B. *Lord Reid* in *Schroeder (A.) Music Publishing v. Macauley* [1974] 3 All ER 616, 621 f, "*... purely commercial consideration might cause a publisher to refrain from publishing and promoting promising material. He might think it likely to be more profitable to promote works by other composers with whom he had agreements and unwise or too expensive to try to publish and popularise the respondent's work in addition. ... I do not think that a publisher could reasonably be expected to enter into any positive commitment to publish future work by an unknown composer.*"

oder mittels der Doktrin vom *Undue Influence* geschieht, ist insofern zweitrangig. Entscheidend ist, daß dem Urheber die Möglichkeit gegeben wird, sein Glück bei einem anderen Verwerter zu versuchen. Dies wird oft die Rückübertragung des Copyright vom Verwerter auf den Urheber notwendig werden lassen. Es sei bemerkt, daß in der Literatur vermehrt Stimmen laut geworden sind, die sich für eine standardmäßig vereinbarte, vertragliche Kündigungsmöglichkeit für den Fall der unzufriedenstellenden Verwertung stark machen.[357]

Was das dritte Thema, die angemessene Beteiligung des Urhebers an den Erträgen aus der Werkverwertung, betrifft,[358] so blieb es in einem gesetzlichen und vertraglichen Vakuum jeweils wieder der Rechtsprechung vorbehalten, auf die Bedeutung solch einer Vorschrift hinzuweisen.[359] Zwar werden Vergütungsvereinbarungen in der Praxis oft revidiert und dem Publikumserfolg des Urhebers angepaßt. Doch genau genommen hat auch ein Urheber, der zum Superstar avanciert ist, den jedoch ein skrupelloser Verwerter an den vertraglich vereinbarten Tantiemen festnageln will, keinen Anspruch auf deren Revision, auch wenn die vereinbarte Gegenleistung in einem groben Mißverhältnis zum finanziellen Ertrag aus der Verwertung des Werkes besteht. Hat der Urheber auf vertraglicher Basis überdies noch nicht einmal die Möglichkeit, sich aus dem Vertrag zu lösen, bleibt nur noch der Weg zum Gericht. Sowohl in Rechtsprechung als auch Literatur wird daher für die regelmäßige vertragliche Verankerung einer angemessenen Tantiemenbeteiligung plädiert.[360]

Insgesamt gesehen wird also deutlich, daß die Themen, die im deutschen Urheberrecht gesetzliche Verankerung gefunden haben, in Großbritannien im Zentrum juristischer Diskussion stehen.[361] Auch wenn sich Rechtsprechung und Schrifttum zuweilen für Regelungen einsetzen, die der deutschen Rechtslage

---

[357] *Tatt*, [1987] 5 EIPR 132-138 (136), "*Such provision would, it is submitted, not operate unfairly against the company and would not tie the artist to a disinterested or unsuccessful publisher.*"

[358] Vgl. die Regelung im deutschen Urheberrecht, oben Teil 2, Kapitel 3, Ziffer 2.2.1.1.

[359] Vgl. z.B. das *Elton John*-Verfahren.

[360] Vgl. *Stones*, FT v. 6.7.1994, S. 12, "*The courts have never specified a fair royalty but indicated that an escalation of royalties to reflect future success is desirable.*" *Tatt*, [1987] 5 EIPR 132-138 (136), "... *in the light of current practice, it would not harm record companies to include an obligation to review royalty rates in all their contracts.*"

[361] Eine Ausnahme stellt insofern das deutsche Rückrufsrecht wegen gewandelter Überzeugung dar, das in Großbritannien als Randproblem empfunden wird.

im Ergebnis stark ähneln, hat sich der britische Gesetzgeber nicht zum Eingriff veranlaßt gefühlt.

3. Kollektivvertragliche Gestaltungsformen

Im Hinblick darauf, daß der britische Gesetzgeber an einer Regelung des Urhebervertragsrechts völlig uninteressiert ist und daß der deutsche Gesetzgeber dieses Rechtsgebiet auch nur ansatzweise behandelt hat, kam es in der Vertragspraxis zu Eigeninitiativen verschiedener Verbände im Sinne der autonomen und kollektiven Normierung.

Kollektivvertragliche Gestaltungsformen haben sich sowohl in Großbritannien als auch in Deutschland als ein außerordentlich wirksames Mittel zur Verbesserung der vertragsrechtlichen Stellung der Urheber erwiesen. Dies beruht darauf, daß sie gegenüber den oben besprochenen Vertragskorrekturen[362] einen ganz entscheidenden Vorteil besitzen: Die verschiedenen Korrekturmöglichkeiten für einseitig aus dem Gleichgewicht geratene Verträge, die im deutschen Recht gesetzliche Verankerung gefunden haben und im britischen Recht Teil der allgemeinen *Common Law*-Grundsätze sind, können von den Gerichten nur *ex post* zur Anwendung gebracht werden[363] und der Regelung von Konfliktzonen dienen, die im Augenblick des Vertragsschlusses noch nicht offenkundig sind. Demgegenüber entfalten kollektivvertragliche Gestaltungen ihre Schutzwirkung nicht erst geraume Zeit nach Vertragsschluß, vielmehr haben sie unmittelbar determinierenden Einfluß auf den Vertragsinhalt an sich. Somit können sie das Entstehen unangemessener Ungleichgewichte zwischen Urhebern und Verwertern von vornherein verhindern.

Im folgenden soll ein Einblick in die Formen kollektivvertraglicher Gestaltung in Deutschland und Großbritannien gewährt werden.[364]

---

[362] Vgl. Teil 2, Kapitel 3, Ziffer 2.

[363] Vgl. *Dietz*, in: FS Schricker, S. 1-50 (8, 29).

[364] Ausführlich dazu *Schricker (Schricker)*, vor §§ 28 ff, Rdnr. 4 ff; *Schricker (Rojahn)*, § 43, Rdnr. 47 und 104 ff; *Cornish*, in: FS Schricker, S. 643-684 (669 ff).

3.1. Deutschland

In Deutschland gibt es zunächst den *Tarifvertrag*, der sich für Arbeitnehmerurheber und arbeitnehmerähnliche Personen[365] im Bereich Presse, Rundfunk und Film als effektives Instrument kollektiver Normierung erwiesen hat und urhebervertragsrechtliche Fragen bindend regelt.[366] Für selbständige Urheber besteht jedoch bislang keine Möglichkeit der tarifvertraglichen Ausgestaltung von Vertragsbedingungen, was in der Literatur häufig kritisiert wird.[367]

Soweit es an der Möglichkeit zur tarifvertraglichen Gestaltung fehlt, schließen Verbände der Urheber und Verwerter oftmals *gemeinsam geschaffene Normverträge* ab. Allerdings haben diese im Gegensatz zu den Tarifverträgen keine unmittelbare normative Wirkung auf den Einzelvertrag zwischen Urheber und Verwerter. Vielmehr gelten sie als Vertragsmuster, Richtlinien oder Empfehlungen und können so den Inhalt des Einzelvertrages nur mittelbar prägen, indem sie die Vertragsparteien zur Befolgung der Muster veranlassen. Allerdings verpflichten sich die Vertragsschließenden im allgemeinen, darauf hinzuwirken, daß ihre Mitglieder nicht ohne triftigen Grund zu Lasten der Urheber vom Normvertrag abweichen.[368] Besonders im verlagsrechtlichen Bereich ist es verschiedentlich zum Abschluß entsprechender Normverträge gekommen.[369]

Schließlich wird das Urheberrecht auch von *einseitig aufgestellten Formularverträgen* beherrscht, die in der Regel von den Verwertern und ihren Verbänden aufgesetzt werden.[370]

Die letzten beiden Instrumente der Vertragsgestaltung unterliegen der *Kontrolle nach dem AGBG.* Als Beurteilungsmaßstab wird meist die General-

---

365 Letztere wurden durch § 12a TVG tarifvertragsfähig.

366 Beispiele sind der Tarifvertrag für Film- und Fernsehschaffende vom 30. Juni 1983, der Manteltarifvertrag für Redakteure an Tageszeitungen vom 21. Mai 1986, der Manteltarifvertrag für Redakteure an Zeitschriften vom 12. Mai 1987 sowie der Tarifvertrag für arbeitnehmerähnliche freie Journalisten an Tageszeitungen vom 1. Mai 1989; siehe *Hillig*, Nr. 10 a), 10 c), 10 b) und 10. Dazu oben Teil 2, Kapitel 2, Ziffer 2.3.1.1.1.

367 Jüngst z.B. *Dietz*, in: FS Schricker, S. 1-50 (42 ff) mit ausführlicher Begründung der Notwendigkeit einer Freistellung von kartellrechtlichen Beschränkungen. Vgl. dazu den Bericht der Bundesregierung vom 6.5.1994.

368 Vgl. *Pilny*, S. 184.

369 Dazu *Schricker (Schricker)*, vor §§ 28, Rdnr. 6 f.

370 Vgl. *Schricker (Schricker)*, vor §§ 28 ff, Rdnr. 9.

klausel des § 9 Abs. 2 Nr. 1 AGBG heranzuziehen sein, wonach als Richtschnur für die Inhaltskontrolle (im Sinne der Leitbildfunktion des dispositiven Rechts) die wesentlichen Grundgedanken des Urhebervertragsrechts gelten, wie sie im UrhG niedergelegt sind. Schwierigkeiten bei der Auslegung der Generalklausel durch die Rechtsprechung können sich allerdings deshalb ergeben, weil die vertragsrechtlichen Bestimmungen des UrhG fragmentarischen Charakter haben und ihnen die Leitbildfunktion von der Rechtsprechung in der Vergangenheit abgesprochen wurde.[371]

3.2. Großbritannien

In Großbritannien haben *Tarifverträge*, die von Urheberverbänden mit Unternehmen oder Arbeitgeberverbänden abgeschlossen werden, nur dann unmittelbare Rechtswirkung, wenn ihr Vertragsinhalt in den einzelnen Arbeitsverträgen Berücksichtigung findet; nur dann können sie also gerichtlich geltend gemacht werden.[372] Abgesehen davon haben sie lediglich Musterfunktion.

Ansonsten beherrschen *einseitig von Verwerterverbänden und Urheberorganisationen oder auch Rechtsanwälten ausgearbeitete Formularverträge* die Szene; diese haben in der Vertragspraxis Empfehlungs- und Mustercharakter. Beispielsweise gibt es im verlagsrechtlichen Bereich von Urheberverbänden ausgearbeitete Vertragsmuster (genannt *Minimum Term Agreements* oder MTAs), die die Mindestinhalte eines Einzelvertrages angeben sollen; doch bislang bestätigten sich diesbezüglich gehegte Hoffnungen nur insofern, als einige wenige Verlagshäuser solche MTAs zur Grundlage ihrer Geschäftsvereinbarungen machten.[373] Überdies stellte der Verband der Verleger seinen eigenen Verhaltenskodex (*Code of Practice*) auf, der jedoch sehr fortschrittlich ist und Urheberbelange

---

[371] Kritisch zu letzterem (- stellvertretend für viele -) *Schricker (Schricker)*, vor §§ 28, Rdnr. 14. S. auch die diesbezügliche Grundsatzentscheidung "*Inhaltskontrolle*", BVerfG v. 19.10.1993, NJW 1994, 36-39. Dazu oben Teil 2, Kapitel 3, Ziffer 1.

[372] *Cornish*, in: FS Schricker, S. 643-684 (646 f, 661 f).

[373] Vgl. z.B. das *Minimum Term Agreement of 4th February 1987 between the Society of Authors, the Writers' Guild of Great Britain and Century Hutchinson*, abgedr. auf deutsch in UFITA Bd. 108 (1988) 277-288; dazu und zu anderen MTAs auch *Hegemann*, UFITA 108 (1988) 131-148; *le Fanu*, 7 IML 24-26 (1989); *Pilny*, S. 152 ff (Zweiter Teil) sowie *Dietz*, Urhebervertragsrecht, S. 22 f, 46 ff, 62, 117 Fn. 312, 131 Fn. 350, 152 f, 169 ff. Vgl. auch *Phillips*, [1983] 8 EIPR 211-221; *Isherwood*, 8 IML 52-53 (1990).

umfassend berücksichtigt.[374] - Allerdings sollte betont werden, daß sich kollektive Vertragsgestaltungen nicht in allen Bereichen durchgesetzt haben, insbesondere z.B. nicht in der Musikbranche.[375]

3.3. Gesamtbetrachtung

Insgesamt betrachtet haben die verschiedenen Arten kollektivvertraglicher Gestaltung und die Formulierung sachgerechter Mindestbestimmungen *in puncto* Urheberschutz viel bewirkt. Sie weisen teilweise ein so hohes Maß an Regelungsdichte und Regelungstiefe auf, wie es bei der gesetzlichen Regelung eines bestimmten Vertragstypus kaum erreichbar wäre.

Allerdings liegt der große Nachteil der kollektivvertraglichen Gestaltung im Vergleich zur gesetzlichen Regelung darin, daß das Zustandekommen entsprechender Vereinbarungen unmittelbar von der Verhandlungsstärke, von der Durchsetzungskraft und vom Verhandlungsgeschick der jeweils beteiligten Verbände abhängt. Kollektivvereinbarungen sind demgemäß lediglich das Ergebnis eines mehr oder weniger langwierigen Tauziehens zwischen einzelnen Verwerter- und Urheberorganisationen. Um auf das Beispiel Großbritanniens zurückzukommen, so zeigt sich anhand der besprochenen Entscheidungen aus der Musikbranche,[376] daß in einigen Bereichen in bezug auf Mindestschutzbestimmungen noch einiges zu wünschen übrig bleibt. Bestimmte Urheberkategorien fallen noch immer durch das Netz der Kollektivvereinbarungen. Schließlich sind außergesetzliche Versuche, für die Wahrung eines gewissen Gleichgewichtes im Urheber-Verwerter-Verhältnis zu sorgen, nicht immer befriedigende Ersatzlösungen.

4. Fazit

Auch wenn die bisherige Regelung des Urhebervertragsrechtes im UrhG oft als rudimentär bezeichnet wird,[377] so ist sie im Vergleich zum britischen

---

[374] S. *Cornish*, in: FS Schricker, S. 643-684 (670).
[375] Vgl. *Cornish*, in: FS Schricker, S. 643-684 (674 ff).
[376] Oben Teil 2, Kapitel 3, Ziffer 2.2.2.
[377] Z.B. *Dietz*, in: FS Schricker, S. 1-50 (7 f, 28 ff).

Recht, das das Urhebervertragsrecht überhaupt nicht gesetzlich regelt, geradezu umfassend. Damit soll nicht geleugnet werden, daß Vorschläge zu einer Reform des deutschen Urhebervertragsrechtes, wie sie von *Ulmer* bereits 1977 und von *Nordemann* 1991[378] vorgelegt wurden, ihre Berechtigung haben und im Hinblick auf das Ziel, die Achillesfersen der Urheber möglichst gut zu schützen, in der Tat begrüßenswert sind. Gleichzeitig wäre es jedoch vorschnell, die ausgesprochen passive Haltung des britischen Gesetzgebers in bezug auf das Urhebervertragsrecht rückhaltlos zu verurteilen. Vielmehr scheint es geboten, diese Thematik in übergreifenden Zusammenhängen zu sehen und sie in die jeweilige Gesamtkonzeption des deutschen und des britischen Rechtssystems einzuordnen. Die drei wesentlichsten Gesichtspunkte, die dabei im Vordergrund stehen, werden an dieser Stelle noch einmal kurz dargestellt.

Zunächst ist das statuierte Ziel des Urheberrechts der Schutz der Schöpferpersönlichkeit, und dies vor allem gerade im Rechtsverkehr. Dies kommt schon in der expliziten Bezugnahme des Rechts auf die Person des Urhebers zum Ausdruck: Der Urheber wurde zum Namenspatron des *Urheber*rechtes schlechthin. - Das britische *Copyright Law* nennt sich dagegen weder *author's right*, noch hat es sich den Schutz des Urhebers zur Aufgabe gemacht. Bereits in frühester Zeit standen nicht die Bedürfnisse des Urhebers im Vordergrund, sondern die des Verwerters sowie dessen Wunsch nach leichter Vermarktbarkeit der vom Urheber produzierten "Ware".[379] So hatte das allgemeine Verkehrsinteresse schon von je her Vorrang vor den individuellen Interessen der Schöpferpersönlichkeit.[380]

Überdies ist das wirtschaftliche und soziale Gefüge Deutschlands stark von einem Prinzip geprägt, das bestrebt ist, soziale Ungleichgewichte zu verringern bzw. abzubauen - dem Sozialstaatsprinzip. Dieses Prinzip offenbart sich auch

---

[378] *Nordemann*, GRUR 1991, 1-10; zu beiden Vorschlägen *Dietz*, in: FS Schricker, S. 1-50 (31 ff). Zur Neuordnung des Urhebervertragsrechts z.B. auch *von Gamm/Dittrich/Ulmer*, S. 1 ff.

[379] Vgl. *Woolcombe*, [1987] 7 EIPR 187 (190), "*... copyright ... was originally introduced by statute to protect the investment of printers and not the artistic output or livelihood of the early writers.*"

[380] *Dietz*, Urhebervertragsrecht, S. 48, demzufolge bestimmte gesetzliche Regelungen in Großbritannien "weniger im Schutzinteresse des Urhebers als im allgemeinen Interesse des Rechtsverkehrs erlassen" sind.

im Urheberrecht,[381] nämlich in der Bemühung, die Position des Urhebers als des sozial und wirtschaftlich Schwachen zu stärken. Naturgemäß erfordert eine solche Weltanschauung regulierende Eingriffe seitens des Staates in die Handlungsfreiheit der Wirtschaftsteilnehmer. Gesetzgeberische Akzente zugunsten des Urhebers werden erforderlich. In gewisser Hinsicht ist das UrhG demnach Ausdruck der Fürsorge von "Vater Staat" für die besonders zu schützende Person des Urhebers. - Demgegenüber ist die Wirtschafts- und Sozialstruktur Großbritanniens in erheblichem Maße von einer philosophischen Tradition beeinflußt, die die individuelle Selbstverantwortung des Individuums zum Maßstab aller Dinge erhebt und die Rolle des Staates auf ein Minimum zu reduzieren sucht. Die Auffassung vom Individuum als privatautonomem Teilnehmer in einem vom freien Spiel der Kräfte geprägten Markt baut auf althergebrachtem, wirtschaftsliberalistischem Gedankengut auf und korreliert mit den Grundprinzipien der *laissez faire*-Gesellschaft. Auch wenn in gewissen Bereichen eine Relativierung der Vertragsfreiheit stattgefunden hat, ist der Grundsatz des *freedom of contract* in einer Welt der Selbstverantwortlichen noch immer grundlegendes Prinzip des britischen Rechtsdenkens. Diese Denkweisen übertrugen sich auch auf die Behandlung von Urhebern. Urheber sind demnach nur eine andere Kategorie von Marktteilnehmern, die den Grundsätzen des freien Marktes entsprechend für ihre Interessen selbst Sorge zu tragen haben und sich nicht auf eine Parteinahme des Staates zu ihren Gunsten verlassen können.

Schließlich bewegt sich deutsches Rechtsempfinden insofern auf vertrautem Boden kontinentaleuropäischen Rechtsdenkens,[382] als es bestrebt ist, den rechtlich zu regelnden Raum möglichst umfassend mit griffbereit vorgefertigten Normen zu durchdringen. Dies erfordert die gesetzliche Vorwegnahme potentiell auftretender Konfliktsituationen, die naturgemäß gerade in dem Bereich angesiedelt sind, wo der Urheber am verletzlichsten ist und wo der Verwerter am meisten gewinnen kann. Mit präziser Methodik wurden vom deutschen Gesetzgeber daher besonders diejenigen Fragen geregelt, die wunde Punkte im Hinblick auf den Urheberschutz anschneiden. Auftretende Streitigkeiten lassen sich somit leicht mit Hinweis auf bestehende gesetzliche Vorschriften lösen. - Das

---

[381] Vgl. *Dietz*, in: FS Schricker, S. 1-50 (13).

[382] Zum Urhebervertragsrecht in den kontinentaleuropäischen Rechtstraditionen sowie der deutschen Rechtsordnung allgemein: *Boytha*, Dd'A 1991, 208-216 und RIDA 133 (1987) 40-109; *Hillig*, in: *Cohen Jehoram* (ed.), S. 121-135; *Hubmann*, 74 UFITA (1975) 1-18; *Katzenberger*, 19 IIC 731-739 (1988); *Reimer*, RIDA 92 (1977) 2-53; *Ulmer*, 7 IIC 202-219 (1976).

britische *Common Law*-System war dagegen noch nie von einer Vorliebe für breit angelegte, allgemeinverbindliche Rechtssätze gekennzeichnet, sondern verließ sich lieber auf das Fingerspitzengefühl der Rechtsprechung, im Einzelfall Gerechtigkeit zwischen den Parteien zu schaffen. Das *case law*-System tastet sich von Fall zu Fall, modifiziert und formt das Recht anhand der bereits vorliegenden Entscheidungen und nimmt lieber den Vorwurf der Unstimmigkeit verschiedener Urteile auf sich, als den richterlichen Handlungsspielraum schon im voraus durch abstrakte gesetzliche Formulierungen einzuschränken. Sollte im Einzelfall tatsächlich einmal offensichtlich sein, daß einer der Marktteilnehmer (wie z.B. der Urheber) ein Anliegen hat, das im Einklang mit *public policy* und *public interest* einer dringenden Lösung bedarf, so scheuen die britischen Gerichte keineswegs davor zurück, sich vehement auf die Seite des Urhebers zu stellen, um wieder ein gewisses Equilibrium zwischen den Marktkräften herzustellen. Doch zu weit ausholenden, pauschalen gesetzlichen Regelungen kann sich der britische Gesetzgeber kaum durchringen. Und falls doch einmal Schritte in diese Richtung unternommen werden, fällt das Ergebnis nicht selten etwas halbherzig aus.[383] - Dieser Gegensatz zwischen kontinentaleuropäischem und angelsächsischem Rechtsdenken wurde von einem britischen Rechtsgelehrten klar erfaßt und ausgedrückt:

> "*Commentators on the common law have often pointed out that the Englishman has no rights. He does not need them if a remedy will be granted wherever he nurtures a complaint which all feel to be deserving of legal support and sympathy. The continental has his blanket protection - his rights: they are all of one size and do not fit the contours of the citizen.*"[384]

4. Kapitel: Urheberpersönlichkeitsrecht

Bei der vergleichenden Betrachtung und Würdigung des Urheberpersönlichkeitsrechts und der *moral rights* wird zunächst auf die zugrundeliegenden historischen und rechtsdogmatischen Fundamente des Urheberrechtes und des *Copyright Law* eingegangen.[385] Danach erfolgt eine

---

[383] Vgl. z.B. die neuen *moral rights* im CDPA, dazu unten Teil 2, Kapitel 4, Ziffer 2.

[384] *Phillips*, RIDA 82 (1974) 37.

[385] Für einen geschichtlichen Überblick zur Genese des Urheberpersönlichkeitsrechts *Strömholm*, Bd. 1, sowie *Dietz*, Droit Moral, S. 13-25. Rechtsvergleichend zum *Copyright*- und *Droit d'auteur*-Ansatz: *Strowel*, S. 479-591.

Gegenüberstellung und kritische Besprechung der im UrhG und CDPA verankerten Rechte.

1. Historische und rechtsdogmatische Grundlagen

1.1. Ideelle und materielle Urheberinteressen

1.1.1. Untrennbare Einheit im Urheberrecht

Im Laufe des 20. Jahrhunderts kristallisierte sich in der deutschen Urheberrechtslehre die Auffassung von der "untrennbaren Einheit" von Urheberpersönlichkeitsrechten und Verwertungsrechten heraus.[386] Aufgabe des Urheberrechts ist es, sowohl dem Schutz der *ideellen* als auch der *materiellen Interessen* des Urhebers zu dienen. Beide Komponenten des Urheberschutzes sind eng miteinander verbunden, sie gleichen den Wurzeln eines Baumes, dessen einheitlichen Stamm das Urheberrecht repräsentiert.[387] Ihren gesetzlichen Rückhalt finden diese Grundprinzipien in § 11 UrhG, der gleichsam eine Präambel zu den Bestimmungen über den Inhalt des Urheberrechts darstellt.

1.1.2. Unüberbrückbare Dichotomie im Copyright Law

Copyright ist demgegenüber historisch gesehen ein Konzept, das auf die Verwirklichung *ausschließlich materieller Interessen* abzielt. Mit großer Skepsis begegnete der britische Gesetzgeber der Vorstellung, daß der Urheber[388] eines zweiten Bündels an Rechten bedürfe, die der Wahrung seiner ideellen Interessen dienen, insbesondere im Verhältnis zu denjenigen, denen er die Nutzung seines Werkes anvertraut hat.[389] Unter Betonung der Fremdartigkeit einer solchen Vorstellung wehrte sich noch im Jahre 1952 das *Gregory Committee* gegen die

---

[386] Damit bekennt sich das UrhG zur monistischen Theorie, vgl. *Schricker (Schricker)*, § 11, Rdnr. 2.

[387] Dieses anschauliche Bild vom Baum des Urheberrechts wurde von *Ulmer* geprägt, vgl. *Ulmer*, § 18 II 4. Dazu oben Teil 2, Kapitel 3, Ziffer 2.1.1.1.

[388] Die Begriffe "Urheber" und "Werk" werden hier im "klassischen" Sinne verwendet, zur Definition oben Teil 2, Kapitel 1, Fn. 6 und 7.

[389] *Nimmer/Geller (Cornish)*, UK-47, § 7[1].

Einführung von *Droits moraux*. Auch mit der Verankerung von *moral rights* im CDPA änderte sich nichts an der grundlegenden Anschauung, daß Copyright aufgrund seines kommerziellen Charakters zu trennen ist von den Rechten, die ideelle Interessen zum Gegenstand haben.[390] Dementsprechend sind die neuerdings eingeführten *moral rights*, auch wenn sie im Copyright-Abschnitt des Gesetzes zu finden sind, kein Bestandteil von Copyright. Die Verletzung von *moral rights* eröffnet keine Klagemöglichkeit wegen *Copyright Infringement* (Copyright-Verletzung), sondern vielmehr wegen *Breach of Statutory Duty* (Verletzung einer gesetzlich auferlegten Pflicht).[391]

1.2. Stellung des Werkes und seine Beziehung zum Urheber

1.2.1. Das Werk als Emanation des Geistes im deutschen Recht

Nach deutschem Urheberrechtsverständnis ist das Werk für den Urheber gleichsam sein "geistiges Kind".[392] Das Werk trägt die Wesenszüge seines Schöpfers, verkörpert dessen Persönlichkeit, ist Ausfluß seiner schöpferischen Identität. Das persönliche Band zwischen Werkschöpfer und seiner Schöpfung ist unzertrennbar und kann durch ein wie auch immer geartetes Rechtsgeschäft nicht aufgelöst werden.[393] Die Beziehung zwischen Urheber und Werk ist demnach entscheidend durch persönliche und geistige Interessen geprägt,[394] die (wie die materiellen Interessen) des rechtlichen Schutzes bedürfen.

1.2.2. Das Werk als Handelsware im britischen Recht

Demgegenüber betrachteten die Briten das vom Urheber geschaffene Werk von den frühesten Anfängen des *Copyright Law* an als Marktware, über das der jeweilige Inhaber des Copyright beliebig verfügen kann. Inhaber des Copyright waren zunächst regelmäßig die Verleger, erst viel später konnten auch Urheber

---

[390] *Copinger/Skone James*, Rdnr. 22-1.

[391] *Cornish*, [1989] 12 EIPR 449-452 (449) und GRUR Int. 1990, 500-505 (500).

[392] Vgl. auch *Ulmer*, § 17 I 2 und § 38 II 1.

[393] *Fromm/Nordemann (Hertin)*, vor § 12, Rdnr. 3.

[394] Diese lassen sich nach h.M. zusammenfassen als ideelle Interessen, vgl. *Schricker (Dietz)*, vor §§ 12 ff, Rdnr. 8; *Ulmer*, § 38 II 1.

diesen Status erringen.[395] Ein "geistiges Band" deutscher Manier besteht zwischen Urheber und Werk nicht, vielmehr ist das Werk *property*, ein reiner Marktwert, der - wie jeder andere Gegenstand des Rechtsverkehrs - vom jeweiligen Eigentümer des *property right* (d.h. Copyright) kommerziell genutzt werden kann. Im *Copyright*-System kann man also nicht von "Urheberrechten" im eigentlichen Sinne sprechen, sondern nur von "Rechten am Werk".[396]

1.3. Gesellschaftspolitische und philosophische Rahmenbedingungen

Die Vorstellungen vom Werk als Verkörperung des schöpferischen Geistes bzw. als Handelswert sind Grundkonzeptionen, die auf den Zeitgeist und die philosophische Grundausrichtung verweisen, welche in der Hauptperiode der Formung des Urheberrechts bzw. *Copyright Law* jeweils herrschten.

1.3.1. Individualinteressen und Naturrecht im Urheberrechtssystem

Das Urheberrecht erwuchs aus einer von *naturrechtlichem Gedankengut* geprägten Strömung, die sich dem Individuum und der Wahrung der ihm innewohnenden, unveräußerlichen Rechte verpflichtete. Die naturrechtliche Strömung materialisierte sich zunächst in der - seit Ende des 17. Jahrhunderts stark aufblühenden - philosophischen Auseinandersetzung über die Unrechtmäßigkeit des Büchernachdrucks[397] und kulminierte in einer Debatte über Wesen und Inhalt des Urheberrechts an sich.[398] In dieser juristisch-philosophischen Diskussion setzte sich zwar langsam, doch unaufhaltbar, die Ansicht durch, daß der Schöpfungsakt das schöpferisch tätige Individuum zum Träger vermögensrechtlicher sowie persönlichkeitsrechtlicher Interessen macht. Die urheberpersönlichkeitsrechtliche Dimension der Rechte der Urheber erfuhr in der Literatur ganz besondere Aufmerksamkeit.[399]

---

395 Dazu oben Teil 1, Kapitel 1, Ziffern 2 und 3.

396 Vgl. auch *Edelman*, [1987] 114 J.Dr.Int. 555-609 (567 f).

397 Dazu oben Teil 1, Kapitel 2, Ziffer 2.

398 S. oben Teil 1, Kapitel 2, Ziffer 3.

399 Zur Genese des Urheberpersönlichkeitsrechts *Strömholm*, Bd. 1, S. 25 ff.

Bei genauerer Betrachtung verkörperten die Rechte der Urheber die - in ein naturrechtliches Fundament eingebetteten - *Individualinteressen* einer relativ kleinen, exklusiven Minderheit, die sich einer spezialisierten Tätigkeit auf erhabener Ebene widmete. Durch den ihnen gewährten rechtsphilosophischen Rückhalt konnten sich diese Individualinteressen einen rechtlich zu würdigenden Wert verschaffen - einen Wert, der sich von den Interessen der Allgemeinheit abhob.

1.3.2. Interessen der Allgemeinheit und Positivismus im Copyright-System

Das *Copyright Law* erhielt seine Form dagegen in einer Zeit, die die Individualinteressen von Urhebern nur in dem Maße würdigte, wie dies dem *Interesse der Allgemeinheit* zugute kam. In der Blütezeit königlicher Zensur entsprach der *public interest* (- wenn man davon überhaupt sprechen kann -) den Bedürfnissen der Krone, d.h. der Stärkung der Staatsmacht und der Eliminierung aller unerwünschten Elemente durch Kontrolle der Allgemeinheit "zu deren Wohle". Somit wurden die *Stationers*, die Verleger, zu Copyright-Trägern erhoben, während die Urheber (die bei entsprechender Gesinnung die Ziele der Krone eher gefährden konnten) leer ausgingen.[400] Zur Zeit des *Act of Anne* wurde der *public interest* definiert als *encouragement of learning*, wie es im Titel dieses Gesetzes heißt; zur Förderung dieses Staatszieles wurde nun auch den Urhebern, wie schon viel früher den Verlegern, Copyright gewährt.[401]

Jegliche Versuche, Copyright auf eine naturrechtliche Basis zu stellen,[402] wurden jedoch durch die Entscheidung *Donaldson v. Beckett* im Keim erstickt, und von da an führte Copyright seine Entwicklung auf *positivistischer Grundlage* fort.[403] Hatte das *Copyright Law* durch die frühe Etablierung der Verleger als Copyright-Träger seinen Ausgang als ein Recht genommen, das ausschließlich wirtschaftlichen Interessen diente - konkret, dem Schutz der verlegerischen Investition -, so änderte sich dieser kommerzielle Unterton auch nicht mit der Ausweitung der Copyright-Träger auf die Urheber; vielmehr konnten nun auch Urheber den Buchmarkt penetrieren und neben den Verlegern als Marktteilnehmer agieren. Eine naturrechtliche Untermauerung ihrer Rechte nach deutscher

---

[400] Dazu oben Teil 1, Kapitel 1, Ziffer 2.

[401] S. oben Teil 1, Kapitel 1, Ziffer 3.

[402] S. oben Teil 1, Kapitel 1, Ziffer 4.1.

[403] Dazu oben Teil 1, Kapitel 1, Ziffer 4.2.

Manier erfolgte nie. Somit blieb das Copyright rein auf materielle Interessen ausgerichtet, während ideelle Interessen des schöpferischen Individuums nicht Fuß fassen konnten. Die Literatur sieht diese gesellschaftlichen Rahmenbedingungen als gekennzeichnet von einem *esprit matérialiste et anti-individualiste.*[404]

1.4. Antwort des Gesetzgebers auf die gesellschaftspolitischen und philosophischen Rahmenbedingungen

Die Antworten des deutschen und des britischen Gesetzgebers auf diese grundverschiedenen gesellschaftspolitischen und philosophischen Rahmenbedingungen gestalteten sich dementsprechend unterschiedlich.

1.4.1. Umfassender und spezifischer Schutz des Urhebers durch Gesetz

Die in deutschen Landen geführte philosophische Debatte über Wesen und Inhalt des Urheberrechts brachte insofern einen Konsens hervor, als der Tätigkeit des schöpferischen Individuums von allen Seiten her tiefer Respekt entgegengebracht wurde, eine Tatsache, die nach Schutz der Schöpferpersönlichkeit durch den Gesetzgeber verlangte. Der Gesetzgeber machte es sich zur Aufgabe, den Urheber in allen Aspekten seines Schaffens umfassend zu schützen, um dessen materiellen und insbesondere auch ideellen Interessen gerecht zu werden. In diesem Bestreben wurden eine ganze Reihe von breit angelegten, positiv formulierten Vorschriften geschaffen, die als Teil des Urheberpersönlichkeitsrechtes im weiteren Sinne zu verstehen sind.[405] In ihrer Gesamtheit mutet die

---

[404] *Strömholm*, Bd. I, S. 427; *ders.*, Bd. I, S. 38 f, "*Une protection juridique des intérêts personnels attachés par l'auteur à son œuvre est difficile à concevoir, du point de vue historique, dans le cadre d'un système juridique qui ne s'inspirait pas dans une grande mesure de principes individualistes et du respect de la personne humaine en général.*"

[405] Zum Urheberpersönlichkeitsrecht *im weiteren Sinne* gehören neben den Vorschriften des Urheberpersönlichkeitsrechtes *im engeren Sinne* (d.h. dem Veröffentlichungsrecht (§ 12 UrhG), dem Recht auf Anerkennung der Urheberschaft (§ 13 UrhG) und dem Recht auf Schutz gegen Entstellung oder Beeinträchtigung des Werkes (§ 14 UrhG)) eine Reihe weiterer Vorschriften. Zu nennen ist beispielsweise der Grundsatz der Unübertragbarkeit des Urheberrechts (§ 29 UrhG; dazu oben Teil 2, Kapitel 3, Ziff. 2.1.1.1.), das Erfordernis der Zustimmung des Urhebers zur Weiterübertragung eines von ihm eingeräumten Nutzungsrechtes (§ 34 Abs. 1 UrhG; dazu oben Teil 2, Kapitel 3, Ziff. 2.1.2.1.), das Rückrufsrecht wegen Nichtausübung (§ 41 UrhG; dazu oben Teil 2, Kapitel 3, Ziff. 2.2.1.3.) und das mit dem Veröffent-

vom Gesetzgeber erwiesene Liebe zum Detail fast als Paternalismus an, doch im Hintergrund stand die Erkenntnis, daß es der Urheber als Individuum oft außerordentlich schwer findet, sich gegen die wirtschaftliche Übermacht seiner Vertragspartner durchzusetzen, und daß er als das schwächere Glied in der Rechtswirklichkeit des umfassenden Schutzes durch Gesetz bedarf.

1.4.2. Urheberschutz im Rahmen der allgemeinen Rechtsmittel des Common Law

In Großbritannien dagegen gab es keine *theory of moral rights*,[406] die der Gesetzgeber zugunsten des Urhebers hätte aufgreifen können. Vielmehr blühte in diesem urheberrechts-philosophischen Vakuum zur Glanzzeit des Wirtschaftsliberalismus die *laissez faire*-Gesellschaft auf, die von den Grundsätzen der individuellen Selbstverantwortung und des *freedom of contract* geprägt war. Diese Grundprinzipien fanden auch auf die Person des Urhebers Anwendung. Der Urheber hatte - wie jedes andere Subjekt des Rechtsverkehrs - für die Wahrung seiner Interessen selbst Sorge zu tragen und konnte sich nicht auf eine gleichsam väterliche Fürsorge des Gesetzgebers in Gestalt einer gesetzlichen Verankerung von *moral rights* verlassen. Gemäß britischer Rechtstradition wurde den Bedürfnissen des Individuums nur selten durch die Gewährung "positiv" formulierter Rechte im gesetzlichen Rahmen Rechnung getragen, vielmehr wurden individuelle Interessen meist "negativ" geschützt, nämlich durch die Möglichkeit, im

---

lichungsrecht des § 12 UrhG verbundene Rückrufsrecht wegen gewandelter Überzeugung (§ 42 UrhG; dazu Teil 2, Kapitel 3, Ziff. 2.2.1.4.). Eng verwandt mit dem Werkintegritätsrecht nach § 14 UrhG ist das Verbot von Änderungen im Zusammenhang mit Werknutzungsverträgen (§ 39 UrhG) und mit zulässigen Werknutzungen im Rahmen der Urheberrechtsschranken (§ 62 UrhG) sowie der Schutz gegen Entstellungen im Bereich des Filmwerkes (§ 93 UrhG); dazu unten Teil 2, Kapitel 4, Ziff. 2.2.2.1. Dem § 13 UrhG (Anerkennung der Urheberschaft) ist das Gebot der Quellenangabe im Rahmen zulässiger Werknutzungen (§ 63 UrhG) zuzuordnen; dazu unten Teil 2, Kapitel 4, Ziff. 2.2.1.1.1. Zum Urheberpersönlichkeitsrecht im weiteren Sinn gehört ferner das Zugangsrecht (§ 25 UrhG), das Folgerecht (§ 26 UrhG; dazu unten Teil 3, Kapitel 3, Ziff. 1.1.1.) und der Anspruch auf immateriellen Schadensersatz (§ 97 Abs. 2 UrhG). Dies ist weder eine erschöpfende Aufzählung noch eine ausschließliche Zuordnung zum Schutz der ideellen Urheberinteressen, denn durch die für das Urheberrecht typische Verklammerung materieller und ideeller Interessen können im Einzelfall durchaus Vermögensinteressen des Urhebers angesprochen sein. Vgl. *Schricker (Dietz)*, vor §§ 12 ff, Rdnr. 9 f m.w.N.

[406] Vgl. *Strömholm*, Bd. I, S. 427.

Rahmen des *Common Law* Klage zu erheben.[407] Somit wurde der Urheber genau wie andere Rechtssubjekte im Hinblick auf die Wahrung ideeller Interessen auf Rechtsmittel außerhalb des *Copyright Law* verwiesen: Einerseits standen hier die im *Common Law* existierenden *actions in Tort* (Klagen aus unerlaubter Handlung) zur Verfügung, etwa wegen *Passing-off* (falsche Herkunftsangabe) oder *Defamation* (Verleumdung). Andererseits gab es die Option, sich im Rahmen des allgemeinen Vertragsrechts durch explizite vertragliche Absprachen abzusichern, oder sich für den Ernstfall auf gerichtlich regelmäßig implizierte Vertragsbedingungen zu verlassen. Entsprechend der Rechtsmethodik des *case law*-Systems wurde von breit angelegten, positiv formulierten Rechtssätzen nicht viel gehalten, und somit blieb es bis zum Inkrafttreten des CDPA bei einem eher stückweisen Ansatz in Gestalt von Klagemöglichkeiten bei Verletzung gewisser persönlichkeitsrechtlicher Interessen und ergänzenden vertraglichen Absprachen. Unmittelbarer Hintergrund der Verankerung einzelner *moral rights* im CDPA selbst war jedoch die Erkenntnis, daß es einer Anpassung des britischen Rechtes an den von der RBÜ gesetzten internationalen Standard bedurfte.[408]

2. Gegenwärtige Rechtslage

Bei der vorliegenden Untersuchung des Urheberpersönlichkeitsrechtes im engeren Sinne und der im CDPA neu geschaffenen *moral rights* werden zunächst terminologische Fragen kurz angesprochen. Danach erfolgt eine Betrachtung derjenigen Rechte, die in der RBÜ niedergelegt sind. Anschließend werden die Rechte behandelt, die zwar keinen Eingang in die RBÜ gefunden haben, die sich jedoch in den jeweiligen urheberpersönlichkeitsrechtlichen Kapiteln des deutschen bzw. britischen Rechts finden.[409] Schließlich wird die Schutzdauer des Urheberpersönlichkeitsrechts und der *moral rights* noch kurz beleuchtet, bevor einige Schlußbetrachtungen das Thema abschließen.

---

[407] Vgl. *Durie*, [1991] 2 ENT. LR 40-49 (41); zur Rechtslage vor dem CDPA z.B. *Skone James*, NIR 1967, 194-207.

[408] *Whitford Report*, §§ 53 und 58.

[409] Gegenstand der Erörterung ist hier das *Droit moral* des Urhebers, nicht das des ausübenden Künstlers. Ausübenden Künstlern gewährt der britische CDPA keine *moral rights*, und das deutsche Recht sieht nur den Entstellungsschutz des § 83 UrhG vor, nicht aber einen Namensnennungsanspruch (siehe jedoch das Recht auf Quellenangabe der §§ 84 i.V.m. 63 UrhG); dazu auch *Rehbinder*, ZUM 1991, 220-228.

2.1. Überblick und Definitionen

2.1.1. Urheberpersönlichkeitsrecht und moral rights

Das UrhG umfaßt unter dem Titel "Urheberpersönlichkeitsrecht" im vierten Abschnitt des ersten Teils das *Veröffentlichungsrecht*[410], das *Recht auf Anerkennung der Urheberschaft*[411] und das *Recht auf Schutz gegen Entstellung oder Beeinträchtigung des Werkes*[412].

Im CDPA sind die einzelnen *moral rights* in *Chapter IV* des ersten Gesetzesteiles niedergelegt.[413] Sie umfassen das *right to be identified as author or director,*[414] das *right to object to derogatory treatment of work,*[415] den Schutz gegen *false attribution of work*[416] sowie das *right to privacy of certain photographs and films.*[417] Es soll an dieser Stelle jedoch betont werden, daß der Urheber unabhängig von diesem gesetzlich fundierten Schutz auch weiterhin auf die im Rahmen des *Common Law* gewährten Rechtsmittel zurückgreifen kann.[418]

Sowohl die *moral rights* als auch das Urheberpersönlichkeitsrecht in seinem Kerngehalt sind unter Lebenden unübertragbar.[419]

---

410 § 12 UrhG.

411 § 13 UrhG.

412 § 14 UrhG.

413 Einführend zu den *moral rights* z.B. *Glass*, Sol.J. 1990, 6-7; *Groves*, 1 I.P.Bus. 2-6 (1989); *Schilling*, 9 Cop.World 26-27 (1990).

414 Secs. 77-79 CDPA.

415 Secs. 80-83 CDPA.

416 Sec. 84 CDPA.

417 Sec. 85 CDPA.

418 *Copinger/Skone James*, Rdnr. 22-4; vgl. unten Teil 2, Kapitel 4, Ziffern 2.2.1.1.2.2. und 2.2.1.2.2.2. sowie 2.2.2.2.2. und 2.3.2.2.

419 Sec. 94 CDPA; *Schricker (Dietz)*, vor §§ 12 ff, Rdnr. 26. Weitere Konkretisierungen hinsichtlich der *moral rights* finden sich in den ergänzenden Bestimmungen der Secs. 86-89 und 95 CDPA.

2.1.2. Terminologisches

Der Terminus "Urheber" wird im folgenden Abschnitt in seiner klassischen Definition verwendet[420] und nimmt Bezug auf die Schöpfer von Werken des klassischen Urheberrechts bzw. *Copyright Law*.

Urheber in diesem Sinne sind nach deutschem Recht die Schöpfer von Werken der Literatur, Wissenschaft und Kunst.[421] Dazu gehören unter anderem auch die Urheber am Filmwerk,[422] die - wie alle Urheber - nur natürliche Personen sein können. Die Gruppe der Filmurheber umfaßt auch die Person des Filmregisseurs.[423]

Demgegenüber hat der Begriff des *author* im britischen Recht seit seiner Neudefinition im CDPA einen ganz anderen Bedeutungsinhalt:[424] Nicht nur natürliche, sondern auch juristische Personen können *authors* sein. Angesichts dieser Neudefinition stellen die Secs. 77(1), 80(1) und 84(1) CDPA klar, daß die darin benannten Rechte nicht auf alle *authors* im Sinne der neuen Definition Anwendung finden, sondern nur auf Urheber im klassischen Sinne, nämlich *authors of copyright literary, dramatic, musical or artistic works*. Daneben ist in diesen Vorschriften auch ausdrücklich erwähnt, daß die genannten Rechte auch dem *director of a copyright film* (also dem Filmregisseur) zustehen. Die explizite Nennung des Filmregisseurs hängt damit zusammen, daß die Neudefinition des Begriffes *author* den Filmproduzenten zum *author* des Filmwerkes macht.[425] Eine Bezugnahme auf *moral rights* der *authors* und damit Filmproduzenten wäre fehl am Platze, weswegen die Rechte dem Filmregisseur zugesprochen werden - und dies wird in den genannten Bestimmungen zum Ausdruck gebracht.

Im Rahmen einer terminologischen Vereinfachung und zum Zwecke der übergreifenden Rechtsdarstellung bietet es sich an, im folgenden mit Bezugnahme

420 Dazu oben Teil 2, Kapitel 1, Fn. 7.

421 Vgl. §§ 1 und 7 UrhG.

422 § 2 Abs. 1 Nr. 6 UrhG.

423 Vgl. *Schricker (Katzenberger)*, vor §§ 88 ff, Rdnr. 61.

424 Sec. 9 CDPA; dazu ausführlich unten Teil 2, Kapitel 2, Ziff. 1.1.2.

425 *Author* des Filmwerkes ist diejenige (natürliche oder juristische) Person, von der die für die Herstellung des Films erforderlichen Vorkehrungen getroffen werden; Secs. 9(1) i.V.m. 9(2)(a) CDPA.

auf den Terminus "Urheber" im klassischen Sinne jeweils auch den Filmregisseur anzusprechen.

2.2. Rechte, die in der RBÜ verankert sind

In Art. 6bis RBÜ finden sich zwei Rechte, die dem Schutz urheberpersönlichkeitsrechtlicher Interessen dienen. Erstens handelt es sich um das Recht des Urhebers, die Urheberschaft am Werk für sich in Anspruch zu nehmen.[426] Zweitens geht es um das Recht des Urhebers, sich jeder Entstellung, Verstümmelung, sonstigen Änderung oder Beeinträchtigung des Werkes zu widersetzen, die seiner Ehre oder seinem Ruf nachteilig sein könnten.[427] Beide dieser Rechte wurden sowohl im UrhG als auch im CDPA geregelt.

2.2.1. Recht auf Anerkennung der Urheberschaft

Das Recht auf Anerkennung der Urheberschaft beinhaltet zwei sich ergänzende Aspekte. Der *positive* Aspekt dieses Rechts bezieht sich auf das Recht des Urhebers, die Urheberschaft an dem von ihm geschaffenen Werk für sich in Anspruch zu nehmen. Der *negative* Aspekt bezeichnet das Recht des Urhebers, fremde Angriffe auf seine Urheberschaft abzuwehren.[428] Im UrhG sind beide dieser Aspekte durch § 12 S. 1 und 2 angesprochen. Im CDPA wird jedoch nur auf den ersten Aspekt ausdrücklich Bezug genommen.

2.2.1.1. Positiver Aspekt: Urheberbezeichnungsrecht

2.2.1.1.1. Deutschland

Das Recht des § 13 S. 2 UrhG betrifft das dem Urheber zustehende Bestimmungsrecht über die Urheberbezeichnung.[429] Das Gesetz geht nicht auf Detail-

---

[426] Auch genannt *Droit de paternité* oder *right of paternity*.

[427] Auch bezeichnet als *Droit de respect de l'œuvre* oder *right of integrity*.

[428] *Nimmer/Geller (Dietz)*, GER-93, § 7[1][b].

[429] Ein Ausfluß des Schutzgedankens des § 13 UrhG ist das Gebot zur Quellenangabe bei zulässigen Werknutzungen im Rahmen der Schranken des Urheberrechts (§ 63 UrhG).

fragen ein, sondern beläßt es bei der Niederlegung des grundsätzlichen Prinzips, nämlich, daß der Urheber frei darüber entscheiden kann, *ob* eine Urheberbezeichnung verwendet werden soll, und falls ja, *welcher Art* die Bezeichnung sein soll; Namensnennungsverbote, anonyme Veröffentlichungen und die Verwendung von Pseudonymen oder Künstlerzeichen sind neben der Verwendung des bürgerlichen Namens also durchaus denkbar.[430]

Abgesehen von der bloßen negativen Ausübung seines Bestimmungsrechtes kann der Urheber auch durch vertragliche Vereinbarung auf das Anbringen einer Urheberbezeichnung *ausdrücklich verzichten*.[431] Die rechtsgeschäftliche Bindung des Urhebers an einen Verzicht auf das Anbringen der Urheberbezeichnung ist aber nur in dem Umfang zulässig, wie dies mit einem angemessenen Interessenausgleich im konkreten Fall zu vereinbaren ist und wie nicht auf das Urheberpersönlichkeitsrecht in seinem Kerngehalt verzichtet wird.[432] - Im übrigen ist im Hinblick auf branchenübliche Gepflogenheiten oft ein *stillschweigender Verzicht* des Urhebers auf das Bestimmungsrecht anzunehmen, wobei jedoch eine strenge Prüfung insofern vorzunehmen ist, als die Branchenüblichkeit nicht als Vorwand vorgeschoben werden darf, um das soziale Ungleichgewicht zu Lasten des Urhebers zu perpetuieren.[433]

Diese Überlegungen bilden auch den Ausgangspunkt für die Stellung von angestellten Urhebern:[434] Demnach ist der Arbeitgeber grundsätzlich berechtigt, die Urheberbezeichnung zu untersagen, wenn sich die Notwendigkeit dazu aus dem Inhalt des Arbeitsvertrages ergibt. Dem liegt der Gedanke zugrunde, daß die wirtschaftliche Verwertung des Arbeitsergebnisses nicht durch Namensnennung oder Signierung beeinträchtigt werden darf.[435] Das Urheberbezeichnungsrecht kann somit nur dann ausgeübt werden, wenn es dem betrieblichen Zweck nicht zuwiderläuft und wenn die Urheberbezeichnung branchen- oder

---

[430] Vgl. dazu *Schricker (Dietz)*, § 13, Rdnr. 14 f; zu den Sonderbestimmungen bei Werken der bildenden Kunst, vgl. *Schricker (Dietz)*, § 13, Rdnr. 16.

[431] *Schricker (Dietz)*, § 13, Rdnr. 22 f.

[432] Vgl. *Schricker (Dietz)*, § 24, Rdnr. 24, auch vor §§ 12 ff, Rdnr. 28.

[433] Z.B. *Schricker (Dietz)*, § 13, Rdnr. 25; *Fromm/Nordemann (Hertin)*, § 13, Rdnr. 9.

[434] *Schricker (Dietz)*, § 13, Rdnr. 24 ff.

[435] *Vinck*, S. 41; *Schricker (Rojahn)*, § 43, Rdnr. 80.

betriebsüblich ist.[436] Ansonsten ist ein stillschweigender Verzicht des Urhebers auf das Urheberbezeichnungsrecht anzunehmen.[437]

2.2.1.1.2. Großbritannien

2.2.1.1.2.1. Überblick über die Vorschriften des CDPA

Das *right to be identified as author or director* wird in den Secs. 77 mit 79 CDPA sehr detailliert beschrieben; im Gegensatz zum deutschen Gesetzgeber gab sich der britische mit einer bloßen Niederlegung des Grundsatzprinzipes nicht zufrieden.

Wie im deutschen Recht ist die *Form* der Bezeichnung dem Urheber vorbehalten, wobei unter anderem auch die Verwendung von Pseudonymen oder Initialen möglich ist;[438] in jedem Fall aber muß die Urheberbezeichnung klar sein und in angemessener Weise hervortreten.[439] Mit dem Fall, daß ein Urheber die Zuordnung seines Namens zum Werk ablehnt, da er anonym bleiben will, beschäftigt sich das Gesetz nicht.[440] Die *Umstände*, unter denen der Urheber Anspruch auf das Urheberbezeichnungsrecht erheben kann, variieren je nach Werkart; in jedem Fall besteht das Recht nur dann, wenn eine Berührung des jeweiligen Werkes mit der Öffentlichkeit erfolgt.[441]

Anders als nach deutscher Rechtslage wird das britische Urheberbezeichnungsrecht nur wirksam, wenn es *in bindender Weise geltend gemacht* (*asserted*) wurde.[442] Die Beanspruchung des Rechtes durch den Urheber kann auf zweierlei Weise erfolgen: erstens (im Falle der Übertragung des Copyright am Werk)

---

[436] *Fromm/Nordemann (Vinck)*, § 43, Rdnr. 3 d).

[437] *Schricker (Dietz)*, § 13, Rdnr. 27.

[438] Sec. 77(8) CDPA.

[439] Sec. 77(7) CDPA.

[440] Zu den damit verbundenen Komplikationen unten Teil 2, Kapitel 4, Ziffern 2.2.1.2.2.1. und 2.2.1.2.3.

[441] Secs. 77(2), 77(3), 77(4) CDPA.

[442] Sec. 78(1) CDPA.

mittels einer Erklärung des Urhebers im Übertragungsdokument und zweitens mittels eines anderen, vom Urheber unterzeichneten Schriftstückes.[443]

Die Art der Geltendmachung des Urheberbezeichnungsrechtes bestimmt, wer *zur Wahrung des Rechtes verpflichtet* ist. Im *ersten Fall*, nämlich wenn auf das Recht im Copyright-Übertragungsdokument Anspruch erhoben wurde, hat einerseits derjenige eine Pflicht zur Respektierung des Rechtes, auf den das Copyright übertragen wurde (*assignee*) sowie andererseits auch jeder Dritte, in dessen Hände das Copyright oder eine Lizenz gelangt (*anyone claiming through him*), und zwar gleichgültig, ob der jeweilige Copyright- oder Lizenzempfänger Kenntnis von der Beanspruchung des Rechtes hat oder nicht.[444] Im *zweiten Fall*, nämlich wenn sich der Urheber das Recht nicht im Übertragungsdokument, sondern in einem anderen Schriftstück vorbehalten hat, sind dagegen nur diejenigen Personen gehalten, das Recht zu respektieren, die von seiner Geltendmachung Kenntnis erlangt haben (*anyone to whose notice the assertion is brought*).[445]

Im Gegensatz zur Situation im deutschen Recht kann sich der Urheber in Großbritannien nicht nur mit einer Verletzung seines Urheberbezeichnungsrechtes einverstanden erklären, sondern auf das Recht auch durch ein von ihm unterzeichnetes Schriftstück schon im voraus *umfassend verzichten*.[446] Ein *formaler Verzicht* kann sich auf ein bestimmtes Werk des Urhebers, auf Werke einer bestimmten Art, auf seine Werke im allgemeinen sowie auf bereits existierende oder künftige Werke beziehen; der Verzicht ist sowohl bedingt als auch bedingungslos möglich und kann auch unter einen Widerrufsvorbehalt gestellt werden. Wenn ein Verzicht zugunsten des Inhabers oder künftigen Inhabers des Copyright ausgeübt wird, ist zu vermuten, daß er sich auch auf dessen Lizenznehmer und Rechtsnachfolger erstreckt, es sei denn, es wird eine gegenteilige Absicht geäußert.[447] Auch ein *formloser Verzicht* kann für den Urheber gemäß

---

[443] Sec. 78(2) CDPA. Zusätzliche Wege der Geltendmachung des Rechtes auf Urheberbezeichnung ergeben sich bei Werken der Kunst, die öffentlich ausgestellt werden, Sec. 78(3) CDPA; zur Frage, wer in diesem Fall durch die Beanspruchung des Rechtes zu seiner Wahrung verpflichtet ist, Sec. 78(4)(c) und (d) CDPA.

[444] Sec. 78(4)(a) CDPA. Dazu ausführlich *Bainbridge*, S. 88 ff.

[445] Sec. 78(4)(b) CDPA.

[446] Vgl. Secs. 87(1) und (2) CDPA.

[447] Vgl. Sec. 87(3) CDPA.

den allgemeinen Grundsätzen des Vertragsrechtes oder der Verwirkung (*estoppel*) bindend sein.[448]

Der britische Gesetzgeber verankerte im CDPA eine Reihe ausdrücklicher *Ausnahmen* vom Recht auf Urheberbezeichnung: Aunahmen bestehen für bestimmte Werkarten,[449] für spezielle Umstände des Werkschaffens (angestellte Urheber),[450] für gewisse Arten der Werkverwertung[451] sowie für Werke mit bestimmten Copyright-Inhabern.[452]

2.2.1.1.2.2. Vergleich des CDPA mit dem *Common Law*

Im britischen Recht ist insofern eine umfassende Neuerung eingetreten, als das Urheberbezeichnungsrecht vor Inkrafttreten des CDPA nirgendwo im *Copyright Law* gesetzlich fundiert war. Es blieb dem Urheber im *Common Law* jedoch vorbehalten, dieses Recht bei einer Übertragung oder Lizenzierung seines Copyright *vertraglich geltend zu machen*. Doch zur Respektierung des Rechtes

---

[448] Sec. 87(4) CDPA.

[449] Computerprogramme, Muster typographischer Schriftzeichen und computererzeugte Werke; Sec. 79(2) CDPA.

[450] Sec. 79(3) CDPA.

[451] Werknutzungen, die im Rahmen der *Schranken* des Copyright Law erlaubt sind, d.h. die redliche Benutzung zur Berichterstattung über Tagesereignisse mittels Tonaufnahme, Film, Sendung oder Kabelprogramm (Sec. 79(4)(a) CDPA), die beiläufige Aufnahme eines Werkes in ein Werk der Kunst, eine Tonaufnahme, einen Film, eine Sendung oder ein Kabelprogramm (Sec. 79(4)(b) CDPA), ferner die Nutzung für Prüfungsfragen (Sec. 79(4)(c) CDPA), parlamentarische und gerichtliche Verfahren (Sec. 79(4)(d) CDPA), königliche Kommissionen und gesetzliche Untersuchungen (Sec. 79(4)(e) CDPA), Muster-Dokumente und Modelle (Sec. 79(4)(f) CDPA), überdies die Verwertung eines von einem Werk der Kunst abgeleiteten Musters (Sec. 79(4)(g) CDPA), sowie die Nutzung anonymer oder pseudonymer Werke, an denen das Copyright erloschen oder deren Urheber verstorben ist (Sec. 79(4)(h) CDPA). Darüber hinaus ist auch die Nutzung von Werken ausgenommen, die zur *Berichterstattung* über Tagesereignisse geschaffen wurden (Sec. 79(5) CDPA). Und schließlich betrifft die Ausnahme auch Veröffentlichungen in *bestimmten Kategorien von Publikationen*, nämlich in Zeitungen, Zeitschriften oder ähnlichen periodisch erscheinenden Druckschriften (Sec. 79(6)(a) CDPA) sowie in Enzyklopädien, Wörterbüchern, Jahrbüchern oder anderen Nachschlagewerken (Sec. 79(6)(b) CDPA), wenn das Werk jeweils zum Zwecke einer solchen Veröffentlichung geschaffen wurde oder mit Zustimmung des Urhebers dafür zur Verfügung gestellt wurde.

[452] Werke, an denen ein Copyright der Krone oder des Parlaments besteht sowie Werke, an denen Copyright ursprünglich einer internationalen Organisation zusteht (Sec. 79(7)(a) und (b) CDPA).

verpflichtet war dadurch gemäß dem Grundsatz des *privity of contract*[453] nur der jeweilige *Vertragspartner*, nicht aber Dritte, die das Copyright oder eine Lizenz von ihm oder einem seiner Rechtsnachfolger erwarben. Nur der Vertragspartner des Urhebers war also gehalten, den Urheber gemäß der vertraglichen Vereinbarung als solchen kenntlich zu machen. Gegen *Dritte* dagegen konnte der Urheber das Recht auf Urheberbezeichnung *nicht direkt* durchsetzen, vielmehr konnte er nur gegen seinen Vertragspartner vorgehen und darauf hoffen, daß sein Recht auf indirektem Wege gewahrt würde. Konkret hatte der Urheber nur einen Schadensersatzanspruch gegen seinen Vertragspartner, welcher seinerseits mittels eines *indemnity contract*[454] auf den Dritten Regreß nehmen oder ihn zur Anerkennung des Urheberbezeichnungsrechtes bewegen konnte. Hatte der Vertragspartner des Urhebers es jedoch versäumt, sich durch einen *indemnity contract* mit dem Dritten gegen Ansprüche des Urhebers abzusichern, blieb dem Urheber nur der Schadensersatzanspruch gegen seinen Vertragspartner, denn letzterer hatte keine Möglichkeit, das Anbringen der Urheberbezeichnung unter Androhung einer Schadensersatzforderung gegen den Dritten durchzusetzen.

In bezug auf das Erfordernis der *Geltendmachung* des Urheberbezeichnungsrechtes trat also für den Urheber *de facto* keine Verbesserung ein, denn genau wie vor Inkrafttreten des CDPA fällt es auch heute noch ihm zur Last, das Recht ausdrücklich zu beanspruchen. Der Urheber muß insofern heute genauso auf der Hut sein wie zu der Zeit, als nur *Common Law*-Regeln existierten.

Abgesehen davon ist die gesetzliche Regelung für den Urheber gegenüber dem *Common Law* jedoch insofern von Vorteil, als er sich das Recht auf Urheberbezeichnung heutzutage nicht nur - wie vorher - zum Zeitpunkt eines Vertragsschlusses vorbehalten kann, sondern mittels eines unterzeichneten Schriftstückes auch noch *nachträglich*.[455] Doch nach seinem Tod scheint eine rechtswirksame Anspruchserhebung auf das Recht durch seine Rechtsnachfolger nicht mehr möglich zu sein.[456] Unklar ist, ob eine nachträgliche Geltendmachung des Rechtes auch rückwirkend wirkt.[457] Und im Falle der Klageerhebung

---

[453] Rechtsdoktrin, derzufolge nur die Vertragspartei rechtlich gebunden ist, nicht aber Dritte.

[454] Garantievertrag, Haftungsfreistellungsvertrag.

[455] Sec. 78(2)(b) CDPA; vgl. *Bainbridge*, S. 89.

[456] Sec. 78(2)(b) CDPA verlangt die Unterschrift des Urhebers selbst; *Bainbridge*, S. 89.

[457] Vgl. *Bainbridge*, S. 89.

wegen Verletzung dieses Rechtes wird die nachträgliche Erhebung eines Anspruchs auf das Recht vor Gericht als schuldhafte Verzögerung gelten und fast zwangsläufig zur Minderung des Schadensersatzes führen.[458]

Einen entscheidenden Vorteil bringt die gesetzliche Regelung bei Geltendmachung des Urheberbezeichnungsrechtes im Copyright-*Übertragungsvertrag*, und zwar im Hinblick auf den Personenkreis, für den die Beanspruchung des Rechtes verbindlich ist. Hier hat nicht nur der Vertragspartner eine Pflicht zum Anbringen der Urheberbezeichnung, sondern auch Dritte, an die das Copyright übertragen oder lizenziert wird, und zwar unabhängig davon, ob sie von der Geltendmachung des Rechtes wissen oder nicht. Der Urheber kann sein im Übertragungsvertrag beanspruchtes Recht auf Urheberbezeichnung also - anders als im *Common Law* - auch *direkt* gegen Dritte durchsetzen und muß sich im Zweifelsfall nicht nur mit Schadensersatz begnügen.

Davon sind jedoch die beiden Fälle zu unterscheiden, in denen sich der Urheber das Urheberbezeichnungsrecht erstens nicht im Übertragungsvertrag und zweitens nicht vertraglich, sondern nachträglich vorbehalten hat. In diesen beiden Fällen greift der CDPA nur in beschränktem Maße zugunsten des Urhebers ein. Fall eins: Wird auf das Urheberbezeichnungsrecht im *Lizenzvertrag* Anspruch erhoben, haben Dritte nur dann eine Pflicht zur Wahrung des Rechtes, wenn sie von seiner Geltendmachung tatsächlich Kenntnis erlangen. Möchte der Urheber hier Dritte zur Respektierung seines Urheberbezeichnungsrechtes in jedem Falle verpflichten, muß er sich vertraglich absichern und bestimmen, daß Unterlizenzen nur unter Wahrung des Urheberbezeichnungsrechtes vergeben werden dürfen; damit kann der Urheber sicherstellen, daß Dritte die vom Gesetz geforderte Kenntnis bezüglich der Beanspruchung seines Rechtes erlangen. - Fall zwei: Wird auf das Urheberbezeichnungsrecht nicht vertraglich, sondern *nachträglich* Anspruch erhoben, hat der Urheber keine Möglichkeit, Copyright-Übertragungen oder Lizenzvergaben an Dritte ohne Berücksichtigung seines Urheberbezeichnungsrechtes zu verhindern; gesetzlich sind Dritte nur dann gehalten, das Recht zu respektieren, wenn sie von seiner Geltendmachung wissen.[459]

---

[458] Sec. 78(5) CDPA; *McCartney*, 15 Col.-VLA J.L. & Arts 205-245 (230) (1991).

[459] Dazu auch *Bainbridge*, S. 90.

2.2.1.1.3. Gesamtbetrachtung

Die Waagschalen des Rechts sind im Urheberrecht zugunsten des Urhebers gewichtet, im *Copyright Law* dagegen zu seinen Ungunsten.

Die *Entstehung* des Urheberbezeichnungsrechtes ist nach deutscher Auffassung eine automatische Folge des Schöpfungsaktes an sich, während dieses Recht nach britischer Rechtslage nur entsteht, wenn es vom Urheber ausdrücklich geltend gemacht wird. In Großbritannien sind Urheber daher in zweierlei Hinsicht in einer wesentlich schlechteren Position als in Deutschland: Erstens müssen sie überhaupt einmal herausfinden, daß sie sich das Urheberbezeichnungsrecht insbesondere bei der Übertragung oder Lizenzierung ihres Copyright ausdrücklich vorbehalten müssen; dies kann sich vor allem für rechtlich unbedarfte und unaufgeklärte Novizen als problematisch erweisen, denn eine nachträgliche Beanspruchung des Rechtes kann den ihnen entstandenen Schaden nur in beschränktem Maße ausgleichen. Zweitens sehen sich die Urheber, selbst wenn sie über die Notwendigkeit der Geltendmachung des Urheberbezeichnungsrechtes Bescheid wissen, oft der Übermacht ihrer Verhandlungspartner - der Werkverwerter - ausgeliefert; wie leicht unterliegen vor allem diejenigen, die nicht zu den "Superstars" zählen und von einer überlegenen Verhandlungsposition aus agieren können, den geschickten Verhandlungsstrategien korporativ organisierter und rechtlich gut beratener Verwerter.[460] - Im übrigen sollte an dieser Stelle erwähnt werden, daß die im CDPA geforderte ausdrückliche Beanspruchung des Urheberbezeichnungsrechtes von einigen Stimmen in der Literatur als Verstoß gegen das in Art. 5 Abs. 2 RBÜ verankerte Verbot von Förmlichkeiten hinsichtlich Genuß und Ausübung der RBÜ-Rechte gewertet wird.[461]

---

[460] Vgl. dazu die Kritik, die im *House of Lords* und im *House of Commons* diesbezüglich laut wurde; *Hansard, House of Lords*, Vol. 491, col. 347 (10.12.1987), "*Many of the authors for whom moral rights [were] ... enacted may be inexperienced, unbusinesslike or in a weak bargaining position; they may either be ignorant of the need for assertion of rights or feel inhibited and under pressure not to do so.*" *Hansard, House of Lords*, Vol. 495, col. 658 (29.3.1988); *Hansard, House of Commons*, Vol. 132, col. 176 f (28.4.1988); *Hansard, House of Commons*, Vol. 138, col. 176 f (25.7.1988). Vgl. auch *Brown*, 35 J.Cop.Soc. 196-209 (208) (1987/88), "*I think something is to be said for tipping the balance initially toward the creator. Except for the highly sought-after few at the top who can largely make their own terms, most writers and artists have to come to terms with the hard realities of the market. The users of works of authorship tend to be large entities; the producers atomistic.*"

[461] Vgl. *McCartney*, 15 Col.-VLA J.L. & Arts 205-245 (239 ff) (1991); vgl. auch *Hansard, House of Lords*, Vol. 491, col. 346 (10.12.1987); *Ginsburg*, [1990] 4 ENT.LR 121-130 (128) und GRUR Int. 1991, 593-605 (603).

Auch hinsichtlich der Frage, wer *zur Wahrung des Urheberbezeichnungsrechtes verpflichtet* ist, ergeben sich im deutschen und britischen Recht erhebliche Unterschiede. In Deutschland ist dieses Recht des Urhebers von jedermann zu respektieren, in Großbritannien dagegen gibt es eine Reihe gesetzlicher Konstruktionen, die hier wesentliche Einschränkungen vornehmen und das Recht erheblich aushöhlen.

Ein *Verzicht* auf das Urheberbezeichnungsrecht ist nach deutscher Rechtslage nur im Rahmen eines angemessenen Interessenausgleiches und außerdem nur insofern möglich, als der unverzichtbare Kern des Urheberpersönlichkeitsrechtes nicht angetastet wird. Dieser Schutzbestimmung zugunsten des Urhebers steht im britischen Recht eine Regelung gegenüber, die nicht den Schutz des Urhebers im Auge hat, sondern den Weg bereitet für eine möglichst ungehinderte Nutzung des Werkes durch den Verwerter. Dem Umfang des Verzichtes sind keine Grenzen gesetzt, und gesetzliche Vermutungen bewirken, daß ein Verzicht des Urhebers zugunsten bestimmter Personen automatisch zugunsten weiterer Personen ausgedehnt wird, es sei denn, der Urheber widerspricht dem ausdrücklich.

Breit angelegte, pauschale *Ausnahmen* vom Urheberbezeichnungsrecht, wie sie im britischen Recht existieren, gibt es in Deutschland nicht. Vielmehr legt das deutsche Recht Wert darauf, mittels einer umfassenden Interessenabwägung eine dem Einzelfall gerecht werdende Lösung herbeizuführen, wobei auch Verkehrsgewohnheiten und Branchenübungen sowie die Natur des Werkes und die arbeitsrechtliche Stellung des Urhebers berücksichtigt werden. Während z.B. angestellte Urheber in Großbritannien, die (wie meist) nicht Copyright-Inhaber der von ihnen geschaffenen Werke sind, ausnahmslos kein Recht auf Urheberbezeichnung haben, existiert für angestellte Urheber in Deutschland grundsätzlich ein Urheberbezeichnungsrecht, soweit dies dem betrieblichen Zweck des Arbeitgebers nicht zuwiderläuft und branchen- bzw. betriebsüblich ist.

Insgesamt gesehen entspricht die Regelung des Urheberbezeichnungsrechtes im UrhG dem Bedürfnis des deutschen Gesetzgebers, dieses Recht, das dem Urheber schon aufgrund des Schöpfungsaktes zusteht, auch gesetzlich zu würdigen. Darüber hinaus orientieren sich die von Rechtsprechung und Literatur entwickelten Grundsätze an dem besonderen Schutzbedürfnis des Urhebers in der Vertragswirklichkeit. Demgegenüber erinnert die Form der Regelung des Urheberbezeichnungsrechtes im CDPA an die althergebrachte Tradition des britischen *Copyright Law*, die stark vom viktorianischen Konzept der individuellen Selbstverantwortung geprägt ist und auch der Person des Urhebers kein besonderes Maß an Fürsorge zukommen läßt. Vielmehr muß sich der Urheber im freien Spiel kommerzieller Kräfte selbst um die Wahrung seiner Interessen bemühen und sich auf vertraglicher Basis absichern. Daß sich die Gewichte dabei zu Ungunsten des Urhebers und zugunsten seiner Vertragspartner und Werkverwerter verschieben, scheint den britischen Gesetzgeber nicht zu stören. Im Gegenteil, das Urheberbezeichnungsrecht wird im Gesetz - wohl im Hinblick auf das Interesse der Verwerter an "ungestörter" Vermarktung von Werken[462] - durch das Erfordernis der ausdrücklichen Geltendmachung, durch eine ganze Reihe umfassender Ausnahmen, durch Verzichtmöglichkeiten und diesbezügliche gesetzliche Vermutungen so ausgehöhlt, daß sein praktischer Wert für den Urheber sehr beschränkt ist.

2.2.1.2. Negativer Aspekt: Abwehr fremder Angriffe auf die Urheberschaft

2.2.1.2.1. Deutschland

§ 13 S. 1 UrhG beinhaltet das allgemeine Schutzprinzip des Rechtes auf Anerkennung der Urheberschaft.[463] Die Hauptbedeutung der Vorschrift liegt in der Abwehr fremder Angriffe auf die Urheberschaft, etwa wenn dem Urheber die Urheberschaft bestritten wird oder wenn sich (wie im Plagiat) ein Dritter die Urheberschaft selbst anmaßt. Der Urheber kann diesem Verhalten unabhängig davon Einhalt gebieten, welche Bestimmungen einseitiger oder vertraglicher Art über das Anbringen der Urheberbezeichnung getroffen worden sind, insbesondere auch dann, wenn er auf die Urheberbezeichnung verzichtet hat.[464]

Ein bindender *Verzicht* auf die Geltendmachung des allgemeinen Schutzprinzipes des § 13 S. 1 UrhG gegenüber einem Bestreiten oder einer Anmaßung der Urheberschaft ist nicht möglich, da hier der Kernbestand des Urheberpersönlichkeitsrechtes betroffen ist.[465]

---

[462] Vgl. *Stone*, S. 131.

[463] Das Urheberbezeichnungsrecht des § 13 S. 2 UrhG ist nach h.M. ein Anwendungsfall dieses Prinzipes, *Schricker (Dietz)*, § 13, Rdnr. 6; *von Gamm*, § 13, Rdnr. 2.

[464] Vgl. *Schricker (Dietz)*, § 13, Rdnr. 2 sowie Rdnr. 23.

[465] Eine eng begrenzte Ausnahme besteht aber für den *ghostwriter*, vgl. *Schricker (Dietz)*, § 13, Rdnr. 9.

Auch im Arbeitsverhältnis, bei dem ein stillschweigender Verzicht auf das Urheberbezeichnungsrecht nach § 13 S. 2 UrhG anzunehmen ist, ist der Arbeitgeber nicht dazu berechtigt, sich selbst oder einen anderen als Urheber zu benennen; vielmehr kann sich der Arbeitnehmerurheber auf seine Urheberschaft berufen und den Arbeitgeber daran hindern, seine Urheberschaft zu bestreiten oder sich diese selbst anzumaßen.[466] Eine Ausnahme zu diesen Grundsätzen gilt nur für die Fälle, in denen es die Natur des Arbeitsverhältnisses erfordert, daß die Urheberschaft nicht nach außen hin in Erscheinung tritt. So z.B. wenn der Arbeitnehmer als *ghostwriter* tätig ist, indem er für einen Vorgesetzten Reden schreibt.[467]

2.2.1.2.2. Großbritannien

2.2.1.2.2.1. Überblick über die Bestimmungen des CDPA

Der CDPA bestimmt zwar in Sec. 9(1), daß der *author* eines Werkes derjenige ist, der es erschafft, doch existiert im britischen Recht keine spezielle Vorschrift, die sich - wie im deutschen Recht - ausdrücklich mit der Abwehr fremder Angriffe auf die Urheberschaft befaßt. Letzteres kann (abgesehen vom *Common Law*) nur indirekt mittels des oben besprochenen Urheberbezeichnungsrechtes[468] (*right to be identified as author or director*) erreicht werden, und dann nur in begrenztem Ausmaß.

Keine Probleme ergeben sich hinsichtlich der folgenden drei Fälle: Erstens kann der Urheber, der auf sein Urheberbezeichnungsrecht im Copyright-*Übertragungsvertrag* erhoben hat, jedem entgegentreten, der seine Urheberschaft bestreitet oder sich diese selbst anmaßt, denn jeder ist zur Respektierung des Urheberbezeichnungsrechtes verpflichtet, unabhängig davon, ob er von der Geltendmachung des Rechtes Kenntnis hat oder nicht.[469] - Zweitens sind in bezug auf den Urheber, der sich sein Urheberbezeichnungsrecht im *Lizenzvertrag* vorbehalten hat, Dritte zur Wahrung des Rechtes nur dann verpflichtet,

---

[466] Vgl. *Schricker (Rojahn)*, § 43, Rdnr. 76, S. 587; *Fromm/Nordemann (Vinck)*, § 43, Rdnr. 3 d); *von Gamm*, § 13, Rdnr. 3.

[467] Dazu ausführlich *Schricker (Rojahn)*, § 43, Rdnr. 77 f.

[468] S. oben Teil 2, Kapitel 4, Ziffer 2.2.1.1.2.1.

[469] Secs. 78(1) i.V.m. 78(2)(a) i.V.m. 78(4)(a) CDPA.

wenn sie von seiner Beanspruchung Kenntnis haben;[470] der Urheber kann sich gegen diese Dritte, die sich die Urheberschaft anmaßen, damit wehren, daß er die Geltendmachung seines Rechtes zu ihrer Kenntnis bringt. - Drittens kann der Urheber, der es versäumt, auf sein Urheberbezeichnungsrecht zum Zeitpunkt des Vertragsschlusses Anspruch zu erheben (nämlich im Copyright-Übertragungs- oder Lizenzvertrag), durch *nachträgliche* Beanspruchung jedem, der sich die Urheberschaft anmaßt, dadurch Einhalt gebieten, daß er die Geltendmachung des Urheberbezeichnungsrechtes mittels eines von ihm unterzeichneten Schriftstückes zu dessen Kenntnis bringt.[471]

Problematisch sind für den Urheber jedoch folgende drei Fälle: Zum einen hat der Urheber, der auf die Beanspruchung des Urheberbezeichnungsrechtes im voraus bindend verzichtet,[472] keine Möglichkeit, der Anmaßung der Urheberschaft durch einen anderen mit Hinweis auf den CDPA entgegenzutreten. - Zum anderen hat auch der Arbeitnehmerurheber kein gesetzlich begründetes Recht, fremde Angriffe auf seine Urheberschaft abzuwehren, da ihn der CDPA schon von vornherein vom Urheberbezeichnungsrecht ausschließt.[473] - Schießlich ergibt sich auch für denjenigen Urheber ein besonderes Problem, der anonym bleiben, doch gleichzeitig verhindern will, daß sich andere die Urheberschaft anmaßen. Die Rechtsprechung hat sich hierzu bisher noch nicht geäußert, weshalb eine Interpretation bis zu einem gewissem Grad spekulativ bleiben muß: Erhebt der Urheber im Copyright-Übertragungs- oder Lizenzvertrag keinen Anspruch auf sein Urheberbezeichnungsrecht, um seine Anonymität zu wahren, so könnte ihn eine *nachträgliche* Geltendmachung dieses Rechtes zur Preisgabe seines Namens verpflichten, es sei denn, eine Beanspruchung des Rechtes könnte auch anonym erfolgen. Besser scheint es für einen Urheber in dieser Situation zu sein, sich sein Urheberbezeichnungsrecht *vertraglich* vorzubehalten, seine Anonymität zur Vertragsbedingung zu erklären und die Lizenzierung des Copyright nur unter ausdrücklicher Wahrung seiner Anonymität zu erlauben. Maßt sich ein Dritter die Urheberschaft an, kann er diesem nach Maßgabe des Gesetzes Einhalt gebieten.

---

470 Secs. 78(1) i.V.m. 78(2)(b) i.V.m. 78(4)(b) CDPA.

471 Secs. 78(1) i.V.m. 78(2)(b) i.V.m. 78(4)(b) CDPA.

472 Vgl. Secs. 87(1) i.V.m. 87(3)(b) CDPA. Möglich ist sowohl ein schriftlicher als auch ein formloser Verzicht. Dazu ausführlich oben Teil 2, Kapitel 4, Ziffer 2.2.1.1.2.1.

473 Secs. 79(1) i.V.m. 79(3) CDPA; s. oben Teil 2, Kapitel 4, Ziffer 2.2.1.1.2.1.

2.2.1.2.2.2. Vergleich des CDPA mit dem *Common Law*

Vor Inkrafttreten des CDPA konnte der Urheber nur auf *vertragliche Vereinbarungen* und (zum Schutz gegen Dritte) auf *Common Law-Klagen* zurückgreifen.

Vertragliche Abmachungen boten dem Urheber gemäß der *privity of contract*-Regel *nur* Schutz gegen Angriffe des *Vertragspartners* auf die Urheberschaft.[474] *Lizenzierte* der Urheber sein Copyright und blieb Inhaber desselben, so wurde vor Gericht gewöhnlich die Vertragsbedingung impliziert, daß die Urheberschaft am Werk nicht durch andere beansprucht werden kann.[475] *Übertrug* der Urheber sein Copyright dagegen, so mußte er sich das Recht der Urheberbezeichnung ausdrücklich vertraglich vorbehalten, denn andernfalls konnte er sich nicht dagegen wehren, daß sein Vertragspartner sich selbst oder einem anderen die Urheberschaft zuschrieb.[476]

Die Klage auf Schadensersatz wegen böswilliger Unwahrheit (*Tort of Malicious Falsehood*) konnte in einigen Fällen nicht nur gegen Vertragspartner, sondern *auch* gegen *Dritte* eingesetzt werden.[477] Doch wo eine böswillige Schädigungsabsicht nicht nachgewiesen wurde, schlug die Klage fehl, und der Urheber konnte den Angriff auf seine Urheberschaft nicht abwehren.[478]

Insgesamt gesehen ist die Verankerung des Urheberbezeichnungsrechtes im CDPA für den Urheber also insofern von Vorteil, als er dadurch in den meisten Fällen auch Angriffe *Dritter* auf seine Urheberschaft abwehren kann, während dies im *Common Law* nur sehr beschränkt möglich war.

---

[474] Zur Erklärung oben Teil 2, Kapitel 4, Ziffer 2.2.1.1.2.2.

[475] Vgl. *Miller v. Cecil Film Ltd.* [1937] 2 All ER 464 (*implied term*).

[476] Vgl. *Tolnay v. Criterion Film Productions Ltd.* [1936] 2 All ER 1625 (*explicit agreement*).

[477] *Lester/Mitchell*, Rdnr. 11.02.

[478] S. *Eothen Films Ltd. v. Industrial & Commercial Education - Macmillan Ltd.* [1966] FSR 356. Vgl. auch *McCartney*, 15 Col.-VLA J.L. & Arts 205-245 (211) (1991).

2.2.1.2.3. Gesamtbetrachtung

Die Unterschiede zwischen deutschem und britischem Recht beim Thema der Abwehr fremder Angriffe auf die Urheberschaft sind gravierend. Nach deutscher Rechtslage kann der Urheber niemals auf das Recht verzichten, der Anmaßung oder Bestreitung seiner Urheberschaft durch andere entgegenzutreten. Dagegen nimmt der Verzicht des Urhebers auf das Urheberbezeichnungsrecht diesem nach britischem Recht zugleich auch die Möglichkeit, sich gegen die Anmaßung der Urheberschaft durch andere auf gesetzlicher Basis zu wehren. Eine ähnliche Problematik ergibt sich bei der Arbeitnehmerurheberschaft und der nachträglichen Geltendmachung des Urheberbezeichnungsrechtes. Abhilfe kann zuweilen - wenn überhaupt - nur durch einen Rückgriff auf das *Common Law* geschaffen werden.

Diese unterschiedlichen gesetzlichen Regelungen reflektieren die philosophischen und rechtsdogmatischen Gegensätze zwischen Urheberrecht und *Copyright Law*: Die deutsche Urheberrechtslehre schuf in dem Bestreben, den Schutz des Urhebers so weit wie möglich sicherzustellen, die Lehre vom unantastbaren Kernbestandteil des Urheberpersönlichkeitsrechtes. Demgegenüber sah der britische Gesetzgeber - die Tradition des *Copyright Law* fortführend - keine Notwendigkeit, die ideellen Interessen des Urhebers wenigstens bis zu einem Mindestmaß zu garantieren, um auch den unerfahrenen oder bedrängten Urheber vor einem unbedachten Verlust seiner Rechte zu bewahren.

2.2.2. Recht auf Werkintegrität

2.2.2.1. Deutschland

In § 14 UrhG ist das Recht des Urhebers niedergelegt, eine Entstellung oder eine andere Beeinträchtigung seines Werkes zu verbieten, die geeignet ist, seine berechtigten geistigen oder persönlichen Interessen am Werk zu gefährden.

Was die Kriterien der "*Entstellung oder Beeinträchtigung*" anbelangt, so geht § 14 UrhG über Art. 6bis RBÜ hinaus, da er nicht nur die Gefährdung von Ehre oder Ruf des Urhebers und damit dessen persönliche Interessen im Auge hat, sondern auch dessen geistigen Interessen an Wirkung und Bestand des Werkes Rechnung trägt. - Das Werk selbst braucht nicht unbedingt verändert worden sein, vielmehr richtet sich § 14 UrhG auch gegen eine ungebührliche Beeinträchtigung der Urheberinteressen durch Form und Art der Werkwiedergabe und -nutzung im Sinne der Minderung des geistig-ästhetischen Gesamteindruckes des Werkes.[479] Damit ist die Situation erfaßt, wenn das Werk in einen vom Urheber unerwünschten *Sachzusammenhang* gebracht wird. Hierzu zählt beispielsweise die Wiedergabe von Kirchenmusik auf Jahrmärkten, der Abdruck eines erotischen Gedichtes in einem Pornomagazin, die Verwendung von Kompositionen als Untermalungsmusik für einen den Vorstellungen des Komponisten zuwiderlaufenden Film oder allgemein die Wiedergabe eines Werkes unter herabsetzenden Begleitumständen. - Die *Vernichtung* eines Werkes durch seinen Eigentümer wird als die schärfste Form der Beeinträchtigung angesehen.[480] Bei hochwertigen Originalen der bildenden Kunst wird das Vernichtungsabwehrinteresse des Urhebers in der Regel Priorität haben, so daß dem Eigentümer ein Rückgabeangebot zum Materialwert zuzumuten ist.[481]

Bei Vorliegen einer Entstellung oder Beeinträchtigung des Werkes ist eine *Interessenabwägung* zwischen dem Werkintegritätsinteresse des Urhebers und dem vermögensrechtlichen Interesse betroffener Dritter (Nutzer, Eigentümer, Besitzer des Werkes) vorzunehmen.[482] Dabei bleiben übertriebene Empfindlichkeiten des Urhebers von vornherein außer Betracht, vielmehr wird erwartet, daß dieser auf die Realitäten des Lebens und die Gewohnheiten des Verkehrs Rücksicht nimmt.[483] So müssen bei Veröffentlichungen in Zeitungen auch ohne besondere Vereinbarung kleinere Änderungen hingenommen werden, die den Sinn des Beitrages nicht entstellen. Im Zweifelsfalle dürfte jedoch den geistigen und persönlichen Interessen des Urhebers Vorrang zu geben sein. - Bei der Interessenabwägung sind eine ganze Reihe von *Einzelkriterien* bedeutsam,[484] wie beispielsweise Art und Intensität des Eingriffes selbst, Gestaltungshöhe im Sinne von Grad der schöpferischen Eigenart des Werkes sowie im UrhG selbst angedeutete Wertungsgesichtspunkte (wie z.B. eine vom Benutzungszweck ange-

---

[479] Vgl. *Fromm/Nordemann (Hertin)*, § 14, Rdnr. 9; *von Gamm*, § 14, Rdnr. 8.

[480] Anders dagegen die Rechtsprechung, vgl. *Schricker (Dietz)*, § 14, Rdnr. 37.

[481] So z.B. *Fromm/Nordemann (Hertin)*, § 14, Rdnr. 18. Anders wird das Ergebnis bei Bauwerken und mit dem Boden fest verbundenen Großplastiken ausfallen, *Schricker (Dietz)*, § 14, Rdnr. 40.

[482] Nach *von Gamm*, § 14, Rdnr. 9 und 13, sind die Urheberinteressen jedoch nur dann von Bedeutung, wenn das Werk mit der Öffentlichkeit in Berührung kommt.

[483] *Ulmer*, § 41 II 2.

[484] Dazu ausführlich *Dietz*, 25 IIC 177-194 (183 ff) (1994).

gebene Transposition in eine andere Tonart oder Stimmlage).[485] Ferner ist bedeutsam, ob der Urheber das Werk in abhängiger Stellung geschaffen hat, denn hier sind Änderungen im Rahmen des Vertragszweckes weitgehend, wenn auch (aufgrund der Unantastbarkeit des Rechtskernes aus § 14 UrhG) nicht schrankenlos zulässig. Auch bei Bauwerken werden - angesichts von Gebrauchszweck und wirtschaftlichen Gegeninteressen des Bauwerkeigentümers - Änderungen vom Architekten meist hinzunehmen sein.[486]

Abweichende Vereinbarungen (wie die Gestattung einzelner Änderungen durch den Urheber) sind möglich. Der Gültigkeit solcher Vereinbarungen sind jedoch dann Grenzen gesetzt, wenn der Kern des durch § 14 UrhG gewährleisteten Rechtes berührt wird, etwa wenn dem Nutzungsberechtigten vertraglich das Recht zu nicht näher bezeichneten Änderungen eingeräumt wird.[487]

§ 14 UrhG steht in seinem Bemühen um änderungsspezifischen Schutz des Urhebers nicht allein, sondern ist zusammen mit den Änderungsverboten des § 39 UrhG (bei Werknutzungsverträgen) und des § 62 UrhG (bei Werknutzungen im Rahmen der Urheberrechtsschranken) sowie dem Filmentstellungsverbot des § 93 UrhG in einen *Gesamtkomplex änderungsrechtlicher Vorschriften* eingebunden.[488] Der Grundgedanke des § 14 UrhG wird in den genannten Bestimmungen für spezielle Bereiche bekräftigt, klargestellt und konkretisiert, wobei für die jeweils vorzunehmende Interessenabwägung gewisse Kriterien gesetzlich formuliert sind.

Da auch der Arbeitnehmerurheber grundsätzlich ein anzuerkennendes Interesse an der unveränderten Veröffentlichung seines Werkes hat, kommt hier das in § 39 UrhG normierte, an den Nutzungsberechtigten adressierte Änderungsverbot zur Anwendung.[489] Bei einem Arbeitsverhältnis ist jedoch der Umstand zu berücksichtigen, daß der Arbeitgeber auf die wirtschaftliche Verwertung des Werkes angewiesen ist. In bezug auf Werkänderungen benötigt er daher eine weit freiere Hand gegenüber dem Urheber als andere Nutzungsberechtigte.[490] Oft wird dem Arbeitgeber *vertraglich* das Recht eingeräumt,[491]

---

485 § 62 Abs. 2-4 UrhG.

486 Zu Vorgehendem ausführlich *Schricker (Dietz)*, § 14, Rdnr. 28-36.

487 *Ulmer*, § 41 II 1.

488 Vgl. *Schricker (Dietz)*, § 39, Rdnr. 1; § 62, Rdnr. 1; § 93, Rdnr. 1.

489 *Vinck*, S. 48.

490 Vgl. *Schricker (Rojahn)*, § 43, Rdnr. 86.

das Werk umfassend zu ändern und auch zu bearbeiten; die Grenze der vertraglich eingeräumten Änderungsbefugnis liegt jedoch vor der Entstellung des Werkes durch den Arbeitgeber (§ 14 UrhG).[492] Ist das Thema Änderungen vertraglich nicht geregelt, so muß der Arbeitnehmerurheber diejenigen Änderungen hinnehmen, die er nach *Treu und Glauben* nicht verweigern kann;[493] dies richtet sich nach dem Zweck des jeweiligen Arbeitsverhältnisses. Notwendig ist hier eine im Einzelfall vorzunehmende Abwägung des wirtschaftlichen Interesses des Arbeitgebers an der Änderung des Werkes gegenüber den ideellen Interessen des Urhebers, die Änderung auszuschließen; dabei ist auch die Branchenübung zu berücksichtigen.[494]

2.2.2.2. Großbritannien

2.2.2.2.1. Überblick über die Vorschriften des CDPA

Die Secs. 80 mit 83 CDPA verankern das *right to object to derogatory treatment of work*. Genau wie beim Urheberbezeichnungsrecht[495] beläßt es der britische Gesetzgeber auch beim Recht des Urhebers, sich einer beeinträchtigenden Behandlung seines Werkes zu widersetzen, nicht bei einer bloßen Niederlegung des Grundsatzprinzipes, sondern geht vielmehr sehr ausführlich ins Detail.

Verletzt wird das Recht auf Werkintegrität, wenn ein Werk einer beeinträchtigenden Behandlung durch Hinzufügung, Streichung, Änderung oder Bearbeitung ausgesetzt wird *und* wenn dies eine Entstellung oder Verstümmelung des Werkes darstellt oder sonst für Ehre oder Ruf des Urhebers von Nachteil ist.[496] - Das britische Werkintegritätsrecht ist in verschiedener Hinsicht wesentlich *enger gefaßt* als das deutsche. Erstens ist nach britischem Recht ein Eingriff in die Substanz des Werkes an sich verlangt, und es genügt - anders als nach deutschem Recht - nicht, daß das Werk in einen vom Urheber unerwünschten *Sach-*

---

[491] § 39 Abs. 1 UrhG.

[492] *Schricker (Rojahn)*, § 43, Rdnr. 84.

[493] § 39 Abs. 2 UrhG.

[494] *Schricker (Dietz)*, § 14, Rdnr. 34; *Schricker (Rojahn)*, § 43, Rdnr. 86 f.

[495] S. oben Teil 2, Kapitel 4, Ziffer 2.2.1.1.2.

[496] Sec. 80(2) CDPA. Wie im deutschen Recht gilt dies nur bei Berührung des Werkes mit der Öffentlichkeit, Secs. 80(3), 80(4) und 80(5) CDPA.

zusammenhang gebracht wird, der sich nachteilig auf das Werk auswirkt.[497] So wäre (wie in einem vielbesprochenen Fall)[498] die Verwendung von Kompositionen eines russischen Musikers als Untermalungsmusik für einen die Sowjetunion scharf kritisierenden Film vom Urheber rechtlich unangreifbar.[499] - Zweitens fällt die *Vernichtung* eines Werkes nicht in die Kategorien "Hinzufügung, Streichung, Änderung oder Bearbeitung", so daß auch heute - wie in dem berühmt gewordenen Fall von Lady Churchill, die das von Graham Sutherland geschaffene (doch von ihr als unschön empfundene) Portrait von Sir Winston Churchill verbrannte[500] - dem Künstler hier kein Rechtsmittel zur Verfügung steht.[501]

Anstelle der im deutschen Recht etablierten Interessenabwägung sind im CDPA eine ganze Reihe von *Ausnahmen* und *Einschränkungen* hinsichtlich des Werkintegritätsrechtes vorgesehen. Ausgenommen vom Werkintegritätsrecht sind Übersetzungen,[502] Tonart- oder Tonlagenwechsel bei Musikwerken,[503] bestimmte Werkarten[504] sowie gewisse Arten der Werkverwertung.[505] Eingeschränkt ist das Werkintegritätsrecht für einige Werkarten (Bauwerke)[506], für spezifische Umstände des Werkschaffens (angestellte Urheber)[507], für Werke mit bestimmten Copyright-Inhabern[508] und schließlich aus Gründen des *public*

---

497 Vgl. z.B. *Luckman*, 5 Cop.World 24-33 (27) (1989).

498 *Shostakovich v. Tweentieth Century Fox Film Corp.* 196 Misc. 67, 80 NYS 2d 575 (S. Ct. 1948).

499 *Dworkin/Taylor*, S. 98.

500 Vgl. "*Die Welt*" vom 13.1.1978.

501 So auch *Dworkin/Taylor*, S. 98.

502 Sec. 80(2)(a)(i) CDPA.

503 Sec. 80(2)(a)(ii) CDPA.

504 D.h. Computerprogramme oder computererzeugte Werke (Sec. 81(2) CDPA).

505 Ausgenommen ist die Verwertung von Werken, die zum Zwecke der *Berichterstattung* über Tagesereignisse geschaffen wurden (Sec. 81(3) CDPA). Eine Ausnahme besteht daneben für Veröffentlichungen in *bestimmten Kategorien von Publikationen*, nämlich in Zeitungen, Zeitschriften oder ähnlichen periodischen Druckschriften oder in Enzyklopädien, Wörterbüchern, Jahrbüchern oder anderen Nachschlagewerken, wenn diese Werke zum Zwecke einer solchen Veröffentlichung geschaffen oder mit Zustimmung des Urhebers zur Verfügung gestellt worden sind (Sec. 81(4) CDPA). Ausgenommen sind schließlich auch bestimmte Werknutzungen, die im Rahmen der *Schranken* des Copyright Law erlaubt sind, nämlich Nutzungen anonymer oder unter einem Pseudonym veröffentlichter Werke, an denen das Copyright erloschen oder deren Urheber verstorben ist (Sec. 81(5) CDPA).

506 Sec. 80(5) CDPA.

507 Sec. 82(a) CDPA. Dazu unten Teil 2, Kapitel 2, Ziffer 2.3.2.

508 Werke, an denen ein Copyright der Krone oder des Parlaments besteht sowie Werke,

interest;[509] die Einschränkung gestaltet sich dahingehend, daß der Urheber, falls er als solcher erkennbar gemacht ist, nur das Recht hat, eine ausreichende Distanzierung seiner Person von der Änderung (*disclaimer*) zu verlangen, nicht aber das Recht, sich der Änderung selbst zu widersetzen.

Wie bei den anderen *moral rights* kann sich der Urheber mit Handlungen, die sein Recht auf Werkintegrität verletzen würden, uneingeschränkt einverstanden erklären oder auf das Recht schon im voraus umfassend verzichten.[510] Dies steht in krassem Gegensatz zur deutschen Rechtslage.

2.2.2.2.2. Vergleich des CDPA mit dem Common Law

Das im CDPA gesetzlich verankerte Werkintegritätsrecht des Urhebers ist insofern neu im britischen *Copyright Law*, als dem Urheber vor Inkrafttreten dieses Gesetzes nur der Rückgriff auf *vertragliche Vereinbarungen* und *die im Common Law möglichen Klagen* blieb.

Ausdrückliche vertragliche Vereinbarungen boten dem Urheber den bestmöglichen Schutz gegen Änderungen seines Werkes, und seien es auch nur Änderungen unbedeutenderer Art.[511] In Fällen einer Copyright-*Lizenzierung* zeigten sich die Gerichte oft auch gewillt, eine Vertragsbedingung wie den Schutz vor Werkänderungen zu implizieren.[512] Dies war in Fällen der Copy-

---

an denen das Copyright ursprünglich einer internationalen Organisation zusteht (Sec. 82(1)(b) und (c) CDPA).

509 Erstens, wenn das Begehen eines Deliktes vermieden werden soll (Sec. 81(6)(a) CDPA), zweitens, wenn es um die Erfüllung einer gesetzlichen Pflicht geht (Sec. 81(6)(b) CDPA) oder drittens, wenn die BBC die Sendung all dessen zu verhindern gedenkt, was gegen den guten Geschmack oder Anstand verstößt, zu Verbrechen ermutigen oder anstacheln, zu Aufruhr führen oder die Gefühle der Öffentlichkeit verletzen könnte (Sec. 81(6)(c) CDPA). Wie von einer wachen Stimme in der Literatur bemerkt wird, kann im dritten Fall beispielsweise ein Dramatiker, der in einem Stück des sozialen Realismus Sexuelles in expliziter Form zur Sprache bringen möchte, von seinem *moral right* nichts erwarten; vielmehr wird er ausdrückliche vertragliche Absprachen treffen müssen, etwa dahin, daß strukturell bedeutsame Dinge nicht geändert werden dürfen (*Cornish*, GRUR Int. 1990, 500-505 (503) und [1989] 12 EIPR 449-452 (451); *Frisby v. British Broadcasting Corporation* [1967] Ch 932).

510 Dazu ausführlich oben Teil 2, Kapitel 4, Ziffern 2.2.1.1.2.1. und 2.2.1.1.3.

511 Vgl. *Frisby v. British Broadcasting Corporation* [1967] Ch 932 (*explicit agreement*).

512 Vgl. *Joseph v. National Magazine Co. Ltd.* [1959] Ch 14 (*implied term*).

right-*Übertragung* jedoch ausgeschlossen.[513] Überdies konnten vertragliche Ansprüche entsprechend der *privity of contract*-Regel nur gegen den Vertragspartner geltend gemacht werden, nicht aber gegen Dritte.[514]

Die *Common Law*-Klage wegen Verleumdung (*Defamation*) konnte hier oft Abhilfe schaffen, da sie gegen jedermann eingesetzt werden konnte, der ein Werk änderte und dadurch den Ruf des Urhebers schädigte.[515] Auch die *Passing-off*-Klage hatte zuweilen Erfolg.[516]

Insgesamt gesehen hatte die gesetzliche Verankerung des Werkintegritätsrechtes zwar große symbolische Bedeutung, brachte von der Substanz her jedoch keine wesentlichen Neuerungen.[517] Dies beruht vor allem darauf, daß das neue Recht nur dann zur Anwendung kommt, wenn Ehre oder Ruf des Urhebers beeinträchtigt werden; der Schutz reicht damit kaum weiter als der Schutz gegen Rufschädigung im Rahmen der *Common Law*-Verleumdungsklage.[518] - Urheber sind - genau wie vor Einführung des neuen Rechtes - gut beraten, Änderungen ihrer Werke auf vertraglicher Basis auszuschließen.[519]

2.2.2.3. Gesamtbetrachtung

Bei vergleichender Betrachtung des Werkintegritätsrechtes fällt auf, daß das deutsche Urheberrecht einerseits ausdrücklich einen weitergehenden Schutz als das britische Recht vorsieht und sich andererseits durch das Instrument der Interessenabwägung eine den Bedürfnissen des Einzelfalles gerecht werdende Flexibilität bewahrt, die sich im Zweifel - entsprechend der zugrundeliegenden

---

[513] Vgl. *Barnett v. Cape Town Foreshore Board* [1978] FSR 176.

[514] Zur Erklärung oben Teil 2, Kapitel 4, Ziffer 2.2.1.1.2.2.

[515] Vgl. *Lee v. Gibbings* (1867) 67 LTR 263; *Moseley v. Stanley Paul & Co.* [1917-1923] Mac.CC 341; *Humphreys v. Thompson & Co. Ltd.* [1905-1910] Mac.CC 148.

[516] Vgl. *Archbold v. Sweet* (1832) 172 ER 947.

[517] Von Interesse ist der Fall *Morrison Leahy Music Ltd. v. Lightbond Ltd.* [1993] EMLR 144, in dem sich *George Michael* gegen die Reproduktion seiner Kompositionen in "*Bad Boys Megamix*" wandte, und zwar aufgrund der von anderen komponierten und zwischen seine Songs implantierten *fill in*-Musik sowie aufgrund der leicht geänderten Texte. Dazu *Isherwood*, 10 IML 36-37 (1992); *Smith*, [1992] 1 ENT.LR 26-28; *Stones*, 9 IML 66-61 (1991). S. auch *Tidy v. The Trustees of the Natural History Museum* [1996] 2 ENT.LR E-27.

[518] Vgl. *Cornish*, [1989] 12 EIPR 449-452 (450).

[519] Vgl. auch *McCartney*, 15 Col.-VLA J.L. & Arts 205-245 (234) (1991).

philosophischen Grundhaltung - zugunsten des Urhebers auswirken kann. Der britische Gesetzgeber zog es dagegen vor, durch höchst detaillierte Vorschriften klare Verhältnisse zu schaffen, die vergleichsweise weniger Raum für Interpretation und Auslegung zugunsten des Urhebers lassen, damit aber wohl auch mehr Rechtssicherheit mit sich bringen. Dies ist vor allem für Verwerter von unschätzbarer Bedeutung.

2.3. Rechte, die nicht in der RBÜ verankert sind

Im UrhG findet sich ein Recht, das in der RBÜ keine Verankerung fand, obwohl dies ursprünglich geplant war:[520] das *Veröffentlichungsrecht*.[521] Dieses Recht hat keinen Eingang in die *moral rights* des CDPA gefunden.

Im CDPA existieren jedoch zwei als *moral rights* bezeichnete Rechte, die im deutschen Recht nicht Teil des Urheberrechts, sondern des allgemeinen Persönlichkeitsrechts sind, und die auch nicht in der RBÜ niedergelegt wurden. In deutsche Terminologie und Konzeption übertragen handelt es sich um das *Recht gegen falsche Zuschreibung der Urheberschaft* und das *Recht am eigenen Bild*.

2.3.1. Veröffentlichungsrecht

2.3.1.1. Deutschland

In Deutschland ist das Veröffentlichungsrecht des Urhebers ausdrücklicher Bestandteil des Urheberpersönlichkeitsrechts. Es umfaßt zwei Aspekte, nämlich erstens das Erstveröffentlichungsrecht nach § 12 Abs. 1 UrhG, das dem Urheber die Entscheidung über das Ob und das Wie der Veröffentlichung vorbehält, und zweitens das Recht der ersten öffentlichen Inhaltsmitteilung oder Inhaltsbeschreibung nach § 12 Abs. 2 UrhG.

---

[520] Vgl. *Schricker (Dietz)*, vor §§ 12 ff, Rdnr. 24.

[521] Oft genannt *Droit de divulgation* oder *right of publication*.

Wenngleich der Schutz gegen unerlaubte Erstveröffentlichung meist durch die Geltendmachung eines der Verwertungsrechte[522] erreichbar ist und das *Erstveröffentlichungsrecht* des § 12 Abs. 1 UrhG nur in einigen wenigen Fällen auch selbständige Bedeutung hat,[523] soll die ausdrückliche Verankerung dieses Rechtes im UrhG verdeutlichen, daß bei der Veröffentlichung oder Verwertung eines Werkes unter Mißachtung der Entscheidung des Urhebers über die Veröffentlichungsreife seines Werkes nicht nur die einschlägigen Verwertungsrechte des Urhebers verletzt werden, sondern auch seine ideellen Interessen.[524]

Ergänzt wird das Erstveröffentlichungsrecht des Urhebers durch das *Recht der ersten Inhaltsmitteilung*, das den Schutz vor unerwünschtem vorzeitigen Bekanntwerden des Werkes durch Mitteilung oder Beschreibung bezweckt. Es soll dem Urheber vorbehalten bleiben, der Öffentlichkeit sein Werk selbst oder eine von ihm autorisierte Mitteilung über sein Werk vorzustellen, ohne daß die Öffentlichkeit schon vorher durch mittelbare Verlautbarungen beeinflußt worden wäre. Bis zu diesem frei gewählten Zeitpunkt soll der Urheber sein Werk zudem nach eigenem Ermessen verändern können, ohne öffentlicher Kritik ausgesetzt zu sein.[525]

Beide Bestandteile des Veröffentlichungsrechtes sind in ihrem Kern *nicht übertragbar*.[526] Bei Einräumung von Nutzungsrechten über bereits fertiggestellte Werke übt der Urheber sein Veröffentlichungsrecht mit Abschluß des Nutzungsvertrages bzw. bei der späteren Erklärung der Veröffentlichungsreife aus.[527] Werden Nutzungsrechte hinsichtlich künftiger Werke im voraus eingeräumt, so ist eine Übertragung des Veröffentlichungsrechtes auf den Nutzungsberechtigten genausowenig möglich wie eine vorweggenommene Ausübung des Veröffentlichungsrechtes durch den Urheber; letzterer übt sein Recht erst nach Fertigstellung des Werkes aus, nämlich dann, wenn das Werk veröffentlichungsreif ist.[528]

---

522 §§ 15 ff UrhG.

523 Dazu *Schricker (Dietz)*, § 12, Rdnr. 13 ff; *Ulmer*, § 39 I 2.

524 *Ulmer*, § 39 I 2. Es reflektiert den Schadensersatzanspruch für den materiellen und immateriellen Schaden, § 97 Abs. 1 und 2 UrhG.

525 *Fromm/Nordemann (Hertin)*, § 12, Rdnr. 11.

526 So die h.M., vgl. *Ulmer*, § 39 II und III; *Schricker (Dietz)*, § 12, Rdnr. 28; *Fromm/Nordemann (Hertin)*, vor § 12, Rdnr. 3; a.A. *von Gamm*, § 12, Rdnr. 6.

527 So *Schricker (Dietz)*, § 12, Rdnr. 18.

528 *Schricker (Dietz)*, § 12, Rdnr. 20; *Fromm/Nordemann (Hertin)*, § 12 f, Rdnr. 2.

Der angestellte Urheber ist verpflichtet, dem Arbeitgeber das Veröffentlichungsrecht in dem Umfang zur Ausübung zu überlassen, in dem er ihm Nutzungsrechte eingeräumt hat.[529] Nicht nur über das Ob, sondern auch über das Wann und Wie der Veröffentlichung kann der Arbeitgeber entscheiden, im Zweifelsfall gewöhnlich sogar gegen den Willen des Arbeitnehmers.[530]

2.3.1.2. Großbritannien

Im Abschnitt über *moral rights* im CDPA findet sich kein Veröffentlichungsrecht des Urhebers.[531] Der eine Aspekt des Veröffentlichungsrechtes, nämlich das Recht der *ersten Inhaltsmitteilung*, ist dem britischen Recht nicht bekannt. Der andere Aspekt, nämlich das Recht des Urhebers, über das Ob und Wie der *Erstveröffentlichung* seines Werkes zu entscheiden, ist zwar tief im Gefüge des *Common Law* verankert,[532] unterscheidet sich jedoch gravierend von seinem deutschen Pendant: Letztlich ist es die Inhaberschaft des Copyright, die bestimmt, wem das Erstveröffentlichungsrecht gehört, denn grundsätzlich hat der Inhaber des Copyright auch die Kontrolle über die Veröffentlichung des Werkes.[533] Hier sind zwei Fälle zu unterscheiden:

Im ersten Fall, nämlich wenn der Urheber Copyright-Inhaber ist, hat er auch die Veröffentlichungsbefugnis.[534] Der Schutz des Veröffentlichungsrechtes ist gewährleistet durch die Möglichkeit der Klage wegen Verletzung des Copyright

---

[529] *Schricker (Rojahn)*, § 43, Rdnr. 73; vgl. *Schricker (Dietz)*, § 12, Rdnr. 20, demzufolge die Ausübung des Veröffentlichungsrechtes die vorbehaltlose Zurverfügungstellung des Werkes an den Arbeitgeber darstellt; ein Rest persönlichkeitsrechtlicher Kontrolle könne auch dem angestellten Urheber nicht versagt werden.

[530] Dazu ausführlich *Schricker (Rojahn)*, § 43, Rdnr. 74 f.

[531] In Sec. 179 A im neuen *Part I A* (eingeführt durch die *Duration of Copyright and Rights in Performances Regulations 1995*) wird ein *publication right* gewährt, das jedoch nichts mit einem urheberpersönlichkeitsorientierten Veröffentlichungsrecht zu tun hat, sondern Art. 4 RL 93/98/EWG umsetzt.

[532] *Prince Albert v. Strange* [1849] 2 DeGex & Sm. 652 (689, 695); *Gendreau*, [1988] 1 Rev.Rech.Jur. 41-59.

[533] Vgl. auch *Nimmer/Geller (Cornish)*, UK-48, § 7 [2][a]; *Eisenreich*, GRUR Int. 1988, 36-42 (38) sowie *Dietz*, 11 J.Cop.Soc.Austr. 1-18 (4) (1993); noch a.A. *Dietz*, Urheberrecht, S. 108.

[534] *Dworkin*, 12 IIC 476-492 (487) (1981). Zur Dichotomie von Urheberschaft und Inhaberschaft des Copyright im britischen Recht oben Teil 2, Kapitel 2, Ziffer 1.1.2.

(*Copyright Infringement*)[535] oder gegebenenfalls wegen Verletzung einer Geheimhaltungspflicht (*Breach of Confidence*)[536].

Im zweiten Fall, nämlich wenn der Urheber sein Copyright bezüglich eines von ihm geschaffenen oder künftig noch zu schaffenden Werkes übertragen hat und damit nicht mehr Copyright-Inhaber ist, verliert er auch die Kontrolle über die Veröffentlichung des Werkes. Dies ist beim angestellten Urheber regelmäßig der Fall. Möchte sich der Urheber die Kontrolle über die Werkveröffentlichung vorbehalten, muß er sich diese vertraglich sichern. Es geschieht nämlich nur in Einzelfällen, in denen der Urheber mit der Übertragung des Copyright an künftigen Werken die Kontrolle über die Veröffentlichung des zu schaffenden Werkes aufgibt und in denen eine extreme *inequality of bargaining power* besteht, daß die Gerichte einschreiten und den Vertrag für ungültig erklären.[537]

2.3.1.3. Gesamtbetrachtung

Die deutschen und britischen Vorstellungen vom Veröffentlichungsrecht weichen stark voneinander ab. In Deutschland ist das Recht als unverzichtbarer Bestandteil des Urheberpersönlichkeitsrechtes im UrhG niedergelegt und ist im Kern unübertragbar, auch wenn seine Ausübung in Arbeitsverhältnissen eingeschränkt ist. In Großbritannien hat es keinen Eingang in die Reihe der im CDPA neu eingeführten *moral rights* gefunden, und im *Common Law* findet sich ein Erstveröffentlichungsrecht des Urhebers nur dann, wenn dieser auch Copyright-Inhaber ist; damit ist dieses Recht in Verbindung mit einer Copyright-Übertragung frei übertragbar. Letzteres verdeutlicht die Tatsache, daß sich das Veröffentlichungsrecht des *Common Law* letzten Endes doch nicht an den ideellen Interessen des Urhebers orientiert, sondern - derer ungeachtet - quasi als "Anhängsel" des Copyright von einem Copyright-Inhaber zum anderen wandert.

---

[535] Vgl. z.B. *Doyle v. Wright* [1928-1935] HCC 243.

[536] Vgl. z.B. *Gilbert v. The Star Newspapers Co. Ltd.* (1894) 11 TLR 4; vgl. auch *Dworkin*, 12 IIC 476-492 (487) (1981); ausführlich *Copinger/Skone James*, Rdnr. 21-2 bis 21-27, S. 722 ff; *Marvin*, (1971) 20 ICLQ 675-705 (682 ff).

[537] Vgl. z.B. *Schroeder (A.) Music Publishing Co. Ltd. v. Macauley* [1974] 1 WLR 1308 (HL); *Clifford Davis Management Ltd. v. W.E.A. Records Ltd.* [1975] 1 All ER 237 (CA); s. unten Teil 2, Kapitel 3, Ziffer 2.2.2. Zur Situation angestellter Urheber unten Teil 2, Kapitel 2, Ziffer 2.3.1.1.2.

2.3.2. Recht gegen falsche Zuschreibung der Urheberschaft

2.3.2.1. Deutschland

Das Recht, das es jedem ermöglicht, einer ihm gegenüber erfolgenden falschen Zuordnung der Urheberschaft an von anderen geschaffenen Werken entgegenzutreten, ist nach deutscher Auffassung nicht Teil des Urheberrechtes, sondern Ausfluß des allgemeinen Persönlichkeitsrechtes.[538] Immerhin geht es nicht um ein Recht des Urhebers, sondern des Nicht-Urhebers.

2.3.2.2. Großbritannien

Das Recht des Nicht-Urhebers, sich dagegen zu wehren, daß ihm die Urheberschaft an Werken anderer zugeschrieben wird, steht im britischen Recht im Kapitel über *moral rights* und findet sich in Sec. 84 CDPA, der Schutz gegen *false attribution of work* gewährt.

Die Ursprünge des Rechtes gehen auf Sec. 7 des *Fine Arts Copyright Act 1862*[539] zurück; diese Vorschrift wurde später ausgebaut und in Sec. 43 des CA 1956 verankert. Selbst im Herzen der *Copyright*-Tradition wurden jedoch Stimmen laut, die Sec. 43 nicht als *moral right* im eigentlichen Sinne gelten lassen wollten, da es nicht von *Urhebern* beansprucht werden konnte, sondern nur von *Nicht-Urhebern*.[540] Die Bestimmung wurde jedoch ungeachtet dieser Einwände in den CDPA aufgenommen, revidiert, erweitert und findet sich nun in Sec. 84 CDPA.

---

[538] *Dietz*, Droit Moral, S. 18 f; *Schricker (Dietz)*, § 13, Rdnr. 11. Zum Verhältnis von allgemeinem Persönlichkeitsrecht und Urheberpersönlichkeitsrecht: *Fromm/Nordemann (Hertin)*, vor § 12, Rdnr. 9 ff.

[539] 25 & 26 Vict., c. 68.

[540] *Catterns*, [1980] February EIPR 61-62 (61), "*Section 43 has little or nothing to do with what French copyright lawyers call droit moral: it deals largely with passing off. Section 43 imposes a statutory duty, breach of which is actionable at the suit of any person whose name is affixed to a work of which he is not the author, not at the suit of an author whose work is attributed to someone else. It is not a right; and it has nothing to do with paternity (as in Article 6bis of the Paris Act of the Berne Convention).*" A.A. dagegen *Phillips*, [1980] April EIPR 133-134.

Neben dieser durch den CDPA gewährten Klagemöglichkeit gibt es für zu Unrecht als Urheber bezeichnete Nicht-Urheber auch die althergebrachten *Common Law*-Klagen. Zu nennen sind hier die Klagen wegen falscher Herkunftsangabe (*Passing-off*), wegen Verleumdung (*Defamation*) oder gegebenenfalls wegen Vertragsverletzung (*Breach of Contract*).[541] Die gesetzliche Anspruchsgrundlage der Sec. 84 CDPA ist diesen *Common Law actions* jedoch weit überlegen, da sie auch denjenigen zur Verfügung steht, die nach *Common Law* keine Aussicht auf Erfolg hätten: Was die *Passing-off*-Klage betrifft, so verspricht sie nur dann Erfolg, wenn der Beklagte den Namen des Klägers verwendet, um vorzutäuschen, daß sein Werk vom Kläger geschaffen wurde; die Täuschung muß dem geschäftlichen Ruf oder *goodwill* des Klägers Schaden zufügen.[542] Daher kann jemand, der nicht gewerbsmäßig tätig ist und demnach nicht Schutz seines Geschäftsrufes geltend machen kann, keinen Erfolg von einer *Passing-off*-Klage erwarten.[543] - Was die Klage wegen *Defamation* angeht, so setzt sie eine Täuschung des Beklagten voraus, die den persönlichen oder geschäftlichen Ruf des Klägers schädigt; doch in Fällen von versteckter Andeutung (*innuendo*) ist eine Rufschädigung oft nicht beweisbar.[544]

Wie hinsichtlich der anderen *moral rights*, kann sich der Urheber auch mit der Verletzung seines Rechtes aus Sec. 84 CDPA einverstanden erklären oder auf das Recht schon im voraus umfassend verzichten.[545]

2.3.2.3. Gesamtbetrachtung

Es ist bezeichnend, daß das Recht des Nicht-Urhebers, sich gegen die Zuschreibung der Urheberschaft an Werken anderer zu wehren, früher als die anderen *moral rights* gesetzliche Verankerung in Großbritannien fand. An dieser

---

541 Vgl. *Copinger/Skone James*, Rdnr. 22-56.

542 Beispiele erfolgreicher *Passing-off*-Klagen finden sich in *Lord Byron v. Johnston* (1826) 35 ER 851; *Samuelson v. Producers' Distributing Co. Ltd.* [1932] 1 Ch 201; *Ridge v. The English Illustrated Magazine Ltd.* [1911-1916] Mac.CC 91.

543 *Dworkin*, [1986] 11 EIPR 329-336 (331); der Kläger in *Moore v. News of the World Ltd.* [1972] 1 QB 441 (449) konnte sich z.B. nur auf Sec. 43 CA 1956 berufen, nicht aber auf *Passing-off*.

544 Vgl. z.B. *Gilbert v. Boosey* (1889) 87 LTR 335.

545 Secs. 87(1) und (2) CDPA; dazu z.B. oben Teil 2, Kapitel 4, Ziffer 2.2.1.1.2.1.

Stelle sollte man sich die traditionelle Abneigung des britischen Rechtssystems dagegen vergegenwärtigen, positiv formulierte Rechte des Individuums im Gesetz niederzuschreiben.[546] Auch wenn man wohl kaum vermutet hätte, daß der Nicht-Urheber durch ein dem "Phänomen Urheberschaft" gewidmetes Gesetzeswerk mehr profitieren würde als der Urheber, ist es genau das, was der britische Gesetzgeber bereits im CA 1956 bewirkte.

Schrieb beispielsweise Brown ein Werk, das unter dem Namen des Green veröffentlicht wurde, so gab der Gesetzgeber dem Brown zunächst kein Rechtsmittel in die Hand, sondern beeilte sich, gesetzliche Regelungen zugunsten des "bemitleidenswerten" Green zu entwerfen, der ja zu Unrecht als Urheber "stigmatisiert" worden war und dem somit Schadensersatz für diesen Fleck auf seiner weißen Weste gebührte. Auch wenn sich die Situation für Brown durch die neuerliche Einführung des Urheberbezeichnungsrechtes[547] geändert hat, führt die historische Gewichtung der Rechte doch deutlich vor Augen, mit welcher Nonchalance der britische Gesetzgeber die ideellen Interessen des Urhebers überging. Dies steht in krassem Gegensatz zur deutschen Urheberrechtslehre.

2.3.3. Recht am eigenen Bild

2.3.3.1. Deutschland

Auch das Recht am eigenen Bild,[548] das es jedem ermöglicht, über die Verbreitung und öffentliche Schaustellung seines Bildnisses zu entscheiden, ist nach deutscher Auffassung Ausfluß des allgemeinen Persönlichkeitsrechtes und nicht Teil des Urheberrechtes.[549] Dies beruht darauf, daß das Recht nicht dem Urheber, sondern dem Abgebildeten zusteht.[550]

---

546 Dazu ausführlicher oben Teil 2, Kapitel 4, Ziffer 1.4.2.

547 Dazu oben Teil 2, Kapitel 4, Ziffer 2.2.1.1.2.1.

548 § 22 KUG (Ausnahmen nach §§ 23 und 24 KUG).

549 *Schricker (Gerstenberg)*, § 60 (UrhG)/§ 22 KUG, Rdnr. 2.

550 *Ulmer*, § 6 II 3.

2.3.3.2. Großbritannien

Im Abschnitt über *moral rights* gibt Sec. 85 CDPA demjenigen, der die Herstellung einer Fotografie oder eines Filmes zu privaten und häuslichen Zwecken in Auftrag gibt, das Recht, über die Verbreitung, öffentliche Ausstellung, Vorführung oder Sendung derselben zu bestimmen.

Diese Vorschrift resultierte aus einer gesetzlichen Änderung hinsichtlich der originären Inhaberschaft des Copyright bei Auftragswerken. Nach der Spezialvorschrift der Sec. 4(3) CA 1956 gehörte das Copyright an auftragsmäßig geschaffenen Fotografien, Portraits oder Stichen dem Auftraggeber (d.h. dem Abgebildeten). Knipste beispielsweise ein Berufsfotograf ein Hochzeitsfoto, konnte er das Vervielfältigungsrecht etwa bei späterem Bekanntwerden der Abgebildeten nicht an die Presse verkaufen.[551] - Da es seit Inkrafttreten des CDPA keine solche Spezialvorschrift mehr gibt und der Fotograf damit als originärer Copyright-Inhaber über das Copyright verfügen kann,[552] greift das neue Recht am eigenen Bild ein, um dem Abgebildeten die Wahrung seiner Privatsphäre zu ermöglichen.

2.3.3.3. Gesamtbetrachtung

Genau wie beim Recht auf Anerkennung der Nicht-Urheberschaft[553] fällt es auf, daß im CDPA Rechte der Nicht-Urheber niedergelegt sind, die auch nach britischer Auffassung nicht zu den "Werkschaffenden" gehören. Zum einen ist dies symptomatisch für ein Gesetzeswerk, bei dem die Rechte des Urhebers nicht im Vordergrund stehen, sondern vielmehr nur neben allen anderen Interessengruppen Beachtung finden. Zum anderen ist selbst im Rahmen der Grundkonzeption des CDPA - die alle an der Werkschaffung beteiligten natürlichen und juristischen Personen als *authors* ansieht - aus rechtssystematischer Sicht folgende Kritik abzubringen: Es scheint, daß der Abschnitt über *moral rights* (wohl aus Mangel an einer anderen geeigneten "Schublade") dazu hergenommen wurde, die Interessen derjenigen zu verwahren, die mit Werkschaffung selbst im britischen Sinne überhaupt nichts zu tun haben. - Im Vergleich dazu zeigt

---

[551] Vgl. z.B. *Mail Newspapers Ltd. v. Express Newspapers Ltd.* [1987] FSR 90.

[552] Secs. 9(1) i.V.m. 11(1) CDPA.

[553] Oben Teil 2, Kapitel 4, Ziffer 2.3.2.2.

sich das Urheberrecht geradezu puritanisch, indem es zwischen *Urheber*persönlichkeitsrechten und *allgemeinen* Persönlichkeitsrechten streng unterscheidet.

2.4. Schutzdauer

Beim Erlöschen des Urheberrechts 70 Jahre p.m.a. erlischt nach der monistischen Auffassung des deutschen Urheberrechts auch das Urheberpersönlichkeitsrecht als Individualbefugnis.[554] - Ähnlich hängt auch im britischen *Copyright Law* die zeitliche Begrenzung der *moral rights* von der Dauer des Copyright am Werk ab[555] (70 Jahre p.m.a. seit der europäischen Harmonisierung der Schutzdauer[556]). Eine Ausnahme besteht nur für das Recht auf Nicht-Anerkennung der Urheberschaft, das auf 20 Jahre p.m.a. begrenzt ist.[557]

2.5. Synopsis

Bei dem Versuch einer Gesamtbeurteilung der Stellung von Urheberpersönlichkeitsrechten und *moral rights* im deutschen bzw. britischen Recht ist es wichtig, sich die philosophische Tradition vor Augen zu halten, aus denen die beiden Rechtssysteme jeweils hervorgingen. In der deutschen Urheberrechtslehre stehen die persönlichkeitsrechtlichen Interessen der Urheber schon seit langem völlig gleichberechtigt neben ihren vermögensrechtlichen Interessen und bilden mit letzteren eine untrennbare Einheit. - Demgegenüber basiert die britische Rechtslage auf einer Tradition, die Copyright als Instrument zur Verwirklichung ausschließlich materieller und wirtschaftlicher Interessen betrachtet. Die Verankerung von Rechten, die bislang nur am Rande Beachtung erfahren hatten und nunmehr ausdrücklich den ideellen Interessen einer kleinen, in gewisser Weise elitären Minderheit dienen, konnte nur insoweit geschehen, als dies mit der kommerziell orientierten Logik des *Copyright*-Systems in Einklang stand. Insbesondere war nach Auffassung des britischen Gesetzgebers darauf Rücksicht zu nehmen, daß die Position der Verwerter von Copyright-Material nicht ungebührlich beeinträchtigt würde.

---

554 § 64 Abs. 1 UrhG; vgl. auch *Schricker (Dietz)*, vor §§ 12 ff, Rdnr. 33.

555 Sec. 86(1) CDPA.

556 Art. 1 Abs. 1 RL 93/98/EWG; Sec. 12(1) CDPA, neu formuliert durch Reg. 7(a) *Duration of Copyright and Rights in Performances Regulations 1995*.

557 Sec. 86(2) CDPA.

Das im CDPA zum Ausdruck kommende Resultat wurde in der Literatur als halbherzig, ja sogar zynisch bezeichnet.[558] Die Debatten im *House of Lords* und im *House of Commons* lassen erkennen, daß die gesetzliche Fundierung von *moral rights* nur aufgrund einer kühl kalkulierten *Appeasement*-Politik im Sinne der nominellen Übereinstimmung mit RBÜ-Vorschriften geschah, daß man jedoch nicht vom eigentlichen Wert der *moral rights* überzeugt war.[559] Aufgrund dieser (von Verwerter-Lobbyisten entscheidend mitbestimmten) Einstellung[560] war es von vornherein klar, daß die Ausgestaltung dieser Rechte im Gesetz von verschiedenen Mechanismen begleitet würden, die die Interessen der Verwerter vor den "Gefahren" der *moral rights* bewahren sollten.

Besonders hervorzuheben sind hier drei Mechanismen, die nicht nur den Verfechtern urheberpersönlichkeitsrechtlichen Gedankengutes in *Civil Law*-Systemen das Herz bluten lassen, sondern auch in der *Common Law*-Welt auf herbe Kritik stießen.[561] - Der erste betrifft das Instrument eines sogar formlos möglichen, auch im voraus einräumbaren, uneingeschränkten Pauschalverzichtes auf *moral rights*.[562] Diese Vorschrift hat in der Praxis wohl oder übel zur Folge, daß gut beratene Verwerter den Verzicht auf *moral rights* im allgemeinen und auf das Werkintegritätsrecht im besonderen ausnahmslos zur Vertragsbedingung machen, um sich eine uneingeschränkte Hand in bezug auf die verschiedenen Werkverwertungsmöglichkeiten vorzubehalten.[563] Unbeschlagene oder auf den "Durchbruch" hoffende Urheber werden dem Druck der oft übermächtigen Korporationen kaum standhalten können.[564] - Die zweite besonders zu betonende Be-

---

558 *Ginsburg*, [1990] 4 ENT.LR 121-130 (129) und GRUR Int. 1991, 593-605 (604).

559 Vgl. z.B. die Bemerkung von *John Butcher* (stellvertretender Staatssekretär für Industrie und Verbraucherfragen), *Hansard, House of Commons*, Vol. 138, col. 181 (25.7.1988), "*We defer to the Berne Convention to the extent that we need to sign it to get appropriate protection for our works and our intellectual and industrial property rights in other countries ... It is for the national Governments to decide how far they go in slavish adherence to its provisions and in observing its spirit and practicalities.*"

560 *Martino*, [1993] 90 L.Soc.Gaz. 17-20 und [1992] 142 New L.J. 1084-1086.

561 Vgl. *Ginsburg*, [1990] 4 ENT.LR 121-130 (126, 128) sowie GRUR Int. 1991, 593-605 (599, 602 f); *Cornish*, [1989] 12 EIPR 449-452 (452) sowie GRUR Int. 1990, 500-505 (505); *Dworkin*, 5 AIPJ 5-36 (28 f) (1994).

562 Dazu z.B. oben Teil 2, Kapitel 4, Ziffer 2.2.1.1.2.1.

563 Vgl. *Durie*, [1991] 2 ENT. LR 40-49 (48).

stimmung ist das Erfordernis der ausdrücklichen (schriftlichen) Geltendmachung des Urheberbezeichnungsrechtes, das die Gewichte noch weiter zugunsten der Verwerter verschiebt. - Drittens stechen die verschiedenen Ausnahmen und Einschränkungen ins Auge, die das an sich schon sehr weitmaschige Netz der *moral rights* noch weiter durchlöchern.

Im übrigen ist auffallend (wenn vielleicht auch nicht überraschend), daß mit dem Recht auf Anerkennung der Nicht-Urheberschaft und dem Recht am eigenen Bild zwei Vorschriften in den Abschnitt über *moral rights* Eingang gefunden haben, die mit *Urheber*persönlichkeitsrechten im eigentlichen Sinne nichts zu tun haben, sondern vielmehr allgemeine Persönlichkeitsrechte darstellen. Daß von den vier gesetzlich verankerten *moral rights*-Bestimmungen die Hälfte den Nicht-Urhebern gewidmet ist, mag ebenso Symbolwert für die Wertschätzung des britischen Gesetzgebers für die Interessen der Urheber haben.

Insgesamt betrachtet kommt man zumindest von deutscher Warte aus nicht an der Feststellung vorbei, daß die neu eingeführten *moral rights* einen vergleichsweise zaghaften Charakter haben und in verschiedener Hinsicht regelrecht ausgehöhlt wurden.[565] Versucht man jedoch, die britische Lösung gleichsam von einem übergeordneten, neutralen Standpunkt aus einzuschätzen, so muß man zugeben, daß das *Droit moral* aus einem spezifischen rechtlichen und kulturellen Umfeld heraus erwachsen ist und daß es daher nicht ohne weiteres in ein Rechtssystem ohne urheberpersönlichkeitsrechtliche Tradition "eingepflanzt" werden kann. Da eine ideologische Transformation des *Copyright Law* wohl

---

[564] Dieser Gefahr war sich in den parlamentarischen Debatten vor allem *Lord Graham of Edmonton* bewußt, *Hansard, House of Lords*, Vol. 493, cols. 1335-1342 (25.2.1988). Fast zynisch mutet hier die Bemerkung von *Lord Beaverbrook* an, der für die Einführung *formfreier* Verzichte auf das Urheberbezeichnungsrecht und das Werkintegritätsrecht plädierte und allgemein für eine möglichst reibungslose Annahme des vorgeschlagenen Gesetzeswerkes im House of Lords zu sorgen suchte, *Hansard, House of Lords*, Vol. 493, col. 1337 (25.2.1988), *"I think that the inclusion ... can be explained simply as a matter of justice - justice, in this case, for the person exploiting the work."*

[565] Vgl. *Nimmer/Geller (Cornish)*, UK-9, § 1[2], *"Indeed, the 1988 Act now expressly provides for a variety of moral rights, but even the new statutory provisions are drafted in cautious terms. The attitude is not a neutral one; it represents a refusal to treat the aesthetic creator as a privileged being, worthy of special protection against the undue aggressions of those who commission his work or exploit it once created. This goes together with a readiness to accord new copyrights to those who make out a case for protection without much concern for whether the new entitlements stem from creation or from investment."*

kaum zu erwarten ist, muß man sich zumindest vorläufig schon mit dem formalen Zugeständnis der gesetzlichen Verankerung von *moral rights* zufrieden geben, ohne eine Imitation der Regelungen aus den alten *Droit d'auteur*-Traditionen erwarten zu wollen.[566]

[566] Strenger *Ginsburg*, [1990] 4 ENT.LR 121-130 (129) sowie GRUR Int. 1991, 593-605 (604), die die Ansicht vertritt, daß die Regelung der *moral rights* im CDPA diesen Rechten mehr geschadet als genutzt hat.

3. Teil

Harmonisierung in der Europäischen Gemeinschaft

Einführung

Die Harmonisierung des Urheberrechtes und der verwandten Schutzrechte im Rahmen der Europäischen Gemeinschaft[1] gewann in den letzten Jahren immer mehr an Dynamik, Profil und Beachtung. Die einst weit verbreitete Auffassung vom Urheberrecht als Marotte derer, die sich dem Schutz der Kunst armer Poeten in Dachkämmerchen à la Spitzweg verschrieben haben, wurde im Laufe der Zeit durch die Erkenntnis ersetzt, daß das Urheberrecht und der Leistungsschutz ins Herz der postindustriellen Gesellschaft vorrücken. Die EG sieht die Harmonisierung urheber- und leistungsschutzrechtlicher Vorschriften als essentiell an, nicht nur für das reibungslose Funktionieren des Binnenmarktes, sondern auch für die Wettbewerbsfähigkeit der EG im internationalen Forum. Somit wurde ein Rechtsgebiet aus seinem vermeintlichen Schattendasein ins Zentrum europäischer wie internationaler Aufmerksamkeit katapultiert.

In diesem Teil geht es zunächst um *Grundsätzliches* (Kapitel 1), danach um die Frage, inwiefern die europäische Harmonisierung *Brücken zwischen Copyright und Droit d'auteur* bauen kann (Kapitel 2) und schließlich um die *Zukunftsprojekte* des Gemeinschaftsgesetzgebers (Kapitel 3).

---

[1] Die einschlägigen Harmonisierungsrichtlinien basieren auf Europäischem *Gemeinschafts*recht *stricto sensu*, auch wenn in der Literatur zuweilen von Urheberrecht und Leistungsschutzrechten in der Europäischen *Union* gesprochen wird. Gleichzeitig wird hier jedoch auf *EU*-Staatsangehörige Bezug genommen, im Sinne der *Unions*bürgerschaft gem. Art. 8 Abs. 1 EGV. Genaue Angaben zu Gesetzgebung und Rechtsprechung in der Gemeinschaft sowie sonstigen EG-Quellen finden sich unten, s. Materialien: Europäische Gemeinschaft.

1. Kapitel: Grundsätzliches

In grundsätzlicher Hinsicht ergeben sich im Hinblick auf die europäische Harmonisierung drei Fragenkomplexe, die zum einen ihre *Rahmenbedingungen*, zum anderen ihre *Phasen und Evolution* und schließlich ihre Stellung im *globalen Kontext* betreffen.

1. Rahmenbedingungen

Die Harmonisierung des Urheberrechts und der verwandten Schutzrechte in der Europäischen Gemeinschaft kann nur in einem relativ eng begrenzten Rahmen erfolgen, dessen Eckpfeiler sowohl faktische als auch rechtliche Gesichtspunkte darstellen.

In faktischer Hinsicht ist der Harmonisierungsrahmen abgesteckt durch den fundamentalen Gegensatz zwischen den *Copyright*- und den *Droit d'auteur*-Rechtsordnungen, durch die politische Natur des Einigungsprozesses sowie durch den Umstand begrenzter Ressourcen. Rechtlicher Natur sind dagegen die beschränkte Harmonisierungskompetenz der Gemeinschaft, das Prinzip der Subsidiarität, der Grundsatz der Verhältnismäßigkeit und die Umsetzungsbedürftigkeit der Harmonisierungsrichtlinien.

1.1. Faktische Gesichtspunkte

1.1.1. Dichotomie zwischen Copyright und Droit d'auteur

Die Europäische Gemeinschaft steht vor der Herausforderung, eine Brücke zu bauen, die die tiefe Kluft zwischen den Repräsentanten des angelsächsischen *Copyright*-Systems und des kontinentaleuropäischen *Droit d'auteur*-Systems überwindet.[2]

Wenn es in der Europäischen Gemeinschaft auch nur zwei Rechtsordnungen gibt, die in der *Copyright*-Tradition stehen (Großbritannien und Irland), während

---

[2] Vgl. auch *Davies*, [1981] 3 EIPR 67-71 (69).

die übrigen dreizehn Staaten (mehr oder weniger prinzipientreue) Vertreter der kontinentaleuropäischen Urheberrechtsphilosophie sind, so relativiert sich dieses augenscheinliche Ungleichgewicht, wenn man es in einem größeren Rahmen betrachtet. Die beiden Verfechter des *Copyright*-Denkens in der Europäischen Gemeinschaft finden sich in Gesellschaft der Mächtigen des *Common Law*-Rechtskreises, allen voran der USA. Daß der Rückhalt einer führenden Weltwirtschaftsmacht das Selbstbewußtsein der Minderheit in der Gemeinschaft erheblich stärkt, liegt auf der Hand.

Nüchtern betrachtet findet in der Europäischen Gemeinschaft also ein gewaltiges Tauziehen statt, geprägt durch das eifrige Bemühen der beiden Lager, den Wettkampf zu gewinnen und möglichst mit der Trophäe eines "europäischen Urheberrechts" nach eigenem Grundmodell belohnt zu werden. Deutschland und Großbritannien stehen bei diesem Wettstreit zwischen kontinentaleuropäischer und anglo-amerikanischer Tradition - jeweils auf gegenüberliegenden Seiten - in vorderster Linie. Die Grundverschiedenheit ihrer beiden Rechtssysteme läßt die Probleme erahnen, die sich für die Europäische Gemeinschaft bei ihrer Harmonisierungsaufgabe ergeben.

Aufbauend auf ihrer so divergenten geschichtlichen Entwicklung und philosophischen Ausrichtung unterscheiden sich bereits die Grundbegriffe und -vorstellungen beider Systeme in elementarer Weise. Diese Dichotomie soll hier noch einmal kurz zusammengefaßt werden.

Das deutsche Urheberrecht - Repräsentant der kontinentaleuropäischen Rechtstradition - hat eine streng naturrechtliche Fundierung und stellt die Schöpferpersönlichkeit ins Zentrum des Rechts. Der deutsche Gesetzgeber traf eine Reihe von Grundentscheidungen, die allesamt auf einem für das deutsche Urheberrechtsverständnis elementaren Prinzip aufbauen - dem Schöpferprinzip. Die Schwelle des Urheberrechtsschutzes liegt grundsätzlich über dem Niveau des Investitionsschutzes, weshalb der urheberrechtliche Werkbegriff nur solchen Kreationen vorbehalten ist, die ein bestimmtes Maß an individueller Gestaltungshöhe vorweisen können. Werke im Sinne des Urheberrechts können nur von natürlichen Personen (den Urhebern) geschaffen werden und sind strikt zu trennen von den Leistungen juristischer Personen (den Produzenten), welche die Werke der Urheber verwerten und einer breiten Öffentlichkeit zugänglich machen. "Urheber" im Sinne des Urheberrechts sind also ausnahmslos natürliche Personen, nie jedoch juristische Personen. Der Urheber ist immer zugleich auch Inhaber des Urheberrechts, was sich für den angestellten Urheber so auswirkt, daß der Arbeitgeber nur derivativ Nutzungsrechte am Werk erwerben kann. Auch der Verwerter des vom Urheber geschaffenen Werkes kann nur derivativ vom Urheber Nutzungsrechte erhalten, denn das Urheberrecht selbst ist unübertragbar. Da der Gesetzgeber die Person des Urhebers als die schwächere Vertragspartei im Verhältnis zum Werkverwerter ansah und ihr deshalb besonderen Schutz zuteil werden lassen wollte, sind im UrhG eine Reihe von Vorschriften enthalten, die den Schutz des Urhebers gegenüber dem Werkverwerter garantieren sollen. Diese dem Wohl des Urhebers verpflichtete Grundeinstellung des Gesetzgebers kommt auch darin zum Ausdruck, daß das Urheberpersönlichkeitsrecht mitten im Herzen des Urheberrechtes platziert ist; dies entspricht dem Gedanken der untrennbaren Einheit von ideellen und materiellen Interessen des Urhebers.

Das britische *Copyright Law* repräsentiert die anglo-amerikanische Rechtstradition und verwirklicht ein Rechtsdenken, das in krassem Gegensatz zum deutschen Urheberrechtsverständnis steht. Auf den Grundpfeilern Positivismus, *Common Law* und *freedom of contract* steht ein Gesetzesgebäude, das die Bedürfnisse des Werkschöpfers den Interessen des Werkverwerters unterordnet, da es das zwischen beiden Parteien bestehende Ungleichgewicht nicht zugunsten der schwächeren Partei ausbalanciert. Grundlegend ist im britischen Recht das Investitionsschutzprinzip, das sich wie ein Leitfaden durch das gesamte *Copyright Law* zieht. Die Schutzschwelle liegt im *Copyright Law* auf dem Niveau des Investitionsschutzes, was im laxen Erfordernis der *originality* britischer Prägung zum Ausdruck kommt. Da die Maxime des Investitionsschutzes jedoch sowohl den Bereich des (nach deutscher Teminologie) "klassischen Urheberrechts" als auch den der "Leistungsschutzrechte" bestimmt, sah der britische Gesetzgeber diese (im deutschen Recht nicht wegzudenkende) Unterscheidung als überflüssig an und definierte die Subjekte *beider* Bereiche als *authors* (Urheber) und die Produkte ihres Schaffens als *works* (Werke). Nach britischer Gesetzessystematik sind demnach sowohl natürliche als auch juristische Personen "Urheber", und sowohl die Werke der ersteren als auch die Leistungen der letzteren sind "Werke". Urheberschaft und Inhaberschaft des Urheberrechts bilden nach britischer Rechtslage keine Einheit, sondern sind zwei voneinander unabhängige Begriffe, weshalb ein *author* nicht notwendigerweise auch *first owner* des Copyright ist. Arbeitgeber angestellter Urheber erwerben das Copyright grundsätzlich originär, womit angestellte Urheber jegliche Kontrolle über ihre Werke verlieren. Auch freischaffende Urheber sind in dieser Hinsicht nicht besser gestellt, denn das Copyright ist übertragbar, und in der Praxis ist die Übertragung des Copyright vom Werkschöpfer auf den Werkverwerter in vielen Branchen die Regel. Gesetzliche Vorschriften zum Schutz der Schöpferpersönlichkeit gegenüber dem Produzenten in der Vertragspraxis gibt es im britischen Recht nicht. Die Form der gesetzlichen Verankerung von *moral rights* im CDPA beruhte auf demselben Grundgedanken, nämlich dem Bestreben, das bewährte (Un-)Gleichgewicht zwischen Schöpfer und Verwerter nicht zu stören: Durch die strikte Trennung ideeller von materiellen Interessen sind *moral rights* nicht Teil des Copyright *stricto sensu*; überdies sind sie durch die gesetzliche Regelungstechnik so ausgehöhlt, daß sie in der Praxis keine große Bedeutung haben.

Eine Harmonisierung zweier Rechtstraditionen mit so unterschiedlicher Grundausrichtung wird jedenfalls nicht so ablaufen können, daß einem der beiden Systeme die Ideologie des anderen gleichsam übergestülpt wird.

1.1.2. Politische Natur des Einigungsprozesses

Wie bisherige Erfahrungen gezeigt haben, ist das Entstehen einer Harmonisierungsrichtlinie ein höchst politischer Prozeß, der geprägt ist von mühevoller Kleinarbeit, unzähligen Verhandlungen, hitzigen Debatten und hart erfochtenen Kompromissen. Teilnehmer sind die Repräsentanten der verschiedenen EG-Kommissionsdienststellen (GD XV, XIII und X[3]), die fachlichen Arbeitsgruppen des Rates, der Ausschuß der Ständigen Vertreter der EG-Mitgliedstaaten (COREPER), die Fachgruppen des Wirtschafts- und Sozialausschusses und die Ausschüsse des Europäischen Parlamentes. Daneben beteiligen sich Experten der EG-Mitgliedstaaten sowie "interessierte Kreise" an der Diskussion, und nicht zuletzt mischen auch die Vertreter verschiedener Interessengruppen durch intensive Lobbyaktionen kräftig mit.

Der politische Einigungsprozeß ist höchst sensibel und oft unberechenbar, und dies ganz besonders in der Materie des Urheberrechtes, stehen sich hier doch

---

[3] GD XV ist die Generaldirektion für Binnenmarkt und Finanzdienste, GD XIII die Generaldirektion für Telekommunikation, Informationsindustrie und Nutzung der Forschungsergebnisse, und GD X ist für Information, Kommunikation, Kultur und audiovisuelle Medien zuständig.

(wie oben besprochen)[4] zwei fast unversöhnliche Lager gegenüber, die die Verhandlungen nach Möglichkeit in Richtung des von ihnen erwünschten Ergebnisses zu manipulieren versuchen. Angesichts der zuweilen verhärteten Fronten hat die EG-Kommission schon manche Projekte auf die lange Bank geschoben. Als Beispiel sei hier das *Droit de suite* genannt, das seitens der Kommission bereits seit 1977 diskutiert wird, verschiedentlich in der Schublade verschwand und erst neuerdings wieder aufgegriffen und in den politischen Dialog eingebracht wurde.

Für die Rechtsangleichung im Binnenmarkt kommt das (mit dem Maastricht-Vertrag neu eingeführte) *Mitentscheidungsverfahren* des Artikel 189b EGV zum Tragen, das im Gesetzgebungsverfahren für die Gleichberechtigung des Europäischen Parlamentes im Verhältnis zum Rat sorgt. Einerseits trägt das Mitentscheidungsverfahren dem vielbesprochenen Demokratiedefizit der Gemeinschaft Rechnung, andererseits macht es jedoch den Entscheidungsprozeß durch das Einbringen neuer Elemente noch komplizierter. Betrachtet man das Schicksal der einst geplanten Richtlinie über biotechnologische Erfindungen, der durch das Veto des Europäischen Parlamentes der Todesstoß versetzt wurde,[5] so wird schlagartig klar, welches Schicksal zumindest theoretisch auch die Richtlinienvorschläge im Bereich des Urheberrechts und der Leistungsschutzrechte ereilen könnte. Zugegebenerweise handelte es sich bei der Materie der Biotechnologie um ein Thema mit besonderer politischer Brisanz, doch das Beispiel zeigt, daß Harmonisierungsbestrebungen prinzipiell durch ein Veto des Europäischen Parlamentes in eine Sackgasse geraten können.

Selbst wenn es hoffentlich niemals soweit kommen wird, ist das allgemeine politische Gerangel im Entscheidungsprozeß schon aufreibend genug. Was die Materie Urheberrecht/Leistungsschutzrechte konkret anbelangt, so stehen sich gemäß dem Gegensatz der Systeme einerseits die *Copyright*-Vertreter Großbritannien und Irland sowie andererseits die Mehrheit der EG-Mitgliedstaaten als *Droit d'auteur*-Repräsentanten gegenüber. Das auffallende Ungleichgewicht zu Ungunsten des *Copyright*-Systems ist bedeutungsvoller als man auf den ersten Blick annehmen würde, da opportunistische Koalitionen über systemspezifische

---

[4] Dazu Teil 3, Kapitel 1, Ziffer 1.1.1.

[5] Geänderter Vorschlag für eine Richtlinie des Rates über den Rechtsschutz für biotechnologische Erfindungen, ABl. EG Nr. C 44 v. 1993, S. 36; dazu *Vinje*, [1995] 8 EIPR 361-377 (367).

Gegensätze hinweg durchaus im Rahmen des Möglichen liegen. So ist es etwa denkbar, daß die *Copyright*-Anhänger - im Bemühen um Untergrabung eines bestimmten Harmonisierungsprojektes - die Unterstützung einiger *Droit d'auteur*-Vertreter gewinnen können, im Gegenzug für Unterstützung (*pro* oder *contra*) im Rahmen eines anderen (auch fachfremden) Richtlinienvorschlages.

In der Geschichte der Gemeinschaft hat sich vor allem Großbritannien schon immer als unerbittlicher Kämpfer hervorgetan, wenn es um die Wahrung seiner nationalen Interessen ging. Dies zeigte sich in neuerer Zeit beispielsweise am Alleingang Großbritanniens, als es sich weigerte, dem Abkommen der EG-Mitgliedstaaten über die Sozialpolitik beizutreten.[6] Auch der Phobie Großbritanniens, von einer Staatenmehrheit in der (durch Finnland, Österreich und Schweden erweiterten) Gemeinschaft gleichsam überrollt zu werden, wurde im Beschluß von Ioannina vom 30. März 1994 Rechnung getragen.[7]

Was auf jeden Fall bedacht werden sollte, ist folgendes: Der Versuch, 15 verschiedene Rechtsordnungen unter einen Hut zu bringen, ist ein Unterfangen, dem sich eine Vielzahl von handfesten wie auch subtilen Hindernissen politischer Art entgegenstellen. Die Berücksichtigung nationaler Grundüberzeugungen und auch Eitelkeiten ist unumgänglich, wenn der Seiltanz "Harmonisierung" ein Erfolg werden soll.

---

[6] Abkommen zwischen den Mitgliedstaaten der Europäischen Gemeinschaft mit Ausnahme des Vereinigten Königreichs Großbritannien und Nordirland über die Sozialpolitik, beigefügt dem Protokoll über die Sozialpolitik zum Vertrag über die Europäische Union, 1992, BGBl. II S. 1253; geänd. durch Beitrittsvertrag v. 24.6.1994, BGBl. II S. 2022, i.d.F. des Beschlusses v. 1.1.1995, ABl. EG Nr. L 1/1.

[7] Nach der in Art. 148 EGV festgelegten Stimmgewichtung haben Frankreich, Deutschland, Italien und Großbritannien je 10 Stimmen, Spanien 8 Stimmen, die Niederlande, Belgien, Griechenland und Portugal je 5, Schweden und Österreich je 4, Dänemark, Irland und Finnland je 3 und Luxemburg 2 Stimmen. Mit der Erweiterung der Gemeinschaft am 1. Januar 1995 erhöhte sich einerseits die für eine qualifizierte Mehrheit notwendige Stimmenzahl von 54 (aus 76 Stimmen) auf 62 (aus 87 Stimmen); andererseits hätte sich jedoch auch die für eine Blockierung von Ratsbeschlüssen notwendige Stimmenzahl von 23 auf 26 erhöht. Großbritannien setzte sich für die Beibehaltung der für eine Blockierung notwendigen 23 Stimmen ein, da die Briten fürchteten, daß es sonst erheblich schwieriger werden würde, Ratsbeschlüsse zu stoppen. Folgendes wurde im Beschluß von Ioannina zugestanden: Sollten sich 23, 24 oder 25 Stimmen gegen einen Ratsbeschluß wenden, so wird der Rat innerhalb einer angemessenen Frist alles in seiner Macht stehende tun, um eine zufriedenstellende Lösung zu finden, die mit 65 Stimmen angenommen werden kann. Damit *kann* die für eine Blockierung von Ratsbeschlüssen notwendige Stimmenzahl u.U. bei 23 bleiben.

1.1.3. Begrenzte Ressourcen

Daß das Tempo der europäischen Harmonisierung im Bereich des Urheberrechts und der Leistungsschutzrechte nicht dem eines Intercity, sondern vielmehr nur dem eines Eilzuges gleichen kann, wird klar, wenn man den kleinen Mitarbeiterstab der für diese Rechtsmaterie hauptsächlich zuständigen Kommissionsdienststelle[8] betrachtet: In der betreffenden Abteilung der mit Binnenmarktfragen befaßten Generaldirektion[9] widmen sich den einschlägigen Harmonisierungsfragen weniger als zehn Kommissionsbeamte bzw. -angestellte, von denen etwa ein Drittel mit Verwaltungs- bzw. Sekretariatsaufgaben beschäftigt sind. Für Uninformierte, die sich über die Ineffizienz der "riesigen Brüsseler Bürokratie" aufregen, wäre es heilsam, mitzuerleben, in welchen Unmengen von Arbeit diese relativ kleine Abteilung zu ersticken droht. Die Papierflut wird verursacht durch Schreiben aller möglichen Interessengruppen, die bei der Kommission ein offenes Ohr für ihre Anliegen suchen oder sie um Informationen bitten, durch unzählige interne Mitteilungen und Diskussionsunterlagen z.B. über den Stand von Harmonisierungsverhandlungen in einzelnen Teilbereichen des Urheberrechts und der Leistungsschutzrechte und nicht zuletzt durch die "Tonnen" von Papier, die als Antwort auf die in den Grünbüchern gestellten Fragen aus allen Ecken Europas eintreffen.

Bestrebungen, den Mitarbeiterstab der Kommissionsdienststellen zu erweitern, um die Arbeitslast besser bewältigen zu können, scheitern meist daran, daß die finanziellen Ressourcen der Gemeinschaft beschränkt sind.[10]

1.2. Rechtliche Gesichtspunkte

1.2.1. Kompetenz

Während die Legislativorgane eines Staates aufgrund dessen umfassender Verbandskompetenz und ihrer Organkompetenz grundsätzlich jede Materie gesetzlich regeln können, bedürfen die Rechtssetzungsorgane der Europäischen

---

[8] Daneben tragen auch Abteilungen der Generaldirektionen X und XIII ein gewisses Maß an Mitverantwortung.

[9] Genannt GD XV E4.

[10] Vgl. *Posner*, NIR 1991, 77-86 (79).

Gemeinschaft einer ausdrücklichen Kompetenzzuweisung im EG-Vertrag. Vor seiner expliziten Verankerung in Art. E EUV und Art. 3b Abs. 1 EGV ging dieses *Prinzip der begrenzten Einzelermächtigung* bereits aus Art. 189 Abs. 1 E(W)GV deutlich hervor. Rat, Kommission und Europäisches Parlament dürfen "nach Maßgabe des Vertrages" die in Art. 189 Abs. 1 E(W)GV vorgesehenen Rechtsakte erlassen.[11] Die Rechtssetzungsorgane dürfen also nur dort tätig werden, wo der EG-Vertrag die Verbandskompetenz der Gemeinschaft begründet, und außerdem sind ihre Rechtsakte in der jeweils vorgeschriebenen Form abzufassen, d.h. als Verordnung, Richtlinie etc.[12]

Art. 100 E(W)GV, die allgemeine Kompetenzgrundlage für die Rechtsangleichung, die Einstimmigkeit erfordert, wurde für die Herstellung des Binnenmarktes durch Art. 100a E(W)GV verdrängt, der Abstimmungen mit qualifizierter Mehrheit zuläßt. Daneben haben Art. 57 Abs. 2 E(W)GV und Art. 66 E(W)GV[13] spezielle Kompetenzgrundlagen für verschiedene Projekte der Rechtsangleichung im Bereich des Urheberrechts und der Leistungsschutzrechte geliefert.

Eine Angleichung der Rechts- und Verwaltungsvorschriften der EG-Mitgliedstaaten kann auf dem Gebiet des Urheberrechts und der Leistungsschutzrechte (genau wie auch auf anderen Rechtsgebieten) nur insofern geschehen, als dies der Errichtung und dem Funktionieren des Binnenmarktes dient.[14] Nur dann, wenn die geltenden einzelstaatlichen Vorschriften Unterschiede aufweisen, die etwa den freien Warenverkehr oder den freien Dienstleistungsverkehr behindern oder die Wettbewerbsbedingungen im Binnenmarkt verfälschen können,[15] sind die Organe der Europäischen Gemeinschaft auf den Plan gerufen. Eine Harmonisierung von Teilbereichen des Urheberrechts und der Leistungsschutz-

---

[11] Verordnungen, Richtlinien, Entscheidungen, Empfehlungen und Stellungnahmen.

[12] Das Prinzip der begrenzten Einzelermächtigung wird durch die Ermächtigung zur Vertragslückenschließung gemäß Art. 235 E(W)GV zwar nicht durchbrochen, aber gelockert: Wenn ein Tätigwerden der Gemeinschaft erforderlich erscheint, um im Rahmen des Gemeinsamen Marktes eines ihrer Ziele zu verwirklichen, wenn die hierfür erforderlichen Befugnisse aber nicht vorgesehen sind, so erläßt der Rat (unter Beteiligung der anderen beiden Rechtssetzungsorgane) einstimmig die geeigneten Vorschriften.

[13] Vgl. die Abschnitte über die Niederlassungs- bzw. Dienstleistungsfreiheit im EGV.

[14] Vgl. Art. 3 E(W)GV, insbesondere die Buchstaben c), g) und h).

[15] Damit sind die in Art. 30 und 36 E(W)GV, Art. 59 und 66 E(W)GV sowie Art. 85 und 86 E(W)GV verankerten Grundsätze angesprochen, die Teil des in Art. 7a EGV (= Art. 8a EWGV) beschriebenen Binnenmarktkonzeptes sind.

rechte, die nicht unmittelbar vom Binnenmarktgedanken getragen ist, scheidet damit von vornherein aus.

Überdies könnten neben dieser rein *wirtschaftlichen* Betrachtungsweise auch noch *kulturpolitische* Gesichtspunkte eine gewisse Rolle spielen, da sich der enge Aktionsradius der Europäischen *Wirtschafts*gemeinschaft mit der Umbenennung in "Europäische Gemeinschaft"[16] vergrößert hat. Die im neuen Art. 128 EGV erwähnte kulturpolitische Tätigkeit der Gemeinschaft verdeutlicht dies. Dennoch muß eine Harmonisierungskompetenz der Gemeinschaft auf der Grundlage von Art. 128 EGV ausscheiden: Zwar bestimmt Art. 128 Abs. 4 EGV, daß die Gemeinschaft bei ihrer Tätigkeit aufgrund anderer Bestimmungen des EG-Vertrages den kulturellen Aspekten Rechnung trägt, doch schließt Art. 128 Abs. 5 EGV (erster Gedankenstrich) die Harmonisierung der Rechts- und Verwaltungsvorschriften der Mitgliedstaaten ausdrücklich aus.[17]

1.2.2. Subsidiarität

Die Handlungskompetenz der Europäischen Gemeinschaft unterliegt dem vielbesprochenen *Subsidiaritätsprinzip*, das nunmehr im EG-Vertrag explizit verankert ist.[18] Dieses Prinzip besagt, daß die Gemeinschaft in den Bereichen, die nicht in ihre ausschließliche Zuständigkeit fallen, nur dann tätig wird, sofern und soweit die Ziele der in Betracht gezogenen Maßnahmen auf Ebene der Mitgliedstaaten nicht ausreichend erreicht werden können und daher wegen ihres Umfangs oder ihrer Wirkungen besser auf Gemeinschaftsebene verwirklicht werden können. Passivität seitens der Gemeinschaft ist gemäß dieser Kompetenzausübungsschranke somit dann angesagt, wenn das Handeln der EG-Mitgliedstaaten zur Zielverwirklichung ausreicht.

Die bloße Tatsache, daß die Harmonisierung von Einzelaspekten des Urheberrechts und der Leistungsschutzrechte "eine gute Idee" wäre, kann die Europäische Gemeinschaft also nicht zum Einschreiten bewegen. Für dieses Rechtsgebiet bedeutet Subsidiarität vielmehr, daß für die Gemeinschaft kein Hand-

---

[16] Seit 1.11.1993.

[17] Daneben sind zur Kompetenzbegründung in der Literatur vereinzelt soziale Aspekte herangezogen worden; vgl. *Pfeifer*, in: *Schricker/Bastian/Dietz* (Hrsg.), S. 87-123 (102).

[18] Art. 3b Abs. 2 EGV.

lungsbedarf besteht, wenn die einzelnen EG-Mitgliedstaaten selbst gesetzgeberisch tätig sein können, ohne daß dadurch Handelsbarrieren oder Wettbewerbsverzerrungen innerhalb der Gemeinschaft entstehen.[19] Das urheber- und leistungsschutzrechtliche Mandat der Gemeinschaft ist also auf Binnenmarktrelevanz beschränkt.

1.2.3. Verhältnismäßigkeit

Eine weitere Kompetenzausübungsschranke findet sich in Art. 3b Abs. 3 EGV, der das (als allgemeiner Rechtsgrundsatz seit langem anerkannte) *Prinzip der Verhältnismäßigkeit* nunmehr ausdrücklich verankert. Der Verhältnismäßigkeitsgrundsatz setzt demnach nicht nur den Mitgliedstaaten beim Vollzug von Gemeinschaftsrecht und bei der Beschränkung von Grundfreiheiten Schranken, sondern auch der Gemeinschaft bei der Ausübung der Gemeinschaftskompetenzen im Verhältnis zu den Mitgliedstaaten. In bezug auf die Angleichung urheber- und leistungsschutzrechtlicher nationaler Bestimmmungen wird somit verlangt, daß eine Harmonisierungsmaßnahme das Ziel eines möglichst reibungslosen Funktionierens des Binnenmarktes verfolgt und daß die Maßnahme zur Erreichung dieses Zieles geeignet, erforderlich und angemessen ist.

1.2.4. Umsetzung der Harmonisierungsrichtlinien

Da die Rechtsangleichung im gemeinschaftlichen Kontext nicht Uniformität bedeutet, stellt sich die *Richtlinie* als das am besten geeignete Instrument dar, um eine Harmonisierung mitgliedstaatlicher Rechtsvorschriften zu erreichen. Die Richtlinie ist für die Mitgliedstaaten, an die sie gerichtet ist, nur hinsichtlich des zu erreichenden Zieles verbindlich und überläßt ihnen die Auswahl der Form und Mittel, die sie für die Erreichung des Zieles als geeignet ansehen.[20] Die Richtlinie ist insofern also ein Kompromiß zwischen der Notwendigkeit eines EG-weit einheitlichen Rechtes und der weitestmöglichen Wahrung nationaler Eigenheiten. Sie gibt den Mitgliedstaaten einen Handlungsspielraum bei der Umsetzung in innerstaatliches Recht und trägt dadurch zugleich gewissen nationalen Souveränitätsempfindlichkeiten Rechnung.

---

[19] Vgl. auch *Kreile/Becker*, GRUR Int. 1994, 901-911 (902).

[20] Art. 189 Abs. 3 E(W)GV.

Die Gemeinschaft muß sich allerdings darauf verlassen können, daß die Mitgliedstaaten die meist recht detaillierten und komplizierten Bestimmungen der Richtlinien in geeigneter Weise ins nationale Recht umsetzen. Die Pflicht zur ordnungsgemäßen Umsetzung ergibt sich aus Art. 189 Abs. 3 E(W)GV und Art. 5 Abs. 1 S. 1 E(W)GV. Der Umsetzungsakt muß Rechtsnormcharakter haben und den Erfordernissen der Rechtssicherheit und Rechtsklarheit entsprechen, so daß schlichte Verwaltungspraktiken bzw. die bloße Übereinstimmung der innerstaatlichen Praxis mit dem durch die Richtlinie geforderten Zustand nicht genügen.[21] Der Kommission kommt in ihrer Funktion als "Hüterin des Gemeinschaftsrechts" insoweit die wichtige Aufgabe zu, die ordnungs- und fristgemäße Umsetzung der Richtlinien in den Mitgliedstaaten zu überwachen, jeden ihr bekannt gewordenen Vertragsverstoß zu verfolgen und als *ultima ratio* (nach entsprechendem Vorverfahren[22]) notfalls Aufsichtsklage (Vertragsverletzungsklage) nach Art. 169 E(W)GV vor dem EuGH zu erheben.

Für Individuen besteht überdies die Möglichkeit, vom säumigen Mitgliedstaat unter bestimmten Voraussetzungen Ersatz der Schäden zu verlangen, die ihnen durch die Nicht-Umsetzung oder die unzulängliche Umsetzung einer Richtlinie entstanden sind.[23] Zum einen muß hierfür die Umsetzungsfrist abgelaufen sein, und zum anderen muß die betreffende Richtlinie unmittelbare (vertikale) Wirkung entfalten. Die Richtlinie muß also so hinreichend genau formuliert sein, daß daraus unmittelbar (ohne Umsetzungsspielraum für den nationalen Gesetzgeber) Rechte abgeleitet werden können, auf die sich der einzelne gegenüber mitgliedstaatlichen Behörden und Gerichten berufen kann.

---

[21] Ständige Rechtsprechung, vgl. z.B. EuGH Urteil vom 15. Oktober 1986, Rs. 168/85, *Kommission der Europäischen Gemeinschaften gegen Italienische Republik*, Slg. 1986, 2945.

[22] D.h. Mahnschreiben an den Mitgliedstaat; mit Gründen versehene Stellungnahme; Klage zum EuGH nach Nichtbefolgung der Stellungnahme seitens des Mitgliedstaates innerhalb der gesetzten Frist.

[23] EuGH-Urteil vom 19. November 1991, Rs. C-6/90 und C-9/90, *Francovich, Bonifaci et al. gegen die Republik Italien*, Slg. 1991 I-5357; [1993] 2 CMLR 66; GRUR Int. 1992, 417; Anm. v. *Bebr* in CMLRev. 1992, 557-584 (nicht fristgerechte Umsetzung); neuerdings EuGH-Urteil vom 5. März 1996, *Brasserie du Pêcheur SA gegen die Bundesrepublik Deutschland* (Rs. C-46/93); *Regina gegen Secretary of State for Transport, ex parte Factortame Ltd. and Others* (Rs. C-48/93), [1996] 1 CMLR 889; für die Anwendung der Prinzipien auf die unkorrekte Umsetzung von Richtlinien vgl. EuGH-Urteil vom 26. März 1996, Rs. C-392/93, *Regina gegen HM Treasury, ex parte British Telecommunications plc* [1996] 2 CMLR 217.

Der Erfolg einer Harmonisierung urheber- und leistungsschutzrechtlicher Bestimmungen hängt also nicht nur im Entstehungsprozeß einer Richtlinie, sondern auch noch nach ihrem Erlaß in entscheidendem Maße von der Kooperationsbereitschaft der Mitgliedstaaten ab. *Nach* Erlaß einer Richtlinie kann auf einen säumigen bzw. unkooperativen Mitgliedstaat mit rechtlichen Mitteln jedoch ein erheblich größerer Druck ausgeübt werden als *vor* ihrem Zustandekommen.

2. Phasen und Evolution der Harmonisierung

Wenn das Binnenmarktkonzept schon von je her Kernbestandteil des Harmonisierungsgedankens war, so wandelten sich im Laufe der Zeit jedoch die Perspektiven, von denen aus dieser Begriff beleuchtet wurde. Insgesamt unterzog sich die Harmonisierungsidee einer Evolution, die den allmählichen Aufbruch der Gemeinschaft in ein neues Zeitalter nachzeichnet.

2.1. Planungsphase

Die erste größere Initiative für die Angleichung der nationalen Rechtsvorschriften auf dem Gebiet des Urheberrechts und der Leistungsschutzrechte hatte einen kulturpolitischen Ausgangspunkt.[24] Hier brachte das Europäische Parlament mit seiner am 13. Mai 1974 einstimmig erlassenen Resolution[25] den Stein ins Rollen, indem es die EG-Kommission unter anderem dazu aufforderte, Harmonisierungsmaßnahmen im Bereich Urheberrecht und verwandte Schutzrechte vorzuschlagen. Die Kommission reagierte auf diese Aufforderung einerseits mit der Veröffentlichung einer Reihe von Dokumenten zum Thema "Gemeinschafts-

---

[24] Vgl. *Dietz*, GRUR Int. 1978, 101-142 (105). Zur ursprünglichen Auslotung der Möglichkeiten einer europäischen Urheberrechtsharmonisierung s. auch *Dietz*, 10 IIC 395-411 (1979) und *ders.* in [1980] June EIPR 189-193 sowie RIDA 117 (1983) 49-79 und 16 IIC 379-410 (1985). Genaue Angaben zu Gesetzgebung und Rechtsprechung in der Gemeinschaft sowie sonstigen EG-Quellen finden sich unten, s. Materialien: Europäische Gemeinschaft.

[25] Entschließung zum Schutz des europäischen Kulturgutes, 1974, s. insbes. Punkt 11: "[das Parlament] ... ersucht die Kommission, die Maßnahmen vorzuschlagen, die vom Rat zur Angleichung der einzelstaatlichen Rechtsvorschriften über den Schutz des Kulturguts sowie über die Urheberrechte und "verwandten" Rechte beschlossen werden müßten."

aktion im kulturellen Bereich"[26] und andererseits mit der Beauftragung von Experten, die rechtsvergleichende Studien zu verschiedenen urheber- und leistungsschutzrechtlichen Themen erstellen sollten.[27]

Hatte sich bisher die auf kulturellem Gebiet tätige Generaldirektion mit dem Urheberrecht und den Leistungsschutzrechten beschäftigt, so deutete sich insofern eine neue Phase an, als sich mit diesem Rechtsbereich nun auch die für Binnenmarktfragen zuständige Generaldirektion intensiv auseinandersetzte.[28] Einen wesentlichen Anstoß gab hier wohl das 1985 erschienene Binnenmarkt-Weißbuch, das die Materie des Urheberrechts und der verwandten Schutzrechte in die zum Zwecke der Binnenmarktvollendung erstellte Prioritätenliste aufnahm.[29] Inspiriert durch die zunehmende wirtschaftliche Bedeutung der urheber- und leistungsschutzrechtlichen Schutzgegenstände in der EG[30] und alarmiert durch die potentiell immense Verwundbarkeit dieses Wirtschaftssektors durch immer raffiniertere Mittel der Vervielfältigung und Verbreitung, veröffentlichte die EG-Kommission 1988 ein "Grünbuch über Urheberrecht und die technologische Herausforderung". Darin wurde eine relativ eng begrenzte Liste von urheber- und leistungsschutzrechtlichen Fragen in den Vordergrund gestellt,

---

[26] Die Aktion der Gemeinschaft im kulturellen Bereich, 1977; Verstärkung der Gemeinschaftsaktion im Bereich Kultur, 1982; Neue Impulse für die Aktion der Europäischen Gemeinschaft im kulturellen Bereich, 1987; Das Buch: ein unverzichtbarer Bestandteil des kulturellen Lebens in Europa, 1989.

[27] Die wichtigsten dieser Studien sind die folgenden: *Dietz*, Urheberrecht; *ders.*, Urhebervertragsrecht; *Gotzen*, Le Droit des Interprètes exécutants oder Recht der Interpreten; *Davies/von Rauscher auf Weeg*, Copyright and Related Rights. Insbesondere die zuerst erwähnte Studie wurde in der Literatur Gegenstand einer lebhaften Diskussion, vgl. *Harris*, [1978] November EIPR 2-7; *Sieger*, FuR 1977, 283-290 und *Dietz*, FuR 1977, 659-662.

[28] GD III, nun GD XV; s. *Schricker*, NIR 1988, 489-504 (495) u. 20 IIC 466-484 (473) (1989).

[29] Weißbuch zur Vollendung des Binnenmarktes, 1985, Ziff. 145.

[30] Der geschätzte Anteil des Urheberrechts und der Leistungsschutzrechte am Bruttosozialprodukt der Gemeinschaft beträgt 3 % bis 5 %; *L'émergence d'un espace européen de la créativité - Le droit d'auteur et les droits voisins dans la Communauté européenne*, in: *Le dossier de l'Europe*, Nr. 9/1991. Die wirtschaftliche Bedeutung des Urheberrechts und der Leistungsschutzrechte rückte in den vergangenen Jahren weltweit immer mehr in den Vordergrund, vgl. z.B. die britischen bzw. deutschen Studien von *Phillips* bzw. *Hummel*. Dazu und zu anderen Studien weltweit *Cohen Jehoram*, GRUR Int. 1989, 23-29 = BBl. 1989, 26-32 und 20 IIC 485-497 (1989); *Röttinger*, ZUM 1990, 510-512; *Schulze, E.*, BBl. 1989, 2838-2839; *Uchtenhagen*, Dd'A 1989, 297-299 sowie ZUM 1990, 398-400.

die (laut Titel des Grünbuches) "sofortiges Handeln" erforderten.[31] Das Grünbuch wurde stark kritisiert, da es angesichts der scheinbaren Reduzierung der Rechtsmaterie auf wirtschaftliche Aspekte und angesichts der vermuteten Annäherung an den industrie-orientierten *copyright approach* ein "Urheberrecht ohne Urheber" zu schaffen drohte.[32] Die Kommission fühlte sich mißverstanden[33] und bemühte sich daraufhin in ihrem Arbeitsprogramm "Initiativen zum Grünbuch" von 1991 intensiv um ein umfassenderes Harmonisierungskonzept, das sich den Interessen der Urheber, der Unternehmen des Kultursektors, der Verbraucher und letztlich der ganzen Gesellschaft verpflichtete.[34]

2.2. Aktionsphase

Anfang der neunziger Jahre traten die europäischen Harmonisierungsbemühungen von der Planungsphase in die Aktionsphase über.[35] Die langen Vorbereitungsarbeiten trugen Früchte, als auf einmal eine Richtlinie nach der anderen erlassen wurde. Der Erlaß der Computerprogramm-Richtlinie von 1991[36] war ganz entscheidend durch die schwindelerregenden Wachstumsraten der Softwarebranche mitbestimmt, die Investitionsschutz für Produkte von herausragender wirtschaftlicher Bedeutung forderte. Was die Richtlinien zum

---

[31] Angesprochen wurden in Grünbuch zur technologischen Herausforderung, 1988, die Problemkreise Piraterie (Kap.2), audiovisuelle Vervielfältigung für private Zwecke (Kap.3), Vermietrecht (Kap.4), Computerprogramme (Kap.5), Datenbanken (Kap.6) und die Rolle der Gemeinschaft in multilateralen und bilateralen auswärtigen Beziehungen (Kap.7).

[32] Vgl. z.B. *Schricker*, NIR 1988, 489-504 (497) und 20 IIC 466-484 (475) (1989); *Dietz*, FS GRUR, Bd. II, S. 1446-1484 (1479 ff); *Möller*, ZUM 1990, 65-70 und RIDA 141 (1989) 22-55 sowie in *Gotzen*, Copyright, S. 9-20. Weitere kritische Bemerkungen zum Grünbuch (z.T. aus anderer Perspektive) von *Davies*, 6 IML 66 (1988); *Françon*, RIDA 139 (1989) 129-157; *Schulze, E.*, 4 Cop.World 16-18 (1989); *van Rij*, 6 IML 69-71 u. 75-77 (1988).

[33] Vgl. z.B. Reinbothe, zitiert nach *Movsessian*, GRUR 1990, 980-983 (982 f).

[34] Initiativen zum Grünbuch, 1991, Einführung; als "sonstige Gemeinschaftsinitiativen" wurden in Kap. 8 neben den bisher im Grünbuch zur technologischen Herausforderung von 1988 vorgestellten Themenbereichen nun auch die Problemkreise Schutzdauer, Urheberpersönlichkeitsrecht, Reprographie und *Droit de suite* aufgegriffen. Vgl. auch *Dreier/von Lewinski*, 39 J.Cop.Soc. 96-120 (99) (1991).

[35] Überblick zur Entwicklung der Harmonisierung von Urheberrecht und Leistungsschutzrechten in der Gemeinschaft: *Fleury*, 4 Fordham Intell.Prop., Media & Ent.L.J. 19-32; *Verstrynge*, 4 Fordham Intell.Prop., Media & Ent.L.J. 5-17; *Kreile/Becker*, ZUM 1992, 581-594; *Addor/Govoni*, ZUM 1995, 464-471; *Beseler*, ZUM 1995, 437-441.

[36] RL 91/250/EWG.

Vermiet- und Verleihrecht (1992)[37], zu Satellitenrundfunk und Kabelweiterverbreitung (1993)[38] sowie zur Schutzdauerharmonisierung (1993)[39] betrifft, so hatte hier der EuGH durch drei grundlegende Urteile die Harmonisierungsbemühungen der EG-Kommission in Gang gesetzt.[40] In diesen Urteilen entschied der EuGH den Konflikt zwischen nationalen Urheber- und Leistungsschutzrechten und den EG-Grundsätzen des freien Waren- und Dienstleistungsverkehrs zugunsten des nationalen Rechts, womit neue Hindernisse auf dem Weg zur Verwirklichung des Binnenmarktes deutlich wurden.[41] Da der EuGH seiner sonst so großzügig im Sinne des Binnenmarktgedankens eingesetzten Kreativität[42] hier Einhalt bot, erkannte die Kommission, daß es nun an ihr lag, den Gesetzgebungsprozeß ins Rollen zu bringen, um die erkannten binnenmarktbeeinträchtigenden Konstellationen zu eliminieren. Der Binnenmarktgedanke bestimmte auch die langjährige Arbeit der Kommission im Hinblick auf die 1996 erfolgte Vorlage eines Vorschlags zur *Droit de suite*-Richtlinie. Schließlich kündigte der Erlaß einer Harmonisierungsrichtlinie zum Schutz von Datenbanken[43] an, daß die Gemeinschaft den Aufbruch in ein neues Zeitalter erkannt hat - ein Zeitalter, in dem den Informationstechnologien eine Schlüsselrolle zukommt.

---

[37] RL 92/100/EWG.

[38] RL 93/83/EWG.

[39] RL 93/98/EWG.

[40] EuGH Urteil vom 18. März 1980, Rs. 62/79 - *Coditel SA gegen Ciné Vog Films (Nr. 1)*, Slg. 1980, 881; 12 IIC 207 (1981); EuGH Urteil vom 17. Mai 1988, Rs. 248/86 - *Warner Brothers Inc. and Metronome Video Aps. gegen Erik Viuff Christiansen*, Slg. 1988, 2605; 19 IIC 666 (1988); EuGH Urteil vom 24. Januar 1989, Rs. 341/87 - *EMI Electrola GmbH gegen Patricia Im- und Export Verwaltungsgesellschaft mbH*, Slg. 1989, 79; GRUR Int. 1989, 319; 21 IIC 689 (1990).

[41] Dazu ausführlich *Cohen Jehoram*, 23 IIC 622-629 (1992) und 25 IIC 821-839 (1994).

[42] Vgl. z.B. EuGH Urteil vom 8. Juni 1971, Rs. 78/70, *Deutsche Grammophon Gesellschaft mbH gegen Metro-SB-Großmärkte GmbH & Co. KG*, Slg. 1971, 487, [1971] CMLR 631; GRUR Int. 1971, 450. EuGH Urteil vom 20. Januar 1981, Rs. 55/80 und 57/80, *Musik-Vertrieb membran GmbH und K-tel International gegen GEMA*, Slg. 1981, 147. Zur Rechtsprechung des EuGH am Schnittpunkt von nationalem Urheber- und Leistungsschutzrecht und EG-Grundnormen z.B. *Defalque*, [1989] EIPR 435-439; *Deringer*, NJW 1985, 513-516; *Desurmont*, NIR 1991, 104-119; *Joliet*, GRUR Int. 1989, 177-185; *Reischl* in: [1990] 7 JB.INTERGU 207-221, [1987] 6 JB.INTERGU 363-377, [1983] 5 JB.INTERGU 223-247, [1979] 4 JB.INTERGU 133-221 und [1976] 3 JB.INTERGU 33-46; *Ubertazzi*, 16 IIC 46-75 (1985).

[43] RL 96/9/EG; Zu den Vorarbeiten vgl. Vorschlag zur Datenbank-Richtlinie, 1992; geänderter Vorschlag zur Datenbank-Richtlinie, 1993; gemeinsamer Standpunkt zur Datenbank-Richtlinie, 1995. Siehe auch: Mitteilung der Kommission an den Rat: Gemeinsamer Standpunkt des Rates im Hinblick auf den Erlaß einer Richtlinie des Parlaments und des Rates über den rechtlichen Schutz von Datenbanken, 1995.

2.3. Zukunftsperspektiven

Der Weg in die Zukunft ist nach Auffassung der EG-Kommission die Schaffung einer "Informationsgesellschaft" auf der Basis von Informationsnetzen, die sich auf digitale Technologien stützen. Hintergrund dieses Zukunftsmodells ist die Erkenntnis, daß sich die traditionellen Schlüsselindustrien (Kohle, Stahl, Textil etc.) in Europa im Niedergang befinden und daß in der postindustriellen Ära vor allem der Dienstleistungssektor neue Chancen für die europäische Wettbewerbsfähigkeit im internationalen Markt mit sich bringt. Die Kommission legte ihre Zukunftsvision in dem im Dezember 1993 vorgestellten Weißbuch "Wachstum, Wettbewerbsfähigkeit, Beschäftigung - Herausforderungen der Gegenwart und Wege ins 21. Jahrhundert" dar. Dieses Dokument versteht sich als Wegweisung und Reflexionsgrundlage und initiierte eine Reihe weiterer Grundsatzpapiere: Die von Kommissar Martin Bangemann geleitete Task Force legte dem Europäischen Rat auf seiner im Juni 1994 in Korfu abgehaltenen Tagung einen Bericht vor mit dem Titel "Europa und die globale Informationsgesellschaft - Empfehlungen an den Europäischen Rat". Im Juli 1994 veröffentlichte die Kommission eine Mitteilung zum Thema "Europas Weg in die Informationsgesellschaft - Ein Aktionsplan". In beiden Dokumenten wird der Schutz des geistigen Eigentums als wichtiger Eckpfeiler auf dem neu beschrittenen Weg des "globalen Dorfes" ins digitale Zeitalter erkannt. Parallel dazu setzte die EG-Kommission das *Information Society Project Office* (ISPO) ein, das *on-line* über die Aktivitäten der Gemeinschaft im Hinblick auf die Schaffung der Informationsgesellschaft informiert[44] und u.a. im Februar 1995 ein Arbeitsdokument über die technologischen, industriellen und sozialen Herausforderungen der Informationsgesellschaft sowie über die Notwendigkeit eines geeigneten rechtlichen Rahmens vorstellte.[45] Dies alles bildete den Hintergrund für das im Juli 1995 veröffentlichte Grünbuch der Kommission über "Urheberrecht und verwandte Schutzrechte in der Informationsgesellschaft".[46] Das Grünbuch leitet einen umfangreichen Konsultationsprozeß ein, der der Kommission helfen soll, ihr künftiges Harmonisierungsprogramm im Bereich Urheberrechte und verwandte Schutzrechte festzulegen. Die Kommission beabsichtigt, ausgehend vom

---

[44] Die *E-mail*-Adresse von ISPO lautet ispo@ispo.cec.be und der *Internet*-Anschluß im *World Wide Web* ist http://www.ispo.cec.be.

[45] *Introduction to the Information Society: The European Way*, 1995, S. 8.

[46] Dazu z.B. *Gaster*, ZUM 1995, 740-752; *von Lewinski*, GRUR Int. 1995, 831-837; *Pullen*, [1996] 2 ENT.LR 80-84. Ebenso unten Teil 3, Kapitel 3, Ziffer 22.

Binnenmarktkonzept, einen kohärenten Rechtsrahmen zu schaffen, der den Besonderheiten der digitalen Technologie Rechnung trägt, die Entwicklung der neuen Dienstleistungen und Erzeugnisse der Informationsgesellschaft fördert und die Position der Gemeinschaft im globalen Wettbewerb stärkt.

3. Globaler Kontext

Der Aufbruch in die Informationsgesellschaft findet auf globaler Ebene statt. Es ist die Rede von einer *Global Information Infrastructure*, die aus *Information Super-Highways* besteht und der *wired society* im *cyberspace* des *multimedia age* durch einen unaufhörlichen Daten- und Informationsfluß Glückseligkeit und Wohlstand bescheren soll. Die Informationsindustrie wurde als die Wachstumsbranche der Zukunft erkannt, deren Förderung extrem wichtig ist, da sie letztlich wirtschaftliche Macht mit sich bringt. Schon seit Jahren sind die *copyright industries* für die modernen Industrienationen wirtschaftlich sehr bedeutsam, beträgt ihr geschätzter durchschnittlicher Anteil am Bruttosozialprodukt doch zwischen 2,5% und 4,5%.[47] In der Tat sind die Urheber- und Leistungsschutzrechtsindustrien - angesichts ihrer erheblichen jährlichen Wachstumsraten - dabei, die traditionelleren Industriebranchen an wirtschaftlicher Bedeutung zu überflügeln. Getrübt wird das rosige Bild jedoch dadurch, daß die Industrienationen durch die hemmungslose Piraterie, die in Ländern mit laxen urheber- und leistungsschutzrechtlichen Vorschriften und Vorstellungen geschieht, empfindliche wirtschaftliche Einbußen erleiden. Diese potentielle wirtschaftliche Verwundbarkeit wird mit der Entwicklung der Informationsautobahnen noch größer werden.

Dies ist der Hintergrund der verschiedenen unilateralen, bilateralen und multilateralen Initiativen, die seitens der Industrienationen ergriffen wurden und die im folgenden kurz vorgestellt werden sollen, um den globalen Kontext zu verdeutlichen, in dem sich die europäische Harmonisierung des Urheberrechts und der verwandten Schutzrechte vollzieht.

---

[47] Vgl. dazu *Cohen Jehorams* Analyse der vielerorts getätigten Untersuchungen, GRUR Int. 1989, 23-29 und 20 IIC 485-497 (1989).

3.1. Unilaterale Initiativen

Die Europäische Gemeinschaft ist in ihrem Bemühen, Europas Weg in die Informationsgesellschaft zu ebnen und zu gestalten, nicht allein. Vielmehr sind diesbezügliche Initiativen weltweit zu beobachten.[48]

In den USA kam 1994 ein Grünbuch und 1995 ein Weißbuch mit dem Titel "*Intellectual Property and the National Information Infrastructure*"[49] heraus. Kanadas Interesse an der weltweit entflammten Diskussion zeigte sich in dem Dokument über "*Copyright and the Information Highway*"[50] von 1994. Japan betrat das internationale Diskussionsforum mit den 1995 veröffentlichten Publikationen über den Themenbereich "Geistiges Eigentum und Multimedia"[51]. Auch in Australien wurde 1994 ein Bericht über "*Highways to Change: Copyright in the New Communications Environment*"[52] herausgebracht. Frankreich verlieh seinen Vorstellungen zum Thema Kulturindustrien und neue Technologien im *Rapport Sirinelli*[53] von 1994 Ausdruck. Dies sind nur einige Beispiele weltweit angestellter Überlegungen auf der Suche nach Lösungen für Probleme und Fragen, die sich im Bereich Urheberrecht und Leistungsschutzrechte angesichts der neuen Technologien stellen. Gemeinsam ist diesen Studien die Erkenntnis, daß die Schaffung eines geeigneten rechtlichen Rahmens eine unerläßliche Voraussetzung ist für private und öffentliche Investitionen in zukunftsträch-

---

[48] Genaue Angaben zu diesbezüglichen Initiativen der Industrienationen unten, Materialien: Australien, Frankreich, Japan, Kanada bzw. USA.

[49] USA: *Working Group on Intellectual Property Rights*, Intellectual Property and the National Information Infrastructure (Preliminary Draft: Green Paper, July 1994; Final Report: White Paper, September 1995). Zum Grünbuch z.B. *D'Andrea*, 44 Cop.World 34-37 (1994) und *Stögmüller*, GRUR Int. 1995, 855-858; zum Weißbuch *von Lewinski*, GRUR Int. 1995, 858-860. Allgemein dazu *Kurtz*, [1996] 3 EIPR 120-126; *Nemschoff*, [1996] 3 ENT.LR 103-109.

[50] Kanada: *Copyright Subcommittee*, Copyright and the Information Highway; Draft Final Report: December 1994; Final Report: March 1995. Dazu *von Lewinski*, GRUR Int. 1995, 851-863.

[51] Japan: *MITI*, Interim Report Regarding Problems of Intellectual Property Rights in the Context of Digital Networks, January 1995. Agency for Cultural Affairs, A Report on Discussions by the Working Group of the Sub-Committee on Multimedia Copyright - Study of Institutional Issues Regarding Multimedia, February 1995. Dazu *Heath*, GRUR Int. 1995, 843-851.

[52] Australien: *Copyright Convergence Group*, Highways to Change - Copyright in the New Communications Environment, August 1994; dazu *Dreier*, GRUR Int. 1995, 837-839.

[53] Frankreich: *Commission Sirinelli*, Industries culturelles et nouvelles technologies, Septembre 1994. Dazu *Dreier*, GRUR Int. 1995, 840-843.

tige Technologien und daß davon wiederum wirtschaftliche Blüte und internationale Wettbewerbsfähigkeit abhängen.

3.2. Bilaterale Aktivitäten

Auf bilateraler Ebene ergaben sich vor allem in den achtziger Jahren Initiativen, die das Ziel verfolgten, das Geschäft der Piraterie einzudämmen, das in einigen Ländern unermeßliche Ausmaße angenommen hatte und den Herkunftsländern der illegal vervielfältigten Produkte erheblichen wirtschaftlichen Schaden zufügte.[54] Hier entwickelten insbesondere die Entwicklungs- und Schwellenländer emsige Aktivitäten, zweifelsohne mit dem Ziel, die in den Industrienationen (mit Hilfe gewaltiger Forschungs- und Entwicklungsinvestitionen) hervorgebrachte Technologie nachzuahmen, zu kopieren und zum eigenen Wohle einzusetzen.[55]

Allen voran propagierten hier die USA eine aggressive Handelspolitik gegenüber bestimmten südostasiatischen und lateinamerikanischen Staaten, die als *carrot and stick approach* bekannt wurde. Auf der Grundlage einer auf das geistige Eigentum bezogenen Vorschrift, "*Special 101*" des amerikanischen Handelsgesetzes,[56] wurde denjenigen Staaten, die amerikanischen Gütern keinen Schutz vor Piraterie boten, eine "besondere Behandlung" zuteil: Sie wurden mit Handelsschranken (wie Importbeschränkungen oder Zollerhöhungen) bestraft, die ihnen den Zugang zum amerikanischen Markt erschweren sollten.[57] Diese Handelspolitik sah Wirtschaftssanktionen zum Schutz der *copyright industries* als geeignetes Mittel an, um das US-Handelsdefizit auszugleichen, das in den achtziger Jahren seinen Höhepunkt erreicht hatte. - Doch abgesehen von einseitigen Handelsmaßnahmen nutzten die USA auch bilaterale Handelsverträge, um einerseits die eigenen Industrien im Ausland zu schützen und andererseits als "Gestalter des Welturheberrechts" fremde Urheberrechtsordnungen den Grundprinzipien des *Copyright*-Systems entsprechend zu beeinflussen.[58]

---

[54] Der Anteil der unrechtmäßig hergestellten Tonträger am gesamten Tonträgermarkt wird auf weltweit 25 % geschätzt, *Cohen Jehoram*, GRUR Int. 1989, 23-29 und 20 IIC 485-497 (490) (1989).

[55] Vgl. auch *Drexl*, GATT, S. 297.

[56] Sec. 1303 Omnibus Trade and Competitiveness Act 1988.

[57] Vgl. auch *von Lewinski*, in: FS Kreile, S. 389-402 (390 ff).

[58] Vgl. z.B. Sec. 1001(a)(6) Omnibus Trade and Competitiveness Act 1988.

Auch die Europäische Gemeinschaft versuchte (als sich das amerikanische Beispiel so gut bewährte) mit Handelssanktionen gegen unerlaubte Handelspraktiken gewisser Drittländer vorzugehen.[59] Nach der Anwendung des handelspolitischen Instrumentes in nur zwei Fällen[60] erkannte die Gemeinschaft jedoch, daß solche wirtschaftlichen Machtspiele gewaltige Ressentiments gegen die als "Erpressung" empfundenen Handelsmaßnahmen schaffen. Sie wandte sich somit von repressiven Methoden ab und dem konstruktiven Dialog auf bilateraler und multilateraler Ebene zu. Bilaterale Verträge erwiesen sich insbesondere in bezug auf die aufstrebenden ehemaligen sowjetischen und sonstigen mittel- und osteuropäischen Staaten als ein wirksames Instrument zur Angleichung des Schutzstandards im Bereich des geistigen Eigentums. Seit Ende 1989 kam es nach und nach mit einer Reihe der besagten Staaten zu verschiedenen Handels- und Zusammenarbeitsverträgen, die eine Anbindung an die Gemeinschaft und ihr hohes Schutzniveau anstrebten. Die diesbezüglichen Bestimmungen der allerersten dieser Abkommen hatten zwar noch rudimentären Charakter[61], doch wurden sie mit Abschluß weiterer Abkommen nach und nach ausgebaut und mündeten schließlich in die Assoziierungsabkommen (oft auch Interims- oder Europaabkommen genannt), die langfristig gesehen auf den Beitritt zur EG vorbereiten sollen; die Europaabkommen machten es den betreffenden Staaten u.a. zur Pflicht, ihre eigenen Rechtsvorschriften zum Schutz des geistigen Eigentums innerhalb einer fünfjährigen Frist an das EG-Schutzniveau anzugleichen.[62] Insgesamt gesehen bemüht sich die Gemeinschaft intensiv darum, die Staaten Mittel- und Osteuropas ins Harmonisierungsgeschehen einzubinden, weshalb sie deren Vertreter regelmäßig zum Meinungsaustausch über Harmonisierungsprojekte nach Brüssel einlädt.

---

[59] Dazu auch *Cohen Jehoram*, GRUR Int. 1989, 23-29 und 20 IIC 485-497 (1989). Die gemeinschaftliche Handlungsgrundlage war Verordnung (EWG) Nr. 2641/84; diese wurde 1994 ersetzt durch Verordnung (EG) Nr. 3286/94.

[60] Tonträgerpiraterie in Indonesien und Thailand, vgl. *von Lewinski*, in: FS Kreile, S. 389-402 (401).

[61] Vgl. z.B. Art. 10 Abs. 4 und den dazugehörigen Anhang des Handels- und Zusammenarbeitsabkommens zwischen der EWG und Ungarn vom 21.11.1988.

[62] Vgl. z.B. Art. 36 und den dazugehörigen Anhang des Interimsabkommens mit Polen vom 25.2.1992. Dazu auch *von Lewinski*, in: FS Kreile, S. 389-402 (399 f).

3.3. Multilaterale Bewegungen

Unter den multilateralen Bewegungen zum Schutz des geistigen Eigentums sind insbesondere die im Rahmen des GATT und der WIPO ergriffenen Initiativen hervorzuheben. Im übrigen verdienen auch die Diskussionen in der G 7-Runde der führenden Industrienationen Beachtung.[63]

Die im Jahre 1986 eingeleiteten GATT-Verhandlungen wurden insbesondere von den USA als geeignetes Forum angesehen, um die andauernden Handelsstreitigkeiten über den Schutz des geistigen Eigentums aus dem Weg zu räumen. Diese Initiative verwirklichte sich im TRIPs-Übereinkommen, das sich mit den handelsbezogenen Aspekten der Rechte des geistigen Eigentums befaßt.[64] Das TRIPs verfolgt einen "Bern-plus"-Ansatz: Einerseits verpflichten sich danach die vertragsschließenden Staaten zur Einhaltung der materiellen Vorschriften der Revidierten Berner Übereinkunft (RBÜ) in ihrer Pariser Fassung von 1971, die nach allgemeiner Ansicht einen angemessenen Standard des internationalen Urheberrechtsschutzes normiert.[65] Andererseits werden zusätzlich zu dem bereits in der RBÜ enthaltenen Schutz neue "Plus"-Elemente eingeführt, die neue Schutzgegenstände und Rechte betreffen, nämlich Computerprogramme, Datenbanken sowie Vermietrechte.[66] Im Gegensatz zur RBÜ wurden die materiellen Bestimmungen des Rom-Abkommens (RA) nicht ins TRIPs übernommen. Darüber hinaus bedeutete der Gegensatz zwischen dem *Common Law copyright* und dem kontinentaleuropäischen Urheberrechtsverständnis auch weltweit ein unüberwindliches Hindernis, da unterschiedliche dogmatische Ansätze und unterschiedliche Schutzkonzepte einer pragmatischen Lösung im Wege standen: So wurde in bezug auf das regelrecht emotionalisierte Thema *moral rights* oder

---

[63] Genaue Angaben zu diesbezüglichen Initiativen im internationalen Kontext unten, Materialien: Internationaler Rahmen.

[64] "TRIPs" steht für *Trade-Related Aspects of Intellectual Property Rights* und benennt das Übereinkommen über handelsbezogene Aspekte der Rechte des geistigen Eigentums vom 15.4.1994. Das TRIPs-Abkommen ist eines der Abkommen, die in den Anlagen zum Abkommen über die Errichtung der Welthandelsorganisation (*World Trade Organization*, WTO) enthalten sind. Das WTO-Abkommen wurde am 15.4.1994 in Marrakesch (Marokko) unterzeichnet, was die multilateralen Handelsverhandlungen der im September 1986 in Punta del Este (Uruguay) eingeleiteten Uruguay-Runde des Allgemeinen Zoll- und Handelsabkommens (GATT) zum Abschluß brachte. Das TRIPs-Abkommen findet sich in Anlage 1C zum WTO-Übereinkommen.

[65] Art. 9 Abs. 1 S. 1 TRIPs.

[66] Art. 10 bis 13 TRIPs.

Urheberpersönlichkeitsrecht unter erheblichem Druck der USA ein Kompromiß geschlossen, der diese Rechte aus dem TRIPs-Abkommen ausdrücklich ausklammerte.[67] Mit der Beschränkung des TRIPs auf *economic rights* wurde wieder einmal bestätigt, daß das *Copyright Law* für die *Common Law copyright*-Nationen nur von kommerziellen Aspekten bestimmt wird und schließlich nichts anderes ist als ein *dollars and cents issue*.[68]

Unter der Schirmherrschaft der WIPO finden seit Anfang der neunziger Jahre Expertensitzungen statt, die darum bemüht sind, in einem umfassenderen Rahmen als im GATT die Möglichkeiten auszuloten, die einerseits für ein Protokoll zur RBÜ sowie andererseits für ein neues Abkommen zum Schutz der Rechte von ausübenden Künstlern und Tonträgerherstellern bestehen.[69] Grundlegend ist hier die Überlegung, daß der im TRIPs erreichte Schutzstandard zwar wert-

---

[67] Art. 9 Abs. 1 S. 2 TRIPs; hier verdient auch das problematische Verhältnis der USA zu den *moral rights* des Art. 6bis RBÜ Beachtung, vgl. dazu *Ad hoc Working Group on U.S. Adherence to the Berne Convention*, 10 Col.-VLA J.L. & Arts 513-620 (1986) und 33 J.Cop.Soc. 183-276 (1985/86); *Baumgarten/Meyer*, 4 Cop.World 41-46 (42) (1989) und GRUR Int. 1989, 620-627; *Brown*, 35 J.Cop.Soc. 196-209 (1987/88); *Dietz*, GRUR Int. 1989, 627-634; *Geller*, 10 Col.-VLA J.L. & Arts 665-681 (1986); *King*, 9 Cardozo Arts & Ent.L.J. 267-301 (1991); *Nimmer, D.*, 4 Cop.World 36-40 (39) (1989); *Nimmer, M.B.*, 19 Stanford L.Rev. 499-554 (518 ff) (1967); *RosenthalKwall*, 38 Vand.L.Rev. 1-97 (1985). Ferner *Oman*, 4 Fordham Intell.Prop., Media & Ent.L.J. 139-156 (143), "*The United States has made clear to hostile negotiating partners that U.S. copyright owners will abandon any proffered benefit in order to prevent any increased moral rights obligations under Berne from becoming enforceable or even subject to toothless legal scrutiny. Period. End of discussion.*"

[68] Zum *Inländerbehandlungsgrundsatz* und zur *Meistbegünstigungsklausel* in Art. 3 u. 4 TRIPs unten Teil 3, Kapitel 2, Ziffer 6.5. Zu TRIPs allgemein auch *Bikoff/Wilson*, 44 Cop.World 27-33 (1994) und 45 Cop.World 32-37 (1994); *Bradley*, 25/1 Cop.Bull. 11-15 (1991); *Correa*, 25 IIC 543-552 (1994); *Dreier*, GRUR Int. 1996, 205-218; *Drexl*, GRUR Int. 1994, 777-788; *Faupel*, GRUR Int. 1990, 255-266; *Geller*, [1990] 11 EIPR 423-427; *Katzenberger*, GRUR Int. 1995 447-468; *Mörner*, NIR 1991, 96-103 und 25/1 Cop.Bull 7-14 (1991); *Reichman*, 22 Vand.J.Transnat'l L. 747-891 (1989) und 4 Fordham Intell.Prop., Media & Ent.L.J. 171-266 (1993); *Reidenberg*, 4 Fordham Intell.Prop., Media & Ent. L.J. 283-286 (1993); *Reinbothe*, GRUR Int. 1992, 707-715; *Richerand*, 25/1 Cop.Bull. 4-10 (1991); *Ricketson*, 26 IIC 872-899 (1995); *Simon*, 4 Fordham Intell.Prop., Media & Ent.L.J. 267-281 (1993); *Uchtenhagen*, ZUM 1990, 433-442 und 21 IIC 765-782 (1990); *Worthy*, [1994] 5 EIPR 195-198.

[69] Vgl. z.B. *Davies*, 26 IIC 964-988 (1995); *Kreile*, ZUM 1995, 307-315; *Oman*, 4 Fordham Intell.Prop., Media & Ent.L.J. 139-156; *Beier/Schricker* (eds.), S. 11 ff; s. auch: WIPO: *Committee of Experts on a Possible Protocol to the Berne Convention, Fifth Session, Geneva, September 4 to 8 and 12, 1995; Committee of Experts on a Possible Instrument for the Protection of the Rights of Performers and Producers of Phonograms, Fourth Session, Geneva, September 4 to 8 and 12, 1995.*

voll, doch verbesserungbedürftig ist, sowohl im Hinblick auf "traditionelle" urheber- und leistungsschutzrechtliche Themen als auch in bezug auf die Herausforderungen digitaler Technologien. Inwieweit die Dichotomie zwischen dem *Copyright*-System und der *Droit d'auteur*-Tradition im Rahmen der WIPO einen tragfähigen Kompromiß zuläßt, bleibt abzuwarten.[70]

Erwähnenswert ist in diesem Zusammenhang auch die Initiative der führenden Industrienationen, die mit der Ministerkonferenz der G 7-Länder über die Informationsgesellschaft im Februar 1995 in Brüssel ihren Auftakt nahm. In dem Bewußtsein, daß die Verwirklichung der globalen Informationsgesellschaft intensiver internationaler Zusammenarbeit bedarf, wurden Pilotprojekte im Hinblick auf bestimmte Infrastrukturvorhaben ausgewählt, die zunächst von G 7-Partnerländern initiiert werden, jedoch auch anderen Ländern und internationalen Organisationen offenstehen.[71] - Wie von einer Gruppe international führender Industrieller, die im Rahmen der G 7-Konferenz an einem *business roundtable* partizipierten, betont wurde, ist ein effizienter rechtlicher Schutz des geistigen Eigentums auf internationaler Ebene essentiell, wenn die Informationsautobahnen der Zukunft nicht leere Geisterbahnen werden sollen.[72]

Zusammenfassend ist festzustellen, daß sich weltweit ein unübersehbarer Trend zur Verbesserung, Aktualisierung und Harmonisierung des Urheber- und Leistungsrechtsschutzes bemerkbar macht, der angesichts der unaufhörlich zunehmenden wirtschaftlichen Bedeutung dieses Sektors an Intensität gewonnen hat.[73] Die Gemeinschaft beteiligt sich intensiv an diesen Bemühungen auf internationaler Ebene, da es gilt, die anstehenden Fragen im globalen Kontext oder in einem möglichst weitgefaßten Rahmen zu lösen.

---

[70] Vgl. *Karnell*, 26 IIC 193-213 (210) (1995), "*But we witness, already in the discussions between the experts forming the Committee to discuss the content of a Possible Protocol to the Berne Convention, an ambition to close the gap between the typically author-based, subjective-centred authors' rights philosophy of the present text of the Berne Convention and the subject-matter, publisher/producer-centred copyright system philosophy.*"

[71] *G-7 Information Society Conference*, 1995.

[72] *G-7 Business Roundtable, Building A Global Information Society - A Call for Government Action*, 1995, S. 26 ff.

[73] Vgl. auch die Bemühungen zur Harmonisierung von Urheberrecht und Leistungsschutzrechten im *North American Free Trade Agreement* (NAFTA), dazu z.B. *Bikoff/Wilson*, 44 Cop.World 27-33 (1994) und 45 Cop.World 32-37 (1994); *Gendreau*, [1995] 10 EIPR 488-496; *Reidenberg*, 4 Fordham Intell.Prop., Media & Ent. L.J. 283-286 (1993); *Simon*, 4 Fordham Intell.Prop., Media & Ent.L.J. 267-281 (1993).

2. Kapitel: Brücken zwischen *Copyright* und *Droit d'auteur*

1. Einführung

Es stellt sich nunmehr die Frage, inwieweit sich die europäische Harmonisierung des Urheberrechts und der Leistungsschutzrechte als Brücke über die Kluft zwischen den Repräsentanten des *Common Law copyright* einerseits und den Vertretern des *Droit d'auteur*-Rechtskreises andererseits erweisen kann. Diese Fragestellung wird im folgenden insbesondere anhand derjenigen Themenbereiche untersucht, die die Dichotomie zwischen den beiden Systemen am deutlichsten herausstellen und die anhand der Gegenüberstellung von britischem *Copyright Law* und deutschem Urheberrecht bereits ausführlich erörtert wurden: Es handelt sich um die Themenkreise "*Werke und Leistungen*"[74], "*Urheber und Inhaber des Urheberrechts*"[75], "*Urhebervertragsrecht*"[76] sowie "*Urheberpersönlichkeitsrecht*"[77]. Darüber hinaus wird auch das Thema "*Schutzfristen*"[78] einer näheren Betrachtung unterzogen.

Die Instrumente, die zur Beantwortung der erwähnten Frage dienen, sind vier vom Gemeinschaftsgesetzgeber erlassene Richtlinien - nämlich für Computerprogramme[79], das Vermiet- und Verleihrecht[80], das Satellitensende- und Kabelweiterverbreitungsrecht[81] und Datenbanken[82].

Es sei an dieser Stelle erwähnt, daß Ausgangspunkt des europäischen Harmonisierungskonzeptes das Bestreben ist, gemeinschaftsweit einen möglichst *hohen Schutzstandard* zu erreichen. Der in der RBÜ bzw. im RA vorgegebene Mindeststandard, dient dabei als Grundlage, auf der es aufzubauen gilt.[83]

---

[74] Dazu oben Teil 2, Kapitel 1; ferner unten Teil 3, Kapitel 2, Ziffer 2.
[75] Dazu oben Teil 2, Kapitel 2; ferner unten Teil 3, Kapitel 2, Ziffer 3.
[76] Dazu oben Teil 2, Kapitel 3; ferner unten Teil 3, Kapitel 2, Ziffer 4.
[77] Dazu oben Teil 2, Kapitel 4; ferner unten Teil 3, Kapitel 2, Ziffer 5.
[78] Dazu unten Teil 3, Kapitel 2, Ziffer 6.
[79] RL 91/250/EWG.
[80] RL 92/100/EWG.
[81] RL 93/83/EWG.
[82] RL 96/9/EG.
[83] Vgl. auch die Entschließung des Rates vom 14. Mai 1992 im Hinblick auf einen verstärkten Schutz des Urheberrechts und der Leistungsschutzrechte.

2. Werke und Leistungen

2.1. Problemstellung

Die Harmonisierung des Werkbegriffes setzt die Überwindung des fundamentalen Gegensatzes voraus, der sowohl in vertikaler als auch horizontaler Hinsicht zwischen den Repräsentanten der *Droit d'auteur-* und der *Copyright-*Tradition besteht. Wenn man die oben[84] bereits ausführlich diskutierten Grundsätze nochmals kurz und in vereinfachter Form rekapituliert, so zeichnet sich die Dichotomie zwischen dem Werkbegriff des deutschen Urheberrechts (als *Droit d'auteur-*Vertreter) und dem des britischen *Copyright Law* (repräsentativ für das *Common Law copyright*) wie folgt ab:

Ein Vergleich des deutschen Werkbegriffes mit dem britischen aus *vertikaler Perspektive* (im Rahmen der klassischen Materien von Urheberrecht und *Copyright Law*) zeigt, daß die Originalität als Schutzvoraussetzung in Deutschland und Großbritannien unterschiedlich interpretiert wird. Das deutsche Recht legt mit dem Erfordernis der "persönlichen geistigen Schöpfung" einen strengeren Maßstab an als das britische Recht, das "*labour, skill and judgment*" ausreichen läßt. Das deutsche Recht verlangt, daß sich im Werk die Persönlichkeit seines Schöpfers widerspiegelt, daß es Individualität und Gestaltungshöhe aufweist, womit die bloße Investition von Arbeit und Ressourcen im allgemeinen nicht genügt, um urheberrechtlichen Schutz beanspruchen zu können. Dies steht im Gegensatz zum britischen Recht, das für den Copyright-Schutz reine Investitionen grundsätzlich genügen läßt und nur darauf besteht, daß das Werk vom Urheber stammt und nicht kopiert ist. Bedeutsam ist es, darauf hinzuweisen, daß sich Divergenzen zwischen den Werkkatalogen der beiden Systeme nicht im Kernbereich, sondern nur in den Randbereichen ergeben. Gerade die sind es jedoch, die die deutsch-britische Dichotomie zwischen Schöpferprinzip und Investitionsschutzprinzip widerspiegeln.

Auch eine Analyse des Werkbegriffes aus *horizontaler Perspektive* zeigt völlig unterschiedliche Grundansätze. Im deutschen Recht sind nur Schöpfungen im Bereich der Literatur, Wissenschaft und Kunst "Werke" im urheberrechtlichen Sinne, während die Tätigkeiten der Verwerter und Mittler dieser Werke als "Leistungen" klassifiziert werden; dem entspricht die im UrhG niedergelegte

---

[84] Oben Teil 2, Kapitel 1.

Trennung des Urheberrechts von den Leistungsschutzrechten. Eine solche Trennung findet im britischen *Copyright Law* seit Inkrafttreten des CDPA keine Anerkennung mehr. Die Kohärenz des deutschen Ansatzes beruht auf der grundlegenden Verschiedenheit von Werkschöpfung und Werkmittlung, weshalb sich das Urheberrecht *stricto sensu* auf der Grundlage des "erhabenen" Schöpferprinzips ausschließlich dem Schutz der Werkschöpfer verschreibt, während der Schutz der Werkmittler in die Domäne der Leistungsschutzrechte fällt, deren Fundament der Investitionsschutz ist. Demgegenüber zieht sich das Investitionsschutzprinzip wie ein roter Faden durch das gesamte britische *Copyright Law*, womit sich eine rechtsdogmatische Trennung von *authors' rights* und *entrepreneurial copyrights* von britischer Warte aus erübrigt. Nach britischer Auffassung tätigen beide Gruppen Investitionen geistiger, materieller und finanzieller Art, wenn vielleicht auch in unterschiedlicher Gewichtung. Dies ist die Grundlage für die Gewährung von Copyright an beide Kategorien von "Investoren", die im übrigen beide als "Urheber" (*authors*) bezeichnet werden.

Es liegt auf der Hand, welche immensen Hindernisse einer umfassenden Harmonisierung solch unterschiedlicher rechtsphilosophischer, rechtsdogmatischer und rechtssystematischer Grundansätze im Hinblick auf den Werkbegriff im Wege stehen. Daher ist fraglich, ob in absehbarer Zeit mehr als nur eine punktuelle und fragmentarische Harmonisierung erreicht werden kann.

2.2. Harmonisierungsrahmen

Im Rahmen der bereits erörterten kompetenzrechtlichen und Subsidiaritäts-Gesichtspunkte[85] wird der Gemeinschaftsgesetzgeber dann auf den Plan gerufen, wenn Behinderungen des freien Waren- und Dienstleistungsverkehrs sowie Wettbewerbsverzerrungen deshalb drohen oder bestehen, weil in den einzelnen EG-Mitgliedstaaten unterschiedliche Schutzvoraussetzungen und -inhalte für potentiell urheberrechtsschutzfähige Schutzgegenstände existieren. Im Hinblick auf Harmonisierungsaktivitäten scheinen hier vor allem diejenigen Materien Priorität zu haben, die im grenzüberschreitenden Verkehr von enormer wirtschaftlicher Bedeutung sind bzw. sein werden. Es soll erreicht werden, daß diese Materien in allen EG-Mitgliedstaaten tatsächlich geschützt werden und daß sowohl die Voraussetzungen als auch der Inhalt dieses Schutzes in den Grund-

---

[85] Oben Teil 3, Kapitel 1, Ziffer 1.2.

zügen gleich ausgestaltet sind. Die Eckpfeiler "Kompetenz" und "Subsidiarität" deuten insofern an, daß es nicht um die Lösung dogmatischer Probleme und rechtssystematischer Fragen geht, sondern ausschließlich darum, durch die Vereinheitlichung gewisser materieller Regelungen Handelshemmnisse abzubauen. Dies hat einschneidende Konsequenzen für die Harmonisierung des Werkbegriffes, sowohl in vertikaler als auch in horizontaler Hinsicht.

2.3. Vertikale Dimension: Originalität

Aus vertikaler Sicht wurde der Werkbegriff hinsichtlich bestimmter Werkkategorien harmonisiert, was durch die Neudefinition des Kriteriums der Originalität geschah.[86]

Die unterschiedlichen Schutzvoraussetzungen zwischen den Vertretern des *Droit d'auteur-* und des *Copyright*-Systems rückten erneut in den Mittelpunkt der Aufmerksamkeit, als neue Erzeugnisse urheberrechtlichen Schutz verlangten, nämlich Computerprogramme, Datenbanken und neuerdings auch *multimedia*-Anwendungen. Im Hinblick auf ihren gewaltigen Beitrag zum Bruttosozialprodukt der Gemeinschaft nehmen Computerprogramme und Datenbanken unter den Werkarten eine Schlüsselstellung ein, weshalb ihrer Harmonisierung besondere Bedeutung zukommt. *Multimedia*-Anwendungen werden in Zukunft zwar immer mehr in den Vordergrund rücken, doch gegenwärtig scheinen sie noch zu neu und zu heterogen, als daß sie in nächster Zukunft ein Harmonisierungskandidat werden könnten. Was traditionelle Werkarten anbelangt, so gelangen auch sie nicht aus dem Blickfeld, wenn ihre rechtliche Vereinheitlichung aus binnenmarktspezifischen Gesichtspunkten geboten ist: Dies wurde mit der Harmonisierung der Fotografien deutlich.

2.3.1. Computerprogramme

Die Vereinheitlichung der urheberrechtlichen Schutzvoraussetzung für Computerprogramme stellte den ersten Versuch der Harmonisierung einer Werkkategorie dar. Die Computerprogramm-Richtlinie setzt für den Schutz von Computerprogrammen voraus, daß sie "individuelle Werke" insofern sind, als sie das

---

[86] Dazu auch *Dreier*, in: *Schricker/Bastian/Dietz* (Hrsg.), S. 17-25.

Ergebnis der "*eigenen geistigen Schöpfung ihres Urhebers*" darstellen, wobei zur Bestimmung ihrer Schutzfähigkeit keine anderen Kriterien anzuwenden sind (insbesondere nicht qualitative oder ästhetische Vorzüge).[87] Diese Formulierung bedeutet einen Kompromiß zwischen der extrem hohen deutschen Schutzanforderung (die nur "erheblich über dem Durchschnitt liegende" Programmierleistungen schützte[88]) und der traditionell niedrigen britischen Schutzschwelle.[89] Dem deutschen Erfordernis einer bestimmten Gestaltungshöhe oder Schöpfungshöhe wurde von der Computerprogramm-Richtlinie somit eine klare Absage erteilt.[90] Dieselbe Grundentscheidung läßt sich auch in den Richtlinien über andere Werkkategorien beobachten, denn die in der Computerprogramm-Richtlinie niedergelegte Definition der urheberrechtlichen Schutzvoraussetzung wurde in die Datenbank-Richtlinie[91] und - zum Zwecke der Harmonisierung der materiellen Schutzvoraussetzungen von Fotografien - auch in die Schutzdauer-Richtlinie[92] übernommen.[93]

---

[87] Art. 1 Abs. 3 und Erw.Gr. 8 RL 91/250/EWG. Zur Computerprogramm-Richtlinie auch unten Teil 3, Kapitel I, Ziffern 2.4.2.2.1. und 3.3.1. sowie 3.3.2. und 4.3.1.

[88] *Inkasso-Programm*, BGH v. 9.5.1985, GRUR 1985, 1041-1049; *Betriebssystem*, BGH v. 4.10.1990, GRUR 1991, 449-456 m.Anm.v. *Betten* u. *Frhr. v. Gravenreuth*.

[89] Besprochen wird RL 91/250/EWG z.B. in *Czarnota/Hart*, S. 3 ff; *Dreier*, [1991] 9 EIPR 319-327; *Lehmann*, GRUR Int. 1991, 327-336; *Moritz*, GRUR Int. 1991, 697-703. Zur Umsetzung der RL 91/250/EWG allgemein: *Saltzman*, 9 Computer L. & Prac. 157-161 (1993). In Großbritannien erfolgte die Umsetzung der RL 91/250/EWG durch *The Copyright (Computer Programs) Regulations 1992*; zur Umsetzung im britischen Recht auch: *Chalton*, [1993] 4 EIPR 138-142; *Sherwood-Edwards*, 9 Computer L. & Prac. 169-175 (1993). In Deutschland erfolgte die Umsetzung der durch die Computerprogramm-Richtlinie bedingten Änderungen in §§ 69a mit 69g und 137d UrhG durch das Zweite Gesetz zur Änderung des Urheberrechtsgesetzes vom 9. Juni 1993. Zur Umsetzung im deutschen Recht auch: *Ensthaler/Möllenkamp*, GRUR 1994, 151-158; *Koch*, NJW-CoR 1994, 293-300; *Lehmann*, in: *ders.* (Hrsg.), S. 1-29 sowie Europ.GemeinschaftsR/II/1, Einführung, in: UrhQuellen; *Sauter*, in: FS Kreile, S. 609-626 (609 ff); *Steckler*, [1994] 7 EIPR 293-301. Zum Vergleich der Situation in der EG und den USA: *Drexl*, Computer Program; *Samuelson*, 13 J.L. & Comm. 279-300 (1994). Zur internationalen Dimension *Dreier*, in: *Lehmann* (Hrsg.), S. 31-67.

[90] Dies ist in der neueren Rechtsprechung reflektiert, vgl. *Buchhaltungsprogramm*, BGH v. 14.7.1993, GRUR 1994, 39-41.

[91] Art. 3 Abs. 1 RL 96/9/EG.

[92] Art. 6 RL 93/98/EWG.

[93] Dazu *Schricker*, 26 IIC 41-48 (1995) und in: FS Kreile, S. 715-721 (717 ff).

2.3.2. Datenbanken

Diese vereinheitlichte Formulierung des urheberrechtlichen Schutzstandards war zwar in der Computerprogramm-Richtlinie noch weitgehend unumstritten, doch im Hinblick auf die Datenbank-Richtlinie gab sie ursprünglich insbesondere den Briten Anlaß zur Besorgnis. Die Bedenken der Briten beruhten darauf, daß nur solche Datenbanken[94] urheberrechtlichen Schutz beanspruchen können, die "aufgrund ihrer Auswahl oder Anordnung eine eigene geistige Schöpfung ihres Urhebers" sind.[95] Da hinreichende Originalität der Datenbank damit nur gegeben ist, wenn eine *Auswahl* oder *Anordnung* des Datenbankinhalts erfolgt, sind diejenigen Datenbanken vom Schutz durch das Urheberrecht ausgeschlossen, die einerseits auf die Vollständigkeit einer betreffenden Kategorie von Werken oder Daten abzielen (- keine Auswahl -) oder andererseits eine nur banalen Ordnungskriterien folgende, etwa alphabetische oder numerische Anordnung vornehmen (- keine Originalität der Anordnung). Durch das Erfordernis einer Auswahl bzw. Anordnung des Datenbankinhalts ist der Originalitätsstandard der Datenbank-Richtlinie höher als der des britischen Rechts, welcher nur eine Investition von Arbeit und Ressourcen hinsichtlich der Zusammenstellung der Datenbank verlangt. Es sei angemerkt, daß die europäische Lösung insofern der US-amerikanischen ähnelt, denn im legendären *Feist*-Urteil[96] wurde der bloße *sweat of the brow*, d.h. die reine Arbeitsleistung, als unzureichend angesehen, um Datenbanken Schutz durch Copyright zu gewähren.

Für die Briten ist die Absage an den Schutz des reinen Investitionsaufwandes auch insofern von großer Bedeutung, als es in Großbritannien kein ausgebautes Wettbewerbsrecht gibt, das Schutz vor unlauterer Leistungsübernahme für diejenigen Datenbanken bieten könnte, die hinsichtlich der Auswahl oder Anordnung ihres Inhalts keine hinreichende Originalität (d.h. keine Werkeigenschaft) aufweisen und deren Inhalt als solcher auch nicht urheberrechtlich geschützt ist.

---

[94] Zur Datenbank-Richtlinie auch unten Teil 3, Kapitel 2, Ziffern 2.4.2.2.2. und 3.3.1. sowie 3.3.2. und 4.3.2. Es ist gleichgültig, ob es sich um elektronische oder nicht-elektronische, *on-line* oder *off-line* (CD-ROM, CD-I), dynamische oder statische Datenbanken handelt oder um Sammlungen von Werken, die systematisch und methodisch angeordnet und einzeln oder anderweitig zugänglich sind, vgl. Art. 1 Abs. 1 und 2 RL 96/9/EG.

[95] Art. 3 Abs. 1 RL 96/9/EG.

[96] *Feist Publications Inc. v. Rural Telephone Service Co. Inc.* 111 S. Ct. 1283 (1991), abgedr. in GRUR Int. 1991, 933. Dazu z.B. auch *Cerina*, 24 IIC 579-601 (1993); *Strong*, 42 J.Cop.Soc. 39-67 (1994).

Um potentiellen Schutzlücken wirksam zu begegnen, führt die Datenbank-Richtlinie ein neuartiges *sui-generis*-Recht ein, das zum Schutz wesentlicher Investitionen im Hinblick auf Beschaffung, Überprüfung oder Darstellung des Datenbankinhalts gewährt wird und vom Bestehen eines urheberrechtlichen Schutzes unabhängig ist.[97] Die sorgfältige Unterscheidung des *urheberrechtlichen Schutzes* vom *sui-generis-Schutz* ist insofern unerläßlich. Im Hinblick auf den urheberrechtlichen Schutz in der Datenbank-Richtlinie und die Harmonisierung des Originalitätskriteriums wurde erreicht, daß sich die kontinentaleuropäische Urheberrechtstradition und das angelsächsische *Copyright*-System sozusagen "in der Mitte" treffen konnten.

2.3.3. Fotografien

Bei der Übernahme der Originalitätsdefinition für Fotografien in die Schutzdauer-Richtlinie[98] standen nicht Gesichtspunkte wirtschaftspolitischer Natur (wie bei Computerprogrammen und Datenbanken) im Vordergrund, sondern vielmehr die Notwendigkeit, die Schutzdauer fotografischer Werke zu harmonisieren, und dies konnte nur über eine gleichzeitige Angleichung ihrer materiellen Schutzvoraussetzungen sinnvoll geschehen.[99] Das im deutschen Urheberrecht bislang bestimmende Kriterium der Schöpfungshöhe ist damit auch im Bereich der Fotografien bedeutungslos geworden.[100]

---

[97] Zu Entwicklung u. Vorgeschichte der Datenbank-Richtlinie allgemein z.B. *Chalton*, [1994] 3 EIPR 94-102; *Dreier*, GRUR Int. 1992, 739-749; *Gaster*, [1995] 7 ENT.LR 258-262; *Hillig*, ZUM 1992, 325-331; *Hoebbel*, in: *Lehmann* (Hrsg.), S. 1015-1043; *Hughes/ Weightman*, [1992] 5 EIPR 147-150; *Kaye/Ward*, 12 IML 95 (1994); *Metalitz*, 4 Fordham Intell.Prop., Media & Ent.L.J. 33-41; *Röttinger*, ZUM 1992, 594-607; *Sandison*, 21 Cop. World 22-24 (1992); *Sauter*, in: FS Kreile, S. 609-626 (620 ff).

[98] Art. 6 RL 93/98/EWG.

[99] S. *von Lewinski*, GRUR Int. 1992, 724-733 (728 f); *Dietz*, GRUR Int. 1995, 670-686 (677 f).

[100] *Schricker*, 26 IIC 41-48 (45) (1995) und in: FS Kreile, S. 715-721. *Dietz*, GRUR Int. 1995, 670-686 (677 f), weist aber auf ErwGr. 17 RL 93/98/EWG hin, wonach eine eigene geistige Schöpfung des Urhebers gefordert wird, in der "*seine Persönlichkeit zum Ausdruck kommt*".

2.3.4. Würdigung

Bei Betrachtung dieser Harmonisierungsaktivitäten ist es wichtig, sich vor Augen zu halten, daß unterschiedliche Originalitätsanforderungen in den EG-Mitgliedstaaten zu Verzerrungen bei der Gewährleistung des Rechtsschutzes sowie zu erheblichen Diskrepanzen beim Geltungsbereich der Richtlinien führen würden. Zweck der Vereinheitlichung der urheberrechtlichen Schutzvoraussetzungen ist somit die Beseitigung bestehender und die Verhinderung neuer Unterschiede, die sich verzerrend auf die Errichtung und das Funktionieren des Binnenmarktes auswirken.

Die Folge der Harmonisierung der besprochenen Werkkategorien ist eine punktuelle Annäherung der beiden großen Rechtstraditionen, *Droit d'auteur* und *Copyright*. Es ist durchaus möglich, daß sich hier eine Tendenz abzeichnet, die über die geregelten Werkkategorien hinaus auch für zukünftige Harmonisierungspläne Bedeutung hat. Insofern mag die europäische Harmonisierung für die in der *Droit d'auteur*-Tradition stehenden Länder eine *Absenkung* der generell verlangten Schöpfungshöhe indizieren, was eine vermehrte Einbeziehung der "kleinen Münze" in den urheberrechtlichen Schutz zur Folge hätte. Damit könnte ein Trend hin zum Investitionsschutz und weg von der Betonung der schöpferischen Leistung angezeigt sein.[101] Daß eine solche Tendenz mit dem Aufbruch ins digitale Zeitalter eher zu- als abnehmen wird, ist abzusehen, denn die unternehmerisch-organisatorische Investitionsleistung wird den schöpferischen Akt in dem Maße verdrängen, wie der Einsatz von Computern die "persönliche Handschrift" der Werkschaffenden verwischt.[102] - Gleichzeitig mag die Harmonisierung für die Vertreter des *Copyright*-Systems eine *Anhebung* der Schutzvoraussetzungen anzeigen und somit ein verstärktes Abstellen auf die Schöpfung. Hier sei jedoch darauf hingewiesen, daß die englische Version von "eigener geistige Schöpfung" des Urhebers die Phrase "*own intellectual creation*" ist. Das Wort "*creation*" wird von britischer Seite jedoch eher im Sinne eines neutralen Begriffes ausgelegt, ohne "romantische Untertöne", die eine besondere Beziehung zum Urheber andeuten; dem Sinne nach wird "*creation*" also eher nüchtern als "Schaffen" interpretiert, nicht als persönlichkeitsbezogene "Schöpfung". Damit wird deutlich, daß es letztlich die systemimmanenten Grundüberzeugungen sind, die dazu führen, daß europäische Grundnormen im Lichte des

---

[101] Vgl. auch *Schricker*, 26 IIC 41-48 (26 ff) (1995).

[102] S. *Strowel*, ZUM 1990, 387-392.

jeweils eigenen Rechtsverständnisses ausgelegt werden.[103] Solange die rechtsphilosophischen und rechtsdogmatischen Fundamente aber so unterschiedlich bleiben wie sie schon seit Jahrhunderten sind, wird auch im europäischen Rahmen wohl keine absolute Harmonisierung erreicht werden können.[104]

2.4. Horizontale Dimension: Urheberrecht und Leistungsschutz

Eine Harmonisierung des Werkbegriffes aus horizontaler Perspektive ist nicht in Sicht. Dies beruht auf dem fundamentalen, rechtsdogmatisch unüberwindlichen Gegensatz zwischen dem zweigleisigen kontinentaleuropäischen Modell, das Urheber- und Leistungsschutz im Sinne der Dichotomie Werk - Leistung streng auseinanderhält, und dem eingleisigen angelsächsischen System, das alle schutzwürdigen Leistungen als Copyright-Werke betrachtet.[105] Auch auf die Frage nach der dogmatischen Einordnung der Rechte an Darbietungen ausübender Künstler[106] ist vom EG-Gesetzgeber keine Antwort zu erwarten. Grundsätzlich kann im Rahmen der europäischen Harmonisierung nämlich *keine Lösung von Systemfragen*, sondern vielmehr *nur eine Angleichung materieller Schutzbestimmungen* zum Abbau von Handelshemmnissen erreicht werden.

2.4.1. Systemfragen

Daß es bei den Harmonisierungsinitiativen nicht um die Lösung systemspezifischer Gegensätze geht, geht bereits aus der Terminologie der Harmonisierungsrichtlinien hervor. Die Richtlinien bemühen sich in bezug auf diejenigen Materien, die von der Sache her Leistungsschutzrechte betreffen, um neutrale und unvorbelastete Begriffe, um Werturteilen und Präferenzbekundungen hinsichtlich des einen oder anderen Systems möglichst aus dem Wege zu gehen. Beispielsweise scheint der Ausdruck "*rights related to copyright*" im englischen Wortlaut unverfänglicher als der der "*neighbouring rights*"; somit findet sich ersterer Begriff in den Richtlinien, die sich mit Leistungsschutzrechten befassen.

---

[103] Nur der EuGH könnte hier durch eine verbindliche Auslegung Einheitlichkeit schaffen.

[104] Für die völlige Abschaffung des Kriteriums der Originalität plädiert *Sherwood-Edwards*, 25 IIC 658-689 (1994) sowie [1995] 3 ENT.LR 94-106.

[105] Siehe oben Teil 2, Kapitel 1, Ziffer 4.2.

[106] Dazu oben Teil 2, Kapitel 1, Ziffer 4.3.

2.4.2. Materielle Bestimmungen

Was die Angleichung materieller Vorschriften anbelangt, so verfolgen die EG-Harmonisierungsinitiativen zwei komplementäre Ziele: Einerseits erfolgt zugunsten der Urheber und Leistungsschutzberechtigten eine übergreifende Regelung *spezifischer Rechte an Werken bzw. Leistungen aller Art*, für die angesichts ihrer Neuheit und Brisanz für den EG-Binnenmarkt ein besonderes Harmonisierungsbedürfnis besteht (Vermiet- und Verleihrecht-Richtlinie sowie Satellit- und Kabel-Richtlinie). Andererseits werden *Rechte an speziellen Schutzgegenständen* geregelt, die jeweils eigene Charakteristiken aufweisen und daher nach gegenstandsspezifischen Lösungen verlangen (Computerprogramm-Richtlinie und Datenbank-Richtlinie).[107]

2.4.2.1. Harmonisierung spezifischer Rechte an Werken bzw. Leistungen aller Art

2.4.2.1.1. Vermiet- und Verleihrecht und bestimmte andere Rechte

Die Vermiet- und Verleihrecht-Richtlinie[108] harmonisiert spezifische Rechte für eine breite Gruppe von Rechtsträgern im Bereich des Urheberrechts und der Leistungsschutzrechte.

In *Kapitel I* der Richtlinie werden den Urhebern, ausübenden Künstlern, Tonträger- und Filmherstellern Ausschließlichkeitsrechte (Verbotsrechte) in bezug

---

[107] Zu beiden Themenkreisen vgl. z.B. *Katzenberger*, in: *Schricker/Bastian/Dietz* (Hrsg.), S. 26-41 (28 ff u. 36 ff).

[108] RL 92/100/EWG. Zu dieser Richtlinie auch unten Teil 3, Kapitel 2, Ziffern 3.3.1. und 3.3.3. sowie 4.3.3. Ausführlich zu Vorgeschichte bzw. Inhalt der RL 92/100/EWG: *Reinbothe/von Lewinski*, S. 3 ff; *Comte*, RIDA 158 (1993) 3-73; *Fulton*, [1992] ENT.LR 155-157; *Kon*, 10 IML 34-36 (1992); *von Lewinski*, [1991] 4 EIPR 117-123 und GRUR Int. 1991, 104-111; *dieselbe*, in: *Schricker/Bastian/Dietz* (Hrsg.), S. 58-63; *Murray*, [1992] 4 ENT.LR 148-150; *Reinbothe/von Lewinski*, [1993] 6 ENT.LR 169-177. Zur Umsetzung in Großbritannien: *Draft Copyright and Rights of Performers Regulations 1995*; *DTI, EC Directive 92/100/EEC - Consultation Paper*; *DTI, EC Directive 92/100/EEC - Summary of Responses to the Consultation Paper*. Zur Umsetzung in Deutschland: Drittes Gesetz zur Änderung des Urheberrechtsgesetzes vom 23. Juni 1995; *Melichar*, in: FS Kreile, S. 409-417; *Poll*, 12 IML 46-47 (1994); *von Lewinski*, ZUM 1995, 442-450 und Europ.GemeinschaftsR/II/2, Einführung, in: UrhQuellen; *Sauter*, in: FS Kreile, S. 609-626 (614 ff).

auf das *Vermieten* und *Verleihen* von Originalen und Vervielfältigungsstücken ihrer urheberrechtlich geschützten Werke bzw. Leistungen gewährt.[109] In Hinblick auf das Vermieten (das kommerziellen Charakter hat) besteht für den in der Praxis regelmäßig auftretenden Fall, daß die Urheber und ausübenden Künstler ihr Vermietrecht an Tonträgerhersteller oder Filmproduzenten abtreten, ein unverzichtbarer Anspruch auf angemessene Vergütung für die Vermietung.[110] Diese Bestimmung hat für Urheber und ausübende Künstler ganz enorme Bedeutung.[111] In bezug auf das nicht-kommerzielle öffentliche Verleihen eröffnet sich den EG-Mitgliedstaaten die Möglichkeit breiter Ausnahmen vom ausschließlichen Recht, soweit zumindest die Urheber eine Vergütung für das Verleihen erhalten.[112]

Kapitel II der Richtlinie mit dem Titel "verwandte Schutzrechte" (oder in englischer Fassung "*Rights related to Copyright*") harmonisiert zugunsten verschiedener Kategorien von Leistungsschutzberechtigten die Rechte der *Aufzeichnung*, der *Vervielfältigung*, der *Sendung*, der *öffentlichen Wiedergabe* sowie der *Verbreitung*.[113] Im Vergleich zum Rom-Abkommen (RA) wird hier durch die EG-Richtlinie ein umfassenderer Schutz erreicht, und zwar erstens im Hinblick auf den Kreis der Berechtigten, zweitens die Kategorien von Rechten und drittens deren Ausgestaltung: Zum einen erstreckt sich die Richtlinie über den Standard des RA hinaus auch auf Kabelsendeunternehmen und Filmhersteller. Zum anderen bestimmt die Richtlinie neue Rechte in bezug auf Verbreitung, Vermietung und Verleih. Schließlich werden den ausübenden Künstlern auch ausdrücklich ausschließliche Rechte zugesprochen, die über den Standard des RA hinausgehen, da letzteres in Art. 7 nur die "Möglichkeit" gewährt, bestimmte Handlungen "zu verhindern"; auch die Vergütungsansprüche der ausübenden Künstler übertreffen den Standard von Art. 12 RA, denn einerseits ist nicht mehr nur die unmittelbare, sondern auch die indirekte Nutzung zur Sendung und öffentlichen Wiedergabe[114] zu vergüten, und andererseits kann die Vergütung nicht mehr alternativ an ausübende Künstler oder Tonträgerhersteller gezahlt werden, sondern ist obligatorisch beiden Gruppen zu gewähren. Der Harmoni-

---

[109] Art. 1 und 2 RL 92/100/EWG.

[110] Art. 4 RL 92/100/EWG.

[111] Dazu unten Teil 3, Kapitel 2, Ziffer 4.3.3.

[112] Art. 5 RL 92/100/EWG.

[113] Art. 6 mit 10 RL 92/100/EWG.

[114] D.h. die Weitersendung und die öffentliche Wiedergabe einer aufgrund von Handelstonträgern erfolgten Sendung.

sierungseffekt dieser Vorschriften ist beträchtlich. Beispielsweise wird durch die zuletzt angesprochene Regelung des Vergütungsanspruches im Ergebnis eine Annäherung an die deutsche Rechtslage bewirkt, da die in Großbritannien bislang *nur freiwillige* Beteiligung der ausübenden Künstler an den von den Tonträgerherstellern eingenommenen Vergütungen in einen *echten Rechtsanspruch* umgewandelt wird.[115]

2.4.2.1.2. Satellitensende- und Kabelweiterverbreitungsrecht

Die Satellit- und Kabel-Richtlinie[116] harmonisiert die spezifischen Rechte der Satellitensendung und der Kabelweiterverbreitung, um die diesbezüglichen speziellen Probleme zu lösen, die sich aus nationalen Rechtsunterschieden und Rechtsunsicherheiten im Binnenmarkt ergeben.

Was den in *Kapitel II* geregelten Rechtsbereich der *Satellitensendung* betrifft, so wird dem Urheber ein Ausschließlichkeitsrecht in bezug auf die öffentliche Wiedergabe von urheberrechtlich geschützten Werken über Satellit (gleich ob Direktstrahl- oder Fernmeldesatellit) gewährt.[117] Um maximale Rechtssicherheit zu garantieren und den vertraglichen Erwerb der Satellitensenderechte zu erleichtern, wurde entschieden, daß bei der Programmverbreitung über Satellit nur das Urheberrecht des Sendelandes betroffen ist, nicht dagegen auch die Ur-

---

[115] Sec. 184 A (1) und (2) *Draft Copyright and Rights of Performers Regulations 1995*; das Ergebnis ist in Deutschland und Großbritannien dasselbe, auch wenn sich die Wege hierzu unterscheiden; dazu oben Teil 2, Kapitel 1, Ziffer 4.3.2.2. Allgemein zur europäischen Harmonisierung der Rechte ausübender Künstler z.B. *Wolsey*, 45 Cop.World 26-31 (1994); *Gotzen*, GRUR Int. 1980, S. 471-490; *ders.*, Recht der Interpreten sowie Le Droit des Interprètes exécutants.

[116] RL 93/83/EWG. Zu dieser Richtlinie auch unten Teil 3, Kapitel 2, Ziffern 3.3.1. und 3.3.3. Zu Vorgeschichte und Inhalt der RL 93/83/EWG z.B. *Castendyk/von Albrecht*, GRUR Int. 1994, 734-739; *Dreier*, GRUR Int. 1991, 13-19 und [1991] 2 EIPR 42-46; *Zeffman/Enser*, 12 IML 21-24 u. 27-29 (1994). Zur Umsetzung in Deutschland: Referentenentwurf eines Vierten Gesetzes zur Änderung des Urheberrechtsgesetzes vom 6. Februar 1996; *Dreier*, ZUM 1995, 458-463. Zur Umsetzung in Großbritannien: *Draft Copyright and Rights of Performers Regulations 1995*; *Dawson Bannister*, 14 IML 29-23 (1996).

[117] Art. 2 und Art. 1 Abs. 1 RL 93/83/EWG; fernmelderechtlich sind Sendungen über *Direktstrahl* zum unmittelbaren Empfang durch die Öffentlichkeit bestimmt, während *Fernmeldesatelliten* der nicht-öffentlichen Individual-Kommunikation dienen.

heberrechte aller Empfangsländer.[118] Befindet sich das Sendeland jedoch außerhalb der EG, so gelten Besonderheiten, die den Wirkungskreis der Richtlinie über die EG hinaus ausweiten und damit verhindern, daß europäische Sendeunternehmen ihren Standort in Länder außerhalb der EG mit niedrigerem Schutzniveau verlagern.[119] Die Ausnutzung eines Schutzgefälles zu Lasten der Urheber und anderer Rechtsinhaber wird ferner dadurch verhindert, daß die Erlaubnis zur öffentlichen Wiedergabe über Satellit grundsätzlich vertraglich erworben werden muß, so daß die EG-Mitgliedstaaten (entgegen Art. 11bis Abs. 2 RBÜ) keine gesetzlichen oder Zwangslizenzen vorsehen dürfen.[120]

Hinsichtlich der in *Kapitel III* geregelten *Kabelweiterverbreitung* von Rundfunksendungen bemüht sich die Richtlinie um Rechtssicherheit in bezug auf die grenzüberschreitende Weiterverbreitung von Rundfunkprogrammen über Kabelnetze und den diesbezüglichen vertraglichen Rechteerwerb.[121] Es wird bestimmt, daß die Kabelnetzbetreiber die erforderlichen Rechte grundsätzlich auf vertraglicher Grundlage erhalten sollen, nicht aufgrund einer gesetzlichen Lizenz.[122] Ferner ist die Ausübung des Kabelweiterverbreitungsrechtes in der Regel nur noch auf kollektiver Basis (über Verwertungsgesellschaften) möglich, damit das reibungslose Funktionieren vertraglicher Vereinbarungen nicht durch den Einspruch von Außenseitern mit Rechten an einzelnen Programmteilen beeinträchtigt wird.[123] Nur Sendeunternehmen sind vom Zwang zur kollektiven Rechtewahrnehmung befreit, aufgrund der leichten Überschaubarkeit ihrer Zahl und Rechte.[124] Abschluß und Fortbestand vertraglicher Vereinbarungen über das Kabelweiterverbreitungsrecht werden durch zwei flankierende Bestimmungen erleichtert, nämlich die Möglichkeit der Vermittlung und eine Vorschrift zur Verhinderung des Mißbrauchs von Verhandlungspositionen.[125]

---

118 Art. 1 Abs. 2 a) und b) RL 93/83/EWG (entscheidend ist der Ort der Eingabe der programmtragenden Signale); damit wurde die sog. Bogsch-Theorie ausgeschlossen, derzufolge die Rechte aller Empfangsländer in der Ausleuchtzone zu erwerben wären.

119 Vgl. Art. 1 Abs. 1 d) RL 93/83/EWG. Die beiden subsidiären Anknüpfungspunkte sind erstens die Aussendung der programmtragenden Signale aus einem Mitgliedstaat und zweitens der Akt des Sendeauftrages durch ein Sendeunternehmen mit Hauptsitz in einem Mitgliedstaat. Vgl. auch *Dreier*, Europ.GemeinschaftsR/II/3, Einführung, in: UrhQuellen, S. 9.

120 Art. 3 Abs. 2 RL 93/83/EWG.

121 Erw.Gr. 8 mit 11 RL 93/83/EWG.

122 Art. 8 Abs. 1 RL 93/83/EWG.

123 Art. 9 Abs. 1 und Erw.Gr. 27 RL 93/83/EWG.

124 Art. 10 RL 93/83/EWG.

125 Art. 11 und 12 RL 93/83/EWG.

2.4.2.2. Harmonisierung von Rechten an speziellen Schutzgegenständen

2.4.2.2.1. Rechte an Computerprogrammen

Die Computerprogramm-Richtlinie[126] regelt, mit Ausnahme urheberpersönlichkeitsrechtlicher Befugnisse, sämtliche Rechte der Rechtsinhaber an Computerprogrammen. Entsprechend der dogmatischen Konstruktion von Regel und Ausnahme werden zum einen die Ausschließlichkeitsrechte geregelt (Art. 4) und zum anderen die Ausnahmen von diesen Rechten (Art. 5 und 6).

Die *Ausschließlichkeitsrechte* sind die der Vervielfältigung, der Be- und Umarbeitung und der öffentlichen Verbreitung.[127] Die *Ausnahmen* von den Ausschließlichkeitsrechten betreffen erstens Handlungen, die für die bestimmungsgemäße Verwendung des Programmes durch dessen rechtmäßigen Erwerber technisch erforderlich sind (Laden und Ablaufen des Programmes, Fehlerberichtigung, Erstellung einer Sicherungskopie und Programmtestlauf[128]) und zweitens die Dekompilierung eines Computerprogramms, die nur unter bestimmten, minutiös festgelegten Voraussetzungen gestattet ist[129] (u.a. nur dann, wenn sie zur Informationsbeschaffung für die Herstellung von Programm-Interoperabilität unerläßlich ist).[130] Vertragliche Vereinbarungen, die im Widerspruch zu diesen Ausnahmen stehen, sind unwirksam.[131]

Durch die in Art. 7 festgelegten "besonderen Schutzmaßnahmen" werden in erster Linie kommerzielle Handlungen untersagt, wie das schuldhafte Inverkehrbringen oder der Besitz von unrechtmäßig hergestellten Kopien zu Erwerbszwecken sowie der Handel mit Mitteln, die das Umgehen eines technischen Kopierschutzes erleichtern.[132] Weitere Einzelheiten - wie die Beschlagnahme

---

126 Zur Computerprogramm-Richtlinie auch oben Teil 3, Kapitel 2, Ziffer 2.3.1. sowie unten Ziffern 3.3.1. und 3.3.2. sowie 4.3.1.

127 Zum spezifischen Umfang dieser Rechte s. Art. 4 a), b) und c) RL 91/250/EWG. Das Verbreitungsrecht unterliegt dem Grundsatz der Erschöpfung (Art. 4 c)).

128 Erw.Gr. 17 sowie Art. 5 Abs. 1, 2 und 3 RL 91/250/EWG.

129 Art. 6 Abs. 1, 2 und 3 RL 91/250/EWG.

130 Ausführlich dazu *Lehmann*, Europ.GemeinschaftsR/II/1, Einführung, in: UrhQuellen, S. 13 ff; *Vinje*, GRUR Int. 1992, 250-260.

131 Art. 9 Abs. 1 S. 2 und Erw.Gr. 17 S. 2 RL 91/250/EWG.

132 Art. 7 Abs. 1 a), b) und c) RL 91/250/EWG. Diese mittelbaren Verletzungs- und Vorbereitungshandlungen für künftige Schutzrechtsverletzungen sind im anglo-amerikanischen Recht als *secondary infringement* bekannt (vgl. Secs. 22 ff und 66 (6) CDPA 1988).

aller rechtswidrigen Kopien eines Computerprogramms sowie die Beschlagnahme von technischen Vorrichtungen zur Beseitigung von Programmschutzmechanismen - werden in das Ermessen des jeweiligen nationalen Gesetzgebers gestellt.[133]

2.4.2.2.2. Rechte an Datenbanken

Die Datenbank-Richtlinie[134] sieht in *Kapitel II* einen *urheberrechtlichen Schutz* bezüglich der (durch Auswahl und Anordnung des Inhalts bestimmten) *Struktur* von Datenbanken vor und in *Kapitel III* einen *sui-generis-Schutz* in bezug auf quantitativ und/oder qualitativ erhebliche Investitionen bei der Beschaffung, Überprüfung oder Darstellung des *Inhalts* von Datenbanken.

Was das Kapitel über den *urheberrechtlichen Schutz* angeht, so können die Rechtsinhaber eine Reihe von *Ausschließlichkeitsrechten* beanspruchen, nämlich die Rechte der Vervielfältigung, Verbreitung, öffentlichen Übertragung und der Be- und Umarbeitung sowie das Recht auf Vervielfältigung, Verbreitung und öffentliche Übertragung der Ergebnisse von Be- und Umarbeitungen.[135] *Ausnahmen* von den Ausschließlichkeitsrechten bestehen bezüglich der Vervielfältigung von nicht-elektronischen Datenbanken zum privaten Gebrauch (Reprographie), hinsichtlich der Verwendung zum Schul- oder Unterrichtsgebrauch bzw. zu Zwecken der wissenschaftlichen Forschung, zugunsten der öffentlichen Sicherheit oder Rechtspflege sowie bezüglich sonstiger traditionell auf mitgliedstaatlicher Ebene anerkannter Ausnahmen.[136] Darüber hinaus sind auch diejenigen Handlungen, die für den Zugang zum Inhalt der Datenbank und deren normale Benutzung durch den rechtmäßigen Benutzer erforderlich sind, von der Zustimmungsbedürftigkeit des Rechtsinhabers ausgenommen.[137] Vertragliche Absprachen, die hierzu im Widerspruch stehen, sind unwirksam.[138]

---

[133] Art. 7 Abs. 2 und 3 RL 91/250/EWG.

[134] Zur Datenbank-Richtlinie auch oben Teil 3, Kapitel 2, Ziffer 2.3.2. sowie unten Ziffern 3.3.1. und 3.3.2. sowie 4.3.2.

[135] Art. 5 RL 96/9/EG. Der Erschöpfungsgrundsatz bezüglich des Verbreitungsrechts betrifft nur *off-line*-Datenbanken, nicht *on-line*-Datenbanken, da es sich hier nicht um die Verbreitung von Waren in körperlicher Form, sondern um Dienstleistungen handelt, Erw.Gr. 33.

[136] Art. 6 Abs. 2 a) mit d) RL 96/9/EG.

[137] Art. 6 Abs. 1 RL 96/9/EG.

[138] Art. 15 RL 96/9/EG.

Im Kapitel über den *sui-generis-Schutz* wird dem Hersteller einer Datenbank, der erhebliche Investitionen hinsichtlich des Inhalts der Datenbank vornimmt, das Recht gegeben, sowohl die Entnahme als auch die Weiterverwendung der ganzen Datenbank oder eines (qualitativ oder quantitativ) wesentlichen Teils ihres Inhalts zu untersagen.[139] Das *sui-generis*-Recht erfaßt unrechtmäßige, investitionsbeeinträchtigende Akte von Datenbanknutzern wie auch Konkurrenten der Datenbankhersteller. Die Rechte und Pflichten der rechtmäßigen Benutzer sind im einzelnen geregelt,[140] und anderweitige vertragliche Vereinbarungen sind insofern unwirksam.[141] Der Umstand, daß die Weiterverwendung im Gegensatz zur Entnahme vorwiegend Akte kommerzieller Natur betrifft, wirkt sich auf die *Ausnahmen* vom *sui-generis*-Recht aus, denn von den EG-Mitgliedstaaten können vorwiegend nur bezüglich der Entnahme eng begrenzte Ausnahmen vorgesehen werden.[142] Zwangslizenzen existieren jedoch nicht,[143] und somit sind Datenbankhersteller nicht verpflichtet, Dritten (Konkurrenten), die Zugang zum Datenbankmaterial zu gewerblichen Zwecken wünschen, eine entsprechende Lizenz einzuräumen. Es ist jedoch anzunehmen, daß die gemeinschaftlichen Wettbewerbsvorschriften (wie in der bedeutenden Rechtssache *Magill*[144]) auch hier vor Monopolbildungen und Mißbräuchen marktbeherrschender Stellungen bewahren werden. Im übrigen behält sich der EG-Gesetzgeber die Einführung einer Zwangslizenz vor, sollte sich im Laufe der Zeit herausstellen, daß die Ausübung des *sui-generis*-Rechts tatsächlich zu Wett-

---

139 Art. 7 Abs. 1 RL 96/9/EG.

140 Art. 8 RL 96/9/EG.

141 Art. 15 RL 96/9/EG.

142 Art. 9 RL 96/9/EG.

143 Oder besser nicht mehr, denn Art. 11 und 11 A des geänderten Vorschlags zur Datenbank-Richtlinie wurden nicht in den gemeinsamen Standpunkt und die RL 96/9/EG übernommen.

144 Vgl. dazu auch *Radio Telefis Eireann (RTE) u. Independent Television Publications Ltd. (ITP) gegen Kommission der Europäischen Gemeinschaften* ("Magill"), EuGH Urteil vom 6. April 1995, Rs. C-241/91 P und C-242/91 P, Slg. 1995 I-743; zu "Magill" in Erster Instanz (Urteile vom 10.7.1991): *Radio Telefis Eireann gegen Kommission der Europäischen Gemeinschaften*, Rs. 69/89, Slg. 1991 II-485. *British Broadcasting Corporation and BBC Ent. Ltd. gegen Kommission der Europäischen Gemeinschaften*, Rs. 70/89, Slg. 1991 II-535; GRUR Int. 1993, 316. *Independent Television Publications Ltd. gegen Kommission der Europäischen Gemeinschaften*, Rs. 76/89, Slg. 1991 II-575; vgl. z.B. *Doutrelepont*, GRUR Int. 1994, 302-308, m.w.N.; *Kon*, 10 IML 4 (1992); *Mestmäcker*, in: FS Kreile, S. 419-428; *Myrick*, 4 Fordham Intell.Prop., Media & Ent.L.J. 81-123 (108 ff) (1993); *Reindl*, 24 IIC 60-82 (1993); *Sufrin*, [1992] 2 ENT.LR 67-70; *Vinje*, [1992] 11 EIPR 397-402. Zum EuGH-Urteil vom 6.4.1995 z.B. *Vinje*, NIR 1995, 156-168.

bewerbsverzerrungen führt.[145] Das *sui-generis*-Recht ist übertrag- und abtretbar und mit Rechten anderer Art kumulierbar.[146] Seine Schutzdauer beträgt 15 Jahre und kann im Falle einer wesentlichen Neuinvestition verlängert werden.[147] Bedeutsam ist schließlich auch, daß das *sui-generis*-Recht grundsätzlich nur für diejenigen Datenbanken gilt, die von EU-Staatsangehörigen oder Einwohnern der EG-Mitgliedstaaten bzw. von in der EG niedergelassenen Unternehmen hergestellt wurden.[148] Datenbanken, die diese Voraussetzungen nicht erfüllen, können nur auf der Grundlage von Gegenseitigkeitsabkommen Schutz genießen.[149]

2.4.3. Würdigung

Insgesamt gesehen wird sowohl durch die Harmonisierung spezifischer Rechte an Werken und Leistungen aller Art als auch durch die Vereinheitlichung der Rechte an speziellen Schutzgegenständen eine umfassende Angleichung materieller Vorschriften in wesentlichen Bereichen des Urheberrechts und der Leistungsschutzrechte bewirkt. Es käme einer groben Vereinfachung gleich, wollte man die in den Richtlinien verankerten Rechte pauschal als Ausdruck der Annäherung an den kontinentaleuropäischen bzw. den angelsächsischen Standard sehen. Schließlich sind Kabel und Satellit sowie Computerprogramm und Datenbank relativ neue Erscheinungen, die vor der Harmonisierung keinesfalls durchwegs Gegenstand umfassend konzipierter Regelungen in den nationalen Rechtsordnungen der EG-Mitgliedstaaten waren. Eben dies ermöglichte es, bei der Ausgestaltung der einschlägigen Rechte systemübergreifende Konzepte zu entwickeln, die über der traditionellen *Copyright-Droit d'auteur*-Dichotomie stehen und den praktischen Bedürfnissen der veränderten Umwelt Rechnung tragen. Allenfalls beim Thema Vermiet- und Verleihrecht läßt sich in punktuellen, doch wesentlichen Bereichen eine Hinwendung zum kontinentaleuropäischen Modell erkennen.

---

[145] Art. 16 Abs. 3 RL 96/9/EG.

[146] Art. 7 Abs. 3 und 4 RL 96/9/EG.

[147] Art. 10 Abs. 1 RL 96/9/EG; die Schutzfrist läuft ab dem 1. Januar desjenigen Jahres, das auf den Tag des Abschlusses der Datenbankherstellung folgt; siehe auch Art. 10 Abs. 2 und 3 sowie Erw.Gr. 53 mit 55 RL 96/9/EG.

[148] Art. 11 Abs. 1 und 2 RL 96/9/EG.

[149] Art. 11 Abs. 3 RL 96/9/EG. Der Grundsatz der Inländerbehandlung wurde für das *sui-generis*-Recht also abgelehnt. Zur Inländerbehandlung unten Teil 3, Kapitel 2, Ziffer 6.4.

Die Tatsache, daß es für die Beseitigung von Handelshemmnissen ganz entscheidend auf die Einheitlichkeit *materieller Bestimmungen* ankommt, muß darüber hinwegtrösten, daß eine umfassende Lösung dogmatischer Fragen im europäischen Rahmen nicht erreicht werden kann. Insbesondere wird durch die Harmonisierungsrichtlinien weder der Gegensatz zwischen dem zweigleisigen kontinentaleuropäischen Modell und dem eingleisigen angelsächsischen System berührt, noch die Frage nach der dogmatischen Einordnung von Rechten an Darbietungen ausübender Künstler.[150] Somit wird die Werk-Leistung-Dichotomie auf absehbare Zeit ebenso essentiell für das deutsche Recht bleiben, wie sie von britischer Warte aus als überflüssig betrachtet wird. Gleichermaßen überlassen es die EG-Richtlinien dem nationalen Gesetzgeber, die Rechte an künstlerischen Darbietungen beispielsweise (wie in Deutschland) als Leistungsschutzrechte zu bezeichnen oder sie (wie in Großbritannien) außerhalb des *Copyright Law* zu regeln. Für den Gemeinschaftsgesetzgeber kommt es nämlich weniger auf die Entscheidung dogmatischer Fragen, sondern vielmehr auf pragmatische Lösungen an, die eine tatsächliche Harmonisierung und Verbesserung der Rechte der Urheber, Produzenten und Künstlern bewirken. Dieser Ansatz wird sich wohl auch in künftigen Harmonisierungsmaßnahmen niederschlagen.

3. Urheber und Inhaber des Urheberrechts

3.1. Problemstellung

Eine einheitliche und gemeinschaftsweite Lösung der Probleme, die sich bei der Definition des Urheberbegriffes und der Frage nach der originären Inhaberschaft des Urheberrechts auftun, ist bislang nicht in Sicht. Wie der Vergleich der deutschen Rechtslage mit der britischen zeigt,[151] treten die unüberwindlichen Gegensätze zwischen den *Droit d'auteur*-Rechtsordnungen und den Repräsentanten der *Copyright*-Tradition bei dieser Thematik mit aller Deutlichkeit in den Vordergrund. In vereinfachter Form sieht sich der EG-Gesetzgeber mit folgendem fundamentalen Problem konfrontiert:

Wie kontinentaleuropäische Rechtsordnungen allgemein, erkennt auch das deutsche Urheberrecht nur den tatsächlichen Schöpfer eines Werkes (d.h. eine

---

150 Dazu ausführlich oben Teil 2, Kapitel 1, Ziffer 4.

151 Oben Teil 2, Kapitel 2.

natürliche Person) als Urheber an. Ausnahmslos ist der so definierte Urheber des Werkes auch der Inhaber des Urheberrechts am Werk. Werkverwerter können vom Urheber nur derivativ Rechte am Werk erwerben. Diese Grundprinzipien finden auch bei angestellten Urhebern Anwendung: Selbst wenn ein Werkschaffender in abhängiger Arbeit tätig ist, verliert er seinen Status als Urheber und seine Inhaberschaft am Urheberrecht nicht; den Bedürfnissen des Arbeitgebers wird durch die Verpflichtung des Arbeitnehmerurhebers zur Einräumung von Nutzungsrechten Rechnung getragen. Grundlage dieser rechtlichen Konstruktionen ist das Schöpferprinzip.

Im Gegensatz dazu ist es im britischen Recht (wie allgemein in *Copyright*-Systemen) auf der Grundlage des Investitionsschutzprinzips ohne weiteres möglich, daß auch juristische Personen aufgrund ihrer organisatorischen und unternehmerischen Tätigkeit vom Status her "Urheber" und originäre Copyright-Inhaber sind. Nach britischer Rechtslage sind demnach beispielsweise auch Tonträgerhersteller *authors* sowie *first owners* des Copyright. Im *Copyright Law* sind Urheberschaft und Copyright-Inhaberschaft voneinander unabhängig. Für angestellte Werkschaffende bedeutet dies, daß sie zwar als Urheber angesehen werden, daß originäre Copyright-Inhaber aber grundsätzlich nicht sie selbst, sondern ihre Arbeitgeber sind.

Einer Harmonisierung solch unterschiedlicher rechtlicher Regelungen sind enge Grenzen gesetzt, da die jeweils zugrundeliegenden rechtsdogmatischen bzw. gesellschaftspolitischen Grundüberzeugungen an den innersten Kern der beiden Rechtstraditionen stoßen.[152]

3.2. Harmonisierungsrahmen

Wie bei Harmonisierungsaktivitäten im allgemeinen stecken auch beim Problemkreis "Urheber und Inhaber des Urheberrechts" die gemeinschaftliche Handlungskompetenz, Subsidiaritätsprinzip und der Verhältnismäßigkeitsgrundsatz den Harmonisierungsrahmen ab. Nur wenn Fragen der Urheberschaft und der originären Inhaberschaft des Urheberrechts in den Urheberrechtsordnungen der Mitgliedstaaten unterschiedliche Antworten finden, die zu Handelshemmnissen bzw. Wettbewerbsverzerrungen führen, ist gemeinschaftliches Handeln

---

[152] Zu dieser Thematik z.B. *Katzenberger*, in: *Schricker/Bastian/Dietz* (Hrsg.), S. 42-48.

angesagt. Eine Binnenmarktbeeinträchtigung ist denkbar, da diese Fragen nicht nach einem einzigen Recht, nämlich dem des Ursprungslandes des Werkes, beurteilt werden, sondern nach dem Recht desjenigen Landes, wo der Schutz beansprucht wird.[153] Wer in einem Land Urheber bzw. originärer Urheberrechtsinhaber ist, hat diesen Status somit nicht notwendigerweise auch in einem anderen Land. Unproblematisch ist diese Tatsache in den meisten Fällen jedoch deswegen, weil Personen wie etwa Werkverwerter, die in einem EG-Mitgliedstaat primäre Urheberrechtsinhaber sind, in anderen EG-Mitgliedstaaten Inhaber vertraglich erworbener Nutzungsrechte werden. Die weitgehend freie Übertragbarkeit vermögensrechtlicher Befugnisse auf vertraglicher Basis zeigt sich insofern als *das* Mittel, das die unterschiedlichen Rechtsansätze im wesentlichen nicht zum Problem für das Funktionieren des Binnenmarktes werden läßt.

Binnenmarktrelevanz ist jedoch dann gegeben, wenn der freien vertraglichen Verfügung über die vermögensrechtlichen Befugnisse aus Gründen des Urheberschutzes in einzelnen EG-Mitgliedstaaten *gesetzliche oder durch die Rechtsprechung formulierte Schranken* gesetzt sind, wie sie in anderen EG-Mitgliedstaaten nicht existieren. Werden beispielsweise der Einräumung von Nutzungsrechten an Werkverwerter hinsichtlich Umfang, Inhalt oder Dauer in einem Mitgliedstaat gesetzliche Grenzen gesetzt, so ergibt sich im Vergleich zu denjenigen Mitgliedstaaten, in denen Werkverwerter originäre Inhaber des Urheberrechts sind, ein grundverschiedenes Bild. Ähnlich problematisch gestaltet sich die Situation, wenn in einem Mitgliedstaat Verträge über die Einräumung von Nutzungsrechten an den Werkverwerter (etwa aufgrund einer extremen vertraglichen Benachteiligung des Urhebers) durch die Rechtsprechung für nichtig befunden werden, während eine solche Konstellation in denjenigen Mitgliedstaaten von vornherein nicht entstehen kann, die dem Werkverwerter die originäre Urheberrechtsinhaberschaft zuweisen. Insofern wird also deutlich, daß unterschiedliche Lösungen der Frage, wer Urheber bzw. originärer Inhaber des Urheberrechts ist, in bestimmten Situationen zu Handelshemmnissen führen können. Die angeführten Beispiele zeigen, daß die Frage nach der Urheberschaft bzw. der Inhaberschaft am Urheberrecht eng mit dem Problemkreis Urhebervertragsrecht zusammenhängt. Urhebervertragsrechtliche Gesichtspunkte werden jedoch

[153] Damit ist das herrschende *Schutzlandprinzip* oder *Territorialitätsprinzip* angesprochen; vgl. *Schricker (Katzenberger)*, vor §§ 120 ff, Rdnr. 69 und 73 m.w.N.

unten[154] behandelt, während im folgenden nur die engere Thematik "Urheber und Inhaber des Urheberrechts" erörtert wird.

Abgesehen von den Gesichtspunkten der Kompetenz, Subsidiarität und Verhältnismäßigkeit ist es vor allem die Rechtsdogmatik, die auf politischer Ebene zu verhärteten Fronten führt und einen gemeinschaftlichen Globalkompromiß in bezug auf die Urheberschaft und die Inhaberschaft am Urheberrecht unrealistisch erscheinen läßt. Die Unterschiede zwischen *Copyright* und *Droit d'auteur* sind hier einfach zu fundamental, als daß sich eines der beiden Systeme in absehbarer Zeit gewillt zeigen könnte, grundsätzlich von dem ihm innewohnenden Grundprinzip (Investitionsschutz- bzw. Schöpferprinzip) abzurücken. Eine umfassende Harmonisierung im Sinne einer Entscheidung für das eine oder andere Leitprinzip ist daher nicht in Sicht, und auch bisherige Initiativen beschränken sich auf einen sehr engen Rahmen.

3.3. Harmonisierungsinitiativen

Im folgenden werden die bislang ergriffenen Harmonisierungsinitiativen des EG-Gesetzgebers im Hinblick auf drei Themenbereiche untersucht: Anhand der bisher erlassenen Richtlinien wird zunächst die allgemeine Frage der Urheberschaft und der Inhaberschaft am Urheberrecht besprochen. Im Anschluß daran erfährt diese Frage in bezug auf das Arbeitnehmerurheberrecht einerseits und die Filmurheberschaft andererseits besondere Betrachtung.

3.3.1. Urheber und Urheberrechtsinhaber

Die Computerprogramm-Richtlinie[155] und die Datenbank-Richtlinie[156] bestimmen, daß der Urheber eines Computerprogramms bzw. einer Datenbank die natürliche Person oder die Gruppe natürlicher Personen ist, die das Programm bzw. die Datenbank geschaffen hat, oder, soweit nach den Rechtsvorschriften der EG-Mitgliedstaaten zulässig, die juristische Person, die nach diesen Rechts-

---

[154] Unten Teil 3, Kapitel 2, Ziffer 4.

[155] Zur Computerprogramm-Richtlinie auch oben Teil 3, Kapitel 2, Ziffern 2.3.1. und 2.4.2.2.1. sowie unten 3.3.2. und 4.3.1.

[156] Zur Datenbank-Richtlinie auch oben Teil 3, Kapitel 2, Ziffern 2.3.2. und 2.4.2.2.2. sowie unten 3.3.2. und 4.3.2.

vorschriften als Rechtsinhaber gilt.[157] Damit wird die Bestimmung des Urhebers sowie des originären Urheberrechtsinhabers dem nationalen Gesetzgeber überantwortet. Diese Regelung zeigt also insofern größte Flexibilität, als es den EG-Mitgliedstaaten überlassen bleibt, bei der Umsetzung in nationales Recht der jeweils eigenen rechtsdogmatischen Grundorientierung treu zu bleiben. Genauso wie es das deutsche Recht beim Schöpferprinzip bewenden lassen kann, das nur natürliche Personen als Urheber und Urheberrechtsinhaber anerkennt, wird dem britischen Gesetzgeber durch die Formulierung der Richtlinie das Festhalten am Investitionsschutzprinzip ermöglicht, da auch juristische Personen aufgrund ihrer unternehmerisch-organisatorischen Tätigkeit als Urheber und Copyright-Inhaber auftreten können.

Nach der Vermiet- und Verleihrecht-Richtlinie[158] sowie der Satellit- und Kabel-Richtlinie[159] ist der Urheber Inhaber bestimmter, in diesen Richtlinien geregelter Rechte.[160] Der Begriff des Urhebers wird allerdings nicht näher erläutert.[161] Ausgehend von einer einheitlichen Grundkonzeption der verschiedenen Richtlinien könnte man annehmen, daß der Begriff genauso wie in der Computerprogramm-Richtlinie aus Sicht der einzelnen EG-Mitgliedstaaten interpretiert werden kann, so daß sowohl natürliche als auch juristische Personen als Urheber in Erscheinung treten können. Jedenfalls aber wird der Terminus "Urheber" in der Vermiet- und Verleihrecht-Richtlinie und in der Satellit- und Kabel-Richtlinie nicht im Sinne des weiten britischen Urheberbegriffes verstanden, wonach auch Tonträger- und Filmproduzenten sowie Sendeunternehmen als "Urheber" (*authors*) klassifiziert werden, denn beide Richtlinien nehmen auf den Urheber nur in Abgrenzung von den Tonträger- und Filmproduzenten bzw. den Sendeunternehmen Bezug.[162] Daß man in den Richtlinien von einer expliziten Definition des Urheberbegriffes im Sinne des kontinentaleuropäischen Modells abgesehen hat, ist im Hinblick auf die breite britische Urheberdefinition verständlich, hätte man ihr damit doch eine ausdrückliche Absage erteilt. Durch den

---

157 Art. 2 Abs. 1 RL 91/250/EWG bzw. Art. 4 Abs. 1 RL 96/9/EG.

158 Zur Vermiet- und Verleihrecht-Richtlinie auch oben Teil 3, Kapitel 2, Ziffern 2.4.2.1.1. sowie unten 3.3.3. und 4.3.3.

159 Zur Satellit- und Kabel-Richtlinie auch oben Teil 3, Kapitel 2, Ziffern 2.4.2.1.2. sowie unten 3.3.3.

160 Art. 2 Abs. 1 RL 92/100/EWG bzw. Art. 2 RL 93/83/EWG.

161 Art. 8 Abs. 1 RL 93/83/EWG.

162 Art. 2 Abs. 1, Art. 4 Abs. 1, Art. 11 RL 92/100/EWG; Art. 2 i.V.m. Art. 4 RL 93/83/EWG.

Verzicht auf eine Definition konnte man solchen Problemen aus dem Wege gehen, jedoch aufgrund der Klarstellung durch den Kontext gleichzeitig davon ausgehen, daß die Substanz der Richtlinien vom nationalen Gesetzgeber verstanden würde. Es überrascht daher nicht, daß im britischen Entwurf zur Umsetzung der beiden Richtlinien der *author of a literary, dramatic, musical or artistic work in respect of which he is the copyright owner*[163] angesprochen ist, wenn es um die Umsetzung der Richtlinien-Rechte des Urhebers geht. Auch ohne ausdrückliche Klarstellung wurde der materielle Gehalt der Richtlinien vom nationalen Gesetzgeber verstanden und entsprechend auf das eigene Rechtssystem zugeschnitten.

Auch ein Blick auf die Schutzdauer-Richtlinie[164] ist aufschlußreich. Diese Richtlinie ist insofern besonders bedeutend, als sie auf das ganze Urheberrecht Bezug nimmt und nicht nur auf einzelne Schutzgegenstände oder urheberrechtliche Befugnisse. Zwar ist Ausgangspunkt der Richtlinie der Urheber als natürliche Person, da sich die Dauer des Urheberrechtsschutzes nach der Lebenszeit seiner Person und einer Zeitspanne von 70 Jahren nach seinem Tod bemißt.[165] Doch auch die Möglichkeit, daß juristische Personen Urheber und Urheberrechtsinhaber sind, wird berücksichtigt, indem sich die Schutzfrist in diesem Fall danach richtet, wann das Werk erlaubterweise der Öffentlichkeit zugänglich gemacht wurde.[166]

Insgesamt gesehen geht der Gemeinschaftsgesetzgeber zwar in der Mehrzahl der Richtlinien davon aus, das der Urheber im Sinne der kontinentaleuropäischen Urheberdefinition zu verstehen ist, doch gleichzeitig wird stets auch der Umstand berücksichtigt, daß in manchen Rechtsordnungen juristische Personen Urheber sind. Der EG-Gesetzgeber nimmt im Hinblick auf die Definition des Urhebers und des Urheberrechtsinhabers insofern eine indifferente Position ein, als er den Urheberrechtsordnungen der EG-Mitgliedstaaten freistellt, bei ihren jeweiligen dogmatischen Grundüberzeugungen zu bleiben.

---

[163] Sec. 91A *Draft Copyright and Rights of Performers Regulations 1995*.

[164] Zur Schutzdauer-Richtlinie auch unten Teil 3, Kapitel 2, Ziffern 3.3.3. und 6.

[165] Art. 1 Abs. 1 RL 93/98/EWG; vgl. auch Art. 1 Abs. 2 RL 93/98/EWG für Miturheber.

[166] Art. 4 Abs. 4 i.V.m. Art. 4 Abs. 3 RL 93/98/EWG.

3.3.2. Arbeitnehmerurheberrecht

Die Computerprogramm-Richtlinie[167] bestimmt für den Fall, daß ein Programm von einem Arbeitnehmer in Wahrnehmung seiner Aufgaben oder nach den Anweisungen des Arbeitgebers geschaffen wird, folgendes: Der Arbeitgeber ist zur Ausübung aller wirtschaftlichen Rechte befugt, sofern keine andere vertragliche Vereinbarung getroffen wurde.[168] Damit ist offengelassen, ob der Arbeitgeber der originäre Inhaber dieser Rechte ist, oder ob er die Rechte mittels einer gesetzlichen Lizenz oder einer *cessio legis* erwirbt. In Deutschland wird letztere Interpretation bevorzugt, und für Computerprogramme wurde eine Sonderregelung eingeführt, die von der Regelung des generellen Arbeitnehmerurheberrechts in § 43 UrhG nur insofern abweicht, als der Rechtserwerb des Arbeitgebers nicht auf vertraglichem Wege, sondern kraft Gesetzes erfolgt.[169] Damit wurde in Deutschland nicht vom Schöpferprinzip abgewichen. Für Großbritannien war auch im Bereich der Computerprogramme ein Festhalten an der bestehenden Rechtssituation möglich, wonach (in Verwirklichung des Investitionsschutzprinzipes) der Arbeitgeber originärer Inhaber des Copyright ist, etwas anderes jedoch vertraglich vereinbart werden kann.[170] Insgesamt wurde den nationalen Rechtsordnungen also ein gewisser Interpretationsspielraum eingeräumt, der ein weitgehendes Fortführen der jeweils eigenen Rechtstradition ermöglicht.

In der Datenbank-Richtlinie[171] wurde der ursprüngliche Vorschlag zur automatischen Rechtsinhaberschaft des Arbeitgebers,[172] der sich an die Regelung in der Computerprogramm-Richtlinie anlehnte, gestrichen. Den EG-Mitgliedstaaten wird vielmehr freigestellt, ob sie eine solche Regelung treffen wollen oder

---

[167] Zur Computerprogramm-Richtlinie auch oben Teil 3, Kapitel 2, Ziffern 2.3.1. und 2.4.2.2.1. sowie 3.3.1., ebenso unten 4.3.1.

[168] Art. 2 Abs. 3 RL 91/250/EWG.

[169] § 69b Abs. 1 UrhG; bei Computerprogrammen sind dem Arbeitgeber die vermögensrechtlichen Befugnisse vollständig zuzuordnen, für die Zweckübertragungstheorie bleibt hier kein Raum mehr. Vgl. auch *Kraßer*, in: FS Schricker, S. 77-115 (100). Dazu auch oben Teil 2, Kapitel 2, Ziffer 2.1.1.

[170] Sec. 11(2) CDPA.

[171] Zur Datenbank-Richtlinie auch oben Teil 3, Kapitel 2, Ziffern 2.3.2. und 2.4.2.2.2. sowie 3.3.1., ebenso unten 4.3.2.

[172] Art. 3 Abs. 4 des ursprünglichen sowie des geänderten Vorschlags.

nicht.[173] Der Freiraum des nationalen Gesetzgebers ist also noch größer als bei der Computerprogramm-Richtlinie.

3.3.3. Urheberschaft und Rechtsinhaberschaft am Filmwerk

Die Vermiet- und Verleihrecht-Richtlinie[174], die Satellit- und Kabel-Richtlinie[175] sowie die Schutzdauer-Richtlinie[176] bestimmen in fast identischem Wortlaut, daß der Hauptregisseur eines Filmwerkes oder eines audiovisuellen Werkes[177] als dessen Urheber oder als einer seiner Urheber gilt, und ferner, daß es den EG-Mitgliedstaaten freisteht, weitere Personen als Miturheber zu benennen. Wenn dieser Grundsatz in den ersten beiden Richtlinien auch nur für die darin geregelten Rechtsbereiche galt, so hat er mit der dritten Richtlinie allgemeine Gültigkeit erlangt.[178] Diese Regelung stellt eine politische Kompromißlösung zwischen den *Copyright*- und *Droit d'auteur*-Systemen dar, die einerseits um Investitionsschutz für die unternehmerische Leistung des Produzenten bemüht sind bzw. andererseits den Schutz der schöpferischen Leistung des Individuums in den Vordergrund stellen. Die europäische Harmonisierung des Filmurheberrechts schuf also einen Kompromiß zwischen dem Modell des alleinigen, originären Urheberrechts des Filmproduzenten und dem Modell, das allein die schöpferisch tätigen Individuen als Urheber ansieht. Von deutscher Warte aus wird durch die Kompromißlösung das Festhalten am Schöpferprinzip ermöglicht. Aus britischer Perspektive jedoch bedeutet die Nennung des Hauptregisseurs als Urheber keine Festlegung auf das Schöpferprinzip, da neben ihm der Filmproduzent nach wie vor als Urheber gilt.[179] Eine solche Regelung, die

---

[173] Erw.Gr. 29 RL 96/9/EG.

[174] Art. 2 Abs. 2 RL 92/100/EWG. Zur Vermiet- und Verleihrecht-Richtlinie auch oben Teil 3, Kapitel 2, Ziffern 2.4.2.1.1. und 3.3.1. sowie unten 4.3.3.

[175] Art. 1 Abs. 5 RL 93/83/EWG. Zur Satellit- und Kabel-Richtlinie auch oben Teil 3, Kapitel 2, Ziffern 2.4.2.1.2. und 3.3.1.

[176] Art. 2 Abs. 1 RL 93/98/EWG. Zur Schutzdauer-Richtlinie auch oben Teil 3, Kapitel 2, Ziffer 3.3.1. und unten Ziffer 6.

[177] Bei Bezugnahme auf den Film sind hier auch audiovisuelle Werke mitangesprochen.

[178] Vgl. *von Lewinski*, Europ.GemeinschaftsR/II/4, Einführung, in: UrhQuellen, S. 8.

[179] Sec. 9(2)(a) CDPA i.V.m. Reg. 4(2) *Duration of Copyright and Rights in Performances Regulations 1995*; Im übrigen bestimmt Sec. 11(2) CDPA i.V.m. Reg. 5, daß der Filmproduzent Inhaber des Copyright ist, wenn der Hauptregisseur von ihm angestellt ist.

nach intensiven Diskussionen[180] im Hinblick auf die ursprüngliche Gestaltung des CDPA noch abgelehnt worden war, konnte nur deshalb Eingang ins britische Recht finden, weil den Briten bezüglich der zeitlichen Anwendbarkeit erhebliche Zugeständnisse gemacht wurden.[181]

3.3.4. Würdigung

Bei Betrachtung der bisher erlassenen EG-Harmonisierungsrichtlinien wird deutlich, daß Grundsatzfragen wie die der Urheberschaft und der originären Inhaberschaft des Urheberrechts nur in einem Rahmen geregelt werden können, der den fundamentalen Grundprinzipien des *Copyright*-Systems und der *Droit d'auteur*-Tradition Rechnung trägt. Die Frage, wer Urheber bzw. originärer Urheberrechtsinhaber ist, wird durch die Richtlinien grundsätzlich nicht zwingend zugunsten der einen oder anderen Rechtstradition entschieden. Vielmehr ist es dem nationalen Gesetzgeber freigestellt, diese Frage bei der Umsetzung der Richtlinien im Sinne der jeweils eigenen, etablierten Definitionen und Lösungsmodelle zu beantworten; eine Ausnahme stellt insofern nur das Thema der Filmurheberschaft des Hauptregisseurs dar.

Im Hinblick auf die Urheberschaft und die originäre Inhaberschaft des Urheberrechts ermöglichen die Richtlinien dem deutschen Gesetzgeber die weitgehende Beibehaltung der bislang geltenden Rechtslage sowie das Festhalten am Schöpferprinzip; nur für das Arbeitnehmerurheberrecht im Rahmen der Herstellung von Computerprogrammen mußte das deutsche Recht eine neue, vom allgemeinen Arbeitnehmerurheberrecht abweichende Lösung entwickeln. Auch dem britischen Gesetzgeber wird durch die Richtlinien weitgehend freigestellt, die bisherigen gesetzlichen Regelungen beizubehalten; nur bezüglich der Urheberschaft am Filmwerk wurden von den Briten Zugeständnisse eingefordert.

Der EG-Gesetzgeber geht wohl in der Mehrzahl der Richtlinien vom Urheber als natürlicher Person aus, berücksichtigt jedoch gleichermaßen die Tatsache, daß in manchen EG-Mitgliedstaaten juristische Personen Urheber sind. Es wird

---

[180] *Hansard, House of Lords*, Vol. 490, col. 887-890 (30.11.1987) u. Vol. 493, col. 1076-1081 (25.7.1988).

[181] Vgl. Art. 13 Abs. 4 und 5 RL 92/100/EWG; Art. 7 Abs. 1 RL 93/83/EWG; Art. 10 Abs. 4 und 5 RL 93/98/EWG; s. auch *Reinbothe/von Lewinski*, S. 46 f.

auf EG-Ebene bewußt davon abgesehen, der einen Rechtstradition die grundverschiedenen Grundkonzeptionen der anderen aufzuzwingen. Daher ist es den nationalen Urheberrechtsordnungen auch überlassen, die Inhaberschaft des Urheberrechts mit der Urheberschaft untrennbar zu verbinden oder aber beide als voneinander unabhängig anzusehen. In Brüssel scheint man erkannt zu haben, daß die Definition von "Urheber" und "Urheberrechtsinhaber" das innerste Gefüge der beiden großen Rechtssysteme (*Copyright* und *Droit d'auteur*) berührt und daß im europäischen Rahmen auf absehbare Zeit keine Lösung gefunden werden kann, die dem Grundverständnis einer der beiden Rechtstraditionen zuwiderläuft.

4. Urhebervertragsrecht

4.1. Problemstellung

Das Urhebervertragsrecht nimmt im Rahmen der europäischen Harmonisierungsaktivitäten eine Randstellung ein. Dies beruht im wesentlichen darauf, daß die Grundanschauungen der *Droit d'auteur*- und *Copyright*-Repräsentanten auch beim Thema Urhebervertragsrecht extrem weit auseinanderklaffen, wie anhand der oben vorgenommenen vergleichenden Betrachtung des deutschen und britischen Rechts deutlich wurde.[182]

Grundsätzlicher Ausgangspunkt für die Betrachtung des Urhebervertragsrechtes ist die Tatsache, daß das Kräfteverhältnis zwischen den Werkschaffenden und den (meist korporativ organisierten) Werkverwertern in der Regel nicht ausbalanciert ist, sondern sich vielmehr sehr ungleich gestaltet. Bildlich gesehen gleicht es der David-gegen-Goliath-Situation, wenn sich einzelne Urheber[183] mit den modernen Medienkonzernen konfrontiert sehen. Dieses faktische Ungleichgewicht wird jedoch in rechtlicher Hinsicht von den Vertretern der kontinentaleuropäischen Urheberrechtstraditionen und denen der *Common Law copyright*-Systeme völlig unterschiedlich gewürdigt. Die wesentlichen Elemente dieses systemspezifischen Gegensatzes und ihre weitreichenden Konsequenzen seien an dieser Stelle nochmals kurz zusammengefaßt.

---

[182] Oben Teil 2, Kapitel 3.

[183] Der Begiff "Urheber" wird hier im klassischen, nicht im britischen Sinne gebraucht; dazu oben Teil 2, Kapitel 1, Fn. 7.

Höchste Priorität hat für den deutschen Gesetzgeber der gesetzlich begründete Schutz der Schöpferpersönlichkeit.[184] Unter dem Einfluß einer breiten Strömung, die von naturrechtlichem Gedankengut und von sozialstaatlichen Prinzipien geprägt war, wurden im UrhG eine Reihe von Vorschriften verankert, die dem Schutz des Urhebers dienen sollen. Es sind hier all die rechtlichen Konstruktionen zu nennen, die darauf gerichtet sind, den Urheber vor weitgehender Rechtsvergabe zu schützen, ihm die Kontrolle über sein Werk möglichst zu erhalten und ihn an der Verwertung seines Werkes angemessen zu beteiligen. So kann der Urheber sein Urheberrecht als solches nicht an einen Verwerter übertragen, sondern ihm nur Nutzungsrechte einräumen. Gleiches gilt für die Beziehung zwischen angestelltem Urheber und Arbeitgeber. Vertragliche Nutzungsrechtseinräumungen werden restriktiv zugunsten des Urhebers ausgelegt, so daß ein Nutzungsrecht, das für den Verwerter nicht erforderlich ist und ihm auch nicht ausdrücklich eingeräumt wurde, im Zweifel beim Urheber verbleibt. Ferner bedarf es der Zustimmung des Urhebers, wenn der Inhaber eines ausschließlichen Nutzungsrechtes einem Dritten ein einfaches Nutzungsrecht einräumen will. Und schließlich ist es dem Urheber im eigenen Interesse auch verwehrt, für noch nicht bekannte Nutzungsarten Rechte einzuräumen. Im Gesetz wird dem Urheber daneben eine Reihe von Rechten gegen den Verwerter garantiert: Der Urheber hat das Recht, an unerwartet hohen Werknutzungserträgen angemessen beteiligt zu werden. Er ist berechtigt, die Einräumung von Nutzungsrechten an Werken zu kündigen, zu deren Schaffung er sich gegenüber dem Verwerter bis weit in die Zukunft verpflichtet hat. Darüber hinaus hat der Urheber das Recht, die einmal eingeräumten ausschließlichen Nutzungsrechte zurückzurufen, sollte der Verwerter diese nicht oder nur unzureichend ausüben. Ebenso steht dem Urheber unter bestimmten Umständen ein Rückrufsrecht zu, sollte sich seine im Werk zum Ausdruck kommende Überzeugung gewandelt haben. Ein umfassender Vorausverzicht auf diese Rechte ist unwirksam. Daß all diese Schutzmechanismen notwendigerweise einen Eingriff in die individuelle Handlungsfreiheit des Urhebers darstellen, wird in Deutschland als Preis hingenommen, den es zugunsten eines möglichst weitreichenden Urheberschutzes zu zahlen gilt. Im übrigen werden diese vielfältigen gesetzlich begründeten Schutzbestimmungen durch ein ausgefeiltes Instrumentarium kollektivvertraglicher Gestaltungsformen ergänzt, die die Achillesfersen der Urheber in wesentlichen Punkten schützen.

---

[184] Dies ungeachtet der Tatsache, daß die gesetzliche Regelung des Urhebervertragsrechtes noch ausgebaut werden kann und sollte. Dazu oben Teil 2, Kapitel 3, Ziffer 4.

Dem britischen Recht dagegen ist die Vorstellung fremd, den Schutz der Urheber durch Gesetzesvorschriften zu gewährleisten. Dies beruht vor allem auf etablierten wirtschaftsliberalistischen Grundauffassungen und einer althergebrachten *laissez faire*-Mentalität, welche die Maximen des *freedom of contract* und der individuellen Selbstverantwortung prägen. Diese Grundprinzipien erwuchsen in einer von Wirtschaftsmagnaten bestimmten Gesellschaft, die aus den von Urhebern produzierten "Waren" maximalen Wert zu schöpfen suchte. Dazu gesellte sich die generelle Abneigung des *case law*-Systems gegen allgemeinverbindliche Generalnormen, die den richterlichen Handlungsspielraum nach britischer Auffassung nur einengen würden. Es überrascht nicht, daß der Gedanke an eine besondere Schutzbedürftigkeit des Urhebers in einem solchen Umfeld völlig unterging. Demnach kann der Urheber sein Copyright als solches an den Verwerter frei übertragen, und im Falle angestellter Urheber besteht sogar eine gesetzliche Vermutung dahingehend, daß der Arbeitgeber originärer Copyright-Inhaber ist. Urheber tragen die Verantwortung dafür, Begrenzungen einer von ihnen vereinbarten Rechtseinräumung unzweideutig auszudrücken, denn es steht ihnen im britischen Recht keine restriktive Auslegungsregel zur Seite, die sie vor einer weitreichenden, unvorsichtig formulierten Vergabe von Rechten schützen könnte. Das Erfordernis der Schriftform ist hier das einzige Mittel, das die Urheber vor unüberlegten Entscheidungen bewahren kann. Gesetzliche Vorschriften deutschen Musters, die dem Urheberschutz dienen, existieren jedoch nicht. Erst in neuerer Zeit gibt es einzelne Bestrebungen, den extremsten Formen von wirtschaftlichem Ungleichgewicht entgegenzuwirken. Die Rechtsprechung ergriff hier entscheidende Initiativen, indem sie verschiedene *Common Law*-Theorien (wie z.B. die des *Unreasonable Restraint of Trade*) zugunsten der Urheber einsetzte. Daneben gelang es gelegentlich auch den Urheberverbänden, Kollektivvereinbarungen mit Mindestschutzbestimmungen für ihre Mitglieder durchzusetzen.

Welche Herausforderungen sich für den Gemeinschaftsgesetzgeber angesichts solcher extrem divergierenden Ansätze nationaler Rechtsordnungen ergeben, liegt auf der Hand.

4.2. Harmonisierungsrahmen

Eine umfassende gemeinschaftsweite Harmonisierung des Urhebervertragsrechtes ist nicht nur aufgrund des angesprochenen systembedingten Gegensatzes und der damit verbundenen politischen Undurchsetzbarkeit eventueller Harmonisierungsinitiativen unwahrscheinlich, sondern auch aufgrund des vielfach beschworenen Kompetenzdefizits der Gemeinschaft in dieser Materie. Interessanterweise wird das Kompetenzproblem immer wieder gerade dann angesprochen, wenn es darum geht, urheberschützende vertragsrechtliche Regelungen (wie etwa Vergütungsansprüche) zu verabschieden. Dagegen scheinen verwerterbegünstigende vertragsrechtliche Bestimmungen (wie z.B. eine Übertragungsvermutung) relativ leicht durchsetzbar zu sein, da sich hier niemand die Kompetenzfrage stellt.[185]

Angesichts der Tatsache, daß sich der Großteil der nationalen Gesetzgeber nicht einmal zu einer umfassenden Regelung des Urhebervertragsrechtes im nationalen Rahmen veranlaßt sieht,[186] besteht auch kein Grund zur Annahme, daß sich ihre diesbezügliche Passivität in emsige Aktivität umwandeln sollte, wenn es um entsprechende Aktionen im europäischen Kontext geht. Es läßt sich jedoch nicht leugnen, daß die weitreichenden nationalen Unterschiede im Hinblick auf vertragsrechtliche Bestimmungen zumindest potentiell binnenmarktrelevant sind, da Urheber im einen EG-Mitgliedstaat umfassende Rechte geltend machen können, die ihnen im anderen EG-Mitgliedstaat verwehrt sind. Diese Tatsache hat mit dem kürzlich ergangenen *Phil Collins*-Urteil noch an Brisanz gewonnen.[187]

4.3. Harmonisierungsinitiativen

Das Urhebervertragsrecht als solches wurde weder im 1988er Grünbuch zur technologischen Herausforderung noch in den Initiativen zum Grünbuch von 1991 als Gebiet beschrieben, das in den Aktionsradius der Gemeinschaft fällt. In den bisher verabschiedeten Richtlinien finden sich jedoch einige punktuelle

---

[185] Dazu *von Lewinski*, in: *Schricker/Bastian/Dietz* (Hrsg.), S. 49-57 (55).

[186] Z.B. vertritt der deutsche Gesetzgeber die Ansicht, daß es nicht geboten sei, die schon bestehenden urhebervertraglichen Rahmenregelungen durch weitere gesetzliche Regelungen auszufüllen, Bericht der Bundesregierung vom 7.7.1989, Ziff. 1.2.4.3; Bericht der Bundesregierung vom 6.5.1994, S. 14. Dazu auch oben Teil 2, Kapitel 3, Ziffer 4.

[187] *Collins gegen Imtrat Handelsgesellschaft mbH* (Rs. C-92/92), *Patricia Im- und Export Verwaltungsgesellschaft mbH gegen EMI Electrola GmbH* (Rs. C-326/92), EuGH-Urteile vom 20. Oktober 1993, Slg. 1993 I-5145; NJW 1994, 375; GRUR Int. 1994, 53; GRUR 1994, 280; [1994] FSR 166. Zum *Phil Collins*-Urteil unten Teil 3, Kapitel 2, Ziffer 6.3.2.

Bestimmungen, die vertragsrechtliche Fragen in bestimmten Spezialbereichen berühren.

4.3.1. Computerprogramm-Richtlinie

Die Computerprogramm-Richtlinie[188] enthält eine widerlegbare, gesetzliche Vermutung dahingehend, daß der Arbeitgeber zur Rechtsausübung berechtigt ist.[189] Es handelt sich hier um eine arbeitgeberfreundliche Vermutungsregelung mit Wirkung für den Computerprogramm-Bereich, in dem wohl die meisten Urheber in angestellter Position tätig sind. Es ist jedoch wichtig zu betonen, daß sich aus dieser Regelung nicht notwendigerweise eine allgemeine Tendenz ableiten läßt, daß das Verhältnis zwischen Arbeitnehmerurheber und Arbeitgeber mittels solcher gesetzlichen Vermutungen auch in anderen Bereichen zugunsten des Arbeitgebers gelöst werden wird.

4.3.2. Datenbank-Richtlinie

Die Datenbank-Richtlinie[190] bestätigt, daß sich ein auf EG-Ebene einmal eingeschlagener Kurs nicht unbedingt auf nachfolgende Richtlinien auswirken muß. Die ursprünglich vorgeschlagene Vermutung einer Rechtsausübung zugunsten des Arbeitgebers, die sich an die Regelung in der Computerprogramm-Richtlinie anlehnte, wurde in der Datenbank-Richtlinie gestrichen.[191] Für die EG-Mitgliedstaaten ist insofern nur eine fakultative Regelungsbefugnis vorgesehen.[192]

---

188 Zur Computerprogramm-Richtlinie auch oben Teil 3, Kapitel 2, Ziffern 2.3.1. und 2.4.2.2.1. sowie 3.3.1. und 3.3.2.

189 Art. 2 Abs. 3 RL 91/250/EWG.

190 Zur Datenbank-Richtlinie auch oben Teil 3, Kapitel 2, Ziffern 2.3.2. und 2.4.2.2.2. sowie 3.3.1. und 3.3.2.

191 Art. 3 Abs. 4 des ursprünglichen sowie des geänderten Vorschlags zur Datenbank-Richtlinie.

192 Erw.Gr. 29 RL 96/9/EG.

4.3.3. Vermiet- und Verleihrecht-Richtlinie

Die Vermiet- und Verleihrecht-Richtlinie[193] schafft mit einer Reihe von obligatorischen bzw. fakultativen Übertragungsvermutungen in bezug auf Filmverträge[194] eine Situation, die dem Filmproduzenten die Verwertung erleichtern soll. Diese Übertragungsvermutungen *können* oder *müssen* von den Mitgliedstaaten vorgeschrieben werden, je nachdem, ob es sich um Urheber oder ausübende Künstler handelt, und ferner abhängig davon, ob es um das Vermietrecht, das Verleihrecht oder die Rechte nach Kapitel II der Richtlinie geht.

In bezug auf ausübende Künstler wird beim Abschluß eines Filmproduktionsvertrages *zwingend* vermutet, daß sie ihr Vermietrecht auf den Filmproduzenten übertragen.[195] Eine solche Übertragungsvermutung hinsichtlich des Vermietrechts *kann* auch für Urheber vorgesehen werden.[196] Vom Wortlaut der Übertragungsvermutungen ist zwar nur das *Vermiet*recht erfaßt, doch scheint es vor dem Hintergrund der Beratungen vertretbar, die Übertragungsvermutungen auch auf das *Verleih*recht anzuwenden.[197] Bezüglich der Rechte der ausübenden Künstler nach Kapitel II der Richtlinie ist eine Übertragungsvermutung ebenfalls möglich, nicht jedoch zwingend vorgeschrieben.[198]

Als Ausgleich für die Übertragungsvermutung zugunsten der Filmproduzenten wird den Urhebern und ausübenden Künstlern ein gewisser Schutz zugestanden, und zwar durch einen unverzichtbaren Vergütungsanspruch sowie entweder durch die Widerlegbarkeit der Vermutung oder das Erfordernis der Schriftform des Vertrages.

---

[193] Zur Vermiet- und Verleihrecht-Richtlinie auch oben Teil 3, Kapitel 2, Ziffern 2.4.2.1.1. sowie 3.3.1. und 3.3.3.

[194] Art. 2 Abs. 5 mit 7 RL 92/100/EWG.

[195] Die "Abtretung des Vermietrechts" nach Art. 2 Abs. 5 der RL 92/100/EWG stellt ein Modell dar, die "Ermächtigung zur Vermietung" nach Art. 2 Abs. 7 dagegen ein zweites Modell. Zum Hintergrund der beiden Modelle ausführlich *von Lewinski*, in: *Schricker/ Bastian/Dietz* (Hrsg.), S. 49-57 (52 f).

[196] Art. 2 Abs. 6 RL 92/100/EWG.

[197] So *von Lewinski*, in: *Schricker/Bastian/Dietz* (Hrsg.), S. 49-57 (53).

[198] Wieder sind in RL 92/100/EWG zwei Modelle vorgesehen, erstens das des Art. 2 Abs. 5 (vgl. Erw.Gr. 19 Halbsatz 1) und zweitens das des Art. 2 Abs. 7 (vgl. dessen Satz 2).

Insbesondere das unverzichtbare Recht auf angemessene Vergütung[199] bewirkt eine Stärkung der Position von Urhebern und ausübenden Künstlern im Verhältnis zu den Verwertern. Sie müssen sich nicht mit einer bloßen Pauschale für alle Verwertungsarten zufriedengeben, sondern können eine fortlaufende, angemessene Beteiligung an den Vermieteinnahmen beanspruchen.

4.3.4. Würdigung

Es wird deutlich, daß die im gemeinschaftlichen Rahmen harmonisierten vertragsrechtlichen Bestimmungen im Vergleich zu den enormen Möglichkeiten eines ausgebauten Urhebervertragsrechtes sehr bescheiden ausgefallen sind. Darüber hinaus lassen die vertragsrechtlichen Bestimmungen der Richtlinien auch keine eindeutige Tendenz erkennen, aus der auf Bestimmungen künftiger Harmonisierungsinitiativen geschlossen werden könnte.

Grundsätzlich ist in bezug auf das Urhebervertragsrecht zu bedenken, daß es nur dann zum Handeln der EG kommen kann, wenn es die Summe der nationalen Bemühungen erlaubt. Da es jedoch schon auf nationaler Ebene keine ernsthaften Ambitionen gibt, einen umfassenden Ausgleich des zwischen Urhebern und Verwertern bestehenden Ungleichgewichts zu schaffen, wird auch auf europäischer Ebene wohl nichts anderes zu erwarten sein.

5. Urheberpersönlichkeitsrecht

5.1. Problemstellung

Die Harmonisierung des Urheberpersönlichkeitsrechtes im Rahmen der EG ist eines der Themen, das zwar Teil des Arbeitsprogrammes der EG-Kommission ist,[200] das jedoch bislang noch nicht Gegenstand eines Harmonisierungsvorschlages der Kommission wurde. Dies ist unter anderem darauf zurückzuführen, daß die Länder der *Copyright*-Tradition die Wünsche der *Verwerter* (auf Kosten der Urheber) zum Maßstab aller Dinge erheben, während die *Droit*

---

[199] Art. 4 RL 92/100/EWG.

[200] Initiativen zum Grünbuch, 1991, S. 33 f.

d'auteur-Systeme sich von einem gewissen Idealismus zugunsten der *Urheber*[201] leiten lassen und nicht bereit sind, die Urheberbedürfnisse ausnahmslos den Verwerterwünschen zu unterstellen.

Wie der britisch-deutsche Rechtsvergleich von *moral rights* und Urheberpersönlichkeitsrechten zeigte,[202] ist das *Common Law copyright* merkantil ausgerichtet und gibt dem Verwerterinteresse an ungestörter Werkverwertung im Konfliktfall absoluten Vorrang vor den ideellen Interessen des Urhebers, wohingegen die Urheberrechtstradition keine Kompromisse einzugehen bereit ist, wenn der Kern des Urheberpersönlichkeitsrechtes berührt wird. Kurz zusammengefaßt kommt der unterschiedliche Grundansatz der beiden Rechtssysteme wie folgt zum Ausdruck:

Die in Art. 6bis RBÜ verankerten Rechte, nämlich das Recht auf Anerkennung der Urheberschaft sowie das Recht auf Werkintegrität, werden im Urheberrecht und im *Copyright Law* jeweils unterschiedlich interpretiert. Die Ausgestaltung dieser Rechte im CDPA ist dergestalt, daß sie mit Verwerterinteressen nicht in Konflikt geraten können, und der Schutz der Urheber ist dementsprechend ausgehöhlt. Im deutschen Recht wird der Urheberschutz dagegen nur im Einzelfall sowie nur in dem Umfang eingeschränkt, wie es legitime Interessen der Verwerter unbedingt erfordern.

In bezug auf das *Recht auf Anerkennung der Urheberschaft* gibt es im deutschen und im britischen Recht sowohl strukturelle als auch inhaltliche Unterschiede. *Strukturell* gesehen finden der positive und der negative Aspekt des Rechtes in den beiden Rechtsordnungen unterschiedliche Berücksichtigung. Im UrhG wird das (positive) Recht auf Urheberbezeichnung ausdrücklich angesprochen, während das (negative) Abwehrrecht bezüglich fremder Angriffe auf die Urheberschaft durch das allgemeine Schutzprinzip des UrhG, das Recht auf Anerkennung der Urheberschaft, gewährt wird. Im CDPA ist nur das Urheberbezeichnungsrecht verankert, und eine Abwehr fremder Angriffe auf die Urheberschaft kann nur indirekt mittels des Urheberbezeichnungsrechtes oder des *Common Law* geschehen und dann nur teilweise. - *Inhaltlich* fällt auf, daß das

---

[201] Der Begriff des Urhebers bezeichnet hier die Schöpfer der klassischen Werkkategorien; daneben spricht der Terminus auch den Filmregisseur an, der seit Inkrafttreten des CDPA auch *moral rights* besitzt.

[202] Oben Teil 2, Kapitel 4.

Recht auf Urheberbezeichnung nach deutschem Verständnis eine automatische Folge des Schöpfungsaktes an sich ist, während es nach britischer Rechtslage nur dann zur Entstehung gelangt, wenn es vom Urheber ausdrücklich geltend gemacht wird. Ferner kann das Urheberbezeichnungsrecht im deutschen Recht nur durch eine im Einzelfall vorzunehmende Interessenabwägung eingeschränkt werden, während es diesbezüglich im britischen Recht breit angelegte, allgemeingültige Ausnahmen gibt. Darüber hinaus ist das Urheberbezeichnungsrecht in Deutschland nur in begrenztem Maße, in Großbritannien dagegen unbeschränkt verzichtbar. Die unterschiedliche Gestaltung der Verzichtmöglichkeiten beim Urheberbezeichnungsrecht wirkt sich auch darauf aus, in welchem Umfang eine Abwehr fremder Angriffe auf die Urheberschaft möglich ist.

Das *Recht auf Werkintegrität* ist in Großbritannien insofern erheblich enger gefaßt als in Deutschland, als sich der Urheber im britischen Recht nicht gegen die Darstellung des Werkes in einem unerwünschten Sachzusammenhang oder die Vernichtung des Werkes wehren kann, was nach deutschem Recht grundsätzlich möglich ist. Darüber hinaus gelten die gleichen Grundsätze wie beim Urheberbezeichnungsrecht, was die Frage des Verzichts anbelangt und was den Gegensatz "breite Ausnahmen" bzw. "individuelle Interessenabwägung" bezüglich des Werkintegritätsrechtes angeht.

Auch Rechte, die keinen Eingang in die RBÜ gefunden haben, finden sich in den beiden Rechtssystemen unter dem Titel *moral rights* bzw. Urheberpersönlichkeitsrecht. Das *Veröffentlichungsrecht* ist im Urheberrecht fester Bestandteil des Urheberpersönlichkeitsrechtes, im britischen Recht hat das Veröffentlichungsrecht dagegen keinen *moral rights*-Charakter und existiert im *Common Law* nur für Copyright-Inhaber (die u.U. keine Urheber sind). Im Gegensatz dazu ist das *Recht gegen falsche Zuschreibung der Urheberschaft* wie auch das *Recht am eigenen Bild* im CDPA Teil der *moral rights*, während diese Rechte nach deutscher Auffassung überhaupt nicht Teil des Urheberrechts sind, sondern Teil des allgemeinen Persönlichkeitsrechts.

Damit wird deutlich, daß die Einführung von *moral rights* in den CDPA zwar einen wesentlichen Schritt der Annäherung an die kontinentaleuropäischen Rechtssysteme darstellt, daß jedoch nach wie vor noch wesentliche Divergenzen existieren, die es im Rahmen einer Harmonisierung durch den EG-Gesetzgeber zu überwinden gilt.

5.2. Harmonisierungsrahmen

Eine Harmonisierung kommt zunächst nur für die beiden Aspekte des Urheberpersönlichkeitsrechts in Betracht, die in der RBÜ verankert sind, nämlich das Recht auf Anerkennung der Urheberschaft und das Recht auf Werkintegrität.[203] Die wirtschaftliche Dimension des Urheberpersönlichkeitsrechts ist unbestritten, da es dem Urheber die Möglichkeit gewährt, über ein Verbotsrecht die Werkverwertung zu steuern. Daß das Urheberpersönlichkeitsrecht in den Anwendungsbereich des EG-Vertrages fällt, da es den Verkehr von Gütern und Dienstleistungen sowie die Wettbewerbsbeziehungen innerhalb der Gemeinschaft berührt, wurde vom EuGH in seinem *Phil Collins*-Urteil bestätigt.[204]

Was nun die Frage der gemeinschaftlichen *Kompetenz* zur Harmonisierung des Urheberpersönlichkeitsrechtes anbelangt, so hängt die Antwort darauf davon ab, inwieweit die diesbezüglichen nationalen Rechtsunterschiede den freien Waren- oder Dienstleistungsverkehr beeinträchtigen oder die Wettbewerbsbedingungen im Binnenmarkt verfälschen können.[205] In einer von der EG-Kommission durchgeführten Anhörung der betroffenen Kreise zum Thema Urheberpersönlichkeitsrecht wurde von den Gegnern einer Harmonisierung die Ansicht vertreten, daß das Urheberpersönlichkeitsrecht keinen oder bestenfalls nur einen unwesentlichen Einfluß auf das Funktionieren des Binnenmarktes hat.[206] Diese Ansicht, die von den Befürwortern der Harmonisierung verworfen wird,[207] wird wohl in dem Maße an Gewicht verlieren, wie Werkveränderungen durch die interaktiven Elemente digitaler Netz-Technologien und die Einspeisung des veränderten Werkes ins (grenzüberschreitende) Netz für jedermann in den Bereich des Möglichen gelangen.[208]

---

[203] Vgl. Grünbuch zur Informationsgesellschaft, 1995, Abschnitt VII, Punkt 1. Hinsichtlich der Rechte, die nicht in der RBÜ verankert sind, sich jedoch z.B. in den urheberpersönlichkeitsrechtlichen Kapiteln des UrhG bzw. CDPA finden, ist schon der urheberpersönlichkeitsrechtliche Charakter an sich strittig.

[204] *Collins gegen Imtrat Handelsgesellschaft mbH* (Rs. C-92/92), *Patricia Im- und Export Verwaltungsgesellschaft mbH gegen EMI Electrola GmbH* (Rs. C-326/92), EuGH-Urteile vom 20. Oktober 1993, Slg. 1993 I-5145 (Begründungspunkt 22); NJW 1994, 375; GRUR Int. 1994, 53; GRUR 1994, 280; [1994] FSR 166. Dazu unten Teil 3, Kapitel 2, Ziffer 6.3.2.

[205] Dazu auch *Schardt*, ZUM 1993, 318-324 (322 ff).

[206] Ergebnisprotokoll der Anhörung zum Urheberpersönlichkeitsrecht, 1992, Punkt 6 a).

[207] Ergebnisprotokoll der Anhörung zum Urheberpersönlichkeitsrecht, 1992, Punkte 3 und 4. Vgl. auch *Commission Press Release on Moral Rights*, 1993.

[208] Grünbuch zur Informationsgesellschaft, 1995, Abschnitt VII.

5.3. Harmonisierungsfragen

Sollte die EG-weite Harmonisierung des Urheberpersönlichkeitsrechts tatsächlich Wirklichkeit werden, so müßten zunächst einige Kernfragen gelöst werden, die das Verhältnis von Urhebern und Verwertern entscheidend mitgestalten.

Beispielsweise wäre zunächst zu erforschen, ob eine *Globalharmonisierung* des Urheberpersönlichkeitsrechts angestrebt werden kann, oder ob es vielmehr bei einer *Harmonisierung von Teilbereichen* (Werkintegritätsrecht oder Urheberbezeichnungsrecht) bleiben muß.

In beiden Fällen würde wohl die Frage der *Verzichtbarkeit* (*waiver*) des Urheberpersönlichkeitsrechtes zu einem der am härtesten umkämpften Themen gehören. Für einen EG-Mitgliedstaat wie Deutschland, das der *Droit d'auteur*-Tradition folgt, stellt gerade die starke Einschränkung der Verzichtmöglichkeiten in bezug auf den urheberpersönlichkeitsrechtlichen Kern ein im Interesse des *Urheberschutzes* unantastbares Dogma dar. Demgegenüber ist die uneingeschränkte Verzichtbarkeit des Urheberpersönlichkeitsrechts für die *Common Law copyright*-Mitgliedstaaten der EG aus Gründen des *Verwerterschutzes* genauso essentiell. Daß die Harmonisierung dieser Frage Kompromisse erfordert, liegt in der Natur der Sache.[209] Welche Rechtstradition von einem Kompromiß letztlich in größerem Maße betroffen werden wird, ist gegenwärtig schwer abzusehen. Seitens der Vertreter der kontinentaleuropäischen Rechtstradition existieren jedoch Befürchtungen, daß es die Urheberinteressen sein könnten, die schließlich "geopfert" werden.

Ein weiterer Kernpunkt wäre die Frage, ob das Verhältnis zwischen Verwertern und Urhebern (in freischaffender und abhängiger Tätigkeit) durch *allgemein definierte Ausnahmen* vom Urheberpersönlichkeitsrecht geregelt werden sollte, oder ob vielmehr *eine dem Einzelfall gerecht werdende Interessenabwägung* zu bevorzugen ist.[210] Hier stehen sich die Prinzipien der Rechtssicherheit und der Einzelfallgerechtigkeit gegenüber.

---

[209] S. z.B. den Kompromißvorschlag von *Dietz*, ZUM 1993, 309-318 (315 ff). Vgl. auch den Diskussionsbericht von *Lausen*, ZUM 1993, 359-362.

[210] Dies ist insbesondere für die Arbeitnehmerurheberschaft von großer Bedeutung.

In bezug auf die Teilbereiche des Urheberpersönlichkeitsrechtes stehen folgende Fragen zur Diskussion: In bezug auf das *Urheberbezeichnungsrecht* wäre zu entscheiden, ob eine ausdrückliche Geltendmachung des Rechtes durch den Urheber erforderlich ist, oder ob das Recht vielmehr automatisch zur Entstehung gelangt. Im ersten Fall würden die Gewichte zugunsten der Verwerter verlagert, im zweiten Fall dagegen zugunsten der Urheber. - Ferner wäre zu entscheiden, in welcher Form die Abwehr fremder Angriffe auf die Urheberschaft am besten geregelt wird. - Im Hinblick auf das *Werkintegritätsrecht* wäre neben den im 1995er Grünbuch zur Informationsgesellschaft angesprochenen Themen (Zustimmungsvermutung hinsichtlich bestimmter Werkveränderungen; vertragliche Regelungen; Kollektivvereinbarungen; globale oder spartenbezogene Regelungen)[211] der genaue Umfang des Rechtes zu regeln, wie z.B. die Frage der Darstellung des Werkes in einem vom Urheber unerwünschten Sachzusammenhang sowie die Frage der Werkvernichtung.

Auch die *Dauer* des Urheberpersönlichkeitsrechtes,[212] die Frage nach seiner *Inhaberschaft*[213] und das Thema *Mißbrauch*[214] müßten geklärt werden.

Über eines sollte man sich jedoch im klaren sein: Der Harmonisierungsprozeß wird bekanntlich von Lobbyisten aller Art entscheidend mitbeeinflußt. Ob die Verwerterlobby im Endeffekt stärker sein wird als die Urheberlobby, wird sich zeigen. Der Erfolg der einen oder anderen Gruppe wird auch davon abhängen, welchen Interessen seitens der EG-Kommission und der anderen am Entscheidungsprozeß beteiligten Gremien der Vorzug eingeräumt werden wird. Denn daß der Interessenausgleich nicht "neutral" sein kann, daß vielmehr in der einen oder anderen Weise Prioritäten gesetzt werden müssen, liegt auf der Hand.

---

[211] Grünbuch zur Informationsgesellschaft, 1995, Abschnitt VII, Punkt 4.

[212] Die ursprünglichen Pläne, die Dauer des Urheberpersönlichkeitsrechtes gemäß dem RBÜ-Mindeststandard (Art. 6bis Abs. 2 S. 1 RBÜ) mit dem Erlöschen der vermögensrechtlichen Befugnisse zu koordinieren, scheiterte bei der Schutzdauer-Richtlinie RL 93/98/EWG; sie klammert das Urheberpersönlichkeitsrecht ausdrücklich aus, Art. 9. Vgl. das *ewige* französische Urheberpersönlichkeitsrecht.

[213] Nur Urheber oder auch ausübende Künstler ? Im zweiten Fall stellt sich die Frage, welche Rechte gewährt werden sollen: Großbritannien gewährt ausübenden Künstlern keinen urheberpersönlichkeitsrechtlichen Schutz, das deutsche UrhG in § 83 nur einen Schutz gegen Entstellung, jedoch keinen Namensnennungsanspruch.

[214] So wenn z.B. Urheberpersönlichkeitsrechte zur Erzielung höherer Einkünfte oder zur Führung von Auseinandersetzungen mit Verwertern, Miturhebern oder ausübenden Künstlern eingesetzt werden.

Mit welcher Dynamik die Harmonisierung des Urheberpersönlichkeitsrechtes vorangetrieben werden wird, steht derzeit noch in den Sternen. Vom Ignorieren des Themas im 1988er Grünbuch zur technologischen Herausforderung, seiner Erwähnung in den Initiativen zum Grünbuch von 1991, einer Anhörung Ende 1992 bis hin zur Plazierung auf die Prioritätenliste im 1995er Grünbuch zur Informationsgesellschaft hat sich die Entwicklung immer mehr beschleunigt. Ob gute Absichten jedoch in absehbarer Zeit in die Tat umgesetzt werden können, ist angesichts der Erfahrungen auf internationaler Ebene (Ausklammerung des Urheberpersönlichkeitsrechtes aus TRIPs[215]) fraglich. Wenn jedoch durch die steigende Verbreitung von digitaler Technik und die zunehmende Vernetzung immer umfangreichere Manipulationen an Werken und Leistungen auf immer breiter Ebene vorgenommen werden können, wird auch der Handlungsdruck in bezug auf die Harmonisierung des Urheberpersönlichkeitsrechtes intensiver werden: Denn hier bedeutet mehr Kooperation weniger Einbußen für alle.

6. Schutzfristen

In bezug auf die urheber- bzw. leistungsschutzrechtliche Schutzdauer kann die EG einen beachtlichen Harmonisierungserfolg verzeichnen.[216] Anlaß für die Initiative der EG-Kommission zur Schutzfristenangleichung war, daß sich der EuGH nicht gewillt gezeigt hatte, durch innovative Rechtsprechung die Probleme zu lösen, die sich aufgrund unterschiedlicher nationaler Schutzfristen für den freien Waren- und Dienstleistungsverkehr und die Wettbewerbsbedingungen im Gemeinsamen Markt ergaben.[217] Nach einer relativ kurzen Beratungszeit kam es 1993 zur Verabschiedung der Schutzdauer-Richtlinie.

---

[215] Dazu oben Teil 3, Kapitel 1, Ziffer 3.3.

[216] Zur Schutzdauer-Richtlinie RL 93/98/EWG auch oben Teil 3, Kapitel 2, Ziffern 2.3.3. sowie 3.3.1. und 3.3.3. Zur Entstehungsgeschichte dieser Richtlinie z.B. *von Lewinski*, GRUR Int. 1992, 724-733 und 23 IIC 785-806 (1992); *Silvestro*, [1993] 3 ENT.LR 73-79.

[217] Vgl. *EMI Electrola GmbH gegen Patricia Im- und Export Verwaltungsgesellschaft mbH*, EuGH Urteil vom 24. Januar 1989, Rs. 341/87, Slg. 1989, 79; GRUR Int. 1989, 319; 21 IIC 689 (1990). Hier ging es um die Einfuhr von Tonträgern aus Dänemark, wo der Schutz bereits erloschen war, nach Deutschland, wo der Schutz, insbesondere in Form eines ausschließlichen Verbreitungsrechtes, noch bestand. Der EuGH sah den Schutzfristenunterschied als gemäß Art. 36 EWGV gerechtfertigte Handelsbeschränkung an, mit dem Ergebnis, daß die in Frage stehenden Tonträger nicht frei zirkulieren konnten. S. Initiativen zum Grünbuch, 1991, Ziff. 8.2., S. 368. Zu den Schutzfristenunterschieden bereits *Dietz*, Urheberrecht, S. 213 ff; *Françon*, GRUR Int. 1978, 109-129; *Kreile/Schricker/Melichar*, ZUM 1991, 359-362.

6.1. Grundsätzliches

6.1.1. Schutzdauer von Urheberrecht und Leistungsschutzrechten

Zu den Grundpfeilern der Schutzdauer-Richtlinie gehört die Verleihung einer Schutzfrist von *70 Jahren post mortem auctoris* für das *Urheberrecht* und einer Schutzfrist von *50 Jahren* ab bestimmten schutzauslösenden Ereignissen für einige besonders aufgeführte *Leistungsschutzrechte*. Mit dieser Regelung wurden drei grundsätzliche Dinge erreicht: Einerseits erfolgte eine Harmonisierung "nach oben", da die jeweils längsten Schutzfristen der EG-Mitgliedstaaten für den gesamten Binnenmarkt zum einheitlichen Standard erklärt wurden. Andererseits wurde das herkömmliche Verhältnis zwischen Urheberrecht und Leistungsschutzrechten gewahrt, das sich z.B. in den unterschiedlichen Mindestschutzfristen der RBÜ und des RA zeigt. Und schließlich erfolgte für die Leistungsschutzrechte eine Harmonisierung bezüglich des Ereignisses, das den Fristablauf auslöst. Diese Gesichtspunkte sind im Hinblick auf das gemeinschaftliche Gesamtkonzept vom Urheberrecht und den Leistungsschutzrechten von erheblicher Bedeutung.[218]

Der *Anhebung der Schutzdauer*, die in der Literatur heftig kritisiert wurde,[219] lagen drei Überlegungen zugrunde: Erstens stand die Verwirklichung eines als dringlich erkannten Zieles im Vordergrund, nämlich die Vollendung des Binnenmarktes. Eine niedrigere Schutzfrist hätte in den von einer Schutzfristenverkürzung betroffenen Ländern Übergangsbestimmungen erforderlich gemacht, um dem Grundsatz der Wahrung erworbener Rechte zu entsprechen;[220] diese Übergangsbestimmungen hätten das Ziel der Binnenmarktvollendung jedoch weit bis ins nächste Jahrhundert hinausgerückt. - Zweitens hieß es, daß aufgrund der gestiegenen durchschnittlichen Lebenserwartung in der Gemeinschaft die in der RBÜ festgelegte Mindestschutzdauer von 50 Jahren

---

[218] Vgl. jedoch Art. 12 TRIPs, wonach die Mindestschutzdauer in jedem Fall 50 Jahre beträgt, ohne Differenzierung zwischen Urheberrecht und Leistungsschutzrechten (Einfluß der USA).

[219] *Karjala*, [1994] 12 EIPR 531-537; *Kurlantzick*, [1994] 11 EIPR 463-464; *Morley*, 24 Cop.World 10-17 (1992); *Parrinder*, [1993] 11 EIPR 391-393; *Puri*, [1990] 1 EIPR 12-20 und 23/1 Cop.Bull. 19-32 (1989); *Ricketson*, 23 IIC 753-785 (1992); *Wienand*, 44 Cop.World 24-28 (25) (1994).

[220] Hiervon wären insbesondere Deutschland und Spanien betroffen gewesen. Zur Wahrung erworbener Rechte: *Schallplatten*, BVerfGE v. 8.7.1971, GRUR 1972, 491-496 sowie Erw.Gr. 9 und 27 RL 93/98/EWG.

p.m.a. nicht mehr ausreiche, um den Urheber und die ersten beiden Generationen seiner Nachkommen zu schützen.[221] Dieses Argument ist jedoch nicht überzeugend, da die gestiegene Lebenserwartung bereits eine Verlängerung der Schutzfrist zu Lebzeiten des Urhebers bewirkt; wird aufgrund der gestiegenen Lebenserwartung noch zusätzlich der *post mortem*-Schutz verlängert, kommt es zu einer Verlängerung der Gesamtschutzfrist, die die gestiegene Lebenserwartung zweimal berücksichtigt.[222] - Drittens wurde die Frage der Schutzfrist mit der grundsätzlichen Rechtfertigung für den Urheber- und Leistungsrechtsschutz verknüpft. Demnach ist eine Harmonisierung der Schutzfrist auf hohem Schutzniveau erforderlich, da dies (in den Worten des Gemeinschaftsgesetzgebers) die Grundlage des geistigen Schaffens berührt und die harmonische Entwicklung der literarischen und künstlerischen Kreativität in der Gemeinschaft fördert, was im Interesse der Autoren, der Kulturindustrie, der Verbraucher und der ganzen Gesellschaft ist.[223]

Was das *Verhältnis zwischen Urheberrecht und Leistungsschutzrechten* anbelangt, so wurde die auf internationaler Ebene etablierte Differenzierung in bezug auf die Schutzdauer der beiden Rechtskategorien aufrechterhalten.[224] Das hinsichtlich der Mindestschutzfrist bestehende Gefälle zwischen RBÜ und RA von einerseits 50 Jahren p.m.a. für das Urheberrecht und andererseits 20 Jahren ab fristauslösendem Ereignis für die Leistungsschutzrechte[225] spiegelt sich in der Schutzdauer-Richtlinie wider: Der urheberrechtlichen Schutzfrist von 70 Jahren p.m.a. steht die kürzere leistungsschutzrechtliche Schutzfrist von 50 Jahren ab dem schutzauslösenden Ereignis gegenüber. Mit der Gewährung uneinheitlicher Schutzfristen wurde die unterschiedliche Natur von Urheberrecht und Leistungsschutzrechten implizit anerkannt - was in den *Droit d'auteur*-Ländern Anklang fand, für die *Copyright*-Nationen dagegen nicht unproblematisch ist.

---

221 Erw.Gr. 5 RL 93/98/EWG.

222 Dazu z.B. *Dietz*, GRUR Int. 1995, 670-686; *Cohen Jehoram*, 25 IIC 821-839 (834) (1994); *Parrinder*, [1993] 11 EIPR 391-393 (393). Daneben kommen die Nachkommen des Urhebers oft schon deshalb nicht in den Genuß der Früchte seines Werkes, weil Urheberrechtsübertragungen oder -einräumungen an Verwerter vielfach für die gesamte Schutzdauer vorgenommen werden und eine Verlängerung der Schutzfrist vorwiegend den Verwerter begünstigt; *Dietz*, Arch.Jur.Crac. 19 (1986) 59 ff, 64-71 und GRUR Int. 1995, 670-686 (671); *von Lewinski*, GRUR Int. 1992, 724-733 (725 f).

223 Erw.Gr. 10 und 11 RL 93/98/EWG.

224 So auch *von Lewinski*, GRUR Int. 1992, 724-733 (726).

225 Art. 7 Abs. 1 RBÜ; Art. 14 RA. Zur Geschichte der 50jährigen Schutzfrist in der RBÜ s. *Ricketson*, Dd'A 1991, 91-101 und [1991] Copyright 84-93.

Bei der *Harmonisierung des fristauslösenden Ereignisses in bezug auf die Leistungsschutzrechte* ist der primäre Anknüpfungspunkt für die Berechnung der nunmehr einheitlichen 50jährigen Schutzfrist bei ausübenden Künstlern die Darbietung, bei Tonträger- und Filmproduzenten die erste Aufzeichnung und bei Sendeunternehmen die Erstsendung.[226] Sekundäre Anknüpfungspunkte gibt es überdies für die Leistungen der ausübenden Künstler, der Tonträger- und der Filmproduzenten; dies sind entweder die erste erlaubte Veröffentlichung[227] oder die erste erlaubte öffentliche Wiedergabe einer Aufzeichnung der Darbietung, je nachdem, welches Ereignis zuerst stattgefunden hat.[228]

6.1.2. Bedeutung für Copyright- und Droit d'auteur-Systeme

Die Gewährung unterschiedlich langer Schutzfristen für das Urheberrecht und die Leistungsschutzrechte hat in rechtssystematischer Hinsicht für die *Common Law copyright*-Tradition in der Tat weitreichende Konsequenzen: Das britische *Copyright*-System mußte von der bislang grundsätzlich einheitlichen 50jährigen Schutzfrist für alle Copyright-Inhaber und ausübenden Künstler abrücken. Vor Umsetzung der Schutzdauer-Richtlinie war nämlich sowohl den Werkschöpfern als auch den Werkmittlern (gleich, ob ausübende Künstler oder Produzenten) die gleiche Schutzfrist gewährt worden.[229] Die beruhte auf der britischen Vorstellung von der Gleichwertigkeit aller Investitionsleistungen, unabhängig davon, ob die Investition die Gestalt einer schöpferischen, einer künstlerischen oder einer unternehmerischen Leistung annahm. Die Umsetzung der Richtlinie erfordert in Großbritannien nunmehr eine Differenzierung der "klassischen" Urheberrechtswerke (mit einer 70jährigen Schutzfrist) und der Produzenten- und Künstlerleistungen (mit einer kürzeren, 50jährigen Schutzfrist).[230]

---

[226] Art 3 Abs. 1 mit 3, jeweils S. 1, sowie Art. 3 Abs. 4 RL 93/98/EWG.

[227] Im Sinne des Erscheinens nach § 6 Abs. 2 UrhG; *Dietz*, GRUR Int. 1995, 670-686 (672, 679).

[228] Art. 3 Abs. 1 mit 3, jeweils S. 2 RL 93/98/EWG. Nach Art. 8 werden alle in der Richtlinie genannten Fristen vom 1.1. des Jahres an berechnet, das auf das für den Beginn der Frist maßgebende Ereignis folgt.

[229] Secs. 12 mit 14 und 191 CDPA. Eine Ausnahme von der 50jährigen Schutzfrist besteht nur für Verleger typographischer Werkausgaben mit einer Schutzfrist von 25 Jahren, Sec. 15 CDPA.

[230] Sec. 12(1) CDPA i.V.m. Reg. 7(a) *Duration of Copyright and Rights in Performances Regulations 1995*. Zur Umsetzung in Großbritannien s. *The Duration of Copyright and Rights in Performances Regulations 1995* sowie z.B. *Antill/Coles*, [1996] 7 EIPR 379-383; *Bradshaw*,

Für Deutschland bringt die Umsetzung der Schutzdauer-Richtlinie[231] dagegen keine rechtsdogmatischen Schwierigkeiten mit sich. Die auf EG-Ebene bestätigte Dichotomie zwischen Urheberrecht und Leistungsschutzrechten, die in den unterschiedlich langen Schutzfristen zum Ausdruck kommt, existierte im deutschen Urheberrecht nämlich schon seit langem. Dem deutschen Urheberrechtssystem liegt die Auffassung von der qualitativen Verschiedenheit von Werkschöpfung und Werkmittlung zugrunde, und dies wird durch entsprechend unterschiedliche Schutzfristen gewürdigt. Vor Umsetzung der Richtlinie konnten die Urheber als Werkschöpfer für ihre Werke für 70 Jahre p.m.a. Schutz beanspruchen, die ausübenden Künstler und die Produzenten dieser Werke hatten als Werkmittler dagegen eine erheblich kürzere Schutzfrist: Die unternehmerische und finanzielle Leistung der Produzenten wurde durch eine 25jährige Schutzdauer entlohnt, die künstlerische und persönlichkeitsgeprägte Darbietung der ausübenden Künstler dagegen durch eine grundsätzlich 50jährige Schutzfrist.[232] Durch die Schutzfristharmonisierung wurde von Deutschland nur im Hinblick auf die Produzenten-Schutzfrist ein wesentliches Zugeständnis gefordert, da diese von 25 auf 50 Jahre verlängert werden mußte - ein Schritt, den der deutsche Gesetzgeber im Jahre 1990 noch abgelehnt hatte.[233]

6.2. Sonderregeln

Neben diesen eher grundsätzlichen Fragen wurden in der Schutzdauer-Richtlinie auch eine ganze Reihe von Einzelheiten geregelt, und zwar sowohl im urheberrechtlichen als auch im leistungsschutzrechtlichen Bereich.[234] Die Richtlinie selbst behandelt diese Sonderbestimmungen nicht grundsätzlich unter der Dichotomie von Urheberrecht und Leistungsschutzrechten. Vielmehr verwendet sie die Begriffe "Urheberrecht" und "verwandte Schutzrechte" nur für

---

[1995] 5 ENT.LR 171-179; *Mitchell*, 14 IML 11-15 (1996); *Stokes*, [1996] 3 EIPR D-80; *Taebi*, [1995] 7 ENT.LR 255-257.

231 Zur Umsetzung in Deutschland s. Drittes Gesetz zur Änderung des Urheberrechtsgesetzes vom 23. Juni 1995 sowie z.B. *Vogel*, ZUM 1995, 451-458.

232 § 64 Abs. 1 (Urheber), § 85 Abs. 2 (Tonträgerhersteller), § 87 Abs. 2 (Sendeunternehmen), § 94 Abs. 3 (Filmhersteller), § 82 UrhG (Interpreten).

233 *Dietz*, GRUR Int. 1995, 670-686 (678 f) und UFITA 122 (1993) 5-56 (12 f); vgl. auch Bericht des Bundesregierung vom 7.7.1989, Ziff. 1.2.4.3.

234 Zu Detailfragen s. *Dietz*, GRUR Int. 1995, 670-686 (672 ff); *Jorna/Martin-Prat*, [1994] 4 EIPR 145-153; *Juranek*, ÖSGRUM Bd. 15; *von Lewinski*, Europ.GemeinschaftsR/II/4, Einführung, in: UrhQuellen.

einige besonders geregelte Punkte[235] und läßt andere Bestimmungen gleichsam "in der Luft", ohne sie einem der beiden Bereiche zuzuordnen.[236]

Hinsichtlich der Leistungsschutzrechte mögen Bedenken seitens des EG-Gesetzgebers bestanden haben, den Begriff der verwandten Schutzrechte, wie er erstmals (wenn auch nicht klar definiert) in der Vermiet- und Verleihrecht-Richtlinie verwendet worden war,[237] ausdrücklich in erweiterter Form zu gebrauchen.[238] In der Schutzdauer-Richtlinie wird der Begriff "verwandte Schutzrechte" somit wie auch in der Vermiet- und Verleihrecht-Richtlinie *nur für die Rechte der ausübenden Künstler, der Tonträger- und Filmproduzenten sowie der Sendeunternehmen* gebraucht - wohl in Anlehnung an die auf internationaler Ebene (d.h. im RA) etablierte Regelung und durch Erweiterung auf die Materie des Films.[239] Andere Rechte (wie die *Rechte der Herausgeber nachgelassener Werke, der Herausgeber kritischer und wissenschaftlicher Ausgaben gemeinfrei gewordener Werke oder die Rechte an Fotografien ohne Werkcharakter*),[240] die nach *Droit d'auteur*-Auffassung ebenfalls in den Bereich der Leistungsschutzrechte fallen, stehen dagegen nicht unter dem Titel "verwandte Schutzrechte", sondern sind keinem Oberbegriff zugeordnet.

Es bestehen jedoch Gründe für die Annahme, daß (trotz mangelnder Klarstellung im Hauptteil der Richtlinie) vom Gemeinschaftsgesetzgeber eine Zuordnung der letzteren Rechte zu den Leistungsschutzrechten intendiert war. Dies ergibt sich zum einen aus der generellen Bezugnahme (in der Überschrift und den Erwägungsgründen) auf die Harmonisierung der Schutzdauer des Urheberrechts und bestimmter verwandter Schutzrechte und zum anderen aus Erwägungsgrund 20, wonach es den EG-Mitgliedstaaten freisteht, "andere verwandte Schutzrechte beizubehalten oder einzuführen, insbesondere in bezug auf den Schutz kritischer und wissenschaftlicher Ausgaben".

Diese Beobachtung ist für die EG-Mitgliedstaaten, die der *Droit d'auteur*-Tradition folgen, wesentlich. Sie ändert jedoch nichts an der Tatsache, daß die

---

235 Art. 1 Abs. 2 mit 6 RL 93/98/EWG.

236 Art. 2, 4 mit 6 und 9 RL 93/98/EWG.

237 S. etwa Erw.Gr. 4 mit 6, 10 f, 20 sowie Art. 6 mit 10, 12 und 14 RL 92/100/EWG.

238 Dazu *Dietz*, GRUR 1995, 670-686 (678).

239 Das RA regelt die Rechte der ausübenden Künstler, der Tonträgerhersteller und der Sendeunternehmen, nicht dagegen die Rechte der Filmproduzenten.

240 Art. 4, Art. 5 und Art. 6 S. 3 RL 93/98/EWG.

Urheberrecht-Leistungsschutzrecht-Dichotomie aus der Warte eines *Copyright*-Systems wie Großbritannien unbedeutend ist: Großbritannien bemühte sich im CDPA ja ausdrücklich um die Abschaffung einer solchen Unterscheidung.

Aus systematischen Gründen wird hier jedoch zum einen die Unterscheidung des urheberrechtlichen vom leistungsschutzrechtlichen Bereich beibehalten, und zum anderen werden auch die Rechte, die in der Richtlinie nicht unter den Begriff der verwandten Schutzrechte fallen, im leistungsschutzrechtlichen Abschnitt behandelt.

6.2.1. Urheberrechtliche Bestimmungen

Für den Fall der *Miturheberschaft* beginnt die 70jährige Schutzfrist mit dem Tod des längstlebenden Miturhebers.[241] Da der Begriff der Miturheberschaft jedoch im Hinblick auf die Vermeidung einer erheblichen Erschwerung der Beratungen nicht einheitlich definiert wurde, konnte kein umfassender Harmonisierungseffekt erreicht werden.[242]

Bei *anonymen und pseudomymen Werken*, bei denen die Schutzfrist nicht nach dem Tode des Urhebers berechnet werden kann, solange dieser unbekannt bleibt, beginnt die 70jährige Schutzfrist zu dem Zeitpunkt, in dem das Werk erlaubterweise der Öffentlichkeit zugänglich gemacht wurde. Die allgemeine p.m.a.-Berechnung wird jedoch dann wiederaufgegriffen, wenn die Identität des Urhebers innerhalb der 70jährigen Frist nach der anonymen bzw. pseudonymen Veröffentlichung festzustellen ist.[243]

Für *Kollektivwerke* und *Werke, deren Inhaber eine juristische Person ist*, gilt die 70jährige Schutzfrist ebenfalls vom Zeitpunkt der Veröffentlichung im Sinne der erlaubten Zugänglichmachung für die Öffentlichkeit. Diese (fakultative) Sonderregelung kommt jedoch nicht zur Anwendung, wenn die natürlichen Personen, die das Werk geschaffen haben, in den der Öffentlichkeit zugänglich

---

[241] Art. 1 Abs. 2 RL 93/98/EWG, in Übereinstimmung mit § 65 UrhG. S. Sec. 10 CDPA.

[242] Bereits *Dietz*, Urheberrecht, S. 77 ff; *Hodik*, in: *Dittrich* (Hrsg.), ÖSGRUM Bd. 14, S. 17-20 (17).

[243] Art. 1 Abs. 3 RL 93/98/EWG. Vgl. § 66 UrhG sowie Sec. 10(2) CDPA i.V.m. Reg. 7(c) *Duration of Copyright and Rights in Performances Regulations 1995*.

gemachten Fassungen dieses Werkes als solche identifiziert sind. Darüber hinaus bleiben die Rechte identifizierter Urheber, deren identifizierbare Beiträge in diesen Werken enthalten sind, unberührt; für sie kommen die allgemeinen Vorschriften über die Schutzdauer bei Urhebern bzw. Miturhebern zur Anwendung.[244]

Bei *Werken, die in mehreren Bestandteilen veröffentlicht werden* (Bände, Teile, Lieferungen, Nummern oder Episoden), löst die Veröffentlichung eines jeden Bestandteiles eine neue Schutzfrist aus.[245]

Bei *postumen (nachgelassenen) Werken* gibt es für die Urheberrechtserben keine Möglichkeit, urheberrechtlichen Schutz zu beanspruchen (- womit ein Anreiz zu einer möglichst zügigen Veröffentlichung gegeben wird).[246] Stattdessen wird dem Herausgeber des nachgelassenen Werkes ein 25jähriges (Leistungs-)Schutzrecht gewährt (- was einen diesbezüglichen Investitionsanreiz darstellt).[247]

Filmwerke und audiovisuelle Werke warfen die schwierigsten Fragen in bezug auf die Schutzdauerharmonisierung auf, da hier einerseits das originäre Film-Copyright des Produzenten britischen Musters und andererseits die in den meisten kontinentaleuropäischen Rechtsordnungen existierende originäre Filmurheberschaft mehrerer Miturheber aufeinandertreffen.[248] Auch wenn es durch die verbindliche Benennung des Hauptregisseurs als Urheber (oder Miturheber) des Filmwerkes zu einer wichtigen materiell-rechtlichen Teilharmonisierung der Filmurheberschaft kam,[249] wurde für die Berechnung der Schutzfrist nicht ausschließlich an die Person des Hauptregisseurs angeknüpft.[250] Vielmehr erlischt die Schutzfrist 70 Jahre nach dem Tod des Längstlebenden von vier Personen,

---

244 Art. 1 Abs. 4 RL 93/98/EWG. Vgl. bereits *Dietz*, Urheberrecht, S. 80 ff u. S. 235; *Hodik*, in: *Dittrich* (Hrsg.), ÖSGRUM Bd. 14, S. 17-20 (18 f).

245 Art. 1 Abs. 5 RL 93/98/EWG. So wurde u.a. § 67 UrhG eine Absage erteilt, wonach für die Berechnung der Schutzfrist der Zeitpunkt der Veröffentlichung der *letzten* Lieferung maßgebend ist.

246 Mit der Umsetzung der RL 93/98/EWG entfällt die Regelung des § 64 Abs. 2 UrhG.

247 Art. 4 RL 93/98/EWG. Dazu unten Teil 3, Kapitel 2, Ziffer 6.2.2. Ausführlich *Dittrich*, in: *ders.* (Hrsg.), ÖSGRUM Bd. 14, S. 1-16.

248 *Dworkin*, [1993] 5 EIPR 151-155; *Wallentin*, in: *Dittrich* (Hrsg.), S. 21-24; allgemein zum britischen Recht: *Kamina*, [1994] 8 EIPR 319-322.

249 Dazu oben Teil 3, Kapitel 2, Ziffer 3.3.3. sowie Art. 1 Abs. 1 RL 93/98/EWG.

250 Zur Begründung *Maier*, 2 Rev.March.Un.Eur. 49-81 (69 f) (1994).

nämlich des Hauptregisseurs, des Urhebers des Drehbuchs, des Urhebers der Dialoge oder des Komponisten der speziell für das Werk komponierten Musik - unabhängig davon, ob diese Personen als Miturheber benannt worden sind.[251]

Die Sondervorschrift für *Fotografien*, die sich aus der Entstehungsgeschichte der Schutzdauer-Richtlinie erklärt, wendet für Fotografien mit Werkcharakter (d.h. Fotografien, die den einheitlichen Schutzstandard der "eigenen geistigen Schöpfung" erreichen)[252] die allgemeine Schutzfrist von 70 Jahren p.m.a. an.[253] Der Schutz von Fotografien ohne Werkcharakter durch nationale Vorschriften bleibt unberührt.[254]

Das *Urheberpersönlichkeitsrecht* wird von den erwähnten Harmonisierungsbestimmungen nicht berührt.[255] Die ursprünglich geplante Vorschrift, daß das *Droit moral* bei Ablauf der für die Verwertungsrechte geltenden Schutzfristen endet, war offensichtlich nicht durchsetzbar.[256]

6.2.2. Leistungsschutzrechtliche Bestimmungen

Wie bereits angedeutet,[257] gewährt die Schutzdauer-Richtlinie ein spezielles *Schutzrecht an postumen Ausgaben* für eine Dauer von 25 Jahren nach der ersten erlaubten Veröffentlichung oder öffentlichen Wiedergabe.[258] - Daneben bestimmt die Richtlinie auch ein fakultatives, höchstens 30jähriges *Schutzrecht an kritischen und wissenschaftlichen Ausgaben gemeinfrei gewordener Werke*, gerechnet vom Zeitpunkt der ersten erlaubten Veröffentlichung.[259] - Schließlich

---

[251] Art. 2 Abs. 2 RL 93/98/EWG.

[252] Dazu oben Teil 3, Kapitel 2, Ziffer 2.3.3. Vgl. das doppelspurige deutsche Schutzsystem: urheberrechtlich geschützte Werke der Fotografie (§ 2 Abs. 1 Nr. 5 UrhG) - leistungsschutzrechtlich geschützte einfache Lichtbilder (§ 72 UrhG) ohne Werkcharakter.

[253] Art. 6 S. 1 und 2 RL 93/98/EWG.

[254] Art. 6 S. 3 RL 93/98/EWG. Dazu unten Teil 3, Kapitel 2, Ziffer 6.2.2.

[255] Art. 9 RL 93/98/EWG.

[256] Vgl. Art. 6bis Abs. 2 S. 1 RBÜ; vgl. *Dietz*, GRUR Int. 1995, 670-686 (677).

[257] Oben Teil 3, Kapitel 2, Ziffer 6.2.1.

[258] Art. 4 RL 93/98/EWG. Vgl. § 71 UrhG, das nur an das "Erscheinen" des Werkes (d.h. die erste erlaubte Veröffentlichung) anknüpft; vgl. auch die Neueinführung eines *publication right* im neuen *Part I A* des CDPA (Sec. 179A-179H) durch Reg. 14 *Duration of Copyright and Rights in Performances Regulations 1995*.

[259] Art. 5 RL 93/98/EWG, dem § 70 UrhG nachgebildet, ohne CDPA-Äquivalent.

ist es den EG-Mitgliedstaaten auch freigestellt, den *Schutz von Fotografien ohne Werkcharakter* vorzusehen.[260]

Ein kurzes Resümee der leistungsschutzrechtlichen Bestimmungen der Richtlinie ergibt folgendes: Zählt man auch die drei eben erwähnten Rechte zu den drei international etablierten Leistungsschutzrechten der ausübenden Künstler, Tonträgerhersteller und Sendeunternehmen sowie zu den Leistungsschutzrechten der Filmhersteller, so sind im Europäischen Gemeinschaftsrecht insgesamt *sieben* verwandte Schutzrechte angesprochen. Daneben gibt es in den nationalen Rechtsordnungen jedoch auch zusätzliche Rechte, die in den EG-Richtlinien bisher noch keinen Eingang gefunden haben: Im Hinblick auf Deutschland sind hier die Schutzrechte für Veranstalter künstlerischer Darbietungen[261] und für sog. Laufbilder[262] zu nennen und in bezug auf Großbritannien die Schutzrechte für Aufnahmeberechtigte an künstlerischen Darbietungen (*persons having recording rights*)[263] sowie für Verleger typographisch gestalteter, veröffentlichter Werkausgaben[264].

Bis auf wenige Ausnahmen ist damit auf europäischer Ebene eine umfassende materiellrechtliche Harmonisierung leistungsschutzrechtlicher Bestimmungen erfolgt. Es sollte jedoch nicht vergessen werden, daß die vordergründige Verankerung der Dichotomie "Urheberrecht - verwandte Schutzrechte" durch den Gemeinschaftsgesetzgeber keine Zugeständnisse von den EG-Mitgliedstaaten der *Common Law copyright*-Tradition fordert, die die innere Kohärenz ihres Rechtssystems zerstören könnte. Unberührt bleibt insbesondere die britische Regelung, wonach die Vorstellung von *neighbouring rights* im CDPA völlig verbannt wurde und die Verleihung von Copyright an sämtliche Schutzberechtigten (bis auf die Rechtsinhaber an künstlerischen Darbietungen) zum Maßstab aller Dinge geworden ist.

---

[260] Art. 6 S. 3 RL 93/98/EWG. Vgl. § 72 UrhG, der kein Äquivalent im britischen Recht hat.

[261] § 81 UrhG; 25jährige Schutzfrist, gerechnet vom Erscheinen des Bild- oder Tonträgers bzw. der Darbietung, wenn der Bild- oder Tonträger innerhalb dieser Frist nicht erschienen ist, § 82 UrhG.

[262] § 95 UrhG.

[263] Sec. 180 ff CDPA; 50jährige Schutzfrist - gerechnet von der Darbietung, Sec. 191 CDPA.

[264] Sec. 8 CDPA; 25jährige Schutzfrist ab der ersten Veröffentlichung, Sec. 15 CDPA.

6.3. Zeitliche Anwendbarkeit

Das Thema der zeitlichen Anwendbarkeit der Harmonisierungsbestimmungen, insbesondere hinsichtlich der Rückwirkung auf bereits bestehende Werke und Leistungen, stellte eine der Kernfragen der Schutzdauer-Richtlinie dar.[265] Aus mehreren erwogenen Alternativen entschied sich der Gemeinschaftsgesetzgeber für ein bestimmtes Lösungsmodell. Doch dieses wurde nur einige Tage vor der endgültigen Verabschiedung der Richtlinie durch das *Phil Collins*-Urteil des EuGH[266] überlagert, so daß die geltende Rechtslage im Ergebnis nunmehr einer der vom Gemeinschaftsgesetzgeber ursprünglich verworfenen Alternativen entspricht.[267]

6.3.1. Lösungsmodelle

Dem EG-Gesetzgeber eröffneten sich in bezug auf die zeitliche Anwendbarkeit der neuen Schutzfristen drei grundsätzliche Möglichkeiten, von denen er die zwischen den beiden Extremen liegende Kompromißlösung wählte.[268]

Die erste Möglichkeit war die der *Nicht-Rückwirkung*, wonach sich eine Schutzdauerharmonisierung nur auf die *nach* Inkrafttreten der Richtlinie geschaffenen Werke und erbrachten Leistungen erstrecken würde. Eine solche Lösung hätte jedoch erst in ferner Zukunft Wirkung entfaltet und die zügige Vollendung des Binnenmarktes unterminiert.

Die zweite Möglichkeit bestand in einer *umfassenden Rückwirkung* der Harmonisierungsbestimmungen auf den gesamten Bestand an Werken und Leistungen, ohne Rücksicht darauf, ob diese in einem oder mehreren EG-Mitglied-

---

[265] S. z.B. *Dietz*, GRUR Int 1995, 670-686 (681 ff); *von Lewinski*, Europ.GemeinschaftsR/II/4, Einführung, in: UrhQuellen, S. 14 f; *Melichar*, in: *Dittrich* (Hrsg.), ÖSGRUM Bd. 14, S. 25-34.

[266] *Collins gegen Imtrat Handelsgesellschaft mbH* (Rs. C-92/92), *Patricia Im- und Export Verwaltungsgesellschaft mbH gegen EMI Electrola GmbH* (Rs. C-326/92), EuGH-Urteile vom 20. Oktober 1993, Slg. 1993 I-5145; NJW 1994, 375; GRUR Int. 1994, 53; GRUR 1994, 280; [1994] FSR 166. Dazu unten Teil 3, Kapitel 2, Ziffer 6.3.2.

[267] Vgl. auch *Dietz*, in: *Schricker/Bastian/Dietz* (Hrsg.), S. 64-78 (75 f).

[268] Dazu *Dietz*, GRUR 1995, 670-686 (682).

staaten bereits gemeinfrei geworden waren. Auch wenn es ein Vorbild für eine solche Regelung bei der rechtlichen Regelung der deutschen Wiedervereinigung gab,[269] konnte sich dieses Modell in der Schutzdauer-Richtlinie EG-weit ebenfalls nicht durchsetzen.

Die dritte und vom EG-Gesetzgeber schließlich gewählte (doch durch das *Phil Collins*-Urteil überlagerte) Möglichkeit[270] stellte die *gemäßigte Rückwirkung* dar. Nach diesem Konzept sollen die Vorschriften der Schutzdauer-Richtlinie in der gesamten Gemeinschaft auf diejenigen Werke und Leistungen angewendet werden, die zum Umsetzungszeitpunkt (1.7.1995) zumindest in einem EG-Mitgliedstaat aufgrund der Anwendung nationaler Bestimmungen noch geschützt sind. Demnach würde das Urheberrecht an den von *deutschen* Staatsangehörigen geschaffenen Werken, die in Deutschland aufgrund der (EG-weit längsten) Schutzfrist von 70 Jahren p.m.a. noch geschützt sind, die jedoch in den anderen EG-Mitgliedstaaten aufgrund der dortigen kürzeren Schutzfrist bereits gemeinfrei geworden sind, in diesen Mitgliedstaaten wiederaufleben. *Vor* der *Phil Collins*-Entscheidung ging man davon aus, daß *nur* die von *deutschen* Staatsangehörigen geschaffenen Werke von diesem Wiederaufleben profitieren könnten, da es Deutschland gemäß Art. 7 Abs. 8 RBÜ gestattet war, den Grundsatz materieller Gegenseitigkeit (den Schutzfristenvergleich) auf die Werke anzuwenden, die von *nicht-deutschen* Staatsangehörigen geschaffen worden waren. Somit hätten die von Staatsangehörigen anderer EG-Mitgliedstaaten geschaffenen Werke, die dort aufgrund der im Vergleich zu Deutschland kürzeren Schutzfrist bereits gemeinfrei geworden waren, nicht von der deutschen 70jährigen Schutzfrist profitieren können, so daß ein Wiederaufleben (in Deutschland wie in der übrigen EG) ausgeschlossen blieb.[271] Dies änderte sich mit der *Phil Collins*-Entscheidung in grundlegender Weise.

---

[269] Art. 8 Vertrag zwischen der Bundesrepublik Deutschland und der Deutschen Demokratischen Republik über die Herstellung der Einheit Deutschlands vom 31. August 1990 i.V.m. Anl. 1 Kap. III Sachg. E Abschn. II Ziff. 2 (§ 1-4).

[270] Art. 10 Abs. 2 RL 93/98/EWG.

[271] Vgl. *Cohen Jehoram*, 25 IIC 821-839 (835) (1994).

6.3.2. Phil Collins-Urteil

Das *Phil Collins*-Urteil des EuGH,[272] das am 20. Oktober 1993 erging[273] (und damit fast unmittelbar vor der Verabschiedung der Schutzdauer-Richtlinie am 29.10.1993), führt zu einer Situation, die dem Modell einer *umfassenden Rückwirkung* der Schutzdauer-Richtlinie entspricht.[274] Dies beruht auf zwei sich gegenseitig ergänzenden Gesichtspunkten.

Zum einen unterliegen das Urheberrecht und die verwandten Schutzrechte gemäß der *Phil Collins*-Entscheidung dem in Art. 7 Abs. 1 EWGV (nunmehr Art. 6 Abs. 1 EGV) verankerten allgemeinen *Diskriminierungsverbot aus Grün-*

---

[272] *Collins gegen Imtrat Handelsgesellschaft mbH* (Rs. C-92/92), *Patricia Im- und Export Verwaltungsgesellschaft mbH gegen EMI Electrola GmbH* (Rs. C-326/92), EuGH-Urteile vom 20. Oktober 1993, Slg. 1993 I-5145; NJW 1994, 375; GRUR Int. 1994, 53; GRUR 1994, 280; [1994] FSR 166. Dem EuGH wurden zwei Fälle vorgelegt, die aber gemeinsam entschieden wurden. Im ersten Fall war ein Konzert, das der Brite Phil Collins in Kalifornien gegeben hatte, ohne seine Zustimmung dort auf CD aufgenommen und in Deutschland vertrieben worden. Im zweiten Fall waren Aufnahmen des Briten Cliff Richard aus den Jahren 1958 und 1969 kopiert und ohne Zustimmung des Rechtsinhabers, EMI Electrola GmbH, u.a. in Deutschland vertrieben worden. Hätte es sich bei den beiden ausübenden Künstlern um *deutsche* Staatsangehörige gehandelt, wären die Ansprüche gegen die Verbreitung bzw. Vervielfältigung der Tonträger mit Aufnahmen ihrer Darbietungen nach § 125 Abs. 1 i.V.m. §§ 73, 75 und 96 UrhG begründet gewesen. Da es jedoch um *ausländische* Staatsangehörige ging, hing die Begründetheit der Ansprüche von einer Erfüllung der einschränkenden Voraussetzungen des § 125 Abs. 2 mit 6 UrhG ab. Auf der Grundlage des in Art. 7 Abs. 1 EWGV niedergelegten Diskriminierungsverbotes kam der EuGH jedoch zu dem Ergebnis, daß den beiden ausübenden Künstlern als *EG-Angehörigen* genauso wie deutschen Staatsangehörigen nach §§ 73 ff UrhG Schutz gewährt werden mußte. Dem Künstler Phil Collins konnte damit die Vorschrift des § 125 Abs. 2 UrhG nicht entgegengehalten werden, die den Schutz für ausländische Staatsangehörige nur für *in Deutschland* stattfindende Darbietungen vorsieht. Ebenso konnte dem Künstler Cliff Richard durch die Bestimmung des § 125 Abs. 5 UrhG der Schutz nach Maßgabe des hier einschlägigen Rom-Abkommens nicht mit der Begründung versagt werden, daß die fraglichen Darbietungen *vor Inkrafttreten des Rom-Abkommens in Deutschland* stattgefunden hatten. Eine solche Schutzversagung - zum einen aus geographischen und zum anderen aus zeitlichen Gründen - wurde vom EuGH unterbunden.

[273] Zum *Phil Collins*-Urteil allgemein z.B. *Gaster*, RIDA 168 (1996) 2-91; *Kröger*, EuZW 1994, 85-87; *Loewenheim*, NJW 1994, 1046-1048; *Miskin*, [1994] 1 ENT.LR 29-30; *Schack*, JZ 1994, 144-147; *Schulze, E.*, 38 Cop.World 38-39 (1994); *VerLoren van Themaat/Wefers Bettink*, [1995] 3 ENT.LR 107-111.

[274] Dies ist die ganz h.M., vgl. z.B. *Dietz*, GRUR Int. 1995, 670-686 (682 f); *Dworkin/Sterling*, [1994] 5 EIPR 187-190 (189); *Karnell*, GRUR Int. 1994, 733-741 (738 f); *Mestmäcker*, GRUR Int. 1993, 532-536 (536); *Schack*, GRUR Int. 1995, 310-314 (311 f). Vor dem *Phil Collins*-Urteil bereits *Schaefer*, GRUR 1992, 424-426 (425). Doch a.A. *Flechsig/Klett*, ZUM 1994, 685-698.

den der Staatsangehörigkeit. Demnach gilt die in den Mitgliedstaaten der Gemeinschaft jeweils längste Schutzfrist nicht nur für die eigenen Staatsangehörigen, sondern muß vielmehr allen EU-Angehörigen und darüber hinaus auch allen EWR-Angehörigen zugute kommen, da für letztere am 1.1.1994 durch Art. 4 EWRV ein (dem Art. 6 Abs. 1 EGV entsprechendes) Diskriminierungsverbot in Kraft getreten ist.[275] Beispielsweise würde das Urheberrecht an Werken, die in allen Mitgliedstaaten bis auf Deutschland bereits gemeinfrei geworden sind, in der ganzen Gemeinschaft (und dem EWR) wiederaufleben, wenn die Werke am 1.7.1995 in Deutschland noch geschützt sind.

Zum anderen haben die im Urteil angesprochenen Grundsätze aufgrund der Tatsache, daß der EuGH hinsichtlich der Rückwirkung des Urteils keine ausdrückliche Einschränkung vornahm, *ex tunc-Wirkung* - was mittlerweile auch der BGH bestätigt hat.[276] Für die ursprünglichen sechs EWG-Staaten, darunter auch Deutschland, reicht die Rückwirkung damit bis zum 1.1.1958 zurück, als der EWG-Vertrag (und mit ihm das Diskriminierungsverbot in Art. 7 Abs. 1 EWGV) in Kraft trat.[277] Für diejenigen Staaten, die der EWG später beigetreten sind, kommt es auf das Datum an, zu dem ihr jeweiliger Beitritt wirksam wurde; für Großbritannien etwa reicht die Rückwirkung demnach bis zum 1.1.1973 zurück. Für die EWR-Staaten stellt sich die Rückwirkungsproblematik des EuGH-Urteils dagegen nicht, weil die Pflicht zur Gleichbehandlung EWR-Angehöriger mit EU-Angehörigen erst ab dem 1.1.1994 greift. Die vom EuGH ohne Rücksicht auf Fragen der Rechtssicherheit zugelassene Rückwirkung führt

---

[275] Art. 4 EWRV. Nach Art. 6 EWRV sind EuGH-Urteile, die *vor* dem Tag der *Unterzeichnung* des EWRV (am 2.5.1992) erlassen wurden, grundsätzlich für die Auslegung und Anwendung der EWRV-Bestimmungen bestimmend. Das *Phil Collins*-Urteil erfolgte zwar *nach Unterzeichung* des EWRV (am 20.10.1993), doch ist davon auszugehen, daß die darin zum Ausdruck gebrachten Auffassungen für die Auslegung des Diskriminierungsverbotes in Art. 4 EWGV dennoch zur Anwendung kommen; vgl. *Karnell*, GRUR Int. 1994, 733-741 (733) sowie *Schack*, GRUR Int. 1995, 310-314 (312).

[276] *Rolling Stones*, BGH v. 21.4.1994, GRUR 1994, 794-797 sowie *Eileen Gray II*, OLG Frankfurt a.M. v. 1.9.1994, GRUR Int. 1995, 337-338. Dies weicht von der früheren Rechtsprechung ab, vgl. z.B. *Die Zauberflöte*, BGH v. 20.11.1986, GRUR 1987, 814-818 m.Anm.v. *Schack* (wonach das deutsche Recht nur für diejenigen Darbietungen Inländerbehandlung gewährte, die *nach* Inkrafttreten des Rom-Abkommens für Deutschland stattfanden); vgl. auch *Bob Dylan*, BVerfGE v. 23.1.1990, GRUR 1990, 438-443; NJW 1990, 2189-2192. *Bruce Springsteen*, OLG Frankfurt a.M. v. 4.3.1993, GRUR Int. 1993, 702-703. *Beatles*, OLG Frankfurt a.M. v. 4.3.1993, GRUR Int. 1993, 872-873; *Beatles CD's*, OLG München v. 22.4.1993, GRUR 1994, 118-120.

[277] Z.B. *Cohen Jehoram*, 25 IIC 821-839 (826) (1994).

in vielen Fällen zum *Wiederaufleben* bereits gemeinfrei gewordener Werke und Leistungen. Inwieweit dieser Rückwirkung (abgesehen von den divergierenden nationalen Verjährungsvorschriften) Grenzen gesetzt sind, könnte in Zukunft noch interessante Fragen aufwerfen.[278]

6.3.3. Wahrung erworbener Rechte

Die Schutzdauer-Richtlinie mißt dem Grundsatz der Wahrung erworbener Rechte im Hinblick auf die zeitliche Anwendbarkeit der Harmonisierungsbestimmungen entscheidendes Gewicht bei,[279] und zwar sowohl bezüglich der *Rechtsinhaber selbst* als auch der *Rechte Dritter.*

Die *Rechtsinhaber* selbst werden dadurch geschützt, daß längere Schutzfristen als die gemeinschaftlich vereinheitlichte im betreffenden EG-Mitgliedstaat nicht verkürzt werden, sofern sie zum Umsetzungszeitpunkt (1.7.1995) bereits laufen.[280] Dies ist etwa im Bereich der Filmwerke von entscheidender Bedeutung. Da beispielsweise aus deutscher Sicht auch Kameramann und Cutter als Filmurheber in Frage kommen,[281] könnte sich für sie eine längere Schutzfrist dann ergeben, wenn sie länger leben als die vier in Zukunft ausschließlich in Betracht kommenden Personen nach Art. 2 Abs. 2 der Schutzdauer-Richtlinie.[282]

Die *Rechte Dritter* werden dadurch gewahrt, daß Nutzungshandlungen, die vor dem Umsetzungszeitpunkt erfolgt sind, von der Richtlinie unberührt bleiben.[283] Die Bestimmung hat den Fall im Auge, daß mit dem Stichtag 1.7.1995 Rechte an Werken oder Leistungen in einzelnen EG-Mitgliedstaaten wiederaufleben können, die aufgrund der nationalen Vorschriften bereits gemeinfrei geworden sind. Sie geht hier davon aus, daß die bis zum genannten Stichtag - ohne Vergütung - erfolgten Nutzungshandlungen unberührt bleiben und nicht rückwirkend als rechtswidrig anzusehen sind. Darüber hinaus gibt die Richtlinie

---

[278] Z.B. die Anwendbarkeit von Art. 222 EWGV (Berücksichtigung der Eigentumsordnungen der Mitgliedstaaten); s. *Kaltner*, 1 Ecolex 33-34 (1994); *Karnell*, GRUR Int. 1994, 733-741 (737 f).

[279] Vgl. Erw.Gr. 9 und 27 (vgl. auch 26) RL 93/98/EWG.

[280] Art. 10 Abs. 1 RL 93/98/EWG.

[281] Vgl. § 89 Abs. 1 UrhG.

[282] Dazu ausführlich *Dietz*, GRUR Int. 1995, 670-686 (684).

[283] Art. 10 Abs. 3 S. 1 RL 93/98/EWG.

den Mitgliedstaaten auf, die erforderlichen Übergangsmaßnahmen zum Schutz wohlerworbener Rechte für die Zeit nach Wiederaufleben des Schutzes zu treffen,[284] etwa durch Vorsehen einer Übergangsfrist, während der bereits hergestellte Vervielfältigungsstücke weiterhin verbreitet werden dürfen, nunmehr jedoch gegen Zahlung einer angemessenen Vergütung. Inwieweit dies durch die *ex tunc*-Wirkung der *Phil Collins*-Entscheidung überlagert wird, wurde noch nicht abschließend beantwortet.[285]

6.4. Inländerbehandlung und materielle Gegenseitigkeit

Für *EU-Angehörige* gilt im Hinblick auf die Frage der Schutzfristen der Grundsatz der *Inländerbehandlung*. Dieses Prinzip kommt in der Schutzdauer-Richtlinie[286] zum Ausdruck und entfaltet durch das *Phil Collins*-Urteil seine volle Wirkung, denn aufgrund dieses Urteils konnten bereits vor Umsetzung der Richtlinie (und unabhängig von ihr) überall dort, wo in einem EG-Mitgliedstaat eine längere Schutzfrist als in anderen EG-Mitgliedstaaten bestand, nicht nur inländische Staatsangehörige, sondern vielmehr alle EU-Angehörigen von dieser Schutzfrist profitieren. Durch das nunmehr fest verankerte Prinzip der Inländerbehandlung können die Mitgliedstaaten der Gemeinschaft untereinander nicht mehr nur auf der Grundlage materieller Gegenseitigkeit Schutz gewähren, wie etwa im Sinne des Schutzfristenvergleichs von Art. 7 Abs. 8 RBÜ.[287] Viel-

---

284 Art. 10 Abs. 3 S. 2 RL 93/98/EWG.

285 Vgl. z.B. *Dietz*, GRUR Int. 1995, 670-686 (684, Fn. 139); *Walter*, MuR 1994, 101-106 u.152-156 (155 f); *Dittrich*, RfR 1994, 1-8 (7); *Schack*, GRUR Int. 1995, 310-314 (312); *Karnell*, GRUR Int. 1994, 733-741 (738 f, insbes. Fn. 26). Interessante Perspektiven eröffnet vor allem die Frage nach einem Schadensersatzanspruch für diejenigen vor dem Urteil erfolgten Rechtsverletzungen, die nicht bereits aufgrund der nationalen Verjährungsvorschriften ausgeschlossen sind. Von besonderer Aktualität ist die Frage nach Schadensersatzansprüchen gegen den einzelnen Mitgliedstaat als säumigen Gesetzgeber, der das Diskriminierungsverbot des EWG-Vertrages "nicht rechtzeitig" in nationales Recht umsetzte hat und dem einzelnen dadurch Schaden zufügte. Vgl. EuGH-Urteil vom 5. März 1996, *Brasserie du Pêcheur SA gegen die Bundesrepublik Deutschland* (Rs. C-46/93); *Regina gegen Secretary of State for Transport, ex parte Factortame Ltd. and Others* (Rs. C-48/93), [1996] 1 CMLR 889. Siehe auch EuGH-Urteil vom 23. Mai 1996, Rs. C-5/94, *Regina gegen Ministry of Agriculture, Fisheries and Food, ex parte Hedley Lomas (Ireland) Ltd.*, [1996] All ER (EC) 493.

286 Art. 7 Abs. 1 RL 93/98/EWG (Urheberrecht) und Art. 7 Abs. 2 (verwandte Schutzrechte).

287 Gemäß dem Prinzip der materiellen Gegenseitigkeit wird ausländischen Staatsangehörigen Schutz nur auf dem Schutzniveau ihres Heimatstaates zuteil. Danach ist es einem Staat durchaus erlaubt, zwischen eigenen und ausländischen Staatsangehörigen zu unter-

mehr ist die Anwendung des Inländerbehandlungsprinzipes im Hinblick auf das Ziel einer raschen Harmonisierung eine unerläßliche Voraussetzung.

Für *Staatsangehörige von Drittstaaten*[288] unterscheidet die Richtlinie zwischen dem Urheberrecht und den verwandten Schutzrechten. In bezug auf das *Urheberrecht* ist das Prinzip der *materiellen Gegenseitigkeit* (also der *Schutzfristenvergleich*) anzuwenden,[289] wonach Nicht-EU-Angehörigen nur eine Schutzfrist gewährt wird, die der ihres Heimatlandes entspricht. Im Hinblick auf die *verwandten Schutzrechte* ist gegenüber dem Personenkreis, der nach dem RA begünstigt ist (ausübende Künstler, Tonträgerhersteller und Sendeunternehmen) kein Schutzfristenvergleich erlaubt;[290] gegenüber den Inhabern der übrigen verwandten Schutzrechte (Filmhersteller, Inhaber der Rechte aus Art. 4 und 5 der Richtlinie) greift der Schutzfristenvergleich, doch ist die praktische Wirkung desselben gering, da keine diesbezüglichen internationalen Konventionen sowie i.d.R. keine Verpflichtung zum Schutz der Angehörigen von Drittstaaten bestehen.[291]

Bestehende internationale Verpflichtungen der EG-Mitgliedstaaten (wie der Inländerbehandlungsgrundsatz im deutsch-amerikanischen Abkommen von 1892 über den gegenseitigen Schutz der Urheberrechte[292]) bleiben von der Richtlinie unberührt,[293] mit der Folge, daß US-amerikanische Urheber in Deutschland gegenwärtig eine 70jährige Schutzfrist genießen, umgekehrt deutsche Urheber in den USA dagegen nur die dort geltende 50jährige.[294]

---

scheiden; ausschließlich die eigenen Staatsangehörigen könnten demnach von der langen Schutzfrist profitieren, während der Schutz ausländischer Staatsangehöriger auf die kürzere Schutzfrist ihres Heimatstaates beschränkt würde.

288 Für *EWR-Angehörige* gilt auf der Grundlage des *Phil Collins*-Urteils der Grundsatz der Inländerbehandlung; vgl. *Karnell*, GRUR Int. 1994, 733-741 (736).

289 Art. 7 Abs. 1 RL 93/98/EWG.

290 ("unbeschadet der internationalen Verpflichtungen") Art. 7 Abs. 2 RL 93/98/EWG; das RA kennt keinen Schutzfristenvergleich, *Dietz*, GRUR Int. 1995, 670-686 (681).

291 *Dietz*, GRUR Int. 1995, 670-686 (681); *von Lewinski*, Europ.GemeinschaftsR/II/4, Einführung, in: UrhQuellen, S. 13 f.

292 Im Ergebnis scheint das in Art. 20 RBÜ verankerte Günstigkeitsprinzip die Fortgeltung der Inländerbehandlung zuzulassen.

293 Art. 7 Abs. 3 RL 93/98/EWG.

294 Dies gilt seit Beitritt der USA zur RBÜ; *Katzenberger*, GRUR Int. 1995, 447-468 (461 f); *Schack*, GRUR 1995, 310-314 (313); *Drexl*, GRUR Int. 1990, 35-50 (43 ff) sowie 22 IIC 27-47 u. 204-218 (1991).

6.5. Verhältnis zu TRIPs

Von ganz besonderer Bedeutung ist die Frage nach dem Zusammenspiel des EG-internen Rechtes mit den internationalen Verpflichtungen der Gemeinschaft. Insbesondere geht es dabei um das Verhältnis der *Phil Collins*-Entscheidung und des EG-Vertrages zum TRIPs-Abkommen mit seinen Vorschriften über Inländerbehandlung und Meistbegünstigung.[295]

Die unmittelbare Bedeutung dieser Frage liegt darin, daß es insbesondere für die Gemeinschaft außerordentlich wichtig ist zu verhindern, daß Drittstaaten über ihre TRIPs-Mitgliedschaft sozusagen als "*Trittbrettfahrer*" oder *free-rider* vom hohen EG-Schutzniveau profitieren können, ohne selbst zum Erbringen einer Gegenleistung verpflichtet zu sein.[296] Diese Problematik stellt sich im Zusammenhang mit dem Grundsatz der *Inländerbehandlung* in Art. 3 TRIPs und dem der *Meistbegünstigung* in Art. 4 TRIPs.

Eine *uneingeschränkte Inländerbehandlung* hätte insbesondere für den Bereich der verwandten Schutzrechte unerwünschte Konsequenzen - zwar nicht für die EG als solche, sondern für die dem RA angehörigen EG-Staaten.[297] Dies hängt damit zusammen, daß TRIPs das RA nicht übernimmt, sondern den Schutz der verwandten Schutzrechte eigenständig normiert.[298] TRIPs-Mitgliedstaaten, die zugleich an das RA gebunden sind und die verwandten Schutzrechte auf einem entsprechend hohen, den TRIPs-Schutz übersteigenden Niveau schützen, wären im Falle einer uneingeschränkten Inländerbehandlung verpflichtet, den Staatsangehörigen aus TRIPs-Mitgliedstaaten, die dem RA nicht beigetreten sind, Rechte zu gewähren, die TRIPs nicht vorsieht. Damit ein solcher "Trittbrettfahrereffekt" ausgeschlossen wird, sieht TRIPs eine entsprechende *Ausnahme*

---

[295] Zur Frage, ob das TRIPs unmittelbar anwendbares Gemeinschaftsrecht schafft: Bejahend z.B. *Drexl*, GRUR Int. 1994, 777-788 (783 ff); *Schack*, GRUR Int. 1995, 310-314 (313).

[296] Siehe dazu z.B. *Verstrynges* Worte in: *Goldberg/Hart/Verstrynge*, 4 Fordham Intell.Prop., Media & Ent.L.J. 157-169 (167): "... *national treatment is the best system you can have, as long as it is put to the use of increasing the level of protection. ... We will, however, refuse national treatment if there is a refusal to increase the level of protection on a given point.*"

[297] S. *Sterling*, Ziff. 20.11.

[298] Art. 14 TRIPs.

vom Inländerbehandlungsgrundsatz vor.[299] Darüber hinaus gilt der Inländerbehandlungsgrundsatz in TRIPs für das Urheberrecht und die Leistungsschutzrechte im Sinne der einschlägigen Konventionen[300] und auch nur in den Grenzen dieser Konventionen.[301]

Eine *uneingeschränkte* Anwendung der *Meistbegünstigungsklausel* würde dazu führen, daß TRIPs-Mitgliedstaaten vom höchsten Schutzniveau aller bestehenden und zukünftigen Urheberrechtsabkommen profitieren könnten, an denen auch nur ein einziges TRIPs-Mitglied beteiligt ist, und zwar ohne diesen Abkommen selbst beitreten zu müssen oder selbst einen weitergehenden Schutz als den TRIPs-Mindestschutz gewähren zu müssen. Um auch solche potentiellen Trittbrettfahrer vom Genuß unverdienter Vorteile auszuschließen, sieht TRIPs eine Reihe von *Ausnahmen* vor.[302] Von besonderer Relevanz für die EG ist Buchstabe d) der in Art. 4 S. 2 TRIPs vorgesehenen Ausnahmen, wonach (unter bestimmten Verfahrensvoraussetzungen) von der Meistbegünstigungsklausel diejenigen internationalen Übereinkommen ausgenommen sind, die den Schutz des geistigen Eigentums betreffen und vor dem Inkrafttreten des WTO-Übereinkommens in Kraft getreten sind. Demgemäß hat die EG mit ihren Mitgliedstaaten mit Brief vom 19.12.1995 den EG-Vertrag und das EWR-Abkommen gegenüber dem TRIPs-Rat notifiziert, um diese Verträge vom Meistbegünstigungsgebot auszuschließen.[303] Fallen EGV und EWRV unter die Ausnahme

---

[299] Art. 3 Abs. 1 S. 2 TRIPs. Dazu auch *Reinbothe*, GRUR Int. 1992, 707-715 (713); *Katzenberger*, GRUR Int. 1995, 447-468 (460 f).

[300] Art. 1 Abs. 3 TRIPs.

[301] Art. 3 Abs. 1 S. 1 TRIPs.

[302] Art. 4 S. 2 a) mit d) TRIPs.

[303] Vgl. *von Lewinski*, GRUR Int. 1996, 630-641 (634, Fn. 31a). In der Literatur gab es einige Spekulationen hinsichtlich der Frage, ob der EG-Vertrag und das EWR-Abkommen in den Rahmen der in Art. 4 S. 2 d) TRIPs beschriebenen Ausnahme von der Meistbegünstigungsklausel fällt, vgl. z.B. *Pfeifer*, in: *Schricker/Bastian/Dietz* (Hrsg.), S. 87-123 (113); *Katzenberger*, GRUR Int. 1995, 447-468 (462); *Loewenheim*, GRUR Int. 1993, 105-117 (116 f). Könnte man den EG-Vertrag nicht unter die erwähnte Ausnahmevorschrift subsumieren, hätte das *Phil Collins*-Urteil extrem weitreichende und vom gemeinschaftlichen Standpunkt aus unerwünschte Folgen. Da aufgrund des Diskriminierungsverbotes nach Art. 6 Abs. 1 EGV unter den Staatsangehörigen der EG-Mitgliedstaaten untereinander gegenseitige Vorteile entstehen, müßten diese nach Art. 4 S. 1 TRIPs grundsätzlich "sofort und bedingungslos" auch den Staatsangehörigen aller nicht der EG angehörenden TRIPs-Mitgliedstaaten gewährt werden. Es ist offensichtlich, daß diese Folgen nicht nur auf die Frage der Schutzfristen beschränkt wären, sondern darüber hinaus auf den Gesamtbereich des Urheberrechts und der Leistungsschutzrechte anwendbar wären; vgl. z.B. *Cohen Jehoram*, 25 IIC 821-839 (827). Dies würde einen ausgedehnten Trittbrettfahrereffekt zur Folge haben und ein (vom EuGH

des Art. 4 S. 2 d) TRIPs von der Meistbegünstigungsklausel, können die dem TRIPs angehörenden Drittstaaten nicht von dem hohen Schutzniveau der Gemeinschaft profitieren, wenn sie umgekehrt selbst nicht gewillt sind, entsprechende Gegenleistungen zu erbringen. Für Zwecke des TRIPs wäre die EG somit als Einheit anzusehen, und im Hinblick auf TRIPs-Verpflichtungen gegenüber Nicht-EG-Staaten käme es auf die zwischen den einzelnen EG-Mitgliedstaaten durch EG-Recht entstehenden Vorteile nicht an,[304] mit der Folge, daß die EG von den Ausnahmen zum Meistbegünstigungsgebot gegenüber Drittstaaten umfassend Gebrauch machen kann.[305]

7. Synopsis

Wenn man nun die eingangs gestellte Frage,[306] inwieweit sich die europäische Harmonisierung des Urheberrechts und der Leistungsschutzrechte als Brücke über die Kluft zwischen den Rechtskreisen des *Common Law copyright* und des *Droit d'auteur* erweisen kann, mit einer kurzen Zusammenfassung zu beantworten versucht, so ergibt sich ein sehr differenziertes Bild, je nachdem, welchen der untersuchten Hauptthemenbereiche man betrachtet.

Beim Thema "*Werke und Leistungen*"[307] ist im Hinblick auf die Harmonisierung des Originalitätskriteriums bestimmter Werkkategorien ein durch-

---

durch das *Phil Collins*-Urteil sanktioniertes) ungehemmtes "Schmarotzen" oder *free-riding* in bezug auf das hohe EG-Schutzniveau ermöglichen, wie ihm die Gemeinschaft bei den TRIPs-Verhandlungen mit allergrößter Sorge ins Auge geblickt hat. Zu den Spekulationen in der Literatur z.B. *Schack*, GRUR 1995, 310-314 (314); *Karnell*, GRUR Int. 1994, 733-741. Lesenswert insbes. *Gaster*, RIDA 168 (1996) 2-91 (40-43); *Katzenberger*, GRUR Int. 1995, 447-468 (462). Über eines sollte man sich im klaren sein: Angesichts der potentiell unermeßlichen Konsequenzen des *Phil Collins*-Urteils ist es verständlich, daß die Gemeinschaft bestrebt ist, unerwünschte *free-ride*-Aktionen auf ihre Kosten zu verhindern. In Anbetracht der Interpretationsschwierigkeiten, die sich im Hinblick auf das EG-TRIPs-Verhältnis ergeben, wäre es sicher vorteilhaft gewesen, wenn die Gemeinschaft ihre Position bereits vor Abschluß der Verhandlungen unmißverständlich klargestellt hätte, um späteren Spekulationen von vornherein Einhalt zu gebieten.

304 Vgl. auch *Pfeifer*, in: *Schricker/Bastian/Dietz* (Hrsg.), S. 87-123 (112 f).

305 Zur Kompetenz der EG bzw. der EG-Mitgliedstaaten zum Abschluß des TRIPs vgl. *Gutachten 1/94* des Gerichtshofs der Europäischen Gemeinschaften vom 15. November 1994, Slg. 1994, 5267; GRUR Int. 1995, 239-250 (keine ausschließliche Kompetenz der EG, sondern nur eine zwischen der EG und den EG-Mitgliedstaaten geteilte).

306 Oben Teil 3, Kapitel 2, Ziffer 1.

307 Dazu oben Teil 3, Kapitel 2, Ziffer 2.

schlagender Erfolg erzielt worden, der zumindest eine punktuelle Annäherung der beiden großen Rechtstraditionen mit sich bringt und auf einen weiteren Ausbau des Erreichten hoffen läßt. Die Systemfrage in bezug auf die Dichotomie Werk-Leistung, die in den kontinentaleuropäischen Rechtssystemen fundamental ist, im angelsächsischen Recht jedoch abgelehnt wird, wird durch die bisher verabschiedeten Richtlinien nicht definitiv zugunsten der einen oder anderen Rechtstradition gelöst, vielmehr wird die Angleichung materieller Schutzbestimmungen zum Zwecke des Abbaus von Handelshemmnissen angestrebt; die diesbezügliche Harmonisierungswirkung der Richtlinien, sowohl hinsichtlich spezifischer Rechte an Werken bzw. Leistungen aller Art[308] als auch im Hinblick auf Rechte an speziellen Schutzgegenständen[309] kann nur als enorm bezeichnet werden.

Bei der Thematik "*Urheber und Inhaber des Urheberrechts*"[310] zeigen die Harmonisierungsrichtlinien große Zurückhaltung in bezug auf die Schaffung eines Lösungsmodelles, das sich allein am Vorbild entweder des *Copyright*- oder des *Droit d'auteur*-Systems orientiert. Vielmehr wurden die Richtlinien mit großem Geschick in einer Weise formuliert, die jeder der beiden großen Rechtstraditionen das grundsätzliche Festhalten an ihrem jeweiligen dogmatischen Grundansatz ermöglicht und nur in Randbereichen Zugeständnisse erfordert. Schließlich liegen die teilweise grundverschiedenen Definitionen und Vorstellungen vom "Urheber" und vom "Inhaber des Urheberrechts" im innersten Gefüge beider Rechtskreise, weshalb der Versuch einer Angleichung ohne Rücksicht auf Rechtstradition und philosophische Grundausrichtung von Anfang an zum Scheitern verurteilt wäre.

Im Bereich "*Urhebervertragsrecht*"[311] ist die Kluft zwischen *Copyright* und *Droit d'auteur* nach wie vor gewaltig. Die EG-Richtlinien weisen nur einzelne urhebervertragsrechtliche Bestimmungen auf, die gleichsam nur ein Tropfen auf den heißen Stein sind, wenn man sie zur enormen Divergenz der Gesamtheit des Urhebervertragsrechtes in den beiden Rechtskreisen in Relation setzt. Die relative Passivität des EG-Gesetzgebers in bezug auf eine umfassende Regelung

---

[308] Vermiet- und Verleihrecht; Satellitensende- und Kabelweiterverbreitungsrecht.

[309] Computerprogramme und Datenbanken.

[310] Oben Teil 3, Kapitel 2, Ziffer 3.

[311] Dazu oben Teil 3, Kapitel 2, Ziffer 4.

des Urhebervertragsrechts spiegelt jedoch nur die Untätigkeit der nationalen Gesetzgeber wider.

Beim Thema "*Urheberpersönlichkeitsrecht*"[312] müßte sich die Kommission geradezu wie ein Phönix aus der Asche politischer Gerangel erheben, wenn es zu einer Lösung kommen soll, die eingefleischte Grundüberzeugungen der Vertreter von *Copyright* und *Droit d'auteur* über wesentliche Aspekte des Urheberpersönlichkeitsrechtes auf einen Nenner bringen soll. Die Kluft zwischen den beiden Rechtstraditionen ist - trotz der in jüngster Vergangenheit erfolgten gesetzlichen Verankerung von *moral rights* in Großbritannien - immer noch gewaltig. Inwiefern der Gemeinschaftsgesetzgeber hier Brücken zu schlagen vermag, bleibt abzuwarten.

Bei der Problematik "*Schutzfristen*"[313] ist durch die einschlägige Richtlinie ein enormer Erfolg zu verzeichnen, der die diesbezüglich einst existierenden Unterschiede zwischen den Rechtsordnungen des *Common Law copyright* und des *Droit d'auteur* aufhebt.

Insgesamt gesehen ist also bereits einiges erreicht worden, auch wenn die Mühlen der Gemeinschaft - bildlich gesprochen - zuweilen etwas langsam mahlen. Es ist zu erwarten, daß sich die Harmonisierung von Urheberrecht und Leistungsschutzrechten auch in Zukunft dynamisch weiterentwickeln wird und daß dies zumindest stellenweise eine weitere Annäherung der beiden großen Rechtstraditionen zur Folge haben kann.

3. Kapitel: Zukunftsprojekte

Einige Harmonisierungsinitiativen der Europäischen Gemeinschaft haben bereits einen erfolgreichen Abschluß gefunden. Weitere Harmonisierungsprojekte befinden sich in unterschiedlichen Entwicklungsstadien und auf verschiedenen Rängen der Prioritätenliste. Im folgenden geht es darum, einen Einblick sowohl in die *kurzfristigen* als auch die *längerfristigen* Harmonisierungspläne der EG-Kommission zu vermitteln.

---

[312] Oben Teil 3, Kapitel 2, Ziffer 5.

[313] Vgl. oben Teil 3, Kapitel 2, Ziffer 6.

Kurzfristig gesehen - so ist aus Kommissionskreisen zu vernehmen - sind es vor allem das *Droit de suite* sowie die private Vervielfältigung von Ton- und Bildträgern, die Gegenstand verstärkter Harmonisierungsbemühungen bleiben dürften.[314] Diese Themen werden bereits seit langer Zeit diskutiert, untersucht und von allen Seiten beleuchtet. In jüngster Zeit hat sich der Handlungsdruck jedoch sehr verstärkt, weshalb ein Richtlinienvorschlag bezüglich des *Droit de suite* nunmehr vorgelegt wurde bzw. hinsichtlich der privaten Vervielfältigung gegenwärtig vorbereitet wird. Bei beiden Themen stehen das deutsche Urheberrecht und das britische *Copyright Law* auf gegenüberliegenden Seiten in dem Kampf, der zwischen den Befürwortern und den Gegnern ihrer Harmonisierung im europäischen Rahmen entflammt ist.

In langfristiger Hinsicht sind es die Fragen des "digitalen Zeitalters", die die EG zunehmend beschäftigen werden und für die eine befriedigende Lösung nur im europäischen Raum sowie in globaler Abstimmung gefunden werden kann. Ein Schlagwort wie das der Informationsgesellschaft wird mit steigender Zunahme der digitalen und *multimedia*-Anwendungen aus dem Reich der Visionen treten und zur handfesten Realität werden. Moderne Technologien erfordern ein Überdenken und gegebenenfalls eine Anpassung des rechtlichen Rahmens, um den jeweiligen Rechtsinhabern auch im neuen Umfeld geeigneten Schutz zu gewähren. Zukunftsweisende rechtliche Grundlagen im Bereich des Urheberrechts und der Leistungsschutzrechte müssen frühzeitig geschaffen werden, damit der technologische Fortschritt in einem adäquaten Rechtsrahmen erfolgen kann und diesen nicht (wie so oft in der Vergangenheit) sprengt. Die EG-Kommission hat ihre Aufgabe in dieser Hinsicht erkannt und in ihrem Grünbuch zur Informationsgesellschaft von 1995 diejenigen Themenkreise angesprochen, die sie als vordringlich ansieht.

---

[314] Auch die Reprographie (Vervielfältigung von Schriftwerken oder Fotokopieren), ist der Kommission wichtig, scheint jedoch zum gegenwärtigen Zeitpunkt hinter dem *Droit de suite* und der privaten Vervielfältigung zurückzutreten. Zur Rechtslage bzgl. der Reprographie in Deutschland *Burger*, 19 IIC 319-336, 488-514 (1988), in der EG *Hefti*, ZUM 1992, 115-121 und in den USA *Hansing/Harty*, [1995] 5 ENT.LR 191-194.

1. Kurzfristige Pläne

1.1. *Droit de suite*

Das *Droit de suite* oder Folgerecht ist das Recht der bildenden Künstler auf prozentuale Beteiligung am Erlös im Falle der Weiterveräußerung der von ihnen geschaffenen Kunstwerke im Kunsthandel. Dieses Recht findet sich (wenn auch in unterschiedlicher Ausgestaltung) in der Mehrheit der EG-Mitgliedstaaten.[315] Ein Handlungsbedarf auf Gemeinschaftsebene ergibt sich insbesondere aufgrund der Tatsache, daß das Recht in einigen wenigen EG-Mitgliedstaaten nicht existiert[316] bzw. effektiv nicht wahrnehmbar ist.[317] Daraus entstehen unerwünschte Konsequenzen für den Binnenmarkt. Das *Droit de suite* hat in den letzen Jahren immer mehr an Brisanz gewonnen, da der Kunstmarkt enorme Entwicklungsraten aufweist und damit potentiell eine gewaltige Aufkommenssteigerung des Folgerechts nach sich zieht.[318] Die beiden Lager - *pro* und *contra Droit de suite* - gehören (bis auf eine Ausnahme)[319] einerseits der *Droit d'auteur-* und andererseits der *Copyright*-Tradition an. Deutschland und Großbritannien befinden sich bei diesem erbittert geführten Kampf an vorderster Front.[320]

1.1.1. Das Pro: Beispiel Deutschland

Bei der Einführung des Folgerechts in § 26 UrhG stand für den deutschen Gesetzgeber das allgegenwärtige Prinzip des Urheberschutzes im Vordergrund.

---

[315] In Belgien, Dänemark, Deutschland, Finnland, Frankreich, Griechenland, Italien, Luxemburg, Portugal und Spanien gibt es ein *Droit de suite*. Österreich hat seine diesbezügliche Gesetzgebungsinitiative dem *Phil Collins*-Urteil unterbrochen und wartet eine Aktion auf Gemeinschaftsebene ab. Schweden steht der Einführung des Rechtes aufgeschlossen gegenüber, hat den Diskussionsprozeß jedoch noch nicht abgeschlossen. Auch Art. 14ter RBÜ verankert das *Droit de suite*.

[316] In Großbritannien, Irland und den Niederlanden.

[317] So vor allem in Italien.

[318] Dazu *Pfennig*, in: FS Kreile, S. 491-512 (492), der Zahlen angibt, die in Deutschland eine fast zehnfache Aufkommenssteigerung des Folgerechts innerhalb von zwölf Jahren aufweisen.

[319] Die Niederlande.

[320] Zum *Droit de suite* allgemein z.B. *Katzenberger*, UFITA 85 (1979) 39-98 und GRUR Int. 1973, 660-667; *Pierredon-Fawcett*, S. 1 ff; *Plaisant*, 11 Col.-VLA J.L. & Arts 157-164 (1986); *Ricketson*, [1990] 3 ENT.LR 78-86; *Shapiro*, [1992] 4 ENT.LR 118-124; *Siehr*, IPRax 1992, 29-33; *Ulmer*, 6 IIC 12-28 (1975).

Der Grundgedanke des Folgerechts ist, den bildenden Künstlern, die ihre Kunstwerke aus materieller Not oftmals billig verhökern, einen prozentualen Anteil am Gewinn der Kunsthändler und -sammler zu verschaffen, den diese durch die enormen Wertsteigerungen beim Weiterverkauf der Kunstwerke erzielen.[321] Das Folgerecht soll der faktischen Benachteiligung der bildenden Künstler gegenüber anderen Urhebern wie etwa Schriftstellern und Komponisten Rechnung tragen. Das Einkommen der letzteren wird durch die wiederholte Verwertung ihrer Werke gewährleistet, nämlich Reproduktion, öffentliche Aufführung, Aufnahme auf Tonträger und Film sowie Sendung in Radio und Fernsehen. Die Einkommensmöglichkeiten der bildenden Künstler sind dagegen im wesentlichen auf die Summe beschränkt, die sie durch den (einmaligen) Verkauf der Originale ihrer Kunstwerke erzielen, und deshalb kommt dem Folgerecht so große Bedeutung zu.

Nach § 26 UrhG sind Kunsthändler, Kunstversteigerer und Kunstvermittler bei der Weiterveräußerung eines Kunstwerkes dazu verpflichtet, einen Anteil von 5 % des Veräußerungserlöses an den Urheber oder, im Falle seines Todes, an dessen Rechtsnachfolger zu zahlen, vorausgesetzt, der Erlös beträgt mindestens DM 100. Die Durchsetzbarkeit des Rechtes wird durch seine Wahrnehmung über Verwertungsgesellschaften garantiert sowie durch die Auskunftsansprüche und Überprüfungsberechtigung derselben im Hinblick auf die veräußerten Originale und deren Veräußerer.[322] Seit Abschluß eines Rahmenvertrages im Jahre 1980 zwischen der VG Bild-Kunst und dem Arbeitskreis Deutscher Kunsthandelsverbände funktioniert die Wahrnehmung des Folgerechts in Deutschland weitgehend störungsfrei.

1.1.2. Das Contra: Beispiel Großbritannien

Ins britische Recht hat das *Droit de suite* (im englischen Sprachgebrauch *resale royalty* genannt) keinen Eingang gefunden. Auch bei der jüngsten Reform des *Copyright Law*, die in den CDPA mündete, entschieden sich die Briten

---

[321] Vgl. die Parallele zu § 36 UrhG (s. oben Teil 2, Kapitel 3, Ziffer 2.2.1.1.); *von Gamm*, § 36, Rdnr. 1.

[322] § 26 Abs. 5 und 6 i.V.m. Abs. 3 und 4 UrhG.

gegen die Einführung einer *resale royalty*.[323] Die Argumente, die gegen sie ins Feld geführt wurden, sind zahlreich und vielschichtig.

Das Fundament der Abwehrhaltung Großbritanniens ist das mehrfach angesprochene Prinzip, so wenig wie möglich in die vertraglichen Beziehungen der Marktteilnehmer einzugreifen und vielmehr alles der Dynamik der Wirtschaftskräfte zu überlassen. Der britische Gesetzgeber hat bis heute keinen ernsthaften Willen gezeigt, besondere Schutzbestimmmungen zugunsten der Urheber (im klassischen Sinne) einzuführen, und genausowenig scheint ihm ein Eingreifen zugunsten einer spezifischen Urhebergruppe geboten. Vielmehr ist es den bildenden Künstlern (wie auch anderen Urhebern) selbst überlassen, sich - sofern sie es wünschen - vertraglich entsprechend abzusichern und z.B. bestimmte Klauseln zu vereinbaren, wonach sie am Erlös weiterer Veräußerungen ihrer Werke prozentual beteiligt werden. Im übrigen können bildende Künstler nach britischer Auffassung dadurch auf ihre Kosten kommen, daß sie mit zunehmendem Ruhm auch steigende Preise für Ihre Kunstwerke verlangen können, wodurch ein gewisser Ausgleich für die anfänglich vielleicht recht magere Gewinnspanne geschaffen wird.

Vordergründig werden gegen das *Droit de suite* jedoch noch eine Reihe anderer Argumente angeführt: Nach britischer Ansicht ist das *Droit de suite* eine Steuer (*tax*), keine Vergütung urheberrechtlicher Natur (*royalty*). Daneben ist der Gedanke, daß Künstler nur an Wertsteigerungen, nicht aber an Wertverlusten ihrer Kunstwerke teilhaben könnten, und der Umstand, daß aufgrund praktischer Schwierigkeiten nur öffentliche Verkäufe, nicht dagegen Privatverkäufe erfaßt würden, aus Billigkeitserwägungen für die Briten inaktzeptabel. Die Wahrnehmung des Rechtes wird als zu schwierig und kostspielig empfunden.[324] Darüber hinaus wird argumentiert, daß die *resale royalty* den Kunstmarkt lähmt und unbekannten Künstlern mehr schadet als nützt, da Galerien davon abgebracht werden, deren Werke in der Hoffnung auf späteren Gewinn aufzukaufen. Doch der Hauptgrund, warum sich der britische Gesetzgeber gegen die Einführung des Rechts entschieden hat, dürfte darin liegen, daß negative Auswirkungen auf den im Vergleich zu anderen Ländern ungewöhnlich florierenden Kunst- und insbesondere Auktionsmarkt zu erwarten sind.[325] Dies

---

[323] *Whitford Report*, §§ 791-805; *White Paper*, 1986, §§ 19.13-19.16.

[324] *Williams*, Sol.J. 1992, 496; *Phillips/Firth*, Chapter 16.

[325] *Green Paper*, 1981, S. 55.

ist es auch, warum sich Großbritannien so vehement gegen die Harmonisierung des *Droit de suite* auf Gemeinschaftsebene wehrt.

Hier gilt es jedoch zu erwähnen, daß sich die bildenden Künstler in Großbritannien im Jahre 1992 zusammenschlossen und eine *Artists' Campaign for Resale Royalty* bildeten, deren erklärtes Ziel die Einführung des *Droit de suite* in Großbritannien ist; ihr gehören wichtige Künstlerorganisationen und Einzelpersönlichkeiten an.[326]

1.1.3. Problem: grenzüberschreitende Umgehung des Droit de suite

Welche Probleme sich aus der Tatsache ergeben, daß das *Droit de suite* in einigen Ländern nicht existiert, wird am Beispiel eines jüngst vom BGH entschiedenen Falles in Sachen Joseph Beuys deutlich.[327] Ein deutscher Sammler namens Graubner hatte beim Auktionshaus Christie's in London drei Werke des Künstlers Beuys zur Versteigerung gegeben, die er ihm vor geraumer Zeit für wenige hundert Mark abgekauft hatte. Die Kunstwerke erzielten auf der Versteigerung einen Erlös von umgerechnet etwa 1,4 Millionen DM. Die VG Bild-Kunst verlangte von Graubner im Auftrag des Nachlasses Beuys' gemäß § 26 UrhG die Zahlung von 5 % des Versteigerungserlöses. Graubner verweigerte die Zahlung mit der Begündung, daß die Versteigerung in Großbritannien stattgefunden hatte, wo es kein dem Folgerecht entsprechendes Beteiligungsrecht der bildenden Künstler gibt. Der BGH bestätigte das Urteil des OLG Düsseldorf und wies die Klage der Verwertungsgesellschaft ab.

Damit wird im Binnenmarkt ein urheberrechtliches "Schlupfloch" aufrechterhalten, das es Kunstsammlern und -händlern weiterhin ermöglicht, Beteiligungsansprüche der bildenden Künstler zu umgehen, indem sie deren Kunstwerke in "*Droit de suite*-freien" EG-Mitgliedstaaten verkaufen. Es ist statistisch erwiesen, daß der Kunstmarkt sozusagen den Weg des geringsten Widerstandes wählt und sich die Tatsache uneinheitlicher rechtlicher Vorschriften zunutze macht: Beispielsweise werden Kunstwerke deutscher bildender Künstler oftmals nur zum Zwecke der Versteigerung oder des Verkaufs vom deutschen Kunst-

---

[326] Vgl. auch *Pfennig*, in: FS Kreile, S. 491-512 (500).

[327] *Folgerecht bei Auslandsbezug*, BGH v. 16.6.1994, GRUR 1994, 798-800. Dazu *Pfefferle*, GRUR 1996, 338-342.

markt abgezogen und auf den Londoner Kunstmarkt verlagert, auch wenn die Kaufinteressenten vorwiegend Deutsche sind. Vor allem die britischen Auktionshäuser haben eine regelrechte Sogwirkung auf den europäischen Kunstmarkt und profitieren von der Existenz des *Droit de suite* in den kontinentaleuropäischen Mitgliedstaaten.[328] Daraus ergeben sich Wettbewerbsverzerrungen für den europäischen Kunsthandel. Die Leidtragenden sind abgesehen vom Kunsthandel vor allem die bildenden Künstler, die ihre nach einzelstaatlichem Recht existierenden Folgerechtsansprüche faktisch verlieren.

Die Wettbewerbsverzerrungen wurden durch das Urteil des EuGH in Sachen *Phil Collins* noch verschärft. Denn aufgrund des Diskriminierungsverbotes können zum Beispiel britische bildende Künstler in Deutschland Folgerechtsansprüche geltend machen, ohne daß Großbritannien deutschen bildenden Künstlern ein entsprechendes Recht gewähren muß - ein Umstand, der die Divergenzen in den einzelstaatlichen Rechtsordnungen aus deutscher Sicht noch unerträglicher erscheinen läßt. Gleiches gilt natürlich auch für die anderen EG-Mitgliedstaaten mit dem *Droit de suite* in ihrem Verhältnis zu denjenigen Mitgliedstaaten, die kein *Droit de suite* kennen oder es nicht effektiv durchsetzen. Die Problematik verstärkt sich durch die ungebremste Entwicklung des Kunstmarktes, die prinzipiell ein entsprechendes *Droit de suite*-Aufkommen mit sich bringen müßte, dies jedoch aufgrund der Abwanderung des Kunsthandels in *Droit de suite*-freie Länder nur beschränkt tut.

Es liegt auf der Hand, daß derartigen Wettbewerbsverzerrungen im Binnenmarkt nur durch eine Harmonisierungsinitiative auf Gemeinschaftsebene begegnet werden kann. Die Angleichung der rechtlichen Rahmenbedingungen auf hohem Niveau hätte aus Sicht der *Droit de suite*-Befürworter darüber hinaus auch positive Auswirkungen auf die soziale Dimension des künstlerischen Schaffens und würde die Situation bildender Künstler wesentlich verbessern.

---

[328] Abgesehen vom *Droit de suite* sind es insbesondere steuerrechtliche Vorteile, die sich auf den Wettbewerb des Kunsthandels auswirken. Die bisher unvollständige Anpassung der Mehrwertsteuersysteme wird in bezug auf den Kunstmarkt durch die Richtlinie 94/5/EWG des Rates vom 14. Februar 1994 zur Ergänzung des gemeinsamen Mehrwertsteuersystems und zur Änderung der Richtlinie 77/388/EWG - Sonderregelung für Gebrauchtgegenstände, Kunstgegenstände, Sammlungsstücke oder Antiquitäten (ABl. EG Nr. L 60 v. 3.3.1994) - zumindest teilweise verbessert; vgl. *Birkenfeld*, EuZW 1994, 421-424.

1.1.4. Bisherige Aktivitäten der EG-Kommission

Die EG-Kommission beschäftigt sich schon seit etwa 20 Jahren mit dem Thema der *Droit de suite*-Harmonisierung. Ihre Harmonisierungsabsichten kündigte sie bereits 1977[329] an und initiierte im Jahre 1980 ein *Hearing* mit interessierten Kreisen.[330] Sie bekräftigte ihre Intentionen im Jahre 1982.[331] Erwähnung fand das *Droit de suite* auch im Arbeitsprogramm der Kommission von 1991.[332] Noch im selben Jahr sandte die Kommission einen Fragebogen bezüglich des *Droit de suite* an verschiedene Interessengruppen und organisierte im Anschluß daran eine Anhörung, in der man sich mehrheitlich für eine Harmonisierung aussprach.[333] In ihrem "Strategischen Programm" von 1993 bestätigte sie ihre Absicht, die Notwendigkeit einer Harmonisierung näher zu untersuchen, erneut.[334] 1994 leitete die Kommission schließlich nochmals einen umfangreichen Konsultationsprozeß ein, der wiederum eine große Mehrheit zugunsten einer europäischen Harmonisierung des *Droit de suite* ergab. Auch Studien über das *Droit de suite*, die der Kommission übermittelt bzw. von ihr in Auftrag gegeben wurden,[335] plädieren für seine Harmonisierung.

Wenn es der Kommission bisher gelang, das Thema durch scheinbar unendliche Diskussionen auf die lange Bank zu schieben, ist es durch die jüngsten Entwicklungen der EuGH-Rechtsprechung in Sachen *Phil Collins* zu einer Situation gekommen, die dringend eine konkrete Gemeinschaftsaktion erfordert. Ein entsprechender Richtlinienvorschlag liegt nunmehr vor.[336]

---

[329] Die Aktion der Gemeinschaft im kulturellen Bereich, 1977, Ziff. 29.

[330] Ergebnisprotokoll der Anhörung zum *Droit de suite*, 1980, sowie *Droit de Suite*-Vorschlag, 1980.

[331] Verstärkung der Gemeinschaftsaktion im Bereich Kultur, 1982, Anhang II, Ziff. 5.

[332] Initiativen zum Grünbuch, 1991, Ziff. 8.5.

[333] Vgl. Ergebnisprotokoll der Anhörung zum *Droit de suite*, 1991.

[334] Strategisches Programm, 1993, Ziff. 4.

[335] *Hummel/Becker*, S. 1 ff.

[336] Vorschlag zur *Droit de suite*-Richtlinie, 1996.

1.1.5. Richtlinienvorschlag

Als Rechtsgrundlage für ihren Richtlinienvorschlag hat die EG-Kommission Art. 100a EGV gewählt.[337] Dem Subsidiaritäts- und dem Verhältnismäßigkeitsprinzip hat die Kommission Rechnung getragen.[338]

Der *Anwendungsbereich* des *Droit de suite* umfaßt die Originale von Kunstwerken, namentlich der graphischen und bildenden Künste unter Ausschluß von Werken der angewandten Kunst.[339] Die *relevanten Transaktionen* sind Weiterveräußerungen der Originale *nach* dem ersten Verkauf durch den Urheber, wobei nur gewerbliche Verkäufer wie Auktionshäuser, Kunstgalerien und allgemein Kunsthändler von der Abgabe betroffen sind, nicht aber private Verkäufer.[340] Um unverhältnismäßige Erhebungs- und Verwaltungskosten zu vermeiden, besteht eine *Mindestschwelle* für die Erhebung des *Droit de suite*-Anspruchs, nämlich ein Verkaufspreis von 1000 ECU. Den Mitgliedstaaten ist allerdings freigestellt, einen niedrigeren Betrag festzusetzen, um junge Künstler zu fördern.[341] Entscheidende Bedeutung hat die Festlegung des *Abgabesatzes*, da dem Risiko einer Verlagerung des Kunstmarktes in Länder außerhalb der EG (insbesondere in die USA und die Schweiz) begegnet werden muß. Hier sieht die Kommission degressive Sätze für bestimmte Preisspannen als besonders vorteilhaft an, denn wenn der Abgabesatz im Verhältnis zur steigenden Höhe des Kunstobjektes abnimmt, wird sich eine Verlagerung in Drittstaaten mit Blick auf die hohen Versicherungs- und Transportkosten als unrentabel erweisen.[342] Eine regelmäßige Anpassung von Mindestschwelle und Abgabesatz an die Entwicklung im Sektor ist vorgesehen.[343] Der *Kreis der Berechtigten* umfaßt den Ur-

---

[337] Erw.Gr. 7 des Vorschlags zur *Droit de suite*-Richtlinie, 1996.

[338] Erw.Gr. 11 des Vorschlags zur *Droit de suite*-Richtlinie, 1996.

[339] Art. 2 und Erw.Gr. 15 des Vorschlags zur *Droit de suite*-Richtlinie, 1996; Art. 2 nennt einerseits Handschriften und andererseits Gemälde, Collagen, Zeichnungen, Bilddrucke, Stiche, Lithographien, Plastiken, Tapisserien, Keramiken und Lichtbildwerke.

[340] Art. 2 und Erw.Gr. 13 des Vorschlags zur *Droit de suite*-Richtlinie, 1996.

[341] Art. 3 und Erw.Gr. 16 des Vorschlags zur *Droit de suite*-Richtlinie, 1996.

[342] Erw.Gr. 19 des Vorschlags zur *Droit de suite*-Richtlinie, 1996; vgl. auch Art. 4, wonach das Folgerecht wie folgt gestaffelt ist:

1.000 - 50.000 ECU: 4% des Verkaufspreises,
50.000 - 250.000 ECU: 3% des Verkaufspreises,
über 250.000 ECU: 2% des Verkaufspreises.

[343] Art. 10 und Erw.Gr. 21 des Vorschlags zur *Droit de suite*-Richtlinie, 1996.

heber der genannten Werke und nach dessen Tod seine Rechtsnachfolger;[344] Staatsangehörige von Drittstaaten sind nur nach Maßgabe des Grundsatzes materieller Gegenseitigkeit anspruchsberechtigt, also nur dann, wenn Urhebern aus der Gemeinschaft in den betreffenden Drittstaaten ein äquivalenter Anspruch zusteht.[345] Um die *effektive Wahrnehmung* des *Droit de suite* zu gewährleisten, sind Auskunftsansprüche gegenüber den Abgabepflichtigen vorgesehen.[346] Im übrigen bleibt die Bestimmung der Modalitäten für Erhebung und Verwaltung des *Droit de suite* den Mitgliedstaaten überlassen, wobei die Möglichkeit der Wahrnehmung durch Verwertungsgesellschaften ausdrücklich erwähnt wird.[347]

Es ist abzusehen, daß der vorliegenden Harmonisierungsinitiative der EG-Kommission von den EG-Mitgliedstaaten ohne *Droit de suite* (insbesondere Großbritannien) große Steine in den Weg gelegt werden, da es für sie potentiell um den Verlust ihrer Vormachtstellung im europäischen Kunstmarkt verbunden mit empfindlichen wirtschaftlichen Einbußen geht. Ob die EG einen Weg findet, diese Steine aus dem Weg zu räumen, bleibt abzuwarten.

1.2. Private Vervielfältigung

Mit der "privaten Vervielfältigung" ist die Reproduktion von urheber- bzw. leistungsschutzrechtlich geschützten Ton- und audiovisuellen Aufzeichnungen und der Mitschnitt von Sendungen durch natürliche Personen zu nicht-kommerziellen Zwecken und für den privaten Gebrauch gemeint. Wenn auch theoretisch jede Vervielfältigung der Erlaubnis des Rechtsinhabers bedarf, so ist dies praktisch nur beschränkt durchsetzbar, denn durch die weite Verbreitung von privaten Audio- und Videokassettenrecordern mit den dazugehörigen Leerkassetten kann sich der private Verbraucher sozusagen selbst bedienen und geschützte Werke und Leistungen im Ton- und Filmbereich beliebig aufnehmen. Daß eine intensive Nutzung privater Vervielfältigungsmöglichkeiten negative Auswirkungen auf den Verkauf von bespielten Audio- und Videokassetten hat und damit Einkommensverluste der Rechtsinhaber nach sich zieht, liegt auf der Hand.

---

[344] Art. 6 Abs. 1 und Erw.Gr. 22 des Vorschlags zur *Droit de suite*-Richtlinie, 1996.

[345] Art. 7 und Erw.Gr. 24 des Vorschlags zur *Droit de suite*-Richtlinie, 1996.

[346] Art. 9 und Erw.Gr. 25 des Vorschlags zur *Droit de suite*-Richtlinie, 1996.

[347] Art. 6 Abs. 2 und Erw.Gr. 23 des Vorschlags zur *Droit de suite*-Richtlinie, 1996.

Die meisten der EG-Mitgliedstaaten haben auf dieses Phänomen mit der Einführung einer Abgabe auf Leerkassetten und/oder Aufnahmegeräte reagiert,[348] die über Verwertungsgesellschaften an die Rechtsinhaber ausgeschüttet wird. Im Gegenzug erwirbt der Verbraucher das Recht, für seinen Privatgebrauch Vervielfältigungen von Ton- und Bildaufzeichnungen bzw. Sendungen vorzunehmen. Ein Handlungsbedarf auf Gemeinschaftsebene ergibt sich daraus, daß die private Vervielfältigung in den EG-Mitgliedstaaten unterschiedlich bzw. überhaupt nicht[349] geregelt wird, denn dies führt potentiell zu einer wirtschaftlich bedeutsamen Beeinträchtigung des Binnenmarktes.[350] Warum sich Länder wie Deutschland und Großbritannien *für* bzw. *gegen* die Leerkassetten- und Geräteabgabe entschieden haben und wie die deutsche gesetzliche Regelung aussieht, soll im folgenden kurz erörtert werden.

1.2.1. Das Pro: Beispiel Deutschland

Deutschland hat die Problematik der privaten Vervielfältigung bereits 1965 (und damit als erstes Land weltweit) gesetzlich erfaßt. Dem lag die Erkenntnis zugrunde, daß moderne Vervielfältigungsverfahren die Interessen der Urheber und Leistungsschutzberechtigten empfindlich beeinträchtigen, da sie es praktisch jedermann ermöglichen, ohne technische Vorkenntnisse und mit minimalem Aufwand Vervielfältigungen herzustellen, die dem Original qualitativ kaum nachstehen.

Der deutsche Gesetzgeber hat sich entschieden, die Herstellung einzelner Vervielfältigungsstücke[351] von Ton- und Bildaufzeichnungen bzw. Sendungen zum

---

[348] *Urheberrechtliche Vergütungsabgabe* auf Leerkassetten und Aufnahmegeräte im Audio- und Video-Bereich in Belgien, Deutschland, Griechenland, Portugal, Spanien; auf alle Leerkassetten, aber nur Audio-Aufnahmegeräte in Italien; nur auf (Audio- und Video-) Leerkassetten, aber nicht auf Aufnahmegeräte in Dänemark, Finnland, Frankreich, den Niederlanden und Österreich; *besondere Steuer (nicht-urheberrechtlicher Natur)* auf Leerkassetten in Schweden.

[349] In Großbritannien, Irland und Luxemburg.

[350] Zu den gesetzlichen Regelungen in den EG-Migliedstaaten z.B. *Davies/Hung*, S. 116-159; *Dieselhorst*, GRUR Int. 1994, 788-798; *Loewenheim*, ZUM 1992, 109-115; *Shapiro*, [1993] 5 ENT.LR 131-134.

[351] Was "einzelne Vervielfältigungsstücke" konkret bedeutet ist umstritten; die Obergrenze soll jedoch bei sieben Vervielfältigungsstücken liegen, vgl. z.B. *Schricker (Loewenheim)*, § 53, Rdnr. 9; ausführlich dazu z.B. *Nippe*, GRUR Int 1995, 202-204 m.w.N.

privaten Gebrauch zu gestatten.[352] Die Vervielfältigung braucht nicht eigenhändig, sondern kann auch von Dritten vorgenommen werden, letzteres jedoch nur dann, wenn dies unentgeltlich erfolgt.[353] Die Vervielfältigungsstücke dürfen weder verbreitet noch zur öffentlichen Wiedergabe benutzt werden.[354]

Im Gegenzug für die *(beschränkte) private Vervielfältigungsfreiheit* entsteht jedoch eine *Vergütungspflicht* gegenüber den Rechtsinhabern.[355] Die Vergütung, die den Urhebern und Leistungsschutzberechtigten mit Ausnahme der Sendeunternehmen zusteht,[356] nimmt die Gestalt einer geringen Vergütungsabgabe für Aufnahmegeräte sowie Audio- und Video-Leerkassetten an.[357] Der Vergütungsanspruch richtet sich gegen die Hersteller[358] der Geräte und Leerkassetten, und neben den Herstellern haften gewerblich handelnde Importeure[359] sowie Händler[360]. Die Abgabe kann (etwa durch Erhöhung des Stückpreises) auf die Verbraucher (d.h. die privaten Vervielfältiger) abgewälzt werden.[361]

Ausnahmen vom Vergütungsanspruch existieren für Exportgeräte und -kassetten sowie für Produkte, die eine Vornahme von Vervielfältigungen nicht er-

---

352 § 53 Abs. 1 S. 1 UrhG.

353 § 53 Abs. 1 S. 2 UrhG.

354 § 53 Abs. 5 S. 1 UrhG.

355 Die Bestimmungen über die Vergütung für die private Vervielfältigung der §§ 54 bis 54h UrhG gingen aus der jüngsten Reform und Entzerrung der bisher allein in § 54 UrhG enthaltenen Regelung hervor, vgl. Gesetz zur Änderung des Patentgebührengesetzes und anderer Gesetze vom 25. Juli 1994.

356 *Fromm/Nordemann (Nordemann)*, § 54, Rdnr. 3 b).

357 Derzeitiger Abgabesatz für Audio-Aufnahmegeräte 2,50 DM, für Video-Aufnahmegeräte 18,00 DM. Abgabesatz pro Spielstunde für Audio-Leerkassetten 0,12 DM, für Video-Leerkassetten 0,17 DM; Anlage zu § 54d Abs. 1 UrhG.

358 § 54 Abs. 1 S. 1 UrhG. Dies wurzelt in einer BGH-Entscheidung, wonach die Hersteller von Tonaufzeichnungsgeräten als mitverantwortlich für die Verletzung des Urheberrechts anzusehen sind, da sie dem privaten Vervielfältiger im Rahmen ihrer gewerblichen Tätigkeit das Rüstzeug und die Möglichkeit zum mühelosen Vervielfältigen verschaffen (*Personalausweise*, BGH v. 29.5.1964, GRUR 1965, 104-110).

359 Begriffsbestimmung in § 54 Abs. 2 UrhG.

360 Kleinhändler sind ausgenommen, § 54 Abs. 1 S. 3 UrhG. Die gesamtschuldnerische Haftung des Händlers entfällt unter bestimmten Umständen, § 54b UrhG.

361 Dies wurde von *Hubmann* als "Stufensystem zur mittelbaren Erfassung des Endverbrauchers" bezeichnet, zit. nach *Kreile*, GRUR Int. 1992, 24-36 (29) und 23 IIC 449-466 (454) (1992). S. auch *Mestmäcker*, GRUR Int. 1985, 13-19; *Schulze, M.*, 27/2 Cop.Bull. 32-36 (1993).

warten lassen (etwa Diktiergeräte).[362] Daneben existiert auch kein Vergütungsanspruch für den nicht-privaten Gebrauch,[363] mit der Folge, daß verschiedene Berufssparten (z.B. Aufnahmestudios) oder Organisationen (z.B. von Blinden und Tauben) nicht von der Vergütung belastet werden.

Die *Durchsetzbarkeit des Vergütungsanspruches* wird durch eine Reihe verschiedener Mechanismen gewährleistet: Erstens wurde jüngst eine Vorschrift eingeführt,[364] die bewirken soll, daß die fälligen Vergütungen in der Regel nicht erst von den in großer Zahl vorhandenen Händlern kassiert werden, sondern bereits von den weniger zahlreichen Herstellern und Importeuren. Daher wird verlangt, daß mit Ausnahme von Geschäften mit Endverbrauchern in *Rechnungen* über Geräte und Leerkassetten (neben der Umsatzsteuer) anzugeben ist, ob die darauf entfallende Urhebervergütung bereits entrichtet wurde. Daraus kann der Händler ersehen, ob seine Inanspruchnahme droht, und allein dies wirkt sich gewissermaßen als Druck aus im Hinblick auf die Begleichung der Abgabenschuld bereits auf der Stufe der Hersteller oder Importeure.[365] - Zweitens wurde aufgrund der Tatsache, daß im Binnenmarkt die staatliche Einfuhrkontrolle weggefallen ist, eine neue Bestimmung eingeführt, die dem Importeur eine privatrechtliche *Meldepflicht* auferlegt.[366] - Drittens trifft die Hersteller, Importeure und Händler eine *Auskunftspflicht* gegenüber den Urhebern und den genannten Leistungsschutzberechtigten[367] über Art und Stückzahl der betreffenden Geräte oder Kassetten; die Händler unterliegen zudem einer Pflicht zur Angabe der Bezugsquelle.[368] Der Auskunftsverpflichtung wird dadurch Nachdruck verliehen, daß der doppelte Vergütungssatz verlangt werden kann, wenn ein Zahlungspflichtiger seiner Auskunftspflicht nicht oder nur ungenügend nachkommt.[369] - Schließlich sind die Vergütungsansprüche sowie die Melde- und Auskunftsansprüche *verwertungsgesellschaftspflichtig*.[370] Zur effektiven Wahr-

---

[362] § 54c UrhG.

[363] § 54 Abs. 1 UrhG spricht von einer Vergütungspflicht, wenn es "nach der Art eines Werkes zu erwarten [ist], daß es ... nach § 53 Abs. 1 oder 2 vervielfältigt wird", d.h. zum *privaten Gebrauch*. Dadurch wird eine Ausnahme zum nicht-privaten (etwa beruflichen) Gebrauch impliziert; vgl. *Davies/Hung*, S. 132.

[364] § 54e UrhG.

[365] So *Hubmann/Rehbinder*, § 30 III 5.

[366] § 54f UrhG.

[367] *Fromm/Nordemann (Nordemann)*, § 54, Rdnr. 6.

[368] § 54g Abs. 1 UrhG.

[369] § 54g Abs. 3 UrhG; 1990 durch das Produktpirateriegesetz eingeführt.

[370] § 54h Abs. 1 UrhG.

nehmung der Ansprüche der Urheber und Leistungsschutzberechtigten wurde von ihren jeweiligen Verwertungsgesellschaften eine zentrale Einrichtung gegründet.[371] Was die Vergütungsansprüche anbelangt, so ist eine angemessene Verteilung zwischen den Berechtigten gesetzlich vorgesehen.[372]

Die faktische *Aufteilung der Vergütungseinnahmen* zwischen den verschiedenen Berechtigten ist vertraglich geregelt, und die Ausschüttung unterliegt den einzelnen Verwertungsgesellschaften. Im *Audiobereich* erhalten Urheber 58 % der eingenommenen Vergütungen und ausübende Künstler zusammen mit den Tonträger- und Filmproduzenten 42 %.[373] Im *Videobereich* läßt sich die genaue Verteilung zwischen den Berechtigten aufgrund der Vielzahl der beteiligten Verwertungsgesellschaften und der unterschiedlichen internen Verteilungsschlüssel schwerer berechnen.[374] Im übrigen wird ein geringer Prozentsatz für allgemeine soziale Anliegen der Berechtigten zurückgestellt.[375]

Insgesamt gesehen hat sich die Leerkassetten- und Geräteabgabe - wie die Bundesregierung berichtet - als ein effektives System erwiesen, das den Interessen von Urhebern und Leistungsschutzberechtigten wirksam Rechnung trägt.[376]

1.2.2. Das Contra: Beispiel Großbritannien

In Großbritannien ist die Einführung einer Leerkassetten- und Geräteabgabe bislang am heftigen Widerstand verschiedener Interessengruppen und Industrie-

---

[371] Die Zentralstelle für private Überspielungsrechte (ZPÜ) wurde von den Verwertungsgesellschaften GEMA, GVL, VG WORT, GÜFA, GWFF, VG Bild-Kunst, VFF und VGF errichtet, § 1 Gesellschaftsvertrag der Zentralstelle für private Überspielungsrechte vom 10. Mai 1989, in: *Hillig*, Nr. 24 a).

[372] § 54h Abs. 2 UrhG.

[373] Der genaue Verteilungsschlüssel im *Audiobereich* lautet: GEMA 42 %, GVL 42 %, VG Wort 16 %; Inkassovertrag der Zentralstelle für private Überspielungsrechte vom 10. Mai 1989, Ziff. III Nr. 1, in: *Hillig*, Nr. 24 a).

[374] Im *Videobereich* lautet der Verteilungsschlüssel: GEMA 21 %, GVL 21 %, VG Wort. 8 %, GÜFA 1 %, VFF 8,33 %, VG Bild-Kunst 3,675 %, VGF und GWFF (zusammen für ausländische Filme) 21,56 %, VGF, GWFF un VG Bild-Kunst (zusammen für deutsche Filme) 14,21 %, VGF, GWFF und VG Bild-Kunst (zusammen für Dokumentarfilme) 1,225 %; Inkassovertrag der ZPÜ vom 10. Mai 1989, Ziff. III Nr. 2.

[375] I.d.R. bis zu 10 % der Einnahmen; vgl. auch § 8 UrhWG. Dazu *Melichar*, 22 IIC 47-60 (1991).

[376] Bericht der Bundesregierung vom 7.7.1989.

vertreter gescheitert, obwohl es bereits seit etwa zwei Jahrzehnten ernsthafte Bemühungen gibt, das Problem der Vervielfältigung von Ton- und Bildträgern bzw. Sendungen zum privaten Gebrauch in den Griff zu bekommen.

Bereits im Jahre 1977 plädierte der *Whitford Report* für eine gesetzliche Regelung nach deutschem Vorbild.[377] In ihrem *Green Paper* (Grünbuch) von 1981 entschied sich die britische Regierung jedoch gegen die Einführung einer Leerkassetten- und Geräteabgabe mit der Begündung, daß eine zufriedenstellende Lösung der Problematik dadurch nicht erwiesen sei.[378]

1985 wurde das Thema in einem neuen *Green Paper* nochmals ausführlich diskutiert; die Einführung einer Leerkassetten- und Geräteabgabe wurde vorgeschlagen und die interessierten Kreise zur Stellungnahme eingeladen.[379] Die Reaktionen auf diesen Vorschlag waren heftig und überwiegend negativ, da verschiedene Interessengruppen die generelle Einführung der Abgabe oder *levy* als ungerecht empfanden und als *rough justice* verurteilten. Die Argumente der Gegner waren vielschichtig: Erstens hieß es, daß durch die Abgabe auch die Vervielfältigung von Material betroffen würde, das nicht durch Copyright geschützt ist. Zweitens wurde gefordert, daß Blinde und andere Sehgeschädigte von der Abgabe ausgenommen werden (was vom *Green Paper* ja in der Tat vorgeschlagen worden war).[380] Drittens wurde darauf hingewiesen, daß insbesondere Video-Aufzeichnungen meist nur aus Gründen des *time shifting* angefertigt werden, d.h. um sie zeitverzögert zu einem passenderen Zeitpunkt abzuspielen. Viertens wehrten sich die Film- und Videoproduzenten prinzipiell gegen die Legitimität der privaten Vervielfältigung, ob mit oder ohne Abgabe. Fünftens äußerten sich schließlich auch die Hersteller und Importeure von Leerkassetten und Aufnahmegeräten gegen die Einführung eines gegen sie gerichteten Vergütungsanspruches.

Die britische Regierung überdachte die vorgebrachten Einwände und legte im Jahre 1986 ein *White Paper* (Weißbuch) vor, das den Argumenten der Gegner so weit wie möglich Rechnung zu tragen suchte. Im Ergebnis wurde das Modell

---

[377] *Whitford Report*, §§ 292-332.

[378] *Green Paper*, 1981, § 23.

[379] *Green Paper*, 1985.

[380] Diese benützen Kassetten und Aufnahmegeräte zur alltäglichen Kommunikation und nicht zur privaten Vervielfältigung im besprochenen Sinne.

einer Abgabe nur auf Audio-Leerkassetten (nicht jedoch Video-Leerkassetten und Aufnahmegeräte) vorgelegt, das für Blinde und andere Sehgeschädigte sowie für Organisationen, die nicht-geschütztes Material vervielfältigen, eine Rückvergütung vorsah. Der Vorschlag fand seinen Weg in die *Queen's Speech* vom 25. Juni 1987, in der das Regierungsprogramm für die im Oktober 1987 beginnende Legislaturperiode vorgestellt wurde. Doch aufgrund einer vehement geführten Kampagne der Blindenorganisationen und Leerkassettenhersteller überlegte es sich die britische Regierung noch einmal anders, so daß es schließlich nicht zu einer Verankerung der Audio-Leerkassettenabgabe im CDPA 1988 kam. Darüber hinaus - so wird berichtet[381] - soll die britische Regierung dem Druck der japanischen Industrie gewichen sein, die damit drohte, im Falle der Einführung der Leerkassettenvergütung ihre Investitionen in Unternehmen zur Herstellung von Fernsehgeräten im strukturschwachen Wales zu überdenken.

Damit wurde eine Aufforderung zur gesetzlichen Lösung der Problematik der privaten Vervielfältigung ignoriert, die vom *House of Lords* im *Amstrad*-Fall[382] im Mai 1988 ausgesprochen worden war: Das höchste Gericht des Landes bestätigte das Urteil des *Court of Appeal*, wonach der Hersteller eines Kassettenrecorders nicht für die von privaten Verbrauchern getätigten Vervielfältigungen verantwortlich gemacht werden kann.[383] Stattdessen wurde der Gesetzgeber zum Handeln aufgerufen; dieser tat jedoch nichts, was die Einführung einer Leerkassetten- und Gerätevergütung anbelangt.

Vielmehr legte der britische Gesetzgeber im CDPA eine Bestimmung nieder, wonach es verboten ist, die Mittel in Verkehr zu bringen oder feilzuhalten, die allein dazu bestimmt sind, die unerlaubte Beseitigung oder Umgehung technischer Kopierschutzmechanismen zu erleichtern.[384] Es scheint, daß man in Großbritannien nach einer technischen Lösung sucht, die das Problem der privaten Vervielfältigung zu lösen vermag, um weiteren Diskussionen über die Leerkassetten- und Geräteabgabe aus dem Wege zu gehen. Derartige technische Vor-

---

[381] *Kreile*, GRUR Int. 1992, 24-36 (28).

[382] *CBS Songs Ltd. v. Amstrad Consumer Electronics plc*, [1988] AC 1013 (HL). Der Rechtsstreit war bereits 1985 vor dem *High Court* und 1987 vor dem *Court of Appeal*.

[383] Es ist interessant, wie anders hier der deutsche Ansatz ist; oben Teil 3, Kapitel 3, Ziffer 1.2.1.

[384] Sec. 296(2) CDPA.

richtungen existieren wohl für digitale Anwendungen,[385] doch für analoge Systeme haben sich bisherige Versuchsprojekte als Flop erwiesen.[386]

Schließlich und endlich bleibt das Problem der privaten Vervielfältigung nach wie vor ungelöst. Die beschränkte Ausnahme, wonach Vervielfältigungen von Sendungen zu Zwecken des *time shifting* gestattet sind,[387] bietet wenig Trost, und technische Kopierschutzsysteme haben sich nicht durchgesetzt. Obwohl die private Vervielfältigung nach wie vor ein Gesetzesverstoß ist, wird das ausschließliche Vervielfältigungsrecht der Copyright-Inhaber von Audio- und Videoaufzeichnungen (wie es das *House of Lords* in Sachen *Amstrad* ausdrückte) jährlich millionenfach verletzt. Die Rechtsinhaber bleiben ohne jegliche Vergütung, während ihnen immense Verluste entstehen. Dahinter steht ein Regierungsmodell, das legitime Interessen von Urhebern und anderen Copyright-Inhabern opfert, wenn es dem *appeasement* dieser oder jener Lobby dient.

1.2.3. Problem: grenzüberschreitender Warenverkehr

Die Art und Weise, in der die Mitgliedstaaten der Gemeinschaft die Frage der Leerkassetten- und Geräteabgabe angehen, variiert sehr stark. Das Spektrum reicht nicht nur von Inaktivität bis zu Intervention der Legislative, denn auch in den EG-Mitgliedstaaten, in denen der Gesetzgeber eingeschritten ist, unterscheiden sich die Lösungsmodelle zum Teil ganz gravierend: Es gibt Belastungen unterschiedlicher Produkte (Leerkassetten und/oder Aufnahmegeräte im Audio- und/oder Video-Bereich), große Differenzen zwischen den Abgabesätzen,[388] verschiedene Zahlungssysteme,[389] Diskrepanzen hinsichtlich der Vergütungsverteilung unter den Rechtsinhabern und schließlich auch erhebliche Unterschiede im Hinblick auf den Anteil der Vergütungseinnahmen, der zu all-

---

[385] Z.B. das *Serial Copy Management System* (SCMS), das die Anfertigung nur einer einzigen Kopie ermöglicht.

[386] So auch *Faure*, 9 Cop.World 45-48 (46) (1990).

[387] Sec. 70 CDPA.

[388] Beispielsweise ist das Verhältnis zwischen dem niedrigsten und dem höchsten Vergütungssatz bei Audio-Leerkassetten etwa 1 : 7 (Griechenland : Dänemark) und bei Video-Leerkassetten etwa 1 : 5 (Deutschland : Dänemark). Dieses Verhältnis ist noch extremer, wenn man z.B. Großbritannien heranzieht, das überhaupt keine Vergütung erhebt.

[389] Z.B. ist auch der Großhändler nicht überall ins Zahlungssystem eingebunden.

gemeinen Zwecken genutzt wird.[390] Diese zum Teil extremen Divergenzen kommen vor allem dann zum Tragen, wenn es um den grenzüberschreitenden Verkehr von Leerkassetten und Aufnahmegeräten im Audio- und Video-Bereich innerhalb der Gemeinschaft geht. Sie führen zu Wettbewerbsverzerrungen und einer Behinderung des freien Warenverkehrs.

Seit dem 1.1.1993, dem Tag des vollständigen Wegfalls der EG-Binnengrenzen, ist eine Erfassung von Einfuhren aus anderen EG-Mitgliedstaaten (wie sie zuvor in manchen Mitgliedstaaten gang und gäbe war)[391] nicht mehr möglich. Aufgrund der erschwerten Kontrollmöglichkeiten ist die Gefahr von "Grauimporten" (d.h. Importen von Waren, auf die keine Abgabe bezahlt worden ist) heute erheblich gestiegen, insbesondere für EG-Mitgliedstaaten mit einem relativ hohen Abgabesatz. Grauimporte bewirken, daß Hersteller aus Mitgliedstaaten mit geringem oder gar keinem Abgabesatz ihre Waren in Mitgliedstaaten mit hohem Vergütungssatz zu niedrigeren Preisen als einheimische Hersteller verkaufen können, was erhebliche Wettbewerbsverzerrungen mit sich bringt. Versuche, im nationalen Alleingang Gegenmaßnahmen zu ergreifen und z.B. Händler der Zahlungspflicht sowie der Informationspflicht über Bezugsquellen zu unterstellen,[392] sind nur beschränkt befriedigend: Sie stellen nicht nur für die Händler, sondern auch für die mit der Vergütungseinziehung betrauten Gesellschaften einen erheblichen Arbeits- und Kostenaufwand dar, mit der Folge, daß den Rechtsinhabern letztlich weniger Geld zukommt.

Wettbewerbsverzerrungen sind im übrigen nicht nur unter den Herstellern, sondern auch unter den Rechtsinhabern zu beobachten, denn während einer Gruppe von Rechtsinhabern im einen EG-Mitgliedstaat ein hoher Vergütungsanteil zukommt, muß sich dieselbe Gruppe in anderen EG-Mitgliedstaaten mit einer geringen Vergütung zufriedengeben oder ganz auf diese verzichten. Angesichts der Tatsache, daß die Gesamtvergütung teilweise Millionenbeträge erreicht, können sich solche Unterschiede vor allem für kommerziell operierende Leistungsschutzberechtigte (d.h. Tonträger- und Filmproduzenten) als wettbewerbsverzerrend erweisen. Auch die Tatsache, daß Rechtsinhaber aus anderen

---

[390] Ausführlich *Davies/Hung*, S. 116-159 sowie *Dieselhorst*, GRUR Int. 1994, 788-798 (790 f).

[391] Z.B. stellte § 27 a I Nr. 2 der deutschen Außenwirtschaftsverordnung eine Einfuhrmeldepflicht für abgabebelastete Produkte auf.

[392] Vgl. § 54g Abs. 1 S. 2 UrhG, s. oben Teil 3, Kapitel 3, Ziffer 1.2.1.

EG-Mitgliedstaaten aufgrund des *Phil Collins*-Urteils des EuGH[393] über Art. 6 EGV ebenfalls in den Genuß eines national gewährten Vergütungsanspruches kommen, kann diese Ungleichbehandlung nicht ausgleichen. Vielmehr werden die nationalen Fronten dadurch noch verschärft, da ausländische Staatsangehörige bildlich gesehen vom "Kuchen" der eingenommenen Vergütung "essen" können, wodurch der Teil, der den inländischen Rechtsinhabern verbleibt, schrumpft; umgekehrt können letztere dagegen im Ausland unter Umständen nicht genauso profitieren, sondern müssen sich mit einem niedrigeren Vergütungssatz zufriedengeben oder ganz auf Vergütung verzichten, je nach dem, um welchen EG-Mitgliedstaat es sich handelt.

Im übrigen führt das Nebeneinander verschiedener nationaler Abgabepflichten in der EG zu einer Behinderung des grenzüberschreitenden Warenverkehrs im Hinblick auf Leerkassetten und Aufnahmegeräte. Zwar nehmen die bestehenden nationalen Abgabensysteme Exporte in andere Länder von der Vergütungspflicht aus, doch für Importeure bedeutet das Überschreiten der Landesgrenzen zusätzliche Kosten: Wenn z.B. Leerkassetten, auf die in einem EG-Mitgliedstaat vom Hersteller bereits eine Abgabe gezahlt wurde, von einem Importeur aus einem anderen EG-Mitgliedstaat gekauft werden, muß der Importeur beim Überschreiten der Landesgrenze eine zweite Abgabe zahlen und für diese gegebenenfalls unter Einsatz weiterer Verwaltungskosten Erstattung verlangen.[394] Die Vielfalt der nationalen Vergütungssysteme zieht daher unerwünschte künstliche Grenzen im Binnenmarkt nach sich.

1.2.4. Bisherige Aktivitäten der EG-Kommission

Auch mit dem Thema der privaten Vervielfältigung beschäftigt sich die EG-Kommission bereits seit etwa zwei Jahrzehnten. 1977 kündigte sie an, als Vergütung für die stetig zunehmende Zahl privater Vervielfältigungen eine Abgabe auf Leerkassetten und Aufnahmegeräte zu erheben.[395] 1982 bekräftigte sie die Notwendigkeit, Rechtsinhabern einen Ausgleich für den Schaden zu gewähren, der ihnen durch das Phänomen der privaten Vervielfältigung entsteht.[396] 1983

---

[393] Dazu oben Teil 3, Kapitel 2, Ziffer 6.3.2.

[394] *Dieselhorst*, GRUR Int. 1994, 788-798 (793).

[395] Die Aktion der Gemeinschaft im kulturellen Bereich, 1977, Ziff. 24.

[396] Verstärkung der Gemeinschaftsaktion im Bereich Kultur, 1982, Anhang II, Ziff. 3.

empfahl eine von der Kommission in Auftrag gegebene Studie zum Thema der privaten Vervielfältigung, gemeinschaftsweit eine Vergütungsabgabe auf Leerkassetten und Aufnahmegeräte einzuführen.[397] In ihrem Grünbuch zur technologischen Herausforderung von 1988 nahm die Kommission jedoch eine Kehrtwendung vor, als sie statuierte, daß eine Harmonisierung der nationalen Vorschriften über die Leerkassetten- und Geräteabgabe nicht erforderlich sei.[398] Nach einer Anhörung interessierter Kreise und nationaler Vertreter im Dezember 1988[399] revidierte die Kommission ihre Position jedoch und kündigte in ihrem Arbeitsprogramm die Ausarbeitung eines Richtlinienvorschlags an. Zwar wurde ein solcher bis Ende 1992 ausgearbeitet, doch entschied sich die Kommission dafür, ihn vorerst nicht dem Rat vorzulegen, um die laufenden GATT-Verhandlungen nicht zu gefährden.[400] Stattdessen leitete die Kommission eine erneute Konsultationsphase ein, indem sie im Herbst 1993 einen umfassenden Fragenkatalog vorlegte, der insbesondere auch das Thema Subsidiarität sowie die Frage des Handlungsbedarfes auf EG-Ebene zur Sprache brachte und zur Stellungnahme bis Ende November 1993 aufforderte.[401] Der Konsultationsprozeß überlagerte sich mit dem *Phil Collins*-Urteil, das der Kommission einen neuen Anstoß zum Tätigwerden gab. Der Handlungsdruck verstärkt sich im übrigen durch die zunehmende Digitalisierung, die dem Verbraucher den Zugriff auf Vervielfältigungen ermöglicht, die vom Original qualitativ nicht zu unterscheiden sind.[402] Kommissionsintern wird gegenwärtig an einem neuen Richtlinienvorschlag gearbeitet, mit dessen Vorlage (wenn alles nach Plan läuft) 1997 gerechnet werden kann.[403]

---

[397] *Davies*, Private Copying, Kap. 8, S. 149 ff.

[398] Grünbuch zur technologischen Herausforderung, 1988, Kapitel 3 und insbesondere Ziff. 3.12.

[399] Ergebnisprotokoll der Anhörung zur privaten Vervielfältigung, 1988.

[400] Insbesondere im Hinblick auf die von den USA als besonders brisant empfundene Frage der Behandlung von Rechtsinhabern aus Drittstaaten. Dazu unten Teil 3, Kapitel 3, Ziffer 1.2.5.

[401] Konsultationspapier zur privaten Vervielfältigung, 1993, insbes. Ziff. 3, 3.2 und 3.3.

[402] Siehe auch unten Teil 3, Kapitel 3, Ziffer 2.2.4.1.

[403] Siehe auch Europas Weg in die Informationsgesellschaft - Ein Aktionsplan, 1994, Punkt 5, S. 6.

1.2.5. Möglicher Richtlinienvorschlag

Als Hauptkompetenznorm für eine Richtlinie zur privaten Vervielfältigung kommt Art. 100a EGV in Betracht. Der Subsidiaritätsgrundsatz und das Verhältnismäßigkeitsprinzip werden bei den Schritten, die auf Gemeinschaftsebene im Hinblick auf die private Vervielfältigung unternommen werden, ganz obenan stehen. Die Regelungen, die Gegenstand einer möglichen Richtlinie werden sollen, müssen notwendig sein, um Wettbewerbsverzerrungen im Binnenmarkt zu eliminieren, um einen freien Warenverkehr zu garantieren und um für die Rechtsinhaber ein geeignetes Vergütungsniveau zu gewährleisten. Im folgenden werden die Punkte vorgestellt, die die Gemeinschaft bei der Ausarbeitung einer Richtlinie zur privaten Vervielfältigung ganz besonders beschäftigen werden.

Die Angleichung der erhobenen *Vergütungssätze* dürfte wohl zu den politisch am schwierigsten zu lösenden Fragen gehören. Die ideale Lösung wäre unter Wettbewerbsgesichtspunkten ein EG-weit einheitlich festgelegter Vergütungssatz, wohl auf durchschnittlichem Niveau. Sollte sich dies jedoch als politisch undurchsetzbar erweisen, könnte eine Kompromißformel in der Festlegung von Minimal- und Maximalabgabesätzen liegen; doch hierbei müßte ausgeschlossen werden, daß EG-Mitgliedstaaten mit höheren Vergütungssätzen auf Importe von EG-Mitgliedstaaten mit niedrigeren Sätzen eine zusätzliche Vergütungsabgabe erheben, denn dies stünde im Widerspruch zu dem Ziel, den freien Warenverkehr zu gewährleisten.

Was eine Entscheidung hinsichtlich der *belasteten Produkte* anbelangt, so dürfte dem Modell der Vorzug zu geben sein, das die Vergütung gleichermaßen auf Leerkassetten und Aufnahmegeräte erhebt. Dies würde in denjenigen EG-Mitgliedstaaten, welche die Abgabepflicht derzeit auf nur eines der beiden Produkte beschränken und eine relativ hohe Abgabe fordern, eine wesentliche Reduzierung der Abgabesätze ermöglichen - was wiederum der Angleichung der Vergütung auf mittlerem EG-Niveau dienen würde. Gleichermaßen scheint eine Anwendung der Abgabe sowohl auf den Audio- und den Video-Bereich als auch auf analoge und digitale Vervielfältigungssysteme geboten.

Was das *Zahlungssystem* betrifft, so stehen der Gemeinschaft hauptsächlich zwei verschiedene Modelle offen. - Das *erste Modell* knüpft an das gegenwärtige Zahlungssystem der Mehrzahl der EG-Mitgliedstaaten an, wonach *Hersteller und Importeure* für die Abgabe haften und wonach die Vergütung dort gezahlt wird, wo das Produkt jeweils erstmalig auf den Markt kommt (*place of origin*). Dieses System bewirkt, daß das Vergütungsvolumen der einzelnen Länder unmittelbar davon abhängt, ob in ihnen bedeutende Hersteller ansässig sind. Um demnach zu vermeiden, daß einige Länder (in denen es keine Hersteller gibt) überhaupt kein Vergütungsaufkommen aufweisen können und nationale Rechtsinhaber somit leer ausgehen, wird - ungeachtet des Binnenmarktes - auch der "Import" in andere EG-Mitgliedstaaten von der Abgabepflicht erfaßt. Ein solches Zahlungssystem schafft jedoch künstliche Grenzen für den Binnenmarkt. Die Lösung bestünde nach diesem Modell in Ausgleichszahlungen zwischen den nationalen Einziehungs- und Verteilungsgesellschaften. Die Ausgleichszahlungen würden die Überschüsse aus denjenigen Mitgliedstaaten, in denen mehr Leerkassetten und Aufnahmegeräte hergestellt bzw. eingeführt werden als private Vervielfältigungen vorgenommen werden, an andere Mitgliedstaaten überführen, in denen ungekehrt die Hersteller- und Importdichte geringer ist als das Ausmaß der privaten Vervielfältigungen. Der Nachteil dieses Ausgleichsmodelles besteht jedoch insbesondere im bürokratischen Aufwand, der mit der Ermittlung der Verkäufe von Leerkassetten und Aufnahmegeräten an die Verbraucher einhergeht, Verkäufen, von denen auf das Ausmaß der privaten Vervielfältigung geschlossen werden kann. - Das *zweite Modell* würde der Abgabepflicht der Hersteller und Importeure eine Absage erteilen und die Vergütung stattdessen in dem Land erheben, wo die private Vervielfältigung tatsächlich vorgenommen wird (*place of consumption*). Demnach wäre jeweils der *erste Käufer* der Leerkassetten und Aufnahmegeräte zur Vergütung verpflichtet,[404] und die Abgabe würde an die Einziehungsgesellschaft desjenigen EG-Mitgliedstaates entrichtet, wo das Produkt an den Verbraucher gelangt. Dadurch könnten Ausgleichszahlungen zwischen den Einziehungsgesellschaften der Mitgliedstaaten und die damit verbundenen Nachteile vermieden werden.[405] Insgesamt könnte dieses Modell zu bevorzugen sein.

Im Hinblick auf die *Verteilung der Vergütungseinnahmen* unter den Rechtsinhabern scheint unter wettbewerbsrechtlichen Gesichtspunkten ein einheitlicher Verteilungsschlüssel geboten; zumindest sollten jedoch Minimalsätze festgelegt werden, auf deren Grundlage die Vergütungen an die verschiedenen Gruppen von Berechtigten ausgezahlt werden müssen. Die *Nutzung von Vergütungsein-*

---

[404] Eine Verpflichtung des Einzelhändlers zur Zahlung der Vergütung scheint nicht geboten, da dies den Einzelhandel zu sehr belasten würde.

[405] Dazu ausführlich *Dieselhorst*, GRUR Int. 1994, 788-798 (795 ff).

nahmen für allgemeine Zwecke sollte den EG-Mitgliedstaaten zumindest bis zu einer gewissen Höchstgrenze gestattet werden. Daß es *Ausnahmen* zugunsten Seh- und Hörgeschädigter geben wird, dürfte unbestritten sein.

Die *Behandlung von Rechtsinhabern aus Drittstaaten* ist für Drittstaatsangehörige (insbesondere US-Amerikaner) wie auch für EU-Angehörige von ganz erheblicher Bedeutung.[406] Eine völlige Gleichstellung der Rechtsinhaber aus Drittstaaten würde einerseits bedeuten, daß der Großteil der Vergütungseinnahmen an amerikanische Rechtsinhaber fließt, da der Markt heute wesentlich von amerikanischen Video- und Musikproduktionen beherrscht wird. Andererseits würden Rechtsinhaber aus der Gemeinschaft umgekehrt kaum von Einnahmen aus den USA profitieren, weil europäische Produktionen auf dem amerikanischen Markt eine Randstellung einnehmen und weil die amerikanische Vergütungsabgabe erstens nur digitale und nicht analoge Produkte betrifft, zweitens nur für den Audio- und nicht den Videosektor erhoben wird und drittens sehr niedrig angesetzt ist.[407] Ob sich die Gemeinschaft (im Rahmen ihrer internationalen Verpflichtungen) für die Inländerbehandlung und gegen das Prinzip der Reziprozität entscheidet, wird sich auf politischer Ebene klären.

Insgesamt gesehen müßte sich ein politischer Kompromiß in bezug auf die Harmonisierung der privaten Vervielfältigung in der Gemeinschaft jedoch erzielen lassen, da das Problem in allen EG-Mitgliedstaaten zumindest erkannt, wenn auch nicht überall geregelt worden ist. Der beharrliche Widerstand der *pressure groups* aus Großbritannien, die sich im Interesse der Seh- und Hörgeschädigten gegen die Harmonisierungspläne der EG-Kommission stark machen, wird sich - so ist zu hoffen - im Sande verlaufen, da entsprechende Ausnahmen in einem Richtlinienvorschlag zu erwarten sind. - Schließlich wird man jedoch vor allem im digitalen Umfeld nicht umhin können, als auch technische Schutzsysteme zur Verhinderung privater Kopien einzusetzen.[408]

---

[406] Diese Frage erwies sich bei dem 1992 intern ausgearbeiteten Richtlinienvorschlag als wunder Punkt im Hinblick auf die GATT-Verhandlungen.

[407] *Audio Home Recording Act 1992.*

[408] Vgl. auch Grünbuch zur Informationsgesellschaft, 1995, Abschnitt IX.

2. Langfristige Pläne

Langfristig gesehen wird die Europäische Gemeinschaft die Herausforderungen bewältigen müssen, die sich ihr mit dem Beginn des digitalen Zeitalters stellen. Digitale Technologien sind dabei, die Fundamente des Urheberrechts in Frage zu stellen. Es gilt, die rechtliche Dimension der neuen Technologien frühzeitig auszuloten, denn Technik und Recht können den Weg in die Zukunft nur Hand in Hand beschreiten. Im folgenden wird die technische Dimension der digitalen Herausforderung kurz vorgestellt, bevor auf die rechtlichen Aspekte eingegangen wird.

2.1. Das ABC digitaler Technologie

Digitalisierung geschützter Werke und Leistungen bewirkt die Speicherung von Text, Klang, Bildern und Bildfolgen in einem binären Code, der aus Nullen und Einsen besteht. Durch digitale Technologie erhalten z.B. Buch, Musikkassette, Fotografie und Film (kurz, alle Werke und Leistungen) dasselbe Datenformat. Die bislang vorgenommene Zuordnung zu der einen oder anderen Werk- oder Leistungsart - je nach äußerem Erscheinungsbild - wird im digitalen Kontext bedeutungslos.

Digitale Technik ist eng mit dem Begriff *multimedia* verbunden, denn sie ermöglicht dem Benutzer, digital gespeicherte Werke und Leistungen miteinander zu kombinieren und ein neues Gesamtwerk zu schaffen.[409] Darüber hinaus können digitalisierte Werke und Leistungen ohne jeglichen Qualitätsverlust kopiert, beliebig verändert und weiterverbreitet werden.[410] Die Verbreitung kann in materieller Form geschehen (über *off-line*-Medien wie z.B. CD-ROM) oder in immaterieller Form über drahtgebundene oder drahtlose Netzstrukturen (d.h. *on-line* über Telefon- bzw. Glasfasernetze oder digital operierende Satelliten). *Vernetzung* ermöglicht wiederum die gegenseitige Übermittlung digitaler Daten und damit *Interaktivität*. Das in jüngster Zeit auf breiter Ebene

---

[409] Der Begriff *multimedia* ist insofern irreführend, als unterschiedliche Werke und Leistungen nunmehr in *ein und demselben Medium* verkörpert sind.

[410] Zu den Charakteristiken digitaler Technologie ausführlich z.B. *Samuelson*, 16 Rutgers Computer & Technolgy L.J. 323 (1990) und *Tournier*, in: WIPO Worldwide Symposium, Paris, 1994, S. 153-158.

bekannt gewordene *Internet* gibt hier nur einen Vorgeschmack von den Möglichkeiten der Zukunft.

Die *Infrastruktur* der künftigen europäischen Informationsgesellschaft wird aus "Transeuropäischen Informationsnetzen"[411] bestehen: Das herkömmliche analoge Telefonnetz soll kurzfristig durch das digitale ISDN-Fernmeldenetz ersetzt werden, über das nicht nur Sprache, sondern auch bewegte Bilder gesendet werden können; doch langfristig wird auf leistungsfähigere integrierte Breitbandnetze[412] hingearbeitet, die die *multimedia*-Welt zur Realität werden lassen.[413] Daneben sollen auch mobile Kommunikationssysteme und die Satellitenkommunikation gefördert werden.[414]

Die Schaffung der Informationsinfrastruktur soll den *Gesetzmäßigkeiten des Marktes* unterliegen, weshalb die Förderung eines gesunden Wettbewerbs, die Liberalisierung insbesondere des Telekommunikationssektors, die Schaffung einer "kritischen" Nachfragemasse durch Aufklärung über die Chancen der neuen Technologien sowie die Senkung der Gebühren für den Verbraucher höchste Priorität haben. Gleichzeitig soll ein einheitlicher ordnungspolitischer Rahmen geschaffen werden, in dem sich die vielfältigen (doch untereinander interoperablen) Vernetzungsarten zu einem nahtlosen Netzverbund globaler Dimensionen zusammenfinden.[415]

Doch nicht nur im Makrobereich, auch im *Mikrobereich* ist das Fortschrittspotential der digitalen Technologie immens: Die Vielfalt der auf dem Medienmarkt angebotenen materiellen Datenträger wird immer größer - angefangen von der CD (*compact disc*), der CD-ROM (*compact disc read only memory*) und der CD-I (*interactive compact disc*) bis hin zum digitalen Audioband (DAT), zur Laserdisc mit digitalem Ton, zur digitalen *compact cassette* (DCC), zur laserabgetasteten und wiederbespielbaren *mini-disc* (MD) und schließlich auch zu wiederbespielbaren Anwendungen wie der CD-R und dem CD-Video. Die Kapa-

---

411 *Transeuropean Networks* (TEN). Vgl. das US-amerikanische Modell einer *National Information Infrastructure* (NII), dazu oben Teil 3, Kapitel 1, Ziffer 3.1.

412 *Integrated Broadband Communications* (IBC), die auf asynchroner Übertragung beruhen (ATM - *asynchronous transfer mode*).

413 Europa u. die globale Informationsgesellschaft - Bangemann-Bericht, 1994, S. 21 f.

414 Europas Weg in die Informationsgesellschaft - Ein Aktionsplan, 1994, Punkt II 1, S. 8 f.

415 Europa u. die globale Informationsgesellschaft - Bangemann-Bericht, 1994, S. 12 ff.

zität der Speichermedien nimmt unaufhaltsam zu,[416] was durch Datenkompression noch zusätzlich gefördert wird,[417] die Zugriffszeiten auf Daten verringern sich und deren Übertragungsgeschwindigkeit wird laufend verbessert.[418]

Die *Konturen zukünftiger digitaler Dienstleistungen* sind bereits jetzt zu erkennen: *pay TV*, *pay per view*, *pay per channel*, *video / music on demand*, Spartenfernsehen, interaktives Fernsehen, elektronische Tageszeitung, *E-mail*, *tele-banking*, *tele-shopping*, *tele*-Arbeit, medizinische Ferndiagnose oder *medline* - all dies und mehr wird in der Informationsgesellschaft zum "täglichen Brot" gehören.[419] Schließlich werden auch die bislang etablierten Grenzen zwischen *information*, *entertainment* und *education* verschwimmen, wenn sich "*infotainment*" und "*edutainment*" entwickeln.

Zweifellos werden einige dieser futuristisch anklingenden Anwendungen noch einige Zeit auf sich warten lassen. Bevor die Informationsgesellschaft Realität werden kann, bedürfen die technologischen Möglichkeiten einer umfassenden Entwicklung, und die Verheißung großer wirtschaftlichen Wachstums muß die anfänglich immense Investitionslast wettmachen. Überaus wichtig ist es jedoch, einen geeigneten rechtlichen Rahmen zu schaffen, der sowohl der technischen als auch der wirtschaftlichen Dimension des digitalen Zeitalters gerecht wird und entsprechende Rahmenbedingungen schafft, damit es eine "schöne neue Welt" wird, der wir entgegengehen.

2.2. Rechtliche Rahmenbedingungen

Wie der rechtliche Rahmen aussehen soll, der die digitale Technologie in die Zukunft begleiten soll, ist Gegenstand vielfältiger Untersuchungen auf allen Ebenen wissenschaftlicher Analyse.

---

[416] Speicherkapazität wird im Fachjargon als *mega byte* (MB) bezeichnet. Die bislang in MB ausgedrückte Speicherkapazität von PCs wird bald wohl in *giga byte* (GB) zu berechnen sein.

[417] Datenkompression ermöglicht eine Erhöhung der Speicherkapazität, doch gleichzeitig bringt sie derzeit noch einen Qualitätsverlust mit sich.

[418] Zum Ausmaß des technologischen Quantensprungs ausführlich *Becker*, ZUM 1995, 231-249.

[419] S. auch Europa und die globale Informationsgesellschaft - Bangemann-Bericht, 1994, S. 25-29.

Ein Diktum von Nicholas Negroponte, dem "Guru" digitaler Technologie vom berühmten *Massachusetts Institute of Technology* (MIT), gibt Anlaß zum ernsthaften Nachdenken und dient als Ausgangspunkt der Diskussion über Urheberrecht und Leistungsschutzrechte bzw. *Copyright Law* im digitalen Zeitalter.

> "*Copyright law is totally out of date. It is a Gutenberg artifact. Since it is a reactive process, it will probably have to break down completely before it is corrected.*"[420]

Es stellt sich die Frage, ob es wirklich zum totalen Zusammenbruch des Urheberrechts und der Leistungsschutzrechte bzw. des *Copyright Law* kommen muß, oder ob der tiefgreifende Wandel, dem sich dieses Rechtsgebiet im nächsten Jahrtausend zwangsläufig unterziehen muß, nicht bereits zum gegenwärtigen Zeitpunkt aktiv gesteuert werden kann. *Daß* sich diese Rechtsmaterie an den digitalen Kontext anpassen muß, dürfte unbestritten sein, denn ihre Grundbegriffe wurden im wesentlichen anhand des Buchdrucks gewonnen und sind durch das Aufkommen von Tonträger, Film und Rundfunk nur beschränkt erweitert worden. *Wie* diese Anpassung aussehen könnte, kann gegenwärtig noch nicht definitiv beantwortet werden, da die technische Entwicklung selbst alles andere als abgeschlossen ist und wohl noch einige Überraschungen bereithält. Dennoch zeichnet sich ein Großteil der bevorstehenden technologischen Entwicklungen bereits jetzt in Umrissen so deutlich ab, daß es (im Gegensatz zur bisherigen geschichtlichen Entwicklung[421]) nunmehr nicht gerechtfertigt erscheint, das Recht der Technik weit hinterherhinken zu lassen. Es scheint, daß sich anhand der zum jetzigen Zeitpunkt bekannten Parameter zumindest die Problemzonen offenbaren, die einer rechtlichen Lösung bedürfen bzw. aufs Neue überdacht werden müssen.[422]

---

420 *Negroponte*, Ch. 4, S. 58.

421 Geschichtlich gesehen ist das Urheberrecht weithin ein Prozeß rechtlicher Reaktionen auf die Herausforderungen der Technik, *Schricker (Schricker)*, Einleitung, Rdnr. 1.

422 Abgesehen von rein urheberrechtlichen Gesichtspunkten hat ein der digitalen Technologie gerecht werdender Rechtsrahmen natürlich auch weitergehende Fragen zu regeln, z.B. den Schutz der Privatsphäre, die Verschlüsselung von Daten und die Informationssicherheit.

2.2.1. Handlungsbedarf auf Gemeinschaftsebene

Zuallererst scheint es in diesem Zusammenhang geboten, auf das intensive Interesse einzugehen, das die EG-Kommission an den neuen Technologien bekundet hat.[423]

Die Chancen und Risiken digitaler Technologie liegen in entscheidendem Maße in ihrer grenzüberschreitenden Dimension. Vernetzung ist es, was Individuen und Unternehmen in der ganzen Gemeinschaft, ja weltweit, miteinander verbindet und ihnen auf digitalem Wege interaktive Kommunikation auf *multimedia*-Basis ermöglicht. Angesichts der grenzüberschreitenden Natur der neuen Dienstleistungen fühlt sich die EG-Kommission auf den Plan gerufen, da sie divergierende einzelstaatliche Reaktionen auf das neue Umfeld befürchtet, die zu einer Zersplitterung des Binnenmarktes und insbesondere zu Wettbewerbsverzerrungen und einer Beeinträchtigung des freien Dienstleistungsverkehrs führen können.[424] Die Kommission hat angekündigt, über eventuelle gesetzliche Regelungsmaßnahmen, die im nationalen Alleingang vorgenommen werden, aufmerksam zu wachen, damit die Einheitlichkeit eines künftigen ordnungspolitischen Rahmens auf Gemeinschaftsebene gewährleistet werden kann.[425] Gleichermaßen engagiert sie sich auch auf internationaler Ebene - sei es im Rahmen der WIPO, sei es in Konsultierung mit anderen Hauptakteuren im Digitalbereich, insbesondere den USA und Japan - einen globalen Rahmen zu schaffen, in dem sich die neuen Technologien geordnet entfalten können.[426]

Das digitale Umfeld stellt die *Droit d'auteur*- und die *Copyright*-Nationen in der Europäischen Gemeinschaft vor dieselben Herausforderungen. Um das Ideal eines EG-weit und global ungehinderten Flusses von Informationen und geschütztem Material zu gewährleisten, ist es unerläßlich, daß die entsprechenden rechtlichen Rahmenbedingungen in den einzelnen Ländern - unabhängig von ihrer Zugehörigkeit zum einen oder anderen System - einheitlich sind. Langfristig gesehen wird sich die Notwendigkeit abgestimmter Rechtsnormen im Hin-

---

[423] Dazu auch oben Teil 3, Kapitel 1, Ziffer 2.3.

[424] Grünbuch zur Informationsgesellschaft, 1995, Erstes Kap., Ziff. 88, S. 32 f; die Bestimmungen über den freien Warenverkehr kommen nach Ansicht der Kommission weniger in Betracht, da der Austausch in der Informationsgesellschaft vorwiegend *immaterielle Form* annehmen wird, Ziff. 77, S. 29 f.

[425] Grünbuch zur Informationsgesellschaft, 1995, Erstes Kap., Ziff. 88, S. 32 f.

[426] Dazu auch oben Teil 3, Kapitel 1, Ziffern 3.1. und 3.3.

blick auf die Verwirklichung der Informationsgesellschaft wohl als der entscheidende Faktor für eine Annäherung der beiden Systeme, *Common Law copyright* und *Droit d'auteur*, erweisen. Der Gemeinschaft und insbesondere der Kommission fällt dabei die wichtige Aufgabe zu, die Details eines "digitalgerechten" Rechtsrahmens zu eruieren, einzelstaatliche Gesetzgebungsinitiativen zu koordinieren und international auf eine entsprechende Abstimmung hinzuarbeiten.

Im folgenden wird auf diejenigen Themen eingegangen, die sich angesichts der digitalen Herausforderung einem Wandel unterziehen und die ein Umdenken erforderlich machen. Vier Themenbereiche stehen hier im Vordergrund: erstens die traditionellen Grundbegriffe "Werk/Leistung" und "Urheber", zweitens das Rechtemanagement, drittens die Definition verschiedener Rechte und viertens die Frage, inwieweit herkömmliche Rechtsgrundsätze auf die neuen Dienstleistungen Anwendung finden können.

2.2.2. Der Wandel traditioneller Grundbegriffe

Digitale Technologien verändern nicht nur die Wirklichkeit, wie wir sie kennen, sondern unterwerfen auch etablierte urheberrechtliche Grundbegriffe wie "Urheber", "Werk" und "Leistung" einem tiefgreifenden Wandel. Die Fragen, die sich in diesem Zusammenhang auftun, sind vielschichtig und komplex; konkrete Antworten werden sich wohl erst im Laufe der fortschreitenden Entwicklung ergeben.

2.2.2.1. Werke und Leistungen

Digitalisierung stellt die traditionellen Begriffe "Werk" und "Leistung" vor fundamentale Herausforderungen, und das Phänomen *multimedia* verlangt nach rechtlicher Klassifizierung im Sinne der traditionellen Werk- und Leistungskategorien.

Durch Digitalisierung werden zum einen die Grenzen von Werk bzw. Leistung an sich verschwimmen: Wenn beispielsweise ein bislang als Einheit erscheinendes Werk in einer Vielzahl kleiner Informationseinheiten gespeichert werden kann, können diese von einem Nutzer, der Zugang zum digitalen Format hat, per Computer faktisch als Werkteile abgefragt werden, auch wenn sie vom Urheber nicht als solche konzipiert wurden. Die durch digitale Technologie erweiterten Zugriffsmöglichkeiten bieten dem Nutzer neue wirtschaftliche Verwertungschancen, stellen aus Sicht des Urhebers jedoch Schutzlücken dar, die es zu schließen gilt. Das *sampling* verdeutlicht, daß es mit geringem technischen Aufwand möglich ist, kleinste digital fixierte Tonfrequenzen aus einer Musikaufnahme herauszufiltern und aus den Versatzstücken eigene Musikstücke "zusammenzuschustern", die wiederum gewinnbringend vermarktet werden können.[427] Einzelne Informationseinheiten digital gespeicherter Werke und Leistungen, die auf den ersten Blick kaum schützenswert erscheinen und das Originalitätskriterium alleine nicht erfüllen würden, können also kombiniert werden und sich in dieser Form als äußerst lukrativ erweisen. Damit wird der Ruf nach Investitionsschutz und Schutz einzelner Informationseinheiten, die potentiell kommerziellen Wert haben, immer lauter werden. Gleichzeitig taucht jedoch die Frage auf, wo die Grenze zwischen geschütztem Material und ungeschützter Information zu ziehen ist, an deren freier Verfügbarkeit ein gesellschaftliches Interesse besteht. Darüber hinaus fragt sich, wie klein die Einheiten sein können, die rechtlichen Schutz erfahren sollen. Schließlich hat die Definition der schutzfähigen "Einheit" weitgehende Konsequenzen für Fragen der Rechtsverletzung, der Originalität und letztlich auch der Urheberschaft bzw. Rechtsinhaberschaft.[428]

Zum anderen wird es zunehmend schwieriger werden, einzelne Werk- oder Leistungsarten voneinander abzugrenzen, da Digitalisierung die Darstellung in ein und demselben Datenformat bewirkt, gleich, um welche der bislang nach ihrem äußeren Erscheinungsbild kategorisierten Werke und Leistungen es sich handelt. Damit wird beispielsweise auch die Entscheidung darüber, welcher Werkart ein digitalisiertes Werk im Einzelfall angehört, schwerer fallen. Ein anschauliches Beispiel, das sich in der Literatur diesbezüglich findet, ist die Problematik, ob eine digital abgespeicherte Fotografie aus urheberrechtlicher

[427] Zum *sampling* z.B. *Falstrom*, 45 Hastings L.J. 359-381 (1994); *Hoeren*, GRUR 1989, 11-16; *Köhn*, ZUM 1994, 278-288; *Schulze, G.*, ZUM 1994, 15-24; *Spieß*, ZUM 1991, 524-535; *Spurgeon*, 26/1 Cop.Bull. 7-19 (1992).

[428] Vgl. auch *Dreier*, in: WIPO Worldwide Symposium, Harvard, 1993, S. 187-204 (191). Zum Wandel von Werkbegriff und Originalität im digitalen Zeitalter auch *Cornish*, in: WIPO Worldwide Symposium, Paris, 1994, S. 81-87 sowie *Vivant*, in: WIPO Worldwide Symposium, Paris, 1994, S. 69-79.

Sicht als Fotografie, als Datenbank oder als Computerprogramm anzusehen ist.[429]

In bezug auf das Thema *multimedia* stellt sich die Frage, welchen rechtlichen Status die neuen Errungenschaften des digitalen Zeitalters einnehmen werden. Wird die *multimedia*-Anwendung als solches oder nur als Summe der darin verkörperten Werke und Leistungen geschützt werden?[430] Entscheidet man sich für letztere Möglichkeit, so ist zu bedenken, daß ein Vorgehen gegen gewerbliches "Schmarotzen" im Sinne unerlaubter Vervielfältigung damit enorm erschwert würde. Ebenso könnten sich im Hinblick auf die Verwertung der *multimedia*-Anwendung erhebliche Probleme ergeben, denn unterschiedliche Rechte und Schrankenbestimmungen hinsichtlich der einzelnen Bestandteile der Anwendung würden das Rechtemanagement des Gesamtproduktes extrem komplizieren.

2.2.2.2. Urheber

Digitalisierung und Vernetzung bringen auch einschneidende Veränderungen für das Konzept der Urheberschaft mit sich.

Zunächst wird das Schaffen des Urhebers durch den zunehmenden Einsatz des Computers bei der Erstellung von Werken weniger persönlichkeitsgeprägt und unter Umständen weniger schöpferisch-kreativ. Je mehr der Computer bei der eigentlichen Schöpfung des Werkes eingesetzt wird und je weniger er lediglich der Ausführung einer vom Urheber gefaßten Vorstellung dient, desto mehr verlagert sich die Logik des Urheberrechtsschutzes von der Person des Urhebers auf das Unternehmen, das die Investitionslast trägt.

Überdies wird das Schaffen des Urhebers in einem Umfeld, das von den Gegebenheiten eines digitalen Netzwerkes bestimmt ist, immer mehr auf bereits existierendem, geschütztem Material basieren und weniger auf ungeschützten Ideen und Informationen. Schließlich liegt die große Faszination der neuen Netz-Technologien gerade darin, mit Hilfe der *mouse* durch eine bloße Fingerbe-

---

[429] Vgl. *Dreier*, GRUR Int. 1993, 742-747 (744) und 24 IIC 481-490 (1993) (485) sowie in: *Becker/Dreier* (Hrsg.), S. 123-153 (140).

[430] *Koch*, GRUR Int. 1995, 459-469, will *multimedia*-Anwendungen dem Urheberrechtsschutz für Computerprogramme zuordnen.

wegung eine Vielzahl von Werken und Leistungen aus allen Ecken der Welt auf den häuslichen Computerbildschirm rufen zu können, die dann beliebig verändert und zu neuen Kreationen verarbeitet werden können. Damit wird jedoch gleichzeitig die traditionelle Dichotomie von "Urheber" und "Nutzer" in Frage gestellt. - Darüber hinaus bewirkt das Phänomen der Vernetzung, indem es einer Vielzahl von Individuen das gemeinsame Schaffen über Grenzen hinweg ermöglicht, daß diese Individuen nicht als "Urheber", sondern als "Miturheber" qualifiziert werden, die die Rechte am Endprodukt gemeinsam besitzen. Für spätere Bearbeitungen muß daher die Zustimmung aller Rechtsinhaber eingeholt werden, weshalb der Ruf nach zentralem Rechte-*clearing* immer vernehmbarer wird.[431] Damit wäre das nächste Thema angesprochen.

2.2.3. Der Wandel des Rechtemanagement

Die neuen Technologien verlangen nach effizientem Rechtemanagement, wenn Urheber, Produzenten und Nutzer digitaler Erzeugnisse von den veränderten Möglichkeiten des Werkschaffens, der Werkverwertung und der Werknutzung umfassend profitieren sollen. Die Problematik der Rechteverwaltung soll im folgenden unter zwei sich gegenseitig ergänzenden Aspekten untersucht werden. Zum einen geht es um die *upstream-Dimension*, d.h. die Beziehung zwischen dem Urheber bzw. Leistungsschutzberechtigten und dem Produzenten eines digitalen Erzeugnisses im Hinblick auf die Lizenzierung geschützter Werke und Leistungen zur Herstellung und Verbreitung digitaler Produkte. Zum anderen wird die *downstream-Dimension*, d.h. das Verhältnis von Produzent und Nutzer im Lichte der Lizenzierung nachfolgender Nutzungen, einer genaueren Betrachtung unterzogen.

2.2.3.1. Die *upstream*-Dimension: Urheber bzw. Leistungsschutzberechtigter - Produzent

Die Herstellung von *multimedia*-Produkten stellt deren Produzenten vor die schwierige, kostenintensive und zeitraubende Aufgabe, sämtliche Rechte an jedem einzelnen der (im Bereich *multimedia* besonders zahlreichen) Bestandteile

---

[431] Dazu auch *Dreier*, in: WIPO Worldwide Symposium, Paris, 1994, S. 51-59; *ders.*, 26 IIC 989-999 (1995); *Jaszi*, in: WIPO Worldwide Symposium, Paris, 1994, S. 61-68.

der zu schaffenden Anwendung von den jeweiligen Rechtsinhabern zu erwerben. Das Problem besteht darin, daß alle der in großer Zahl vorhandenen Rechtsinhaber aufgespürt werden müssen und daß dann u.U. in langwierigen Einzelverhandlungen Lizenzgebühren und Lizenzbedingungen für Verwertungen in digitaler Form vereinbart werden müssen, deren Strukturen vielleicht nur in Ansätzen erkennbar sind.[432] Kann nur ein einziger Rechtsinhaber nicht ermittelt oder nur eine einzige Lizenz nicht erworben werden, so kann dies bedeuten, daß die Verbreitung des *multimedia*-Produktes nicht legal erfolgen kann.

Es gilt daher, den Rechteerwerb im Hinblick auf die Herstellung und Verbreitung von *multimedia*-Produkten zu vereinfachen. Die Möglichkeit der Einführung von Zwangslizenzen zugunsten der *multimedia*-Produzenten wird nicht ernsthaft erwogen.[433] Vielmehr wird im allgemeinen von einer *zentralen Anlaufstelle für das Rechte-clearing* gesprochen,[434] die etwa durch eine von den Verwertungsgesellschaften geschaffene gemeinsame Organisations- oder Kooperationsstruktur zustande kommen könnte.[435] Den Aufbau eines solchen zentralen Systems möchte die EG-Kommission zum gegenwärtigen Zeitpunkt nicht in die Hand nehmen, vielmehr gedenkt sie lediglich sicherzustellen, daß bei diesbezüglichen Aktivitäten auf zwischenstaatlicher Ebene gemeinschaftliche Grundsätze gewahrt werden.[436] Was die Funktionsweise einer solchen *clearing*-Stelle angeht, so würde sie mittels einer Datenbank enormer Ausmaße auf Abruf durch den *multimedia*-Produzenten umfassende Informationen zur Verfügung stellen, nämlich über möglichst alle Werke und Leistungen sowie über die daran bestehenden Rechte, die Rechtsinhaber und die Lizenzbedingungen, zu denen die Rechtsinhaber zur Lizenzierung bereit sind.[437] Ein solches *clearing house* würde dann entweder nach dem Modell des *one-stop shopping* im Namen des

---

[432] Unter diesen Umständen könnte sich die Neuschaffung des für die digitale Anwendung benötigten Materials für den Produzenten als erheblich kostengünstiger erweisen.

[433] Zu den Gründen z.B. Grünbuch zur Informationsgesellschaft, 1995, Zweites Kap., Abschn. VIII, S. 72 und 75; *Sherwood-Edwards*, [1995] 1 ENT.LR 3-6 (5 f).

[434] Vgl. z.B. *Dreier*, in: *Becker/Dreier* (Hrsg.), S. 123-153 (142 ff); s. auch *Kitagawa*, in: WIPO Worldwide Symposium, Harvard, 1993, S. 139-147.

[435] Zu den Herausforderungen, die sich den Verwertungsgesellschaften in Zukunft stellen werden, z.B. *Karnell*, GRUR Int. 1991, 583-592; *Vogel*, in: *Schricker/Bastian/Dietz* (Hrsg.), S. 79-86; *Pfeifer*, in: *Schricker/Bastian/Dietz* (Hrsg.), S. 87-123 (114 ff, 120).

[436] Grünbuch zur Informationsgesellschaft, 1995, Zweites Kap., Abschn. VIII, S. 78.

[437] Dies ist dem *Rapid Clearance Service* des britischen *Copyright Licensing Agency* (CLARCS) sowie dem *Copyright Clearance Center* (CCC) in den USA vergleichbar, die sich allerdings nur mit der Erteilung von Fotokopier-Erlaubnissen befassen.

jeweiligen Rechtsinhabers mit dem *multimedia*-Produzenten direkt einen Lizenzvertrag schließen oder die Lizenzanfrage gegebenenfalls an den individuellen Rechtsinhaber weiterleiten. In diesem Zusammenhang soll jedoch betont werden, daß hinsichtlich der Vergabe von Rechten zur Verwertung in digitaler Form neben der zentralisierten auch für die individuelle sowie die kollektive Rechtewahrnehmung Raum bleiben sollte.

Digitale Verwertung ist darüber hinaus eng mit *urhebervertragsrechtlichen Fragen* über den Umfang der in der Vergangenheit übertragenen Rechte verbunden. Hier macht sich die Dichotomie zwischen kontinentaleuropäischem Urheberrechtsdenken deutscher Prägung und *Common Law copyright* britischer Manier bemerkbar. Im Urheberrecht kann sich aufgrund der urheberschützenden Vorschriften des § 31 Abs. 5 UrhG[438] und des § 31 Abs. 4 UrhG[439] bei Altverträgen die Notwendigkeit zur Nachlizenzierung im Hinblick auf die Nutzung von Werken und Leistungen in digitaler Form ergeben. Der Produzent kann die digitale Verwertung gegen entsprechende Nachvergütung nicht im Alleingang vornehmen, sondern ist vielmehr gezwungen, vom Urheber bzw. Leistungsschutzberechtigten die dafür erforderliche Genehmigung einzuholen. Im *Copyright Law* sind bei einer Übertragung (und u.U. auch bei einer Lizenzierung) des Copyright gegen eine Pauschalgebühr dagegen sämtliche Rechte betroffen, die das Copyright beinhaltet;[440] der Produzent kann damit auch eine Verwertung im digitalen Format ohne weiteres vornehmen, ohne den Urheber hierzu befragen oder dafür entschädigen zu müssen.

Die digitale Verwertung von Werken und Leistungen wird auch das *Urheberpersönlichkeitsrecht* des Urhebers im Hinblick auf die Beziehung zum Produzenten zunehmend in den Vordergrund drängen - besonders, wenn es um eine Angleichung von *Copyright*- und *Droit d'auteur*-Systemen geht. In bezug auf das *Namensnennungsrecht* dürfte vor allem die im britischen Recht vertretene Notwendigkeit seiner ausdrücklichen Geltendmachung Zündstoff liefern. Im übrigen sollten sich jedoch auch bei *multimedia*-Produkten hinsichtlich der großen Zahl von Urheberbenennungen keine großen Probleme ergeben, da der damit verbundene technische Aufwand durch digitale Speicherung von Urhebernamen

---

[438] Zur Zweckübertragungstheorie oben Teil 2, Kapitel 3, Ziffer. 2.1.5.1.

[439] Zur Unwirksamkeit der Einräumung von Nutzungsrechten für noch nicht bekannte Nutzungsarten oben Teil 2, Kapitel 3, Ziffer 2.1.3.1.

[440] Dazu oben Teil 2, Kapitel 3, Ziffern 2.1.1.2. und 2.1.5.2.

relativ gering ist. Großes Konfliktpotential dürfte insbesondere beim *Werkintegritätsrecht* und der Frage entstehen, ob und in welchen Grenzen der (im britischen Recht durchaus legitime und von Produzenten regelmäßig zur Vertragsbedingung erhobene) Vorausverzicht auf dieses Recht möglich sein soll. Digitalisierung und Einspeisung ins Netz können nämlich bestimmte Veränderungen notwendig machen - wie etwa Synchronisieren, Untertitelung oder Umformatierung, um nur einige Beispiele zu nennen - Veränderungen, die sich Produzenten am liebsten vorbehalten würden, ohne in jedem Einzelfall eigens die Genehmigung des Urhebers einholen zu müssen.[441]

2.2.3.2. Die *downstream*-Dimension: Produzent - Nutzer

Ein effektives Rechtemanagement ist im digitalen Kontext auch für die Beziehung zwischen Produzent und Nutzer erforderlich, denn nur so können die Rechte der jeweiligen Rechtsinhaber durchgesetzt und gewahrt werden. Moderne Technologie wird wohl auch hier die Antwort auf viele im digitalen Umfeld entstehende Fragen liefern.

Damit sind *automatische Verwaltungssysteme* angesprochen, die entweder einzelne Nutzungen durch digitale Markierung und Identifizierung geschützten Materials genauestens registrieren und abrechnen können oder die den Zugang zu geschütztem Material anhand entschlüsselbarer Sperren (*access codes* oder *access keys*) gegen entsprechende Zahlung vorsehen.[442] Den Möglichkeiten des elektronischen Management sind hier kaum Grenzen gesetzt, denn die digitalen Systeme lassen sich (zumindest theoretisch) so weit ausbauen, daß sich ein potentieller Nutzer mit Hilfe des häuslichen Computers (PC) und gegebenenfalls entsprechender *smart cards*[443] über flächendeckende Netzstrukturen hinweg Zugang zu bedienungsfreundlichen Katalogen geschützter Werke und Leistungen

---

[441] Vgl. auch Grünbuch zur Informationsgesellschaft, 1995, Zweites Kap., Abschn. VII; *Gendreau*, [1995] 6 ENT.LR 214-220; s. auch oben Teil 3, Kapitel 2, Ziffer 5.

[442] Siehe auch Grünbuch zur Informationsgesellschaft, 1995, Zweites Kap., Abschn. IX, S. 80 f und das darin erwähnte, im Rahmen des ESPRIT-Programmes finanzierte Projekt CITED (*Copyright in Transmitted Electronic Documents*), das nunmehr in Pilotprojekten wie COPICAT (*Copyright Ownership Protection in Computer Assisted Technology*) getestet werden soll.

[443] Wie man sie vom bargeldlosen Telefonieren her kennt.

verschaffen kann, die gegen direkte elektronische Belastung seines Bankkontos eine Nutzung des gewünschten Materials ermöglichen.[444]

Solche Systeme, die auf der *Undurchdringbarkeit von Verschlüsselungstechniken* oder *encryption mechanisms* beruhen, können den Schutz von Werken und Leistungen jedoch nur dann gewährleisten, wenn sie gegen unbefugte Nutzung durch Dekodierungs- und Entschlüsselungsaktivitäten professioneller Hacker gefeit sind. Eine Verschlüsselung möglichst kleiner Einheiten sowie das häufige Wechseln von Paßwörtern wird den diesbezüglich zur Umgehung erforderlichen Aufwand wirtschaftlich unrentabel machen.[445] Gleichzeitig wird hier jedoch das Recht der Technik unter die Arme greifen müssen, indem Schutz gegen die unerlaubte Beseitigung oder Umgehung technischer Schutzmechanismen und Sperrvorrichtungen gewährt wird.[446]

Darüber hinaus sind auch *technische Schutzmechanismen* essentiell, die die Rechtsinhaber gegen die von Nutzern in der Privatsphäre vorgenommenen digitalen Vervielfältigungen zu schützen vermögen. Das in den USA etablierte *Serial Copyright Management System* oder SCMS, das Nutzern nur die Anfertigung einer einzigen Kopie ermöglicht, ist hier richtungsweisend.[447]

Schließlich ist auch das *Urheberpersönlichkeitsrecht* gerade im Hinblick auf Werknutzungen, die in geringerer Kontrollnähe des Urhebers stattfinden als die Nutzung bei der Herstellung einer digitalen Anwendung, besonderen Gefahren ausgesetzt.[448] Mit zunehmender Entwicklung interaktiver Technologien und steigender Vernetzung werden immer umfangreichere Manipulationen an Werken und Leistungen durch einen sich immer mehr erweiternden Personenkreis möglich. Dies drängt die potentielle Bedeutung des Werkintegritätsrechtes zu-

---

[444] S. die Berichte von *Clark*, in: WIPO Worldwide Symposium, Harvard, 1993, S. 55-61 sowie von *Messinger*, in: WIPO Worldwide Symposium, Harvard, 1993, S. 149-155.

[445] So auch *Dreier*, in: *Becker/Dreier* (Hrsg.), S. 123-153 (151).

[446] Das britische Recht hat diesbezüglich in Sec. 296 CDPA eine umfassende Bestimmung verankert, die es untersagt, Mittel in Verkehr zu bringen oder feilzuhalten, die allein dazu bestimmt sind, die unerlaubte Beseitigung oder Umgehung technischer Schutzmechanismen zu erleichtern. S. auch *Elsom*, [1988] 11 EIPR 326-330. Vgl. in bezug auf Computerprogramme Art. 7 RL 91/250/EWG sowie § 69f Abs. 2 UrhG. Im Hinblick auf den Rechtsschutz von Datenbanken ist es jedoch nicht zu einer entsprechenden Regelung gekommen, s. *Gaster*, ZUM 1995, 740-752 (752).

[447] Grünbuch zur Informationsgesellschaft, 1995, Zweites Kap., Abschn. IX, S. 80.

[448] Vgl. auch *Dreier*, in: *Becker/Dreier* (Hrsg.), S. 123-153 (148).

mindest dann entsprechend in den Vordergrund, wenn private Nutzer nicht mehr nur im häuslichen Umfeld per Computer Werkveränderungen vornehmen, sondern das veränderte Material ins Netz einspeisen und damit an die Öffentlichkeit bringen wollen. Abgesehen von der Schwierigkeit, im Einzelfall die Herkunft des im Netz verbreiteten Materials zu ermitteln, wird hier angesichts der Gefahr, daß private Nutzer von den fast grenzenlos erscheinenden neuen Möglichkeiten in den Bann geschlagen werden, schwer Abhilfe zu schaffen sein.

2.2.4. Der Wandel etablierter Rechte

Die EG-Kommission spricht in ihrem Grünbuch zur Informationsgesellschaft eine Reihe ausschließlicher Rechte an, die im digitalen Kontext einer inhaltlichen und konzeptionellen Klarstellung im EG-Rahmen bedürfen. Zu klären sind die Konturen der Begriffe der Vervielfältigung, der öffentlichen Wiedergabe, der Verbreitung bzw. Übertragung sowie der Rundfunkübertragung im Hinblick auf ihre jeweilige Bedeutung im digitalen Kontext. Im folgenden werden die im besagten Grünbuch angestellten Überlegungen der Kommission erörtert, wobei aber betont werden sollte, daß die angesprochenen Rechte durchaus noch aus einer Reihe anderer Perspektiven betrachtet werden können,[449] auf die hier jedoch nicht näher eingegangen wird.

2.2.4.1. Digitale Vervielfältigung

Digitale Vernetzung macht ein Überdenken des traditionellen Vervielfältigungsrechtes sowie seiner Schranken und Ausnahmen erforderlich.

Was das Konzept des Vervielfältigungsrechtes anbelangt, so beschäftigt sich die Kommission insbesondere mit der Frage, ob die Digitalisierung von Werken und Leistungen Gegenstand eines ausschließlichen Vervielfältigungsrechtes sein sollte.[450] Dies dürfte im Hinblick auf die breite Fassung des Vervielfältigungsrechtes in den internationalen Abkommen[451] letztlich zu bejahen sein. - In

---

449 Vgl. z.B. die Antworten der betroffenen Kreise zu "Urheberrecht und Leistungsschutzrechte in der Informationsgesellschaft", 1995.

450 Grünbuch zur Informationsgesellschaft, 1995, Zweites Kap., Abschn. III 4, S. 52.

451 Vgl. Art. 9 RBÜ; Art. 10 und 13 RA; Art. 14 TRIPs.

bezug auf die anschließende "Reise" von Werk oder Leistung im Netz sind von der Computerprogramm-Richtlinie und der Datenbank-Richtlinie bereits wichtige Vorgaben gemacht worden,[452] da jede auch nur vorübergehende und teilweise Vervielfältigung rein technischer Natur als Vervielfältigung im Sinne des Urheberrechts gilt und damit der Zustimmung des Rechtsinhabers bedarf.[453]

Als besonders bedeutsam werden im Hinblick auf den digitalen Kontext die Schrankenbestimmungen des Vervielfältigungsrechtes eingeschätzt: Die Kommission versucht diesbezüglich vor allem die Frage zu lösen, wie die Themen der privaten Vervielfältigung von Bild- und Tonträgern sowie der Reprographie im digitalen Umfeld behandelt und EG-weit harmonisiert werden sollen.[454] Diese Problematik hat der Kommission bereits *vor* der digitalen Revolution erhebliches Kopfzerbrechen bereitet, da die private Vervielfältigung zu einem Massenphänomen avanciert ist, das von den EG-Mitgliedstaaten mit sehr unterschiedlichen und daher unter Binnenmarktsgesichtspunkten bedenklichen rechtlichen Regelungen angegangen wird.[455] Die digitale Dimension verstärkt den Handlungsdruck insofern, als die Vervielfältigung ohne Qualitätsverlust diese Art der "Selbstbedienung" noch attraktiver macht und den Rechtsinhabern potentiell unermeßlichen Schaden zufügt.[456] Die Kommission hat die bereits seit Jahren diskutierte Problematik der privaten Vervielfältigung im 1995er Grünbuch zur Informationsgesellschaft mit besonderer Bezugnahme auf den digitalen Kontext nochmals aufgegriffen und um Stellungnahme der interessierten Kreise gebeten.

---

[452] Art. 4 a) RL 91/250/EWG; Erw.Gr. 44 sowie Art. 5 a) RL 96/9/EG für den urheberrechtlichen Bereich und Art. 7 Abs. 2 b) RL 96/9/EG für den *sui generis*-Schutz.

[453] Damit würde also auch das "Anzeigen" geschützten Materials *on screen* (auf dem Computerbildschirm) unter den Begriff der Vervielfältigung fallen. Doch verschwimmen hier nicht die Grenzen zwischen "Vervielfältigung" und "öffentlicher Wiedergabe"? Vgl. *Sirinelli*, in: WIPO Worldwide Symposium, Paris, 1994, S. 31-47 (43). Könnte auch argumentiert werden, daß (außerhalb dieser sondergesetzlichen Regelung) nicht schon jede technische Vervielfältigung als urheberrechtliche Vervielfältigung anzusehen ist, sondern nur diejenige, die eine neue Möglichkeit der Werknutzung eröffnet? So *Dreier*, in: *Becker/Dreier* (Hrsg.), S. 123-153 (135).

[454] Grünbuch zur Informationsgesellschaft, 1995, Zweites Kap., Abschn. III 1 und 4, S. 50 ff.

[455] Dazu ausführlich oben Teil 3, Kapitel 3, Ziffer 1.2.

[456] Bedeutsam ist insofern, daß die Computerprogramm- und die Datenbank-Richtlinie keine generelle private Vervielfältigung von Computerprogrammen bzw. digitalen Datenbanken gestatten; vgl. Art. 5 RL 91/250/EWG bzw. Art. 6 Abs. 2 a) und Art. 9 a) RL 96/9/EG (nur Reprographieausnahme bezüglich nichtelektronischer Datenbanken).

2.2.4.2. Öffentliche Wiedergabe im digitalen Umfeld

Das Recht der öffentlichen Wiedergabe bedarf nach Ansicht der Kommission einer EG-weit einheitlichen Definition, die geeignet ist, den neuen Arten digitaler Kommunikation Rechnung zu tragen. Da das Phänomen der Vernetzung die Grenzen zwischen öffentlicher und privater Sphäre zu verwischen scheint, ist insbesondere zu regeln, wann geschützte Werke und Leistungen, die durch ein Netz fließen, an die Öffentlichkeit addressiert sind und damit einem Ausschließlichkeitsrecht der Rechtsinhaber unterliegen und wann umgekehrt nur der rein private Raum betroffen ist. Die Abgrenzung der privaten von der öffentlichen Kommunikation wirkt sich auf die Balance zwischen Rechtsinhabern und Nutzern aus und hat aus der Warte beider immense Bedeutung für die Attraktivität der künftigen Informationsautobahnen. Beispiele relevanter *on-line-* oder Netz-Anwendungen, die einer rechtlichen Einordnung bedürfen, sind etwa die Kommunikation innerhalb des Computernetzwerkes eines Unternehmens oder andere *in-house*-Situationen, in denen geschützte Werke und Leistungen von mehreren Personen genutzt werden.[457]

2.2.4.3. Digitale Verbreitung oder Übertragung

Die Kommission trennt die *digitale Verbreitung oder Übertragung Punkt-zu-Punkt* von der digitalen Sendung oder Rundfunkübertragung Punkt-zu-Multipunkt, die im Anschluß an diesen Abschnitt behandelt wird. Der Begriff der digitalen Verbreitung oder Übertragung würde demnach die Kommunikation per Netz zwischen Privatpersonen und/oder Unternehmen erfassen und somit auch Anwendungen wie *video on demand* (Video-auf-Abruf) oder die *celestial jukebox* ("Musikautomat des Weltalls") abdecken, wonach Verbraucher Filme oder Musik ihrer Wahl elektronisch abrufen können. Die Kommission hält es für möglich, die elektronische Übertragung Punkt-zu-Punkt als Vermieten bzw. Verleihen anzusehen, je nachdem, ob es sich um einen kommerziellen Akt oder einen nicht-kommerziellen Akt einer öffentlichen Einrichtung handelt. Demnach würde etwa die körperliche und die unkörperliche, die *off-line-* und die *on-line-*Verbreitung von Filmen im wesentlichen nach denselben Rechtsprinzipien behandelt, gleich, ob sie per Videokassette oder per *video on demand* erfolgt.

---

[457] Detailliert: Grünbuch zur Informationsgesellschaft, 1995, Zweites Kap., Abschn. IV, S. 53 ff.

Ebenso würden für die *on-line*-Abfrage eines Werkes in einer öffentlichen Bibliothek und für den Verleih eines materiellen Werkexemplares dieselben Grundsätze gelten. Die Kommission sieht die Vorgaben, die diesbezüglich von der Vermiet- und Verleihrecht-Richtlinie sowie der Computerprogramm-Richtlinie gemacht werden, als richtungsweisend an,[458] hält es aber aus Gründen der Klarheit und Rechtssicherheit für geboten, die Anwendung der Grundsätze der Vermiet- und Verleihrecht-Richtlinie auf die digitale Übertragung im Wege einer erneuten Rechtssetzung zu bestätigen und gegebenenfalls zu präzisieren.

2.2.4.4. Digitale Rundfunkübertragung

Die traditionelle Rundfunklandschaft wird durch die Möglichkeiten der digitalen Rundfunkübertragung insofern einem einschneidenden Wandel unterzogen, als digitale Komprimierungstechniken die traditionelle Knappheit von Sendefrequenzen überwinden können und damit der Ausstrahlung einer ständig zunehmenden Zahl von Rundfunkprogrammen bis hin zum Spartensender (*multichannel services*) nichts mehr im Wege steht. Vor allem in bezug auf digital übertragene Sendungen, die nicht durch Werbeeinschübe unterbrochen werden, werden Verbraucher aufgrund ihrer ausgezeichneten Wiedergabequalität vermehrt dazu übergehen, die gesendete Musik privat aufzunehmen anstatt CDs käuflich zu erwerben. Insbesondere die Tonträgerhersteller befürchten angesichts der Bedrohung durch den bereits im Versuchsstadium befindlichen digitalen Hörfunk (*digital audio broadcasting*, DAB)[459] erhebliche Einbußen im Verkaufs- und Vermietgeschäft und verlangen daher die Einführung eines ausschließlichen Rechtes auf digitale Rundfunkübertragung; bisher verfügen Tonträgerproduzenten und ausübende Künstler nämlich nur über ein Recht auf angemessene Vergütung.[460] Die Frage eines eventuellen digitalen Senderechtes ergibt sich natürlich gleichermaßen für Filmproduzenten und die in diesem Bereich tätigen ausübenden Künstler. Die Kommission hält es für geboten, die Thematik sorgfältig zu prüfen und schenkt in diesem Zusammenhang auch technischen Lösungen wie Kopiersperren für Empfangsgeräte sowie der Diskussion zur privaten Vervielfältigung[461] Beachtung.[462]

---

[458] Grünbuch zur Informationsgesellschaft, 1995, Zweites Kap., Abschn. V, S. 56 ff.

[459] Dazu *Ory*, ZUM 1995, 397-401.

[460] Vgl. Art. 12 RA und Art. 4 RL 93/83/EWG.

[461] Dazu oben Teil 3, Kapitel 3, Ziffer 1.2.

2.2.5. Anwendung herkömmlicher Rechtsgrundsätze auf die neuen Dienstleistungen der Informationsgesellschaft

Angesichts der fortschreitenden Entwicklung hin zur Informationsgesellschaft ist ein Überdenken der Frage erforderlich, inwieweit herkömmliche Rechtsgrundsätze auch auf die neuen Dienstleistungen[463] angewandt werden können. Deren Hauptcharakteristik ist, daß sie vor nationalen Grenzen nicht haltmachen, vielmehr haben die zukünftigen weltumspannenden Informationsnetze eine transnationale Dimension.

2.2.5.1. Grundsätze für das auf transnationale *on-line*-Dienste anwendbare Recht

Die transnationale Dimension digitaler Netzübermittlung wirft die Frage auf, welche der vom Fluß digital übertragenen Materials betroffenen Rechtsordnungen bestimmend ist.

Nach den Regeln des Internationalen Privatrechtes (*Conflict of Laws*) können vertragsschließende Parteien grundsätzlich frei bestimmen, welches Recht sie auf ihren Vertrag angewandt wissen wollen. Trotz dieses Grundsatzes der freien Rechtswahl können die Anwendungsbedingungen jeweils nach dem Recht desjenigen Landes bestimmt werden, in dem das Werk bzw. die Leistung verwertet wird. Hier greift das im Urheberrecht herkömmliche Territorialitäts- oder Schutzlandprinzip, wonach das Recht desjenigen Landes zur Anwendung gelangt, in dem urheber- oder leistungsschutzrechtlicher Schutz beansprucht wird.[464]

Nach Auffassung der EG-Kommission gilt es zu erforschen, ob es auch im Kontext digitaler Netzwerke bei der unmodifizierten Anwendung dieses Schutzlandprinzips bleiben kann. Grundsätzlich ist hier eine Entscheidung zwischen

---

[462] Grünbuch zur Informationsgesellschaft, 1995, Zweites Kap., Abschn. VI, S. 61 ff. In den USA wird ein Ausschließlichkeitsrecht der Tonträgerhersteller befürwortet, *Working Group on Intellectual Property Rights*, Intellectual Property and the National Information Infrastructure, White Paper, September 1995.

[463] Es geht hier *nur* um Formen der *unkörperlichen* Verwertung, insbesondere in elektronischen Netzen, *nicht* um die *körperliche* Verwertung, etwa die Verbreitung von CD-ROMs.

[464] *Schricker (Katzenberger)*, vor §§ 120 ff, Rdnr. 69 und 73 m.w.N.

zwei verschiedenen Möglichkeiten zu treffen: Zum einen könnten - in Übereinstimmung mit dem herkömmlichen *Schutzlandprinzip* - auf einen Transmissionsakt die jeweils unterschiedlichen Rechtsvorschriften der Empfangsländer angewandt werden. Zum anderen könnte auf den sog. *Ursprungsland-Grundsatz* abgestellt werden, wonach das anwendbare Recht durch den Ursprung des Übermittlungsaktes bestimmt wird. Die Kommission favorisiert - in Anlehnung an die Satellit- und Kabel-Richtlinie[465] - die letztere Lösungsmöglichkeit, betont aber zugleich, daß für die Anwendung des Ursprungsland-Grundsatzes eine vorherige umfassende Angleichung der urheber- und leistungsschutzrechtlichen Bestimmungen innerhalb der Gemeinschaft erforderlich sei, da Dienstleistungsanbieter ihre Aktivitäten (zum Nachteil der Rechtsinhaber) andernfalls in EG-Mitgliedstaaten mit niedrigerem Schutzniveau verlagern würden.[466] Die Ansicht der Kommission ist umstritten, nicht zuletzt im Hinblick darauf, daß gerade die weitgehende Harmonisierung auf hohem Schutzniveau noch in ferner Zukunft liegt.[467] Im übrigen müßten für Einspeisungen ins Netz aus Drittländern gesonderte Grundsätze gelten.[468]

2.2.5.2. Grundsätze der Rechtserschöpfung für die neuen *on-line*-Dienste?

Das Prinzip der *gemeinschaftsweiten Erschöpfung* von Rechten am geistigen und gewerblichen Eigentum wurde vom EuGH entwickelt, um den Grundsatz des freien Warenverkehrs nach Art. 30-36 E(W)GV mit der Territorialität der Rechte am geistigen und gewerblichen Eigentum in Einklang zu bringen. In bezug auf das Urheberrecht besagt das Prinzip der Gemeinschaftserschöpfung, daß sich das Verbreitungsrecht des Rechtsinhabers EG-weit erschöpft, wenn eine Werk- oder Leistungsverwertung durch das erstmalige Inverkehrbringen einer Kopie in einem Mitgliedstaat der Gemeinschaft durch den Rechtsinhaber selbst oder mit seiner Zustimmung erfolgt.[469] Damit kann sich der Rechtsinhaber ei-

---

465 Dazu insbesondere oben Teil 3, Kapitel 2, Ziffer 2.4.2.1.2.

466 Grünbuch zur Informationsgesellschaft, 1995, Zweites Kap., Abschn. I, S. 41 f.

467 Dazu z.B. *von Lewinski*, GRUR Int. 1995, 831-837 (833) sowie Antworten der betroffenen Kreise zu "Urheberrecht und Leistungsschutzrechte in der Informationsgesellschaft", 1995.

468 Grünbuch zur Informationsgesellschaft, 1995, Zweites Kap., Abschn. I, S. 42.

469 *Musik-Vertrieb membran GmbH und K-tel International gegen GEMA*, EuGH Urteil vom 20. Januar 1981, Rs. 55/80 und 57/80, Slg. 1981, 147.

nem Verkauf dieser Ware durch einen Parallelimporteur in der gesamten EG nicht mehr widersetzen.

Eine Anwendung des Grundsatzes gemeinschaftsweiter Erschöpfung auf die neuen *on-line*-Dienste scheint nach ganz allgemeiner Ansicht nicht geboten, da er sich lediglich auf die Verbreitung von Waren (d.h. materielle Träger) bezieht, nicht dagegen auf die elektronische Verbreitung oder immaterielle Übertragung, also Dienstleistungen.[470]

Das Problem der *internationalen Erschöpfung* von Rechten ist weniger eine technologiespezifische als eine binnenmarktspezifische Frage. Der internationalen Rechtserschöpfung wurde durch die Erschöpfungsregeln der Vermiet- und Verleihrecht-Richtlinie sowie der Computerprogramm-Richtlinie insofern eine definitive Absage erteilt, als es den EG-Mitgliedstaaten untersagt ist, Regeln vorzusehen, wonach der Erstverkauf in einem Drittstaat zur Erschöpfung des Verbreitungsrechtes innerhalb ihres eigenen Hoheitsgebietes und damit innerhalb der gesamten Gemeinschaft führt.[471] Ein Festhalten an diesem Grundsatz scheint geboten.[472]

2.3. Fazit

Die rechtliche Einordnung der neuen Technologien findet in jüngster Zeit auf allen Ebenen akademischer Diskussion immer mehr Beachtung.[473] Die *Droit*

---

[470] Grünbuch zur Informationsgesellschaft, 1995, Zweites Kap., Abschn. II, S. 45 u. 48; *Gaster*, ZUM 1995, 740-752 (746); *von Lewinski*, GRUR Int. 1995, 831-837 (834).

[471] Art. 9 Abs. 2 RL 92/100/EWG; weniger eindeutig formuliert in Art. 4 c) RL 91/250/EWG.

[472] Grünbuch zur Informationsgesellschaft, 1995, Zweites Kap., Abschn. II, S. 47; *Gaster*, ZUM 1995, 740-752 (746). Ebenso: Gemeinsame Antwort von Herrn Kommissar Vanni d'Archirafi vom 26. April 1994 auf die schriftlichen Anfragen E-3482/93, E-3483/93 und E-3484/93 (betreffend internationale Schutzrechtserschöpfung).

[473] Weitere Literatur zu den Fragen, die sich mit dem Aufbruch ins Informationszeitalter stellen: z.B. *Brunnstein/Sint* (eds.), S. 11 ff; *Cameron*, [1996] 3 EIPR 115-119; *Christie*, [1995] 11 EIPR 522-530; *Cohen Jehoram*, 34 J.Cop.Soc. 380-388 (1987); *Dixon/Self*, [1994] 11 EIPR 465-472; *Fabiani*, [1996] 3 ENT.LR 127-130; *Geller*, 25 IIC 54-69 (1994) und GRUR Int. 1993, 526-532; *von Gamm*, ZUM 1994, 591-596; *Gersh/Jeffrey*, [1992] 6 ENT.LR 196-203 und [1993] 1 ENT.LR 14-16; *Goldstein*, 38 J.Cop.Soc. 109-122 (1991) und UFITA 121 (1993) 5-13; *Henry*, [1995] 3 ENT.LR 79-82; *Higham*, [1993] 10 EIPR 355; *John*, [1996] 2 EIPR 74-78; *Kirchner*, [1995] 6 EIPR 269-276; *Kreile/Becker*, GRUR Int.

d'auteur- und die *Copyright*-Nationen der Europäischen Gemeinschaft sind aufgerufen, sich den vielfältigen Herausforderungen des hereinbrechenden Informationszeitalters gemeinsam zu stellen und in gegenseitiger Abstimmung rechtliche Rahmenbedingungen zu entwickeln, die auf die technologischen Möglichkeiten der neuen Errungenschaften abgestimmt sind und ihr wirtschaftliches Potential berücksichtigen. Da die neuen Technologien ihrer Natur nach auf globale, systemübergreifende Dimensionen angelegt sind, ist es mehr denn je notwendig, daß die verschiedenen Rechtssysteme, die den beiden großen Rechtstraditionen angehören, aufeinander zuzugehen versuchen. Daß es angesichts der tiefgreifenden Unterschiede im Hinblick auf mehrere Kernbereiche des *Droit d'auteur* und des *Common Law copyright* (wie sie anhand des deutschen Urheberrechts und des britischen *Copyright Law* dargestellt wurden)[474] eine außerordentlich schwierige Aufgabe ist, übergreifende Antworten auf gemeinsame Fragen zu entwickeln, liegt auf der Hand. Doch ohne ernsthafte Anstrengungen in dieser Hinsicht besteht in der Tat die Gefahr, daß die Informationsautobahnen der Zukunft zu einem Alptraum für die Inhaber von Urheber- und Leistungsschutzrechten werden. Wenn diese jedoch aufgrund einer mangelnden Wahrung ihrer Rechte von der Schaffung neuer Werke und Leistungen abgehalten werden, hat dies bedenkliche Konsequenzen für den kulturellen Reichtum der Gesellschaft als Ganzes. Aus diesem Grund ist die Rolle der EG-Kommission, die im gemeinschaftlichen Forum eine Zusammenarbeit von *Droit d'auteur*- und *Copyright*-Systemen bewirkt, von enormem Wert und großer Bedeutung.

1996, 677-692; *Leutheusser-Schnarrenberger*, ZUM 1995, 115-117; *Loewenheim*, 27 IIC 41-52 (1996); *Nyman*, [1995] 4 ENT.LR 127-138; *Olswang*, [1995] 5 EIPR 215-218; *Reichman*, 24 IIC 446-475 (1993); *Rumphorst*, [1996] 2 EIPR 79-82; *Scott/Talbott*, [1993] 8 EIPR 284-288; *Thurow*, in: FS Kreile, S. 763-771; *Turner*, [1995] 3 EIPR 107-109; *Vinje*, [1996] 8 EIPR 431-440; Tagungsbericht von *Wachter*, GRUR Int. 1995, 860-874.

[474] Dazu oben Teil 2, Kapitel 1, 2, 3 und 4.

Resümee

Diese Untersuchung hat gezeigt, daß zwischen dem britischen *Copyright Law* und dem deutschen Urheberrecht Welten liegen. Dies spiegelt die Dichotomie zwischen dem *Copyright*-Modell des *Common Law*-Kreises und dem *Droit d'auteur*-Konzept der *Civil Law*-Tradition wider. Die Harmonisierung der beiden Rechtstraditionen in der Europäischen Gemeinschaft gestaltet sich entsprechend schwierig. Im folgenden soll das Gestern, Heute und Morgen des britischen und des deutschen Systems mit Blick auf den europäischen und globalen Kontext nochmals in groben Zügen nachgezeichnet werden.

1. Copyright Law

1.1. Gestern

Das *Copyright Law* war von Beginn an ein Recht der Verleger, die Rechte der Urheber nahmen dagegen von je her eine Randstellung ein.

Anfangs wurden den sogenannten *Stationers* königliche Privilegien zur Ausübung des Druckhandwerks verliehen. Die 1557 von der Königin verliehene *Charter Mary* machte die *Stationers* zu einer *Company* mit einem Monopol im Druckgewerbe, um sie im Rahmen der Zensur dazu zu nutzen, die Massen unter Kontrolle zu halten und sie den religiösen Strömungen der Zeit zu verpflichten. Die *Stationers* nützten das Instrument des Copyright durch ihre Allianz mit der Staatsgewalt im Laufe der Jahrhunderte dazu, ihre lukrative Vormachtstellung im Druckgewerbe zu festigen. Als ihr etabliertes und mehrmals gesetzlich bestätigtes Monopol mit Ablauf des *Licensing Act* anno 1694 ein jähes Ende zu nehmen drohte, da nun auch Nichtmitglieder der *Company*[1] ohne Furcht vor

---

[1] Seit der Vereinigung von England und Schottland durch den *Act of Union 1707* gab es insbesondere Konkurrenz von den schottischen Verlegern.

Sanktionen Bücher drucken konnten, bemühten sie sich um eine neue gesetzliche Grundlage für ihre Monopolherrschaft.

Die *Stationers* erkannten die Zeichen der Zeit, die nun für ein mehr urheberbezogenes Recht standen, und machten sich die Sorge um das Wohl der schöpferisch Tätigen zunutze, um ihrem eigenen wirtschaftlichen Imperium wieder Rückhalt durch Gesetz zu sichern. Ihre Petitionen ans Parlament machten sich im *Act of Anne* von 1710 bezahlt. In diesem Gesetz wurde zwar erstmalig auch den Urhebern der Erwerb des Copyright an ihren Werken ermöglicht, doch die Interessen der Verleger erfuhren ebenso Berücksichtigung. Im Rahmen eines neu definierten Staatszieles, des *encouragement of learning*, wurde all denen, die in die Produktion geistiger Werke investierten, Copyright gewährt - ohne Rücksicht darauf, ob es sich um geistiges Schaffen oder materiellen Input handelte. Copyright wurde zum Leistungsanreiz für Urheber und Verleger gleichermaßen. Abgesehen vom Zugeständnis einiger Rechte an die Urheber hatten sich die *Stationers* ihre Domäne zurückerobert. Insbesondere hatten sie eine Übergangsregelung erreicht, wonach die *vor* dem *Act of Anne* veröffentlichten Bücher von einer längeren Schutzfrist als alle übrigen Werke profitieren konnten. Nach Ablauf dieser Schutzfrist anno 1731, als sich insbesondere die Verleger aus Schottland und den Provinzen auf den Druck der besagten Bücher stürzten, mußten sich die *Stationers* wieder eine neue Taktik einfallen lassen, um im sog. *battle of the booksellers* zu siegen und sich gegen die Konkurrenz der unliebsamen Rivalen abzuschirmen.

Zu diesem Zweck wurde das Wohl der Urheber wiederum in den Vordergrund geschoben. Die *Stationers* ersannen die Theorie vom "ewigen Copyright des Urhebers nach *Common Law*" an veröffentlichten Werken. Das nach *Common Law* ewige Copyright des Urhebers könnte auf sie, die Verleger, übertragen werden, und damit hätten sie der *durch Gesetz* zeitlich begrenzten Schutzfrist ein Schnippchen geschlagen und den Wettbewerb der schottischen und provinzialen Verleger "für immer" ausgeschaltet. Da das Parlament von einer solchen Theorie nichts wissen wollte, gingen die *Stationers* vor Gericht und scheuten kein Mittel (selbst nicht einen abgesprochenen Streit), um das "ewige *Common Law copyright* des Urhebers" gerichtlich sanktionieren zu lassen. Sie erreichten ihre Ambitionen anno 1769 im legendären Fall *Millar v. Taylor*, in dem Copyright zum ersten Mal die Konturen eines echten *author's right* naturrechtlicher Prägung anzunehmen schien. Doch im Verfahren *Donaldson v. Beckett* von 1774 wurden die Manipulationsstrategien der *Stationers* ans Licht gebracht, und das vermeintlich "ewige" und naturrechtlich anmutende *Common Law copyright* des Urhebers wurde für zeitlich befristet und gesetzlich fundiert erklärt. Die repressive Monopolherrschaft der *Stationers* wurde in ihre Schranken gewiesen. Doch aufgrund der (im *Act of Anne* vorgenommenen) Verknüpfung der Verlegerrechte mit den Urheberrechten unter dem Konzept des Copyright bedeutete die Einschränkung der Rechte der *Stationers* zugleich eine Schmälerung der Rechte des Urhebers. Positivismus ließ die zaghaft aufflackernde Flamme des Naturrechts im Keim ersticken.

Die lange Tradition, derzufolge Interessengruppen sich beim Gesetzgeber Gehör für ihre Belange zu schaffen pflegen, wurde jedoch auch nach dem Ende des *Stationer*-Monopols fortgeführt. Je nach Bedarf wurden Gesetze zum Schutz der einen oder anderen Lobby verabschiedet. Im Laufe der Jahrzehnte resultierte diese unsystematische Regelung von Einzelbedürfnissen in einem Flickenteppich von Gesetzen, die sich in pragmatischer Manier wohl praktischen Problemen widmeten, jedoch weder von einer Gesamtschau des *Copyright Law* geleitet waren noch von dem Gedanken einer besonderen Stellung der Rechte der Urheber. Nur insofern, als sich die Urheber der Unterstützung überzeugungskräftiger Fürsprecher bedienen konnten, wurden auch ihre Belange vom Gesetzgeber ernst genommen. Dies zeigte sich etwa bei dem Gerangel der Lobbys um die angemessene Länge der Copyright-Schutzfrist bei den Vorarbeiten für den *Copyright Act 1842*.

Die Urheber wurden nie zum primären Bezugspunkt des *Copyright Law*. Der britische Gesetzgeber war nicht an *ihrem* Schutz interessiert, sondern am Schutz *ihrer Werke*, die ja große Bedeutung im Wirtschaftsleben hatten - nicht nur im nationalen Rahmen, sondern auch für Großbritannien als Literatur-Exportmacht. Das Werk wurde zum Marktwert, zur Handelsware, und Copyright war das rechtliche Instrument, das den Investoren (d.h. Urhebern und Verlegern) Schutz bot gegen Angriffe auf ihre Investitionen geistiger oder materieller Art. Copyright war ein reines *property right*, diente also lediglich dem Schutz vermögensrechtlicher Interessen und schenkte persönlichkeitsrechtlichen Belangen keine Beachtung. Die Wahrung von Persönlichkeitsrechten blieb den allgemeinen Rechtsmitteln des *Common Law* vorbehalten. Die materielle und geistige Beziehung des Urhebers zu seinem Werk endete im *Copyright Law* mit der Übertragung an den Verleger gegen eine mehr oder weniger bescheidene Abfindung. Der Urheber selbst wurde in einer kapitalistischen Gesellschaft, die zunehmend von wirtschaftsliberalistischem Gedankengut geprägt war und in der *freedom of contract* das Maß aller Dinge wurde, zum Marktteilnehmer, der für seine Interessen (wie alle anderen privatautonomen Individuen) selbst zu sorgen hatte. Urheber wurden nicht als besonders schützenswerte und schutzbedürftige Personen gesehen. Sie konnten trotz ihrer faktisch schwächeren Verhandlungsposition im Vergleich zu den Verlegern weder Rückenstärkung durch den Gesetzgeber noch ein Einschreiten der Gerichte zu ihren Gunsten erreichen, da beide den Maximen des *freedom and sanctity of contract* verpflichtet blieben. Das britische Rechtsempfinden hielt (zumindest dann, wenn es um Persönlichkeitsschutz und nicht um Investitionsschutz ging) nicht viel von der Niederlegung anwendungsbereiter, allgemeinverbindlicher Normen in umfassenden Gesetzesbüchern, sondern überließ die Rechtsentwicklung dem sich langsam vortastenden *case law*- oder Präzendenzfallsystem. Urheber als solche erhielten keine gesetzlich fundierten, positiv formulierten Rechte, sondern konnten, wenn sie persönlichkeitsspezifische Interessen als unzureichend gewahrt empfanden, nur Klage im Rahmen des *Common Law* erheben.

Als die Boten des technischen Fortschritts nach gesetzlichem Schutz ihrer Investitionen verlangten, erwiderte der britische Gesetzgeber diese Forderungen mit der Gewährung von Copyright zunächst an Tonträgerhersteller und später auch an Filmproduzenten und Sendeunternehmen. Im *Copyright Act 1956* wurde jedoch eine strukturelle Trennung zwischen den Rechten der Urheber an ihren literarischen, dramatischen, musikalischen und künstlerischen Werken einerseits und den Rechten der Produzenten von Tonträgern, Filmen und Sendungen und der Verleger typographisch gestalteter Ausgaben andererseits vorgenommen. Die ersteren waren die Rechte der *authors* an *original works*, die letzteren die Rechte der *makers* an *subject matters*.

Auch wenn Interessengruppen immer ein offenes Ohr beim britischen Gesetzgeber gefunden hatten, wenn es um die Gewährung von Copyright aus Gründen des Investitionsschutzes ging, gab es eine Personengruppe, die diesbezüglich keinen Erfolg hatte. Es waren die ausübenden Künstler, die erst durch den *Dramatic and Musical Performers' Protection Act 1925* ein gewisses Maß an gesetzgeberischer Aufmerksamkeit erhielten. Doch in diesem Gesetz wurde ihnen nur Schutz durch strafrechtliche Sanktionen zuteil, Copyright wurde ihnen nicht gewährt.

1.2. Heute

Diese historischen Fundamente bedingen auch die heutige Gestalt des *Copyright Law*. Die gesellschaftspolitischen Grundanschauungen, die sich im Laufe der Jahrhunderte herausbildeten, prägten die Materie des *Copyright Law* in entscheidendem Maße und verdichteten sich zu Recht und Gesetz. Wenn das *Copyright Law* auch nach und nach aktualisiert, entsprechend den jeweiligen praktischen Bedürfnissen umgeformt und an neue Gegebenheiten angepaßt wurde, finden sich die überlieferten Werte bis zum heutigen Tage im Herzen dieser Rechtsmaterie. Auch heute ist der Investitionsschutz das Leitprinzip des *Copyright Law*: Copyright schützt die Investitionen der Urheber und der Produzenten. Die Vermarktbarkeit der von ihnen geschaffenen Produkte im nationalen und internationalen Rahmen steht wie eh und je im Vordergrund. Wirtschaftliche Interessen sind nach wie vor tonangebend; dagegen können urheberpersönlichkeitsrechtliche Belange nur in dem Maße berücksichtigt werden, wie dies die Vermarktung der Copyright-Objekte nicht behindert. Urheber sind nicht Mittelpunkt des Rechts, sondern werden nur neben - und zuweilen nach - den Produzenten und Verwertern berücksichtigt. Trotz ihrer vergleichsweise schwachen Position im Beziehungsgeflecht des Marktes wird den Urhebern kein besonderer gesetzlicher Schutz zuteil. *Freedom of contract* und Selbstverantwortlichkeit beherrschen auch heute noch die Szene. Nur in extremen Ohnmachtssituationen stehen den Urhebern die allgemeinen Rechtsmittel des *Common Law* zur Seite.

Der *Copyright, Designs and Patents Act 1988* ist also das Ergebnis einer Tradition, die sich über Jahrhunderte hinweg dem Investitionsschutz, dem Schutz von *property*, dem Copyright als Vermögenswert verschrieb. Er bewegt sich im Rahmen überlieferter Grundansätze der *Common Law copyright*-Tradition. Der CDPA beherbergt manche Neuerungen, die in der Literatur teils als willkommene Annäherung an das kontinentaleuropäische *Droit d'auteur*-Modell, teils aber auch als enttäuschende Abkehr davon verstanden werden. Über alledem sollte man sich jedoch nicht vom Schein trügen lassen, denn das *Copyright Law* britischer Prägung ist "gesund und munter" oder *alive and well*, wie es die Briten ausdrücken würden. Annäherungen an ein anderes Grundmodell können nämlich lediglich Formsache sein, und die Abkehr von bislang gemeinsamen Grundkonzepten kann durchaus nur eine Abwendung von rein semantischen Ähnlichkeiten darstellen. Damit sind zum einen die *moral rights* und zum anderen der neue britische Werk- und Urheberbegriff angesprochen.

Die Verankerung der *moral rights* oder Urheberpersönlichkeitsrechte im CDPA erfolgte mit Blick auf die Erfüllung internationaler Verpflichtungen Großbritanniens im Rahmen der RBÜ. Die neuen *moral rights* haben aus Sicht der *Droit d'auteur*-Vertreter Symbolwert, da sich Urheberpersönlichkeitsrechte zum ersten Mal in der Geschichte des *Copyright Law* als positiv formulierte, gesetzlich fundierte Rechte der Urheber darstellen und nicht mehr nur mittels allgemeiner *Common Law*-Rechtsmittel gewahrt werden können. Doch die vermeintliche Annäherung an die in kontinentaleuropäischen Systemen seit langem etablierte Rechtslage hat nur formalen Charakter. Der britische Gesetzgeber sorgte nämlich dafür, daß die *moral rights* durch verschiedene Regelungstechniken so ausgehöhlt würden, daß sich die Urheber der Vermarktung ihrer Werke durch Produzenten, Verwerter und Arbeitgeber nicht in den Weg stellen können. Zunächst sind nur das Urheberbezeichnungsrecht und das Werkintegritätsrecht gesetzlich gewürdigt; ein Veröffentlichungsrecht, wie es in vielen *Droit d'auteur*-Rechtsordnungen existiert, gibt es im britischen Recht nicht. Darüber hinaus ist die Substanz der gesetzlich verankerten *moral rights* durch eine Vielzahl von Ausnahmen und Einschränkungen faktisch unterminiert. Der Urheber kann auf die *moral rights* schon im voraus umfassend, pauschal und sogar formlos verzichten. Das Urheberbezeichnungsrecht muß überdies vom Urheber ausdrücklich geltend gemacht werden und verlangt nicht (wie in den *Droit d'auteur*-Systemen) bereits aufgrund seiner gesetzlichen Existenz (bzw. aus der Natur der Sache) Respekt. Ferner muß der Urheber in gewissen Situationen auf das *Common Law* zurückgreifen, denn das Gesetz bietet ihm nicht in allen Fällen Schutz. Insgesamt gesehen hat sich die althergebrachte britische Tradition, derzufolge letztendlich doch alles der vertraglichen Vereinbarung der Parteien im Reich des *freedom of contract* überlassen bleibt, auch bei den *moral rights* durchgesetzt. Die tatsächliche Verhandlungsstärke der Parteien wird daher auch im Hinblick auf die Pflicht zur Wahrung der *moral rights* entscheidend sein. Welche der beiden Parteien wohl die stärkere ist - Urheber oder Verwerter - und welchen Wert die *moral rights* in der Praxis haben, dürfte angesichts der angestellten Überlegungen klar sein. Ausgesprochen interessant ist es schließlich auch, festzustellen, daß zwei als *moral rights* bezeichnete Rechte Eingang in den CDPA gefunden haben, die mit *Urheber*persönlichkeitsrechten im eigentlichen Sinne gar nichts zu tun haben, sondern Rechte der *Nicht*-Urheber sind, die in systembewußten *Droit d'auteur*-Rechtsordnungen als Teil des allgemeinen Persönlichkeitsrechts Beachtung finden. Es handelt sich um das Recht gegen falsche Zuschreibung der Urheberschaft und das Recht am eigenen Bild. Beide wurden wohl aus Mangel an einer geeigneteren gesetzlichen Heimat - doch ohne Rücksicht auf systematische Überlegungen - im Abschnitt über *moral rights* untergebracht.

Die Abkehr des britischen Gesetzgebers von der bis zum Inkrafttreten des CDPA etablierten Unterscheidung zwischen *original works* und *subject matters* zugunsten eines viel weiteren Werkbegriffes, der beide Kategorien gleichermaßen als *works* bezeichnet, ist insbesondere von Kontinentaleuropäern oftmals bedauert worden, da es nun keine britische Parallele zu der in *Droit d'auteur*-Systemen herkömmlichen Unterscheidung zwischen Urheberrecht und verwandten Schutzrechten mehr gibt.[2] Doch von britischer Warte aus ist eine solche Unterscheidung, die bislang vorwiegend semantischen Charakter hatte, mit Blick auf die allumfassende Logik des Investitionsschutzgedankens nicht notwendig. Schließlich tätigen nach britischer Auffassung sowohl Urheber als auch Verwerter Investitionen (wenn auch unterschiedlicher Art) - Investitionen, die Schutz durch Copyright erfahren. Beide Kategorien von Rechtssubjekten sind traditionell Träger ein und desselben Rechts, Copyright, nicht (wie in *Droit d'auteur*-Rechtsordnungen) Träger verschiedener Arten von Rechten. Der Gesetzgeber sah in der Klassifizierung aller Copyright-Objekte als *works* die Chance, einen Werkbegriff zu kreieren, der flexibel genug ist, um auch die Produkte künftiger technologischer Entwicklungen zu beherbergen. Dies schien Grund genug, bewährte Grundlagen der Kommunikation mit den kontinentaleuropäischen Rechtsordnungen aufzugeben.

Ähnliches gilt auch für die Ausdehnung des britischen Urheberbegriffes durch den CDPA, der von derselben Logik getragen ist wie der neue Werkbegriff. Der Terminus *author*, der bislang allein den Urhebern der klassischen Werkkategorien vorbehalten war, wird nun auch auf die Produzenten von Tonträgern, Filmen und Sendungen sowie die Verleger typographisch gestalteter Ausgaben angewandt. Für das *Copyright Law* stellt diese (aus Sicht des *Droit d'auteur* bedauerliche) Ausdehnung des Urheberbegriffes auf die Produzenten der Kultur- und Medienindustrie die letzte Konsequenz des Investitionsschutzprinzipes dar, das (abgesehen von den ausübenden Künstlern) all denen Schutz gewährt, die Investitionen geistiger, schöpferischer, finanzieller, technischer oder organisa-

---

[2] *Droit d'auteur*-Experten sprechen in bezug auf die britische Systematik (in Anlehnung an die eigene) oftmals von *copyright* und *neighbouring rights*. Eine solche Unterscheidung des Copyright von "benachbarten Rechten" wurde jedoch vom britischen Gesetzgeber nie ausdrücklich vorgenommen, selbst nicht im CA 1956.

torischer Art tätigen. All diese Arten von Copyright-Trägern investieren in die Gestaltung eines geistigen Werkes und haben Anteil an der Formung des Endproduktes, das sich der Öffentlichkeit vorstellt. Nach britischer Auffassung kommt in jedem der Einzelschritte - vom geistigen Entwurf des Werkes bis zur Formgebung durch moderne Gestaltungsmittel - eine Leistung zum Ausdruck, weshalb es gerechtfertigt ist, alle am Schaffensprozeß Beteiligten als *authors* zu bezeichnen. Mit dem Begriff des *author* sind für die Briten also nicht notwendigerweise Assoziationen einer besonderen schöpferischen Tätigkeit verbunden, vielmehr ist der Terminus mit dem neutralen Konzept des Schaffens verknüpft.

Abgesehen von diesen systematischen und terminologischen Neuerungen verlassen der CDPA und die mit ihm verbundene Rechtsprechung den altvertrauten Boden des *Copyright Law* nicht. Dies betrifft insbesondere das Kriterium der *originality*, die Abgrenzung der ausübenden Künstler von den Copyright-Trägern, die *employed authors* und die Materie der *copyright contracts*.

Im Bereich der klassischen Werkkategorien belohnt die britische Rechtsprechung in großzügiger Auslegung des Investitionsschutzgedankens schon seit jeher grundsätzlich all diejenigen Leistungen mit Copyright, die ein Mindestmaß an *labour, skill and judgment* aufweisen. Die reine Investitionsleistung genügt im allgemeinen für die Beanspruchung von Schutz durch Copyright, und nur ausnahmsweise ist darüber hinaus schöpferisches Gestalten notwendig, wie etwa im Bereich des Kunsthandwerks. Grund für die weite Ausdehnung des *Copyright Law* "nach unten" ist das Fehlen eines generellen Verbots der *unfair competition*, das umfassenden Schutz gegen unlauteres Ausbeuten fremder Leistungen bieten könnte. Da eine breit angelegte *unfair competition*-Generalklausel mit der Tradition des *case law*-Systems sowie mit der etablierten Rolle der Vertrags- und Wettbewerbsfreiheit nicht in Einklang steht, muß das *Copyright Law* gleichsam als Auffangbecken dienen, um geringwertige Leistungen nicht völlig schutzlos zu lassen. Dies ist mit der flexiblen, investitionsorientierten Natur des *Copyright*-Systems gut zu vereinbaren.

Ausübende Künstler oder *performers* wurden im CDPA genausowenig Copyright-Träger wie in früheren, ihrem Schutz gewidmeten Gesetzen. Dies ist vor allem darauf zurückzuführen, daß sie nicht den Rückhalt einer schlagkräftigen Lobby hatten und daß der Gesetzgeber die bewährte Rechteverteilung zwischen ihnen und den Tonträgerherstellern nicht durch ein unerprobtes Modell ersetzen wollte. Dennoch brachte der CDPA einige erwähnenswerte Neuerungen mit sich. Zum einen wurden die Rechte der ausübenden Künstler erstmals im einem Gesetz geregelt, das sich auch mit den Rechten der Copyright-Träger befaßt. Zum anderen wurden die einstmals nur strafrechtlichen Sanktionen für Verletzungen von Künstlerrechten durch das Instrument der Zivilklage ergänzt. Schließlich wurden die Darbietungen ausübender Künstler im Kampf gegen die zunehmende Praxis des *bootlegging* auch Gegenstand völlig neuer Rechte, nämlich der Rechte von "Personen mit ausschließlichen Aufnahmerechten an künstlerischen Darbietungen"; diese neu eingeführten Rechte sollen sowohl die Tonträger- und Filmhersteller schützen, die durch das *bootlegging* erhebliche Einbußen erleiden, als auch (indirekt) die ausübenden Künstler selbst.

Das *Copyright Law* bringt den Investitionsschutzgedanken auch für den Bereich der angestellten Urheber oder *employed authors* konsequent zur Anwendung. Hier ist es der Arbeitgeber, der die Investitions-, Fürsorge- und Direktionslast sowie das Unternehmensrisiko trägt; der angestellte Urheber dagegen hat eine vergleichsweise geringe Verantwortung und erhält seinen Arbeitslohn unabhängig vom Erfolg des Unternehmens. Der Arbeitgeber wird in Anerkennung seiner unternehmerischen Investition originärer Copyright-Inhaber. Daß er (wie meist) als juristische Person organisiert ist, spielt in bezug auf die Copyright-Inhaberschaft keine Rolle; schließlich reicht die Tradition, juristischen Personen Copyright zu gewähren, bis zur Zeit der *Stationers* zurück. Der angestellte Urheber kann sich zwar *author* nennen, ist aber kraft Gesetzes nicht Inhaber der Vermögensrechte. Eine anderweitige vertragliche Vereinbarung hinsichtlich der originären Copyright-Inhaberschaft ist (gemäß traditionellen *freedom of contract*-Grundsätzen) zwar möglich, aufgrund der ungleichen Verhandlungsstärke der Parteien jedoch äußerst selten.

Die Materie des Urhebervertragsrechts oder der *copyright contracts* hält keine besonderen gesetzlichen Bestimmungen zum Schutz des Urhebers (im klassischen Sinne) als der zumeist schwächeren Partei in der Vertragswirklichkeit bereit. Der britische Gesetzgeber hat sich nicht gewillt gezeigt, die Maximen des *freedom and sanctity of contract* zugunsten des Urhebers zu relativieren. Urheber sind eigenverantwortlich und müssen für die Wahrung ihrer Interessen selbst Sorge tragen. Demgemäß ist das Copyright uneingeschränkt übertragbar und lizenzierbar. Der Urheber trägt die Verantwortung dafür, die Begrenzung einer Rechtseinräumung durch unzweideutige Formulierungen auszudrücken, da es keine urheberschützenden Auslegungsregeln gibt, die ihn vor weitgehender Rechtsvergabe schützen könnten. Aus Gründen der Rechtssicherheit und der

Warnung des Rechtsgewährenden vor unüberlegten Entscheidungen ist die Schriftform für Copyright-Übertragungen und für die Gewährung ausschließlicher Lizenzen jedoch vorgeschrieben. Für die Vertragsauslegung ist allein die schriftlich abgefaßte Vereinbarung maßgebend, da die *parol evidence rule* jegliche Bezugnahme auf vertragsbegleitende Umstände verbietet, aus denen der mutmaßlich "wahre" Wille des Urhebers und seiner Vertragspartner ermittelt werden könnte. Sollte sich bei der Durchführung des Vertrages herausstellen, daß die einst vereinbarten vertraglichen Bedingungen für den Urheber untragbar geworden sind, kann dieser nicht auf gesetzliche Schutzbestimmungen zurückgreifen, sondern nur darauf hoffen, daß es ihm mittels alter *Common Law*-Grundsätze (*Unreasonable Restraint of Trade* und *Undue Influence*) ermöglicht wird, sich aus den Fesseln des Vertrages zu befreien.

2. Urheberrecht

2.1. Gestern

Das Urheberrecht war anfangs vorwiegend auf Verleger konzentriert, entwickelte sich jedoch bald zu einem Recht, das den Urheber in den Mittelpunkt stellt.

Das Privileg war das Sprungbrett des Urheberrechts. Eine Vielzahl obrigkeitlicher Instanzen (von Kaiser bis Kirche, von Reichsstand bis Stadt) fühlte sich in den territorial zersplitterten deutschen Landen dazu berufen, aus unterschiedlich definierten Gründen des Gemeinwohles (Gewerbeförderung, Zensur etc.) Privilegien vorwiegend an die mit dem Druckhandwerk Vertrauten zu gewähren. Da die Privilegien jedoch nur regional, nicht aber in anderen Herrschaftsbereichen Achtung verlangten, entwickelte sich schon bald ein reges Raubdrucken über Territorialgrenzen hinweg. Juristen und Philosophen erkannten die Problematik und bemühten sich um eine Gesamtschau der Dinge, die den Nachdruck - unabhängig von regional geltenden Privilegien - ins Unrecht setzen würde. Die Hauptargumente gegen den Büchernachdruck fanden sich in dem gegen Ende des 17. Jahrhunderts aufblühenden Naturrecht, doch blieb es zunächst bei einer rein akademischen Diskussion, ohne daß diese auf die faktischen Gegebenheiten Einfluß genommen hätte.

Mit der Revolutionierung des Buckdrucks durch kapitalistische Produktionsformen in der Mitte des 18. Jahrhunderts sahen die Privilegierten ihr Verlagskapital noch nie dagewesenen Gefahren ausgesetzt und suchten nach einer Lösung, die im transterritorialen Druckgewerbe geregelte Verhältnisse schaffen und ihre Investitionen wirtschaftlich rentabler machen würde. Die Verleger erwiesen sich als Antriebsmotor der Debatte über die Unrechtmäßigkeit des Büchernachdrucks, die in der Philosophie im letzten Drittel des 18. Jahrhunderts immer mehr aufloderte. Der Zeitgeist verlangte die Ablösung des Privilegiensystems durch ein Konzept, das praktischen Bedürfnissen gerecht wurde und mit dem neu entstehenden ökonomischen Freiheitsbegriff eher in Einklang stand. Die naturrechtlich begründete Idee eines geistigen Eigentums des Urhebers setzte sich durch, wenn auch zunächst mehr als Hilfskonstruktion zur Begründung der Verlegerrechte, deren Anerkennung den Verlegern aus wirtschaftlichen Gründen überaus wichtig war. Bald jedoch entwickelte sich die Person des Urhebers zum eigentlichen Bezugspunkt des Gedankens vom geistigen Eigentum.

Zu einer Zeit, in der man in Großbritannien einem naturrechtlich fundierten Copyright-Konzept eine endgültige Absage erteilt hatte,[3] blühte die naturrechtlich begründete Diskussion um Wesen und Inhalt des geistigen Eigentums in deutschen Landen erst richtig auf. Über viele Jahrzehnte hinweg beschäftigten sich die größten Denker von *Kant* bis *Fichte*, um nur die bekanntesten zu nennen, mit dem geistigen Eigentum des Urhebers.

Die von der Lehre entwickelten Grundsätze wurden von den deutschen Einzelstaaten im Laufe der Zeit gesetzlich verankert. Zuweilen erschienen Urheberrechte zwar nur als Annex der Verlegerrechte, doch nach und nach setzte sich die Vorstellung vom Urheber als Zentralfigur des Urheberrechts auf breiter Ebene durch. Noch immer war allerdings das Problem des grenzüberschreitenden Büchernachdrucks nicht gelöst, denn Landesgesetze hatten (ähnlich den Privilegien) außerhalb der Landesgrenzen keine Rechtswirkungen. Zu Beginn des 19. Jahrhunderts drängte das Verlagskapital auf eine gesamtdeutsche Regelung der Nachdruckproblematik. Aufgrund der unermüdlichen Bemühungen Preußens, dessen Verleger am meisten unter den Nachdruckaktivitäten ihrer süddeutschen Kollegen zu leiden hatten, gab es nach und nach Fortschritte auf dem

---

[3] Im Verfahren *Donaldson v. Beckett (1774)*.

Weg zu einer gesamtdeutschen Lösung des transterritorialen Raubdruckproblems.

Bevor es im letzten Drittel des 19. Jahrhunderts endgültig zu einer einheitlichen Urheberrechtsgesetzgebung kam, bemühte sich wiederum eine Vielzahl von Intellektuellen um die genaue dogmatische Erfassung von Wesen und Inhalt des Urheberrechts. Aus der großen Zahl von Erklärungsversuchen setzte sich schließlich ein Modell durch, das den Schöpfungsakt des Urhebers ins Zentrum stellt und dessen vermögens- und persönlichkeitsrechtlichen Interessen gleichermaßen Beachtung schenkt.

Das Urheberrecht war auch in der Folgezeit immer im Blickpunkt der akademischen Diskussion und wurde sowohl im Zuge der Reformarbeiten, die in das *Literaturhebergesetz* und das *Verlagsgesetz* von 1901 sowie das *Kunsturhebergesetz* von 1907 mündeten, als auch in den darauffolgenden Jahrzehnten kontinuierlich ausgefeilt. Daneben wurde das Urheberrecht in neuerer Zeit entscheidend von einem Leitgedanken geprägt, das sich dem Schutz des wirtschaftlich und sozial Schwächeren verpflichtet - dem Sozialstaatsprinzip. Dieses Leitprinzip tritt in der Materie des Urheberrechts genauso wie in einer ganzen Reihe anderer Gesetzgebungsbereiche zutage und beeinflußt stets auch die von der Rechtsprechung vorgenommene Gesetzesauslegung.

Insgesamt bildete sich im Laufe der Zeit ein philosophisches Grundmodell heraus, das den Schutz des Urhebers deutlich vom (einst im Vordergrund stehenden) Verlegerschutz abgrenzte und den Urheber zum primären Bezugspunkt des Urheberrechts erhob. Die Gesamtheit des rechtlichen Rahmens sollte sich auf den Urheber zentrieren und dessen Geschäftspartnern nur solche Rechte gewähren, die sich von der Zentralfigur des Urheberrechts - dem Urheber - ableiteten. Das Urheberrecht machte es sich zur Aufgabe, die geistig-schöpferische Tätigkeit des Urhebers in Literatur und Kunst in besonderem Maße zu würdigen. Diesem Anliegen entsprach es, gewisse Maßstäbe an das geistige Schaffen anzulegen, so daß grundsätzlich nur die wirklich Schöpferischen in den Genuß der Urheberrechte kämen. Dieser Ansatz verlangte, das Urheberrecht als solches nur in den Dienst der Schöpfer geistiger Werke zu stellen, wohingegen sonstige Leistungen materieller, technischer, organisatorischer oder künstlerischer Art, die der Mittlung der geistigen Werke an die Öffentlichkeit dienen, nur außerhalb der eigentlichen Materie des Urheberrechts Schutz und Anerkennung finden konnten. Mit der Ernennung des Schöpferprinzips zum Grundstein des Urheberrechts wurde klar, daß das Urheberrecht nur in der Schöpferpersönlichkeit entstehen kann und allein ihr vorbehalten bleibt. Die Verwerter und Mittler der vom Urheber geschaffenen Werke konnten nach diesem Modell nur derivativ vom Urheber Rechte zur Nutzung der Werke erhalten. Das Schöpferprinzip mußte auf alle Formen des Werkschaffens zur Anwendung kommen, insbesondere auch auf den in angestellter Stellung tätigen Urheber. Die Leistungen und Investitionen der Verwerter und Mittler der durch den Urheber geschaffenen Werke sollten mit Rechten entlohnt werden, die sich vom schöpfungsbezogenen Urheberrecht unterscheiden. In seinen vertraglichen Beziehungen zu den Verwertern seiner Werke sollte der Urheber als die im Vergleich zu seinen Vertragspartnern schwächere Partei durch die faktische Verwirklichung des Sozialstaatsprinzips umfassend geschützt werden. Ausgehend von der Unzertrennbarkeit des geistigen Bandes zwischen Urheber und Werk sollte sowohl den vermögensrechtlichen als auch den persönlichkeitsrechtlichen Interessen des Urhebers Schutz gewährt werden.

2.2. Heute

Das *Gesetz über Urheberrecht und verwandte Schutzrechte* von 1965 ist das Ergebnis der philosophisch-juristischen Diskussion, die sich über Jahrhunderte hinweg ausgiebig mit den Rechten der Urheber und ihrer Geschäftspartner beschäftigte. Die Anschauungen, die sich im Laufe der geschichtlichen Entwicklung nach und nach herausbildeten, sind für Struktur und Inhalt des UrhG verantwortlich. Überlieferte Grundwerte finden sich auch heute im Herzen des Urheberrechts. Das Schöpferprinzip und die Vorstellung von der besonderen Schutzbedürftigkeit und Schutzwürdigkeit des Urhebers durchziehen dieses Rechtsgebiet heute genauso wie gestern.

Das Urheberrecht bezweckt allein den Schutz der Urheber für ihre persönlichen geistigen Schöpfungen im Bereich der Literatur, Wissenschaft und Kunst. Das geistige Schaffen muß grundsätzlich ein gewisses Niveau haben und von der Persönlichkeit des Urhebers geprägt sein. Die reine Investitionsleistung genügt (mit Ausnahme der "kleinen Münze") den relativ strengen Maßstäben des Urheberrechts nicht. Die Begrenzung des Urheberrechts auf den Bereich schöpferisch-geistiger Tätigkeit auf gehobenem Niveau wird dadurch ermöglicht, daß der wettbewerbsrechtliche Leistungsschutz oft als Unterbau fungiert und diejenigen Erzeugnisse schützt, die an der Grenze zwischen urheberrechtlich Geschütztem und Nichtgeschütztem liegen.

Das Urheberrecht ist aufgrund des Schöpferprinzips allein den Schöpfern geistiger Güter vorbehalten. Personen, die sich der kulturellen oder unternehmerischen Werkmittlung widmen - wie z.B. ausübende Künstler, Tonträger- und Filmproduzenten und Sendeunternehmen - können nur Inhaber von Rechten sein, die sich vom Urheberrecht abgrenzen: Ihre Domäne sind die verwandten Schutzrechte oder Leistungsschutzrechte.

Als direkte Folge des Schöpferprinzips kann das Urheberrecht nur in der Schöpferpersönlichkeit, dem Urheber, entstehen. Schöpfung setzt individuellen Geist voraus, weshalb ausschließlich natürliche Personen als Urheber in Frage kommen. Juristische Personen können allenfalls derivativ vom Urheber Rechte zur Werknutzung erwerben oder selbst Inhaber von Leistungsschutzrechten sein. Diese Grundsätze finden unter anderem auch auf das Arbeitnehmerurheberrecht Anwendung. Der Arbeitgeber kann lediglich auf derivativem Wege, d.h. in Ableitung vom Urheber, Rechte zur Verwertung des Werkes eingeräumt bekommen.

Die Erkenntnis, daß Urheber als die gegenüber den Verwertern wirtschaftlich und sozial Schwächeren des besonderen Schutzes durch Recht und Gesetz bedürfen, veranlaßte den deutschen Gesetzgeber, sozialstaatliche Grundprinzipien in die Materie des Urhebervertragsrechtes einfließen zu lassen. Eine Relativierung der Maximen der Vertragsfreiheit und Vertragstreue schien aus Gründen des Urheberschutzes geboten. Somit wurden eine Reihe von Bestimmungen im UrhG verankert, die den Urheber einerseits vor weitgehender Rechtsvergabe schützen und andererseits sicherstellen sollen, daß der Urheber an der wirtschaftlichen Verwertung möglichst umfassend beteiligt wird: Das Urheberrecht ist unter Lebenden unübertragbar, die Einräumung von Nutzungsrechten für nicht bekannte Nutzungsarten ist unwirksam, und Nutzungsrechtseinräumungen sind grundsätzlich formfrei. Auslegungsregeln wie die der Zweckübertragung und die des § 37 UrhG, die die Tragweite der Nutzungsrechtseinräumung zugunsten des Urhebers einschränkt, verwirklichen den urheberrechtlichen Grundsatz *in dubio pro auctore*. Gleichermaßen stellt das UrhG dem Urheber auch einige Vorschriften zur Verfügung, derer er sich bedienen kann, wenn die eingangs vereinbarten Vertragsbedingungen für ihn untragbar geworden sind und der Vertrag einer Korrektur in Anpassung an die veränderten Gegebenheiten bedarf. Das diesbezügliche Instrumentarium des UrhG umfaßt u.a. ein Recht auf angemessene Beteiligung, sollte das Werk des Urhebers ganz unerwartet ein Bestseller geworden sein, sowie ein Kündigungsrecht für den Fall, daß der Urheber Nutzungsrechte an künftig zu schaffenden Werken eingeräumt hat. Daneben hat der Urheber ein Recht auf Rückruf eines ausschließlichen Nutzungsrechts, wenn der Verwerter dieses nicht adäquat ausübt und die Talente des Urhebers damit nicht an die Öffentlichkeit gelangen können. Ebenso kann der Urheber von einem Rückrufsrecht mit entgegengesetzter Zielsetzung Gebrauch machen, wenn er sein Werk aus dem Lichte der Öffentlichkeit zurückziehen will, da sich seine im Werk zum Ausdruck kommende Überzeugung geändert hat. Natürlich sind all diesen Rechten entsprechende Schranken gegen einen eventuellen Mißbrauch durch den Urheber gesetzt. Gleichzeitig aber werden die Urheber davor bewahrt, auf die genannten Rechte durch geschickte Verhandlungsstrategien der Verwerter schon im voraus umfassend zu verzichten, denn der Vorausverzicht ist, genau wie ein zeitlich unbefristeter Ausschluß der Rechtsausübung, nicht gestattet. Schließlich kann der Urheber auch auf bürgerlich-rechtliche Vorschriften bzw. Rechtsinstitute zurückgreifen, um sich im Ernstfall aus einem für ihn untragbar gewordenen Vertragsverhältnis zu lösen - z.B. den Wegfall der Geschäftsgrundlage und die Kündigung aus wichtigem Grund.

Urheberpersönlichkeitsrechtlichen Interessen des Urhebers schenkt das UrhG genauso Beachtung wie seinen vermögensrechtlichen Interessen. Das Recht auf Anerkennung der Urheberschaft beinhaltet sowohl einen positiven als auch einen negativen Aspekt, nämlich das Recht, als Urheber eines Werkes erkennbar gemacht zu werden, sowie das Recht, fremde Angriffe auf die Urheberschaft abzuwehren. Das Urheberbezeichnungsrecht ist eine automatische Folge des Schöpfungsaktes an sich und bedarf keiner ausdrücklichen Geltendmachung durch den Urheber. Einschränkungen dieses Rechtes erfolgen nicht mittels allgemein gefaßter Bestimmungen, sondern nur im Rahmen einer Interessenabwägung, die den Bedürfnissen des Einzelfalles gerecht wird. Ähnliches gilt auch für das Recht auf Werkintegrität, das im übrigen sehr weit gefaßt ist und sogar die Darstellung des Werkes in einem vom Urheber unerwünschten Sachzusammenhang sowie die Werkvernichtung erfaßt. Ferner ist auch ein Veröffentlichungsrecht Bestandteil des urheberpersönlichkeitsrechtlichen Instrumentariums. Ein umfassender Verzicht auf die Urheberpersönlichkeitsrechte ist im Interesse eines effektiven Urheberschutzes nicht möglich.

3. Harmonisierung in der Europäischen Gemeinschaft

Die fundamentalen Unterschiede zwischen den beiden großen Rechtstraditionen, dem *Copyright*-Modell der *Common Law*-Systeme und dem *Droit d'auteur*-Konzept der kontinentaleuropäischen *Civil Law*-Rechtsordnungen, traten bei der Betrachtung zweier ihrer Repräsentanten deutlich hervor. Das britische *Copyright Law* und das deutsche Urheberrecht symbolisieren die Kluft zwischen den Systemen, deren Überwindung die Europäische Gemeinschaft bei ihren Bemühungen um Harmonisierung vor enorme Herausforderungen stellt.

3.1. Heute

Eine EG-weite Harmonisierung des Urheberrechts und der Leistungsschutzrechte kann nur in einem eng begrenzten Rahmen erfolgen, der - abgesehen von der faktischen Dichotomie zwischen *Copyright* und *Droit d'auteur* - durch begrenzte Ressourcen, politische Faktoren, die beschränkte Handlungskompetenz der EG, das Subsidiaritätsprinzip, den Verhältnismäßigkeitsgrundsatz und die Richtlinienumsetzung in nationales Recht bestimmt wird.

Die bisher erlassenen Harmonisierungsrichtlinien haben bereits einige Brücken zwischen *Copyright* und *Droit d'auteur* gebaut. Die Richtlinien über Computerprogramme (1991), das Vermiet- und Verleihrecht (1992), das Satellitensende- und Kabelweiterverbreitungsrecht (1993), die Schutzdauer (1993) und Datenbanken (1996) haben einen wesentlichen Beitrag zur Verständigung der beiden Rechtstraditionen geleistet, auch wenn ein globales Abrücken seitens des einen oder anderen Systems von eingefleischten Grundüberzeugungen nicht im Bereich des Möglichen lag.

Das Kriterium der Originalität, mit Hilfe dessen Geschütztes vom Ungeschützten abgegrenzt wird, konnte in bezug auf bestimmte Werkkategorien (Computerprogramme, Fotografien und Datenbanken) mittels einer einheitlichen Definition harmonisiert werden, die dem britischen Gesetzgeber eine Anhebung und dem deutschen Gesetzgeber eine Absenkung der Schutzgrenze abverlangte - dies aber nur für die genannten Werkkategorien. Insofern wurde eine punktuelle Annäherung der Systeme erreicht, die den Großteil der Werkgattungen allerdings unberührt läßt. Ob sich die Originalitätsdefinition auch auf andere Arten von Werken ausdehnen läßt, ist angesichts der grundverschiedenen rechtsdogmatischen und rechtsphilosophischen Grundüberzeugungen der beiden Rechtstraditionen fraglich.

Die Unterscheidung zwischen Urheberrecht und verwandten Schutzrechten oder *Copyright and Related Rights* wird in den Harmonisierungsrichtlinien der EG anerkannt. Die EG-Richtlinien spiegeln damit die Tatsache wider, daß in der großen Mehrheit der EG-Mitgliedstaaten eine Trennung der Urheberrechte von den Leistungsschutzrechten vorgenommen wird. Gleichzeitig legte der EG-Gesetzgeber jedoch großen Wert darauf, den Briten nicht die verhaßte *copyright-neighbouring rights*-Unterscheidung aufzuzwingen, weshalb für die Richtlinien anstatt des Terminus *neighbouring rights* der wohl etwas neutralere der *related rights* gewählt wurde. Von britischer Warte aus verlangt die Unterscheidung zwischen *copyright* und *related rights*, die sich in den Richtlinien findet, im nationalen Recht keinerlei Zugeständnisse rechtssystematischer Art. Dies ist der Grund, weshalb die Trennung der Rechte auf EG-Ebene die Briten ziemlich unberührt lassen kann.

Während Systemfragen in den Richtlinien eher im Hintergrund stehen, ist die Angleichung materieller Bestimmungen zum Abbau von Handelshemmnissen stets im Vordergrund. Einerseits werden durch die Vermiet- und Verleihrecht-Richtlinie sowie die Satellit- und Kabel-Richtlinie spezifische Rechte an Werken bzw. Leistungen aller Art geregelt. Andererseits werden durch die Computerprogramm- und die Datenbank-Richtlinie Rechte an bestimmten Schutzgegenständen harmonisiert. Gemeinsames Kriterium dieser Bereiche ist, daß für sie angesichts ihrer Brisanz für den EG-Binnenmarkt ein besonderes Harmonisierungsbedürfnis besteht. Es soll an dieser Stelle nicht nochmals auf die in den Richtlinien gewährten Rechte eingegangen werden, da sie bereits detailliert besprochen wurden[4] und ihr materieller Gehalt in der hier angebrachten Kürze nicht angemessen dargestellt werden kann. Jedenfalls aber wurde in den von den Richtlinien geregelten Spezialbereichen eine umfassende Harmonisierung erreicht.

Die Frage nach der Urheberschaft und der Inhaberschaft des Urheberrechts wird von den EG-Richtlinien diplomatisch angegangen. In der Computerprogramm- und der Datenbank-Richtlinie werden beide Alternativen - d.h.

[4] Oben Teil 3, Kapitel 2, Ziffer 2.4.2.

Urheber als natürliche Personen und Urheber als juristische Personen - ausdrücklich angesprochen. In der Vermiet- und Verleihrecht-Richtlinie sowie der Satellit- und Kabel-Richtlinie wird der Urheberbegriff nicht definiert, doch geht aus dem Kontext hervor, daß bei den Rechten, die dem "Urheber" gewährt werden, auf den Urheber im Sinne der kontinentaleuropäischen Definition Bezug genommen wird; seitens des EG-Gesetzgebers wird vorausgesetzt, daß der nationale Gesetzgeber - soweit der Urheberbegriff in der nationalen Rechtsordnung breiter definiert ist - die Substanz der in den Richtlinien gewährten Rechte versteht und im innerstaatlichen Kontext entsprechend umsetzt. Die Schutzdauer-Richtlinie macht den Urheber als natürliche Person zum primären Anhaltspunkt, indem sie die Schutzfrist zunächst in bezug auf seine Lebensspanne bemißt. Doch gleichzeitig wird explizit auch dem Umstand Rechnung getragen, daß nationales Recht zuweilen juristische Personen als Urheber ansieht; für diese Fälle wird nicht an den Tod einer natürlichen Person, sondern an ein anderes fristauslösendes Ereignis angeknüpft.

Das Arbeitnehmerurheberrecht, das es im Rahmen der Computerprogramm- und der Datenbank-Richtlinie zu regelt galt, wurde vom Gemeinschaftsgesetzgeber mit ähnlichem Verständnis für nationale Überzeugungen angegangen. Den Gesetzgebern der EG-Mitgliedstaaten wurde sowohl das Festhalten am Schöpferprinzip als auch die Beibehaltung des Investitionsschutzprinzips ermöglicht, da der Arbeitgeber entweder in Ableitung vom Urheber Inhaber der Vermögensrechte werden kann oder auch originärer Rechtsinhaber sein kann.

In bezug auf die Filmurheberschaft stellt der EG-Gesetzgeber den Mitgliedstaaten nach wie vor frei, entweder gemäß dem Schöpferprinzip allein schöpferisch tätige Individuen als Urheber anzusehen oder in Verwirklichung des Investitionsschutzgedankens den Filmproduzenten als Urheber und Inhaber von Vermögensrechten anzusehen. Zugeständnisse werden vom letzteren Modell lediglich im Hinblick auf die Person des Hauptregisseurs verlangt, der auf jeden Fall als *einer* der Urheber des Filmwerkes zu benennen ist.

Das Urhebervertragsrecht nimmt auf EG-Ebene bislang eine Randstellung ein. In den Richtlinien finden sich nur vereinzelt Bestimmungen urhebervertragsrechtlicher Natur, die darum bemüht sind, praktischen Bedürfnissen entsprechend für ein angemessenes Gleichgewicht zwischen den Produzenten der Kulturindustrien und den Urhebern bzw. ausübenden Künstlern zu schaffen. Die Vermiet- und Verleihrecht-Richtlinie gibt diesbezüglich ein interessantes Beispiel: Mit Blick auf den Filmproduktionsvertrag wird durch die Instrumente der Übertragungsvermutung und des unverzichtbaren Vergütungsanspruchs eine Situation geschaffen, die sowohl den Verwertungsinteressen der Filmproduzenten als auch den vermögensrechtlichen Interessen der Urheber und ausübenden Künstler Rechnung trägt. Filmproduzenten können sich z.B. das Vermietrecht der Urheber oder ausübenden Künstler durchaus übertragen lassen, müssen sie im Gegenzug aber fortlaufend und angemessen an den Vermieteinnahmen beteiligen; eine Pauschalabfindung für alle Verwertungsarten ist nicht akzeptabel.

Eine Harmonisierung des Urheberpersönlichkeitsrechtes im gemeinschaftlichen Rahmen wird sich schwieriger gestalten, als man auf den ersten Blick vermuten würde. Die Tatsache, daß mittlerweile selbst Großbritannien ausdrückliche *moral rights* eingeführt hat, obwohl es sich über viele Jahrzehnte hinweg gegen ihre gesetzliche Verankerung sträubte, sollte nicht darüber hinwegtäuschen, daß die fundamentalen Grundanschauungen hinsichtlich der praktischen Ausgestaltung wesentlicher Einzelaspekte nach wie vor grundverschieden sind. *Droit d'auteur*-Vertreter wie etwa Deutschland pochen im allgemeinen unerbittlich auf einen umfassenden Schutz der Schöpferpersönlichkeit in der Vertragswirklichkeit und wollen Einschränkungen des Urheberpersönlichkeitsrechts nur im Rahmen einer einzelfallbezogenen Interessenabwägung und ferner nur in dem Umfang zulassen, wie auf den urheberpersönlichkeitsrechtlichen Kern nicht völlig verzichtet wird. Dagegen würde Großbritannien als Repräsentant des *Copyright*-Modells die Belange der Urheber den Verwerterinteressen ausnahmslos unterordnen und dafür sorgen, daß potentielle Konfliktfälle durch verwerterorientierte Vorschriften, breitangelegte Ausnahmen und urheberbelastende Bedingungen gleich von vornherein im Sinne einer "ungestörten" Nutzung der "Ware Werk" gelöst werden. Manche der in Großbritannien etablierten Instrumente - wie der uneingeschränkte und schon im voraus mögliche Pauschalverzicht auf *moral rights*, die Notwendigkeit einer ausdrücklichen Geltendmachung des Urheberbezeichnungsrechtes und die Ausgrenzung der *moral rights* aus dem Bereich des betrieblichen Werkschaffens - geben einen Vorgeschmack von den sprichwörtlichen Funken, die ins EG-Pulverfaß geschleudert werden können.

Sich von den vielfältigen Schwierigkeiten entmutigen zu lassen, scheint jedoch nicht geboten. Tragfähige Kompromisse können durchaus gefunden werden. Beispielsweise macht gerade auch die Schutzdauer-Richtlinie deutlich, daß man durch geschickte Verhandlungen selbst eine große Vielzahl unterschiedlicher nationaler Regelungen auf einen gemeinsamen Nenner bringen kann.

Bei aller Würdigung der Aktivitäten des Gemeinschaftsgesetzgebers sollte jedoch auch der Beitrag des EuGH in der Materie des Urheberrechts und der verwandten Schutzrechte nicht vergessen werden. Der EuGH war es schließlich, der den Harmonisierungsprozeß im Bereich des Satellitenrundfunks und der Kabelweiterverbreitung, des Vermiet- und Verleihrechts sowie der Schutzfristen durch bewußte Grundsatzentscheidungen in den Urteilen *Coditel gegen Ciné Vog*, *Warner Brothers gegen Christiansen* und *EMI Electrola gegen Patricia*[5] in Gang brachte, als er den Konflikt zwischen nationalen Urheber- und Leistungsschutzrechten und den EG-Grundsätzen des freien Waren- und Dienstleistungsverkehrs zugunsten des nationalen Rechts entschied und die anderen EG-Organe damit zur Schaffung von Lösungen aufforderte, die die binnenmarktbeeinträchtigenden Faktoren aus dem Weg schaffen würden. Jüngst bewies der EuGH in seinem *Phil Collins*-Urteil, daß seine Auslegung gemeinschaftlicher Grundprinzipien auch für das Urheberrecht und die Leistungsschutzrechte entscheidende Konsequenzen haben kann.

Zudem erfolgt die Harmonisierung des Urheberrechts und der Leistungsschutzrechte nicht nur mit Blick auf den EG-Kontext. Vielmehr werden von der Gemeinschaft auch Bewegungen im internationalen Rahmen aktiv mitgestaltet. Die EG zeigt sich bemüht, in dem zwischen ihr und den USA bestehenden Wettbewerb um Einflußsphären in Drittländern nicht den kürzeren zu ziehen, sondern ihre Vorstellungen von einer angemessenen Gestaltung des Urheberrechts und der Leistungsschutzrechte insbesondere den aufstrebenden Nationen Mittel- und Osteuropas schmackhaft zu machen. Während die USA mit Zuckerbrot und Peitsche sowie ausgeprägtem Sendungsbewußtsein eine ganz besonders aggressive Art des Rechtsexportes auf weltumspannender Ebene betreiben, zieht die EG dem harten Diktat den konstruktiven Dialog mit ihren Nachbarn vor, um diesen längerfristig gesehen die Anbindung an die Gemeinschaft zu ermöglichen.

Darüber hinaus beteiligt sich die EG auch im multilateralen Kontext - sei es in bezug auf TRIPs, sei es im Forum der WIPO - rege an den Bestrebungen, auf globaler Ebene einen möglichst hohen Schutzstandard für den Bereich des Urheberrechts und der Leistungsschutzrechte durchzusetzen. Zuweilen treten die Differenzen insbesondere zwischen USA und EG im Hinblick auf gewisse Einzelbereiche (wie etwa Urheberpersönlichkeitsrecht im Rahmen des GATT)

---

[5] Zitiert oben Teil 3, Kapitel 1, Ziffer 2.2., Fn. 40. Auch unten in den Materialien: Europäische Gemeinschaft, Rechtsprechung.

deutlich zutage. Doch die Bemühungen, sich in einem umfassenderen Rahmen als im GATT auch den "Stiefkindern" des Urheberrechts und der Leistungsschutzrechte zu widmen, haben auf WIPO-Ebene eben erst begonnen.

3.2. Morgen

Es gibt viel zu tun. Sobald die Probleme, die die Kommission schon seit zwei Jahrzehnten beschäftigen (*Droit de suite* und private Vervielfältigung), zufriedenstellend gelöst worden sind, wird sich die EG intensiv mit den Fragen des digitalen Zeitalters auseinandersetzen müssen. Vernetzung und *multimedia*-Anwendungen werden so manche futuristisch anklingenden Konzepte Realität werden lassen. Mit den Chancen für die Nutzer der modernen Technik steigen jedoch auch die Risiken für die Rechtsinhaber. Nur die zügige Schaffung eines Rechtsrahmens, der den neuen Technologien in ihrer grenzüberschreitenden Dimension umfassend Rechnung trägt, kann verhindern, daß sich die Geschichte wiederholt: Genau wie schon vor Jahrhunderten die Buchdrucker und *Stationers* unter der territorialen Begrenztheit ihrer Rechte litten und sich immer wieder neue Taktiken einfallen lassen mußten, um sich gegen Nachdrucker zur Wehr zu setzen, werden auch die künftigen Rechtsinhaber Grund zur Klage wegen unerlaubter Zugriffe auf ihre Produkte und Dienste haben, wenn nicht über territoriale Grenzen hinweg gemeinsame Lösungen entwickelt werden.

Der Übergang ins Informationszeitalter stellt die *Copyright*- und die *Droit d'auteur*-Nationen gleichermaßen vor Herausforderungen, die nur in gegenseitiger Abstimmung und systemübergreifender Dimension bewältigt werden können. Solange der Dialog im europäischen und internationalen Rahmen nicht auf der Ebene der Polemik und in fruchtlosen Tiraden über die Verfehltheit des jeweils anderen Grundkonzeptes endet, sind die Perspektiven für die Schaffung eines einheitlichen und auf die neuen Technologien abgestimmten Rechtsrahmens gut. Für einen produktiven Dialog ist jedoch sowohl ein Verständnis der historischen Bedingtheit überlieferter Prinzipien vonnöten als auch die Bereitschaft, gegebenenfalls von diesen abzurücken und sich neuen Lösungen anzuschließen.

Die kreative Gestaltung der Gegenwart
ist der Weg in die Zukunft.

Schemata

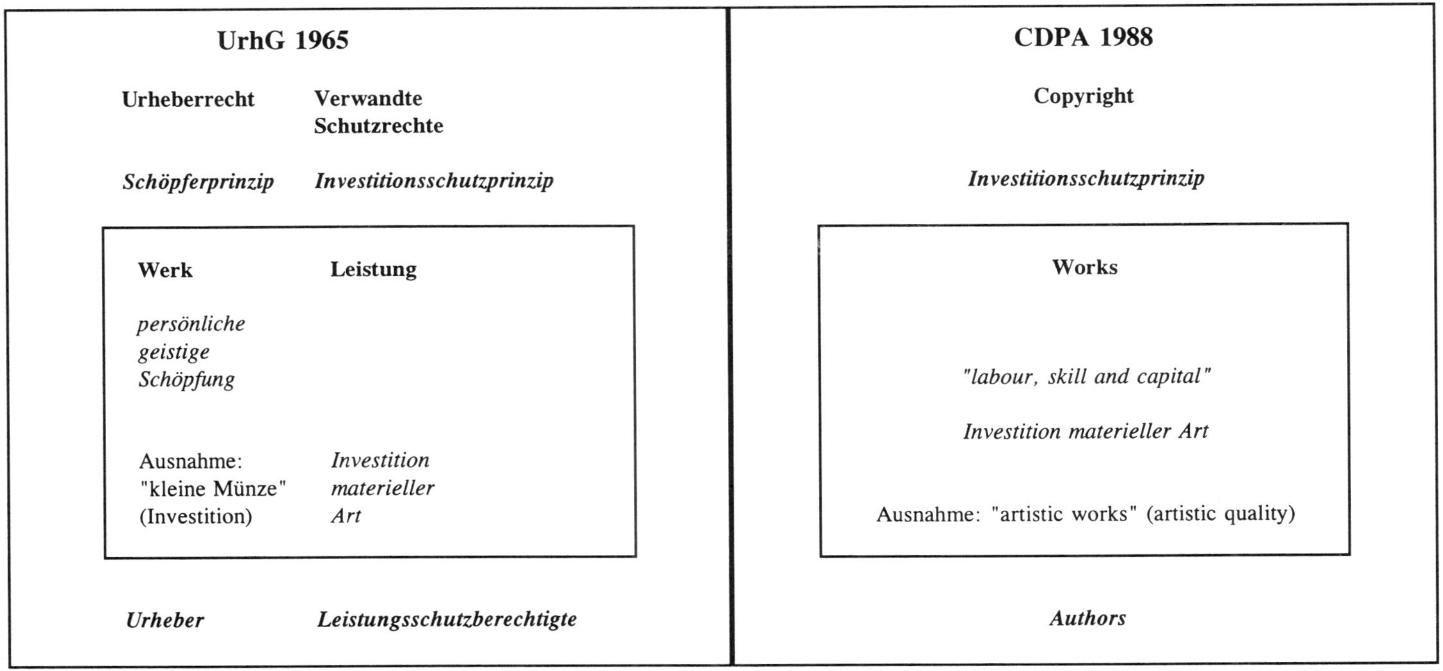

Schema 1: Urheberrecht, Leistungsschutz und Copyright in vertikaler Perspektive

UrhG 1965		*CDPA 1988*	
Urheberrecht	**Verwandte Schutzrechte**	**Copyright**	**Rights in Performances**
Rechte der Urheber von Werken der Literatur, Wissenschaft und Kunst	Rechte der - Verfasser wissenschaftl. Ausgaben - Herausgeber nachgelassener Werke - Lichtbildner - ausübenden Künstler - Veranstalter künstler. Darbietungen - Tonträgerhersteller - Sendeunternehmen - Filmhersteller - Laufbilderhersteller	Rechte der - Urheber von Werken der Literatur, des Drama, der Musik und der Kunst - Tonträgerhersteller - Filmhersteller - Sendeunternehmen - Kabelprogrammhersteller - Verleger veröffentlichter Werkausgaben	Rechte der - ausübenden Künstler - Tonträger- und Filmhersteller mit Aufnahmerechten an Darbietungen ausübender Künstler
Rechte der Urheber	**Rechte der Leistungsschutzberechtigten**	**Rechte der "Authors"**	**Rechte der ausübenden Künstler bzw. Aufnahmeberechtigten bzgl. ihrer Darbietungen**
Rechte an WERKEN	**Rechte an LEISTUNGEN**	**Rechte an WERKEN**	**Rechte an künstlerischen DARBIETUNGEN**
Schöpferprinzip	*Investitionsschutzprinzip*	*Investitionsschutzprinzip*	*Investitionsschutzprinzip*

Schema 2: Urheberrecht, Leistungsschutz, Copyright und Rights in Performances in horizontaler Perspektive

<table>
<tr><td colspan="3">SYSTEMATIK
des CA 1956 und der Performers' Protection Acts 1958, 1963 bzw. 1973</td><td colspan="2">SYSTEMATIK
des CDPA 1988</td></tr>
<tr><td colspan="2">Copyright</td><td>Performers' Rights</td><td>Copyright</td><td>Rights in Performances</td></tr>
<tr><td>Rechte der
Authors</td><td>Rechte der
Makers</td><td>Rechte der
Performers</td><td>Rechte der
Authors</td><td>Rechte der
Performers und Persons with Recording Rights</td></tr>
<tr><td>an
ORIGINAL WORKS</td><td>an
SUBJECT MATTERS</td><td>an
PERFORMANCES</td><td>an
WORKS</td><td>an
PERFORMANCES</td></tr>
<tr><td>Werke im Bereich Literatur, Drama, Musik und Kunst</td><td>- Tonaufnahmen
- Filme
- Sendungen
- veröffentlichte Werkausgaben</td><td></td><td>- Werke im Bereich Literatur, Drama, Musik und Kunst
- Tonaufnahmen
- Filme
- Sendungen
- Kabelprogramme
- typographische Gestaltungen veröffentlichter Werkausgaben</td><td></td></tr>
</table>

Schema 3: Britische Rechtssystematik im CDPA 1988 und zuvor

UrhG 1965		CDPA 1988	
Urheber	**Leistungsschutzberechtigte**	**Authors**	
nur natürliche Personen	*natürliche und juristische Personen*	*natürliche und juristische Personen*	
ausnahmslos auch Inhaber des Urheberrechts	Inhaber der jeweiligen Leistungsschutzrechte	in der Regel auch Copyright-Inhaber mit Ausnahme der angestellten Urheber ("employed authors") im Bereich der klassischen Werkkategorien	
angestellte Urheber	**Arbeitgeber**	**employed authors** of literary, dramatic, musical & artistic works	**employers**
stets Inhaber des Urheberrechts	nur Nutzungsrechte derivativer Rechtswerb	"authors" aber nicht Inhaber des Copyright	"first owners of copyright" originäre Copyright-Inhaber

Schema 4: Inhaber des Urheberrechts, der Leistungsschutzrechte und des Copyright

Materialien

Australien

1994:	Highways to Change - Copyright in the New Communications Environment (*Copyright Convergence Group*), Canberra, August 1994	

Deutschland

Anmerkung:

- Gesetze zur Materie des Urheberrechts und der verwandten Schutzrechte sind mit * gekennzeichnet
- Änderungsgesetze zum UrhG 1965 sind mit ** gekennzeichnet

Gesetzgebung (einschließlich Entwürfe)

1876:	Gesetz betreffend das Urheberrecht an Mustern und Modellen vom 11. Januar 1876 (zit.: GeschmacksmusterG)	RGBl. S. 11, zuletzt geänd. durch Gesetz zur Reform des Markenrechts und zur Umsetzung der Ersten Richtlinie 89/104/EWG des Rates vom 21. Dezember 1988 zur Angleichung der Rechtsvorschriften der Mitgliedstaaten über die Marken (Markenrechtsreformgesetz) v. 25.10.1994, BGBl. I S. 3082
1896:	Bürgerliches Gesetzbuch vom 18. August 1896 (zit.: BGB)	RGBl. S. 195, zuletzt geänd. durch Gesetz zur Bereinigung des Umwandlungsrechts v. 28.10.1994, BGBl. I S. 3210

1901:	Gesetz über das Verlagsrecht vom 19. Juni 1901 (zit.: VerlG) *	RGBl. S. 217, zuletzt geänd. durch das Einführungsgesetz zur Insolvenzordnung vom 5.10.1994, BGBl. I S. 2911, wird am 1.1.1999 in Kraft treten
1901:	Gesetz, betreffend das Urheberrecht an Werken der Literatur und der Tonkunst vom 19. Juni 1901 (zit.: LUG) *	RGBl. S. 227; durch § 141 Nr. 3 UrhG vom 9.9.1965 (BGBl. I S. 1273) mit Wirkung vom 1.1.1966 aufgehoben
1907:	Gesetz, betreffend das Urheberrecht an Werken der bildenden Künste und der Photographie vom 9. Januar 1907 (zit.: KUG) *	RGBl. S. 7; durch § 141 Nr. 5 UrhG vom 9.9.1965 (BGBl. I S. 1273) mit Wirkung vom 1.1.1966 aufgehoben, soweit es nicht den Schutz von Bildnissen betrifft
1909:	Gesetz gegen den unlauteren Wettbewerb vom 7. Juni 1909 (zit.: UWG)	RGBl. S. 499, zuletzt geänd. durch Gesetz zur Reform des Markenrechts und zur Umsetzung der Ersten Richtlinie 89/104/EWG des Rates vom 21. Dezember 1988 zur Angleichung der Rechtsvorschriften der Mitgliedstaaten über die Marken (Markenrechtsreformgesetz) v. 25.10.1994, BGBl. I S. 3082
1949:	Grundgesetz für die Bundesrepublik Deutschland vom 23. Mai 1949 (zit.: GG)	BGBl. S. 1, zuletzt geändert durch Gesetz zur Änderung des Grundgesetzes v. 27.10.1994, BGBl. I S. 3146
1965:	Gesetz über Urheberrecht und verwandte Schutzrechte (Urheberrechtsgesetz) vom 9. September 1965 (zit.: UrhG) *	BGBl. I S. 1273, zuletzt geänd. durch Drittes Gesetz zur Änderung des Urheberrechtsgesetzes v. 23.6. 1995, BGBl. I S. 842
1965:	Gesetz über die Wahrnehmung von Urheberrechten und verwandten Schutzrechten (Urheberrechtswahrnehmungsgesetz) vom 9. September 1965 (zit.: UrhWG) *	BGBl. I S. 1294, zuletzt geänd. durch Gesetz v. 25.7.1994, BGBl. I S. 1739
1965:	Gesetz zu dem Internationalen Abkommen vom 26. Oktober 1961 über den Schutz der ausübenden Künstler, der Hersteller von Tonträgern und der Sendeunternehmen vom 15. September 1965 *	BGBl. II S. 1243
1969:	Erstes Gesetz zur Reform des Strafrechts vom 25. Juni 1969 **	BGBl. I S. 645

1969:	Tarifvertragsgesetz i.d.F. vom 25. August 1969 (zit.: TVG)	BGBl. I S. 1323, geänd. durch Heimarbeitsänderungsgesetz vom 29. 10. 1974, BGBl. I S. 2879, mit Maßgabe für das Gebiet der ehem. DDR durch Anl. I Kap. VIII Sachgeb. A Abschn. III Nr. 14 des Einigungsvertrages vom 31. August 1990 (BGBl. II S. 889)
1970:	Gesetz zur Änderung von Kostenermächtigungen, sozialversicherungsrechtlichen und anderen Vorschriften vom 23. Juni 1970 **	BGBl. I S. 805
1972:	Gesetz zur Änderung des Urheberrechtsgesetzes vom 10. November 1972 **	BGBl. I S. 2081
1973:	Gesetz zu den am 24. Juli 1971 in Paris unterzeichneten Übereinkünften auf dem Gebiet des Urheberrechts vom 17. August 1973 **	BGBl. II S. 1069
1973:	Gesetz zu dem Übereinkommen vom 29. Oktober 1971 zum Schutz der Hersteller von Tonträgern gegen die unerlaubte Vervielfältigung ihrer Tonträger vom 10. Dezember 1973 *	BGBl. II S. 1669
1974:	Einführungsgesetz zum Strafgesetzbuch vom 2. März 1974 **	BGBl. I S. 469
1976:	Gesetz zur Regelung des Rechts der Allgemeinen Geschäftsbedingungen vom 9. Dezember 1976 (zit.: AGBG)	BGBl. I S. 3317, zuletzt geänd. durch Gesetz v. 14.9.1995, BGBl. I S. 2325
1985:	Gesetz zur Änderung von Vorschriften auf dem Gebiet des Urheberrechts vom 24. Juni 1985 **	BGBl. I S. 1137
1986:	Erstes Gesetz zur Verbesserung der Stellung des Verletzten im Strafverfahren vom 18. Dezember 1986 **	BGBl. I S. 2496
1990:	Gesetz zur Stärkung des Schutzes des geistigen Eigentums und zur Bekämpfung der Produktpiraterie vom 7. März 1990 (zit.: Produktpirateriegesetz) **	BGBl. I S. 422
1993:	Zweites Gesetz zur Änderung des Urheberrechtsgesetzes vom 9. Juni 1993 **	BGBl. I S. 910; UFITA Bd. 123 (1993) 178-181

1993:	Gesetz zur Anpassung des EWR-Ausführungsgesetzes vom 27. September 1993 **	BGBl. I S. 1666, 2436
1994:	Gesetz zur Änderung des Patentgebührengesetzes und anderer Gesetze vom 25. Juli 1994 **	BGBl. I S. 1739
1994:	Gesetz zur Neuordnung des Berufsrechts der Rechtsanwälte und der Patentanwälte vom 2. September 1994 **	BGBl. I S. 2278
1994:	Gesetz zur Reform des Markenrechts und zur Umsetzung der Ersten Richtlinie 89/104/EWG des Rates vom 21. Dezember 1988 zur Angleichung der Rechtsvorschriften der Mitgliedstaaten über die Marken vom 25. Oktober 1994 **	BGBl. I S. 3082
1994:	Drittes Gesetz zur Änderung des Urheberrechtsgesetzes vom 23. Juni 1995 **	BGBl. I S. 842
1995:	Referentenentwurf eines Vierten Gesetzes zur Änderung des Urheberrechtsgesetzes vom 2. Februar 1996 (Bundesministerium der Justiz)	BMJ III B 3 - 3600/12

Rechtsprechung

Anwaltsschriftsatz	BGH v. 17.4.1986	GRUR 1986, 739-742 m.Anm.v. *Wild*
Ausschreibungsunterlagen	BGH v. 29.3.1984	GRUR 1984, 659-664 m.Anm.v. *Rojahn*
Beatles	OLG Frankfurt a.M. v. 4.3.1993	GRUR Int. 1993, 872-873
Beatles CD's	OLG München v. 22.4.1993	GRUR 1994, 118-120
Betriebssystem	BGH v. 4.10.1990	GRUR 1991, 449-456 m.Anm.v. *Betten* u. *Frhr. v. Gravenreuth*
Bob Dylan	BVerfGE v. 23.1.1990	GRUR 1990, 438-443; NJW 1990, 2189-2192

Brombeer-Muster	BGH v. 27.1.1983	GRUR 1983, 377-379
Bruce Springsteen	OLG Frankfurt a.M. v. 4.3.1993	GRUR Int. 1993, 702-703
Buchhaltungsprogramm	BGH v. 14.7.1993	GRUR 1994, 39-41
Büromöbelprogramm	BGH v. 23.10.1981	GRUR 1982, 305-308
Buntstreifensatin II	BGH v. 18.12.1968	GRUR 1969, 292-295
Die Zauberflöte	BGH v. 20.11.1986	GRUR 1987, 814-818 m.Anm.v. *Schack*
Dirlada	BGH v. 26.9.1980	GRUR 1981, 267-269
Eileen Gray II	OLG Frankfurt a.M. v. 1.9.1994	GRUR Int. 1995, 337-338
Fahr'n auf der Autobahn	OLG Düsseldorf v. 1.12.1977	GRUR 1978, 640-642
Folgerecht bei Auslandsbezug	BGH v. 16.6.1994	GRUR 1994, 798-800
Honorarbedingungen: Sendevertrag	BGH v. 18.2.1982	GRUR 1984, 45-52
Horoskop-Kalender	BGH v. 27.6.1991	GRUR 1991, 901-903
Inhaltskontrolle von Bürgschaften einkommensloser und vermögensloser Familienangehöriger (zit.: *Inhaltskontrolle*)	BVerfGE v. 19.10.1993	NJW 1994, 36-39
Inkasso-Programm	BGH v. 9.5.1985	GRUR 1985, 1041-1049
Kunststoffzähne	BGH v. 2.7.1969	GRUR 1969, 618-620
Merkmalklötze	BGH v. 20.2.1976	GRUR 1976, 434-438 m.Anm.v. *Schwanhäusser*
Personalausweise	BGH v. 29.5.1964	GRUR 1965, 104-110

Play-family	BGH v. 19.12.1979	GRUR 1980, 235-238
Rolling Stones	BGH v. 21.4.1994	GRUR 1994, 794-797
Schallplatten	BVerfGE v. 8.7.1971	GRUR 1972, 491-496
Staatsexamensarbeit	BGH v. 21.11.1980	GRUR 1981, 352-355
Tierfiguren	BGH v. 25.5.1973	GRUR 1974, 669-672
Vasenleuchter	BGH v. 21.5.1969	GRUR 1972, 38-40
Werbepläne	BGH v. 20.11.1986	GRUR 1987, 360-362 m.Anm.v. *Stefan*

Sonstige Quellen

1989:	Bericht der Bundesregierung über die Auswirkungen der Urheberrechtsnovelle 1985 und Fragen des Urheber- und Leistungsschutzrechts vom 7. Juli 1989 (zit.: Bericht des Bundesregierung vom 7.7.1989)	BT-Drucks. 11/4929; UFITA 113 (1990) 131-258
1994:	Bericht der Bundesregierung an den Deutschen Bundestag über die Entwicklung des Urhebervertragsrechts vom 6. Mai 1994 (zit.: Bericht der Bundesregierung vom 6.5.1994)	BT-Drucks. 12/7489; UFITA 126 (1994) 223-250

Europäische Gemeinschaft

Gesetzgebung

Verträge

1957:	Vertrag zur Gründung der Europäischen Wirtschaftsgemeinschaft vom 25. März 1957 (zit.: bis 31.10.1993: EWGV oder EWG-Vertrag) (zit.: seit 1.11.1993: EG-Vertrag oder EGV)	BGBl. II S. 766, geänd. durch die Einheitliche Europäische Akte vom 17./28.2.1986, BGBl. II S. 1104 i.d.F. des Vertrages über die Europäische Union v. 7.2.1992, BGBl. II S. 1253; geänd. durch Beitrittsvertrag v. 24.6.1994, BGBl. II S. 2022, i.d.F. des Beschlusses v. 1.1.1995, ABl. EG Nr. L 1/1
1992:	Vertrag über die Europäische Union vom 7. Februar 1992 (zit.: EU-Vertrag oder EUV oder Maastricht-Vertrag)	BGBl. II S. 1253, geänd. durch Beitrittsvertrag v. 24.6.1994, BGBl. II S. 2022, i.d.F. des Beschlusses v. 1.1.1995, ABl. EG Nr. L 1/1; auch ABl. EG Nr. C 224 v. 31.8.1992, S. 1-130

Verordnungen

1984:	Verordnung (EWG) Nr. 2641/84 des Rates vom 17. September 1984 zur Stärkung der gemeinsamen Handelspolitik und insbesondere des Schutzes gegen unerlaubte Handelspraktiken (zit.: Verordnung (EWG) Nr. 2641/84)	ABl. EG Nr. L 252 v. 29.9.1984, S. 1

1994:	Verordnung (EG) Nr. 3286/94 des Rates vom 22. Dezember 1994 zur Festlegung der Verfahren der Gemeinschaft im Bereich der gemeinsamen Handelspolitik zur Ausübung der Rechte der Gemeinschaft nach internationalen Handelsregeln, insbesondere den im Rahmen der Welthandelsorganisation vereinbarten Regeln (zit.: Verordnung (EG) Nr. 3286/94)	ABl. EG Nr. L 349 v. 31.12.1994, S. 71; geändert durch: Verordnung (EG) Nr. 356/95 des Rates zom 20. Februar 1995 zur Änderung der Verordnung (EG) Nr. 3286/94 zur Festlegung der Verfahren der Gemeinschaft im Bereich der gemeinsamen Handelspolitik zur Ausübung der Rechte der Gemeinschaft nach internationalen Handelsregeln, insbesondere den im Rahmen der Welthandelsorganisation vereinbarten Regeln, ABl. EG Nr. L 41 v. 23.2. 1995, S. 3; beide Verordnungen traten am 1.1.1995 in Kraft

Richtlinien

1991:	Richtlinie 91/250/EWG des Rates vom 14. Mai 1991 über den Rechtsschutz von Computerprogrammen (zit.: RL 91/250/EWG oder Computerprogramm-Richtlinie)	ABl. EG Nr. L 122 v. 17.5.1991, S. 42; GRUR Int. 1991, 545-551
1992:	Richtlinie 92/100/EWG des Rates vom 19. November 1992 zum Vermietrecht und Verleihrecht sowie zu bestimmten dem Urheberrecht verwandten Schutzrechten im Bereich des geistigen Eigentums (zit.: RL 92/100/EWG oder Vermiet- und Verleihrecht-Richtlinie)	ABl. EG Nr. L 346 v. 27.11.1992, S. 61; UFITA 123 (1993) 169-178; in engl. 25 IIC 553-559 (1994)
1993:	Richtlinie 93/83/EWG des Rates zum 27. September 1993 zur Koordinierung bestimmter urheber- und leistungsschutzrechtlicher Vorschriften betreffend Satellitenrundfunk und Kabelweiterverbreitung (zit.: RL 93/83/EWG oder Satellit- und Kabel-Richtlinie)	ABl. EG Nr. L 248 v. 6.10.1993, S. 15; GRUR Int. 1993, 936-940; UFITA 124 (1994) 285-296
1993:	Richtlinie 93/98/EWG des Rates zum 29. Oktober 1993 zur Harmonisierung der Schutzdauer des Urheberrechts und bestimmter verwandter Schutzrechte (zit.: RL 93/98/EWG oder Schutzdauer-Richtlinie)	ABl. EG Nr. L 290 v. 24.11.1993, S. 9; GRUR Int. 1994, 141-144; UFITA 125 (1994) 201-210

1996:	Richtlinie 96/9/EG des Europäischen Parlaments und des Rates vom 11. März 1996 über den rechtlichen Schutz von Datenbanken (zit.: RL 96/9/EG oder Datenbank-Richtlinie)	ABl. EG Nr. L 77 v. 27.3.1996, S. 20

Rechtsprechung

Gerichtshof der Europäischen Gemeinschaften (EuGH)

Brasserie du Pêcheur SA gegen die Bundesrepublik Deutschland; Regina gegen Secretary of State for Transport, ex parte Factortame Ltd. and Others	EuGH-Urteil v. 5. März 1996, Rs. C-46/93 und C-48/93	[1996] 1 CMLR 889
Coditel SA gegen Ciné Vog Films (Nr. 1) ("Dienstleistungsverkehr: Kabelfernsehen")	EuGH Urteil v. 18. März 1980, Rs. 62/79	Slg. 1980, 881; 12 IIC 207 (1981)
Collins gegen Imtrat Handelsgesellschaft mbH; Patricia Im- und Export Verwaltungsgesellschaft mbH vs. EMI Electrola GmbH (zit.: *Phil Collins*)	EuGH-Urteile v. 20. Oktober 1993, Rs. C-92/92 und C-326/92	Slg. 1993 I-5145; NJW 1994, 375; GRUR Int. 1994, 53; GRUR 1994, 280; [1994] FSR 166
Deutsche Grammophon Gesellschaft mbH gegen Metro-SB-Großmärkte GmbH & Co. KG ("Tonträger")	EuGH Urteil v. 8. Juni 1971, Rs. 78/70	Slg. 1971, 487; [1971] CMLR 631; GRUR Int. 1971, 450
EMI Electrola GmbH gegen Patricia Im- und Export Verwaltungsgesellschaft mbH ("Urheberrechte - Unterschiedliche Schutzfristen")	EuGH Urteil v. 24. Januar 1989, Rs. 341/87	Slg. 1989, 79; GRUR Int. 1989, 319; 21 IIC 689 (1990)
Francovich, Bonifaci et al. gegen die Republik Italien ("Nichtumsetzung einer Richtlinie - Haftung des Mitgliedstaats")	EuGH-Urteil v. 19. November 1991, Rs. C-6/90 und C-9/90	Slg. 1991 I-5357; [1993] 2 CMLR 66; GRUR Int. 1992, 417; Anm. v. *Bebr* in CMLRev. 1992, 557

Gutachten, abgegeben gemäß Artikel 228 Absatz 6 EG-Vertrag ("Zuständigkeit der Gemeinschaft für den Abschluß völkerrechtlicher Abkommen auf dem Gebiet der Dienstleistungen und des Schutzes des geistigen Eigentums - Verfahren des Artikels 228 Absatz 6 EG-Vertrag") (zit.: *Gutachten 1/94*)	EuGH-Gutachten 1/94 v. 15. November 1994	Slg. 1994 I-5267; GRUR Int. 1995, 239
Kommission der Europäischen Gemeinschaften gegen Italienische Republik ("Vertragsverletzung: etc.")	EuGH Urteil v. 15. Oktober 1986, Rs. 168/85	Slg. 1986, 2945
Musik-Vertriebmembran GmbH und K-tel International gegen GEMA - Gesellschaft für musikalische Aufführungs- und mechanische Vervielfältigungsrechte ("Freier Warenverkehr bei Schallplatten: Urheberrecht")	EuGH Urteil v. 20. Januar 1981, Rs. 55/80 und 57/80	Slg. 1981, 147
Radio Telefis Eireann (RTE) u. Independent Television Publications Ltd. (ITP) gegen Kommission der Europäischen Gemeinschaften ("Wettbewerb - Mißbrauch einer beherrschenden Stellung - Urheberrecht") (zit.: *Magill*)	EuGH Urteil v. 6. April 1995, Rs. C-241/91 P und C-242/91 P	Slg. 1995 I-743
Regina gegen HM Treasury, ex parte British Telecommunications plc	EuGH-Urteil v. 26. März 1996, Rs. C-392/93	[1996] 2 CMLR 217
Regina gegen Ministry of Agriculture, Fisheries and Food, ex parte Hedley Lomas (Ireland) Ltd.	EuGH-Urteil v. 23. Mai 1996, Rs. C-5/94	[1996] All ER (EC) 493
Warner Brothers Inc. and Metronome Video Aps. gegen Erik Viuff Christiansen ("Urheberrechte - Untersagung der Vermietung von Videokassetten")	EuGH Urteil v. 17. Mai 1988, Rs. 248/86	Slg. 1988, 2605; 19 IIC 666 (1988)

Gericht erster Instanz

Radio Telefis Eireann gegen Kommission der Europäischen Gemeinschaften; British Broadcasting Corporation and BBC Ent. Ltd. gegen Kommission der Europäischen Gemeinschaften; Independent Television Publications Ltd. gegen Kommission der Europäischen Gemeinschaften	Urteile v. 10. Juli 1991, Rs. 69/89; Rs. 70/89; Rs. 76/89	Slg. 1991 II-485; Slg. 1991 II-535; GRUR Int. 1993, 316; Slg. 1991 II-575

Sonstige Rechtsakte und Quellen

1974:	Entschließung des Europäischen Parlamentes über den Entschließungsantrag im Namen der Fraktion der Liberalen und Nahestehenden zum Schutz des europäischen Kulturgutes (zit.: Entschließung zum Schutz des europäischen Kulturgutes, 1974)	ABl. EG Nr. C 62 v. 30.5.1974; Bull. EG 1974 Nr. 5 Ziff. 2406
1977:	Die Aktion der Gemeinschaft im kulturellen Bereich, Mitteilung der Kommission an den Rat vom 22.11.1977 (zit.: Die Aktion der Gemeinschaft im kulturellen Bereich, 1977)	Bull. EG, Beilage 6/77
1980:	Minutes of the hearing of international non-governmental organisations on the harmonisation of artist's resale rights, 20.6.1980 (zit.: Ergebnisprotokoll der Anhörung zum Droit de suite, 1980)	Dok. III/D/280/80-EN
1980:	Droit de Suite - Contenu possible d'un projet de Directive du Conseil, 6/1980 (zit.: Droit de Suite-Vorschlag, 1980)	Dok. III/D/261/80-FR
1982:	Verstärkung der Gemeinschaftsaktion im Bereich Kultur, Mitteilung der Kommission an den Rat und das Europäische Parlament vom 12.10.1982 (zit.: Verstärkung der Gemeinschaftsaktion im Bereich Kultur, 1982)	Bull. EG, Beilage 6/82, KOM (82) 590 endg., 24.11.1982

1985:	Vollendung des Binnenmarktes, Weißbuch der Kommission an den Europäischen Rat (zit.: Weißbuch zur Vollendung des Binnenmarktes, 1985)	KOM (85) 310 endg., 14.6.1985
1987:	Neue Impulse für die Aktion der Europäischen Gemeinschaft im kulturellen Bereich, Mitteilung der Kommission, dem Rat und dem Europäischen Parlament im Dezember 1987 zugeleitet (zit.: Neue Impulse für die Aktion der Europäischen Gemeinschaft im kulturellen Bereich, 1987)	Bull. EG, Beilage 4/1987
1988:	Grünbuch über Urheberrecht und die technologische Herausforderung - Urheberrechtsfragen, die sofortiges Handeln erfordern. Mitteilung der Kommission (zit.: Grünbuch zur technologischen Herausforderung, 1988)	KOM (88) 172 endg., 23.8.1988; UFITA 110 (1989) 113-292
1988:	Beschluß des Rates vom 21. November 1988 über den Abschluß des Abkommens zwischen der Europäischen Wirtschaftsgemeinschaft und der Ungarischen Volksrepublik über den Handel und die handels- und wirtschaftliche Zusammenarbeit (88/595/EWG) (zit.: Handels- und Zusammenarbeitsabkommen zwischen der EWG und Ungarn vom 21.11.1988)	ABl. EG Nr. L 327 v. 30.11.1988, S. 1
1988:	Compte-rendu de l'audition "La copie privée de fixations audiovisuelles", les 1. & 2.12.1988, Chapitre 3 du Livre Vert sur le droit d'auteur et le défi technologique (zit.: Ergebnisprotokoll der Anhörung zur privaten Vervielfältigung, 1988)	KOM (88) 172 endg., 2/1989, Dok. III/D-5069/89
1989:	Mitteilung: Das Buch: ein unverzichtbarer Bestandteil des kulturellen Lebens in Europa (zit.: Das Buch: ein unverzichtbarer Bestandteil des kulturellen Lebens in Europa, 1989)	KOM (89) 258 endg., 3.8.1989

1991:	Initiativen zum Grünbuch, Arbeitsprogramm der Kommission auf dem Gebiet des Urheberrechts und der verwandten Schutzrechte. Mitteilung der Kommission (zit.: Initiativen zum Grünbuch, 1991)	KOM (90) 584 endg., 17.1.1991; GRUR Int. 1991, 359-370
1991:	Summary record of the hearing on droit de suite, 21.11.1991 (zit.: Ergebnisprotokoll der Anhörung zum Droit de suite, 1991)	Dok. III/5509/91-EN
1992:	Beschluß des Rates vom 25. Februar 1992 über den Abschluß durch die Europäische Wirtschaftsgemeinschaft des Interimsabkommens zwischen der Europäischen Wirtschaftsgemeinschaft und der Europäischen Gemeinschaft für Kohle und Stahl einerseits und der Republik Polen andererseits über Handel und Handelsfragen (92/228/EWG) (zit.: Interimsabkommen mit Polen vom 25.2.1992)	ABl. EG Nr. L 114 v. 30.4.1992, S. 1
1992:	Entschließung des Rates vom 14. Mai 1992 im Hinblick auf einen verstärkten Schutz des Urheberrechts und der Leistungsschutzrechte	ABl. EG Nr. C 138 v. 28.5.1992, S. 1
1992:	Vorschlag für eine Richtlinie des Rates über den rechtlichen Schutz von Datenbanken (zit.: Vorschlag zur Datenbank-Richtlinie, 1992)	KOM (92) 24 endg., 13.5.1992, ABl. EG Nr. C 156 v. 23.6.1992, S. 4
1992:	Ergebnisprotokoll der am 30.11.1992 und 1.12.1992 von der Kommission durchgeführten Anhörung der betroffenen Kreise zum Urheberpersönlichkeitsrecht (zit.: Ergebnisprotokoll der Anhörung zum Urheberpersönlichkeitsrecht, 1992)	Dok. III/F-4/CC/eb
1993:	Moral Rights: Commission Press Release, 4.1.1993, following consultative hearings on the need for harmonisation (zit.: Commission Press Release on Moral Rights, 1993)	Dok. IP/93/1

1993:	Geänderter Vorschlag für eine Richtlinie des Rates über den Rechtsschutz von Datenbanken (zit.: geänderter Vorschlag zur Datenbank-Richtlinie, 1993)	KOM (93) 464 endg., 4.10.1993, ABl. EG Nr. C 308 v. 15.11.1993, S. 1
1993:	Konsultationspapier zur privaten Vervielfältigung, Generaldirektion XV, Oktober 1993 (zit.: Konsultationspapier zur privaten Vervielfältigung, 1993)	
1993:	Mitteilung der Kommission an den Rat. "Die optimale Gestaltung des Binnenmarkts". Strategisches Programm (zit.: Strategisches Programm, 1993)	KOM (93) 632 endg., 22.12.1993
1993:	Wachstum, Wettbewerbsfähigkeit, Beschäftigung - Herausforderungen der Gegenwart und Wege in 21. Jahrhundert; Weißbuch der Kommission	ISBN 92 826 7424-X-1994
1994:	Gemeinsame Antwort von Herrn Kommissar Vanni d'Archirafi vom 26. April 1994 auf die schriftlichen Anfragen E-3482/93, E-3483/93 und E-3484/93 (betreffend internationale Schutzrechtserschöpfung)	ABl. EG Nr. L 340, S. 37; GRUR Int. 1995, 205
1994:	Europa und die globale Informationsgesellschaft - Empfehlungen an den Europäischen Rat, Brüssel, 26.5.1994 (zit.: Europa und die globale Informationsgesellschaft - Bangemann-Bericht, 1994)	
1994:	Mitteilung der Kommission an den Rat und an das Europäische Parlament sowie an den Wirtschafts- und Sozialausschuß und den Ausschuß der Regionen. Europas Weg in die Informationsgesellschaft - Ein Aktionsplan (zit.: Europas Weg in die Informationsgesellschaft - Ein Aktionsplan, 1994)	KOM (94) 347 endg., 19.7.1994
1995:	ISPO: Introduction to the Information Society: The European Way, Brussels, 20.2.1995	

1995:	Gemeinsamer Standpunkt (EG) 20/95 des Rates vom 10. Juli 1995 im Hinblick auf den Erlaß der Richtlinie 95/ /EG des Europäischen Parlaments und des Rates über den rechtlichen Schutz von Datenbanken (zit.: gemeinsamer Standpunkt zur Datenbank-Richtlinie oder gemeinsamer Standpunkt, 1995)	KOM (EG) 20/95 v. 10.7.1995, ABl. EG Nr. C 288 v. 30.10.95
1995:	Mitteilung der Kommission an den Rat: Gemeinsamer Standpunkt des Rates im Hinblick auf den Erlaß einer Richtlinie des Parlaments und des Rates über den rechtlichen Schutz von Datenbanken	SEC (95) 1430 endg., 14.9.1995
1995:	Grünbuch: Urheberrecht und verwandte Schutzrechte in der Informationsgesellschaft (zit.: Grünbuch zur Informationsgesellschaft, 1995)	KOM (95) 382 endg., 19.7.1995; ISBN 92-77-92580-9
1995:	Antworten der betroffenen Kreise zu "Urheberrecht und Leistungsschutzrechte in der Informationsgesellschaft"	ISBN 92-827-0204-9
1996:	Vorschlag für eine Richtlinie des Europäischen Parlaments und des Rates über das Folgerecht des Urhebers des Originals eines Kunstwerkes (zit.: Vorschlag zur *Droit de suite*-Richtlinie, 1996)	KOM (96) 97 endg., 13.3.1996

Frankreich

1994:	Industries culturelles et nouvelles technologies (*Commission Sirinelli*), La Documentation française, Paris, Septembre 1994 (zit.: Rapport Sirinelli)	

Großbritannien

Anmerkung:
Gesetze, die das *Copyright Law nicht* betreffen, sind mit * gekennzeichnet

Gesetzgebung (einschließlich Entwürfe)

1538:	Proclamation	Henry VIII	16.11.1538
1557:	Charter (zit.: Charter Mary)	Philip & Mary	4.5.1557
1566:	Star Chamber Decree	Eliz.	29.6.1566
1586:	Star Chamber Decree	Eliz.	23.6.1586
1637:	Star Chamber Decree	Charles I	11.7.1637
1643:	Ordinance in Parliament	Interregnum	14.6.1643
1647:	Ordinance in Parliament	Interregnum	20.9.1647
1649:	Ordinance in Parliament	Interregnum	20.9.1649
1662:	An Act for preventing the frequent abuses in printing seditious, treasonable, and unlicensed books and pamphlets, and for regulation of printing and printing presses (zit.: Licensing Act)	13 & 14 Char.II	c.33
1685:	An Act for reviving and continuance of several Acts of Parliament therein mentioned	1 James II	c.17
1688:	An Act for preventing doubts and questions concerning the collecting of publick revenue	1 William & Mary	c.14
1692:	An Act for reviving, continuing, and explaining several laws therein mentioned, which are expiring and near expiring	4 William & Mary	c.24
1707:	An Act for rendering the union of the two kingdoms more intire and compleat (zit.: Act of Union) *	6 Anne	c.6

1710:	An Act for the encouragement of learning, by vesting the copies of printed books in the authors, or purchasers, of such copies, during the times therein mentioned (zit.: Act of Anne)	8 Anne	c.17
1735:	An Act for the encouragement of the arts of designing, engraving, and etching historical and other prints, by vesting the properties thereof in the inventors and engravers during the times therein mentioned	8 Geo.II	c.13
1739:	An Act for prohibiting the importation of books reprinted abroad, and first composed or written, and printed in *Great Britain*; and for repealing so much of an Act made in the eighteenth year of her late majesty Queen *Anne*, as impowers the limiting of the prices of books	12 Geo.II	c.36
1751:	An Act for regulating the commencement of the year; and for correcting the calender now in use *	24 Geo.II	c.23
1766:	An Act to amend and render more effective an Act made in the eighth year of the reign of King *George* the Second, for encouragement of the arts of designing, engraving, and etching historical and other prints; and for vesting in and securing to *Jane Hogarth*, widow, the property in certain prints	7 Geo.III	c.38
1775:	An Act for enabling the two universities in *England*, the four universities in *Scotland*, and the several colleges of *Eton*, *Westminster*, and *Winchester*, to hold in perpetuity their copy right in books, given or bequeathed to the said universities and colleges for the advancement of useful learning and other purposes of education; and for amending so much of an Act of the eighth year of the reign of Queen *Anne*, as relates to the delivery of books to the warehouse keeper of the stationers company, for the use of the several libraries therein mentioned	15 Geo.III	c.53

1777:	An Act for more effectively securing the property of prints to inventors and engravers, by enabling them to sue for and recover penalties in certain cases	17 Geo.III	c.57
1787:	An Act for the encouragement of the arts of designing and printing linens, cottons, callices and muslins, by vesting the properties thereof in the designers, printers and proprietors, for a limited time	27 Geo.III	c.38
1789:	An Act for continuing an act made in the twenty-seventh year of the reign of his present majesty, (chap.38) intituled, *An Act for the encouragement of the arts of designing and printing linens, cottons, callices and muslins, by vesting the properties thereof in the designers, printers and proprietors, for a limited time*	29 Geo.III	c.19
1794:	An Act for amending and making perpetual an Act, made in the twenty-seventh year of the reign of his present majesty, intituled, *An Act for the encouragement of the arts of designing and printing linens, cottons, callices and muslins, by vesting the properties thereof in the designers, printers and proprietors, for a limited time*	34 Geo.III	c.23
1798:	An Act for encouraging the art of making new models and casts of busts, and other things therein mentioned	38 Geo.III	c.71
1801:	An Act for the further encouragement of learning, in the united kingdom of *Great Britain* and *Ireland*, by securing the copies and copy-right of printed books, to the authors of such books, or their assigns, for the time therein mentioned	41 Geo.III	c.107
1814:	An Act to amend and render more effective an Act of this present majesty, for encouraging the art of making new models and casts of busts, and other things therein mentioned; and for giving further encouragement to such arts	54 Geo.III	c.56

1814:	An Act to amend the several Acts for the encouragement of learning, by securing the copies and copy-right of printed books, to the authors of such books and their assigns	54 Geo.III	c.156
1833:	An Act to amend laws relating to dramatic literary property	3 & 4 Will.IV	c.15
1835:	An Act for preventing the publication of lectures without consent	5 & 6 Will.IV	c.65
1836:	An Act to extend the protection of copyright in prints and engravings to *Ireland*	6 & 7 Will.IV	c.59
1836:	An Act to repeal so much of an Act of the fifty-fourth year of King *George* the Third respecting copyright as requires the delivery of a copy of every published book to the libraries of *Sion College*, four universities of *Scotland*, and of the King's Inns in *Dublin*	6 & 7 Will.IV	c.110
1838:	An Act for securing to authors, in certain cases, the benefit of international copyright (zit.: International Copyright Act 1838)	1 & 2 Vict.	c.59
1839:	An Act for extending copyright of designs for calico printing to designs for printing other woven fabrics	2 Vict.	c.13
1839:	An Act to secure to proprietors of designs for articles of manufacture the copyright of such designs for a limited time	2 Vict.	c.17
1842:	An Act to amend the law of copyright	5 & 6 Vict.	c.45
1842:	An Act to consolidate and amend the laws relating to the copyright of designs for ornamenting articles of manufacture	5 & 6 Vict.	c.100
1843:	An Act to amend the laws relating to the copyright of designs	6 & 7 Vict.	c.65
1844:	An Act to amend the law relating to international copyright	7 & 8 Vict.	c.12

1847:	An Act to amend the law relating to the protection in the colonies of works entitled to copyright in the United Kingdom	11 & 12 Vict.	c.95
1850:	An Act to extend and amend the Acts relating to the copyright of designs	13 & 14 Vict.	c.104
1851:	An Act to extend the provisions of the Designs Act, 1859, and to give protection from piracy to persons exhibiting new inventions in the exhibition of the works of industry of all nations in one thousand eight hundred and fifty-one	14 & 15 Vict.	c.8
1852:	An Act to enable Her Majesty to carry into effect a convention with *France* on the subject of copyright; to extend and explain the International Copyright Acts; and to explain the Acts relating to copyright in engravings (zit.: International Copyright Act 1852)	15 & 16 Vict.	c.12
1858:	An Act to amend the Act of the fifth and sixth years of Her present Majesty, to consolidate and amend the law relating to the copyright of designs for ornamenting articles of manufacture	21 & 22 Vict.	c.70
1861:	An Act to amend the law relating to the copyright of designs	24 & 25 Vict.	c.73
1862:	Fine Arts Copyright Act 1862. An Act for amending the law relating to copyright in works of the fine arts, and for repressing the commission of fraud in the production and sale of such works	25 & 26 Vict.	c.68
1873:	Supreme Court of Judicature Act 1873. An Act for the constitution of a Supreme Court, and for other purposes relating to the better administration of Justice in England; and to authorise the transfer of the Appellate Division of such Supreme Court of the Jurisdiction of the Judicial Committee of Her Majesty's Privy Council *	36 & 37 Vict.	c.66
1875:	An Act to amend the law relating to International Copyright (zit.: International Copyright Act 1875)	38 & 39 Vict.	c.12

1875:	An Act to give effect to an Act of the Parliament of the Dominion of Canada respecting copyright	38 & 39 Vict.	c.53
1875:	Supreme Court of Judicature Act 1875. An Act to amend and extend the Supreme Court of Judicature Act 1873 *	38 & 39 Vict.	c.77
1875:	An Act to amend the Copyright of Designs Acts	38 & 39 Vict.	c.93
1882:	An Act to amend the law of copyright relating to musical compositions	45 & 46 Vict.	c.40
1886:	International Copyright Act. An Act to amend the law respecting International and Colonial Copyright (zit.: International Copyright Act 1886)	49 & 50 Vict.	c.33
1888:	Copyright (Musical Compositions) Act. An Act to amend the Law relating to the recovery of penalties for the unauthorised performance of copyright in musical compositions	51 & 52 Vict.	c.17
1902:	Musical (Summary Proceedings) Copyright Act. An Act to amend the law relating to musical copyright	2 Edw.VII	c.15
1906:	Musical Copyright Act. An Act to amend the law relating to musical copyright	6 Edw.VII	c.36
1907:	Patents and Designs Act. An Act to consolidate the enactments relating to patents for inventions and the registration of designs and certain enactments relating to trade marks	7 Edw.VII	c.29
1911:	Copyright Act. An Act to amend and consolidate the law relating to copyright	1 & 2 Geo.V	c.46
1925:	Dramatic and Musical Performers' Protection Act 1925. An Act to prevent unauthorised reproductions of dramatic and musical performances (zit.: Dramatic and Musical Performers' Protection Act 1925)	15 & 16 Geo.V	c.46
1956:	Copyright Act	4 & 5 Eliz.II	c.74

1958:	Dramatic and Musical Performers' Protection Act. An Act to consolidate the Dramatic and Musical Performers' Protection Act 1925 and the provisions of the Copyright Act 1956, amending it (zit.: Dramatic and Musical Performers' Protection Act 1958)	6 & 7 Eliz.II	c.44
1963:	Performers' Protection Act. An Act to amend the law relating to the protection of performers so as to enable effect to be given to a Convention entered into at Rome on 26th October 1961 (zit.: Performers' Protection Act 1963)	11 & 12 Eliz.II	c.53
1968:	Design Copyright Act. An Act to amend the law relating to the copyright of the design of certain manufactured articles, and for connected purposes	16 & 17 Eliz.II	c.68
1971:	Copyright (Amendment) Act. An Act to amend the Copyright Act 1956 so as to make provision for the subsequent variation by the Performing Right Tribunal of orders made pursuant to section 27 of that Act	19 & 20 Eliz.II	c.4
1972:	Performers' Protection Act. An Act to amend the Performers' Protection Acts 1958 and 1963 (zit.: Performers' Protection Act 1972)	20 & 21 Eliz.II	c.32
1979:	Public Lending Right Act. An Act to provide public lending right for authors, and for connected purposes	27 & 28 Eliz.II	c.10
1982:	Copyright Act 1956 (Amendment) Act. An Act to amend section 21 of the Copyright Act 1956 so as to make it an offence to be in possession of an infringing copy of a sound recording or cinematograph film by way of trade	30 & 31 Eliz.II	c.35

1983:	Copyright (Amendment) Act. An Act to amend section 21 of the Copyright Act 1956 so as to provide new penalties for offences relating to infringing copies of sound recordings and cinematograph films, and to provide for the issue and execution of search warrants in relation to such offences	31 & 32 Eliz.II	c.42
1984:	Cable and Broadcasting Act. An Act to provide for the establishment and functions of a Cable Authority and to make other provision with respect to cable programme services; to amend the Broadcasting Act 1981, to provide for the establishment and functions of a Satellite Broadcasting Board and to make other provision with respect to broadcasting services; and for connected purposes	32 & 33 Eliz.II	c.46
1985:	Films Act. An Act to repeat the Films Acts 1960 to 1980; to make further provision with respect to the financing of films; and for connected purposes	33 & 34 Eliz.II	c.21
1985:	Copyright (Computer Software) Amendment Act. An Act to amend Copyright in its application to computer programs and computer storage	33 & 34 Eliz.II	c.41
1988:	Copyright, Designs and Patents Act (zit.: CDPA)	36 & 37 Eliz.II	c.48
1992:	The Copyright (Computer Programs) Regulations 1992	SI 1992/3233	
1995:	The Duration of Copyright and Rights in Performances Regulations 1995	SI 1995/3297	
1995:	Draft Copyright and Rights of Performers Regulations 1995 (Entwurf)	Department of Trade and Industry, Patent Office, Intellectual Property Policy Directorate	

Rechtsprechung

Archbold v. Sweet	(1832) 172 ER 947
Barnett v. Cape Town Foreshore Board	[1978] FSR 176

Booth v. Richards	[1905-1910] Mac.CC 284
CBS Songs Ltd. v. Amstrad Consumer Electronics plc	[1988] AC 1013
Clifford Davis Management Ltd. v. W.E.A. Records Ltd.	[1975] 1 WLR 62; [1975] 1 All ER 237 (CA); GRUR Int. 1976, 90 - "Fleetwood Mac"
Donaldson v. Beckett	(1774) 4 Burr. 2408; (1774) 98 ER 257; 17 Cobbett's Parl. Hist. 954
Doyle v. Wright	[1928-1935] HCC 243
Elton John v. James	[1991] FSR 397
Eothen Films Ltd. v. Industrial & Commercial Education - Macmillan Ltd.	[1966] FSR 356
Erven Warnink Besloten Vennootschap v. Townend (J.) & Sons (Hull) Ltd.	[1979] AC 731
Eyre v. Walker	(1735) 1 Black. W. 331; (1735) 96 ER 184
Frisby v. British Broadcasting Corporation	[1967] Ch 932; [1967] 2 WLR 1204
Gilbert v. Boosey	(1889) 87 LTR 335
Gilbert v. Star Newspapers Co. Ltd., The	(1894) 11 TLR 4
Goss v. Lord Nugent	(1833) 110 KB 58
Gramophone Co. v. Cawardine	[1934] Ch 450
Gyles v. Wilcox	(1740) 26 ER 489; (1740) 2 Atk. 141
Hensher (George) Ltd. v. Restawile Upholstery (Lancs) Ltd.	[1976] AC 64
Humphreys v. Thompson & Co. Ltd.	[1905-1910] Mac.CC 148
Jeffreys (C.) v. Boosey (T.)	(1854) 4 HCL 815
Jonathan Cape Ltd. v. Consolidated Press Ltd.	[1954] 1 WLR 1313; [1954] 3 All ER 253
Joseph v. National Magazine Co. Ltd.	[1959] Ch 14; [1958] 3 WLR 366; [1958] 3 All ER 52

Jude's Musical Compositions, Re	[1907] 1 Ch 651
Ladbroke (Football) Ltd. v. Hill (William) (Football) Ltd.	[1964] 1 WLR 273 (HL); [1964] 1 All ER 465
Lee v. Gibbings	(1867) 67 LTR 263
Lord Byron v. Johnston	(1826) 35 ER 851
Macmillan & Co. Ltd. v. Cooper (K. & J.)	(1923) 93 LJPC 113; (1923) 20 TLR 186
Mail Newspapers Ltd. v. Express Newspapers Ltd.	[1987] FSR 90
Messager v. British Broadcasting Co. Ltd.	[1929] AC 151 (HL); [1928] All ER 272
Millar v. Donaldson	(1765) 2 Eden. 328; (1765) 28 ER 924
Millar v. Kincaid	(1750) 4 Burr. 2319; (1750) 98 ER 210
Millar v. Taylor	(1769) 4 Burr. 2303; (1769) 98 ER 221
Miller v. Cecil Film Ltd.	[1937] 2 All ER 464
Mogul Steamship Co. Ltd. v. McGregor Gow & Co.	[1892] AC 25
Moore v. News of the World Ltd.	[1972] 1 QB 441; [1972] 2 WLR 419
Morrison Leahy Music Ltd. v. Lightbond Ltd.	[1993] EMLR 144
Moseley v. Stanley Paul & Co.	[1917-1923] Mac.CC 341
Osborne v. Donaldson	(1765) 2 Eden. 328; (1765) 28 ER 924
O'Sullivan v. Management Agency & Music Ltd.	[1985] QB 428; [1984] 3 WLR 448
Panayiotou v. Sony Music Entertainment (UK) Ltd.	[1994] EMLR 229
Prince Albert v. Strange	[1849] 2 DeGex & Sm. 652; (1849) 64 ER 293
RCA Corporation v. Pollard	[1983] Ch 135 (CA); [1982] 3 WLR 1007
Ridge v. English Illustrated Magazine Ltd., The	[1911-1916] Mac.CC 91; (1912-1913) 29 TLR 592

Samuelson v. Producers' Distributing Co. Ltd.	[1932] 1 Ch 201
Schroeder (A.) Music Publishing Co. Ltd. v. Macauley (formerly Instone), affirming *Instone v. Schroeder (A.) Music Publishing Co. Ltd.*	[1974] 1 WLR 1308; [1974] 3 All ER 616 (HL); GRUR Int. 1976, 88 - "Schlagerkomponist"; [1974] 1 All ER 171 (CA)
Silvertone Records Ltd. v. Mountfield	[1993] 1 EMLR 152
Sinanide v. La Maison Kosmeo	(1928) 44 TLR 574
Tidy v. The Trustees of the Natural History Museum	[1996] 2 ENT.LR E-27
Tolnay v. Criterion Film Productions Ltd.	[1936] 2 All ER 1625
Tonson v. Collins	(1761) 1 Black. W. 301
Tonson v. Walker	(1739) 3 Swans. App. 672; (1739) 36 ER 1017
University of London Press Ltd. v. University Tutorial Press Ltd.	[1916] 2 Ch 601
Walter v. Lane	[1900] AC 539
Zang Tumb Tuum Records Ltd. v. Johnson	[1993] 1 EMLR 61 (CA)
Zomba Music Publishers Ltd. v. Mountfield	[1993] 1 EMLR 152

Sonstige Quellen

1952:	Report of the Copyright Committee (Chairman H. Gregory) (zit.: Gregory Report)	London, HMSO (Cmnd. 8662)
1977:	Report of the Committee to Consider the Law on Copyright and Designs (Chairman Hon. Justice Whitford) (zit.: Whitford Report)	London, HMSO (Cmnd. 6732)
1981:	Reform of the Law relating to Copyright, Designs and Performers' Protection: A Consultative Document (zit.: Green Paper, 1981)	London, HMSO (Cmnd. 8302)
1983:	Intellectual Property Rights and Innovation (zit.: Green Paper, 1983)	London, HMSO (Cmnd. 8866)

1985:	The Recording and Rental of Audio and Video Copyright Material: A Consultative Document (zit.: Green Paper, 1985)	London, HMSO (Cmnd. 9445)
1986:	Intellectual Property Rights and Innovation (zit.: White Paper, 1986)	London, HMSO (Cmnd. 9712)
1993:	EC Directive 92/100/EEC on Rental and Lending Rights and Certain Rights Related to Copyright: A Consultation Paper on Implementation of the Directive (zit.: *DTI*, EC Directive 92/100/EEC - Consultation Paper)	Department of Trade and Industry, Patent Office, Intellectual Property Policy Directorate
1994:	EC Directive 92/100/EEC on Rental and Lending Rights and Certain Rights Related to Copyright: Summary of Responses to the Consultation Paper on the Directive (zit.: *DTI*, EC Directive 92/100/EEC - Summary of Responses to the Consultation Paper)	Department of Trade and Industry, Patent Office, Intellectual Property Policy Directorate

Internationaler Rahmen

Multilaterale und bilaterale Abkommen

1886:	Berner Übereinkunft zum Schutz von Werken der Literatur und Kunst vom 9. September 1886, in der Pariser Fassung vom 24. Juli 1971 (zit.: Revidierte Berner Übereinkunft oder RBÜ)	RGBl. 1897 S. 759, zuletzt geänd. durch Pariser Revision, BGBl. 1973 II S. 1071; geänd. durch Beschluß vom 2.10.1979, BGBl. 1985 II S. 81
1892:	Abkommen vom 15.1.1892 zwischen dem Deutschen Reich und den Vereinigten Staaten von Amerika über den gegenseitigen Schutz der Urheberrechte	RGBl. 1892 S. 274
1952:	Welturheberrechtsabkommen vom 6. September 1952, in der Pariser Fassung vom 24. Juli 1971	BGBl. 1955 II S. 102, geänd. durch Pariser Revision, BGBl. 1973 II S. 1111

1961:	Internationales Abkommen über den Schutz der ausübenden Künstler, der Hersteller von Tonträgern und der Sendeunternehmen vom 26. Oktober 1961 (zit.: Rom-Abkommen oder RA)	BGBl. 1965 II S. 1245
1971:	Übereinkommen zum Schutz der Hersteller von Tonträgern gegen die unerlaubte Vervielfältigung ihrer Tonträger vom 29. Oktober 1971 (zit.: Genfer Tonträgerabkommen oder GTA)	BGBl. 1973 II S. 1670
1990:	Vertrag zwischen der Bundesrepublik Deutschland und der Deutschen Demokratischen Republik über die Herstellung der Einheit Deutschlands vom 31. August 1990	BGBl. II S. 889; geändert durch EG-Recht-Überleitungsverordnung vom 18.12.1990, BGBl. I S. 2915
1992:	Abkommen über den Europäischen Wirtschaftsraum vom 2. Mai 1992 (zit.: EWR-Abkommen oder EWRV)	BGBl. 1993 II S. 267 i.d.F. des Anpassungs-Protokolls zum Abkommen über den Europäischen Wirtschaftsraum vom 17.3.1993, BGBl. II S. 1294
1994:	Übereinkommen über handelsbezogene Aspekte des geistigen Eigentums vom 15. April 1994 (Agreement on Trade-Related Aspects of Intellectual Property Rights - TRIPs); es ist Teil des Übereinkommens zur Errichtung der Welthandelsorganisation (WTO) vom 15.4.1994; (zit.: TRIPs)	BGBl. 1994 II S. 1565 (englisch), S. 1730 (deutsch); in englisch: GRUR Int. 1994, 128-140 und [1994] 11 EIPR Supplement 1-12
1994:	Übereinkommen zur Errichtung der Welthandelsorganisation (WTO) vom 15. April 1994	BGBl. 1994 II S. 10 (englisch), S. 192 (deutsch)

Verhandlungen und Diskussionsrunden

1995:	G-7 Information Society Conference - Pilot Projects, Executive Summaries, European Commission, 25. und 26.2. 1995 (zit.: G-7 Information Society Conference, 1995)

1995:	G-7 Business Roundtable: Building A Global Information Society - A Call for Government Action, Brussels, May 1995	
1995:	Memorandum, Proposals, Report: Fifth Session of the *Committee of Experts on a Possible Protocol to the Berne Convention*, Geneva, September 4 to 8 and 12, 1995	WIPO Dok. BCP/CE/V/4, WIPO Dok. BCP/CE/V/3, WIPO Dok. BCP/CE/V/9-INR/CE/IV/8
1995:	Memorandum, Report: Fourth Session of the *Committee of Experts on a Possible Instrument for the Protection of the Rights of Performers and Producers of Phonograms*, Geneva, September 4 to 8 and 12, 1995	WIPO Dok. INR/CE/IV/5, WIPO Dok. BCP/CE/V/9-INR/CE/IV/8

Japan

1995:	Interim Report Regarding Problems of Intellectual Property Rights in the Context of Digital Networks (*MITI*: japanisches Handels- und Wirtschaftsministerium), Tokyo, January 1995
1995:	A Report on Discussions by the Working Group of the Sub-Committee on Multimedia Copyright - Study of Institutional Issues Regarding Multimedia (*Agency for Cultural Affairs*: japanisches Kultusministerium), Tokyo, February 1995

Kanada

1994:	Copyright and the Information Highway (*Copyright Subcommittee* of the Working Group on Canadian Content and Culture, set up by the Advisory Council on the Information Highway IHAC, chaired by David Johnston), Draft Final Report: December 1994; Final Report: March 1995

USA

Gesetzgebung

1976:	Copyrights Act. Oct. 19, 1976. An Act for the general revision of the Copyright Law, title 17 of the United States Code, and for other purposes	90 Stat. 2541
1988:	Omnibus Trade and Competitiveness Act. Aug. 23, 1988.	102 Stat. 1107
1992:	Audio Home Recording Act. Oct. 28, 1992. An Act to amend title 17, United States Code, to implement a royalty payment system and a serial copy management system for digial audio recording, to prohibit certain copyright infringement actions and for other purposes	106 Stat. 4237

Rechtsprechung

Feist Publications Inc. v. Rural Telephone Service Co. Inc.	111 S. Ct. 1283 (1991); GRUR Int. 1991, 933
Fox Film Corporation v. Doyal	286 U.S. 123
Shostakovich v. Tweentieth Century Fox Film Corp.	196 Misc. 67, 80 NYS 2d 575 (S. Ct. 1948)

Sonstige Quellen

1994:	Intellectual Property and the National Information Infrastructure (Information Infrastructure Task Force, chaired by Secretary of Commerce, Ronald H. Brown: *Working Group on Intellectual Property Rights*, chaired by Bruce A. Lehman, Assistant Secretary of Commerce and Commissioner of Patents and Trademarks), Preliminary Draft: Green Paper, July 1994; Final Report: White Paper, September 1995

Literaturverzeichnis

Abel, Paul: "Der Urheber" in dem britischen Copyright Act, 1956, UFITA 23 (1957) 129-133.

Abrams, Howard B.: The Historic Foundation of American Copyright Law: Exploding the Myth of Common Law Copyright, 29 Wayne L.Rev. 1119-1187 (1983).

Addor, Felix / *Govoni*, Carlo: Die Harmonisierung des europäischen Urheberrechts aus schweizerischer Perspektive, ZUM 1995, 464-471.

Ad Hoc Working Group on U.S. Adherence to the Berne Convention: Final Report of the Ad Hoc Working Group on U.S. Adherence to the Berne Convention, 10 Col.-VLA J.L. & Arts 513-620 (1986).

- Preliminary Report of the Ad Hoc Working Group on U.S. Adherence to the Berne Convention, 33 J.Cop.Soc. 183-276 (1985/86).

Agnew, David Edward: Reform in the International Protection of Sound Recordings: Upsetting the Delicate Balance between Authors Performers and Producers, or Pragmatism in the Age of Digital Piracy, [1992] 4 ENT.LR 125-132.

Antill, Justine / *Coles*, Peter: Copyright Duration: The European Community Adopts 'Three Score Years and Ten', [1996] 7 EIPR 379-383.

Arnold, Richard: Performers' Rights and Recording Rights, Oxford: ESC Publishing, 1990.

Atiyah, Patrick Selim: The Rise and Fall of Freedom of Contract, Oxford: Clarendon Press, 1979 & 1985.

Bainbridge, David I.: Intellectual Property, 3rd ed., London: Pitman Publishing, 1996.

Bappert, Walter: Wege zum Urheberrecht: Die geschichtliche Entwicklung des Urheberrechtsgedankens, Frankfurt am Main: Klostermann, 1962.

- Wider und für den Urheberrechtsgeist des Privilegienzeitalters, GRUR 1961, 441-449, 503-514, 553-560.

Bate, Stephen: Performance Rights: The Copyright Act 1988, 7 IML 39-41 (1989).

Baumbach, Adolf / *Hefermehl*, Wolfgang: Wettbewerbsrecht, Kommentar, 18. Aufl., München: C. H. Beck'sche Verlagsbuchhandlung, 1994.

Baumgarten, Jon A. / *Meyer*, Christopher A.: Effects of U.S. Adherence to the Berne Convention, 4 Cop.World 41-46 (1989).

- Die Bedeutung des Beitritts der USA zur Berner Übereinkunft, GRUR Int. 1989, 620-627.

Becker, Jürgen: Neue Übertragungstechniken und Urheberrechtsschutz, ZUM 1995, 231-249.

- Rechtliche Folgerungen aus der kreativen Rolle des Verlegers, BBl. 1990, 2317-2322.

Becker, Lisa (with the collaboration of Paul *Huber*; Elke *Kronjäger*): The Droit de Suite: Report commissioned by the French Authors' Society ADAGP, IFO Institute for Economic Research, Department of Structural Analyses and Cultural Economics. Project leader: *Hummel*, Marlies. IFO-Studien zu Kultur und Wirtschaft Bd. 15, München 1995; dt. Ausgabe unter dem Titel *Becker*, Lisa, Das Folgerecht der bildenden Künstler, IFO-Studien zu Kultur und Wirtschaft Bd. 14, München 1995.

Beier, Friedrich-Karl / *Schricker*, Gerhard (eds.): GATT or WIPO ? New Ways in the International Protection of Intellectual Property, Symposium at Ringberg Castle, July 13-16, 1988, IIC Studies Vol. 11, Weinheim; Basel; Cambridge; New York, NY: VCH, 1989.

Bertrand, André: The Moral Rights of Performers: French Law, International Law and Comparative Law, [1994] 4 ENT.LR 114-123.

Beseler, Hans-Friedrich: Die Harmonisierung des Urheberrechts aus europäischer Sicht, ZUM 1995, 437-441.

Bikoff, James L. / *Wilson*, David I.: Intellectual Property Protection under NAFTA and TRIPS and the Future of Bilateral Intellectual Property Initiatives, Part I, 44 Cop.World 27-33 (1994) und Part II, 45 Cop.World 32-37 (1994).

Birk, Rolf: Der angestellte Urheber im Kollisionsrecht, UFITA 108 (1988) 101-115.

Birkenfeld, Wolfram: Die Regelungen der 7. Mehrwertsteuer-Richtlinie, EuZW 1994, 421-424.

Birrell, Augustine: The Collected Essays & Addresses of the Rt. Hon. Augustine Birrell, 1880-1920, London und Toronto: J.M. Dent & Sons, 1922 (zit.: Essays & Addresses).

- Seven Lectures on the Law and History of Copyright in Books, London: Cassell, 1899 (zit.: Lectures).

Black, Jack: The Regulation of Copyright Contracts: A Comparative View, [1980] December EIPR 386-392.

Black, Trevor: Intellectual Property in Industry, London: Butterworths, 1989.

Blagden, Cyprian: The Stationers' Company: A History, 1403-1959, London: Allen & Unwin, 1960.

Bollack, Gert: Die Rechtsstellung des Urhebers im Dienst- oder Arbeitsverhältnis, GRUR 1976, 74-78.

Bonham-Carter, Victor: Authors by Profession, Vol. I: From the Introduction of Printing until the Copyright Act 1911, London: Society of Authors, 1978; Vol. II: From the Copyright Act 1911 until the End of 1981, London: Bodley Head, 1984.

Boor, H. de: La notion de droit moral, son évolution en Allemagne, Dd'A 1951, 87-92.

Bowker, Richard Roger: The Nature and Origin of Copyright, in: *Putnam*, George Haven (ed.), The Question of Copyright, New York und London: The Knickerbocker Press, 1896, S. 317-323.

- Development of Statutory Copyright in England, in: *Putnam*, George Haven (ed.), The Question of Copyright, New York und London: The Knickerbocker Press, 1896, S. 412-417.

Boyle, J.: The search for an author: Shakespeare and the Framers, 37 Am.U.L.Rev. 625-643 (1988).

Boytha, György: The Intellectual Property Status of Sound Recordings, 24 IIC 295-306 (1993).

- La Législation nationale relative aux contrats d'auteur dans les pays suivant la tradition juridique de l'Europe continentale, Dd'A 1991, 208-216.

- The development of legislative provisions on authors contracts, RIDA 133 (1987) 40-109.

- Whose Right is Copyright?, GRUR Int. 1983, 379-385.

Bradley, Clive: The role of GATT in intellectual property, 25/1 Cop.Bull. 11-15 (1991).

Bradshaw, David: The EC Copyright Duration Directive: Its Main Highlights and Some of its Ramifications for Business in the UK Entertainment Industry, [1995] 5 ENT.LR 171-179.

Brett, Hugh: Intellectual Property Rights and Innovation: The UK Government's Green Paper - A Critical Analysis, [1984] 4 EIPR 111-116.

Brown, Ralph S.: Adherence to the Berne Copyright Convention: The Moral Rights Issue, 35 J.Cop.Soc. 196-209 (1987/88).

Brunnstein, Klaus / *Sint*, Peter Paul (eds.): Intellectual Property Rights and New Tech nologies - Proceedings of the KnowRight '95 Conference, Schriftenreihe der Österreichischen Computer Gesellschaft, Bd. 82, Wien; München; Oldenbourg: Österreichische Computer Gesellschaft, 1995.

Burger, Peter F.: The New Photocopy Remuneration Provisions in the Federal Republic of Germany and Their Application to Foreign Authors under International Copyright Law, Part One and Two, 19 IIC 319-336, 488-514 (1988).

Cameron, Jonathan: Approaches to the Problems of Multimedia, [1996] 3 EIPR 115-119.

Castendyk, Oliver / *Albrecht*, Martin von: Der Richtlinienvorschlag der EG-Kommission zum Satellitenfernsehen, GRUR Int. 1994, 734-739.

Catterns, D.: Letter re Harlequin Records, [1980] February EIPR 61-62.

Cerina, Paolo: The Originality Requirement in the Protection of Databases in Europe and the United States, 24 IIC 579-601 (1993).

Chalton, Simon: The Amended Database Directive Proposal: A Commentary and Synopsis, [1994] 3 EIPR 94-102.

- Implementation of the Software Directive in the United Kingdom: The Effects of the Copyright (Computer Progams) Regulations 1992, [1993] 4 EIPR 138-142.

Christie, Andrew: Reconceptualising Copyright in the Digital Era, [1995] 11 EIPR 522-530.

Clair, Colin: A History of Printing in Britain, London: Cassell, 1965.

Clark, Charles: The Publisher in the Electronic Age: The Licensing of Rights, in: WIPO Worldwide Symposium on the Impact of Digital Technology on Copyright and Neighboring Rights, 31.3.- 2.4.1993 in der Harvard University, Cambridge, Massachusetts, USA, WIPO Publication No. 723 (E), S. 55-61 (zit.: WIPO Worldwide Symposium, Harvard, 1993).

Cohen Jehoram, Herman: The EC Copyright Directives, Economics and Authors' Rights, 25 IIC 821-839 (1994).

- Urheberrecht: eine Sache des Rechts oder der Opportunität?, GRUR Int. 1993, 118-120.

- Harmonising Intellectual Property Law Within the European Community, 23 IIC 622-629 (1992).

- The Nature of Neighboring Rights of Performing Artists, Phonogram Producers and Broadcasting Organizations, 15 Col.-VLA J.L. & Arts 75-91 (1990).

- The Relationship Between Copyright and Neighboring Rights, RIDA 144 (1990) 81-133.

- Kritische Überlegungen zur wirtschaftlichen Bedeutung des Urheberrechts, GRUR Int. 1989, 23-29 = BBl. 1989, 26-32.

- Critical Reflections on the Economic Importance of Copyright, 20 IIC 485-497 (1989).

- From Copyright Law to Information Law, 34 J.Cop.Soc. 380-388 (1987).

Coing, Helmut (Hrsg.): Handbuch der Quellen und Literatur der neuen europäischen Privatrechtsgeschichte, Bd. 3, Das 19. Jahrhundert, 3. Teilbd., München: Beck, 1986.

Comte, Henri: Une étape de l'Europe du droit d'auteur: la Directive du 19 novembre 1992 relative au prêt et à la location, RIDA 158 (1993) 3-73.

Copinger, Walter Arthur / *Skone James*, Edward Purcell: On Copyright, 13th ed., London: Sweet & Maxwell, 1991.

Corbet, Jan: Le developpement technique conduit-il à un changement de la notion d'auteur?, RIDA 148 (1991) 59-101.

Cornish, William R.: Copyright Across the Quarter-Century, 26 IIC 801-812 (1995).

- Großbritannien, in: *Beier*, Friedrich-Karl / *Götting*, Horst-Peter / *Lehmann*, Michael / *Moufang*, Rainer (Hrsg.), Urhebervertragsrecht, Festgabe für Gerhard Schricker zum 60. Geburtstag, München: C.H. Beck'sche Verlagsbuchhandlung, 1995, S. 643-684 (zit.: FS Schricker).
- The Notions of Work, Originality and Neighboring Rights from the Viewpoint of Common Law Traditions, in: WIPO Worldwide Symposium on the Future of Copyright and Neighboring Rights, 1.- 3.6.1994 in Paris, WIPO Publication No. 731 (E), S. 81-87 (zit.: WIPO Worldwide Symposium, Paris, 1994).
- Sound Recordings and Copyright, 24 IIC 306-313 (1993).
- Der Schutz des Urheberpersönlichkeitsrechts nach dem neuen britischen Urheberrechtsgesetz von 1988, GRUR Int. 1990, 500-505.
- Materials on Intellectual Property, Oxford: ESC Publishing, 1990 (zit.: Materials).
- Intellectual Property: Patents, Copyright, Trademarks and Allied Rights, 2nd ed., London: Sweet & Maxwell, 1989 (zit.: *Cornish*).
- Moral Rights Under the 1988 Act, [1989] 12 EIPR 449-452.
- (ed.), Intellectual Property Case Books, 2. Copyright, Oxford: ESC Publishing, 1985 (zit.: Case Book).
- Intellectual Property: Patents, Copyright, Trademarks and Allied Rights, London: Sweet & Maxwell, 1981 (zit.: *Cornish*[1]).

Cornish, William R. / *Phillips*, Jeremy J.: Copyright in the United Kingdom, RIDA 119 (1984) 59-121.

Correa, Carlos M.: TRIPs Agreement: Copyright and Related Rights, 25 IIC 543-552 (1994).

Cuvillier, Rolande: Employment and Copyright, [1979] Copyright 112-125.

Czarnota, Bridget / *Hart*, Robert: Legal Protection of Computer Programs in Europe - A Guide to the EC Directive, London: Butterworths, 1991.

Dale, Sir William: Legislative Drafting: A New Approach. A comparative study of methods in France, Germany, Sweden and the United Kingdom, London: Butterworths, 1977.

D'Andrea, Elisa: The Protection of Copyrightable Works on the United States Infor mation Infrastructure, 44 Cop.World 34-37 (1994).

Davies, Gillian: The Convergence of Copyright and Authors' Rights - Reality or Chimera?, 26 IIC 964-988 (1995).

- Copyright and the Public Interest, Series: IIC Studies, Vol. 14, Weinheim; New York, NY: VCH, 1994 (zit.: Public Interest).

- Ommissions from EC Green Paper, 6 IML 66 (1988).

- Private Copying of Sound and Audio-Visual Recordings, Oxford: ESC Publishing, 1984 (zit.: Private Copying).

- New Technology and Copyright Reform, [1984] 12 EIPR 335-339.

- Harmonisation of copyright legislations in the European Communities, [1981] 3 EIPR 67-71.

- The Rome Convention 1961 - A brief summary of its developments and prospects, [1979] June EIPR 154.

Davies, Gillian / *Hung*, Michèle E.: Music and Video Private Copying. An International Survey of the Problem and the Law, London: Sweet & Maxwell, 1993.

Davies, Gillian / *Rauscher auf Weeg*, Hans Hugo von: Challenges to Copyright and Related Rights in the European Community, Oxford: ESC Publishing, 1983 (zit.: Copyright and Related Rights).

Davis, Ivor: A century of copyright: the United Kingdom and the Berne Convention", [1986] Copyright 177-183.

- Un siècle de droit d'auteur: le Royaume-Uni et la Convention de Berne, Dd'A 1986, 142-150.

Dawson Bannister, Amanda: UK Implementation of the Cable and Satellite Directive: The Unresolved Issues, 14 IML 29-23 (1996).

Defalque, Lucette: Copyright - Free Movement of Goods and Territoriality: Recent Developments, [1989] 12 EIPR 435-439.

Deringer, Arved: Wandlungen des Urheberrechts unter dem Einfluß des Europäischen Gemeinschaftsrechts, NJW 1985, 513-516.

Desurmont, Thierry: Droit d'auteur, liberté de circulation des marchandises et des prestations de service et règles de concurrence dans la CEE, NIR 1991, 104-119.

Dieselhorst, Jochen: Die Harmonisierung der Leerkassetten- und Geräteabgabe - Der EG-Gesetzgeber ist gefragt, GRUR Int. 1994, 788-798.

Dietz, Adolf: Sechste Arbeitssitzung: "Schutzfristen", in: *Schricker*, Gerhard / *Bastian*, Eva-Maria / *Dietz*, Adolf (Hrsg.), Konturen eines europäischen Urheberrechts - 8. Ringberg-Symposium des Max-Planck-Intituts für ausländisches und internationales Patent-, Urheber- und Wettbewerbsrecht, 25. bis 30. September 1994, Schloß Ringberg, Tegernsee, Baden-Baden: Nomos Verlagsgesellschaft, 1996, S. 64-78.

- Die Schutzdauer-Richtlinie der EU, GRUR Int. 1995, 670-686.

- Das Urhebervertragsrecht in seiner rechtspolitischen Bedeutung, in: *Beier*, Friedrich-Karl / *Götting*, Horst-Peter / *Lehmann*, Michael / *Moufang*, Rainer (Hrsg.), Urhebervertragsrecht, Festgabe für Gerhard Schricker zum 60. Geburtstag, München: C.H. Beck'sche Verlagsbuchhandlung, 1995, S. 1-50 (zit.: FS Schricker).

- The Artist's Right of Integrity Under Copyright Law - A Comparative Approach, 25 IIC 177-194 (1994).

- Legal Principles of Moral Rights in Civil Law Countries, 11 J.Cop.Soc.Austr. 1-18 (1993).

- Die Entwicklung des Urheberrechts in der Bundesrepublik Deutschland (1989 bis Anfang 1993), UFITA 122 (1993) 5-56.

- Das Urheberpersönlichkeitsrecht vor dem Hintergrund der Harmonisierungspläne der EG-Kommission, ZUM 1993, 309-318.

- The Concept of Author under the Berne Convention, RIDA 155 (1993) 2-57.

- Copyright in the modern technological world: a mere Industrial Property Right?, 39 J.Cop.Soc. 83-95 (1991).

- Das Urheberrecht in der Europäischen Gemeinschaft, in Gewerblicher Rechtsschutz und Urheberrecht in Deutschland: Festschrift zum hundertjährigen Bestehen der Deutschen Vereinigung für Gewerblichen Rechtsschutz und Urheberrecht und ihrer Zeitschrift, hrsg. von der Vereinigung durch Friedrich-Karl *Beier*, Alfons *Kraft*, Gerhard *Schricker* und Elmar *Wadle*, Bd. II, Weinheim: VCH, 1991, S. 1446-1484 (zit.: FS GRUR).

- Ist die Einführung eines besonderen Leistungsschutzrechts (eines verwandten Schutzrechts) für Verleger zu empfehlen?, ZUM 1990, 54-58.

- Copyright Protection for Computer Programs: Trojan Horse or Stimulus for the Future Copyright System?, UFITA 110 (1989) 57-77.

- 10 Thesen zum Urheberrecht des Verlegers, BBl. 1989, 112-115.

- Die USA und das "droit moral": Idiosynkrasie oder Annäherung? Anmerkungen zu einem Problemverhältnis anläßlich des Beitritts der Vereinigten Staaten zur Berner Konvention, GRUR Int. 1989, 627-634.

- Urheberrecht im Wandel. Paradigmenwechsel im Urheberrecht, in: *Dittrich*, Robert (Hrsg.), Woher kommt das Urheberrecht und wohin geht es ?, ÖSGRUM Bd. 7, Wien: Manzsche Verlags- und Universitätsbuchhandlung, 1988, S. 200-213.

- Mutation du droit d'auteur, changement de paradigme en matière de droit d'auteur, RIDA 138 (1988) 23-75.

- Das Problem der angemessenen Urheberschutzfrist unter dem Aspekt des Urhebervertragsrechts, Arch.Jur.Crac. 19 (1986) 59-71.

- Entwickelt sich das Urheberrecht zu einem gewerblichen Schutzrecht?, in: *Barfuß*, Walter / *Torggler*, Hellwig / *Hauer*, Christian / *Wiltschek*, Lothar / *Kucsko*, Guido (Hrsg.), Wirtschaftsrecht in Theorie und Praxis, Gedenkschrift für Fritz Schönherr, Wien: Manzsche Verlags- und Universitätsbuchhandlung, 1986, S. 111-119 (zit.: GS Schönherr).
- A common European copyright - is it an illusion?, [1985] 8 EIPR 215-217
- The Harmonization of Copyright in the European Community, 16 IIC 379-410 (1985).
- Das primäre Urhebervertragsrecht in der Bundesrepublik Deutschland und in den anderen Mitgliedstaaten der Europäischen Gemeinschaft. Legislatorischer Befund und Reformüberlegungen, München: J. Schweitzer Verlag, 1984 (zit.: Urhebervertragsrecht).
- A propos de l'harmonisation des législations nationales dans les pays de la C.E.E., RIDA 117 (1983) 49-79.
- Die Entwicklung des bundesdeutschen Urheberrechts in Gesetzgebung und Rechtsprechung von 1972 bis 1979, UFITA 87 (1980) 1-95.
- Copyright and the EEC - Harmonisation of National Laws, [1980] June EIPR 189-193.
- The Possible Harmonization of Copyright Law Within the European Community, 10 IIC 395-411 (1979).
- Das Urheberrecht in der Europäischen Gemeinschaft, Baden-Baden: Nomos Verlagsgesellschaft, 1978 (zit.: Urheberrecht).
- Copyright Law in the European Community, Law Series No. 20, Alphen aan den Rijn/Netherlands: Sijthoff & Noordhoff, 1978.
- Möglichkeiten der Harmonisierung des Urheberrechts in Europa, GRUR Int. 1978, 101-142.
- Vor europäischer Kurzsichtigkeit wird gewarnt, FuR 1977, 659-662.
- Die sozialen Bestrebungen der Schriftsteller und Künstler und das Urheberrecht, GRUR 1972, 11-19.
- Das Droit Moral des Urhebers im neuen französischen und deutschen Urheberrecht, München: C.H. Beck'sche Verlagsbuchhandlung, 1968 (zit.: Droit Moral).

Dittrich, Robert: Ist die Phil-Collins-Entscheidung in Österreich auf Grund des EWR-Abkommens von unmittelbarer Bedeutung?, RfR 1994, 1-8.

- Harmonisierung der Schutzfristen in der EG - nachgelassene Werke, in: *ders.* (Hrsg.), Beiträge zum Urheberrecht II - Harmonisierung der Schutzfristen in der EG - Freie Werknutzungen an musikalischen Werken im Bereich des Aufführungsrechts, ÖSGRUM Bd. 14, Wien: Manz Verlag, 1993, S. 1-16.

- Der Werkbegriff - sinnvolle Ausdehnung oder Denaturierung?, in: *ders.* (Hrsg.), Woher kommt das Urheberrecht und wohin geht es?, ÖSGRUM Bd. 7, Wien: Manzsche Verlags- und Universitätsbuchhandlung, 1988, S. 200-213.

- Die Urheberpersönlichkeitsrechte des Arbeitnehmerurhebers, in: *Rehbinder*, Manfred (Hrsg.), Das Urheberrecht im Arbeitsverhältnis. Berichte über das Recht im Ausland als Beitrag zur schweizerischen Urheberrechtsreform, Bern 1983, S. 20-34.

Dixon, Allen N. / *Self*, Laurie C.: Copyright Protection for the Information Super highway, [1994] 11 EIPR 465-472.

Dölemeyer, Barbara / *Klippel*, Diethelm: Der Beitrag der deutschen Rechtswissenschaft zur Theorie des gewerblichen Rechtsschutzes und des Urheberrechts, in Gewerblicher Rechtsschutz und Urheberrecht in Deutschland, Festschrift zum hundertjährigen Bestehen der Deutschen Vereinigung für gewerblichen Rechtsschutz und Urheberrecht und ihrer Zeitschrift, hrsg. durch die Vereinigung durch Friedrich-Karl *Beier*, Alfons *Kraft*, Gerhard *Schricker* und Elmar *Wadle*, Bd. I, Weinheim: VCH, 1991, S. 185-237 (zit.: FS GRUR).

Doutrelepont, Carine: Mißbräuchliche Ausübung von Urheberrechten?, GRUR Int. 1994, 302-308.

Dreier, Thomas: TRIPS und die Durchsetzung von Rechten des geistigen Eigentums, GRUR Int. 1996, 205-218.

- Erste Arbeitssitzung: "Geschützte Werke", in: *Schricker*, Gerhard / *Bastian*, Eva-Maria / *Dietz*, Adolf (Hrsg.), Konturen eines europäischen Urheberrechts - 8. Ringberg-Symposium des Max-Planck-Intituts für ausländisches und internationales Patent-, Urheber- und Wettbewerbsrecht, 25. bis 30. September 1994, Schloß Ringberg, Tegernsee, Baden-Baden: Nomos Verlagsgesellschaft, 1996, S. 17-25.

- Authorship and New Technologies from the Viewpoint of Civil Law Traditions, 26 IIC 989-999 (1995).

- Der französische "Rapport Sirinelli" zum Urheberrecht und den neuen Technologien, GRUR Int. 1995, 840-843.

- "Highways to Change" - Der Bericht der australischen Copyright Convengence Group zum Urheberrecht im neuen Kommunikationsumfeld, GRUR Int. 1995, 837-839.

- Die Umsetzung der Richtlinie zum Satellitenrundfunk und zu Kabelerweiterung, ZUM 1995, 458-463.

- Richtlinie des Rates vom 27. September 1993 zur Koordinierung bestimmter urheber- und leistungsschutzrechtlicher Vorschriften betreffend Satellitenrundfunk und Kabelerweiterung, (zit.: Europ.GemeinschaftsR/II/3, Einführung) in: *Katzenberger*, Paul / *Puttfarken*, Hans-Jürgen / *Schricker*, Gerhard / *Schulze*, Erich / *Schulze*, Marcel / *Zweigert*, Konrad (Hrsg.), Quellen des Urheberrechts, Loseblattsammlung, Frankfurt am Main, Stand: 33. Lieferung - abgeschlossen im Juni 1995 (zit.: UrhQuellen).

- Authorship and New Technologies from the Viewpoint of Civil Law Traditions, in: WIPO Worldwide Symposium on the Future of Copyright and Neighboring Rights, 1.- 3.6.1994 in Paris, WIPO Publication No. 731 (E), S. 51-59 (zit.: WIPO Worldwide Symposium, Paris, 1994).

- Perspektiven einer Entwicklung des Urheberrechts, in: *Becker*, Jürgen / *Dreier*, Thomas (Hrsg.), Urheberrecht und digitale Technologie: Arbeitssitzung des Instituts für Urheber- und Medienrecht am 22. April 1994, Baden-Baden: Nomos Verlagsgesellschaft, 1994, S. 123-153.

- Urheberrecht im Zeitalter digitaler Technologie, GRUR Int. 1993, 742-747.

- Copyright in the Age of Digital Technology, 24 IIC 481-490 (1993).

- Copyright Digitized: Philosophical Impacts and Practical Implications for Information Exchange in Digital Networks, in: WIPO Worldwide Symposium on the Impact of Digital Technology on Copyright and Neighboring Rights, 31.3.-2.4.1993 in der Harvard University, Cambridge, Massachusetts, USA, WIPO Publication No. 723 (E), S. 187-204 (zit.: WIPO Worldwide Symposium, Harvard, 1993).

- Die internationale Entwicklung des Rechtsschutzes von Computerprogrammen, in: *Lehmann*, Michael (Hrsg.), Rechtsschutz und Verwertung von Computerprogrammen, 2. Aufl., Köln 1993, S. 31-67.

- Die Harmonisierung des Rechtsschutzes von Datenbanken in der EG, GRUR Int. 1992, 739-749.

- The Council Directive of 14 May 1991 on the Legal Protection of Computer Programs, [1991] 9 EIPR 319-327.

- Broadcasting and Copyright in the Internal Market: The New Proposal by the EC Commission Concerning Cable and Satellite Broadcasts, [1991] 2 EIPR 42-46.

- Rundfunk und Urheberrechte im Binnenmarkt, GRUR Int. 1991, 13-19.

Dreier, Thomas / *Karnell*, Gunnar W. G.: Originalty of the copyrighted work: A European perspective, 39 J.Cop.Soc. 289-302 (1992).

Dreier, Thomas / *Lewinski*, Silke von: The European Commission's Activities in the field of copyright, 39 J.Cop.Soc. 96-120 (1991).

Drexl, Josef: Nach "GATT und WIPO": Das TRIPs-Abkommen und seine Anwendung in der Europäischen Gemeinschaft, GRUR Int. 1994, 777-788.

- What Is Protected in a Computer Program? Copyright Protection in the United States and Europe, IIC Studies, Vol. 12, Weinheim; New York, NY: VCH, 1994 (zit.: Computer Program).

- Entwicklungsmöglichkeiten des Urheberrechts im Rahmen des GATT, München: C.H.Beck'sche Verlagsbuchhandlung, 1990 (zit.: GATT).

- Zur Dauer des US-amerikanischen Urhebern gewährten Schutzes in der Bundesrepublik Deutschland, GRUR Int. 1990, 35-50.

- Duration of Copyright Protection Accorded U.S. Authors in the Federal Republic of Germany - Changes Due to the U.S. Accession to the Berne Convention, Part One and Two, 22 IIC 27-47 und 204-218 (1991).

Drone, Eaton S.: A Treatise on the Law of Property in Intellectual Productions, Boston: Little Brown & Co., 1879.

Durie, Robyn: Moral Rights and the English Business Community, [1991] 2 ENT. LR 40-49.

- UK Copyright, Designs and Patents Act 1988, 20 IIC 637-662 (1989).

- Der englische Copyright, Designs and Patents Act von 1988, GRUR Int. 1990, 832-842.

Dworkin, Gerald: Moral Rights and the Common Law Countries, 5 AIPJ 5-36 (1994).

- Authorship of Films and the European Commission Proposals for Harmonising the Term of Copyright, [1993] 5 EIPR 151-155.

- Moral Rights in English Law - The Shape of Rights to Come, [1986] 11 EIPR 329-336.

- The Moral Right and English Copyright Law, 12 IIC 476-492 (1981).

- Unfair Competition: Is the Common Law Developing a New Tort?, [1979] September EIPR 241-247.

Dworkin, Gerald / *Sterling*, J. A. L.: Phil Collins and the Term Directive, [1994] 5 EIPR 187-190.

Dworkin, Gerald / *Taylor*, Richard D.: Blackstone's Guide to the Copyright, Designs and Patents Act 1988, London: Blackstone Press, 1989.

Edelman, Bernard: Une loi substantiellement internationale. La loi du 3 juillet sur les droits d'auteur et droits voisins, [1987] 114 J.Dr.Int. 555-609.

Eggersberger, Michael: Die Übertragbarkeit des Urheberrechts in historischer und rechtsvergleichender Sicht, München: V. Florentz, 1992.

Eisenreich, Klaus: Der Schutz des Urheberpersönlichkeitsrechts in Großbritannien, Kanada und Australien, GRUR Int. 1988, 36-42.

Elliot, Clive: The Common Law: Unfair Competition and Sui Generis Legislation - A time for reappraisal, 20 Cop.World 25-30 (1992).

Elsom, Simon: Copyright Aspects of Information Technology: The Copyright, Designs and Patents Bill, [1988] 11 EIPR 326-330.

Ensthaler, Jürgen / *Möllenkamp*, Heinz T.: Reichweite des urheberrechtlichen Softwareschutzes nach der Umsetzung der EG-Richtlinie zum Rechtsschutz der Computerprogramme, GRUR 1994, 151-158.

Fabiani, Mario: The Naples World Forum on the Protection of Intellectual Creations in the Information Society, [1996] 3 ENT.LR 127-130.

Falstrom, Carl A.: Thou Shalt Not Steal: *Grand Upright Music Ltd. v. Warner Bros. Records, Inc.* and the Future of Digital Sound Sampling in Popular Music, 45 Hastings L.J. 359-381 (1994).

Fanu, Mark le: Publishing Contracts: The New Deal, 7 IML 24-26 (1989).

Faupel, Rainer: GATT und geistiges Eigentum. Ein Zwischenbericht zu Beginn der entscheidenden Verhandlungsrunde, GRUR Int. 1990, 255-266.

Faure, Trevor: Digital Equals Exponential. A review of home taping, 9 Cop.World 45-48 (1990).

Feather, John P.: Publishing, Piracy and Politics - An Historical Study of Copyright in Britain, London: Mansell, 1994 (zit.: Publishing).

- From Rights in Copies to Copyright: The Recognition of Authors' Rights in English Law and Practice in the Sixteenth and Seventeenth Centuries, 10 Cardozo Arts & Ent.L.J. 455-473 (1992).

- Publishers and Politicians: the Remaking of the Law of Copyright in Britain 1775-1842: Part II: The Rights of Authors, 25 Publishing History 45-72 (1989).

- Authors, Publishers and Politicians: The History of Copyright and the Book Trade, [1988] 12 EIPR 377-380.

- A History of British Publishing, London: Routledge, 1988 (zit.: History).

- The Provincial Book Trade in Eighteenth Century England, Cambridge: Cambridge University Press, 1985 (zit.: Book Trade).

- From censorship to copyright: aspects of the government's role in the English book trade 1695-1775, in: *Carpenter*, Kenneth E. (ed.), Books and Society in History, New York und London: Bowker, 1983, S. 173-198.

- The book trade in politics: the making of the Copyright Act of 1710, 8 Publishing History 19-44 (1980).

Fikentscher, Wolfgang: Methoden des Rechts in vergleichender Darstellung, Bd. II: Anglo-amerikanischer Rechtskreis, Tübingen: Mohr, 1975.

Flechsig, Norbert P. / *Klett*, Alexander: Europäische Union und europäischer Urheberschutz, ZUM 1994, 685-698.

Fleury, Joachim: The Status of Certain Recent Copyright Developments in the European Community, 4 Fordham Intell.Prop., Media & Ent.L.J. 19-32.

Flint, Michael F. / *Thorne*, Clive D. / *Williams*, Alan P.: Intellectual Property - The New Law - A Guide to the Copyright, Designs and Patent Act 1988, London: Butterworths, 1989.

Forbes-Gray, W.: Alexander Donaldson and his fight for cheap books, 38 Juridical Review 180-202 (1926).

Françon, André: Authors' Rights beyond Frontiers: A Comparison of Civil Law and Common Law Conceptions, RIDA 149 (1991) 2-32.

- Les conventions internationales de droit d'auteur comme facteur d'harmonisation des législations nationales, NIR 1991, 178-184.

- Reflexions sur le livre vert, RIDA 139 (1989) 129-157.

- L'avenir du droit d'auteur, RIDA 132 (1987) 3-27.

- Zur Harmonisierung der Schutzfristen im Urheberrecht der Mitgliedstaaten der Europäischen Gemeinschaft, GRUR Int. 1978, 109-129.

- La protection internationale des droits voisins, RIDA 79 (1974) 406-477.

Freitas, Denis de: The United-Kingdom new copyright law, RIDA 143 (1990) 25-129.

- Authors' Contracts and the Public Interest, in: *Cohen Jehoram*, Herman (ed.), Copyright Contracts, Alphen aan den Rijn: Sijthoff, 1977, S. 19-39.

Frey, Markus A.: Die internationale Vereinheitlichung des Urheberrechts und das Schöpferprinzip, UFITA 98 (1984) 53-69.

Fromm, Friedrich Karl / *Nordemann*, Wilhelm: Kommentar zum Urheberrechtsgesetz und zum Urheberrechtswahrnehmungsgesetz, fortgeführt von *Nordemann*, Wilhelm / *Vinck*, Kai / *Hertin*, Paul W., 8. Aufl., Stuttgart; Berlin; Köln: Kohlhammer, 1994 (zit.: *Fromm/Nordemann (Bearbeiter)*).

Fulton, Kathryn: The Draft EC Directive on Rental and Lending Rights Related to Copyright: ITV's View, [1992] ENT.LR 155-157.

Gamm, Otto-Friedrich von: Urheber- und urhebervertragsrechtliche Probleme des "digitalen Fernsehens", ZUM 1994, 591-596.

- Urheberrechtsgesetz, Kommentar, München: C.H. Beck'sche Verlagsbuchhandlung, 1968.

Gamm, Otto-Friedrich Freiherr von / *Dittrich*, Robert / *Ulmer*, Eugen: Neuordnung des Urhebervertragsrechts?, München: C.H. Beck'sche Verlagsbuchhandlung, 1976.

Gaster, Jens-L.: Le document de travail des services de la Commission européenne sur les suites de l'arrêt dit "Phil Collins" de la Cour de justice des Communautés européennes dans le domaine du droit d'auteur et des droits voisins, RIDA 168 (1996) 2-91.

- Urheberrecht und verwandte Schutzrechte in der Informationsgesellschaft, Anmerkungen zum Grünbuch der Europäischen Kommission, ZUM 1995, 740-752.

- The EU Council of Ministers' Common Position Concerning the Legal Protection of Databases: A First Comment, [1995] 7 ENT.LR 258-262.

Geller, Paul Edward: Toward an Overriding Norm in Copyright: Sign Wealth, RIDA 159 (1994) 3-109.

- The Universal Electronic Archive: Issues in International Copyright, 25 IIC 54-69 (1994).

- Neue Triebkräfte im internationalen Urheberrecht, GRUR Int. 1993, 526-532.

- New Dynamics in International Copyright, 16 Col.-VLA J.L. & Arts 461-473 (1992).

- Can the GATT Incorporate Berne Whole?, [1990] 11 EIPR 423-427.

- Comments on Possible U.S. Compliance with Article *6bis* of the Berne Convention, 10 Col.-VLA J.L. & Arts 665-681 (1986).

Gendreau, Ysolde: Copyright Harmonisation in the European Union and in North America, [1995] 10 EIPR 488-496.

- Digital Technology and Copyright: Can Moral Rights Survive the Disappearance of the Hard Copy?, [1995] 6 ENT.LR 214-220.

- Copyright Ownership of Photographs in Anglo-American Law, [1993] 6 EIPR 207-214.

- Genèse du droit moral dans les droits d'auteur français et anglais, [1988] 1 Rev.Rech.Jur. 41-59.

Gersh, David L. / *Jeffrey*, Sheri: Structuring the Multimedia Deal Legal Issues - Licensing in the Multimedia Arena. Part I, [1992] 6 ENT.LR 196-203, Part 2, [1993] 1 ENT.LR 14-16.

Gieseke, Ludwig: Die geschichtliche Entwicklung des deutschen Urheberrechts, Göttingen: Schwartz, 1957.

Gingras, Clive: Copyright in Sound Recordings in the United Kingdom, 38 Cop.World 31-37 (1994).

Ginsburg, Jane C.: Urheberpersönlichkeitsrechte im Rechtssystem des Common Law, GRUR Int. 1991, 593-605.

- Moral Rights in a Common Law System, [1990] 4 ENT.LR 121-130.

- Creation and Commercial Value: Copyright Protection of Works of Information, 90 Col.L.Rev. 1865-1938 (1990).

- International Implications of Authorship Status and Copyright Ownership, in: *ABA* (ed.), International Property Law: Agency, Licensing, Litigation and Corporate Practice, 1990, S. 346-350.

Glass, David S.: 'Moral rights' and the new copyright law, Sol.J. 1990, 6-7.

Goldberg, Morton David / *Hart*, Robert J. / *Verstrynge*, Jean-François: Panel Commentaries, 4 Fordham Intell.Prop., Media & Ent.L.J. 157-169.

Goldstein, Paul: Copyright in the New Information Age, UFITA 121 (1993) 5-13.

- Was ist Copyright?, GRUR Int. 1991, 767-774.

- Copyright, 38 J.Cop.Soc. 109-122 (1991).

Golvan, Colin: Copyright and Writers, [1987] 3 EIPR 66-72.

Götting, Horst-Peter: Urheberrechtliche und vertragsrechtliche Grundlagen, in: *Beier*, Friedrich-Karl / *Götting*, Horst-Peter / *Lehmann*, Michael / *Moufang*, Rainer (Hrsg.), Urhebervertragsrecht, Festgabe für Gerhard Schricker zum 60. Geburtstag, München: C.H. Beck'sche Verlagsbuchhandlung, 1995, S. 53-75 (zit.: FS Schricker).

Gotzen, Frank (Hrsg.): Copyright and the European Community. The green paper on copyright and the challenge of Technology, Brussels: Story-Scientia, 1989 (zit.: Copyright).

- Das Recht der Interpreten in der Europäischen Wirtschaftsgemeinschaft, Baden-Baden: Nomos Verlagsgesellschaft, 1980 (zit.: Recht der Interpreten).

- Angleichung des Rechts der ausübenden Künstler im Rahmen der Europäischen Gemeinschaft, GRUR Int. 1980, 471-490.

- Le Droit des Interprètes exécutants dans la Communauté Economique Européenne, Doc. XII/52/78-F, 1977 (zit.: Le Droit des Interprètes exécutants).

Green, Elizabeth: Title to Copyright in the United Kingdom, 44 Cop.World 40-48 (1994).

Greg, Walter Wilson: Some aspects and problems of London publishing between 1550 and 1650, Oxford: Clarendon Press, 1956.

Groves, Peter: Copyright and Designs Law: A Question of Balance, London: Graham & Trotman Ltd., 1991.

- 'It used to be like that - now it goes like this': Rights in Performances under the Copyright, Designs and Patents Act 1989, [1990] 6 ENT.LR 202-208.

- Moral rights in the law, 1 I.P.Bus. 2-6 (1989).

Gruber, Stefan: Urheberrecht: Copyright Act 1956 Secs. 1(1), 3(5)(6), 18(1), 49(2)(c) - "Past the Post", GRUR Int. 1982, 386-391.

Guest, A. G. (ed.): Anson's Law of Contract, 26th ed., Oxford: Clarendon Press, 1984.

Hadl, Robert D.: The Crisis in International Copyright, 16 Col.-VLA J.L. & Arts 427-439 (1992).

Haertel, Kurt / *Schiefler*, Kurt: Urheberrechtsgesetz und Gesetz über die Wahrnehmung von Urheberrechten und verwandten Schutzrechten, Textausgabe mit Verweisungen und Materialien, Köln; Berlin; Bonn; München: Carl Heymanns Verlag, 1967.

Hansard, House of Commons / House of Lords: Parliamentary Debates, Weekly Hansard, issued by the Hansard Society (zit.: Hansard, House of Commons / House of Lords).

Hansing, Mark / *Harty*, Jeff: Photocoying as a Fair Use in the United States, [1995] 5 ENT.LR 191-194.

Harris, Bryan: Copyright in the EEC - The Dietz Report, [1978] November EIPR 2-7.

Heath, Christopher: Multimedia und Urheberrecht in Japan, GRUR Int. 1995, 843-851.

Hefti, Ernst: Regelungen für reprographische Vervielfältigungen in der EG, ZUM 1992, 115-121.

Hegemann, Gerd: Neue Vertragsnormen im britischen Buchverlagswesen, UFITA 108 (1988) 131-148.

Henry, Michael: Multimedia: Mythology, Metaphor and Reality, [1995] 3 ENT.LR 79-82.

Higham, Nicholas: The New Challenges of Digitisation, [1993] 10 EIPR 355.

Hillig, Hans-Peter: Der Schutz von Datenbanken aus der Sicht des deutschen Rechts, ZUM 1992, 325-331.

- Urheber- und Verlagsrecht. Urheberrechtsgesetz, Verlagsgesetz, Recht der urheberrechtlichen Verwertungsgesellschaften, Internationales Urheberrecht. Textausgabe mit einer ausführlichen Einführung und einem Sachverzeichnis, 5. Aufl., Beck-Texte im dtv, Deutscher Taschenbuch Verlag, 1990.

- Contractual Freedom in German Copyright Law, in: *Cohen Jehoram*, Herman (ed.), Copyright Contracts, Alphen aan den Rijn: Sijthoff, 1977, S. 121-135.

Hilty, Reto M.: Gedanken zum Schutz der nachbarrechtlichen Leistung - einst, heute und morgen, UFITA 116 (1991) 35-58.

Hirsch, Ernst E.: Urheberrecht und verwandte Rechte, UFITA 26 (1958) 1-18.

Hirsch Ballin, Ernst D.: Verwandte Schutzrechte, UFITA 18 (1954) 310-328.

Hirst, Alastair J.: Contractual Freedom in English Copyright, in: *Cohen Jehoram*, Herman (ed.), Copyright Contracts, Alphen aan den Rijn: Sijthoff, 1977, S. 143-156.

- Vertragsfreiheit im englischen Urheberrecht, in: *Reimer*, Dietrich (Hrsg.), Vertragsfreiheit im Urheberrecht, Weinheim und New York: VCH, 1977, S. 62-77.

Hodik, Kurt H.: Miturheberschaft, Werkverbindung und Kollektivwerk in der EG-Richtlinie zur Vereinheitlichung der Schutzfristen, in: *Dittrich*, Robert (Hrsg.), Beiträge zum Urheberrecht II - Harmonisierung der Schutzfristen in der EG - Freie Werknutzungen an musikalischen Werken im Bereich des Aufführungsrechts, ÖSGRUM Bd. 14, Wien: Manz Verlag, 1993, S. 17-20.

Hoebbel, Christoph: Der Schutz von elektronischen Datenbanken nach deutschem und kommendem europäischem Recht, in: *Lehmann*, Michael (Hrsg.), Rechtsschutz und Verwertung von Computerprogrammen, 2. Aufl., Köln 1993, S. 1015-1043.

Hoeren, Thomas: Sounds von der Datenbank - Zur urheber- und wettbewerbsrechtlichen Beurteilung des Samplings in der Popmusik, GRUR 1989, 11-16.

Hoffmann, Willy: Die Konkurrenz von Urheberrecht und Leistungsschutz, UFITA 12 (1939) 96-114.

Hofmeister, Herbert: Bemerkungen zur Geschichte des österreichischen Urheberrechts, UFITA (1987) 173-187.

Hubmann, Heinrich: Urhebervertragsrecht und Urheberschutz, UFITA 74 (1975) 1-18.

Hubmann, Heinrich / *Rehbinder*, Manfred: Urheber- und Verlagsrecht, 8. Aufl., München: C.H. Beck'sche Verlagsbuchhandlung, 1995.

Hughes, Jean / *Weightman*, Elizabeth: EC Database Protection: Fine Tuning the Com mission's Proposal, [1992] 5 EIPR 147-150.

Hummel, Marlies: Die volkswirtschaftliche Bedeutung des Urheberrechts: Gutachten im Auftrag des Bundesministers der Justiz, mit einem Beitrag von Erich Gluch. Schriftenreihe des IFO-Instituts für Wirtschaftsforschung Bd. 125; Berlin, München: Duncker & Humblot, 1989.

Isherwood, Patrick: There Must Be A Moral, 10 IML 36-37 (1992).

- The BPI and the MU. The 1989 Industry Agreement, 8 IML 52-53 (1990).

- The *Holly Johnson* Case, 7 IML 70 (1989).

Jacob, Robin: Reform of UK copyright law - do the necessary, [1987] 5 EIPR 123-124.

Jaszi, Peter: Authorship and New Technologies from the Viewpoint of Common Law Traditions, in: WIPO Worldwide Symposium on the Future of Copyright and Neighboring Rights, 1.- 3.6.1994 in Paris, WIPO Publication No. 731 (E), S. 61-68 (zit.: WIPO Worldwide Symposium, Paris, 1994).

John, Sara: What Rights Do Record Companies Have on the Information Superhigh way?, [1996] 2 EIPR 74-78.

Joliet, René: Geistiges Eigentum und freier Warenverkehr, GRUR Int. 1989, 177-185.

Jorna, Kerstin / *Martin-Prat*, Maria: New Rules for the Game in the European Copyright Field and Their Impact on Existing Situations, [1994] 4 EIPR 145-153.

Juranek, Johannes: Harmonisierung der urheberrechtlichen Schutzfristen in der EU, ÖSGRUM Bd. 15, Wien: Manz Verlag, 1994.

Kaltner, Jonathan: Zum EuGH-Urteil "Phil Collins", 1 Ecolex 33-34 (1994).

Kamina, Pascal: Authorship of Films and Implementation of the Term Directive: The Dramatic Tale of Two Copyrights, [1994] 8 EIPR 319-322.

Kaplan, Benjamin: An Unhurried View of Copyright, New York: Columbia University Press, 1967.

Karjala, Dennis S.: Comment of US Copyright Law Professors on the Copyright Office Term of Protection Study, [1994] 12 EIPR 531-537.

Karnell, Gunnar W. G.: The Berne Convention Between Authors' Rights and Copyright Economics - An International Dilemma, 26 IIC 193-213 (1995).

- Wer liebt Phil Collins?, GRUR Int. 1994, 733-741.

- Die Verwertungsgesellschaften in einem zusammenwachsenden Europa, GRUR Int. 1991, 583-592.

Katzenberger, Paul: Dritte Arbeitssitzung: "Inhaber des Urheberrechts", in: *Schricker*, Gerhard / *Bastian*, Eva-Maria / *Dietz*, Adolf (Hrsg.), Konturen eines europäischen Urheberrechts - 8. Ringberg-Symposium des Max-Planck-Intituts für ausländisches und internationales Patent-, Urheber- und Wettbewerbsrecht, 25. bis 30. September 1994, Schloß Ringberg, Tegernsee, Baden-Baden: Nomos Verlagsgesellschaft, 1996, S. 42-48.

- Zweite Arbeitssitzung: "Rechte des Urhebers", in: *Schricker*, Gerhard / *Bastian*, Eva-Maria / *Dietz*, Adolf (Hrsg.), Konturen eines europäischen Urheberrechts - 8. Ringberg-Symposium des Max-Planck-Intituts für ausländisches und internationales Patent-, Urheber- und Wettbewerbsrecht, 25. bis 30. September 1994, Schloß Ringberg, Tegernsee, Baden-Baden: Nomos Verlagsgesellschaft, 1996, S. 26-41.

- TRIPS und das Urheberrecht, GRUR Int. 1995, 447-468.

- Deutsches Folgerecht und ausländische Kunstauktion. Zur Anwendbarkeit und zum räumlichen Schutzbereich des § 26 UrhG bei grenzüberschreitenden Veräußerungen von Kunstwerken, GRUR Int. 1992, 567-588.

- Protection of the Author as the Weaker Party to a Contract under International Copyright Contract Law, 19 IIC 731-739 (1988).

- Beteiligung des Urhebers an Ertrag und Ausmaß der Werkverwertung - Altverträge, Drittwirkung und Reform des § 36 UrhG, GRUR Int. 1983, 410-421.

- Das Folgerecht im internationalen Urheberrecht, UFITA 85 (1979) 39-98.

- Das Folgerecht in rechtsvergleichender Sicht, GRUR Int. 1973, 660-667.

Kauffman, Gary: Exposing the Suspicious Foundation of Society's Primacy in Copyright Law: Five Accidents, 10 Col.-VLA J.L. & Arts 381-420 (1986).

Kaye, Laurence / *Ward*, Vanessa: Proposed Directive for the Legal Protection of Databases in the EU, 12 IML 95 (1994).

Keenan, Denis: Smith & Keenan's English Law, 10th ed., London: Pitman, 1992.

Kerever, André: Copyright: The Achievements and Future Development of European Legal Culture, [1990] Copyright 130-139.

- Le droit d'auteur: acquis et conditions du développement de la culture juridique européenne, Dd'A 1990, 138-147.

- Le droit d'auteur, son présent et son avenir, RIDA 143 (1990) 3-9.

- Les aspects internationaux du droit d'auteur et des droits voisins, RIDA 139 (1989) 3-17.

- Le droit d'auteur est-il anachronique?, Dd'A 1983, 360-369.

Kernochan, John M.: Imperatives for enforcing Authors' Rights, RIDA 131 (1987) 180-221.

Kiesel, Helmuth / *Münch*, Paul: Gesellschaft und Literatur im 18. Jahrhundert. Voraussetzung und Entstehung des Literarischen Markts in Deutschland, München: C.H. Beck'sche Verlagsbuchhandlung, 1977.

King, Rufus: The "Moral Rights" of Creators in Intellectual Property, 9 Cardozo Arts & Ent.L.J. 267-301 (1991).

Kirchner, Jörg: The Search for New Markets: Multimedia and Digital Television under German Broadcasting and Copyright Law, [1995] 6 EIPR 269-276.

Kitagawa, Zentaro: Copymart: A New Concept - An Application of Digital Technology to the Collective Management of Copyright, in: WIPO Worldwide Symposium on the Impact of Digital Technology on Copyright and Neighboring Rights, 31.3.-2.4.1993 in der Harvard University, Cambridge, Massachusetts, USA, WIPO Publication No. 723 (E), S. 139-147 (zit.: WIPO Worldwide Symposium, Harvard, 1993).

Klingenberg, Eberhard: Vom persönlichen Recht zum Persönlichkeitsrecht, [1979] 96 ZSR 183-208.

Koch, Frank A.: Software-Urheberrechtsschutz für Multimedia-Anwendungen, GRUR Int. 1995, 459-469.

- Das neue Softwarerecht und die praktischen Konsequenzen, NJW-CoR 1994, 293-300.

Kochphilli, Peter: Das englische Urheberrecht unter besonderer Berücksichtigung der Trägerschaft von Urheberrechten bei angestellten Urhebern, UFITA 103 (1986) 85-111.

Köhn, Tina: Die Technisierung der Popmusikproduktion - Probleme der "kleinen Münze" in der Musik, ZUM 1994, 278-288.

Kon, Stephen: Recording Artist's Contracts: George Michael, Article 85 and Restraint of Trade, 11 IML 20-22 (1993).

- EC Harmonisation of Copyright Law, 10 IML 34-36 (1992).

- The *Magill* Judgment: When does an Intellectual Property Right not give Exclusivity?, 10 IML 4 (1992).

Kraßer, Rudolf: Urheberrecht in Arbeits-, Dienst- und Auftragsverhältnissen, in: *Beier*, Friedrich-Karl / *Götting*, Horst-Peter / *Lehmann*, Michael / *Moufang*, Rainer (Hrsg.), Urhebervertragsrecht, Festgabe für Gerhard Schricker zum 60. Geburtstag, München: C.H. Beck'sche Verlagsbuchhandlung, 1995, S. 77-115 (zit.: FS Schricker).

Kreile, Reinhold: Bericht über die WIPO-Sitzungen zum möglichen Protokoll zur Berner Konvention und zum "Neuen Instrument" im Dezember 1994, ZUM 1995, 307-315.

- Einnahme und Verteilung der gesetzlichen Geräte- und Leerkassettenvergütung für private Vervielfältigung in Deutschland, GRUR Int. 1992, 24-36.

- Collection and Distribution of the Statutory Remuneration for Private Copying with Respect to Recorders and Blank Cassettes in Germany, 23 IIC 449-466 (1992).

Kreile, Reinhold / *Becker*, Jürgen: Multimedia und die Praxis der Lizenzierung von Urheberrechten, GRUR Int. 1996, 677-692.

- Neuordnung des Urheberrechts in der Europäischen Union, GRUR Int. 1994, 901-911.

- Stand der Harmonisierungsbemühungen der EG auf dem Gebiet des Urheberrechts am Vorabend des Europäischen Binnenmarkts, ZUM 1992, 581-594.

Kreile, Reinhold / *Schricker*, Gerhard / *Melichar*, Ferdinand: Plädoyer für eine einheitliche 70-jährige Schutzfrist für Urheber in der gesamten EG, ZUM 1991, 359-362.

Kröger, Detlef: Die Anwendung des Diskriminierungsverbots auf das Urheberrecht und verwandte Schutzrechte, EuZW 1994, 85-87.

Kurlantzick, Lewis: Harmonisation of Copyright Protection, [1994] 11 EIPR 463-464.

Kurtz, Leslie A.: Copyright and the National Information Infrastructure in the United States, [1996] 3 EIPR 120-126.

Ladd, David: Securing the Future of Copyright: A Humanist Endeavor, 16 IIC 76-83 (1985).

- Die Sorge um die Zukunft des Urheberrechts als humanistischer Auftrag, GRUR Int. 1985, 77-80.

- Comment faire face au bouleversement du droit d'auteur dans le monde, Dd'A 1983, 280-295.

Laddie, Hugh / *Prescott*, Peter / *Vitoria*, Mary: The Modern Law of Copyright, London: Butterworths, 1995.

Lausen, Matthias: Das Urheberpersönlichkeitsrecht vor dem Hintergrund der Harmoni sierungspläne der EG-Kommission, ZUM 1993, 359-362.

Lehmann, Michael: Richtlinie des Rates vom 14. Mai 1991 über den Rechtsschutz von Computerprogrammen, (zit.: Europ.GemeinschaftsR/II/1, Einführung) in: *Katzen-*

berger, Paul / *Puttfarken*, Hans-Jürgen / *Schricker*, Gerhard / *Schulze*, Erich / *Schulze*, Marcel / *Zweigert*, Konrad (Hrsg.), Quellen des Urheberrechts, Loseblattsammlung, Frankfurt am Main, Stand: 33. Lieferung - abgeschlossen im Juni 1995 (zit.: UrhQuellen).

- Die Europäische Richtlinie über den Schutz von Computerprogrammen, in: *ders.* (Hrsg.), Rechtsschutz und Verwertung von Computerprogrammen, 2. Aufl., Köln 1993, S. 1-29.

- Die Europäische Richtlinie über den Schutz von Computerprogrammen, GRUR Int. 1991, 327-336.

Leßmann, Herbert: Übertragbarkeit und Teilübertragung urheberrechtlicher Befugnisse, Diss. Münster, 1967.

Lester, David / *Mitchell*, Paul: Joynson-Hicks On UK Copyright Law, London: Sweet & Maxwell, 1989.

Leutheusser-Schnarrenberger, Sabine: Die Bundesregierung setzt sich dafür ein, "daß die ausschließlichen Verwertungsrechte der Urheber im Zeitalter der digitalen Technologie klargestellt und bekräftigt werden", ZUM 1995, 115-117.

Lewinski, Silke von: Urheberrecht als Gegenstand des internationalen Wirtschaftsrechts, GRUR Int. 1996, 630-641.

- Fünfte Arbeitssitzung: "Verwandte Schutzrechte", in: *Schricker*, Gerhard / *Bastian*, Eva-Maria / *Dietz*, Adolf (Hrsg.), Konturen eines europäischen Urheberrechts - 8. Ringberg-Symposium des Max-Planck-Intituts für ausländisches und internationales Patent-, Urheber- und Wettbewerbsrecht, 25. bis 30. September 1994, Schloß Ringberg, Tegernsee, Baden-Baden: Nomos Verlagsgesellschaft, 1996, S. 58-63.

- Vierte Arbeitssitzung: "Vertragsrecht", in: *Schricker*, Gerhard / *Bastian*, Eva-Maria / *Dietz*, Adolf (Hrsg.), Konturen eines europäischen Urheberrechts - 8. Ringberg-Symposium des Max-Planck-Intituts für ausländisches und internationales Patent-, Urheber- und Wettbewerbsrecht, 25. bis 30. September 1994, Schloß Ringberg, Tegernsee, Baden-Baden: Nomos Verlagsgesellschaft, 1996, S. 49-57.
- Das Weißbuch der USA zum geistigen Eigentum und zur "National Information Infrastructure", GRUR Int. 1995, 858-860.

- Der kanadische Bericht des "Copyright Subcommittee" über Urheberrecht und Datenautobahnen, GRUR Int. 1995, 851-863.

- Das europäische Grünbuch über das Urheberrecht und neue Technologien, GRUR Int. 1995, 831-837.

- Die Umsetzung der Richtlinie zum Vermiet- und Verleihrecht, ZUM 1995, 442-450.

- USA gegen Europa ? Internationales Urheberrecht im Wandel, in: *Becker*, Jürgen / *Lerche*, Peter / *Mestmäcker*, Ernst-Joachim (Hrsg.), Wanderer zwischen Musik, Politik und Recht: Festschrift für Reinhold Kreile zu seinem 65. Geburtstag, Baden-Baden: Nomos Verlagsgesellschaft, 1994, S. 389-402 (zit.: FS Kreile).

- Richtlinie des Rates vom 29. Oktober 1993 zur Harmonisierung der Schutzdauer des Urheberrechts und bestimmter verwandter Schutzrechte, (zit.: Europ. GemeinschaftsR/II/4, Einführung) in: *Katzenberger*, Paul / *Puttfarken*, Hans-Jürgen / *Schricker*, Gerhard / *Schulze*, Erich / *Schulze*, Marcel / *Zweigert*, Konrad (Hrsg.), Quellen des Urheberrechts, Loseblattsammlung, Frankfurt am Main, Stand: 33. Lieferung - abgeschlossen im Juni 1995 (zit.: UrhQuellen).

- Richtlinie des Rates vom 19. November 1992 zum Vermietrecht und Verleihrecht sowie zu bestimmten dem Urheberrecht verwandten Schutzrechten im Bereich des geistigen Eigentums, (zit.: Europ.GemeinschaftsR/II/2, Einführung) in: *Katzenberger*, Paul / *Puttfarken*, Hans-Jürgen / *Schricker*, Gerhard / *Schulze*, Erich / *Schulze*, Marcel / *Zweigert*, Konrad (Hrsg.), Quellen des Urheberrechts, Loseblattsammlung, Frankfurt am Main, Stand: 33. Lieferung - abgeschlossen im Juni 1995 (zit.: UrhQuellen).

- The Role of Copyright in Modern International Trade Law, RIDA 161 (1994) 5-97.

- Der EG-Richtlinienvorschlag zur Harmonisierung der Schutzdauer im Urheber- und Leistungsschutzrecht, GRUR Int. 1992, 724-733.

- EC Proposal for a Council Directive Harmonizing the Term of Protection of Copyright and Certain Related Rights, 23 IIC 785-806 (1992).

- Vermieten, Verleihen und verwandte Schutzrechte. Der zweite Richtlinienvorschlag der EG-Kommission, GRUR Int. 1991, 104-111.

- Rental Right, Lending Right and Certain Neighbouring Rights: The EC Commission's Proposal for a Council Directive, [1991] 4 EIPR 117-123.

Liebrecht, Erhard E.: Die Zweckübertragungslehre im ausländischen Urheberrecht, München: C.H. Beck'sche Verlagsbuchhandlung, 1983.

Limperg, Th.: Employees' Rights in their Capacity of Authors, [1980] Copyright 293-300.

Loewenheim, Ulrich: Multimedia and the European Law, 27 IIC 41-52 (1996).

- Gemeinschaftliches Diskriminierungsverbot und nationales Urheberrecht, NJW 1994, 1046-1048.

- Der Schutz der ausübenden Künstler aus anderen Mitgliedstaaten der Europäischen Gemeinschaft im deutschen Urheberrecht, GRUR Int. 1993, 105-117.

- Vergütungsregelungen für das private Kopieren von Ton- und audiovisuellen Trägern in der EG, ZUM 1992, 109-115.

- Der Schutz der kleinen Münze im Urheberrecht, GRUR 1987, 761-769.

Luckman, Michael: Moral Rights in the United Kingdom, 5 Cop.World 24-33 (1989).

Luther, Martin: Werke, Bd. 17 II, Weimar: Hermann Böhlaus Nachfolger, 1907.

Maier, Paul A.: L'harmonisation de la durée de protection du droit d'auteur et de certains droits voisins, 2 Rev.March.Un.Eur. 49-81 (1994).

Maiwald, Claus: Zum Verhältnis von Urheberrecht und Leistungsschutz, FuR 1977, 381-388.

Martino, Tony: Moral rights and the immoral copyright statute, [1993] 90 L.Soc.Gaz. 17-20.

- R-E-S-P-E-C-T - that's what moral rights mean to me, [1992] 142 New L.J. 1084-1086.

Marvin, Charles A.: The Author's Status in the United Kingdom and France: Common Law and the Moral Right Doctrine, (1971) 20 ICLQ 675-705.

Mathis, Hans-Peter: Der Arbeitnehmer als Urheber. Die Auslegung und Problematik des § 43 UrhG, Frankfurt am Main; Bern; New York; Paris: Peter Lang, 1988.

Mauhs, Angela: Copyright des Produzenten, Diskussionsbericht von der gleichlautenden Tagung des Instituts für Urheber- und Medienrecht am 27. Oktober 1989 in München, ZUM 1990, 62-64.

McCartney, Sheila J.: Moral Rights Under the United Kingdom's Copyright, Designs and Patents Act of 1988, 15 Col.-VLA J.L. & Arts 205-245 (1991).

McFarlane, Gavin, Copyright through the Cases, London: Waterlow, 1986.

Melichar, Ferdinand: Videovermietung nach der EG-Richtlinie zum Vermiet- und Verleihrecht, in: *Becker*, Jürgen / *Lerche*, Peter / *Mestmäcker*, Ernst-Joachim (Hrsg.), Wanderer zwischen Musik, Politik und Recht: Festschrift für Reinhold Kreile zu seinem 65. Geburtstag, Baden-Baden: Nomos Verlagsgesellschaft, 1994, S. 409-417 (zit.: FS Kreile).

- Übergangsregelungen bei Veränderung der Schutzdauer, in: *Dittrich*, Robert (Hrsg.), Beiträge zum Urheberrecht II - Harmonisierung der Schutzfristen in der EG - Freie Werknutzungen an musikalischen Werken im Bereich des Aufführungsrechts, ÖSGRUM Bd. 14, Wien: Manz Verlag 1993, S. 25-34.

- Deductions Made by Collecting Societies for Social and Cultural Purposes in the Light of International Copyright Law, 22 IIC 47-60 (1991).

Merkin, Robert (Hrsg.): Richards Butler on Copyright, Designs and Patent: The New Law, London: Longman, 1989.

Messinger, Gloria: The Challenges of Collective Administration in the World of Digital Technology, in: WIPO Worldwide Symposium on the Impact of Digital Technology on Copyright and Neighboring Rights, 31.3.- 2.4.1993 in der Harvard University, Cambridge, Massachusetts, USA, WIPO Publication No. 723 (E), S. 149-155 (zit.: WIPO Worldwide Symposium, Harvard, 1993).

Mestmäcker, Ernst-Joachim: Rechtsstellung und Marktstellung der Inhaber gewerblichen und kommerziellen Eigentums im europäischen Gemeinschaftsrecht - Zum Verhältnis von Art. 36 und Art. 86 EGV, in: *Becker*, Jürgen / *Lerche*, Peter / *Mest-*

mäcker, Ernst-Joachim (Hrsg.), Wanderer zwischen Musik, Politik und Recht: Festschrift für Reinhold Kreile zu seinem 65. Geburtstag, Baden-Baden: Nomos Verlagsgesellschaft, 1994, S. 419-428 (zit.: FS Kreile).

- Schutz der ausübenden Künstler und EWG-Diskriminierungsverbot, GRUR Int. 1993, 532-536.

- Die Vereinbarkeit der Leerkassettenabgabe und der Geräteabgabe mit dem europäischen Gemeinschaftsrecht, GRUR Int. 1985, 13-19.

Metalitz, Steven J.: The Database Directive and the EC's "Direction" on Copyright: Some Reflections, 4 Fordham Intell.Prop., Media & Ent.L.J. 33-41.

Miskin, Claire: Nationalism Rides Again: The Phil Collins Case, [1994] 1 ENT.LR 29-30.

Mitchell, Paul: Extension of Copyright in the UK, 14 IML 11-15 (1996).

Möhring, Philipp / *Nicolini*, Käte: Urheberrechtsgesetz - Gesetz über Urheberrecht und verwandte Schutzrechte (Urheberrechtsgesetz) vom 9. September 1965, erläutert von Philipp *Möhring* und Käte *Nicolini* unter Mitwirkung von Otto *Arzt*, Hermann *Kroitzsch* und Wolfgang *Spautz*, Berlin; Frankfurt a.M.: Verlag Franz Vahlen, 1970.

Möller, Margret: Urheberrecht oder Copyright?, ZUM 1990, 65-70.

- A propos du livre vert, RIDA 141 (1989) 22-55.

- Author's Right or Copyright? in: *Gotzen*, Frank, Copyright and the European Community, Brussels 1989, 9-20.

Monta, Rudolf: The Concept of "Copyright" versus the "Droit d'auteur", 32 S.Cal.L.Rev. 177-186 (1959).

Moritz, Hans-Werner: Die EG-Richtlinie vom 14. Mai 1991 über den Rechtsschutz von Computerprogrammen im Lichte der Bestrebungen zur Harmonisierung des Urheberrechts, GRUR Int. 1991, 697-703.

Morley, Tim: Copyright Term Extension in the EC: Harmonization or Headache?, 24 Cop.World 10-17 (1992).

Mörner, Anna: The GATT Uruguay Round and copyright, 25/1 Cop.Bull 7-14 (1991).

- The GATT Uruguay Round and Intellectual Property Rights, NIR 1991, 96-103.

Movsessian, Vera: Bericht über das urheberrechtliche Kolloquium auf der Jahrestagung der Deutschen Vereinigung für Gewerblichen Rechtsschutz und Urheberrecht e.V. am 14. Juni 1990, GRUR 1990, 980-983.

Mumby, Frank Arthur / *Norrie*, Ian: Mumby's Publishing & Bookselling in the Twentieth Century, 6th ed., London: Bell & Hyman, 1982.

Murray, Angus: Fighting Piracy: The EC Rental Rights Proposal, [1992] 4 ENT.LR 148-150.

Myrick, Ronald E.: Influences Affecting the Licensing of Rights in a Unitary European Market, 4 Fordham Intell.Prop., Media & Ent.L.J. 81-123 (1993).

Negroponte, Nicholas: Being Digital, New York: Knopf, 1995.

Nemschoff, Louise: The Shape of Things to Come: US Policy-makers Look at Cyberspace, [1996] 3 ENT.LR 103-109.

Nimmer, David: The Berne Convention Implementation Act of 1988, 4 Cop.World 36-40 (1989).

Nimmer, Melville B.: Implications of the Prospective Revisions of the Berne Convention and the United States Copyright Law, 19 Stanford L.Rev. 499-554 (1967).

Nimmer, Melville B. / *Geller*, Paul E.: International Copyright Law and Practice (looseleaf), New York: Matthew Bender & Co., Vol. 1 & 2, current through: Release No. 7, November 1995 (zit.: *Nimmer/Geller (Bearbeiter)*).

Nippe, Wolfgang: Einzelne Vervielfältigungsstücke - Der Kampf mit den Zahlen, GRUR Int. 1995, 202-204.

Nordemann, Wilhelm: Vorschlag für ein Urhebervertragsgesetz, GRUR 1991, 1-10.

- Zur Abgrenzung des Geschmacksmusterschutzes vom Urheberschutz, UFITA 50 (1967) 906-914.

Nyman, Bernard M.: The Author-Publisher Agreement, [1995] 4 ENT.LR 127-138.

Olswang, Simon: Accessright: An Evolutionary Path for Copyright into the Digital Era?, [1995] 5 EIPR 215-218.

Oman, Ralph: Berne Revision: The Continuing Drama, 4 Fordham Intell.Prop., Media & Ent.L.J. 139-156.

Ory, Stephan: Rechtsgrundlage von DAB-Pilotprojekten, ZUM 1995, 397-401.

Osterrieth, Albert: Die Geschichte des Urheberrechts in England mit einer Darstellung des geltenden englischen Urheberrechts, Leipzig: Hirschfeld, 1895.

Parrinder, Patrick: The Dead Hand of European Copyright, [1993] 11 EIPR 391-393.

Patterson, Lyman Ray: Free Speech, Copyright, and Fair Use, 40 Vand.L.Rev. 1-66 (1987).

- Copyright and Author's Rights: A Look at History, XVI/4 Harvard Library Bull. 370-384 (1968).

- Copyright in Historical Perspective, Nashville: Vanderbilt University Press, 1968.

Pfefferle, Thomas M.: Das deutsche Folgerecht in Fällen mit Auslandsberührung, GRUR 1996, 338-342.

Pfeifer, Karl-Nikolaus: Tagungsbericht, in: *Schricker*, Gerhard / *Bastian*, Eva-Maria / *Dietz*, Adolf (Hrsg.), Konturen eines europäischen Urheberrechts - 8. Ringberg-Symposium des Max-Planck-Intituts für ausländisches und internationales Patent-,

Urheber- und Wettbewerbsrecht, 25. bis 30. September 1994, Schloß Ringberg, Tegernsee, Baden-Baden: Nomos Verlagsgesellschaft, 1996, S. 87-123.

Pfennig, Gerhard: Das Folgerecht in der Europäischen Union, in: *Becker*, Jürgen / *Lerche*, Peter / *Mestmäcker*, Ernst-Joachim (Hrsg.), Wanderer zwischen Musik, Politik und Recht: Festschrift für Reinhold Kreile zu seinem 65. Geburtstag, Baden-Baden: Nomos Verlagsgesellschaft, 1994, S. 491-512 (zit.: FS Kreile).

Phillips, Jennifer: The Economic Importance of Copyright, London: Common Law Institute of Intellectual Property, 1985.

Phillips, Jeremy J.: The Concept of "Author" in Copyright Law - Some Reflections on the Basis of Copyright Law in the United Kingdom, [1990] Copyright 26-30.

- Setting Norms in Publishing Contracts: The Publishers Association Code of Practice, [1983] 8 EIPR 211-221.

- Copyright Ownership and Law Reform in the United Kingdom, [1982] 4 EIPR 111-116.

- Legal Outrage and Established Guile, [1981] 10 EIPR 295-299.

- Letter (responding to D. *Cattern's* Letter re Harlequin Records), [1980] April EIPR 133-134.

- The Employee as Author and Owner of Literary Copyright - Some Theoretical Reflections, [1979] October EIPR 274-277.

- Copyright: towards a positive approach?, RIDA 82 (1974) 34-65.

Phillips, Jeremy J. / *Durie*, Robyn / *Karet*, Ian: Whale on Copyright, 4th ed., London: Sweet & Maxwell, 1993.

Phillips, Jeremy / *Firth*, Alison: Introduction to Intellectual Property Law, 3rd ed., London: Butterworths, 1995.

Pierredon-Fawcett, Liliane de: The Droit de Suite in Literary and Artistic Property. A Comparative Study, New York: Center for Law and the Arts, Columbia University School of Law, 1991.

Pilny, Karl-Heinz: Der englische Verlagsvertrag - Verlagswesen und Grundzüge des Urheber- und Vertragsrechts in Bezug auf das deutsche Recht, München: V. Florentz, 1989.

Plaisant, Robert: *Droit de Suite* and *Droit Moral* under the Berne Convention, 11 Col.-VLA J.L. & Arts 157-164 (1986).

Plant, Marjorie: The English Book Trade: An Economic History of the Making and Sale of Books, 3rd ed., London: Allen & Unwin, 1974.

Plant, Sir Arnold: The Economic Aspect of Copyright in Books, in: *ders.* (ed.), Selected Economic Essays and Addresses, London: Routledge & Kegan Paul, 1974.

Ploman, Edward Wilhelm / *Hamilton*, L. Clark: Copyright: Intellectual property in the information age, London: Routledge & Kegan Paul, 1980.

Pohlmann, Hansjörg: Zur Überwindung der "Eigentums"-Vorstellungen im Urheber recht, Aktuelle Fragen zur Revision der bisherigen Geschichtsbeurteilung, UFITA 36 (1962) 61-100.

Poll, Günter: Germany: EU Rental Right Directive: Implementation, 12 IML 46-47 (1994).

Porter, Vincent / *Czarnota*, Bridget: UK Reform of Copyright Legislation - Legal Principle or Political Pragmatism?, [1985] 6 EIPR 158-164.

Posner, Bernhard: Activities of the European Communities in the Field of Copyright, NIR 1991, 77-86.

Prescott, Peter: The Origins of Copyright: A Debunking View, [1989] 12 EIPR 453-455.

Prime, Terence: The Law of Copyright, London: Fourmat Publishing, 1992.

Pullen, Mike: The Green Paper on Copyright and Related Rights in the Information Society (Is it all a Question of Binary Numbers?), [1996] 2 ENT.LR 80-84.

Puri, Kanwal: The Term of Copyright Protection - Is It Too Long in the Wake of New Technologies, [1990] 1 EIPR 12-20 und 23/1 Cop.Bull. 19-32 (1989).

Radbruch, Gustav: Der Geist des englischen Rechts, Göttingen: Vandenhoeck & Ruprecht, 1956.

Ransom, Harry Huntt: The First Copyright Statute: An Essay on an Act for the Encouragement of Learning, Austin: Texas University Press, 1956.

Rauscher auf Weeg, Hans Hugo von: The Rome Convention Rights: a Comparative Review of Legislation and International Legal Developments over 12 years, 21 Bull.Cop.Soc. 237-249 (1974).

Rehbinder, Manfred: Das Namensnennungsrecht des Urhebers, ZUM 1991, 220-228.

- Das Urheberrecht im Arbeitsverhältnis. Berichte über das Recht im Ausland als Beitrag zur schweizerischen Urheberrechtsreform, Bern: Stämpfli & Cie AG, 1983.

- Recht am Arbeitsergebnis und Urheberrecht, UFITA 66 (1973) 125-150.

Reichman, Jerome H.: The TRIPS Component of the GATT's Uruguay Round: Competitive Prospects for Intellectual Property Owners in an Integrated World Market, 4 Fordham Intell.Prop., Media & Ent.L.J. 171-266 (1993).

- Electronic Information Tools - The Outer Edge of World Intellectual Property Law, 24 IIC 446-475 (1993).

- Intellectual Property in International Trade: Opportunities and Risks of a Gatt Connection, 22 Vand.J.Transnat'l L. 747-891 (1989).

Reid, Brian: New horizons, [1986] 5 EIPR 131-134.

Reidenberg, Joedl R.: Trade, TRIPS and NAFTA, 4 Fordham Intell.Prop., Media & Ent. L.J. 283-286 (1993).

Reimer, Dietrich: Zum Urheberrechtsschutz von Darstellungen wissenschaftlicher oder technischer Art, GRUR 1980, 572-582.

- Rechtsvergleichende Bemerkungen zur Vertragsfreiheit im Urheberrecht, GRUR Int. 1977, 85-93.

- Remarques de droit comparé sur la liberté des contrats en matière de droit d'auteur, RIDA 92 (1977) 2-53.

Reinbothe, Jörg: Der Schutz des Urheberrechts und der Leistungsschutzrechte im Abkommensentwurf GATT/TRIPs, GRUR Int. 1992, 707-715.

Reinbothe, Jörg / *Lewinski*, Silke von: The EC Rental Directive One Year after its Adoption: Some Selected Issues, [1993] 6 ENT.LR 169-177.

- The EC Directive on Rental and Lending Rights and on Piracy, London: Sweet & Maxwell, 1993.

Reindl, Andreas: The Magic of Magill: TV Program Guides as a Limit of Copyright Law, 24 IIC 60-82 (1993).

Reischl, Gerhard: Das Urheberrecht in der Europäischen Gemeinschaft im Spiegel der neuesten Rechtsprechung des Europäischen Gerichtshofs, [1990] 7 JB.INTERGU 207-221.

- Die neueste Entwicklung des Urheberrechts in der Europäischen Gemeinschaft, [1987] 6 JB.INTERGU 363-377.

- Urheberrecht und freier Warenverkehr im Gemeinsamen Markt, [1983] 5 JB.INTERGU 223-247.

- Harmonisierung des Urheberrechts in Europa, [1979] 4 JB.INTERGU 133-221.

- Die Rolle des Europäischen Gerichtshofes in der Weiterentwicklung des Urheberrechts auf dem Gemeinsamen Markt, [1976] 3 JB.INTERGU 33-46.

Richerand, Gabriel E. Larrea: GATT, Intellectual Property rights and the developing countries, 25/1 Cop.Bull. 4-10 (1991).

Ricketson, Sam: The Future of the Traditional Intellectual Property Conventions in the Brave New World of Trade-Related Intellectual Property Rights, 26 IIC 872-899 (1995).

- The concept of originality in Anglo-Australian Copyright Law, 39 J.Cop.Soc. 265-288 (1992).

- The Copyright Term, 23 IIC 753-785 (1992).

- Duration of Term of Protection Under the Berne Convention, [1991] Copyright 84-93.

- La durée de la protection dans le cadre de la Convention de Berne, Dd'A 1991, 91-101.

- Moral Rights and the Droit de Suite: International Conditions and Australian Obligations, [1990] 3 ENT.LR 78-86.

- The Berne Convention for the Protection of Literary and Artistic Works: 1886-1986, London: Centre for Commercial Law Studies, Queen Mary College, Kluwer, 1987.

- Reaping without Sowing: Unfair Competition and Intellectual Property Rights in Anglo-Australian Law, [1984] UNSW L.Rev. 1-36.

Rij, Cees van: EEC Green Paper, 6 IML 69-71 und 75-77 (1988).

Roeber, Georg: Überlegungen für ein Urhebervertragsgesetz, UFITA 80 (1978) 105-126.

- Überlegungen zum urheberrechtlichen Werkbegriff, FuR 1978, 101-110.

- Urheberrecht oder Geistiges Eigentum, UFITA 21 (1956) 150-196.

Rose, M.: The author as proprietor: Donaldson v. Beckett and the genealogy of modern authorship, 23 Representations 51-85 (1988).

Rosenthal Kwall, Roberta: Copyright and the Moral Right: Is an American Marriage Possible?, 38 Vand.L.Rev. 1-96 (1985).

Röttinger, Moritz: Der Rechtsschutz von Datenbanken nach EG-Recht, ZUM 1992, 594-607.

- Die volkswirtschaftliche Bedeutung des Urheberrechts, ZUM 1990, 510-512.

Ruete, Matthias: Copyright, "geistiges Eigentum" und britische Verwertungsgesellschaften: Zugleich ein Beitrag zur Anwendung des europäischen Wettbewerbsrechts, München: J. Schweitzer, 1986.

Rumphorst, Werner: Fine-tuning Copyright for the Information Society, [1996] 2 EIPR 79-82.

- Der angestellte Urheber in den USA, GRUR Int. 1972, 345-358.

Saltzman, Ilana: EC Software Directive implementation: status report, 9 Computer L. & Prac. 157-161 (1993).

Samuelson, Pamela: Comparing U.S. and EC Copyright Protection for Computer Programs: Are they more different than they seem?, 13 J.L. & Comm. 279-300 (1994).

- Digital Media and the Changing Face of the Law, 16 Rutgers Computer & Technolgy L.J. 323 (1990).

Sandison, Hamish: EC Database Directive, 21 Cop.World 22-24 (1992).

Saunders, David: Purposes or Principle? Early Copyright and the Court of Chancery, [1993] 12 EIPR 452-456.

- Authorship and Copyright, London und New York: Routledge, 1992.

Sauter, Alfred: Auswirkungen des europäischen Einigungsprozesses auf das deutsche Urheberrecht an Hand einiger ausgewählter Beispiele, in: *Becker*, Jürgen / *Lerche*, Peter / *Mestmäcker*, Ernst-Joachim (Hrsg.), Wanderer zwischen Musik, Politik und Recht: Festschrift für Reinhold Kreile zu seinem 65. Geburtstag, Baden-Baden: Nomos Verlagsgesellschaft, 1994, S. 609-626 (zit.: FS Kreile).

Schack, Haimo: Schutzfristenchaos im europäischen Urheberrecht, GRUR Int. 1995, 310-314.

- Anmerkung (EuGH-Urteil in den Rechtssachen *Phil Collins* und *Cliff Richard*), JZ 1994, 144-147.

- Wem gebührt das Urheberrecht, dem Schöpfer oder dem Produzenten?, ZUM 1990, 59-62.

Schaefer, Martin: Für EG-Bürger führen viele Wege nach Rom, GRUR 1992, 424-426.

Schardt, Andreas: Das Urheberpersönlichkeitsrecht vor dem Hintergrund der Harmonisierungspläne der EG-Kommission, ZUM 1993, 318-324.

Schilling, Keith: The New Moral Rights in English Law - All Bark and no Bite?, 9 Cop.World 26-27 (1990).

Schilling, Walther: Der Verlagsvertrag im englischen Recht, Diss. Erlangen, 1914.

Schmieder, Hans-Heinrich: Aktuelle Probleme des deutschen und britischen Urheber rechts in vergleichender Betrachtung, FuR 1980, 251-255.

- Der Wettbewerbsgedanke im Urheberrecht, UFITA 80 (1977) 127-141.

- Die Verwandten Schutzrechte - ein Torso?, UFITA 73 (1975) 65-84.

- Die sogenannte Verwandtschaft zwischen Leistungsschutz und Urheberrecht, FuR 1972, 22-28.

Schraube, Conrad: Der Schutz der "Kleinen Münze" im Urheberrecht, UFITA 61 (1971) 127-147.

Schricker, Gerhard: Farewell to the "Level of Creativity" (*Schöpfungshöhe*) in German Copyright Law?, 26 IIC 41-48 (1995).

- Abschied von der Gestaltungshöhe im Urheberrecht?, in: *Becker*, Jürgen / *Lerche*, Peter / *Mestmäcker*, Ernst-Joachim (Hrsg.), Wanderer zwischen Musik, Politik und Recht: Festschrift für Reinhold Kreile zu seinem 65. Geburtstag, Baden-Baden: Nomos Verlagsgesellschaft, 1994, S. 715-721 (zit.: FS Kreile).

- Hundert Jahre Urheberrechtsentwicklung, in: Gewerblicher Rechtsschutz und Urheberrecht in Deutschland, Festschrift zum hundertjährigen Bestehen der Deutschen Vereinigung für gewerblichen Rechtsschutz und Urheberrecht und ihrer Zeitschrift, Bd. II, hrsg. von der Vereinigung durch Friedrich-Karl *Beier*, Alfons *Kraft*, Gerhard *Schricker* und Elmar *Wadle*, Weinheim: VCH, 1991, S. 1095-1124 (zit.: FS GRUR).

- Harmonization of Copyright in the European Economic Community, NIR 1983, 489-504 und 20 IIC 466-484 (1989).

- (Hrsg.): Urheberrecht, Kommentar, München: C.H. Beck'sche Verlagsbuchhandlung, 1987 (zit.: *Schricker (Bearbeiter)*).

Schulze, Erich: Application of the Provision on Non-discrimination in the Treaty of Rome to Authors' Rights and Neighbouring Rights, 38 Cop.World 38-39 (1994).

- Copyright des Produzenten?, ZUM 1990, 47-54.

- Bewerber als Anstifter für Urheberrecht, BBl. 1989, 2838-2839.

- Europeanization, 4 Cop.World 16-18 (1989).

- Verwandtschaft der Leistungsschutzrechte mit den Urheberrechten, FuR 1976, 427-429.

Schulze, Gernot: Urheberrecht und neue Musiktechnologien, ZUM 1994, 15-24.

- Sind neue Leistungsschutzrechte erforderlich?, ZUM 1989, 53-64.

- Der Schutz der kleinen Münze im Urheberrecht, GRUR 1987, 769-778.

- Zur Schutzdauer beim wettbewerblichen Leistungsschutz, FuR 1984, 619-629.

- Die kleine Münze und ihre Abgrenzungsproblematik bei den Werkarten des Urheberrechts, Schriftenreihe der UFITA, Ed. 66, 1983.

- Die kleine Münze und ihre Abgrenzungsproblematik bei den Werkarten des Urheberrechts, Freiburg: hochschulVerlag, 1983.

Schulze, Marcel: Levies on recording appliances and blank cassettes in Germany, 27/2 Cop.Bull. 32-36 (1993).

Schwaiger, Henning / *Kockler*, Franz-Josef: Zum Inhalt und Anwendungsbereich der sog. Zweckübertragungstheorie, UFITA 73 (1975) 21-63.

Schweyer, Stefan: Die Zweckübertragungstheorie im Urheberrecht, München: C.H. Beck'sche Verlagsbuchhandlung, 1982.

Scott, Michael D. / *Talbott*, James L.: Interactive Multimedia: What is it, Why is it Important and What does one Need to Know about it, [1993] 8 EIPR 284-288.

Sellier, Arthur L.: Zum Stand des Urheberrechts international: Es tut sich etwas, BBl. 1989, 84-87.

Shapiro, Theodore M.: Cassettes, Lies and Videotape: Private Copying in the EC, [1993] 5 ENT.LR 131-134.

- Droit de Suite: An Author's Right in the Copyright Law of the European Community, [1992] 4 ENT.LR 118-124.

Sherrard, Brian G.: Performers' Protection: The Evolution of a Complete Offence, [1992] 2 ENT.LR 57-63.

Sherwood-Edwards, Mark: It's Cruel to be Clear: Clearing Rights in a Multimedia World, [1995] 1 ENT.LR 3-6.

- The Redundancy of Originality, 25 IIC 658-689 (1994) sowie [1995] 3 ENT.LR 94-106.

- Seven degrees of separation: the Software Directive and UK implementation, 9 Computer L. & Prac. 169-175 (1993).

Sidjanski, Dusan / *Castanos*, Stelios: Droit d'auteur ou copyright. Les rapports entre les différents systèmes en vigueur, Lausanne: F. Rouge, 1954.

Siebert, Frederick Seaton: Freedom of the Press in England 1476-1776: The Rise and Decline of Government Control, Urbana: University of Illinois, 1965.

Sieger, Ferdinand: Gegen ein eigenständiges originäres Verlegerrecht, BBl. 1989, 253-256 = ZUM 1989, 172-175.

- Vor EG-Urheberrecht wird gewarnt, FuR 1977, 283-290.

Siehr, Kurt: Das urheberrechtliche Folgerecht inländischer Künstler nach Versteigerung ihrer Werke im Ausland, IPRax 1992, 29-33.

Silvestro, Alessandra: Towards EC Harmonisation of the Term of Protection of Copyright and So-called 'Related' Rights, [1993] 3 ENT.LR 73-79.

Simon, Emery: GATT and NAFTA Provisions on Intellectual Property, 4 Fordham Intell.Prop., Media & Ent.L.J. 267-281 (1993).

Sirinelli, Pierre: The Adaptation of Copyright in the Face of New Technology, in: WIPO Worldwide Symposium on the Future of Copyright and Neighboring Rights, 1.-3.6.1994 in Paris, WIPO Publication No. 731 (E), S. 31-47 (zit.: WIPO Worldwide Symposium, Paris, 1994).

Skone James, E. P.: "Droit moral". Has it a Place in English Law ?, NIR 1967, 194-207.

Smith, Michael: The George Michael Case: A Moral Victory?, [1992] 1 ENT.LR 26-28.

Soetenhorst, Wirt: Ein verwandtes Schutzrecht für Verleger - Ansatzpunkte in Deutschland, Großbritannien und den Niederlanden, GRUR Int. 1989, 760-771.

Spieß, Andreas: Urheber- und wettbewerbsrechtliche Probleme des Sampling in der Popmusik, ZUM 1991, 524-535.

Spurgeon, C. P.: Digital sampling: some legal considerations, 26/1 Cop.Bull. 7-19 (1992).

Stanton, Marcus: Absorption or Sterilisation? Restraint of Trade in the Music Industry, [1995] 4 ENT.LR 123-126.

Steckler, Brunhilde: Legal Protection of Computer Programs under German Law, [1994] 7 EIPR 293-301.

Sterling, J.A.L.: Intellectual Property Rights in Sound Recordings, Film & Video, London: Sweet & Maxwell, 1992.

- Harmonisation of Usage of the Terms 'Copyright', 'Author's Right' and 'Neighbouring Rights', [1989] 1 EIPR 14-18.

Sterling, J.A.L. / *Carpenter*, M.C.L.: Copyright Law in the United Kingdom and The Rights of Performers, Authors and Composers in Europe, London: Legal Books, 1986.

Stewart, Stephen M.: assisted by *Sandison*, Hamish: International Copyright and Neighbouring Rights, 2nd ed., London: Butterworths, 1989 (zit.: *Stewart* bzw. *Stewart (Bearbeiter)*).

- Two Hundred Years of English Copyright Law, in: *American Bar Association (ABA)* (ed.), Two Hundred Years of English and American Patent, Trademark and Copyright Law, Chicago: American Bar Association, 1977, S. 81-116.

Stögmüller, Thomas: Grünbuch über die Auswirkungen des geistigen Eigentums auf die von der amerikanischen Regierung angestrebte "National Information Infrastructure", GRUR Int. 1995, 855-858.

Stokes, Simon: Implementation of EC Directive on term of protection of copyright. The Duration of Copyright and Rights in Performances Regulations 1995, [1996] 3 EIPR D-80.

Stone, Peter A.: Copyright Law in the United Kingdom and the European Community, London; Atlantic Highlands, NJ: The Athlone Press, 1990.

Stones, Deborah: Michael v. Sony II: the practical implications of the judgment, Financial Times, Music Copyright, No. 45, July 6, 1994.

- Moral Rights in the Recording Industry, 9 IML 66-61 (1991).

Straschnov, George / *Bergström*, Svante / *Greco*, Paolo: Protection Internationale des "Droits Voisins", Bruxelles: Bruylant, 1958.

Straus, Josef: Der Schutz der ausübenden Künstler und das Rom-Abkommen von 1961 - Eine retrospektive Betrachtung, GRUR Int. 1985, 19-29.

Streibich, Harold C.: The Moral Right of Ownership to Intellectual Property: Part II - From the Age of Printing to the Future, 7 Mem.St.U.L.Rev. 45-84 (1976).

Strömholm, Stig: Was bleibt vom Erbe übrig ? Überlegungen zur Entwicklung des heutigen Urheberrechts, GRUR Int. 1989, 15-23.

- Le droit moral de l'auteur en droit Allemand, Français et Scandinave avec un aperçu de l'évolution internationale, Stockholm: P.A. Norstedt et söners, Bd. I, 1967, Bd. II, 1973.

Strong, William S.: Database Protection after *Feist v. Rural Telephone Co.*, 42 J.Cop.Soc. 39-67 (1994).

Strowel, Alain: Droit d'auteur and Copyright: Between History and Nature, in: *Sherman*, Brad / *Strowel*, Alain (eds.), Of Authors and Origins. Essays on Copyright Law, Oxford, Clarendon Press, 1994, S. 235-253.

- Droit d'auteur et Copyright - Divergences et convergences, Bruxelles: Bruylant, 1993.

- Das Urheberrecht: von der zeitgenössischen Kunst auf die Probe gestellt, ZUM 1990, 387-392.

Sufrin, Brenda: Comment on the Magill Case, [1992] 2 ENT.LR 67-70.

Taebi, Vanessa: Implications of the Implementation of the EEA Directive on the Harmonisation of Copyright and Related Rights, [1995] 7 ENT.LR 255-257.

Tarnofsky, Victor: Reform of United Kingdom Copyright, [1982] Copyright 367-372.

Tatt, Jane: Music Publishing and Recording Contracts in Perspective, [1987] 5 EIPR 132-138.

Tettenborn, A. M.: Intellectual property in flux - The new Copyright Bill, 9 Comp. Lawy. 3-7 (1988).

Thieme, Hans: Zur Entstehungsgeschichte des internationalen Urheberrechts aus dem Kampf gegen den unerlaubten Büchernachdruck, in: *Schweizerische Vereinigung für Urheberrecht* (Hrsg.), Die Berner Übereinkunft und die Schweiz. Schweizerische Festschrift zum einhundertjährigen Bestehen der Berner Übereinkunft zum Schutz von Werken der Literatur und Kunst, Bern 1986, S. 1-385 (zit.: FS Berner Übereinkunft).

Thompson, Edward: Twenty Years of the Rome Convention: Some Personal Reflections, [1981] Copyright 270.

Thoms, Frank: Der urheberrechtliche Schutz der kleinen Münze: Historische Entwick lung, Rechtsvergleichung, rechtspolitische Wertung, München: V. Florentz, 1980.

Thurow, Norbert: Zur gemeinsamen Interessenlage von Musikurhebern, Künstlern und Tonträgerherstellern angesichts der Herausforderungen einer multimedialen Zukunft, in: *Becker*, Jürgen / *Lerche*, Peter / *Mestmäcker*, Ernst-Joachim (Hrsg.), Wanderer zwischen Musik, Politik und Recht: Festschrift für Reinhold Kreile zu seinem 65. Geburtstag, Baden-Baden: Nomos Verlagsgesellschaft, 1994, S. 763-771 (zit.: FS Kreile).

Tournier, Jean-Loup: The Implications of New Technology for the Protection and Collective Management of Authors' Rights, in: WIPO Worldwide Symposium on the Future of Copyright and Neighboring Rights, 1.- 3.6.1994 in Paris, WIPO Publication No. 731 (E), S. 153-158 (zit.: WIPO Worldwide Symposium, Paris, 1994).

Treitel, Günther Heinz: The Law of Contract, 8th ed., London: Sweet & Maxwell, 1991.

Turkewitz, Neil: Authors' Rights are Dead, 38 J.Cop.Soc. 41-45 (1990).

- The Fallacy of the Author/Producer Distinction, 3 Rts. 6-9 (1989/90).

Turner, Mark: Do the Old Legal Categories Fit the New Multimedia Products? A Multimedia CD-Rom as a Film, [1995] 3 EIPR 107-109.

Ubertazzi, Luigi Carlo: Copyright and the Free Movement of Goods, 16 IIC 46-75 (1985).

Uchtenhagen, Ulrich: L'importance économique du droit d'auteur, Dd'A 1989, 297-299.

- Die wirtschaftliche Bedeutung des Urheberrecht, ZUM 1990, 398-400.

- The GATT Negotiations Concerning Copyright and Intellectual Property Protection, 21 IIC 765-782 (1990).

- Die GATT-Verhandlungen über Urheber- und Leistungsschutz, ZUM 1990, 433-442.

Ulmer, Eugen: Urheber- und Verlagsrecht, 3. Aufl., Berlin u.a.: Springer, 1980.

- Some Thoughts on the Law of Copyright Contracts, 7 IIC 202-219 (1976).

- Gedanken zur schweizerischen Urheberrechtsreform, in: *Brügger*, Paul (Hrsg.), Homo Creator, Festschrift für Alois Troller, Basel und Stuttgart: Helbing & Lichtenhahn Verlag, 1976, S. 189-205 (zit.: FS Troller).

- The "Droit de Suite" in International Copyright Law, 6 IIC 12-28 (1975).

- Das Rom-Abkommen über den Schutz der ausübenden Künstler, der Hersteller von Tonträgern und der Sendeunternehmungen, GRUR 1961, 569-594.

UNESCO: The ABC of Copyright, Paris: UNESCO, 1981.

VerLoren van Themaat, Weyer / *Wefers Bettink*, Wolter: Take a Look at Me Now: Another Side of Phil Collins, [1995] 3 ENT.LR 107-111.

Verstrynge, Jean-François: Copyright in the European Economic Community, 4 Fordham Intell.Prop., Media & Ent.L.J. 5-17.

Vinck, Kai: Die Rechtsstellung des Urhebers im Arbeits- und Dienstverhältnis, Berlin: J. Schweitzer, 1972.

Vinje, Thomas C.: A Brave New World of Technical Protection Systems: Will There Still Be Room For Copyright?, [1996] 8 EIPR 431-440.

- Harmonising Intellectual Property in the European Union: Past, Present and Future, [1995] 8 EIPR 361-377.

- The Final Word on *Magill*, NIR 1995, 156-168.

- Magill: Its Impact on the Information Technology Industry, [1992] 11 EIPR 397-402.

- Die EG-Richtlinie zum Schutz von Computerprogrammen und die Frage der Interoperabilität, GRUR Int. 1992, 250-260.

Vivant, Michel: The Notions of Work, Originality and Neighboring Rights from the Viewpoint of Civil Law Traditions, in: WIPO Worldwide Symposium on the Future of Copyright and Neighboring Rights, 1.- 3.6.1994 in Paris, WIPO Publication No. 731 (E), S. 69-79 (zit.: WIPO Worldwide Symposium, Paris, 1994).

Vogel, Martin: Siebte Arbeitssitzung: "Verwertungsgesellschaften", in: *Schricker*, Gerhard / *Bastian*, Eva-Maria / *Dietz*, Adolf (Hrsg.), Konturen eines europäischen Urheberrechts - 8. Ringberg-Symposium des Max-Planck-Intituts für ausländisches und internationales Patent-, Urheber- und Wettbewerbsrecht, 25. bis 30. September 1994, Schloß Ringberg, Tegernsee, Baden-Baden: Nomos Verlagsgesellschaft, 1996, S. 79-86.

- Kollektives Urhebervertragsrecht unter besonderer Berücksichtligung des Wahrnehmungsrechts, in: *Beier*, Friedrich-Karl / *Götting*, Horst-Peter / *Lehmann*, Michael / *Moufang*, Rainer (Hrsg.), Urhebervertragsrecht, Festgabe für Gerhard Schricker zum 60. Geburtstag, München: C.H. Beck'sche Verlagsbuchhandlung, 1995, S. 117-147 (zit.: FS Schricker).

- Die Umsetzung der Richtlinie zur Harmonisierung der Schutzdauer des Urheberrechts und bestimmter verwandter Schutzrechte, ZUM 1995, 451-458.

- Urheberpersönlichkeitsrecht und Verlagsrecht im letzten Drittel des 19. Jahrhunderts, GRUR 1994, 587-593.

- Grundzüge der Geschichte des Urheberrechts in Deutschland vom letzten Drittel des 18. Jahrhunderts bis zum preußischen Urheberrechtsgesetz vom 11. Juni 1837, in: *Dittrich*, Robert (Hrsg.), Woher kommt das Urheberrecht und wohin geht es?, ÖSGRUM Bd. 7, Wien: Manzsche Verlags- und Universitätsbuchhandlung, 1988, S. 117-134.

- Deutsche Urheber- und Verlagsgeschichte zwischen 1450 und 1850: Sozial- und methodengeschichtliche Entwicklungsstufen der Rechte von Schriftsteller und Verleger, [1978] 19 Arch.GB 1-190.

Wachter, Thomas: Multimedia und Recht (Tagungsbericht), GRUR Int. 1995, 860-874.

Wadle, Elmar: Der Weg zum gesetzlichen Schutz des geistigen und gewerblichen Schaffens: Die deutsche Entwicklung im 19. Jahrhundert, in Gewerblicher Rechtsschutz und Urheberrecht in Deutschland, Festschrift zum hundertjährigen Bestehen der Deutschen Vereinigung für gewerblichen Rechtsschutz und Urheberrecht und ihrer Zeitschrift, hrsg. von der Vereinigung durch Friedrich-Karl *Beier*, Alfons *Kraft*, Gerhard *Schricker* und Elmar *Wadle*, Bd. I, Weinheim: VCH, 1991, S. 93-183 (FS GRUR).

- Vor- oder Frühgeschichte des Urheberrechts?, UFITA 106 (1987) 95-107.

Wagner-Silva Tarouca, Beatrice: Der Urheberschutz der ausübenden Künstler und der Tonträgerproduzenten in den USA, München: C.H. Beck'sche Verlagsbuchhandlung, 1983.

Wallentin, Thomas: Die besondere Schutzfristenproblematik im Zusammenhang mit Filmen, in: *Dittrich*, Robert (Hrsg.), Beiträge zum Urheberrecht II - Harmonisierung der Schutzfristen in der EG - Freie Werknutzungen an musikalischen Werken im Bereich des Aufführungsrechts, ÖSGRUM Bd. 14, Wien: Manz Verlag, 1993, S. 21-24.

Walter, Michel M.: Das Diskriminierungsverbot nach dem EWR-Abkommen und das österreichische Urheber- und Leistungsschutzrecht. Überlegungen anläßlich der Entscheidung des EuGH in Sachen Phil Collins, Teil I und II, MuR 1994, 101-106 und 152-156.

Whale, Royce Frederick: Copyright and Authors' Rights, [1979] February EIPR 38-40.

Whish, Richard: Competition Law, 3rd. ed, London: Butterworths, 1993.

Wienand, Peter: Copyright Term Harmonisation in the European Union, 44 Cop.World 24-28 (1994).

Wilkof, Neil J.: Continuity and Discontinuity in the Law of Copyright: Exceptions to the Author as First Owner, [1991] 8 EIPR 288-295.

Williams, Alan: *Droit de suite*: not so sweet, Sol.J. 1992, 496.

Woodmansee, Martha: The genius and the copyright: economic and legal conditions of the emergence of the "author", [1984] 17 Eighteenth-Century Studies 425-448.

Woolcombe, J.H.: Fairness versus certainty - pop goes the music contract, [1987] 7 EIPR 187-190.

Wolsey, James S.: Performers' Rights - The New Regime and Opportunities in Europe, 45 Cop.World 26-31 (1994).

World Intellectual Property Organisation: WIPO Guide to the Rome Convention and to the Phonograms Convention, WIPO: Geneva, 1981 (zit.: *WIPO Guide*).

Worthy, John: Intellectual Property After GATT, [1994] 5 EIPR 195-198.

Yen, Alfred C.: Restoring the Natural Law: Copyright as Labor and Possession, 51 Ohio S.L.J. 517-559 (1990).

Zeffman, David / *Enser*, John: Cable and Satellite in the Single Market: Copyright Issues, Part 1 und 2, 12 IML 21-24 und 27-29 (1994).

Zimmermann, Stephen S.: A Regulatory Theory of Copyright: Avoiding a First Amendment Conflict, 35 Emory L.J. 163-211 (1986).

Sachverzeichnis